기독교문서선교회 (Christian Literature Center: 약칭 CLC)는 1941년 영국 콜체스터에서 켄 아담스에 의해 시작되었으며 국제 본부는 미국 필라델피아에 있습니다. 국제 CLC는 59개 나라에서 180개의 본부를 두고, 약 650여 명의 선교사들이 이동 도서차량 40대를 이용하여 문서 보급에 힘쓰고 있으며 이메일 주문을 통해 130여 국으로 책을 공급하고 있습니다. 한국 CLC는 청교도적 복음주의 신학과 신앙 서적을 출판하는 문서선교기관으로서, 한 영혼이라도 구원되길 소망하면서 주님이 오시는 그날까지 최선을 다할 것입니다.

그들은 왜 이슬람을 떠나는가?

Why they left Islam
Written by Nabil Lee
All rights reserved.
Korean Edition Copyright ⓒ 2022 by Christian Literature Center, Seoul, Korea.

그들은 왜 이슬람을 떠나는가?

2021년 6월 21일 초판 발행
2022년 6월 20일 초판 2쇄 발행

지 은 이 | 이나빌

편　　　집 | 박경순
디 자 인 | 박성숙
펴 낸 곳 | (사)기독교문서선교회
등　　　록 | 제16-25호(1980.1.18.)
주　　　소 | 서울특별시 서초구 방배로 68
전　　　화 | 02-586-8761-3(본사) 031-942-8761(영업부)
팩　　　스 | 02-523-0131(본사) 031-942-8763(영업부)
이 메 일 | clckor@gmail.com
홈페이지 | www.clcbook.com
송금계좌 | 기업은행 073-000308-04-020 (사)기독교문서선교회
일련번호 | 2021-68

ISBN 978-89-341-2303-3 (93230)

이 책의 출판권은 (사)기독교문서선교회가 소유합니다.
신저작권법에 의하여 한국 내에서 보호를 받는 저작물이므로 무단 전재와 무단 복제를 금합니다.

그들은 왜
이슬람을 떠나는가

이 나 빌 지음

CLC

목차

서문   9

독자들께 부탁드립니다   11

이 책의 특징   14
  1. 이 책은 증언(證言)이다   14
  2. 이 책은 증거(證據)이다   15
  3. 이 책의 내용이 사실이라 주장할 수 있는 근거   16

일러두기   22
  1. 필자의 꾸란 번역에 대해   22
  2. 꾸란과 꾸란 주석 읽기를 위한 사이트 소개   25
  3. 하디스의 번역과 하디스 사이트 소개   26
  4. 꾸란과 하디스 구절 표기   26
  5. 이 책의 이슬람/아랍어 용어의 한글 표기 원칙   27
  6. 국제 음운 기호 표기에 대해   27
  7. 유튜브 동영상 소개   28

용어 설명   30

제1장 Ex 무슬림, 그들은 누구인가?   33
  1. Ex 무슬림이란?   34
  2. Ex 무슬림의 구분   36
  3. '무신론 현상'이 중동을 강타하다   37
  4. 사우디 청년 라하프의 망명   40
  5. "무신론이 국가의 치안을 위협한다"?   42
  6. 아랍 언론이 밝히는 무신론자 통계   46

7. Ex 무슬림에게 내려지는 가혹한 처벌   51
8. 이집트 무슬림 유형 분류   58
9. Ex 무슬림 45인의 증언 분석   64

제2장 Ex 무슬림과 카피르   70
1. Ex 무슬림은 누구인가?   71
2. 카피르의 의미   74
3. 카피르의 종류   76
4. 꾸란에서의 카피르   82
5. 무슬림은 카피르를 어떻게 대해야 하는가?   87
6. 상대를 '카피르'로 규정하는 문화: 타크피르 문화   95

제3장 탈이슬람 현상의 요인   103
1. 탈이슬람 현상의 요인: 외재적 요인과 내재적 요인   104
2. Ex 무슬림이 이슬람을 평가하는 기준   106
3. 인터넷과 SNS의 혁명: 아랍 세계의 구텐베르크 혁명   107
4. 서구 가치관과 과학 및 철학의 영향   111
5. 이슬람 비평 학문의 발달   114
6. 아랍 혁명과 정치·종교적 권위의 붕괴   145
7. IS 등 극단주의자들의 만행   150

제4장 꾸란   158
1. 무슬림에게 꾸란은?   159
2. 꾸란의 비과학성   160
3. 꾸란의 자체 모순   165
4. 꾸란이 묘사하는 천국: 후르아인과 연합하는 곳   172
5. 꾸란이 묘사하는 지옥: 카피르가 바비큐 되는 곳   180
6. 꾸란의 알라는 무함마드의 사적인 문제 해결사인가?   185
7. 꾸란의 알라는 무함마드의 욕구의 대변인인가? 1   190
8. 꾸란의 알라는 무함마드의 욕구의 대변인인가? 2   193
9. 인간을 조롱하고 저주하는 신   197

10. 꾸란에 '사탄의 시'가 있는가? 207
　11. 계시된 꾸란을 양이 먹어 버리다니… 213
　12. 무함마드의 서기관이 이슬람을 떠난 이유 220
　13. '나스크' 교리에 대해: 취소 혹은 대체 교리 223

제5장 무함마드 **240**
　1. 무슬림에게 무함마드는? 241
　2. Ex 무슬림 밈지의 증언 243
　3. 무함마드의 여자 관계 244
　4. 종교의 창시자가 사람을 죽임 257
　5. 종교의 창시자가 손수 사람을 죽임 271
　6. 참수를 가지고 온 최후의 선지자: "나는 참수를 가지고 왔노라!" 274
　7. 욕설과 저주를 함 276

제6장 지하드 **290**
　1. 칼과 지하드와 이슬람 291
　2. 지하드의 정의와 개념 295
　3. 꾸란의 지하드 구절 303
　4. 하디스의 지하드 구절 313
　5. 선지자가 수행한 지하드 전쟁의 횟수는? 317
　6. 지하드와 이슬람의 세계관: 전쟁의 집과 평화의 집 319
　7. 이슬람 역사의 지하드 전쟁 324
　8. 전리품과 약탈 경제 349
　9. 지하드와 문명의 파괴 358
　10. 지하드와 공포감 조성 363
　11. 지하드와 강제 개종 368
　12. 오늘도 계속되는 지하드: 다아와 지하드 379

제7장 노예 제도 **389**
　1. "이슬람의 노예 제도가 정의로운 것입니까?" 390
　2. 노예 제도의 역사 392

  3. 꾸란에서의 노예 제도   395
  4. 하디스에서의 노예 제도   401
  5. 밀크야민과 노예 제도   408
  6. 지하드와 노예 삼음의 역사   419
  7. 아랍 세계의 노예 무역   424
  8. 노예들에 대한 인권 유린   431
  9. 군사 노예 제도: 맘룩   439
  10. 어린이 노예 제도: 데브쉬르메   445
  11. 계속되는 노예 제도   451

제8장 딤미 제도   460

  1. IS를 통해 보는 딤미 제도   461
  2. 딤미 제도란 무엇인가?   462
  3. 딤미 제도의 기원   465
  4. 지하드 전쟁과 딤미 제도   469
  5. 딤미 제도와 지즈야   475
  6. 딤미인 차별과 박해의 헌법: 우마르 규정   483
  7. 딤미인 박해의 사례   493
  8. 계속되는 딤미인 차별과 박해   500

제9장 이슬람 파시즘   513

  1. 이슬람 파시즘   514
  2. 지도자를 절대화함: 무함마드의 특별한 위치   516
  3. 지도자 비판: 끔찍한 처벌   530
  4. 이분법과 흑백논리   535
  5. 브리노가 이슬람을 떠난 이유: '왈라으 바라으' 교리   539
  6. 지하드 전사들의 증오와 적대감, 어디서 올까?   541
  7. '왈라으 바라으'의 의미   543
  8. 집단적 우월주의   548
  9. 질문을 금하는 종교   550
  10. 질문을 금하는 이유   553

11. 이슬람에서 하면 안 되는 질문　　　　　　　　　　559
　12. 예외적인 거짓말이 허용되는 종교　　　　　　　　562

제10장 이슬람 여성　　　　　　　　　　　　　　　　569
　1. 이슬람은 여성을 영예롭게 했는가?　　　　　　　　570
　2. "여자는 열등하다"- 남성 상위/ 여성 열등　　　　　571
　3. "여자는 이성이 부족하다"　　　　　　　　　　　　573
　4. "여자는 굽은 갈비뼈이다"　　　　　　　　　　　　576
　5. 재산 상속과 법정 증언에서 여자는?　　　　　　　　578
　6. "여자는 유혹이다"　　　　　　　　　　　　　　　582
　7. 여자와 향수　　　　　　　　　　　　　　　　　　586
　8. 여자는 개와 당나귀와 동등한가?　　　　　　　　　589
　9. "여자는 사악하다"　　　　　　　　　　　　　　　591
　10. 여성에게 강요된 히잡　　　　　　　　　　　　　595
　11. 카이로와 쾰른에서 일어난 집단 성범죄　　　　　　608
　12. 이슬람에서 남편과 아내의 관계　　　　　　　　　615
　13. 불순종하는 아내 훈계법　　　　　　　　　　　　624
　14. 여자는 성적 도구이다　　　　　　　　　　　　　633
　15. 이슬람의 기이한 결혼들　　　　　　　　　　　　642

집필 후기
　1. 이슬람의 본질을 알자!　　　　　　　　　　　　　673
　2. 이슬람에 선한 가르침이 있는가? 그렇다면 …　　　676
　3. '근거 없는 이슬람포비아'인가, 근거 있는 이슬람 공포인가?　691

참고 문헌　　　　　　　　　　　　　　　　　　　　709

부록: 꾸란 색인　　　　　　　　　　　　　　　　　721

서문

이 나 빌

"지금 중동에는 지난 1,400년 동안 한 번도 경험하지 못한 일들이 일어나고 있어요!"

오늘날 이슬람 세계에서 일어나는 변화를 한마디로 표현한 것이다.

지금 아랍 나라들에는 622년 무함마드가 이슬람 국가를 설립한 이후 현재까지 한 번도 일어나지 않았던 일들이 일어나고 있다.

셀 수 없이 많은 무슬림이 이슬람을 떠나고 있다.

그들은 무신론자가 되기도 하고 다른 종교로 개종하기도 한다.

수면 아래에서 혹은 지하에서 진행되고 있기에 보통 사람들은 잘 알지 못한다.

정확한 숫자도 알 수 없다.

그러나 거대한 물결이 흐르는 것은 느낄 수 있다.

개인의 생각이나 신념을 바꾸는 것은 결코 쉬운 일이 아니다.

한 번 형성된 고정관념을 깨뜨리기 위해서는 이전과는 차원이 다른 충격이 필요하다.

하물며 일평생 믿어 오던 종교적 신념을 바꾸는 것이야 말할 필요도 없다.

더구나 이슬람은 지구상에서 가장 열성적이고 집단적이며, 배교자를 처형할 정도로 극단적이기까지 한 종교 아닌가!

그런데 몇몇 소수가 아닌 수십만 혹은 수백만 명이 이슬람을 떠나갔다니 그것은 놀라운 일이 아닐 수 없다(2018년 1월 8일 이집트의 욤일 새비아 신문은, 관련 기관들의 말을 인용하여, 이집트에 최소 5백만 이상의 무신론자가 있다고 추정했다).

이 책은 지난 20여 년간 이슬람 세계에서 일어난 내밀한 탈이슬람 현상(아랍 언론은 이를 '무신론 현상'이라 한다)에 대한 보고서이다.

내부자가 되지 않고는 파악할 수 없는 내용이다.

아랍어를 정통하지 않고는 이해할 수 없는 것이다.

오랜 기간 연구하지 않고는 기록할 수 없는 땀의 열매이다.

지나간 역사 가운데 숨겨져 있던 충격적인 사건들이다.

미화되고 왜곡된 것들에 대한 벌거벗은 모습들이다.

Ex 무슬림(이슬람을 떠난 사람), 그들은 왜 이슬람을 떠나는가?

도대체 이슬람 문명에 어떤 일들이 있었고 이슬람 종교에 어떤 비밀들이 있는가?

필자와 함께 은밀한 문명의 여행을 해 보길 권한다.

그리하여 부인할 수 없는 역사적 진실을 대면하길 기대한다.

이 책을 만드는 과정에 협력해 주신 여러 친구들께 진심으로 감사드린다.

2021년 4월

독자들께 부탁드립니다

    이 책을 읽으시는 여러분께 부탁드릴 것이 있다. 그것은 '이슬람'과 '무슬림'을 구분해 주시라는 것이다. '이슬람'은 종교와 이데올로기인 반면 '무슬림'은 그것을 믿고 따르는 사람인데, 그 둘을 구분하자는 것이다.
    필자의 책은 이슬람 종교의 본질적 문제들을 증언과 경전과 사료(史料)를 통해 설명한 것이다. 그 내용 가운데는 평소에 알지 못하고 느끼지 못했던 것들이 많아서 가히 충격적일 것이다. 이 책을 정독한다면 이슬람 종교의 실체에 대해 올바로 파악하고 그것에 대해 경각심을 가지게 될 것이다. 여기까지는 필자가 기대하는 바이다.
    그러나 그 이후에 독자들이 가질 수 있는 무슬림에 대한 시선과 태도의 변화에 대해서는 우려하는 바가 있다. 자칫 여러분이 '이슬람'에 대한 부정적인 시각으로 '무슬림'을 냉대하는 것에 대한 우려이다. '이슬람의 본질이 악하므로 그것을 믿는 무슬림도 악하다'고 단정해 버리는 것이다. 그래서 그들을 두려워하거나 미워할 수 있다는 것이다. 그들을 차별하고 혐오할 수 있다는 것이다.
    이 책은 우리 주위에서 만나는 무슬림을 비난하고자 쓴 것이 아니다. 그들을 공격하거나 해치기 위한 것은 더욱 아니다. 이 책은 이슬람의 해악을 파헤친 책이다. 그 해악이 너무나 크고 치명적이며 한국인들이 모르고 있기에 그것을 알리기 위해서 글을 쓴다. 이 책은 무슬림의 삶이나 문화를 설명하는 책이 아니라, 이슬람의 본질을 추적하여 그 실체를 규명하는 책이다.

　이슬람의 문제는 그들의 본질적 가르침과 이데올로기에 있지 그것을 믿고 따르는 사람에게 있는 것이 아니다. 1,400년 전 그들의 선지자 무함마드가 계시받았다고 하는 경전과 교리에 문제가 있지 무슬림에게 문제가 있는 것이 아니다. 무슬림은 태어나자마자 부모와 사회에 의해 이슬람 신앙을 강요받았다. 질문하지 못하고 의심하지 못하며 비평하지 못하는 분위기 속에서 자라났다. 갇힌 공동체에서 유무형의 통제를 받으며 자라났기에 그들이 가장 큰 피해자이다. 따라서 우리는 무슬림을 멀리해서는 안 된다.

　오늘날 무슬림은 지구촌 글로벌 사회에서 함께 대화하고 협력해야 할 이웃이다. 그들 가운데 상당수는 이름뿐인 무슬림 혹은 문화적인 무슬림(혹은 세속주의 무슬림)이다. 또 다른 상당수는 극단적인 가르침이 아닌 단순한 종교적 열심으로 이슬람을 믿는 사람들이다. 이러한 사람들은 우리와 같은 보통 사람들이고 우리와 온정을 나눌 수 있는 착한 사람들이다. 더구나 우리나라에 들어와 있는 무슬림은 온건 이슬람 국가들에서 온 온건한 무슬림들이 많다. 그들 가운데는 정통 이슬람이 아닌 수피즘(Sufism)이나 민속 이슬람(Folk Islam)을 따르는 사람들도 많다. 이들은 현대적 종교의 가치와 윤리의 영향을 많이 받는 사람들이다. 건전하고 아름다운 가치를 가지고 실천하는 사람들이다. 그런 온건한 무슬림이 극단주의로 회귀할 가능성이 없는 것은 아니지만, 그렇다고 그들을 극단주의 무슬림으로 단죄할 수는 없다.[1]

　우리는 이슬람 종교의 문제를 지혜롭게 풀어 나가야 한다. 이슬람의 본질적 실체를 바로 알아야 한다. 무슬림과 친이슬람 학자들이 시도하는 '아름답고 평화로운 이슬람' 보여 주기 시도에 넘어가서는 안 된다. 끊임없이

---

[1] 한 이슬람 나라에 사는 무슬림이라 하더라도 여러 유형이 있을 수 있다. 극단주의 무슬림과 온건한 무슬림은 이슬람에 대한 이해나 관점 혹은 신앙과 실천의 구체적인 내용에 있어 다른 것이 많다. 제1장에서 '이집트 무슬림 유형 분류'를 보라.

시도되는 이슬람 다아와(이슬람식 전도)의 실체를 분명히 파악하고 그것을 멈추도록 노력해야 한다. 여러 유명 출판사에서 쏟아내는 이슬람 서적들의 사실 왜곡에 대해서 경종을 울려야 한다. 포털 사이트의 오픈 백과 사전 등에서 이슬람 관련 진술들이 잘못되는 경우들을 바로 잡아야 한다. 초중고 교과서에 이슬람 편향적인 역사 진술도 멈추어야 한다. 우리나라에 무슬림 숫자가 많아질수록 집단화, 게토화되는 현상에 대해서도 주의해야 한다. '이슬람포비아'와 '소수 종교 보호', 그리고 '차별 금지'라는 명목으로 이슬람에 대한 비판을 재갈 물리는 시도를 경계해야 한다. 그러면서 이슬람 종교와 역사를 객관적, 과학적으로 연구해 나가는 작업도 해야 한다. 이슬람의 본질적 실체를 알리고 국민적 공감대를 얻도록 노력해야 한다. 우리는 본질적 이슬람의 위험성에 대해 무한한 경각심을 가짐으로 우리 사회를 지켜야 한다.

그렇게 하면서도 무슬림은 구분해서 대할 수 있어야 한다. 이미 그들의 일부가 우리의 이웃이 되었고 공동체의 일원으로 참여하고 있다. 앞으로 우리 사회에 무슬림 인구가 더 늘어날 것이 예상된다. 때문에 우리는 그들의 종교와 문화를 이해해야 한다. 우리 것을 지키면서 다가가야 하고 친구가 되어야 한다. 적극적으로 그들과 생각을 나누고 그들에게 선한 영향을 끼쳐야 한다. 그들 스스로가 이슬람의 위해한 본질을 깨닫고 그 이데올로기에서 멀어질 수 있도록 도와야 한다. 이슬람의 부정적인 면이 그들을 사로잡지 못하도록 하고, 그것이 우리 사회와 개인에게 영향을 주지 못하도록 노력해야 한다.

쉽지 않은 일이다. 그러나 다른 방법이 보이지 않는다. 이슬람은 비평과 경계의 대상이고, 무슬림은 이해와 사랑의 대상이다.

| 이 책의 특징 |

1. 이 책은 증언(證言)이다

　중요한 미제 사건이나 진위를 파악하기 쉽지 않은 일에 우리는 증인을 찾는다. 오늘날 중동의 Ex 무슬림(이슬람을 떠난 사람)은 이슬람에 대한 너무나도 중요한 증인이다. 우리가 이슬람에 대해 아는 것이 너무 적기에 우리는 그들의 증언이 필요하다.

　Ex 무슬림, 그들은 내부자이다. 모국어인 아랍어로 이슬람의 은밀한 것들을 듣고 배운 사람들이다. 외부자가 알지 못하는 밑바닥 깊숙한 곳을 가장 잘 알고 있는 당사자들이다.

　그들은 전문가이다. 그들 가운데는 부모 혹은 본인이 이맘이었던 사람도 있다. 어릴 때부터 꾸란과 하디스를 암송했던 사람들이다. 극단주의 사상을 신봉하고 지하드에 나가려 했던 사람도 있다. 알아즈하르대학 출신도 있고 이슬람학 박사도 있다. 위성방송 프로그램으로 아랍권에 영향을 끼치는 유명한 방송인도 있다.

　그들은 사상가(thinker)이다. 과학적이고 논리적인 사고력이 보통의 무슬림 이상인 사람들이다. 합리적인 지성으로 이슬람이 진리인지 아닌지 밤을 새워 고민한 사람들이다. 이슬람을 떠난 배교자에게 가해지는 상상할 수 없는 박해로 인해 수많은 불면의 밤을 보낸 사람들이다.

그들은 이슬람을 객관적으로 볼 수 있는 사람들이다. 등잔 밑에서 등잔을 제대로 볼 수 없다. 이슬람의 문제를 올바로 보기 위해서는 거리 두기가 필요하다. 이슬람은 집단적 주관화가 강한 종교이다. 질문과 비판을 못하게 하는 것이 그 증거이다(제9장의 '질문을 금하는 종교' 부분을 보라). 따라서 객관성이 결여되어 있다. Ex 무슬림은 이슬람을 떠났기에 이슬람을 가장 객관적으로 볼 수 있는 사람들이다.

그들은 양심적 지식인이다. Ex 무슬림을 향한 따가운 시선과 박해는 이루말할 수 없다. 생명의 위협을 받는 경우도 부지기수이다. 그런 상황에서도 그들은 자신의 안위를 위해 침묵하지 않는다. 오직 인간의 양심과 인류의 보편적 가치에 근거하여 진실을 말한다.

이 책에는 이러한 Ex 무슬림 50여 명의 목소리가 담겨 있다. 3년 이상 집중해서 그들의 생생한 증언을 기록했다. 그러기 위해 Ex 무슬림을 만나기도 했고, 그들이 녹화한 동영상과 그들이 기록한 책을 입수하여 분석했다. 특히 유튜브에 올라 있는 '내가 이슬람을 떠난 이유'라는 제목의 동영상과 Ex 무슬림들이 진행하는 여러 이슬람 비평 프로그램이 큰 도움이 되었다.

2. 이 책은 증거(證據)이다

50여 명 Ex 무슬림의 증언은 이 책의 뼈대이다. 그들의 서술이 이 책의 주요 내용이지만 그러나 그것으로 책을 쓰기에는 턱없이 부족했다. 특히 독자들이 읽고 이해하며 공감하는 내용이 되기 위해서는 그들이 주장하는 내용의 근거를 찾아야 했다.

그러기 위해서 필자가 먼저 그들의 담론의 상황에 들어가야 했다. 그들의 사고와 의식의 세계에 들어가 그들의 생각을 읽어 내야 했다. 그리고 꾸란과 하디스와 이슬람 고전들을 번역하고 그것의 의미를 풀이해야 했다.

그렇게 파악한 내용을 주제별로 정리하여 이 책에 기록했고, 그들이 제시하는 근거 자료들을 각주에 표기했다.

　이 책의 중요한 특징은 사건에 대한 현미경적 접근과 증거 제시이다. 이슬람의 이슈들에 대해 "누가 …라고 하더라"는 카더라 방송이 아니라, 문제가 되는 부분의 아랍어 원자료를 입수하여 그 내용을 직접 번역하고 설명한다. 역사적 사건에 대해서 건너 듣는 것과 그 사건의 원자료를 두 눈으로 확인하는 것은 큰 차이가 있다. 이 책에서 필자는 사건에 대한 일반적인 서술뿐만 아니라 그 사건의 증거를 찾아 제시하는 데 많은 노력을 기울였다.

　필자는 아랍어 연구가이다. 오랜 기간 아랍어를 연구하고 여러 책을 내었기에 꾸란과 하디스와 이슬람 고전들도 아랍어로 읽고 해석한다. 이슬람 연구의 열쇠는 아랍어이다. 이슬람에 대한 1차 자료 대부분은 아랍어로 되어 있다. 그러한 자료들을 해독하지 못하고는 정확하고 깊이 있는 연구가 불가능하다. 필자는 아랍어에 대한 이해력을 바탕으로 이슬람에 대한 정확한 이해를 추구했다. 그리고 그것들을 한글로 번역하여 이 책에 실었다. 그 내용 가운데는 한국 사회에 처음 소개되는 것이 많다. 많은 충격을 받을 것이다.

3. 이 책의 내용이 사실이라 주장할 수 있는 근거

　이 책의 내용은 다음 다섯 가지 부분에서 지지를 받는다.

1) 이슬람의 경전인 꾸란과 하디스가 증언한다

　이슬람 역사에서 있었던 사건들은 꾸란과 하디스의 가르침을 근거로 해서 일어난 것이 대부분이다. 예를 들어 지하드 전쟁은 꾸란에서 적어도 100회

이상 반복하는 명령이다(제6장 '꾸란의 지하드 구절' 부분을 보라). 하디스에서도 수많은 지하드 관련 구절들이 있다. 지하드의 폭력성과 야만성과 잔인성은 꾸란과 하디스의 이런 가르침들에서 온 것이다. 노예 제도와 딤미 제도, 이슬람 파시즘, 여성 인권 등 오늘날 이슬람이 비판받는 대부분은 그 기원이 꾸란과 하디스에서 온다. 그래서 오늘날 논란이 되는 부분을 다룰 때 가장 먼저 해야 할 작업은 이슬람의 경전을 살펴보는 것이다.

이슬람 경전을 살필 때에 두 가지를 고려해야 한다. 먼저는 이슬람의 발생 이후 이슬람 공동체가 전통적으로 취해 왔던 전통적 석의의 의미를 파악하는 것이다. 두 번째는 오늘날 현대 이슬람이 이슬람을 방어하고 변호하며 미화하고 왜곡한 내용이 무엇인지를 파악하는 것이다. 사람들이 이슬람의 모순을 비판할 때 현대 이슬람이 변명하는 내용과, 사람들에게 매력을 사기 위해 미화한 내용이 무엇인지를 파악하는 것이다. 그리하여 전자와 후자를 비교하면 무엇이 올바른지 알 수 있다.

이 책에는 꾸란과 하디스에서 직접 인용한 1차 자료들이 넘쳐 난다. 그것들을 아랍어에서 직접 번역하여 독자들의 이해를 돕는다.

2) 이슬람 내부 자료들이 증언한다

이슬람은 책의 종교이다. 그들 특유의 놀라운 종교적 열심으로 수많은 책을 기술했다. 꾸란 주석과 하디스와 그 해설서, 무함마드의 전기, 교리서, 4대 샤리아 학파가 만들어 낸 율법서, 거기다 '자랑스런 정복의 역사'를 기록한 역사책과 연대기와 기행문 등 헤아리기 힘들 정도의 책들이 있다. 요르단 국왕이 지원하는 이슬람 자료 사이트인 altafsir.com에 올라 있는 꾸란 주석 종류만 80개이다. 그 주석들 가운데는 전질이 10권이 넘는 것도 많다. 위키피디아가 제공하는 순니파 이슬람의 가장 중요한 서적 목록에는 수백 권의 책 이름이 기록되어 있다.[1] 위키피디아가 제공하는 8세기부터 19세기까지의 무슬림 역사가들 목록에는 자그마치 130여 명의 이름이 나온다. 그들이 수많은 역사책을 기록한 것이다. 그것들은 아랍어로 된 것이 대부분이고 페르시아어로 된 것도 있다.[II] 이렇게 책이 많기 때문에 오늘날 무슬림 학자들의 서재를 보면 전집류의 책으로 가득 차 있다. 이슬람에 수없이 많은 내부 자료가 존재한다는 말이다.

   이슬람 경전과 역사를 객관적인 시각으로 볼 수 있는 중요한 팁이 있다. 그것은 그 경전과 역사에 대해서 이슬람 내부 자료들이 어떻게 설명하는지 보는 것이다. 현대에 만들어진 자료보다 이슬람 초기와 중기 자료들을 보아야 한다.

   예를 들어 이슈가 되는 꾸란의 지하드 구절의 의미를 파악하기 위해서 이슬람 초기와 중기의 꾸란 주석을 보는 것이다. 가장 권위 있는 따바리(839-923)의 주석이나 꼬르토비(1214-1273) 주석이나 이븐 카티르(1301-1373) 주석 등을 보는 것이다. 이런 주석들은 현대 무슬림들처럼 이슬람에 대해 미화하지 않고 왜곡하지 않는다.

   또한 지하드의 역사에 대해서 살핀다면 초기 혹은 중기의 무슬림 역사가들의 저술을 보는 것이다. 다행스럽게도 이런 역사가들의 저술들은 당시의 문화와 역사를 자신들이 보는 그대로 기록하고 있다. 오늘날처럼 그것에 대한 미화와 왜곡이 거의 없다. 예를 들어 지하드 전쟁의 살상과 파괴 및 약탈과 노예 삼음에 대해서 그들이 보는 그대로 기록하고 있다. 그 당시에는 그것이 그들에게 자랑스런 역사였기 때문이다. 이슬람의 역사 왜곡은 근대 이후 이슬람 나라들이 정치와 경제, 문화와 국방 등에 있어 힘을 잃고 세계의 변방으로 밀려난 이후에 생겨난 것이다. 이슬람의 수많은 치부가 현대인들에게 드러나고, 이슬람의 전통적 가르침과 가치관이

I   https://ar.wikipedia.org/wiki/كتب_أهل_السنة_والجماعة, 2020년 11월 19일.
II https://en.wikipedia.org/wiki/List_of_Muslim_historians, 2020년 5월 1일.

현대인에게 더 이상 매력이 없게 되자 시도되는 것이다. 오늘날 현대 이슬람의 가장 큰 문제 중의 하나는 역사적 사실에 대한 왜곡이다.

필자는 이러한 이슬람 내부 자료들의 증거를 찾기 위해 노력했다. 그래서 발견한 많은 내용을 아랍어에서 직접 번역하여 이 책에 실었다. 영어 번역이 있을 경우 비교하면서 번역했다.

3) 이슬람 외부 자료들이 증언한다

이슬람 역사는 무슬림 역사학자들뿐만 아니라 주위 나라들의 비무슬림들에 의해서도 기록되었다. 이슬람은 동로마(비잔티움) 제국이라는 기독교 제국과 사산조 페르시아가 경쟁하던 시절 그들의 틈바구니에서 자라났다. 그 뒤 이들 제국의 영토들을 침략했다. 그 당시 주변 국가들에 살고 있던 비무슬림 역사가들과 지식인들은 이슬람의 침략을 경험했고, 그러한 내용을 기록으로 남겼다.

예를 들어 이슬람이 이집트를 침략할 당시에 그들의 침략을 목격했던 니끼우의 요한은 『니끼우 요한의 연대기』(*Chronicle of Nikiu John*. 690년대에 기록됨. 1602년 에티오피아어로 번역되어 오늘날까지 전래됨)를 기록했다. 이슬람의 침략을 받았던 사람들이 기록한 서신이나 설교나 보고서 혹은 개인적인 메모 등의 단편적인 이슬람 외부 자료들도 많다. 그들이 두 눈으로 목격한 잔혹한 참상을 사실적으로 기록한 경우들이다. 오늘날 이슬람 비평학에서는 이런 자료들을 적극적으로 활용하여 이슬람 비평을 펼친다. 필자는 이런 자료들을 발견하는 대로 근거 자료로 활용했다(이슬람의 역사 서술에 대해서는 제3장의 '이슬람 비평 학문의 발달' 부분에서 자세히 설명한다).

4) 이슬람 비평 학문의 결과들이 증언한다

전통적인 이슬람학 학문은 경전과 창시자와 관련하여서 비평적 기술(記述)을 허용하지 않는다. 따라서 학문적 객관성이 결여되어 있다.

이에 비해 19세기 이후 발달한 서구의 이슬람 비평학은 학문적 객관성을 중시한다. 서구의 이슬람 비평학자들은 이미 유럽 학문 세계에서 기독교 비평에 사용되었던 역사적-비평적(Historical-Critical) 방법을 도입해서 이슬람 연구에 적용했다. 그래서 꾸란 본문을 역사적 관점에서 접근하며 비평하고, 꾸란 사본학을 발전시키며, 고고학적인 발견을 이슬람 역사와 연결하는 작업을 했다. 그들은 꾸란 초기 사본들, 이슬람 정복 시대의 화폐들, 초기 이슬람 모스크와 바위 등의 장식들을 연구했고, 주변 나라들에 살았던 역사학자들의 기록들과 연대기들 그리고 그 당시 개인들이 기록한 서신이나 보고서 등을 연구했다. 이러한 연구들이 효과를 발휘하여 꾸란 비평과 꾸란 사본 비평, 하디스 비평, 이슬람 역사 비평 등의 분야에서 학문적 성과가 생겼다. 지난 20세기 말 이후에는 여러 가지 비평적 연구 결과들이 쏟아졌는데, 이에 대해서는 제3장에서 소개한다.

그동안 이러한 이슬람 비평학은 서양인 학자들의 전유물이었지만, 오늘날 아랍인 가운데서도 그들의 영향을 받아 두각을 발휘하는 사람들이 생겼다. 그들은 대부분 세속주의 무슬림 혹은 Ex 무슬림이다(온건한 무슬림, 세속주의 무슬림, Ex 무슬림 등의 무슬림에 대한 분류에 대해서는 제1장의 '이집트 무슬림 유형 분류' 부분을 보라). 필자는 이러한 이슬람 비평학자들의 연구 결과에 주목했다. 이 책을 집필하며 그들의 연구 결과가 큰 도움이 되었다.

5) 오늘날 Ex 무슬림들이 보증한다

오늘날의 Ex 무슬림들은 이슬람 세계의 내부인으로서, 1,400년 동안 발생한 수많은 사건의 당사자로서 이슬람의 담론을 듣고 보고 느꼈던 사람들이다. 그들은 한 두 사람이 아니라 수없이 많으며, 인터넷과 SNS에서 공동체를 이루고 있다. 그 수없이 많은 사람이 신빙성 있는 근거를 가지고 동일한 내용을 말한다면 그것은 사실에 가깝거나 사실이라고 볼 수 있다.

필자는 그들의 충격적인 증언들을 듣고 그 내용을 이해하려 했다. 그것의 진위를 파헤치며 그 근거를 이슬람 내부 자료와 외부 자료에서 찾기 위해 노력했다. 그 근거들을 일일이 확인하고 번역하고 기록한 결과 이 책이 나오게 되었다.

일러두기

이 책을 읽는 데 도움되는 몇 가지 팁을 드리고자 한다.

1. 필자의 꾸란 번역에 대해

이 책은 Ex 무슬림들의 증언을 통해 이슬람의 본질적 문제를 밝히기 위해 기록되었다. 어떤 종교의 본질을 파악하는 최선의 방법은 그 경전을 면밀하게 살펴보는 것이다. 그런 목적으로 이 책에서 꾸란과 하디스 구절을 많이 인용했고, 그 구절들에 대한 주석들도 인용하여 그 의미를 풀이하기 위해 노력했다.

필자는 꾸란과 하디스 구절을 아랍어에서 직접 번역했다. 시중에 꾸란 한글 번역서가 존재하지만 그것을 그대로 인용할 수 없었다. 그 이유는 두 가지이다. 먼저는 기존의 번역서들이 아랍어에서 직접 번역했다기보다는 영어 번역서 등 외래어 번역들에 의존한 경우들이 많다. 두 번째는 기존의 번역에 오류가 많기 때문이다. 단어나 문장의 의미가 원문의 의미와 다르게 번역된 경우들이 많고, 원문의 의미를 약화하고 미화하는 경우도 많다.

아래에 그 예를 든다. 꾸란 번역서로 한국에서 가장 많이 사용되고 있는 『꾸란 주해』(최영길, 세창사, 2010)의 번역과 필자의 번역을 비교한다.

1) 꾸란 4:34

『꾸란 주해』 번역	필자의 번역
순종치 아니하고 품행이 단정치 못하다고 생각되는 아내에게는 (…) 세 번째는 **가볍게 때려 줄 것이라**.	불순종이 우려되는 아내들에 대해서는 (…) 그 다음 **때려 줄 것이라**.

☞ 불순종하는 아내를 훈계하는 세 가지 방식을 기록한 구절이다. 그 세 번째 훈계 방식을 '때려 줄 것이라'로 기록하고 있다. 그런데 『꾸란 주해』는 '가볍게 때려 줄 것이라'고 번역한다. 꾸란 본문에는 '가볍게'란 단어가 없다(제10장의 '불순종하는 아내 훈계법'을 보라).

2) 꾸란 33:52

『꾸란 주해』 번역	필자의 번역
그 후부터는 그대(무함마드)가 그 이상의 여성과 결혼함이 허용되지 아니하며 **미모의 여성이 그대를 유혹한다 하여도** 그녀들을 대체할 수 없으되 그대의 오른손이 소유한 자들은 제외라.	그 외에는 그대(무함마드)에게 여성들이 허용되지 아니하나니, 설령 **미모가 그대를 매료시킨다 하더라도** 그녀들을 (그대의) 아내들과 바꿀 수 없느니라. 그러나 그대의 오른손이 소유한 자들은 예외이니라.

☞ 무함마드가 결혼해서는 안 되는 여성을 말하는 구절이다. 이전 구절인 33:50에서 무함마드가 결혼하는 것이 허락된 여성을 길게 나열하고 난 뒤, 52절에 와서 그 이외의 여성은 허락되지 않는다고 한다. 그러면서 '설령 미모가 그대를 매료시킨다 하더라도' 결혼할 수 없다고 한다. 그런데 『꾸란 주해』는 '미모의 여성이 그대를 유혹한다 하여도'라고 번역한다. 이것은 여성이 가해자가 되는 표현이고 여성에게 책임을 전가하는 표현이다. 본문은 여성의 아름다움이 무함마드를 반하게 한다 하더라도 그 여자와 결혼할 수 없다는 의미이다.

3) 꾸란 2:244; 4:74; 9:111; 22:78; 49:15 등에서

『꾸란 주해』와 『코란』 번역	필자의 번역
하나님의 길에서 성전하라. 『꾸란 주해』 **알라의 길을 위하여** 싸우라. 『코란』(김용선, 명문당, 2002)	**알라를 위하여** 전쟁하라. (qātilu fi sabīl illāh)

☞ '알라'('allah)는 이슬람의 신이다. 다른 신의 형상이나 이름으로 불리는 것이 이슬람에서 우상 숭배(shirk)로 간주되기에 '알라'로 번역하는 것이 가장 합당하다.

☞ 아랍어의 fi sabīl은 '…을 위해'(in the cause of)의 의미를 가진다(현대 아랍어 사전 [Mu'jam al-Lughati al-'Arabiyyati al-Mu'ā irati]). '길에서' 혹은 '길을 위하여'란 번역은 아랍어 sabīl을 문자적으로 번역한 경우이다. 이 경우 전쟁을 위한 특별한 장소가 있는 것으로 이해되며, 이는 올바른 번역이 아니라 할 수 있다. 영어 번역서 가운데 Sahih International과 Yusuf Ali의 번역서에서 in the cause of(…을 위해)로 번역하고 있다.

☞ 위의 '전쟁하라'(qātilu)란 번역에 대한 자세한 설명은 제6장 '꾸란의 지하드 구절' 부분의 설명을 참조하라.

4) 꾸란 8:39; 2:193; 9:14 등에서 III

(1) 꾸란 8:39

『꾸란 주해』 번역	필자의 번역
박해(fitnah)가 사라지고 종교가 온전히 하나님만을 위한 것이 될 때까지 그들에게 대항하여 **성전하라**(qātilu).	**불신앙/시험**(fitnah)이 사라지고 모든 종교가 알라를 위할 때까지 그들과 **전쟁하라**(qātilu).

(2) 꾸란 2:193

『꾸란 주해』 번역	필자의 번역
박해(fitnah)가 사라지고 하나님을 위한 신앙 생활이 보장될 때까지 그들에게 **대항하라** (qātilu).	**불신앙/시험**(fitnah)이 사라지고 종교가 알라를 위할 때까지 그들과 **전쟁하라**(qātilu).

III 꾸란 8:39; 2:193; 9:14은 모두 지하드를 명령하는 구절이다. 8:39과 2:193은 내용이 '모든'(kulluhu)이라는 단어 이외에는 똑같은 어휘가 사용된 문장이다. 그리고 9:14은 '그들과 전쟁하라'(qātiluhum)는 구절이 기록되어 있다.
앞의 두 구절에서 '박해'로 번역한 단어는 fitnah이다. fitnah는 '시험, 유혹, 폭동, 반란' 등의 의미로 '박해'와는 거리가 있는 단어이다. 영어 번역서 가운데 이 단어를 persecution(Shakir의 번역)으로 번역한 경우가 있어 '박해'라고 번역한 것으로 보인다. 그러나 이것은 오역이다. 왜냐하면 세 구절 모두 메디나 계시로서 이슬람이 메디나에서 권력을 가졌을 때 계시되었기 때문이다. 이때는 이슬람이 박해받은 시기가 아니라 오히려 가열차게 지하드 정복 전쟁을 하던 시기이다. 특히 꾸란 8, 9장은 꾸란 계시 가운데 가장 후기의 계시로서 지하드 명령이 가장 많은 장이다. 또한 『꾸란 주해』의 다른 꾸란 구절(4:91 등)에서 fitnah를 '불신앙'(disbelief)으로 옮기고 있기도 하다. 따라서 본 구절은 '박해가 사라지고'라는 방어적인 의미가 아니라, 이슬람 이외의 우상과 코프르(kofr, 불신앙)를 적극적으로 타파하는 의미로서 '불신앙이 사라지고' 혹은 '시험이 사라지고'라고 번역하는 것이 합당하다.
세 구절에 모두 사용된 동사 qātilu는 '성전하라'나 '대항하라' 혹은 '대항하여 투쟁하라'가 아니라, '전쟁하라' 혹은 '죽이는 전쟁을 하라'는 의미이다. 이 단어의 아랍어 어근(기본형)은 qatala로서 그 의미는 '죽이다'(to kill)이다. 즉, 사람이 다른 사람을 죽이는 의미이다. 이 단어의 파생동사인 qātala는 두 사람 이상이 '서로 싸워서 죽이다'라는 의미인데, 두 사람 이상이 서로 싸워서 죽이기 때문에 '전쟁해서 죽이다'의 의미가 된다. 따라서 이 파생동사의 명령형인 qātilu의 바른 번역은 '그들과 전쟁하라' 혹은 '그들과 죽이는 전쟁을 하라'이다. 즉, 지하드 전쟁을 수행하라는 명령인 것이다. 이 단어에 대한 더 자세한 설명은 제6장의 '꾸란의 지하드 구절' 설명을 참조하라.

(3) 꾸란 9:14

『꾸란 주해』 번역	필자의 번역
그들에 대항하여 **투쟁하라**(qātiluhum).	그들과 **전쟁하라**(qātiluhum).

한국인들이 꾸란 한글 번역서로 가장 많이 사용하는 『꾸란 주해』와 『코란』에 이와 같은 잘못된 번역이 많다. 이러한 오역으로는 Ex 무슬림이 주장하는 이슬람의 문제들을 정확하게 제기할 수 없다. Ex 무슬림 주장의 가장 중요한 근거는 꾸란과 하디스인데, 그 번역이 잘못되어 있다면 그들의 주장을 논리적으로 설득력 있게 펼쳐 갈 수가 없다. 오히려 Ex 무슬림의 주장이 거짓말이 될 수도 있다.

이에 따라 필자는 꾸란 단어 사전과 꾸란 문법 분해 사전('I'rāb al-Qur'ān)을 활용하여 한 문장 한 문장 번역했다. 현지인 꾸란 전문가와 내용에 대해 토론하고 확인하는 작업도 했다. 번역 이후에는 여러 정통 꾸란 주석들(따바리, 꼬르토비, 이븐 카티르, 사프와트 타파씨르, 타프씨르 무아싸르 등)의 설명을 비교하며 확인했다.

꾸란 원문의 의미를 오역 없이 번역할 수 있는 사람은 아무도 없을 것이다. 필자도 더 나은 번역을 위해 혼신을 다했지만 오류가 있을 수 있다. 그럴 경우 앞으로 고쳐 나가도록 하겠다.

2. 꾸란과 꾸란 주석 읽기를 위한 사이트 소개

독자들이 꾸란 본문을 읽기 위한 좋은 사이트는 https://legacy.quran.com/이다. 여러 영어 번역과 꾸란 한글 번역인 『꾸란 주해』의 초기본을 볼 수 있어 편리하다. 여러 꾸란 주석들과 '계시의 이유'를 읽기 위한 좋은 사이트는 altafsir.com이다. 수많은 아랍어 원전 주석들이 올라가 있고, 알잘라린(al-Jalalayn) 주석과 '계시의 이유'는 영어로 번역되어 있다.

3. 하디스의 번역과 하디스 사이트 소개

하디스는 무함마드의 언행록이다. 그 내용이 많고 난해하여 하디스 전체에 대한 한글 번역이 존재하지 않는다. 일부 번역이 있긴 하지만 주로 영어에서 번역된 것들이라 정확한 의미 전달에 한계가 있다. Ex 무슬림이 이슬람의 문제들을 제기할 때 수많은 하디스를 인용한다. 따라서 그 내용을 정확하게 번역하지 않고는 그들의 주장을 담아낼 수가 없다.

필자는 이 책에 인용하는 하디스 모두를 아랍어에서 한글로 직접 번역했다. 번역 시 앞에서 설명한 꾸란 번역과 동일한 원리로 번역했다. 기존의 영어 번역과 하디스 주석서도 참고하면서 번역했다.

하디스를 읽기에 편리한 사이트는 sunnah.com이다. 이 사이트에서 대표적인 하디스들이 컬렉션 수집가별로 수록되어 있고, 영어로도 번역되어 있어서 많은 도움을 준다. 이 사이트의 하디스 일련번호는 영어식(USC-MSA web [English] reference)과 아랍어식 두 가지이다. 필자의 책에서는 아랍어식 일련번호를 괄호 안에 표기했다. sunnah.com 사이트에서 번호로 찾으면 쉽게 찾을 수 있다.

☞ 사히흐 부카리 ○○○○

4. 꾸란과 하디스 구절 표기

이 책에서 꾸란 구절은 ◆ 기호로 표기하고, 하디스 구절은 ◇ 기호로 표기한다. 또한 꾸란의 경우 괄호 안에 장과 절을 기록하고, 하디스의 경우 괄호 안에 하디스 컬렉션 이름과 그 컬렉션에서의 일련번호를 표기했다(하디스 컬렉션에 어떤 것이 있는지는 제3장 '이슬람 비평 학문의 발달'의 '하디스 비평' 부분에서 설명하고 있다).

☞ (4:34) 꾸란 4장 34절이란 의미

(사히흐 부카리 4069) 사히흐 부카리 중 일련번호가 4069라는 의미

5. 이 책의 이슬람/아랍어 용어의 한글 표기 원칙

이슬람 용어 표기는 가능한 한 아랍어 음가에 가깝도록 표기한다는 원칙을 가지고 있다. 그래서 그 원칙으로 표기하되 한국에서 이미 대중화된 단어의 경우 그 단어를 채택하기도 했다.

☞ 모함메드 → 무함마드 ☞ 코란 → 꾸란

☞ 쉬아파 → 시아파 ☞ 수니파 → 순니파(아랍어 음가로는 '순니'가 맞다)

☞ 하나님 → 알라 ☞ 알라의 사도 → 알라의 메신저

히즈라, 자카, 우두, 지즈야, 딤미 등 독자들에게 생소한 아랍어 단어의 경우 괄호를 사용해 그 단어에 관해 설명하거나, 자주 사용되는 용어들은 서문 부분에 '용어 설명'을 따로 했다.

6. 국제 음운 기호 표기에 대해

이 책에서 아랍어 단어를 기록할 경우 한글 음가로 기록한 뒤 괄호 안에 국제 음운 기호로 그 음가를 표기한 경우가 많다. 아랍어를 모르는 독자의 경우 이 기호가 생소하겠지만 그 음운 기호를 알고 나면 아랍어 단어를 발음대로 읽을 수 있다. 국제 음운 기호의 음가 표기들은 기본적으로 영어식 음가대로 발음하면 된다. 영어식 음가에 존재하지 않고 아랍어에만 있는

음가들의 경우 아래에 그 음운 기호들을 소개한다.

국제 음운	자음 음가 설명	국제 음운	자음 음가 설명
ʾ	'아' 발음을 목젖 아래에서 발음하되 소리를 끊어 주어야 함. 성문폐쇄음(glottal stop)	ṭ	'ㄸ' 발음을 입천정 중간 부위에서 발음하되 굵고 무겁게 발음
th	영어 think 의 th (θ)	ẓ	'ㅉ' 발음을 입천정 중간 부위에서 발음하되 굵고 무겁게 발음
ḥ	인후무성음. 창문을 닦을 때 입에서 내는 '하' 소리	ʿ	'아' 발음을 목젖 부위로부터 소리 냄. 울림소리. 목젖이 약간 떨림
kh	가래를 뱉을 때 내는 '카' 소리, 목젖이 떨리도록 내는 소리	gh	가글링을 할 때 내는 '가' 소리. 울림소리. 목젖이 많이 떨림
dh	영어 that의 th (ð)		모음 음가 설명
sh	영어의 sh (ʃ)	ā	a 모음의 장모음
ṣ	'ㅅ' 발음을 입천정 중간 부위에서 발음하되 굵고 무겁게 발음	ū	u 모음의 장모음
ḍ	'ㄷ' 발음을 입천정 중간 부위에서 발음하되 굵게 무겁게 발음	ī	i 모음의 장모음

☞ 예 : 지하드 → jihād 무함마드 → Muḥammad

꾸란 → al-Qurʾān(al은 정관사 the)

☞ 국제 음운 표기를 대문자로 표기한 경우가 있는데, 이는 고유명사임을 나타내기 위해 그 첫 자음을 대문자로 표기한 경우이다(예: Muḥammad, Ḥajjāj[하자즈라는 사람 이름]의 H는 ḥ의 대문자이다).

7. 유튜브 동영상 소개

이 책은 Ex 무슬림이 제작한 많은 동영상의 증언을 근거로 작성되었다. 다음은 필자가 탈이슬람 현상(혹은 무신론 현상)과 이슬람의 본질을 소개하기 위해 운영하는 채널들이다. 아랍인들 가운데 이슬람에 대한 전문가들이 아랍어로 강의나 토론, 혹은 자신의 경험을 직접 나누는 내용들이다. 동영상에 한글 자막을 처리했기 때문에 아랍 사람의 증언을 직접 듣고 확인할 수 있다. 이 책을 읽으면서 아래의 유튜브(YouTube) 채널 동영상들을 시청하면 많은 도움이 될 것이다.

☞ **이슬람의 상자**: 이집트인 Ex 무슬림 하미드 압둘 사마드의 강의와 토론 50여 편이 제공되고 있다.
☞ **이슬람의 창**: <라쉬드 TV> 혹은 <용감한 질문>으로 검색해도 된다. 모로코인 Ex 무슬림 라쉬드가 진행하는 프로그램들과 몇몇 다른 자료들이 있다.
☞ **이슬람의 비밀**: 이슬람의 본질에 대한 충격적인 내용들을 볼 수 있다.

용어 설명

※ 다음은 이 책에서 사용된 아랍어 단어들의 의미 요약 설명이다.

Ex 무슬림 - 이슬람 종교를 떠나 무신론자가 되거나 다른 종교로 개종한 사람

끼블라(Qibla) - 무슬림이 하루 다섯 번 기도할 때 기도하는 방향. 메카의 카아바 방향

나스크(al-Naskh) - 먼저 계시된 율법의 효력이 취소되고 나중에 계시된 율법으로 대체되는 것. '대체 교리' 혹은 '취소 교리'

나시크(al-Nāsikh) - '대체 교리' 혹은 '취소 교리'에서 취소시키는 구절

니깝(niqāb) - 무슬림 여성이 쓰는 베일 의상 중의 하나로 몸 전체를 덮는 의상

다아와(al-Da'wa) - 이슬람을 전하는 모든 행위

데브쉬르메(Devshirme) - 터키 술탄을 위해 군사와 행정 분야에서 일할 요원들을 양성할 목적으로 기독교인 자녀들을 강제로 징집하는 제도

딤마 - '약속', '보호', '안전', '책임' 등의 의미를 가진 단어

딤미(Dhimmi or Zimmi)**인** - 이슬람이 정복한 나라에서 이슬람의 지배를 받으며 살아가는 유대인과 기독교인. 조로아스터교인이 포함되기도 한다.

딤미 제도 - 이슬람이 유대인과 기독교인들에게 부과한 법과 규칙, 그리고 샤리아 율법에서의 시스템

라크아(rak'ah) - 기도할 때 허리를 숙이고 무릎을 꿇는 동작

레반트(Levant) - 아랍어로 as-Shām 지역을 말하는 것으로, 시리아와 현재의 레바논 그리고 팔레스타인 지역을 일컫는 말

릿다(ridda) - 이슬람을 떠나는 행위. 배교

마흐르(mahr) - 결혼 지참금

만수크(mansūkh) - '대체 교리' 혹은 '취소 교리'에서 취소된 구절

맘룩(Mamlūk) - 어린 시절에 잡혀 와서 군사 훈련 등의 훈련을 받고 자라나 엘리트 계층에 속하게 된 사람들로서 맘룩 용병이라고도 한다. '마루크'라 표기하기도 한다.

무르탓드(murtadd) - 이슬람을 떠난 배교자

무쉬리크(mushrik) - 쉬크르의 죄를 범한 자. 즉 알라에게 동반자 혹은 경쟁자(rival)가 있다고 믿는 사람. 알라 이외의 다른 신을 숭배하는 자

무하지린(al-Muhājirīn) - 무함마드가 메카에서 메디나로 이주할 때 무함마드와 함께 이주한 무슬림들

뭅티 - 파트와를 제시하는 쉐이크

미흐람(miḥram) - '금지된 사람'의 의미로써 부모(1촌)와 형제자매(2촌) 그리고 삼촌과 숙모/고모와 같이 상호 간의 결혼이 금지된 사람을 말한다. 이슬람에서 미흐람 관계가 아닌 남녀가 히잡을 쓰지 않은 채 만나거나 대화하는 것이 불가능하다. 즉 종교적 금지 사항(하람)이다.

민속 이슬람(Folk Islam) - 정통 이슬람 신앙에 토착 지역의 민속 신앙이 혼합된 형태의 이슬람

밀크야민(milk yamīn) - 문자적으로 '오른손이 소유한 자'의 의미. 지하드 전쟁에서 포로로 잡혀 오거나, 거래를 통해 팔려 오거나, 혹은 선물로 받은 남녀 노예

살라피, 살라피주의자(al-Salafiyyi) - 일반적으로는 이슬람 초기의 믿음의 선조들의 가르침을 따르고 실천하는 사람들을 의미. 오늘날은 와하비즘을 추종하는 급진적 이슬람 원리주의자 혹은 극단주의자를 의미하기도 함

샤리아(shari'a) - 아랍어로 '길'이란 의미. 무슬림의 구원의 길 혹은 무슬림이 지켜야 할 규칙과 법도

수피즘, 수피파(Sufism) - 이슬람 신비주의 종파로 알라와의 합일을 위해 춤과 노래 등으로 구성된 독특한 의식을 수행하는 종파

순나(al-Sunnah) - 무함마드 선지자가 행하거나 전하거나 묵시적으로 승인한 내용으로서 무슬림이 따라야 하는 행위나 관습

쉐이크 - 이슬람 나라에서 부족이나 마을 혹은 그룹의 나이 많은 지도자. 이슬람 사회의 종교 지도자를 부르는 호칭

쉬르크(shirk) - 알라에게 동반자 혹은 경쟁자(rival)가 있다고 믿거나 그런 존재를 숭배하는 것. 알라의 자리에 그와 견줄 만한 다른 우상을 위치시키는 것. 다신 숭배. 우상 숭배

시라(as-Sīrah) - 무함마드의 생애에 대한 전기(傳記)를 말한다. 이븐 이스하끄와 이븐 히샴 등 여러 사람이 지은 시라가 있다.

아우라('awrah) - 남녀 신체의 은밀한 부분으로 다른 사람에게 노출되면 수치스럽고 이슬람 율법에 어긋나는 몸의 부분. '수치'란 의미로도 사용됨

안사르(al-'Anṣār) - 무함마드가 메카에서 메디나로 이주할 때 메디나 거주민 가운데 무함마드를 도운 무슬림들

와하비, 와하비즘, 와하비주의(Wahhabism) - 18세기 중반 사우디의 무함마드 이븐 압둘 와합이 주창한 급진적 이슬람 원리주의로서, 현대 살라피주의자들의 신념과 행동의 근간이 되는 이슬람 부흥 운동

왈라으 바라으(al-Walā' wa-l-Barā') - 이슬람과 무슬림을 지원하고 돕고 사랑할 뿐만 아니라 이슬람을 믿지 않는 카피르를 증오하며 적대시하라는 교리

우두 - 이슬람식 세정 혹은 정결 의식

이맘 - 모스크에서 기도를 인도하는 사람. 이슬람 종교 지도자

이사('Īsa) - 꾸란에서 성경의 예수와 동일한 인물

이슬람 원리주의(Islamic Fundamentalism) - 원래의 이슬람으로 돌아가자고 하며

이슬람 초기의 신앙과 전통을 견지하고 재건하려는 주의. '이슬람 근본주의'라고도 하며, '이슬람 극단주의'와 유사한 개념으로 사용되기도 한다.

잇다('iddah) – 이혼한 여자가 다른 남자와 재혼하기 전에 보내는 세 번의 생리 기간

자카(zakāh) – 무슬림의 다섯 가지 의무 사항 중 하나로 가난한 사람을 위한 적선과 이슬람 국가에 지불하는 세금을 포함

지즈야(jizyah) – 이슬람이 정복한 나라에 사는 유대인이나 기독교인들이 죽임을 면한 대가로 이슬람 통치자에게 수모를 당하면서 내는 세금

지하드 – 알라를 위해 노력하고 투쟁하는 것과 무슬림이 카피르와 전쟁하는 것

진(Jinn) – 꾸란이 말하는 영적인 존재 중의 하나로 천사나 사탄과 구분되는 존재

카피르(kāfir) – 알라와 무함마드를 믿지 않는 자. 이슬람을 믿지 않는 불신자

칼리프(khalīfa) – 무함마드 사후 그를 이어 통치하는 이슬람 국가의 지도자

코프르(kofr) – 알라와 무함마드를 믿지 않는 불신, 혹은 그 행위. 그 결과는 지옥

탈이슬람 현상 – 오늘날 아랍 나라와 이슬람 나라들의 무슬림들이 이슬람을 떠나 무신론자가 되거나 다른 종교로 개종하는 현상

파트와(fatwa) – 무슬림의 생활에서 이슬람 율법과 관련해 제기되는 여러 가지 질문에 대해 뭅티가 제시하는 법적인 의견

하디스 – 무함마드 선지자의 말이나 행동이나 그의 묵시적 승인에 대한 기록

하디스 다이프 – 전승자의 고리가 약한 하디스

하디스 사히흐 – 전승자의 고리가 신뢰할 만하며 내용에 흠이 없는 하디스

하디스 하산 – 전승자의 고리와 내용이 양호한 하디스

하렘(harem) – 가족이나 가까운 친척 이외의 일반 남자들 출입이 금지된 장소. 보통 궁궐 내의 후궁이나 가정의 내실을 가리킴

하피즈(hāfiẓ) – 꾸란을 암송하는 사람

후르아인(Ḥūr 'īn) – 이슬람의 천국에서 무슬림 남성이 보상으로 결혼하는 아름다운 여자

히자으(al-Hijā') – 시를 통해 특정 대상에게 조롱섞인 풍자와 저주를 하는 행위. 그런 시

히잡 – 무슬림 여성이 쓰는 베일 의상에 대한 총칭. 혹은 그러한 베일 의상 중 머리와 목과 어깨를 덮는 의상

히즈라(al-Hizrah) – '이주'라는 의미. A.D. 622년 무함마드와 그의 동료들이 메카에서 메디나로 이주한 사건을 '히즈라'라 한다.

제1장
Ex 무슬림, 그들은 누구인가?

1. Ex 무슬림이란?

오늘날 이슬람 국가들에서 'Ex 무슬림'(Ex Muslim)이 늘고 있다. 'Ex 무슬림'의 Ex는 탈출(脫出, Exodus)의 의미이다. 자신이 믿어 오던 이슬람 종교를 떠나 무신론자가 되거나 다른 종교로 개종하는 사람들이 자신들을 'Ex 무슬림'이라 부른다.

전 세계에 Ex 무슬림들이 얼마나 많은지 알 수 있는 쉬운 방법이 있다. 페이스북이나 트윗, 유튜브 등의 SNS에서 'Ex Muslim'이란 단어를 쳐 보자. 수많은 사람이 자신을 Ex 무슬림이라 밝히며 많은 글과 동영상을 올려놓고 있는 것을 발견할 것이다. 그들은 중동과 북아프리카와 중앙아시아, 인도, 동남아시아 등의 전 세계 이슬람 지역에 사는 사람들이다. 그 가운데는 서구 나라로 이민을 간 사람들도 있다. 동영상들은 주로 영어로 되어 있지만 영어가 아닌 아랍어, 이란어, 인도어, 터키어 등 여러 자국어로 된 것까지 포함하면 그 수가 엄청나게 많다.

List of former Muslims

Became atheists [edit]

Main article: List of converts to nontheism from Islam

- Afshin Ellian – Iranian-Dutch professor of law, philosopher, poet[239][240]
- Ahmed Harqan – Egyptian human rights activist and outspoken atheist.[241]
- Ahmed Sharif – Bangladeshi humanist book seller, human rights activist and secular humanist.[242]
- Al-Ma'arri – blind Arab philosopher, poet and writer.[243]
- Alexander Aan – Indonesian atheist and ex-Muslim of Minang descent, who was attacked by an mob and arrested in 2012 for posting "God does not exist" and other antireligious writings on Facebook, attracting international attention.[244]
- Ali A. Rizvi – Pakistani-born Canadian physician, writer and ex-Muslim activist[245]
- Ali Soilih – Comorian socialist revolutionary; president of the Comoros[246]
- Ali Dashti – Iranian rationalist and member of Iranian Senate.[247]
- Aliaa Magda Elmahdy – Egyptian internet activist and women's rights advocate.
- Aliyah Saleem – British secular education campaigner, writer and market researcher, and co-founder of advocacy group Faith to Faithless.
- Anwar Shaikh – British author of Pakistani descent.[248]
- Armin Navabi – Iranian-born atheist and secular activist, author, podcaster and vlogger founder of Atheist Republic
- Aroj Ali Matubbar – self-taught Bangladeshi philosopher
- Arzu Toker – German-speaking writer, journalist, publicist, translator of Turkish descent cofounder of the Central Council of Ex-Muslims in Germany.
- As'ad Abu Khalil – Lebanese professor of political science at California State University,

Armin Navabi, founder of Atheist Republic, about leaving Islam.

Sarah Haider, cofounder of Ex-Muslims of North America.

위키피디아에서 기록한 'List of Former Muslims'(이전에 무슬림이었던 사람)를 보면 수백 명의 Ex 무슬림 리스트와 그들이 창립한 단체 이름 등을 기록해 놓고 있다.

구글에서 'Ex Muslim'이란 단어를 검색해 보자. 그러면 'List of Former Muslims'(이전에 무슬림이었던 사람 명단)이라는 위키피디아의 글을 볼 수 있다.[1] 이 글은 이전에 무슬림이었던 사람(즉, Ex 무슬림) 가운데 영향력 있는 인물들의 명단을 기록해 놓은 것이다. 거기에서 Ex 무슬림을 유형별로 나누어서 기록하고 있는데, 그 유형을 보면 다음과 같다. 개종자 그룹에는 불교와 힌두교와 시크교, 유대교, 기독교, 바하이교로 개종한 사람이 있다. 무신론자 그룹에는 무신론자, 불가지론자, 이신론자, 무종교인이 된 사람이 있다. 그뿐만 아니라 새로운 종교를 만들거나 자신이 선지자라고 주장하는 사람, 특정 종교를 선택하지 않았다고 하는 사람들까지 수백 명의 이름이 기록되어 있다. 그러면서 글의 서두에 Ex 무슬림은 최근에 그 숫자가 늘어나고 있다고 밝히고 있다. 또한 그들은 이슬람의 배교법으로 인해 가족과 공동체로부터 외면과 보복을 받고 있다고 기록하고 있다. 이 페이지에 기록된 수백 명은 전 세계 Ex 무슬림들의 대표자라 생각하면 된다.

대표자가 이 정도 숫자라면 보통의 Ex 무슬림 숫자는 얼마나 많겠는가?

이처럼 오늘날 중동과 이슬람 나라들에서 Ex 무슬림들은 그 수가 괄목할 만하게 늘어나고 있다. 무슬림 이민자들이 서구의 많은 나라도 마찬가지이다. 그것은 21세기가 시작된 이후의 예상하지 못했던 놀라운 변화이다. 이슬람 발생 이후 인류의 역사 1,400년 동안 지금까지 이런 경우가 없었다. 최근 14년의 짧은 기간 동안 이슬람을 떠난 Ex 무슬림 숫자가 지난 1,400년 동안의 그것보다 훨씬 많다고 하겠다.

세계의 여러 종교 가운데 이슬람은 종교적 열심과 집단성이 가장 강한 종교이다. 이슬람을 떠나 배교하는 사람들을 죽이는 무서운 배교법이 있는 종교이다. 그럼에도 불구하고 그들은 이슬람을 떠났다.

그들은 왜 이슬람을 떠났을까?

도대체 이슬람 안에 무슨 일이 일어났고 무슨 문제가 있기 때문일까?

이 책은 이 질문에 답하기 위해서 기록되었다.

2. Ex 무슬림의 구분

이슬람 나라들에서 Ex 무슬림은 크게 두 그룹으로 나뉜다. 먼저는 무신론자 그룹이고, 두 번째는 개종자 그룹이다.

무신론자 그룹은 신의 존재를 믿지 않는 무신론자(Atheist)와, 신은 있을 수 있지만 그것을 인간이 인식할 수 없다고 믿는 불가지론자(Agnostic), 창조주로서 신을 인정하지만 그 신은 세상 일에 관여하지 않는다고 믿는 이신론자(Deist), 그리고 자신의 종교가 없다고 밝히는 무종교인으로 나뉜다.

개종자 그룹은 이슬람 종교를 떠나 다른 종교를 믿게 된 사람이다. 아랍 나라들의 경우 대부분이 기독교로 개종하지만, 다른 나라들의 경우 힌두교, 시크교, 불교, 유대교, 바하이교 등으로 개종하는 경우들도 있다.

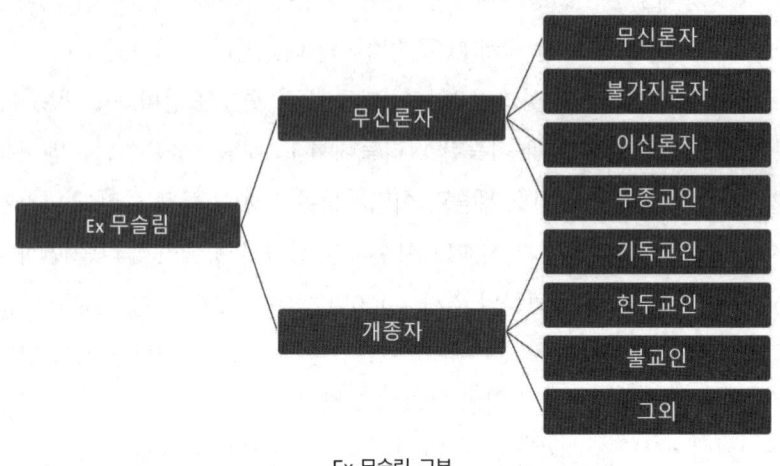

Ex 무슬림 구분

아랍 언론에서는 이 두 그룹을 묶어서 모두 '무신론자'(mulḥid)로 취급하고 '개종자'에 대해서는 언급하지 않는다.

아랍 사람들은 '무신론자'가 아직 어떤 종교에도 속하지 않았기에 설득과 교화를 통해 이슬람으로 돌아올 여지가 있다고 생각하는 것 같다. 그래서인지 '무신론자'는 '개종자'에 비해 사회적 박해가 상대적으로 약하다.

이에 비해 '개종자'는 이슬람이 아닌 다른 종교를 믿게 된 사람들이다. 이슬람에 개종자가 있다는 사실은 일종의 수치이자 굴욕이며 그래서 그것에 대해 언급하는 것을 금기로 여긴다. 개종자 본인들도 신변의 위협과 불이익으로 인해 자신의 개종 사실을 드러내지 않는다.

이슬람 율법에서 무신론자나 개종자는 모두 배교자(murtadd)이며, 배교자는 그 대가가 죽음이다.

3. '무신론 현상'이 중동을 강타하다

아랍 혁명은 가공할 만했다. 아랍 나라들 전체가 흔들렸다. IS의 만행은 끔찍했다. 전 세계가 충격을 받았다. 지구촌이 그로 인해 분노하고 있을 때 중동과 아랍 세계는 또 다른 현상으로 충격을 받았다. 그것은 바로 이슬람 발생 이후 1,400년 동안 한 번도 없었던 '무신론 현상'이다. IS의 만행에 충격을 받은 수많은 사람이 이슬람을 떠나 무신론자가 되거나 다른 종교로 개종했다. 신을 믿지 않는다는 것은 아랍 무슬림의 세계관으로는 도저히 상상할 수 없는 일이다. 그들은 하늘이 쪼개져 지구가 망한다 하더라도 알라는 항상 존재한다고 믿기에 그들에게 그것은 엄청난 충격이었다.

지난 1,400년 동안 이슬람 세계는 철저하게 알라와 그의 선지자만을 믿어 왔다. 그 신앙의 대열에서 벗어나는 사람은 배교자가 되고 카피르(kāfir, 알라와 무함마드를 믿지 않는 불신자, 이교도)가 되었다. 배교자는 이슬람 4대 율법학파의 형벌이 모두 죽음이다. 개인의 자유로운 선택이 아니라 부모가 주입하고 강요해서 믿었어도 이슬람을 떠날 경우 그 대가가 죽음이다.

게다가 이슬람은 신의 존재 자체나 무함마드 선지자에 대해 의심하지 못하고 질문하지 못한다(제9장에서 '질문을 금하는 종교' 부분을 보라). 그래서 지금까지 무슬림은 고개를 숙이고 숨을 죽였다. 비평하거나 반대하면 생명의 위협이 있으니 그럴 수밖에 없었다.

"무신론자가 된 것이 자랑스럽다"(Proud to be Atheist). 무슬림이 성지 순례를 하는 사우디 메카의 하람 사원에서 손글씨를 들고 보여 주는 모습. 프랑스 언론 「France24」에서 아랍권의 무신론 현상을 다룬 기사에 함께 실린 사진이다.

그런데 1,400년이 지난 오늘, 아랍과 중동의 이슬람 세계가 달라졌다. 그들 가운데 많은 사람이 이슬람 종교 자체에 대해 의심을 가지기 시작했다. 그들은 수많은 시간 동안 꾸란과 하디스를 다시 읽고 또 다시 연구했다. 인터넷을 검색하고 동영상을 청취하며 계속해서 질문했다. 그들의 경전과 무함마드 선지자와 역사에 대해 그들이 배워 온 내용이 참인지 물었다. 수많은 날을 잠 못 이루고 고민했다. 그 결과 이슬람은 참된 종교가 아닌 것을 깨닫고 이슬람을 떠났다. 저항과 박해가 예상되지만 몸을 던졌다. 그런 사람들이 대거 나타난 것이 '탈이슬람 현상' 혹은 '무신론 현상'이다. 지난 이슬람 역사에서 한 번도 경험하지 못했던 것이다.

이집트 파트와위원회에서는 무신론자(mulḥid)를 세 그룹으로 구분한다.

첫 번째, 종교로서의 이슬람을 부인하지 않지만 이슬람의 정치화를 반대하고 종교와 국가가 구분된 세속국가를 요청하는 세속주의 무슬림
두 번째, 이슬람을 종교로서 완전히 거부하는 무신론자
세 번째, 이슬람을 종교로서 완전히 거부하고 다른 종교로 개종한 개종자[2]

아래에서 보듯 아랍 언론이나 무슬림 지도자들이 '무신론자'(mulḥid)라 할 때 세속주의 무슬림, 무신론자, 개종자 모두를 포함한다. 우리가 생각하는 것과 달리 그들은 신을 믿지 않는 자만이 아니라 세속주의 무슬림과 개종자까지도 '무신론'자로 구분한다는 것에 주목하자[1](무슬림 유형을 전체적으로 살필 필요가 있다. 이 장의 '이집트 무슬림 유형 분류' 부분을 보도록 하자).

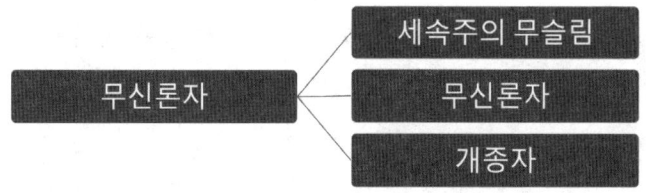

이집트 파트와위원회의 무신론자 구분

대략 2010년 이후 2018년까지(혹은 9·11 사태 이후 2018년까지) 아랍권에서 Ex 무슬림 숫자가 두드러지게 늘었다. 그것은 온라인과 오프라인에서 일반인들이 쉽게 느낄 수 있을 정도였다. 「알자지라」, 「BBC Arabic」 등 많은 아랍 언론은 이러한 일련의 사회적 현상을 '무신론 현상'이라 표현했다. 아랍 언론에서 '현상'이란 단어까지 사용하면서 대서특필하는 것을 보면, 그것이 소수의 예외적인 해프닝이 아니라 수많은 사람이 실제로 무신론자가 되었다는 것이다. 또한 그것으로 인해 사회적인 소용돌이가 일어났다는 의미이다.

2018년 이후 오프라인에서는 '무신론 현상'이 다소 소강 상태인 것으로 파악된다. 무신론 현상의 주요 원인 중의 하나였던 IS가 거의 소멸했고, 아랍 혁명 이후 정치적 혼란 가운데 있었던 나라들(예: 이집트)이 안정을 찾았기 때문으로 볼 수 있다. 여력이 생긴 각국 정부가 Ex 무슬림을 조

---

[1] 개종자는 이슬람을 떠나 다른 종교를 믿기에 '무신론자'가 아니다. 그런데도 이집트 파트와위원회에서 개종자를 '무신론자'의 범주에 포함시키고 있다. 그것은 이슬람이 이슬람을 떠나 다른 종교를 믿는 개종자들에 대해 아주 민감하고 공개하기를 꺼리기 때문이라고 볼 수 있다.

직적으로 탄압하고 있기에 그들이 수면 아래로 들어갔다고 볼 수 있다.

요즘은 무신론자들에 대한 기사가 대서특필되지 않는다. 그러나 온라인에서는 여전히 계속되는 현상이며 인터넷과 SNS에서 Ex 무슬림의 활동은 갈수록 왕성하게 일어나고 있다. 앞으로 탈이슬람 현상(혹은 무신론 현상)은 더욱 거세질 것이다. 이 책에서 필자는 오늘날 아랍 나라와 이슬람 나라들의 많은 무슬림이 이슬람을 떠나 무신론자가 되거나 다른 종교로 개종하는 현상을 '탈이슬람 현상'이라 정의한다. 그리고 중동, 특히 아랍권 나라에서 Ex 무슬림이 증가하는 현상의 원인을 집중적으로 분석하려고 한다.

4. 사우디 청년 라하프의 망명

지난 2019년 1월 사우디 여성 라하프(Rahaf Mohammed Mutlaq al-Qunun)의 망명 소식이 매스컴을 탔다. 그녀는 가족 학대를 피해 외국으로 달아나던 중 사우디 당국에 발각되어 강제송환의 위기에 처했다. 방콕 국제공항에서 입국이 불허되었고 태국 주재 사우디 대사관의 요청에 따라 공항 호텔에 억류되었다. 그녀는 호텔 방에 갇혔지만 SNS를 통해 국제 사회에 자신의 절박한 상황을 알렸다.

"제 가족이 물리적으로, 정신적으로 학대해 그들을 떠났습니다. 그들은 저를 죽이려고 6개월이나 방에 가뒀습니다. 송환되면 100% 감옥에 갇힐 것이고, 출옥하면 가족이 저를 죽일 것입니다"라고 썼다.

그녀는 태국 출입국 당국이 강제로 호텔 방문을 열려고 하자 문 앞에 의자를 쌓아놓고 대치하며 "저는 유엔을 원합니다. 전 세계의 모든 무슬림이 저를 살해하려 합니다"고 호소했다.

그런 그녀의 상황이 SNS를 타고 전 세계에 알려지자 국제 사회에서 송환 반대 여론이 급상승하게 되었고, 이로 인해 태국 당국은 체류를 허락하게 되었다. 그 이후 그녀는 캐나다로 망명하게 되었다.[3]

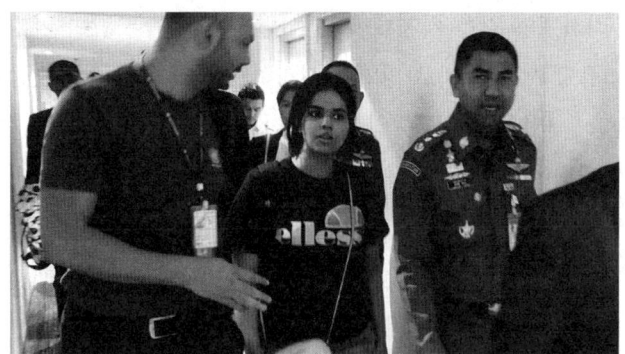
태국 경찰의 안내를 받고 있는 라하프

라하프가 목숨을 건 망명을 감행한 이유는 무엇일까? 사우디에서 가족들이 그녀를 6개월이나 방에 가두고, 그녀를 투옥하려고 하고, 그녀를 죽이려 했던 근본적인 이유는 무엇일까?

2019년 1월 13일 자 「중앙일보」에 난 기사 제목이 그것을 말한다.

이슬람교 안 믿자 살해 협박 … 가족 학대 피해 캐나다 떠난 사우디 소녀

그렇다. 그녀는 Ex 무슬림이었다. 그래서 모진 박해가 있었던 것이다.
이처럼 사우디에서 이슬람 종교를 떠난다는 말은 죽음이란 말과 통한다. 이슬람 샤리아법은 배교하는 자를 무르탓드(murtadd, 배교자)라 하며, 무르탓드는 카피르(kāfir, 이슬람을 믿지 않는 불신자, 이교도)이고, 그 대가가 죽음이라고 한다. 사우디는 이슬람 샤리아법이 통치하는 나라이므로 Ex 무슬림을 죽음으로 다스려 왔다(2015년경부터 정권에 의해 추진되는 '종교적 갱신' 운동의 결과 현재는 배교자에 대한 법이 완화된 부분이 있다. 하지만 징역형 등으로 여전히 처벌이 된다.). 라하프의 가족은 그녀가 더 이상 이슬람을 따르지 않는다는 이유로 육체적 정신적으로 그녀를 학대했다. 그녀를 강제 결혼 시키려 했고 그녀를 감금했으며, 죽이려고까지 했다. 그런 학대를 못 이겨 결국 탈출을 감행한 것이다.[4]

오늘날 라하프와 같은 처지에 놓인 사람들이 한두 사람이 아니다. 그녀와 같은 이유로 서방 세계로 망명을 신청하는 사람들이 줄을 잇는다. 그녀처럼 이슬람을 떠나는 Ex 무슬림이 수백만은 되어 보인다. 단지 숫자만 늘어난 것이 아니라 그것이 하나의 사회적 현상이 되었다. 아랍 매스컴에서 '무신론 현상'이란 표현을 사용했으며, 위성방송과 SNS에서 무신론에 대해 공개적인 토론이 벌어지기도 했다. 아랍 무슬림은 두려움과 염려로 이 현상을 대했다. 정부와 종교기관은 이러한 현상을 막기에 급급했고, 심지어 '무신론과의 전쟁'을 선포하기도 했다. 이집트의 경우 2018년 초반까지 이러한 현상이 정점을 찍었고, 그 이후 수면 아래로 들어간 측면이 있다. 그것은 이집트 정부가 안정되면서 Ex 무슬림들을 대거 탄압하고 있기 때문이다. 하지만 인터넷과 SNS를 통해 계속해서 확산되고 있는 현상이다.

5. "무신론이 국가의 치안을 위협한다"?

이집트 국회의원, 무신론을 처벌하기 위해 법안 제안함. '무신론자는 큰 위협이다'

무신론 현상이 한창일 때 아랍의 「알호라」 신문의 2017년 12월 30일 기사

위의 문장은 2017년 12월 30일 자 「알호라」 신문의 헤드라인이다.[5] 이집트에 무신론자들이 급속하게 늘어나자 위협을 느낀 국회의원이 법안을 제안한 것이다. 무신론자는 사회적인 위협이기에 그들을 처벌해야 한다는 것이다.

세상에 수많은 죄목 가운데 신이 없다고 믿는 무신론자를 처벌하는 형법이 있을까? 신앙은 인간의 가장 소중하고 기본적인 자유인데, 이런 세상이 어디에 있을까?

그러나 이슬람은 지난 1,400년 동안 무신론자를 배교자(murtadd)라 규정했다. 그래서 배교자는 카피르(kāfir, 이슬람을 믿지 않는 불신자, 이교도)이며, 가장 부도덕한 사람이고 죽여도 마땅한 사람이라 가르쳐 왔다.

무신론자들이 늘어난 것을 가장 쉽게 파악할 수 있는 곳은 인터넷 세상이다. 수많은 SNS에서 이슬람을 비평하는 사람들이 우후죽순처럼 생겨났고, 그 가운데 많은 사람이 자신은 이슬람을 떠나 'Ex 무슬림'이 되었다고 커밍아웃했다. 또한 그들 가운데는 인터넷 커뮤니티를 만들어 서로간의 동질감을 확인하고 무신론 운동을 격려하는 사람도 많았다.

2014년 이집트인 무신론자 아흐마드 하르깐이 텔레비전 방송에 출연해 알아즈하르 대변인과 토론하는 장면

온라인 세상뿐만 아니라 오프라인 세상도 떠들썩했다. 아랍 텔레비전 방송에서 역사상 처음으로 무신론자들을 초대하여 이슬람 쉐이크(이슬람의 지도자)들과 토론하게 했다. 이슬람 샤리아법에 따르면 무신론자는 배교자(murtadd)이기에 죽음이 합당하며, 카피르(kāfir)이기에 가장 악하고 냄새 나는 사람들이다. 그런데 그들을 초청하여 토론했다. 그렇게 한 것은 무신론자를 설득하여 이슬람으로 돌아오게 하려는 그들의 노력이었다. 그런데도 토론의 내용을 들어 보면 무신론자에 대한 냉대와 강압이 그대로 묻어 나오는 것을 확인할 수 있다. 찻집이나 젊은이들이 모이는 장소에서 무신론자와 말다툼이 생기고 몸싸움과 폭력 사태가 발생하기도 했다. 이렇게 무신론자들이 사회 곳곳에서 전에 없던 소동(?)을 일으켰다.

이렇게 온라인과 오프라인이 떠들썩해지자 이슬람 사회가 발칵 뒤집혔다. 이슬람 사회가 큰 위기감을 가지게 된 것이다. 그러자 정부와 종교계에서 무신론에 대응하기 위한 태스크 포스가 만들어지고 언론을 통해 '무신론과 전쟁'을 해야 한다는 말을 공공연하게 하게 되었다. 무신론 대응 이집트 청년 태스크 포스의 책임자 중의 한 사람인 쉐이크 아흐마드 터키는 "무신론은 국가적 치안의 문제이다. 무신론자들이 이슬람 종교에 반역한다면 그들은 다른 모든 것에도 반역할 것이다"라고 말했다.[6] 무신론을 개인적인 자유의 차원이 아니라 사회와 공동체를 해치는 중대 범죄로 취급하는 것이다.

그뿐만 아니라 이슬람 사회는 무신론을, 한편으론 부도덕 혹은 윤리적인 타락과 동일시하고, 다른 한편으로는 몰상식 혹은 반지성과 동일시한다. 즉 무슬림은 무신론자(개종자 포함)를 윤리적으로 부도덕한 사람으로 봄과 더불어 지적인 능력이 부족한 사람으로 보는 것이다. 예를 들어 '이슬람이 최고의 종교이고 알라는 창조주인데 어떻게 이슬람을 믿지 않을 수 있나?'라고 생각하는 것이다. '어린아이도 믿는데 그것을 믿지 못하다니, 이 멍청한 바보야!'라고 말하는 것이다.

사우디의 Ex 무슬림 쿨루드(Khulūd)는 이슬람 사회에서의 이러한 시각을 다음과 같이 증언한다.

> 무슬림은 이슬람이 최후의 계시를 가진 가장 고상한 종교라고 믿기에, 그들은 이슬람을 떠나는 것이 정신병자나 지적인 능력이 부족한 바보가 하는 짓이라 생각합니다. 또한 그들은 '무신론'이란 단어를 '부패'나 '윤리적 타락'으로 치부하고, 무신론자를 방탕한 사람이나 범죄자로 몰아갑니다. 그래서 그들은 제가 단지 이슬람을 믿지 않는다고 경멸하는 것만이 아니라, '어떻게 그렇게 지적인 수준이 낮은 사람이 될 수 있나?', '어떻게 그렇게 부패한 사람이 될 수 있나?'라고 생각합니다.[7]

지난 2018년 1월, 이집트 국회에서는 무신론을 범죄로 규정하는 법안을 제출했다(2018년 1월 8일 자 이집트의 「욤일 새비아」 신문). 이슬람 샤리아법으로는 무신론자를 바로 처단할 수 있지만, 이집트는 국가 형법이 존재하는 나라이다. 그 형법에 무신론자를 처벌할 조항이 없기에 새로운 법안을 만들려고 한 것이다. 이집트 국회 종교 위원회 사무총장 우마르 하므루쉬는 다음과 같이 주장했다.

> 무신론 현상은 이집트에서 주목할 현상이며 특히 청년과 소년들 그룹에서 일어나고 있고, 그들의 동기가 건전하지 못하며 전혀 정당화될 수 없기에 국가는 이 문제를 해결하기 위해 총력을 다해야 한다.[8]

알아즈하르 대변인 압바스 샤우만은 다음과 같이 말했다.

> 알아즈하르는 수년 전부터 이집트에서의 무신론 현상이 퍼지는 것이 위험하다는 것을 말해 왔다. 그것은 국가적 치안에 위험을 주는 것이고 젊은이들 사이에 반역이 퍼지는 결과를 초래한다.[9]

그래서 이집트 국회에서 수 개월간 무신론자 처벌을 법제화하기 위해 토론한 뒤 4개 항의 법안 초안을 제시했다. 무신론에 대한 정의(제1항), 무신론 현상을 범법화하고 무신론자들에게 형벌을 가함(제2항), 무신론자들이 회개하고 그의 생각을 고칠 경우 처벌을 취소함(제3항), 새로운 법에 포함될 형벌은 가혹하고 구속력이 강함(제4항) 등의 내용이었다.[10]

그 뒤 이 법은 국제 사회의 시선과 이집트 헌법의 종교의 자유 항목에 저촉된다는 이유로 뜻을 이루진 못했다. 그러나 이집트에는 이미 종교모독법이란 서슬이 시퍼런 법이 존재한다. 이 법은 종교의 신성한 영역을 비판하는 사람은 누구든지 처벌하는 법이다. 그들은 이슬람을 모독하는 자뿐만 아니라 기독교를 모독하는 자도 처벌한다고 말한다. 그러나 감옥에 가는 사람들을 보면 주로 기독교인이거나 무신론자이다.

이처럼 이슬람 세계에서는 신이 없다고 믿는 것이 죄가 된다. 몰상식하고 비양심적이며 비윤리적인 사람이 된다. 신의 존재를 믿거나 믿지 않는 것은 이성의 판단에 따른 개인의 자유의 영역임에도 불구하고, 그들은 그것을 반지성과 비윤리 그리고 사회적 범죄의 영역에 집어넣고 있다. 무신론자들은 도둑질이나 살해나 테러를 범한 것이 아니라 단지 신이 없다고 믿는 것 뿐이다. 그런데도 이슬람 사회는 그들을 국가의 치안을 위협하는 악질적인 죄인으로 취급하고 있다.

6. 아랍 언론이 밝히는 무신론자 통계

우리는 앞에서 Ex 무슬림이 크게 무신론자 그룹과 개종자 그룹으로 나누어지는 것을 보았다. 그리고 아랍 언론들이 '무신론자'라고 할 때는 세속주의자, 무신론자, 개종자 세 그룹을 포함한다고 했다.

그렇다면 아랍 세계에서의 무신론자 숫자(개종자를 포함한 숫자를 의미)는 얼마나 될까?

다행히도 아랍 세계에서 무신론에 대한 이슈가 공론화되면서 언론이 그 통계를 다루었다. 여기서 아랍 매스컴에서 밝히는 무신론 통계를 통해 아랍 세계의 Ex 무슬림의 규모를 알아보도록 하자.

1) 무신론자 통계의 한계

무신론자들을 향한 사회적인 적대감이 팽배한 세계에서 사람들은 자신의 종교에 대해 솔직하게 말하지 못한다. 실제로 무신론자를 죄인으로 취급하고 징역형을 내리는 나라에서 무신론자 통계를 파악하기는 쉽지 않다. 사우디 출신의 Ex 무슬림 쿨루드(Khulūd)는 "사상을 검열하고 억압하는 나라에서 어떻게 무신론자의 숫자를 정확하게 파악할 수 있느냐?"고 반문한다. 그녀는 "만일 우리나라에 완전한 표현의 자유가 있다면 놀랄 정도로 많은 무신론자가 있다는 것을 알 수 있을 것이다"고 말한다.[11]

2) 아랍 언론이 말하는 무신론자 통계

2014년 12월 이집트의 파트와 재단(Dār al-'Iftā')은 이집트와 다른 아랍 나라들에서의 무신론자 통계를 발표했다. 이슬람 사회에서 무신론자는 터부시된다. 아랍어로 '무신론자'(mulḥid)란 단어 자체가 무슬림에게 불쾌한 단어이다. 조롱과 수치의 의미이다. 그래서 무신론자가 있다고 하더라도 무슬림 지도자는 그 존재를 인정하지 않거나 축소하려 한다. 그런데도 이슬람 국가의 공식적인 기관에서 무신론자 통계를 발표했다는 것은 그 자체만으로도 큰 의미를 가지며, 사회적 이슈가 되는 것이다.

그 통계에서 이집트 866명, 모로코 325명, 튀니지 320명, 이라크 242명, 사우디아라비아 178명, 요르단 170명, 수단 70명, 시리아 56명, 리비아 34명, 예멘 32명이라고 발표했다. 그래서 아랍 나라들 가운데 총 2,293명의 무신론자가 있다고 했다.[12]

파트와 재단의 발표 이후 소셜 미디어는 요동쳤다. 모로코인 아흐마드 반샴시는 이 통계를 언급하며 이 숫자가 사실인가 하고 물었다. 세속주의자 라밥 카말은 이집트에서 발표된 이 무신론자 통계를 조롱하며 이집트의 알아즈하르 대학 경내 안에서만 무신론자가 866명이 넘을 것이라고 했다. 중동의 언론사 특파원이자 『신 없는 아랍』의 저자 요르단인 브라이언 위티카르는, 요르단의 무신론자 숫자 170명은 무신론자 한 사람의 페이스북 무신론 친구 숫자와 비슷하다고 했다.[13]

2016년 4월에는 이집트의 전임 그랜드 뭅티인 알리 고마가 이집트의 무신론자 통계를 발표했다('뭅티'는 파트와를 발표하는 쉐이크. 그랜디 뭅티는 뭅티들 가운데 가장 높은 사람). 그가 발표한 무신론자 숫자는 가히 충격적이다.

6천 명의 젊은이를 대상으로 조사를 했는데, 그 가운데 12.5%가 무신론자이며, 다른 10%는 신에 대해서 분노의 감정을 가지고 있다고 발표했다.[14] 이 무신론 수치 12.5%를 전체 국민에 적용하면 이집트 전체 1억 인구 가운데 1천만 이상이 무신론자란 말이다. 물론 이 통계의 표본이 청년들을 대상으로 한 것이었기에 전체 국민에게 적용할 수 없을 것이다. 그러나 적어도 무신론자의 숫자가 적지 않다는 것은 확인할 수 있다.

2018년 1월 「알욤 앗사바아」 신문은, 아랍 나라들 가운데 무신론자가 가장 많은 나라는 이집트이며, 관련 기관들은 이집트에 최소 5백만 이상의 무신론자가 있는 것으로 추정한다고 했다. 그 무신론자들 가운데 대부분의 나이가 20-25세라는 것도 덧붙였다.[15]

다른 나라의 상황도 살펴보자. 2012년 갤럽 조사에서 사우디아라비아 사람들 가운데 5%가 무신론자라고 발표했다.[16] 2014년 4월에는 「France 24」 아랍어 신문이 갤럽의 2012년 통계를 다시 한번 인용하며 사우디의 무신론자 통계를 5-9% 사이라고 발표했다.[17] 사우디아라비아 인구의 5%이면 약 150만 명이 자신을 무신론자라 생각한다는 말이다. 또 같은 조사에서 사우디 인구의 19%가 자신을 종교적이지 않다고 생각한다고 말하고 있다. 약 550만 명이 자신을 종교적인 사람이 아니라고 한다는 것이다.

아랍 언론이 말하는 무신론자 통계

연도	기관	통계
2011년	미국 미시간대	이집트 인구의 3%, 200만 이상의 무신론자
2012년	갤럽	사우디 인구의 5%가 무신론자
2014년	이집트 파트와위원회	이집트에 866명 무신론자
2015년	욤일 새비아 신문(2017년 2월)	2016년 한 해에 이혼한 여성들 가운데 6,500건의 이혼 사유가 남편이 무신론자가 되거나 신앙을 바꾸었기 때문이라고 함
2016년 4월	전임 그랜드 뭅티	이집트 인구의 12.5%가 무신론자
2018년 1월	욤일 새비아 신문	이집트에 최소 500만 이상의 무신론자가 있음
2020년 7월	앗사바흐 신문	모로코 인구의 15%가 무신론자

모로코 신문 「앗사바흐」(As-Sabah)는 2020년 7월 23일 자 신문에서 "모로코인 15%가 무신론자이다"는 제목의 기사를 내보냈다. 이 기사는 미국 외무부의 종교 자유에 대한 연간 보고서 내용을 인용하며 모로코의 무신론자가 인구의 15% 정도라고 전했다.[18]

같은 기사에서 2019년 아랍 바로미터 네트워크(the Arab Barometer Network)가 BBC의 의뢰를 받고 진행한 조사 내용을 기록했다. 거기에서는 모로코의 무신론자가 10%에 이르며, 그들 대부분이 청년이라고 밝혔다. 2013년도에는 모로코의 무신론자가 2.5%를 넘지 않았는데 6년이 지난 현재는 그 4배가 되었다고 했다. 또한 북아프리카 역내 국가인 이집트는 같은 기간에 무신론자가 2배 증가했고, 튀니지는 무신론자 비율이 가장 높은 나라로서 인구의 1/3이 무신론자라고 했다.[19]

3) BBC가 조사한 비종교적인 사람 비율

지난 2019년 6월 「BBC Arabic」 인터넷 신문에서 아랍 사람들의 종교심에 대해 조사한 통계를 발표했다. BBC는 비아랍 언론이지만 아랍 나라들의 이슈들을 공정하게 전하는 언론으로 알려져 있다.

그들은 2013년에 제1차 조사를 했고, 그로부터 5년 뒤인 2018년 말부터 2019년 봄까지 제2차 조사를 했다. 11개 나라에서 2만 5천 명의 아랍인을 대상으로 조사했다. 그래서 5년 동안의 아랍 사람들의 종교심의 변화에 대해 비교했다.[20]

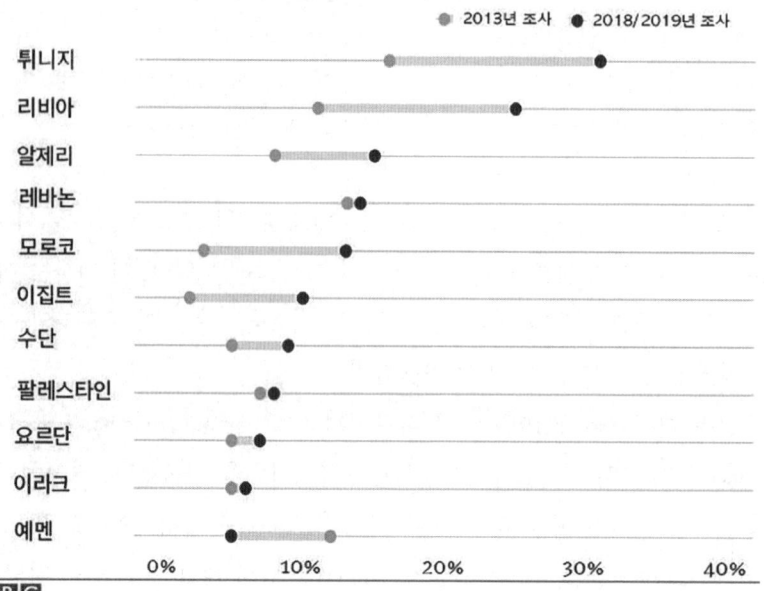

이 통계 조사에서 자신을 비종교적(not religious)이라고 표한 사람들의 증가율이 10% 이상인 나라가 6개국이다. 여기서 비종교적이란 의미는 이슬람에 관심이 없거나 이슬람을 떠난 사람이란 의미로 해석된다. 튀니지와 리비아에서 20% 가까이 늘었고, 그다음 알제리, 모로코, 이집트, 예멘에서 10% 가까이 늘어난 것을 발견한다. 튀니지는 비종교적인 사람이 33% 정도 된다. 국민의 1/3이 비종교적인 사람이란 말이다. 또한 리비아의 경우 1/4, 알제리와 레바논과 모로코는 1/5이 비종교적인 사람이다. 이집트와 수단과 팔레스타인 등에는 1/10이 비종교적인 사람이다.

지난 5년 동안 비종교적인 성향으로 바뀐 사람의 숫자도 튀니지와 리비아의 경우 20% 가까이 증가했고, 그것이 10% 이상 증가한 나라들도 여럿이다. 이것은 지난 5년 동안 이슬람에 관심이 없거나 이슬람을 떠난 사람이 증가했다는 것을 보여 주는 좋은 통계라고 할 수 있다.

지금까지 아랍 언론이 밝히는 무신론자 통계를 살펴보았다. 이와 같이 지난 10여 년간 아랍 세계의 많은 사람이 전통적인 이슬람 종교에 실망하고 분노했다. 그래서 많은 이가 무신론자가 되거나 Ex 무슬림이 되었다. 그러한 사실을 아랍 언론 보도를 통해서도 확인할 수 있는 것이다.

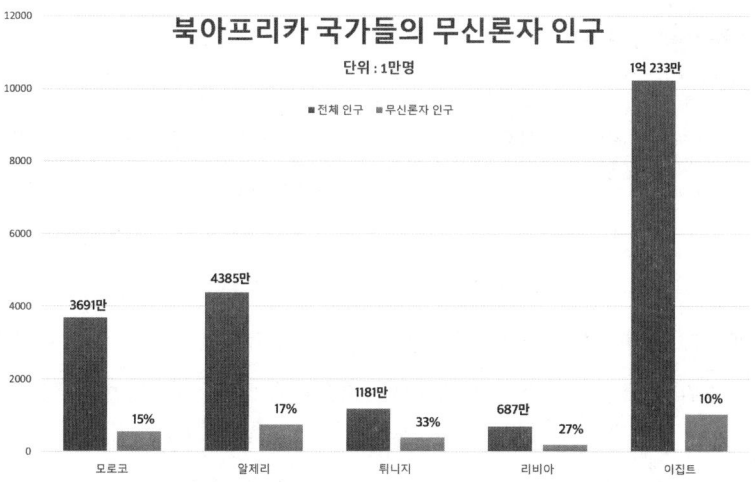

2019년 6월 BBC 아랍어 신문에서 발표한 통계를 근거로 한
북아프리카 이슬람 국가들의 무신론자(혹은 비종교인) 인구

7. Ex 무슬림에게 내려지는 가혹한 처벌

이슬람에서 배교를 '릿다'(ridda)라 하고, 배교자를 '무르탓드'(murtadd)라 한다. 또한 무르탓드는 카피르(kāfir, 이슬람을 믿지 않는 불신자)의 종류에

속한다. 무르탓드는 알라의 존재를 부인하고 알라를 욕한 자와 같고, 예언자 무함마드를 욕하고 경멸한 자와 같다. 또한 기도 등의 예식과 종교 행위를 거부한 것과 같다. 따라서 성인이 된 무슬림이 스스로 배교하게 되면 배교죄에 해당하는 처벌을 받아야 한다.[21]

배교자는 무르탓드이자 카피르이므로 이슬람 샤리아법에서 그들을 '배교한 카피르'(al-kāfir al-murtadd)라 한다. '배교한 카피르에' 대해서는 제2장의 '카피르의 종류' 부분에서 더 자세히 설명한다. 여기서는 '배교한 카피르'에 대해 꾸란과 하디스와 이슬람 샤리아법에서 말하는 처벌에 대해서 살펴보자.

1) 꾸란에서의 처벌

◆ 실로 믿었다가 불신하고 또 믿었다가 다시 불신이 증가하는 사람은 알라께서 그들을 절대로 용서하지 않고 바른길로 인도하지 않을 것이라(4:137).

위의 구절에서 말하는 것처럼 꾸란은 한 번 이슬람을 믿었다가 불신하는 배교자는 알라가 그들을 절대 용서하지 않을 것이라 한다. 그들 율법의 최고 권위인 꾸란에서 배교자에 대한 불관용을 명백하게 선언하고 있다. 이외에도 꾸란의 많은 구절에서 카피르(kāfir)에 대한 형벌을 말하고 있다. 꾸란의 카피르에 대해서는 다음 장인 제2장의 '꾸란에서의 카피르' 부분을 보자.

2) 하디스에서의 처벌

하디스에서 배교자에 대한 처벌은 분명하다.

◇ 누구든지 종교를 바꾸는 사람은 죽여라(사히흐 부카리 3017).

◇ 알라께 맹세코 알라의 선지자는 다음 세 경우 이외에는 사람을 죽이지 않았다.
1. 불의하게 사람을 살해한 사람
2. 결혼한 이후에 간음한 사람
3. 알라와 그의 메신저에게 대항해 전쟁하고 이슬람을 배교한 사람(사히흐 부카리 6899)

하디스는 '배교한 카피르'를 죽이라고 한다. 그뿐만 아니라 무함마드가 '배교한 카피르'를 죽였다고 기록한다(사히흐 부카리 6899). 즉 무함마드 선지자가 배교자를 죽이라고 말했고, 그가 배교자를 죽이는 모범을 보였다.

3) 샤리아법에서의 처벌

샤리아법에서도 배교자에 대한 형벌은 죽음(qatl)이다. 배교자가 남성인 경우 순니파 4대 율법학파(하나피, 말리키, 샤피이, 한발리) 모두가 그 형벌이 '죽음'이라고 말한다. 여기서 죽음(qatl)은 참수를 의미한다. 배교자가 여성인 경우 하나피 학파는 살려둘 수 있다고 하지만 다른 학파들은 죽여야 한다고 한다. 알카싸니는 "배교한 사람에게 3일간의 회개할 기한을 준다. 이 기간에 회개하지 않을 경우 이맘은 즉시 그를 죽인다"라고 말하고 있다.[22]

또한 배교자는 노예로 팔려 갈 수도 없고 지즈야(이슬람이 정복한 지역에서 기독교인이나 유대인이 목숨을 구한 대가로 무슬림 통치자에게 수모를 겪으면서 지불하는 세금)를 낼 수도 없다. 배교자는 죽음이 합당한 사람이기에 노예로 팔려 갈 수 없고, 지즈야를 내면서 목숨을 부지할 수 없는 것이다.

배교자가 기혼인 경우 부인과 생이별을 해야 한다. 자신의 부인과 함께 살 수 없는 것이다. 또한 배교자는 다른 무슬림 여성과 결혼할 수도 없다.

배교자는 자신의 재산권이나 상속권을 주장할 수 없다. 배교자는 이슬람을 떠나는 순간부터 자신의 재산이 자신의 것이 아니게 된다. 그 재산이 무슬림들을 위한 공동 전리품이 되거나 선행(자카)을 위한 공동기금으로 비축된다. 부모가 가진 재산을 나눔에서도 배교자는 상속권이 없어진다. 또한 배교자가 팔거나 사거나 계약한 모든 것이 취소된다.

배교자가 낳은 자녀들의 경우, 자녀를 낳은 이후 아버지나 어머니가 배교했을 경우, 그 자녀는 계속해서 무슬림으로 남는다. 즉 아이를 낳은 이후 아버지와 어머니가 기독교로 개종했을 경우 자신의 자녀를 데리고 갈 수 없고, 자녀를 기독교인으로 키울 수 없다.

이슬람 절기에 양이나 소를 도살할 때 배교자는 도살할 수 없다. 배교자는 카피르이고 카피르는 부정하다고 생각하기 때문이다.[23]

오늘날 아랍 세계의 가르침도 마찬가지이다. 아랍권에서 이슬람 율법을 잘 설명하기로 유명한 사이트인 mawdoo3.com에서 배교자의 형벌은 죽음(qatl)이라고 밝히고 있다.

> 무슬림들과 4대 법학파를 포함한 모든 법학자가 배교자의 형벌은 죽음(qatl)이라는 것에 동의한다.[24] 재판관이나 무슬림 통치자는 배교자에게 회개와 이슬람으로 돌아올 것을 요청한 뒤, 그가 이슬람으로 돌아오는 것을 거부할 경우 형벌을 실행한다. 이슬람을 배교한 것이 증명되고 회개할 기미가 없는 사람에게는 배교의 형벌이 실행되는데, 그 형벌은 죽음이다.[25]

4) 오늘날 Ex 무슬림이 받는 형벌의 예

오늘날 많은 아랍 국가가 현대적인 형법을 채택하여 실행하고 있지만, 몇몇 나라에서는 여전히 샤리아법을 따르고 있다. 즉 사우디와 이란, 아프가니스탄, 수단 등의 국가들과 IS 등의 극단주의 그룹들이 통치하는 곳에서 배교자를 사형 혹은 징역에 처하고 있다(2015년경부터 정권에 의해 추진되는 '종교적 갱신' 운동의 결과 현재는 배교자에 대한 법이 완화된 부분이 있다. 하지만 징역형 등으로 여전히 처벌이 된다.). 그 외의 중동 국가들의 경우 '배교죄'란 항목은 없어도 '종교모독죄' 등의 유사한 법으로 처벌하는 경우가 허다하다.

2014년 사우디의 압둘라 국왕은 "공공질서에 해(害)를 끼치는 어떤 행위도 금지한다"는 칙령을 내렸다. 이 칙령엔 무신론자에 대한 항목도 있었는데, 국교인 이슬람을 부정하는 무신론자는 '테러리스트'라고 규정지었다. 트위터를 통해 자신이 무신론자임을 밝힌 한 남성은 이 법령에 따라 바로 '테러리스트'로 규정됐고, 법원은 그에게 징역형과 태형 외에도 우리 돈 600만 원의 벌금까지 부과했다.[26]

2015년 사우디 법원은 한 남자가 이슬람 종교를 버렸다는 이유로 사형을 선고했다고 사우디 가제트 신문이 전했다.

방글라데시에서 사우디의 공개 처형에 대해 항의 시위하는 모습(독일 DW 방송)[27]

2016년 8월에는 사우디에서 28세의 한 남성이 자신의 트위터에 "알라는 존재하지 않는다. 나는 무신론자이다"고 자신의 견해를 밝혔다가 테러범으로 기소되어 채찍으로 무려 2,000대를 맞는 태형(笞刑)과 징역 10년을 선고받았다.[28]

2014년 이집트 법원은 카림 아슈라프를 무신론 사상으로 이슬람에 해를 끼친다고 하며 종교 모독죄와 신성 모독죄를 판결하고 3년 징역을 선고했다. 그는 페이스북에 이슬람에 대해 비평하는 몇몇 글을 올린 것이 전부이다. 글을 올린 뒤 사람들이 그를 호수 주변에 데리고 가서 때리고 경찰에 인계하여 3년 징역형을 내렸다. 국제인권위원회는 그의 징역을 정부가 무신론자와 정부에 반대하는 사람을 단속하기 위한 것이라고 해설했다.[29]

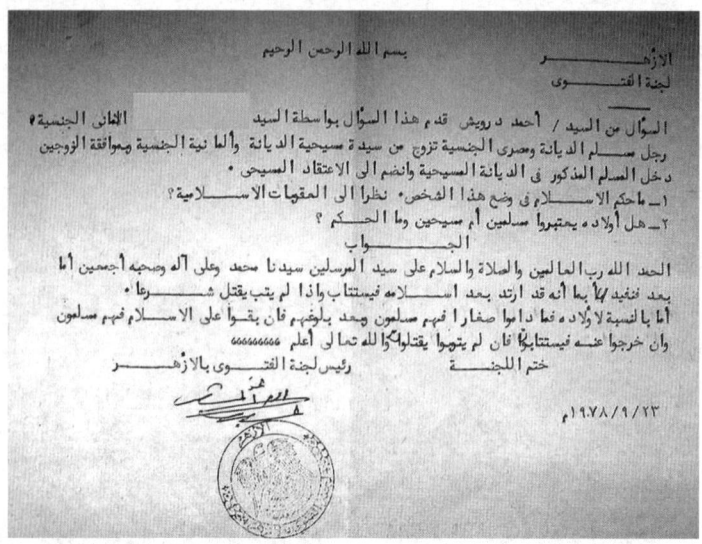

기독교로 개종한 Ex 무슬림에 대한 파트와. "위의 사람은 이슬람에서 배교했으므로 회개할 기회가 주어지며, 만일 회개하지 않을 시 이슬람 법적으로 죽임당한다. 1978.9.23. 이집트 알아즈하르 파트와 위원회 발행." 오늘날 대부분의 아랍 나라는 샤리아법이 아니라 시민법으로 통치하기에 이 법을 실행하지 않는다. 그러나 극단주의 단체들의 경우 여전히 배교자들을 처형한다.

라이프 바다위(Raif Badawi)는 1984년생 사우디 청년이다. 2012년 그는 인터넷에 이슬람을 비난하는 글을 올렸다는 이유로 투옥되었고, 그 뒤 배교죄가 추가되어 10년 징역형과 1,000대의 태형이 내려졌다. 현재 사우디의 감옥에서 건강이 나쁜 상태로 지내고 있는 것으로 알려져 있다. 같은 사우디의 무신론자인 쿨루드의 증언에 따르면 라이프는 심지어 자신이 무신론자라는 말을 하지도 않았다고 한다. 그의 잘못은 "무신론자도 그의 무신론 사상을 전파할 권리를 가졌다"는 말을 한 것밖에 없다고 한다.[30]

아흐마드 하르깐은 이집트의 대표적인 무신론자 중의 한 사람이다. 2015년 그는 자신의 무신론 신앙을 방송에서 공개적으로 발표한 뒤에 길거리에서 사람들의 공격을 받았다. 여러 사람의 고발로 인해 본인과, 임신한 그의 아내가 경찰서에서 조사를 받았다. 그런 가운데 그의 아내가 경찰들로부터 구타를 당해 유산을 하기도 했다.[31]

사우디의 Ex 무슬림 쿨루드는 무신론자들이 당하는 어려움을 이렇게 말한다.

사우디 출신의 Ex 무슬림 쿨루드 모습
(<용감한 형제> 제410편 화면)

제가 이슬람을 떠나서 무신론을 지향하게 된 이후 사회적으로 외톨이가 되었습니다. 가장 가까운 사람들조차도 저를 떠나갔고, 저의 가족도 저를 죄인 취급했습니다. 무신론자들은 직장에서도 문제가 생깁니다. 예를 들어 저의 친구 이슬람 이브라힘은 직장에서 쫓겨나서 현재 직장이 없습니다. 그 이유는 단지 페이스북에 페이지를 개설하여 다른 사람들에게 무신론 신앙을 전했다는 이유 때문입니다. 무신론자들이 겪는 가장 큰 문제는 살해와 고문과 투옥 등이 일어난다는 것입니다. 예를 들어 사우디나 이란이나 수단 같은 나라에서는 무신론을 용서하지 않습니다. 곧바로 배교죄로 이들을 살해합니다. 반면 다른 아랍 나라들에서는 무신론자를 감옥에 투옥하고 고문합니다.[32]

이처럼 중동 나라에서의 Ex 무슬림은 신앙의 자유가 없다. 이슬람을 떠났다는 이유만으로 지적 수준이 낮은 사람이 되고, 부패한 파렴치범이 되며, 범법자가 되고 테러리스트가 된다. 그뿐만 아니라 그들은 배교자가 되어 죽음이 마땅한 사람이 되며, 실제로 여러 가지 형벌에 직면하게 된다.

8. 이집트 무슬림 유형 분류

아랍 국가의 사람들은 무슬림들을 종교적 성향에 따라 사람들을 특정한 그룹으로 구분한다. 매스컴과 SNS, 토론과 강의, 뉴스, 그리고 여러 책 가운데서 무슬림들을 특정한 카테고리로 구분한다. 이 구분에 따라 무슬림은 이슬람의 교리를 적용하는 것이 달라지고 특정한 이슈를 보는 시각이나 다루는 방법이 달라진다.

다음 도표의 내용은 필자가 정리한 것이다. 모로코인 Ex 무슬림 라쉬드가 구분하는 내용[33]과 이집트인 Ex 무슬림 무함마드 라후마 박사가 구분하는 것[34]에 힌트를 얻어 작성한 것이다. 여러 Ex 무슬림들과 수많은 대화를 계속하며 내용을 구체화하고 발전시킨 것이다.

필자는 이집트 무슬림의 유형을 **극단주의 무슬림, 독실한 무슬림, 온건한 무슬림, 세속주의 무슬림, Ex 무슬림**으로 나누었다.

각각 유형들의 중요한 이슈 혹은 율법 준수에서의 차이점들은 아래 도표와 같다. 도표의 맨 아래에 기록된 각 유형의 비율은 필자가 여러 Ex 무슬림에게 질문해서 얻은 추정치이며, 공식적인 통계조사 결과는 아니다. 다음 도표에서 각 부류 무슬림의 특징들과 신앙과 생활에서 구분되는 점이 어떤 것이 있는지를 확인해 보자. 앞으로 필자의 책을 읽을 때 이 구분이 이해에 많은 도움이 될 것이다.

제1장 용어 설명 59

1) 이집트 무슬림 유형 도표

이집트 무슬림 유형 (○ - 인정하고 실행함, × - 부정하고 실행하지 않음, △ - 인정하지만 실행하지 않음, 혹은 사람에 따라 다를 때.)

신앙과 생활의 원천	극단주의 무슬림 Radical Muslim/Extremist مسلم متطرف أو أصولي	독실한 무슬림 Pious Muslim مسلم متدين	온건한 무슬림 Moderate Muslim مسلم معتدل	세속주의 무슬림 Secular Muslim مسلم علماني	무신론자 ملحد	Ex 무슬림 개종자 مبشّر
	꾸란과 하디스. 이슬람주의 이맘들의 해석 및 특히 와하비 성향 쉐이크들의 해석 따름	꾸란과 하디스. 원리주의 이맘들의 해석이나 보통의 쉐이크들의 해석 따름	꾸란과 하디스가 원천이지만 자신의 이해가 포함됨. 기도, 개방적 사고를 가진 쉐이크들의 해석 따름	꾸란만 인정. 하디스와 순나를 거부하고 '개시에 이유' 예 동의하지 않음, 종교와 국가의 분리를 주장	꾸란과 하디스를 완전히 부인, 이슬람을 완전히 거부, 신의 존재를 부인하거나 다른 종교로 개종	
이슬람 신앙고백 (샤하다)	○	○	○	△	×	×
의무사항 실천 (기도, 금식, 자카, 성지순례)	○	○	○	△	×	×
폭력적 지하드 (소수 지하드)	인정하고 실행하거나 실행을 원함	인정하나 실행하지 않음	부정	부정하고 비판함	부정하고 비판함	×
하잡/니캅, 턱수염	○	○	△	×	×	×
샤리아 형벌 실행 (손발 절단, 투석형, 태형, 사형)	○	△	×	×	×	×
칼리프 제도 실행	○	△	×	×	×	×
노예제도 (믈크야민) 실행	○	△	×	×	×	×
딤미제도 실행	○	△	×	×	×	×
기독교인을 카피르라 함	○	△	×	×	×	×
릿다 처벌 (배교자 처벌)	○	△	×	×	×	×
대표적 그룹/인물	살라피 무슬림, IS, 알케에다, 보코하람, 무슬림 형제단, 안사르 베이트, 알 샤바브, 바다위, 아부 이스하크, 후와이니, 무함마드 하산	대부분이 양양조하므로 쉐이크, 아흐마드 메엘, 무함마드 거블릴, 무스타파 호스니, 살리드, 칼리드 긴디	수피 무슬림. 무함마드 샬란(추구연수). 카이로 대마판이(아나운서). 아므루 하림(인론인). 가장 숫자가 많음	아흐마드 술히 만수르, 요셉 지단, 나스르 하미드 아부 자이드, 파랑 포다, 나드르 이브라힘 아양시. 알타르 문타시로, 베예스 슬립카나, 이슬람 브에이크, 알호카 자벨	하미드압달 사미드, 압둘메세이호, 이스마야임, 무함마드, 쉐리프 개렐, 쉬알, 클루르, 윌프.	라시드, 외히드, 상누부, 피오르, 아메나
비율 (추정치)	10%	20%	50%	10%		10%

- '극단주의 무슬림', '독실한 무슬림', '온건한 무슬림', '세속주의 무슬림', 'Ex 무슬림'은 각각 이슬람에 대한 이해나 관점이 다르고, 신앙과 실천의 구체적인 내용 혹은 성향이 다르다.
- 왼쪽인 극단주의 무슬림으로 갈수록 이슬람 신앙 고백과 의무 사항, 샤리아 율법의 실천에 ○ 표가 많고, 오른쪽인 Ex 무슬림으로 갈수록 × 표가 많다. 왼쪽인 극단주의 무슬림으로 갈수록 꾸란과 하디스의 가르침을 신앙과 생활의 원천으로 삼고 그것을 잘 실천하는 사람이고, 오른쪽인 Ex 무슬림으로 갈수록 꾸란과 하디스의 가르침에서 멀리 있는 사람이다.
- '극단주의 무슬림'은 '원리주의 무슬림', '근본주의 무슬림', '이슬람주의자' 등의 다른 용어로도 사용된다.
- '극단주의 무슬림'은 꾸란과 하디스의 가르침을 가장 잘 실천하는 사람이므로 이슬람의 본질에 가장 가까운 사람이고, 그다음이 '독실한 무슬림'이다. 이에 비해 'Ex 무슬림'(무신론자 + 개종자)은 이슬람의 본질에서 가장 멀리 있는 사람이다. 'Ex 무슬림'과 '세속주의 무슬림'은 현대적 서구적 가치관에 영향을 많이 받는 사람이다.
- '극단주의 무슬림'과 '독실한 무슬림'의 차이는 신앙과 생활의 원천에서 꾸란과 하디스와 정통 선조 이맘들의 가르침을 문자적으로 인정하고 실천하느냐, 아니면 그것을 인정하지만 그중의 일부를 실천하지 않느냐의 차이이다. 즉 극단주의 무슬림은 폭력적인 지하드(소지하드)와 샤리아 형벌, 칼리프 제도, 밀크야민 등을 인정하고 실천하거나 실천해야 한다고 주장하는 사람들이다. 이에 비해 독실한 무슬림은 꾸란과 하디스와 정통 선조 이맘들의 가르침을 마음으로 인정하지만 그 중의 일부를 실천하지 않는 사람들이다.
- '극단주의 무슬림'의 비율은 10% 정도로 소수이지만, 이슬람의 본질적 가르침을 가장 충실하게 따르는 사람들이다.

혹자는 필자의 책이 10%밖에 되지 않은 '극단주의 무슬림'이 주장하는 내용을 대폭 기록하면서 그들을 마치 이슬람 전체를 대표하는 사람들인 양 사실을 호도한다고 말할 수도 있다. 그러나 문제의 핵심은 비율이나 숫자에 있는 것이 아니다. 문제의 핵심은 어떤 사람들이 본질을 간직하고 있는가에 있다. 본질은 가장 중요한 뿌리이며 DNA이다. 시대와 상황이 바뀌어도 바뀌지 않는 핵심 가치(core value)이다. 전체를 주도하고 정체성을 결정할 수 있는 창조적 소수이다. 따라서 어떤 개인이나 집단이 소수라고 하더라도 그들이 DNA와 핵심 가치를 가지고 있다면 그들이 전체를 대표할 수 있는 것이다. 이슬람의 핵심 가치와 본질을 이 책을 통해서 살펴보도록 하자.

- 'Ex 무슬림'(무신론자 + 개종자)은 맨 오른쪽에 위치한다. 그들은 무신론자와 개종자를 말하는 것으로, 이슬람의 신앙과 의무 사항 모두를 부정하여 이슬람을 떠난 사람들이다. 이들은 이슬람을 떠났지만 이슬람의 본질이 무엇인지 누구보다 잘 알고 있는 사람이다.
- 'Ex 무슬림'은 이 도표의 '극단주의 무슬림'이 믿고 따르는 내용이야말로 이슬람의 본질적 가르침이라고 증언한다. 이 책에서 'Ex 무슬림'이 이슬람에 대해 비판하는 내용의 대부분은 '극단주의 무슬림'이 믿고 주장하는 내용을 비판하는 것이다. 그들이 이슬람을 떠난 이유는 '극단주의 무슬림'이 믿고 따르는 이슬람의 본질적 문제들로 인한 것이다.
- 이집트의 무슬림들을 성향별로 구분한 것이지만, 다른 아랍 국가들이나 다른 이슬람 국가들의 무슬림 유형도 거의 비슷하다고 볼 수 있다. 그러나 비율은 나라마다 다를 수 있다.
- '극단주의 무슬림'이나 '독실한 무슬림, 혹은 '온건한 무슬림'도 신념이 변할 수 있으며, 극적으로 'Ex 무슬림'이 될 수도 있다. 반면에 '온건한 무슬림'이나 '독실한 무슬림'도 '극단주의 무슬림'이 될 수 있다.

2) 무슬림 유형별 가치 기준

위의 도표는 극단주의 무슬림으로 갈수록 경전(꾸란과 하디스) 중심의 사고와 판단을 하며, Ex 무슬림으로 갈수록 이성 중심의 사고와 판단을 하는 것을 보여 준다. 즉 극단주의 무슬림으로 갈수록 경전을 문자적으로 해석하고 그 내용 그대로 따르려고 하며, Ex 무슬림으로 갈수록 경전이 아닌 이성과 합리성에 따라 판단하고 행동하려 한다. 또한 극단주의 무슬림으로 갈수록 이슬람의 본질적 가치를 추구하며, Ex 무슬림으로 갈수록 현대적 서구적 가치관 즉 세속주의를 추구하는 것을 보여 준다.

오늘날 독실한 무슬림과 온건한 무슬림 그리고 세속주의 무슬림 그룹의 많은 사람은 자신들이 '**온건주의 이슬람**'(Moderate Isalm)[11]을 표방한다고 주장한다.

'온건주의 이슬람'은 '**극단주의 이슬람**'(Islamic Extremism)의 대척점에 있는 것으로 오늘날 서방 나라들에 진출한 무슬림 대부분이 지향하는 바이기도 하다. '온건주의 이슬람'은 한편으론 이슬람 극단주의들이 행하

---

11 Moderate Islam의 정확한 번역은 '온건한 이슬람'이다. 여기서는 '극단주의 이슬람' 이란 용어에 필적하는 개념으로 소개하고자 '온건주의 이슬람'으로 번역한다.

는 테러, 군사적 지하드, 급진적 이슬람주의 등을 반대하고,³⁵ 다른 한편으론 이슬람이 현대인들에게 부정적으로 비춰지는 모습에 대해서 적극적으로 변호하며 이슬람의 긍정적인 모습을 보여 주기 위해 노력한다. 그들은 이슬람이 원래 아름답고 평화로운 종교였으며 무함마드는 완벽한 도덕적인 모델이라고 믿는다.

이들 온건주의 무슬림은 '극단주의 이슬람'의 폭력성과 야만성에 반대하며 그러한 이슬람이 참된 이슬람이 아니라고 한다. 그들은 극단주의 이슬람과 차별성을 보이면서도, 그들 내면적으로는 극단주의 무슬림이 이슬람의 전통과 무함마드의 순나ⁿⁱ를 지키고 실행하는 것을 높이 사고 부러워하기도 한다. 오늘날 이들이 표방하는 이슬람을 '중도적 이슬람'(al-Islām al-Wasaṭi)이라고 부르기도 한다.

오늘날 많은 사람은 '온건주의 이슬람'이 진정한 이슬람이라고 생각한다. 이슬람 국가의 무슬림들뿐만 아니라 비이슬람 나라들의 많은 정치인과 학자, 지식인이 그렇게 생각한다. 우리나라도 마찬가지이다. 온건주의 무슬림이 외치는 '이슬람은 평화의 종교이다'라는 주장을 그대로 믿고 받아들인다.

그러나 Ex 무슬림의 증언을 종합할 때 진정한 이슬람은 '온건주의 이슬람'이 아니라 '극단주의 이슬람'이다. 왜냐하면 '극단주의 무슬림'이 믿고 따르는 내용들이 꾸란과 하디스 등의 이슬람의 본질적인 가르침과 동일하기 때문이다. 그 좋은 예가 앞의 도표에서도 나타난다. 즉 앞의 '이집트 무슬림 유형' 도표에서 '극단주의 무슬림'의 경우 체크 리스트 전체가 ○표로 표시되어 있다. 즉 '폭력적 지하드', '히잡/니깝', '턱수염', '샤리아 형벌의 실행' 등의 체크 리스트 전체의 내용을 동의하거나 실천한다는 말이다. 따라서 '극단주의 무슬림'이 이슬람의 본질적인 가르침

ⁿⁱ 무함마드 선지자가 행하거나 전하거나 묵시적으로 승인한 내용으로서 무슬림이 따라야 하는 행위나 관습.

을 가장 잘 따르는 사람들이다.

반면 '온건주의 이슬람'(혹은 온건한 이슬람) 혹은 '중도적 이슬람'은 전통적인 이슬람의 교리와 신앙에 서구의 계몽주의와 현대주의, 그리고 보편적 도덕관념이 융합된 현대적 이슬람이라 볼 수 있다.

9. Ex 무슬림 45인의 증언 분석

필자는 이 책 저술을 시작하기 전 유튜브 동영상들에 주목했다. 아랍어와 영어 동영상 가운데 <나는 왜 이슬람을 떠났는가?>(Why I left Islam)라는 제목의 동영상이 많은 것에 주목했다. 그런 동영상들은 Ex 무슬림이 왜 이슬람을 떠나게 되었는지, 자신이 이슬람에 대해 경험한 것이 무엇인지, 이슬람의 문제가 무엇인지 등을 잘 소개하고 있었다. 아랍 언론에서 '무신론 현상'이라 할 정도로 많은 Ex 무슬림이 발생했지만, 실제 생활에서 그들을 만나기는 쉽지 않다. 그런 가운데서 동영상을 통해 그들을 만날 수 있어서 참 다행스러운 일이었다.

유튜브에 이 제목으로 녹화된 동영상 숫자가 생각보다 많았다. 발견하는 대로 그것들을 들었고, 그 가운데 이슬람을 떠난 이유를 분명하게 진술하는 것 45개를 고를 수 있었다. 영어로 녹화된 것이 25개이고, 아랍어로 녹화된 것이 20개였다. 45명 가운데 현재 자신의 종교를 기독교인이라고 밝힌 사람이 8명이고, 무신론자라고 밝힌 사람이 13명, 그 외 20명은 자신의 현재의 종교에 대해서 밝히지 않았다.

그 뒤 그 내용을 일일이 기록하고 분석해 들어갔다. 그들의 증언이 인터뷰 형식으로 진행하는 것도 있었지만, 대부분은 정해진 틀 없이 개인의 경험과 생각을 이야기하는(storytelling) 형식이었다.

그들의 이야기를 들으면서 그들이 이슬람을 떠난 이유에 대한 카테고리를 만들 수 있었다. 즉 경제적인 이유, 사회적인 이유, 서양 사상의 영향,

타종교의 영향, 이슬람 자체의 문제 이렇게 다섯 가지로 나누었다. 경제적인 이유는 경제적인 어려움으로 이슬람을 떠난 경우이다. 사회적인 이유는 친구나 이웃 등의 사람과의 관계로 인해 이슬람을 떠난 경우이고, 서양 사상의 영향은 서양의 철학과 가치관 혹은 과학의 영향을 말한다. 타종교의 영향은 기독교인 등에 영향을 받은 경우를 말한다. 이슬람 자체의 문제는 이슬람 내부의 여러 가지 문제로 이슬람을 떠난 경우이다.

이렇게 카테고리를 정하고 45명의 동영상 내용을 분석하니 45명의 증언 가운데 가장 많은 이유가 이슬람 자체의 문제로 인한 것이었다. 45명 중 40명이 그런 경우로서 88.8%나 되었다. 영어로 녹화된 25명 가운데 20명이 이슬람의 문제로 인해 떠났고, 아랍어로 녹화된 20명 가운데 20명 전체가 이슬람의 문제로 인해 떠났다. 그다음이 서양 사상의 영향으로 인한 것이었고, 세 번째가 타종교의 영향으로 인한 것으로 분석할 수 있었다. 이에 비해 경제적인 이유나 사회적인 이유는 아주 적게 파악되었다.

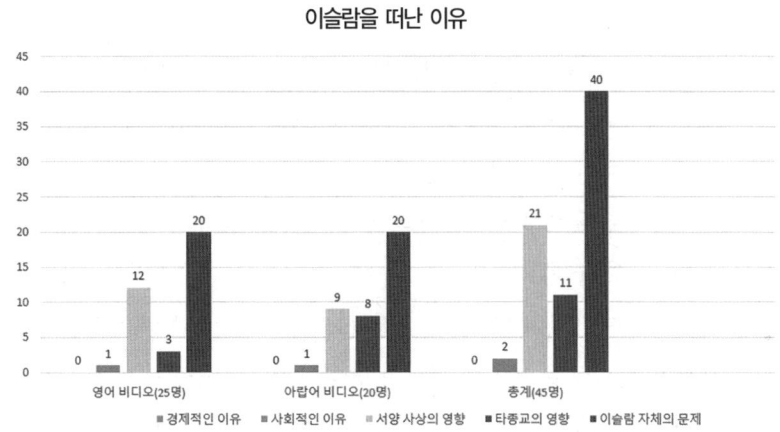

위의 도표에서 보듯이 오늘날 Ex 무슬림이 이슬람을 떠나는 가장 분명하고 일반적인 이유는 이슬람 자체의 문제들로 인한 것이다. 이러한 결과

는 모로코인 Ex 무슬림 라쉬드가 아랍 세계의 무신론 현상을 분석한 것과 동일한 결과이다. 라쉬드는 오늘날 무신론 현상이 서방의 영향이나 경제적인 문제 등의 원인이 아니라 이슬람 자체의 문제로 인한 것이라고 규정하고 있다.[36]

그렇다면 이슬람 자체의 어떤 문제로 인한 것인가?

Ex 무슬림의 증언들을 정리해보니 세부적인 문제들이 수없이 많은 것을 발견할 수 있었다. 각자가 느끼는 것이 다르기에 그 종류는 참 많았다. 그런 내용들을 종합해 보니 그 문제들은 **이슬람 신의 문제, 경전의 문제, 창시자의 문제, 이슬람 역사의 문제, 이슬람 여성 문제** 등으로 나눌 수 있었다. 그래서 필자는 이 내용을 순서대로 기록하기로 마음먹었다. 이 책은 제4장 꾸란, 제5장 무함마드, 제6-9장 이슬람의 역사(지하드, 노예 제도, 딤미 제도, 이슬람 파시즘), 제10장 이슬람 여성의 순서로 기록하게 되었다. 이 책에서 Ex 무슬림이 증언하는 이슬람의 문제들을 구체적이고 자세하게 설명했다. 또한 그들이 증언하는 내용의 근거 자료까지 일일이 찾아서 제시했다.

앞에서 필자가 선택한 45명 가운데 현재 자신의 종교를 기독교인이라고 밝힌 사람이 8명이고, 무신론자라고 밝힌 사람이 13명, 그 외 20명은 자신의 현재의 종교에 대해서 밝히지 않았다고 했다. 여기에서 무신론자 숫자가 13명이고 기독교인 숫자가 8명인 것을 확인하라.

사실 인터넷 유튜브에서 이슬람을 떠난 이유를 밝히는 동영상들을 보면 자신이 기독교인이라고 밝히는 동영상이 자신을 무신론자라고 밝히는 동영상보다 그 숫자가 많다. 그렇지만 필자는 탈이슬람 현상(혹은 무신론 현상)을 조사하며 기독교로 개종한 사람의 동영상보다는 무신론자라고 밝히는 사람의 동영상을 우선적으로 수집했다. 그 이유는 Ex 무슬림이 이슬람을 떠나는 이유가 기독교의 영향으로 인해서가 아니라 이슬람 자체의 문제로 인한 것임을 객관적으로 보여 주기 위해서 그렇게 했다.

필자가 확보한 45명의 〈나는 왜 이슬람을 떠났는가?〉(Why I left Islam) 동영상 분석

Num	Name	Sex	Country	Kind	1. 경제적	2. 사회적	3. 서양사상	4. 타종교	5. 이슬람
1	Omar	M	Egypt	Atheist					1
2	Sandman	M		Atheist			1		
3	Ghada	F	Saudi						1
4	Ava Talks	F					1		1
5	Anisa	F					1		
6	Mimzzy Vidz	F		Atheist			1		1
7	Harris Sultan	M	Pakistan				1		
8	Brother Ismail	M	Western						1
9	Hazem Farraj	M	Am Palestinian						1
10	Abdo Allah Am(	M	Saudi				1		1
11	Ex Muslim	M						1	1
12	Wafaa SulTaar	F	Syria	Atheist			1		1
13	Sarah	F	India						1
14	Shorooq	F	Saudi						1
15	Ex Muslim	M					1		1
16	CEMB Forum	M					1		
17	Faisal - Salwa	F	Saudi	Atheist					1
18	Abdullah Same	M		Atheist			1		1
19	Omar Mallad	M					1		1
20	Apostate Proph	M	Turkey						1
21	Khadija	F	Pakistan	Christian	1			1	1
22	AlFady	M	Saudi	Christian				1	1
23	Sarah Haider	F	Pakistan	Atheist					1
24	Egyptian Beni	M	Egypt	Atheist			1		1
25	Zara Kay	F	Tanza-Australian						
1	Ahmad Harqan	M	Egyptian						1
2	Khulud	F	Saudi				1		1
3	Egypian ExMus	M	Egyptian				1		1
4	Sarah	F	Egyptian	Christian				1	1
5	Ladiini Masry	M	Egyptian	Atheist					1
6	무명								1
7	Bariino	M	Egyptian	Christian				1	1
8	Maryam	F	Egyptian	Christian	1			1	1
9	Rida	M	Egyptian	Christian				1	1
10	Walid Huseiny	M	Palestine	Atheist			1		1
11	Jihaan Mahmu	F	Egyptian	Christian				1	1
12	Emirate	F	Emiate						1
13	Hasan Jawrni	M		Atheist			1		1
14	Maram 2	F	Egyptian	Christian				1	1
15	Murista	F	Holand				1		1
16	Ehap SA	M					1		1
17	E1	F	Egyptian	Atheist			1	1	1
18	Hishaam	M	Moroccan	Atheist			1	1	1
19	Masked Arab	M	Shaam				1		1
20	Ahmed A. R	M							1
Sum					0	2	21	11	40

기독교로 개종한 개종자의 증언들과 무신론자가 된 사람의 증언들을 들어 보면 한 가지 중요한 점을 발견한다. 그것은 그들이 이슬람의 문제들을 지적하는 내용이 동일하다는 것이다. 다시 말해 Ex 무슬림이 지적하는 이슬람의 문제들은 현재 그들이 무신론자인가 혹은 개종자(기독교인, 힌두교인, 시크교인 등)인가에 상관없이 그 내용이 동일하다. 무신론자와 개종자가 경험하고 증언하는 이슬람의 본질과 실체는 하나라는 것이다. 때문에 그들은 이슬람의 본질을 증언하고 일반 무슬림들을 계몽하는 일을 연합하여 함께하기도 한다. 이런 것을 볼 때 이슬람의 문제들에 대한 그들의 주장은 불특정 소수의 근거 없는 종교 비난이 아니라 객관성을 담보하는 객관적인 사실이란 것을 확인할 수 있다.

미주

1 https://en.wikipedia.org/wiki/List_of_former_Muslims, 2020년 7월 12일.
2 https://www.bbc.com/arabic/middleeast/2015/08/150831_arab_atheism, 2020년 5월 27일.
3 https://news.joins.com/article/23285109, 2020년 5월 27일.
4 https://en.wikipedia.org/wiki/Rahaf_Mohammed, 2020년 5월 27일.
5 https://www.alhurra.com/a/Egypt-new-proposal-to-incriminate-atheism/410666.html, 2018년 6월 16일.
6 https://www.bbc.com/arabic/middleeast/2015/08/150831_arab_atheism, 2020년 5월 27일.
7 al-'Akh Rashid, Su'āl Jarī'(용감한 질문) 제410편 이슬람 세계에서의 무신론 현상, https://www.youtube.com/watch?v=s8DQUzT5wUY&t=253s, 2020년 5월 27일.
8 https://elaph.com/Web/News/2017/12/1183390.html, 2020년 5월 27일.
9 https://elaph.com/Web/News/2017/12/1183390.html, 2020년 5월 27일.
10 https://www.youm7.com/story/2018/1/8/ع-الما-13-مقرو-داحلاال-ىف-ىلوألا-رصم-ايفى-الاهرباـ-!ازىا/3591001, 2020년 5월 27일.
11 al-'Akh Rashid, Su'āl Jarī'(용감한 질문) 제411편 무신론자들은 무엇을 원하는가?, https://www.youtube.com/watch?v=yhODei7-aWM, 2020년 5월 27일.
12 https://manshoor.com/people/atheism-in-arab-world/, 2020년 5월 27일.
13 https://manshoor.com/people/atheism-in-arab-world/, 2020년 5월 27일.
14 https://www.alalamtv.net/news/1810811/ىلع-جمع-ةـ5--م-لحدينو--10مـهنمـ-عزالنينمـنـبرانا, 2019년 9월 11일.

15 https://www.youm7.com/story/2018/1/8/مصر-أولى-في-الإلحاد-ومرفق-13-العالمي-في-الرهاب/«إزاى»/3591001, 2020년 5월 27일.
16 https://www.washingtonpost.com/news/worldviews/wp/2013/05/23/a-surprising-map-of-where-the-worlds-atheists-live/, 2020년 5월 27일; http://goodnews1.com/m/news_view.asp?seq=54158, 2020년 2월 21일.
17 https://www.france24.com/ar/20140407-السعودية-ديانة-الإلحاد-توتيرت-فيسبوك-تقرير, 2020년 5월 27일.
18 https://assabah.ma/485674.html, 2020년 12월 22일.
19 https://assabah.ma/485674.html, 2020년 12월 22일.
20 https://www.bbc.com/arabic/magazine-48661721, 2020년 5월 27일; https://www.bbc.co.uk/news/world-middle-east-48703377, 2020년 5월 27일.
21 https://mawdoo3.com/ام_هي_القدر, 2020년 5월 27일; https://mawdoo3.com/ام_وه_دح_القدر_في_الإسلام, 2020년 5월 27일.
22 http://www.jameataleman.org/main/articles.aspx?article_no=1308, 2019년 10월 16일.
23 http://www.jameataleman.org/main/articles.aspx?article_no=1308, 2019년 10월 16일.
24 https://mawdoo3.com/ام_هي_القدر, 2020년 6월 14일.
25 https://mawdoo3.com/ام_وه_دح_القدر_في_الإسلام, 2020년 6월 14일.
26 http://news.chosun.com/site/data/html_dir/2016/09/02/2016090201209.html, 2020년 5월 28일.
27 https://en.wikipedia.org/wiki/Raif_Badawi, 2020년 5월 28일; https://www.skynewsarabia.com/middle-east/718661-أتجي-لي-جد-مدون-سعودي-للمرقة-الثانية, 2020년 5월 28일; al-'Akh Rashid, Su'āl Jarī'(용감한 질문) 제410편 이슬람 세계에서의 무신론 현상, https://www.youtube.com/watch?v=s8DQUzT5wUY&t=253s, 2020년 5월 27일.
28 http://news.chosun.com/site/data/html_dir/2016/09/02/2016090201209.html?facebook_topics, 2020년 5월 28일.
29 https://www.bbc.com/arabic/middleeast/2015/08/150831_arab_atheism, 2020년 5월 28일.
30 https://www.bbc.com/arabic/middleeast/2015/08/150831_arab_atheism, 2020년 5월 28일.
31 al-'Akh Rashid, Su'āl Jarī'(용감한 질문) 제410편 이슬람 세계에서의 무신론 현상, https://www.youtube.com/watch?v=s8DQUzT5wUY&t=253s, 2020년 5월 27일.
32 al-'Akh Rashid, Man Yumaththil al-Islām(누가 이슬람을 대표하는가?), https://www.youtube.com/watch?v=TGanNpD0_Ow, 2020년 5월 28일.
33 Muḥammad Raḥūmah, 'Azminah al-Jahl(무지의 시기), 훈련 교재
34 https://en.wikipedia.org/wiki/Moderate_Muslim, 2020년 8월 1일
35 al-'Akh Rashid, Su'āl Jarī'(용감한 질문) 제410편 이슬람 세계에서의 무신론 현상, https://www.youtube.com/watch?v=s8DQUzT5wUY&t=253s, 2020년 5월 27일.
36 https://www.dw.com/ar/بفعل-الدولية-خمسة-ناشطات-يواجهون-الإعدام-في-السعودية/a-45190510, 2020년 6월 10일.

제2장
Ex 무슬림과 카피르

1. Ex 무슬림은 누구인가?

그들은 배신자라 불린다. 신의를 깼다는 의미이다. 배교자라 불린다. 이슬람 종교를 등지고 떠났다는 의미이다. 개종자라 불린다. 그들 가운데는 다른 종교로 개종한 사람도 있기 때문이다. 무신론자라 불린다. 그들 가운데는 신의 존재를 부인하는 사람들이 있기 때문이다. 그러나 이러한 모든 단어로도 이슬람에서의 Ex 무슬림의 의미를 설명하기에는 부족하다.

그렇다면 Ex 무슬림은 누구인가?

특히 이슬람 공동체에서 그들은 누구인가?

다른 무슬림 이웃들로부터 어떻게 불리는가?

이슬람에서 그들을 부르고 취급하는 용어가 있다면 그것이 바로 그들의 정체를 가장 잘 표현하는 단어가 되는 것이다.

이슬람에서 Ex 무슬림을 부르는 아주 특별한 단어가 있다. 그것은 '카피르'(kāfir)이다. 이 단어처럼 이슬람에서 그들의 신분과 처지를 정확하게 설명하는 용어는 없다. '카피르'는 이슬람의 경전인 꾸란에서 Ex 무슬림(무신론자와 개종자)을 규정하는 단어이다. 1,400년 이슬람 역사에서 그들을 범죄자로 낙인찍는 말이고, 오늘날 이슬람 공동체에서 그들을 저능하고 비윤리적인 사람이라고 규정하는 주홍글씨이다. 오늘날 그들이 자신의 가족과 친구와 공동체로부터 따돌림당하고 박해받는 모든 문제의 원인은 바로 그들이 카피르이기 때문이다.

국내의 한글 번역 꾸란을 보면 카피르를 '불신자'라고 번역하고 있다. 나중에 보겠지만 카피르는 일반적인 불신자가 아니라 '이슬람의 알라와 무함마드를 믿지 않는 불신자'란 의미이다. 또 다른 번역을 보면 이 단어를 '이교도'(infidel)로 번역하기도 한다. 일반적으로 '이교도'는 이교(異敎)를 믿고 있는 사람을 배타적으로 구분할 때 사용하는 말이다. 그렇다면 '카피르(kāfir)는 일반적인 '이교도'가 아니라 '이슬람을 믿지 않는 이교도'라고 말할 수 있다.

모로코 출신의 Ex 무슬림 라쉬드가 방송을 진행하는 모습. 그는 2000년대 중반부터 위성방송을 통해 이슬람을 객관적으로 비평하는 일을 하고 있다. <용감한 질문>이란 프로그램을 10년 이상 진행했고, 현재는 <명명백백하게>(Bi Kull Wudū)라는 프로그램을 진행하고 있다. 여러 SNS에서 많은 팔로워를 확보하고 있고, 그로 인해 이슬람을 떠났다는 사람들이 수없이 많다.

필자는 이 책에서 카피르를 '불신자'나 '이교도'로 표기하지 않고 아랍어 단어 그대로 '카피르'(kāfir)로 표기한다. 그 이유는 이 단어의 개념이 다른 종교에는 없는 '이슬람의 알라와 무함마드를 믿지 않는 자'란 의미이기 때문이다. 또한 기존의 '불신자'나 '이교도'란 번역이 '카피르'의 의미를 다 담을 수 없기 때문이다. 더 나아가 이슬람은 이 단어를 이슬람을 믿지 않는 사람들에게 차별적이고 배타적이며 경멸하는 의미로 사용하기 때문이다.

이 단어는 이슬람의 종교관을 가장 잘 나타내는 용어 중 하나이다. 모로코인 Ex 무슬림 라쉬드(Rashid)는 이 단어에 대해 이렇게 기록하고 있다.

> 이슬람 용어 사전에 존재하는 단어들 가운데서 '카피르'(kāfir)는 가장 위험한 단어이며, 가장 인종차별적 단어이다. 이 단어는 무슬림이 이슬람을 믿지 않고 그의 메신저 무함마드를 믿지 않는 모든 사람에 대해서 반복해서 부르는 말이다. 또한 이슬람을 떠난 배교자나, 이슬람의 필수요소

를 부인하는 자들을 부르는 말이다. 어떤 무슬림이 '카피르'(kāfir)로 기소되게 되면 그 사람은 피 흘림이 합당한 사람 즉 죽여도 되는 사람이 된다. 그래서 사람들은 '그를 죽여라'란 분명한 말을 사용하는 대신에 '그는 카피르이야'라고 암시를 보낸다. 그 순간부터 그의 목숨은 위험에 처할 수 있게 된다.[1]

이처럼 위험한 용어이고 인종차별적 용어가 오늘날도 Ex 무슬림을 대상으로, 혹은 타종교인을 대상으로 사용되고 있다. 따라서 필자는 이 용어를 번역하지 않고 그대로 '카피르'로 사용한다. 필자가 꾸란 구절을 번역할 때는 이 단어를 '불신자'(kāfir)로 표기한다. 영어 발음 기호를 표기하여 그 단어의 원래 의미가 'kāfir'(카피르)인 것을 나타냈다.

이집트 출신의 저술가로 『이슬람의 인권과 여성』(4HIM)이란 책을 쓴 노니 다르위시(Nonie Darwish)는 자신이 지은 다른 책 영어 제목을 『이제 그들은 나를 이교도로 부른다』(Now they call me Infidel)라고 했다. 소말리아 사람으로 『나는 왜 이슬람 개혁을 말하는가』(책담)를 지은 아얀 히르시 알리(Ayaan Hirsi Ali)는 자신이 쓴 다른 책의 영어 제목을 『이교도』(Infidel)라 했다.

이 두 책에서 '이교도'(Infidel)란 단어가 공통으로 사용되고 있다. 이 단어를 아랍어로 바꾸면 무슨 단어가 될까? 바로 '카피르'(kāfir)이다. 다시 말해 노니 다르위시나 아얀 히르시 알리는 그들의 고국에서 그들의 이웃으로부터 '카피르'(kāfir)라 불린다는 것을 알 수 있다. 무슬림들은 그들이 저능하고 부도덕하며 죽음에 합당한 사람이란 의미로 이 단어를 사용하며 그들을 욕하고 저주하는 것이다.

사우디 쉐이크 무함마드 브니 살리흐 알아티미인(Muḥammad bni Ṣāliḥ al-'Athīmīn)은 Islamway.net 사이트에서 다음과 같은 파트와를 공표했다.

카피르는 알라와 그의 메신저(무함마드)와 믿는 자들의 원수이다. 그래서 모든 마음을 다해 카피르(kāfir)를 증오해야 한다.[2]

이런 가르침은 한 쉐이크만의 말이 아니라 이슬람 세계에서 대부분의 쉐이크가 하는 말이다. 인터넷에 들어가면 수두룩하게 쏟아진다.

물론 모든 무슬림이 항상 이 단어를 사용하는 것은 아니다. 또한 많은 경우 외국인에게는 이런 내용을 숨긴다. 그러나 이것은 그들의 1,400년 동안 축적된 그들의 종교이고 문화이기에 부인할 수 없다. 꾸란과 하디스의 용어이고, 샤리아법의 용어이다. 어릴 때부터 그렇게 교육받았고, 그렇게 자라났다. 그들의 무의식 가운데 남아 있는 그들의 토양이다.

그들은 오늘도 비무슬림을 향하여, 기독교인과 유대인을 향하여, 이슬람을 떠난 Ex 무슬림을 향하여, 서방 국가들을 향하여 '당신은 카피르야!'라고 외친다. 그들이 깊은 기도로 나아갈수록, 꾸란과 하디스의 내용을 공부하면 할수록, 알라에게 더욱 헌신할수록 더욱 그렇게 외친다. 그러고는 카피르(kāfir)를 척결하기 위한 지하드를 외친다.

오늘날 이슬람 세계에는 셀 수 없이 많은 라쉬드와 노니 다르위시와 아얀 히르시가 있다. 필자는 이런 Ex 무슬림들의 이야기를 청취하려 한다. 그들이 이슬람을 떠나 Ex 무슬림이 된 한 맺힌 절규를 기록하려 한다.

2. 카피르의 의미

'카피르'(kāfir)의 의미를 좀더 자세하게 알아보자. 그러기 위해 아랍어 사전에서 정의하는 일반적인 의미와 이슬람 샤리아법에서 정의하는 율법적인 의미 두 가지를 구분해서 살펴보자.

먼저 사전적 의미를 살펴본다. '카피르'(kāfir)의 동사형은 '카파라'(kaf-ara)인데 이 동사는 세 가지 의미를 가진다. 먼저는 '알라를 믿지 않다/불신하다', 두 번째는 '은혜를 부인하다, 감사하지 않다', 세 번째는 '어떤 것을 덮다'이다. 이 동사가 파생되어 동명사가 되면 '코프르'(kofr)가 되고, 사람을 지칭하는 명사로 사용되면 '카피르'(kāfir)가 된다.

세 가지 의미 가운데서 가장 많이 사용되는 경우는 첫 번째의 의미이다. 즉 '코프르'는 '알라를 믿지 않음/불신'의 의미이고, '카피르'는 '알라를 믿지 않는 자/불신자'란 의미가 된다.

이제 '카피르'(kāfir) 단어의 이슬람 샤리아법에서의 의미를 보자. 이슬람 용어 사전(Dictionary of Islamic Terms)에서 '카피르'(kāfir)의 의미를 알라와 알라의 계시와 선지자 무함마드의 보편사역(general mission)을 믿지 않고 다른 우상을 믿는 자라고 하고 있다.[3] Islam4u.com을 운영하는 쉐이크 살리흐 카르바시는 '카피르'는 '무슬림'이란 단어의 반대되는 단어로서 한 분이신 알라와 무함마드의 선지자 됨을 부인하는 자라고 하고 있다.[4]

이슬람 율법 백과 사전(al-Mawsū'ah al-Fiqhiyya)에서 '코프르'(kofr)의 의미를 '무함마드의 종교에서 믿고 있는 당연한 것을 부인하는 것으로 창조주(알라)를 부인하든지 무함마드의 선지성을 부인하는 것 등을 말한다'고 한다.[5]

모로코의 Ex 무슬림 라쉬드는 이슬람에서 말하는 '코프르'(kofr)는 '알라와 그의 메신저 무함마드를 믿지 않는 것'을 말한다고 하고 있다.

이 모든 정의를 종합하면 이슬람 샤리아법에서의 **'코프르'(kofr)**는 **'알라와 그의 선지자 무함마드 그리고 이슬람의 가르침을 믿지 않고 따르지 않는 것'**을 말하고, **'카피르'(kāfir)**는 **'알라와 그의 선지자 무함마드 그리고 이슬람의 가르침을 믿지 않고 따르지 않는 자'**를 말한다.[1]

---

[1] **'카피르'가 인종차별적인 용어가 아니라는 이슬람의 변명에 대해**: 오늘날 무슬림은 '카피르'란 단어가 종교 박해적이고 인종주의적인 단어가 아니라고 변명한다. 그러한 일례로 알아즈하르의 대표 쉐이크가 텔레비전 프로그램에 출연해서 다음과 같이 말했다. "코프르는 어떤 것을 부인한다는 말입니다. 이슬람을 잘 모르는 기독교인들은 무슬림이 우리를 '카피르'라 이름지었다고 분노합니다. 맞습니다. 그들은 '카피르'입니다. 왜냐하면 그들이 이슬람과 무함마드와 꾸란을 믿지 않기 때문입니다. 따라서 저는 이 점에서 그들을 '카피르'라 간주합니다. 그러나 똑같은 방법으로, 저는 무슬림으로서 기독교의 구원과 교리를 믿지 않습니다. 그 때문에 저는 그들에게 있어서 '카피르'인 것입니다"(https://www.youtube.com/watch?v=ZM0YHo6VdWA&t=61s, 2020년 8월 28일)라고 했다.

알아즈하르 대표 쉐이크가 '카피르'에 대해서 설명한 것을 어떻게 생각하는가? 무슬림과 기독교인 모두가 상대방 종교를 믿지 않을 경우 '카피르'가 되기에 공평하다

76 그들은 왜 이슬람을 떠나는가?

카피르(kāfir) 관련 파생어와 샤리아법에서의 의미

3. 카피르의 종류

'카피르'(kāfir) 단어의 의미에 대해서 살펴보았다. 그런데 '카피르'의 의미만 가지고는 이 단어의 위험성을 크게 느끼지 못한다. 모로코인 Ex 무슬림 라쉬드는 다음과 같이 설명한다.

고 생각하는가? 그 설명이 그럴듯하게 여겨지는가? 아니다. 그럴듯한 것이 아니라 그들의 위장과 거짓이 숨어 있는 교묘한 자기변명이다. 이 설명은 이슬람에서 '카피르'란 단어의 샤리아법적인 의미를 숨기려는 것일 뿐만 아니라, 이 단어가 가지는 기독교인들에 대한 종교 박해적이고 인권 침해적인 역사를 부인하는 간교한 거짓말이다.
  그 이유는 '카피르'나 '코프르' 단어는 기독교에서 사용하는 용어가 아니라 무슬림만 사용하는 이슬람의 용어이기 때문이다. 즉 아랍 기독교인들은 '하나님을 믿지 않다/불신하다'라고 할 때 '카파라'(kafara)란 단어를 사용하지 않는다. 그 대신 '믿다'(to believe)라는 동사인 '아마나'('amana)란 단어에 부정어를 붙여서 '믿지 않다'라고 한다. 또한 명사로 사용할 경우 '믿지 않음'('adam 'imān)이라 하며, 사람의 경우에는 '믿지 않는 자 혹은 불신자'(ghayr mu'min)로 사용한다.
  기독교에서 이러한 의미를 표현할 때 이슬람 용어인 '카파라'(kafara)나 '코프르'(kofr)나 '카피르'(kāfir)를 사용하는 경우는 역사상 전에도 없었고 지금도 전혀 없다. 또한 아랍 기독교인은 무슬림에 대해 "당신은 기독교의 믿음에 대해 '카피르'이야!"라고 한 적도 없고, 더 나아가 "당신은 기독교에 대한 '카피르'이기 때문에 당신은 죽음이 합당한 사람이야!"라고 하거나, 그들을 배교죄로 죽인 경우가 한 번도 없다. '카피르'란 인종주의적 언어로써 무슬림을 경멸하거나 박해한 적이 한 번도 없다. 아랍 기독교인은 딤미인으로 2등 백성 혹은 3등 백성이었기에 그렇게 할 수도 없었다.
  따라서 무슬림이 기독교인들에게 "우리 무슬림은 기독교에 대한 카피르입니다"라고 하거나, 혹은 "무슬림은 기독교의 하나님에 대한 카피르입니다"라고 하는 것은 이슬람의 자기변명이고, 자신들의 인권 침해의 검은 역사를 숨기고 세탁하기 위한 술수와 언어도단에 지나지 않는다.

'카피르'라는 용어는 차별과 인종주의적 용어입니다. 지난 이슬람 역사에서 무슬림이 이슬람을 믿는 신자들을 대하는 방식과 믿지 않는 '카피르'를 대하는 방식이 달랐습니다. '카피르'는 사람들 가운데 이슬람을 믿지 않는 사람들을 2등 백성으로 구분하고 그들을 차별하는 방식에서 사용되는 말입니다.[6]

그렇다면 왜 '카피르'란 단어가 차별적인 용어이며 인종주의적인 용어일까?

1) 이슬람의 인간관: 모든 사람은 무슬림과 카피르로 나뉜다

이슬람의 인간관은 사람이 신자인 무슬림과 불신자인 카피르로 나뉜다는 것이다.[11]

◆ 그분이 너희를 창조하신 분이니라. 그러나 너희 가운데는 **불신자(kāfir)**도 있고 **믿는 자(mu'min, 무슬림을 의미)**도 있느니라(꾸란 64:2).

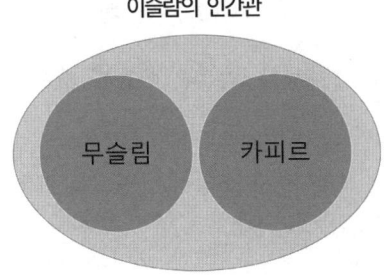

유명한 이집트인 율법학자 요셉 까라다위는 다음과 같이 말한다.

---

[11] 이슬람에서 이 세상의 사람을 세 종류로 구분하기도 한다. 즉 무슬림, 카피르, 위선자(munāfiq)로 구분하기도 한다(https://www.youtube.com/watch?v=sEh1ZaVPow4).

이슬람에는 두 종류의 사람이 있다. 이슬람을 믿는 무슬림과 이슬람을 믿지 않는 카피르(kāfir)가 있다.[7]

위의 꾸란 구절과 요셉 까라다위의 말처럼 이슬람은 사람을 신자인 무슬림과 불신자인 카피르로 나눈다. 무슬림은 이슬람의 신앙 고백("알라 이외에는 신이 없으며 무함마드는 그의 메신저이다")을 하고 무함마드의 메시지(꾸란)를 따르며 순종하는 사람이다. 그에 비해 카피르는 이슬람의 신앙 고백을 하지 않고 무함마드의 메시지를 따르지 않는 사람이다.[8]

2) 카피르의 종류

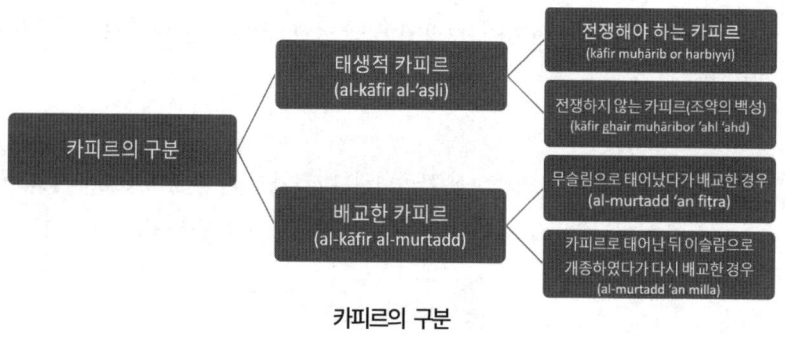

카피르의 구분

이슬람은 카피르를 세분한다. 다음은 이슬람 샤리아법에서 구분하는 내용이다.

먼저 이슬람은 카피르를 크게 태생적 카피르(al-kāfir al-'aṣli)와 배교한 카피르(al-kāfir al-murtadd)로 구분한다.

태생적 카피르는 태어나면서 카피르로 태어나 이슬람을 믿은 적이 없는 사람을 말한다. 태생적 카피르는 '전쟁해야 하는 카피르'(kāfir muḥārib 혹은 ḥarbiyyi)와 '전쟁하지 않는 카피르'(kāfir ghair muḥārib 혹은 'ahl 'ahd)가 있다. 여기서 전쟁이란 이슬람의 지하드 정복 전쟁을 의미한다.

배교한 카피르는 무슬림으로 태어났다가 배교한 사람(al-murtadd 'an fiṭra)인 경우와, 카피르로 태어난 뒤 이슬람으로 개종했다가 다시 배교한 경우(al-murtadd 'an milla)가 있다.[9] 이 책 1장의 'Ex 무슬림에게 내려지는 가혹한 처벌' 부분에서 다룬 내용이 이 두 가지 배교한 카피르에 해당하는 내용이다. 즉 무슬림으로 태어났다가 배교한 사람과 카피르로 태어난 뒤 이슬람으로 개종했다가 다시 배교한 경우, 그들은 죽음이 합당한 사람이며, 자신의 재산권이나 상속권 등을 주장할 수 없게 된다.

아래에 태생적 카피르를 좀 더 세부적으로 설명한다.

(1) 태생적 카피르 A: 전쟁해야 하는 카피르

전쟁해야 하는 카피르(kāfir muḥārib 혹은 ḥarbiyyi)는 이슬람을 믿지 않는 이교도로서 무슬림과 어떤 조약이나 보호 약속이 체결되어 있지 않는 사람을 말한다. 이들을 ḥarbiyyi(전쟁의, 전쟁해야 하는 사람)라고도 부르는데 그것은 그들이 전쟁해야 하는 대상이란 의미이다. 이슬람에서 카피르는 지하드 전쟁의 대상이며, 그들은 보호받지 못하고(ghayr ma'ṣūm) 그들의 피와 재물은 무슬림에게 허락(mubāḥ)된다.[10]

이 전쟁해야 하는 카피르에는 불교도나 힌두교도, 조로아스터교도 등 일신교가 아닌 다신교를 믿는 사람들이 여기에 속한다. 또한 신의 존재를 믿지 않는 무신론자나 신이 존재하지만 알 수 없다고 하는 이신론자들도 여기에 속한다. 이슬람이 지하드 정복을 할 때 페르시아의 조로아스트교인들과 인도의 힌두교도와 불교도들을 헤아릴 수 없을 정도로 많이 죽였다. 그 이유는 바로 그들이 '전쟁해야 하는 카피르'이기 때문이다(인도의 지하드 전쟁에 대해서는 제6장 '인도의 지하드: 가장 참혹했던 피의 강의 역사'를 보라).

이슬람 역사에서 무슬림이 수행한 수없이 많은 지하드 전쟁은 바로 '전쟁해야 하는 카피르'를 대상으로 한 것이다. 샤리아법은 지하드 전쟁에서 카피르는 보호받지 못하고 그들의 피와 재물은 무슬림에게 허락된다고 하고 있다. 따라서 잔인한 살해와 학살, 약탈과 방화, 노예 삼음 등의 수많은 만행이 자행된 것이다. 이슬람의 지하드 전쟁의 역사에 대해서는 제6장에서 자세하게 다룬다.

(2) 태생적 카피르 B: 전쟁하지 않는 카피르

이에 비해 전쟁하지 않는 카피르(kāfir ghair muḥārib 혹은 'ahl 'ahd)는 세 가지로 나뉜다.

첫째, 카피르 가운데 자신의 나라가 이슬람 국가와 조약이 맺어진 경우(mu'āhad)

둘째, 일시적으로 정전을 한 경우(musta'min)로서 일정 기간만 무슬림에 의해서 안전이 주어지는 경우

셋째, 이슬람이 정복한 나라에서 2등 시민 혹은 3등 시민으로 차별과 박해를 받으며 살아가는 딤미인(dhimmi), 즉 기독교인과 유대인의 경우가 있다. 이 딤미인의 경우 제8장 '딤미 제도' 부분에서 자세히 다룬다(3등 시민이라고 할 때는 아랍 무슬림이 1등 시민이고, 이슬람으로 개종한 현지인이 2등 시민이며, 그다음이 딤미인이란 의미이다).

카피르의 구분(이슬람 샤리아법에서)

1. 태생적 카피르 (al-kāfir al-'aṣli)	A. 전쟁해야 하는 카피르 (kāfir muḥārib or ḥarbiyyi)	무슬림과 어떤 조약이나 보호약속이 체결되어 있지 않은 사람(이들은 지하드 전쟁에서 언제든지 죽여도 되는 사람들이었다)
	B. 전쟁하지 않는 카피르 혹은 조약의 백성 (kāfir ghair muḥārib or 'ahl 'ahd)	조약이 맺어진 경우(mu'āhad: 무슬림과 정식으로 조약이나 동의나 협정이 맺어진 경우)
		일시적 정전의 경우(musta'min: 일정 기간만 무슬림에 의해서 안전이 주어진 경우)
		딤미(dhimmi: 이슬람 국가에서 2등 시민 혹은 3등 시민으로 딤미 조약을 체결하고 살아가는 기독교인과 유대인들)인의 경우
2. 배교한 카피르 (al-kāfir al-murtadd)	A. 무슬림으로 태어났다가 배교한 경우(al-murtadd 'an fiṭra)	
	B. 카피르로 태어난 뒤 이슬람으로 개종했다가 다시 배교한 경우(al-murtadd 'an milla)	

(3) 유형별 카피르의 종류

다음은 여러가지 카피르를 유형별로 간단하게 구분한 것이다. 아래에서 보듯이 무신론자, 불가지론자, 이신론자, 기독교인, 불교인, 정령 숭배자, 유대인 등은 모두 카피르이다.

카피르의 종류

구분	사람
알라를 믿지 않는 무신론자(mulḥid)	무신론자
알라를 믿지만 그에게 다른 동반자 혹은 경쟁자를 두는 무쉬리크 (mushrik; 기독교인은 삼위일체 즉 성부, 성자, 성령을 인정한다)	기독교인
알라 이외의 신의 존재를 인정하는 우상 숭배자(wathani)	불교인, 정령 숭배자
이슬람의 선지자 무함마드의 선지자 됨과 그가 가지고 온 메시지(꾸란)를 부인하는 자	유대교인, 기독교인
부활과 최후의 날을 부인하는 자	무신론자, 불가지론자, 이신론자
반드시 행해야 하는 규정들, 기도와 성지 순례 등 이슬람 종교의 규정을 부인하는 자	기존의 무슬림 가운데서도 해당됨

위의 도표에서 신을 믿지 않는 무신론자나, 신이 있지만 그 신을 알 수 없다고 하는 불가지론자나 이신론자는 카피르이다. 기독교인과 유대인과 같이 단일 신을 믿지만 이슬람의 알라와 무함마드의 선지자 됨을 믿지 않는 사람들도 카피르이다. 또한 불교도나 힌두교도나 정령 숭배자처럼 알라 이외의 다른 신을 믿거나 다신론을 믿는 사람들도 카피르이다. 이처럼 카피르는 다양한 종류의 사람들이 해당된다. 한마디로 하면 이슬람을 믿지 않는 사람, 혹은 알라와 무함마드를 믿지 않는 모든 사람이 카피르인 것이다.[III]

[III] 주위의 무슬림에게 기독교인과 불교인 등을 '카피르'라고 부르는지 물어보면 당연히 아니라고 할 것이다. 그것은 위의 내용이 거짓이라서 그런 것이 아니다. 그것은 그 무슬림이 이러한 내용을 알고 있으면서도 부끄러워서 말하지 못하거나, 이러한 내용을 모르는 경우라고 보면 된다.

여기서 이 책을 읽고 있는 여러분은 어디에 속하는가? 이슬람의 시각에서는 여러분도 카피르인 것이 분명하다.

4. 꾸란에서의 카피르

꾸란의 중심 단어 중 하나는 '카피르'(kāfir)이다. 꾸란 구절 가운데 '카피르'와, 이와 어근이 같은 단어인 '카파라'(kafara)와 '코프르'(kofr)가 사용된 구절 숫자를 세어 보면 약 500여 구절이 된다.[11] 꾸란 전체 6,348절[IV] 가운데 500여 구절에서 이 단어들이 사용되고 있는 것이다.[V] 이처럼 카피르란 단어는 꾸란에서 중요하고 이슬람에서 중심되는 것이란 것을 알 수 있다.

그렇다면 꾸란에서 카피르를 어떻게 묘사하고 있을까?

다음 내용은 모로코인 Ex 무슬림 라쉬드가 진행하는 프로그램에서 설명한 내용에 몇 가지를 추가한 것이다.[12] 다음의 꾸란 번역에서 필자는 '카피르'를 '불신자'(kāfir)로 표기한 것을 기억하자.

꾸란의 알라는 카피르를 사랑하지 않는다.

◆ 그대는 '알라와 메신저(무함마드)에게 순종하라'고 말하라. 만일 그들이 거역한다면 알라께서는 **불신자(kāfir)들을 사랑하지 않으시느니라**(3:32; 2:276).

IV 현재 꾸란의 구절 총수는 6,236절이다. 하지만 구절 수에 포함되지 않은 꾸란 각 장 서두 부분—bismillah 부분—까지 포함하면 6,348절이다. https://ar.wikipedia.org/wiki/آية, 2020년 6월 3일.

V https://www.almaany.com/quran-b/الكفر/ 사이트에서 '카피르'와 그 파생어들이 사용된 횟수를 검색하면 525구절로 파악된다. 이 단어들이 사용된 의미를 살펴보면 앞에서 사전적 의미라고 언급한 '은혜를 부인하다', '덮다' 등의 일반적인 의미로 사용된 경우는 아주 소수인 것을 발견한다. 즉, 대부분의 경우 이 단어들은 앞에서 샤리아법에서의 의미라고 소개한 알라와 그의 선지자 무함마드 그리고 이슬람의 가르침을 믿지 않고 따르지 않는 의미로 사용된다.

카피르는 알라가 미워하는 존재이다. 그래서 꾸란에서 카피르를 범죄자, 불의한 자, 저주받은 자, 이해하지 못하는 자, 알라의 원수, 가장 사악한 동물/피조물 등으로 묘사한다. 다음 꾸란 구절들을 보자.[VI]

1) 범죄자

◆ **불신자(kāfir)**들에 관하여 (알라께서 그들에게 이르는 말씀이라) "나의 말씀이 너희에게 낭송되지 않았더뇨? 그러나 너희가 교만하였고 **너희가 범죄한 백성이었노라**"(45:31).

◆ 알라에 대해서 거짓으로 속이고 그의 증표들을 부인하는 자들보다 더 악한 사람이 누구이뇨? **범죄자들은 번성하지 못하리라**(10:17).

꾸란은 이슬람을 믿지 않는 카피르들에게 "너희가 범죄한 백성이었노라"고 하고 있다. 아랍 무슬림들이 자신들에 대해서는 "너희들은 인류를 위해 출현한 최고의 백성"(3:110)이라고 하면서 카피르에게는 "너희들은 범죄한 백성이 아니더뇨"라고 하고 있다. 오늘도 본질적인 이슬람은 무슬림들은 의롭고 세계에서 가장 나은 백성이라고 하면서 주위의 비무슬림들은 범죄자라는 시각을 가지고 있다.

[VI] 한국의 기존 꾸란 번역 등에서 '카피르'(kāfir)를 '불신자'로 번역하는데, 그럴 경우 이 단어의 원래 의미가 전달되지 않는다. 그래서 필자는 '불신자' 옆에 발음 기호 kāfir를 같이 사용하여서 이 단어에 '카피르'의 의미가 있음을 명기했다. 따라서 이 단어를 볼 때마다 한국인이 생각하는 '불신자'의 개념이 아니라, 이슬람에서 말하는 '카피르' 개념을 기억하도록 하자.

2) 행악자

◆ 우리는 **불신자(kāfir)**들의 마음에 공포를 불어넣으니, 그것은 알라께서 어떤 권위도 부여하지 않은 것을 그들이 알라의 자리에 두었기 때문이라. 그들의 거주지는 지옥이니라, **행악자들의** 거주지는 참으로 비참하니라 (3:151).

꾸란은 카피르들이 불의한 자들이라고 한다. 그뿐만 아니라 "그들의 거주지는 지옥이니라"고 하면서 그 거주지는 "참으로 비참하니라"라고 하고 있다.

3) 저주받은 자

◆ 알라로부터 그들에게 그들이 가지고 있던 (모세오경)을 확증한 한 책(꾸란)이 내려왔을 때, 그들은 이미 **불신자(kāfir)**들에 대해 승리하기 위해 간구하곤 했음에도, 그들이 아는 것(꾸란 혹은 무함마드)이 왔을 때 그들은 그것(꾸란 혹은 무함마드)을 불신하였노라. 알라의 저주가 **불신자(kāfir)**들에게 있을 것이라(2:89).

◆ 알라께서 **불신자(kāfir)**들을 저주하셨고 그들을 위해 지옥 불을 준비하셨노라(33:64).

꾸란은 무슬림에게 단순한 한 권의 책이 아니라 그들의 기도이고 그들의 간구이다. 무슬림은 기도할 때 꾸란 구절을 그대로 암송하며 기도한다. 따라서 무슬림은 위의 구절인 "알라의 저주가 카피르들에게 있을 것이라"를 읽으며 타 종교인들을 저주하는 것이다. 또한 이맘이 모스크에서 기도를 인도할 때 카피르들을 저주할 때가 종종 있다. 라마단 기간 등 그들이 특별한 기도를 할 때 모스크에서 기도하며 이러한 구절을 그대로 암송하는 것이다. 그러면서 지구상에 있는 모든 비무슬림을 저주하는 것이다.[13] (제5장에서 '욕설과 저주를 함'을 보자).

4) 이해하지 못하는 사람

◆ 선지자여! 믿는 사람들이 전쟁하도록 독려하라. 너희들 가운데 20명이 (적을 기다리며) 인내한다면 200명을 이길 것이요 너희들 가운데 100명이 인내한다면 **불신자(kāfir)**들 가운데 1천 명을 이길 것이라. **왜냐하면 그들은 이해하지 못하는 백성이기 때문이라**(8:65).

무슬림은 이슬람이 가장 고상하고 가장 지능이 높은 종교라고 생각한다. 반면에 이슬람을 믿지 않는 카피르는 이해하지 못하고 지능이 부족한 사람으로 생각한다. 그래서 Ex 무슬림이 이슬람을 떠나는 것을 지능이 모자라서 그렇다거나 이해력이 부족하여 그렇다고 생각한다. 사우디의 Ex 무슬림 쿨루드는 무슬림의 이러한 시각에 대해 Ex 무슬림이 이해력이 부족해서 이슬람을 떠난 것이 아니라 오히려 과학과 철학 등에 대해 보통의 무슬림보다 훨씬 많이 알고 있고 공부를 많이 했기 때문이라고 주장한다.[14]

5) 알라의 원수

◆ 누구든지 알라와 그의 천사들과 그의 메신저들과 가브리엘과 미카엘에게 **원수가 되는 사람은** (알라께도 원수가 되나니) **알라는 불신자(kāfir)들에게 적이시니라**(2:98).

위의 구절에서 카피르는 알라의 적이고 원수라고 하고 있다. 따라서 알라를 사랑하는 모든 무슬림은 이러한 구절을 읽을 때마다 카피르에 대한 적개심을 가지게 된다. 지하드의 동기가 바로 이것이다. 카피르들이 알라의 적이기 때문에 그들과 전쟁하고 죽이고 파괴하고 빼앗는 것이다(제9장의 '왈라으와 바라으의 의미' 부분을 보라).

6) 가장 사악한 동물이요 가장 사악한 피조물

◆ 알라께 가장 사악한 동물은 불신자(kāfir)들이니라. 그래서 그들은 믿지 않느니라(8:55).
◆ 불신자(kāfir)들은 즐거워하고 짐승들이 먹는 것처럼 먹지만 지옥불이 그들을 위한 거처지이니라(47:12).
◆ 책의 백성과 우상 숭배자(mushrik)들 중에서 불신자(kāfir)들은 지옥 불에서 영원토록 있을 것이다. 그들은 가장 사악한 피조물이니라(98:6).

꾸란은 카피르를 동물에 비유하고 있다. 동물 가운데서도 가장 사악한 동물에 비유한다. 책의 백성, 즉 유대인과 기독교인들을 가장 사악한 피조물이라 한다. 그래서 그들은 지옥 불에서 영원토록 고통당한다고 말하고 있다.

7) 카피르에 대한 형벌

이처럼 이슬람에서 카피르는 범죄자, 불의한 자, 저주받은 자, 이해하지 못하는 자, 알라의 원수, 가장 사악한 동물이다. 이슬람을 믿지 않는 사람들과 다른 종교인들은 다 이렇게 사악한 사람들이다. 그래서 알라께서 그들을 용서하지 않으신다.

◆ 불신하고 알라의 길을 방해하는 자들이 불신자(kāfir)로 죽게 되면 알라께서 그들을 용서하지 않으시리라(47:34).

최종적으로 카피르들에게는 다음과 같은 형벌이 마련되어 있다.

◆ 책의 백성과 우상 숭배자(mushrik)들 중에서 **불신자(kāfir)들은 지옥 불에서 영원토록 있을 것이다.** 그들은 가장 사악한 피조물이니라(98:6).
◆ 알라께서는 **불신자들(kāfir)을 저주하셨고 그들을 위해 지옥 불을 준비하셨노라.** 그들은 그 안에서 영원토록 있노라. 그들은 아무런 보호자나 돕는 자를 찾지 못하리라(33:64-65).
◆ 그(불신자, kāfir)들에게 **현세에서 형벌이 있을 것이라. 내세에서는 더 고통스러울 것이다.** 알라로부터 그들에게 보호자가 없을 것이라(13:34).

이처럼 이슬람은 카피르가 지옥 불에서 영원토록 고통당하며 형벌받는다고 가르친다(이슬람의 지옥에 대해서는 제4장 '꾸란이 묘사하는 지옥' 부분에서 자세히 다룬다).

5. 무슬림은 카피르를 어떻게 대해야 하는가?

'카피르'(kāfir)란 단어는 이슬람의 본질적 모습을 잘 보여 주는 핵심 단어이다. 이 단어를 통해 우리는 이슬람의 수많은 문제의 근원이 무엇인지 파악할 수 있다. 다음은 오사마 빈라덴이 9·11 테러 이후에 한 연설의 내용 중 일부이다. 이슬람에서 무슬림과 카피르의 관계가 어떠한지 분명하게 보여 준다.

> 여러분! 무슬림과 **카피르(kāfir)**들과의 관계와 관련하여 가장 높으신 알라께서 하신 말씀은 다음과 같습니다.
> ◆ "너희(이슬람을 믿지 않는 카피르)가 알라 한 분만을 믿을 때까지 **우리와 너희 사이에는 영원토록 적대감과 증오가 생겨날 것이라**"(60:4).
> 그래서 (그들과 우리 간에는) 적대감이 있습니다. (우리) 마음에서 나오는 맹렬한 적대적인 마음이 그 증거입니다. 이 맹렬한 적대감은 바로 전쟁입니

다. 이것은 오직 **카피르(kāfir)**가 이슬람의 권위에 복종할 때에 멈추어집니다. 또는 피 흘림이 금지되는 경우(앞의 '카피르의 종류' 부분에서 다룬 '전쟁하지 않는 카피르'의 경우)들과 무슬림이 약하거나 불가능한 상황일 경우에도 전쟁하지 않습니다. 그러나 그 증오가 우리 마음에서 사라진다면 그것은 엄청난 배교입니다. 전능하신 알라께서 그의 선지자(무함마드)에게 하신 말씀이 그 진정한 관계를 말하고 있습니다.

◆ "선지자여! **불신자(kāfir)**들과 위선자(munāfiq)들에 **대항하여 지하드를 하고(jāhid) 그들을 가혹하게 대하라.** 그들의 거처지는 지옥이니라. 그 종착지는 참으로 비참하리라"(9:73; 66:9).

이것이 카피르와 무슬림 사이의 관계에 대한 기초입니다. **카피르에 대한 전쟁과 적대감과 증오는 우리 종교의 기초입니다.** 우리는 이것을 정의로 여기고 그들에 대한 친절로 여깁니다.[15]

오사마 빈라덴의 연설에서 무슬림이 카피르에 대해서 어떤 마음을 가져야 하는지를 밝히고 있다. 여기서 그가 말하는 '그들'은 당연히 미국인 혹은 서방의 기독교인들이다. 그는 그들을 '카피르'라고 지칭하고 있으며, 그들에 대해 증오와 적대감을 쏟아붓고 있다. 그는 그것을 '우리의 마음속에서 우러나오는 맹렬한 적대감'이라 표현한다. 꾸란은 '우리와 너희 사이에는 영원토록 적대감과 증오가 생겨날 것이라'고 하고 있다.

이러한 카피르에 대한 적대감은 오사마 빈라덴뿐만 아니라 오늘날 이슬람 나라들의 극단주의 무슬림들이 가지는 공통된 감정이다. 그들이 모스크에서 설교하거나 기도하는 것을 들어 보면 위의 빈라덴과 똑같이 선동하곤 한다. 그들이 모스크에서 기도할 때 서방을 향하여, 기독교인을 향하여, 불신자들을 향하여 저주하는 것이다. 그 기도나 설교가 아랍어로 말해지기에 외국인은 잘 알아듣지 못할 뿐이다. 만일 외국인들이 알아듣는다면 국제관계에 있어 큰 문제가 될 것이다. 하지만 유튜브 등을 찾아보면 그런 증오의 메시지(hate speech)나 설교를 어렵지 않게 발견할 수 있다.

앞에서 카피르의 종류와 카피르에 대해 꾸란이 어떻게 기록하는지를 다루었다. 여기서는 무슬림은 카피르를 어떻게 대해야 하는지에 대해 꾸란과 하디스의 예들에서 살펴보자.

1) 카피르는 무슬림의 적이다

◆ 실로 **불신자(kāfir)**들은 너희에게 분명한 **적**이니라(4:101).
◆ 믿는 자들이여! 너희는 **나의 적과 너희의 적**을 동지로 삼지 말고 그들에게 사랑을 베풀지도 말라. 그들은 메신저와 너희를 추방하면서 진리로부터 너희에게 온 것(이슬람)을 불신했느니라(60:1).
◆ 믿는 자들이여! 너희는 너희들(무슬림) 대신에 (**불신자[kāfir]**들을) 절친한 친구(biṭānah)로 삼지 말라. 그들은 너희 종교를 파괴하려고 노력하며 너희가 어려움을 당하는 것을 좋아하기 때문이라. 그들의 입술에는 분노가 있으며, 그들의 마음에 감춘 (사악함)이 더 크도다(3:118).
◆ 너희(무슬림)에게 행운이 생기면 그것이 그들(**불신자, kāfir**)을 슬프게 하고 너희에게 불행이 생기면 그들은 기뻐하노라(3:120).

앞 장에서 카피르는 알라의 적이라고 했다. 여기서는 '나의 적과 너희의 적' 즉 알라의 적과 무슬림들의 적이라고 한다.[VII] 그러므로 무슬림이 다른 사람에게 "당신은 카피르야"라고 말하는 것은 "당신은 알라의 적이고 당신은 나의 적이야"라는 의미이다.

꾸란 3:118에서 카피르는 이슬람을 파괴하려고 노력하고 무슬림이 어려움당하는 것을 좋아하며, 그 입에 분노와 사악함이 있다고 묘사하고 있다. 또한 3:120에는 카피르는 무슬림에게 행운이 생기면 슬퍼하고 무슬림

[VII] 위의 구절들에서 말하는 '나의 적과 너희의 적'이 누구인지를 원문 문맥에서 살펴보면 모두 카피르(kāfir)를 지칭한 것임을 확인할 수 있다.

에게 불행이 생기면 기뻐한다고 한다. 원수도 이런 원수가 없다.

그 때문에 이맘이 모스크에서 설교하면서 "누가 알라의 적입니까?"라고 한다면 듣고 있던 무슬림은 하나같이 "카피르가 알라의 적입니다"라고 할 것이다. 또한 "누가 우리의 적입니까?"라고 질문한다면 듣고 있던 무슬림은 모두 "카피르가 우리의 적입니다. 이슬람을 믿지 않는 사람들 말입니다"라고 할 것이다.[16]

실제로 이슬람 나라의 많은 극단주의 모스크에서 이와 같은 설교를 한다. 와하비즘을 따르는 사우디의 모스크에서, 무슬림 형제단을 지지하는 이집트의 모스크에서, IS를 따르고 지지했던 이라크와 시리아의 모스크에서, 살라피를 따르는 이맘들이 인도하는 모스크에서 이런 설교들로 가득 차 있다. 그들은 항상 카피르와 전쟁하고 있다고 상상한다.

설령 그들이 이렇게 표현하지 않더라도 '이슬람을 믿지 않는 사람은 카피르이다'라는 개념은 그들의 사고 속에 깊이 뿌리박혀 있다. 그래서 카피르가 무슬림의 적이며 알라의 적이라고 생각하고 있다. 오죽했으면 이집트의 앗시시 대통령이 "모스크에서의 설교가 증오에 가득 차 있다"고 하며 이슬람의 설교를 개혁해야 한다고 했을까?(2015년 1월 1일 무함마드 생일 연설에서) 이집트의 모스크 가운데 증오의 설교를 하며 테러를 부추기는 이맘들을 축출하는 일을 했을까? 또한 오늘날 여러 아랍 나라들이 '설교의 갱신'을 외치면서, 극단주의를 가르치는 사람들을 발본색원하고 있을까? 그만큼 이슬람에 '카피르' 사상이 뿌리 깊기 때문이다.[VIII]

VIII 오늘날 이슬람 나라들에서는 '종교적 갱신' 혹은 '설교의 갱신'이라는 운동을 하고 있다. '종교적 갱신' 혹은 '설교의 갱신' 운동이란 IS 등의 극단주의 무슬림들의 테러 등으로 인해 위기감을 느낀 이슬람 나라들이 일으키는 운동이다. 즉 극단주의 테러의 원인이 모스크에서의 설교나 가르침으로 인한 것이라 규정하고 그것을 갱신하려는 운동이다. 이집트, 사우디 등의 여러 아랍 나라들에서 이 운동을 하고 있다. 그 결과 서방과 유대인과 기독교인을 향한 증오의 메시지와 저주의 기도는 확연하게 줄어들었다. 이러한 결과는 이슬람의 본질이 달라진 것이 아니라, 그러한 메시지를 전하거나 저주의 기도를 하는 쉐이크를 정권차원에서 탄압하고 투옥하기 때문이다.

2) 무슬림은 카피르와 친구가 되어서는 안 된다

◆ 믿는 자들은 **불신자(kāfir)**들을 믿는 자들 대신에 **동지로 삼지 말라**. 그렇게 하는 자는 누구든지 알라와 아무 상관이 없느니라(3:28).
◆ 믿는 자들이여 **불신자(kāfir)**들을 믿는 자들 대신에 **동지로 삼지 말라**(4:144).
◆ 예를 들어서 "믿는 자들이여! 유대인들과 기독교인들을 **동지로 삼지 말라**. 그들은 서로가 동지들이라. 너희 가운데 그들과 동지를 삼는 사람은 누구든지 그들 가운데 한 사람이라"(5:51).
◆ 믿는 자들이여! 너희는 너희들(무슬림) 대신에 (그들을) **절친한 친구(biṭānah)로 삼지 말라**. 그들은 너희 종교를 파괴하려고 노력하며 너희가 어려움을 당하는 것을 좋아하기 때문이라. 그들의 입술에는 분노가 있으며, 그들의 마음에 감춘 (사악함)이 더 크도다(3:118).

이슬람은 비무슬림이 카피르이기 때문에 그들과 친구나 동지가 되어서는 안 된다고 한다. 그들에게 협력해서도 안 되고 그들에게 유익을 주는 어떤 행동도 해서는 안 된다고 가르친다. "그들은 너희 종교를 파괴하려고 노력하며 너희가 어려움을 당하는 것을 좋아하기 때문이라"(3:118)고 한다. 무슬림이 비무슬림과 친구나 동지가 되어서는 안 된다는 가르침을 특별히 '왈라으 바라으'라 하는데 이에 대해서는 이 책 제9장에서 자세히 다룬다.

3) 무슬림은 카피르를 증오하고 저주해야 한다

◆ 알라의 **저주가 불신자(kāfir)**들에게 있을 것이라(2:89).
◆ 실로 믿지 않고 **불신자(kāfir)**로 죽은 사람들은 그들에게 알라와 천사들과 사람들 모두의 **저주가 있을 것이라**(2:161).
◆ 우리가 성서에서 사람들에게 명백하게 설명한 뒤에 우리가 계시한 증거들과 바른길을 숨기는 자들은, **알라께서 그들을 저주하며, 다른 저주하**

는 자들도 그들을 저주하리라(2:159).

◆ 우리는 너희를 거부하며, 너희가 알라 한 분만을 믿을 때까지 우리와 너희 사이에는 **영원토록 적대감과 증오심이 생겨날 것이라**(60:4).

위의 구절들에서 알라가 카피르를 저주한다고 한다. 그리고 다른 저주하는 자들도 그들을 저주한다고 한다. 또한 무슬림과 카피르 사이에는 영원토록 적대감과 증오심이 생겨날 것이라고 한다. 그래서 오늘날도 극단주의 무슬림은 카피르들과 철천지 원수가 되어 그들을 저주한다.

Islamweb.net에서 무슬림이 위선자와 카피르를 욕하고 저주하는 것이 가능한가 하는 질문에 답을 한다.

원래 무슬림은 어떤 피조물을 저주함에 그의 혀를 통제해야 한다. 그러나 일반적으로 무슬림은 코프르(kofr)와 성적인 부도덕을 행하는 자를 저주하는 것이 가능한데, 이는 카피르(kāfir)들과 성적으로 부도덕한 자에 대해 알라의 저주가 있기 때문이다.[17]

4) 카피르를 가혹하게 대하고 수치스럽게 해야 한다

카피르를 증오하고 저주할 뿐만 아니라 그들을 가혹하게 대하고 강압하며 벌하고 수치스럽게 해야 한다.

◆ 선지자여! **불신자**(kāfir)들과 위선자(munāfiq)들을 대항하여 지하드를 하고(jāhid) **그들을 가혹하게 대하라**. 그들의 거처지는 지옥이니라. 그 종착지는 참으로 비참하리라(9:73; 66:9).

◆ 무함마드는 알라의 메신저이니라. 그와 함께하는 자들(무슬림)은 **불신자**(kāfir)**들에게는 강압적이나** 그들 사이(무슬림 상호 간)에는 서로 자애로우니라(48:29).

◆ 그들(불신자, kāfir)과 전쟁하라(qātilūhum). 그러면 **알라께서 너희의 손으로 그들을 벌하고 수치스럽게 하며** 그들에 대항하여 너희가 승리하게 하시고 믿는 백성의 마음을 치료하시리라(9:14).

위의 구절에서 카피르들을 가혹하게 대하라고 한다. 무슬림은 카피르들을 강압적으로 대한다고 한다. 그리고 무슬림이 카피르들과 지하드 전쟁을 수행함을 통해 무슬림의 손으로 카피르들을 벌하고 수치스럽게 한다고 한다.

5) 카피르를 대상으로 지하드를 해야 한다

무슬림은 카피르들을 저주하고 가혹하게 대하며 수치스럽게 할 뿐만 아니라 그들을 대상으로 지하드를 해야 한다. 꾸란과 하디스에서 지하드 전쟁의 대상은 모두 카피르이다. 아래는 꾸란에서 '카피르'를 대상으로 지하드를 하라고 명시적으로 명령하는 구절들이다.

◆ 그들은 자신들이 **불신자(kāfir)**가 되었듯이 너희도 **불신자(kāfir)**가 되어 그들과 같이 되길 원하느니라. 그래서 너희는 그들이 알라를 위해 이주하기까지 그들을 동지로 삼지 말라. 만일 그들이 배반한다면 어디서든지 그**들을 발견하는 대로 그들을 포획하고 죽여라(uqtulu)**. 그리고 그들을 동지나 후원자로 삼지 말라(4:89).

◆ 금지된 달들이 지나면 **너희가 우상 숭배자(mushrik)들을 어디서든지 발견하는 대로 살해하고(uqtulu) 그들을 포로로 잡거나 그들을 포위하라.** 그리고 모든 매복 장소에서 잠복하여 기다리라. 그러나 그들이 회개하고 기도를 드리며 자카(이슬람 세금)를 바칠 때는 그들의 길을 가게 하라. 실로 알라께서는 용서하시고 자비로운 분이시라(9:5).

◆ 그들이 회개하고 기도를 하고 자카를 드리면 그들은 곧 너희의 신앙의 형제들이라. 우리는 지식이 있는 백성을 위해 구절들을 설명하노라. 그러

나 조약 이후에 그들이 신앙을 위반하고 너희들의 종교를 공격한다면 **불신의 우두머리들(카피르의 우두머리)과 전쟁(qātilu)하라**. 진실로 그들은 조약이 없는 사람들이라. 그들이 (불신을) 끝내기를 바라노라(9:11-12).

◆ 선지자여! 불신자(kāfir)들과 위선자(munāfiq)들을 대항하여 **지하드를 하고(jāhid) 그들을 가혹하게 대하라**. 그들의 거처지는 지옥이니라. 그 종착지는 참으로 비참하리라(9:73; 66:9).

◆ 믿는 자들이여! 불신자(kāfir)들 가운데 너희 가까이 있는 사람들과 **전쟁(qātilu)하고 그들이 너희에게서 가혹함을 발견하게 하라**(9:123).

◆ 너희가 불신자(kāfir)들을 만났을 때 그들 가운데 **많은 사람을 죽일 때까지 그들의 목을 치고 (남은 사람을) 포로로 잡아라**. 그 후 (그들에게) 자비를 베풀어 (그들을) 풀어주든지 혹은 보석금을 받고 풀어주든지 전쟁이 끝날 때까지 그렇게 하라(47:4, 위 구절에서 '많은 사람을 죽일 때까지'에 해당되는 동사는 'athkhana인데, 이 동사는 '학살하다'[to slaughter]의 의미를 가진다. 꼬르토비, 타프씨르 무야싸르 등에서 많은 사람을 죽이는 것을 의미한다고 한다).

꾸란에서 지하드를 명하는 구절은 100구절이 넘는다. 꾸란의 지하드 구절들은 모두 그 대상이 카피르이다. 그들을 향한 증오와 적개심과 저주가 지하드로 나타나는 것이다. 그래서 지난 1,400년 동안 이슬람이 행한 지하드들은 바로 이러한 카피르에 대한 증오와 적개심의 전쟁이었다.

카피르와 지하드 전쟁을 하게 되면 카피르는 모두 살해와 파괴, 약탈과 노예 삼음의 대상이다. 여자들과 아이들은 모두 밀크야민(지하드 전쟁에서 포로로 잡혀 오거나, 거래를 통해 팔려 오거나, 혹은 선물로 받은 남녀 노예)이 되며, 그 가운데 많은 여자 노예들은 주인의 성적 욕구를 해소하는 성 노예가 된다. 지하드에 대한 자세한 내용은 제6장을 보고, 노예 제도와 성 노예에 대해서는 제7장을 보도록 하자.

6. 상대를 '카피르'로 규정하는 문화: 타크피르 문화

안와르 사다트(Anwar Sadat)는 이집트의 세 번째 대통령이었다. 현실주의적 온건 노선을 취했고 이스라엘과 평화협정을 맺어 중동평화의 길을 열었다. 그로 인해 노벨 평화상까지 받았지만, 이슬람 극단주의자들은 그를 '카피르'로 규정했다. 왜냐하면 그는 중동전쟁을 일으킨 원수의 나라 이스라엘과 협정을 맺었고, 이는 이슬람 율법에서 어긋난다는 이유였다. 그래서 그를 향해 살해 파트와를 내렸고, 1981년 국군의 날 군사 퍼레이드에 난입한 테러분자가 총기를 난사하여 그를 암살했다.[18]

나깁 마흐푸즈(Naguib Mahfouz)는 아랍인 유일의 노벨 문학상 수상자이다. 뛰어난 창작 활동으로 아랍 작가들 가운데 최고의 명예를 얻은 사람이다. 그런 그가 81세로 노후를 보내고 있을 때 이슬람 극단주의자 두 사람이 그를 암살하기 위해 그의 목을 찔렀다. 이유는 그의 소설이 '코프르'(kofr)이며 이슬람을 벗어났다는 것이었다. 그는 생명은 건졌지만 심각한 후유증을 겪어야 했다.[19]

파락 푸다(Farag Foda)는 이집트 교수이자 인권운동가였다. 이집트의 자유 세속주의 진영에서 서구식 인권과 세속주의를 옹호한 계몽주의자였다. 그러나 그는 1992년 집을 떠난 이후 두 사람의 암살자에게 암살되었다. 그 암살자들은 극단주의 단체인 이슬람 협회 소속이었다. 징역형을 산 뒤 2013년 사면으로 풀려난 한 암살자는 자신이 파락 푸다를 살해한 것을 후회하지 않는다고 말했다. 그러면서 그가 후회하지 않는 이유는 파락 푸다가 '카피르'이기 때문이라고 했다.[20]

나히드 하타르(Nahed Hattar)는 요르단 작가이자 정치운동가였다. 그는 자기 페이스북에 이슬람의 알라를 'IS 조직원들의 주님'이라고 비꼬는 등 이슬람 극단주의를 비평하는 만평을 실었다. 그는 종교모독법으로 기소되었고 2016년 재판을 받기 위해 법정으로 향하던 중 암살자의 총에 맞아 숨졌다. 요르단의 최고 종교 지도자는 그를 향하여 이슬람의 신을 모욕했

다고 비판했다. 그가 '카피르'로 규정된 것이다.[21]

위의 예들은 모두 극단주의 무슬림에 의해 '카피르'로 규정되어 암살당한 경우들이다(나집 마흐푸즈는 치명상을 입음). 이처럼 이슬람 테러 분자들이 파괴와 살해와 암살을 감행할 때 '카피르'란 단어를 사용한다.[22] 정치적 정적을 제거하고, 유대인과 기독교인을 죽이고, 교회들을 불태울 때도 이 단어를 사용한다. 그들은 지하드나 테러를 실행하기 전에 먼저 상대방을 '카피르'라 규정하고 공표한다. 그들이 상대방을 '카피르'로 규정하지 않고 테러를 가하는 경우나, 그들을 증오하며 저주하지 않고 지하드를 하는 경우는 없다. 지금까지 있었던 테러들 가운데 테러 분자들이 한 말이나 기록들을 찾아보면 쉽게 그것을 알 수 있다. 이처럼 '카피르'란 말은 사회적·정치적·종교적으로 위험한 것이다. 그래서 Ex 무슬림 라쉬드는 이것이 가장 위험한 단어이며, 가장 인종주의적 단어라고 한 것이다.

이렇게 상대방을 '카피르'로 선언하고 정죄하는 행위를 아랍어로 '타크피르'(takfīr)라 한다. 즉 알라와 무함마드를 믿지 않고 이슬람의 가르침을 따르지 않는 사람을 '카피르'(kāfir)라 하고, 그런 신념이나 행동을 '코프르'(kofr)라 하며, 상대방을 향해 '너는 카피르야'라고 하며 그를 단죄하는 행위를 '타크피르'(takfīr)라 한다.

18세기 사우디 와하비즘의 창시자 무함마드 압둘 와합(1703-1792)은 이슬람을 무효화시키는 10가지를 정리했다. 이 내용은 모두 '코프르'(kofr)가 어떤 것인지를 규정하는 것인데 오늘날도 많은 극단주의 무슬림 가운데서 강조되며 가르쳐지고 있다.

- 알라에 대해 쉬르크(shirk) 죄를 짓는 것(쉬르크: 알라에게 동반자 혹은 경쟁자[rival]가 있다고 믿거나 그런 존재를 숭배하는 것)
- 알라와 인간 사이에 중보자를 두는 것
- 무쉬리크(mushrik, 쉬르크를 행한 사람)와 카피르를 카피르(kāfir)로 정죄하지 않는 것

- 무함마드의 인도보다 다른 사람의 인도를 더 완전하다고 생각하는 것
- 무함마드로부터 온 이슬람의 가르침을 증오하는 것
- 무함마드 종교의 어떤 것을 조롱하는 것
- 주술 행위를 하는 것
- 무슬림에 대항해서 무쉬리크(혹은 카피르)를 돕는 것
- 무함마드의 율법을 벗어날 수 있다고 생각하는 것(기독교나 유대교를 믿어도 천국에 갈 수 있다고 믿는 것은 코프르이다)
- 알라의 종교를 반대하고 멀리하는 것[23]

 이러한 행위들이 모두 다 '코프르'이며 이런 것을 범하는 사람은 '카피르'가 되는 것이다. 주술 행위자, 정령 숭배자, 기독교인, 유대인은 모두 카피르이다. 그뿐만 아니라 이들을 카피르라 단죄하지 않는 사람도 카피르이다. 더 나아가 이슬람을 증오하는 사람, 이슬람을 떠나가는 Ex 무슬림 등은 모두 카피르이다. 카피르 죄목에 해당되는 것이 수없이 많은 것이다. 실제로 무함마드 압둘 와합은 사우디아라비아 국가를 건국할 때 수많은 시아파 무슬림들과 수피파 무슬림들을 카피르로 정죄하고 칼의 숙청을 감행했다.

 이슬람 역사는 이와 같은 '타크피르'의 연속이다. 이슬람의 선지자 무함마드가 자신을 반대하거나 비방한 사람들을 카피르로 처단한 이후(무함마드가 사람을 죽인 것에 대해서는 제5장 '종교의 창시자가 사람을 죽임' 부분을 보라) '타크피르'의 역사는 끝없이 반복되었다. 무함마드 사망 이후 그의 후계자들이 서로를 '카피르'로 규정하고 피흘림을 요구했다. 소위 정통파란 사람들이 자신들과 다른 여러 종파를 카피르로 규정하고 처단했던 것이다.[IX]

IX 이슬람의 역사는 '타크피르'의 역사이다. 예를 들어 무함마드의 부인 아이샤는 3대 칼리프 오스만을 '카피르'로 규정하고 그의 피 흘림이 합당하다고 했고, 우마이야 왕조의 설립자 무아위야는 제4대 칼리프 알리와 그의 아들들을 '카피르'로 규정하고 그들을 죽이고 전쟁했다(https://www.youtube.com/watch?v=r1nleoWMhvQ&t=2784s). 종파들 가운데

또한 이슬람이 수행한 수없이 많은 지하드 전쟁은 상대편 나라들이 카피르 나라이기에, 그들에 대한 살상과 약탈과 노예 삼음이 정당화되었다. 상대편 나라들과 그 백성을 '타크피르'한 뒤에 그들과 전쟁하는 것은 지하드의 메카니즘이었다(지하드 전쟁은 제6장에서 다룬다).

그렇게 계속되어 오던 '타크피르'의 역사는 20세기 말에 와서 극단주의자들의 테러로 이어지게 되었다. 이슬람 테러도 지하드 전쟁과 메카니즘이 동일하다. 즉 서구 나라들과 서구의 기독교인들을 '카피르'로 규정하는 것이 먼저이고, 그래서 그들을 처단해야 한다고 외치며, 그 결과 그들에게 무차별적인 공격을 하는 것이다.

파리 역사 교사 테러를 규탄하는 시민들. "내가 역사 교사다"라고 외치고 있다.

얼마 전 프랑스의 한 역사 교사가 체첸 무슬림 난민의 칼에 참수되었다. 그 교사는 수업 시간에 표현의 자유에 관해 토론하며 학생들에게 샤를리 에브도 만평을 보여 주었는데, 그것이 무함마드를 모욕했다는 이유로 살

는 카와리즈(Khawarij)파, 시아파, 무으타질라파, 수피파 등 많은 종파가 '카피르'로 규정되었고 그들을 처단하기 위한 분쟁과 전쟁이 있었다. 수많은 법학자와 철학자와 과학자들이 카피르로 규정되어 숙청당했다. 오늘날도 순니파와 시아파는 상대방을 '카피르'로 규정하고 서로 욕하고 저주하며 철천지 원수로 지내고 있다.

해되었다. 그 체첸 테러 분자가 테러 전에 남긴 글은 아래와 같다.

> 알라의 종이 가장 큰 **카피르**(kāfir)인 마크롱(프랑스 대통령)에게 보내는 글. 나는 그대의 개들과 지옥의 개들 가운데 한 마리를 죽였다. 왜냐하면 그가 감히 무함마드 선지자를 모욕했기 때문이다. 우리가 그대들에게 엄청난 형벌을 맛보게 하기 이전에 그대의 친구들이 입을 닥치게 하라.[24]

이러한 직접적인 테러 실행이 아니더라도 이슬람 사회에서는 타 종교인들과 이웃을 '카피르'로 규정하는 움직임들이 만연하다. 모스크 설교에서, 극단주의자들의 책에서, 그들이 발표하는 파트와에서, 인터넷으로 중계되는 강연에서 주위의 비무슬림 혹은 서방 나라들을 '카피르'로 규정하며 그들을 처단하라고 외친다. 더 나아가 자신과 생각이 다르거나 정치적 노선이 다른 사람을 '카피르'로 몰아서 그들을 단죄한다. 텔레비전 방송에 출연한 패널들이 서로를 '카피르'라 외치며 싸우는 일이 종종 있다. 이와 같이 '타크피르'는 현재 진행형이다. 이슬람의 만연된 문화인 것이다. 그 결과 '우리 편'이 아닌 모든 사람을 적으로 생각하고, 그들을 향해 "너는 카피르야!" "이 죽어 마땅할 카피르!" "저들을 처단하라!"라고 외치고 있다.

카이로에 있는 AUC 대학 국제법 학과 교수인 압둘라 알아쉬알('Abd Allāh Ash'al)은 「알자지라」 신문에 기고한 '아랍 문화에 존재하는 타크피르 현상'이라는 글에서 다음과 같이 말한다.

> 아랍의 현실에서 상대편은 말할 것도 없고 지도자의 의견과 **다른 의견을 가진 사람 모두를 '카피르'라 규정했다.** 지도자가 자신의 의견을 강요하고 그것을 토론하는 것조차도 허락하지 않는 것이 관습이 되었다.
> …

아랍의 정신은 지배자이든 피지배자이든 독재의 문화로 가득 차 있고, 모두는 자신의 영역에서 독재를 행하고 자신의 분야에서 '타크피르'를 행한다. 이 정신은 국가의 부흥과 지배자와 피지배자 사이의 건강한 관계 수립에 적합하지 않다.

…

모든 아랍 백성과 마찬가지로 아랍 지도자들은 **모든 부분에 있어서 반대자들을 '카피르'라 하는 문화에 속해 있다.** 그것은 상대방을 수용하기 위한 대화를 허용하지 않는 아랍인의 이기심의 증가에 따른 것이다. 이것에 대한 개혁은 지도자로부터 시작되고, 현실이 달라질 때까지 문화의 내용을 개조함으로 시작될 것이다.[25]

이 교수의 글에서 보듯이 '타크피르' 문화는 중동 사회에 깊히 뿌리박혀 있는 고질병이다. 특히 1960년대 말 이후 중동과 아랍 사회 전체에 원리주의 이슬람 부흥 운동이 일어나면서, '타크피르' 현상이 중동 아랍 사회에 더욱 광범위하게 퍼졌다. 수없이 많은 테러가 각지에서 일어났고, 수많은 이웃과 친구들이 그들에 의해 카피르가 되었다.

이 문화의 심각성을 파악한 중동 국가들은 모스크의 설교를 개선하고 알아즈하르 대학의 커리큘럼을 개선하는 등으로 이 문화를 없애려고 각고의 노력을 하고 있다. 이집트와 사우디아라비아의 경우 국가의 가장 중요한 아젠다 중의 하나가 '설교의 갱신'이다. 모스크에서 설교하는 설교자들이 '타크피르'를 부추기는 설교를 많이 했는데, 그 설교의 내용을 바꾸겠다는 것이다. 그들의 설교 안에 포함된 이슬람 극단주의 사상을 퇴치하는 것이 테러를 줄이고, 서구 사람들의 이슬람에 대한 부정적인 시각을 없애는 첩경이라고 생각하는 것이다.

그럼에도 불구하고 상대방을 '카피르'(kāfir)로 규정하는 '타크피르' 문화는 사라지지 않고 있다. 앞으로도 크고 작은 차이는 있겠지만, 이 문화는 지속될 것이고 그로인한 피해들은 계속될 것이다. 왜냐하면 이 개념과 문화는 꾸란과 무함마드의 본질적인 가르침에서 기인한 것이기 때문이다. 무함마드와 그의 동료들이 모범을 보인 것이고, 이슬람 역사 내내 존재해 왔던 것이기 때문이다.

오늘날 Ex 무슬림들은 이러한 '타크피르' 문화의 가장 큰 피해자이자 가장 중요한 증인이다.

미주

1 al-'Akh Rashid, *Dā'ish wal-'Islām*(IS와 이슬람) (Water Life Publishing, 2016), p. 135.
2 https://ar.islamway.net/fatwa/8340/ام-وه-والولاء-والبراء, 2020년 5월 28일.
3 Deep Al-Khudrawi, Dictionary of Islamic Terms (Damascus-Beirut: Al Yamamah, 2012), p. 450.
4 https://www.islam4u.com/ar/almojib/%D9%85%D9%86-%D9%87%D9%88-%D8%A7%D9%84%D9%83%D8%A7%D9%81%D8%B1-%D8%9F, 2020년 5월 28일.
5 Wizārah al-'Awqāf wa-Shu'ūn al-Islāmiyyah-al-Kuwayt, *al-Mawsū'ah al-Fiqhiyya*(이슬람 율법 백과사전), vol 35, p. 14.
6 al-'Akh Rashid, Su'āl Jarī'(용감한 질문) 제238편 Ma Ma'na Kāfir fi al-Islām(이슬람에서 카피르의 의미는 무엇인가?), https://www.youtube.com/watch?v=OahdmmEhRTg&t=1297s, 2020년 5월 28일.
7 Yusuf al-Qaradawi, Fiqh al-Jihād(지하드의 율법), Maktabah Wahbah 2009, p. 863.
8 http://midad.com/article/199089/ملخص-أصناف-الكفار-وأحكامهم-, 2020년 5월 28일.
9 https://www.islam4u.com/ar/almojib/من-وه-الكفار-؟, 2020년 5월 28일; al-'Akh Rashid, Su'āl Jarī'(용감한 질문) 제238편 Ma Ma'na Kāfir fi al-Islām(이슬람에서 카피르의 의미는 무엇인가?), https://www.youtube.com/watch?v=OahdmmEhRTg&t=1297s, 2020년 5월 28일.
10 Mulufi bin Ḥasan al-Shahari, *Haqīqtu al-Dārīn Dar al-Islām wa-Dar al-Kufr*(이슬람의 집과 불신의 집의 진실) (Dar al-Murābiṭīn, 2010), p. 115.
11 https://www.almaany.com/quran-b/الكفر/, 2020년 9월 12일.
12 al-'Akh Rashid, Su'āl Jarī'(용감한 질문) 제238편 Ma Ma'na Kāfir fi al-Islām(이슬람에서 카피르의 의미는 무엇인가?), https://www.youtube.com/watch?v=OahdmmEhRTg&t=1297s, 2020년 5월 28일.
13 Ibid.
14 al-'Akh Rashid, Su'āl Jarī'(용감한 질문) 제410편 이슬람 세계에서의 무신론 현상, https://www.youtube.com/watch?v=s8DQUzT5wUY&t=253s, 2020년 5월 27일.
15 Raymond Ibrahim, The Two Faces of Al Qaeda, *Chronicle Review*, 21 September 2007: M. A. Khan, *Islamic Jihad* (iUniverse Book, 2009), p. 2에서 재인용.
16 al-'Akh Rashid, Su'āl Jarī'(용감한 질문) 제238편 Ma Ma'na Kāfir fi al-Islām(이슬람

에서 카피르의 의미는 무엇인가?), https://www.youtube.com/watch?v=OahdmmEh-RTg&t=1297s, 2020년 5월 28일.
17　https://www.islamweb.net/ar/fatwa/30017, 2020년 5월 29일.
18　https://www.masrawy.com/news/news_reports/details/2013/10/4/66996/ام-ال-عرف-عن-قتلة-السادات, 2020년 5월 29일.
19　https://ar.wikipedia.org/wiki/نجيب_محفوظ, 2020년 5월 29일.
20　https://ar.wikipedia.org/wiki/فرج_فودة, 2020년 5월 29일.
21　https://ar.wikipedia.org/wiki/نهضة_حرت, 2020년 5월 29일; https://www.alarabiya.net/ar/arab-and-world/2016/09/25/اغتيال-الكاتب-ألا-ردني-نهان-ضح-رت.html, 2020년 5월 29일; https://www.youtube.com/watch?v=G7-vbxhInfI, 2020년 6월 11일.
22　al-'Akh Rashid, Su'āl Jarī'(-용감한 질문) 제238편 Ma Ma'na Kāfir fi al-Islām(이슬람에서 카피르의 의미는 무엇인가?), https://www.youtube.com/watch?v=OahdmmEh-RTg&t=1297s, 2020년 5월 28일.
23　https://ar.islamway.net/article/74208/نواقض-الإسلام-عشرة, 2020년 5월 29일; https://mawdoo3.com/ما_هي_نواقض_الإسلام_العشرة, 2020년 5월 29일; https://islamqa.info/ar/answers/227935/هل-جميع-النواقض-عشرة-التي-ذكرها-محمد-بن-عبد-الوهاب-مجمع-عليها, 2020년 5월 29일.
24　https://www.youtube.com/watch?v=-pI2ep1Vszc&t=522s, 2020년 11월 20일.
25　https://www.aljazeera.net/opinions/2015/4/29/ظاهرة-التكفير-في-الثقافة-العربية, 2020년 5월 29일.

제3장
탈이슬람 현상의 요인

1. 탈이슬람 현상의 요인: 외재적 요인과 내재적 요인

모로코인 Ex 무슬림 라쉬드는 그가 진행하는 <용감한 질문> 프로그램에서 오늘날 무슬림들이 이슬람을 떠나는 이유를 다음 네 가지로 설명한다.

- 위성방송
- 인터넷
- SNS
- 무선통신(무선전화)

이전에는 무슬림이 이슬람을 떠난다는 것을 상상도 할 수 없었는데 이 네 가지 신기술이 발전함으로 인해 그것이 가능해졌다고 설명한다.[1] 이 분석은 탈이슬람 운동의 기술적인 요인들을 설명한 것으로서 무슬림들이 이슬람을 떠나게 된 기술적 환경을 설명하고 있다.

필자는 Ex 무슬림 50명 이상의 증언을 듣고 정리한 결과, 그들이 이슬람을 떠난 요인을 **외재적 요인**과 **내재적 요인**으로 나눌 수 있는 것을 발견했다. 그 **외재적 요인**은 그들이 이슬람을 떠나게 되는 환경을 만들어 준 것으로 다음과 같이 다섯 가지로 정리할 수 있었다.

- 인터넷 혁명: 위성방송과 인터넷 그리고 SNS 등의 통신 기술의 발달
- 서구 가치관과 과학 및 철학의 영향: 서구적 가치관과 서구에서 발전한 과학 및 철학의 영향
- 이슬람 비평 학문의 발달: 꾸란 비평, 꾸란 사본 비평, 하디스 비평, 이슬람 역사 비평 등의 발달
- 아랍 혁명과 정치·종교적 권위의 붕괴: 아랍 혁명과 그로 인한 정치적 종교적 권위의 붕괴

■ 이슬람 극단주의의 만행: IS 등의 이슬람 극단주의 운동의 기승

여기서 네 번째의 종교적 권위의 붕괴 부분과 다섯 번째의 이슬람 극단주의의 만행은 이슬람 내재적인 요인으로 볼 수도 있다. 그러나 필자는 그것을 여러 내재적 요인들의 결과로 보고 외재적 요인에 포함시켰다.

다음으로 그들이 이슬람을 떠난 **내재적 요인**은 이슬람 내부적인 여러 가지 문제이다. 오늘날처럼 대규모 Ex 무슬림이 발생하는 것이 외재적인 요인만으로는 불가능하다. 많은 비평가와 Ex 무슬림은 이슬람 종교 자체에 해결할 수 없는 큰 문제들과 많은 딜레마가 있다고 증언하고 있다. 그들의 증언을 분석한 결과 필자도 수없이 많은 문제를 발견할 수 있었다. 그것들을 큰 주제에 따라 카테고리를 나누어 보니 다음의 네 가지로 정리할 수 있었다.

- ■ 꾸란의 문제
- ■ 무함마드의 문제
- ■ 이슬람 역사의 문제
- ■ 이슬람 여성의 문제

꾸란의 문제에는 꾸란의 과학적인 오류, 내부적인 모순, 꾸란의 신인 알라의 윤리적인 문제, 꾸란의 천국과 지옥, 꾸란 기록과 전승에서의 문제 등이다. 무함마드의 문제는 이슬람 종교 창시자의 각종 윤리적인 문제들이다. 이슬람 역사의 문제는 이슬람 역사에서 발견되는 수많은 이슈인데 그것을 지하드와 노예 제도, 딤미 제도, 파시즘으로 정리했다. 마지막으로 여성 문제는 이슬람의 여성관에서 오는 여러 가지 문제이다.

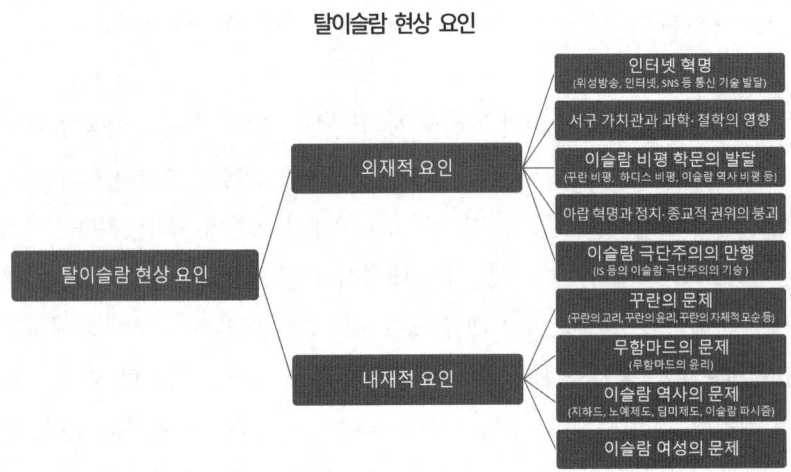

이 책의 구성은 탈이슬람 현상(혹은 무신론 현상)의 외재적 요인과 내재적 요인 내용에 따라 이루어졌다. 즉 이 장에서 탈이슬람 현상의 외재적 요인을 설명하고, 그 이후 장에서는 탈이슬람 현상의 내재적 요인을 한 장씩 할애하여 설명해 나간다. 이슬람 역사의 문제 부분에서는 지하드와 노예 제도와 딤미 제도, 이슬람 파시즘을 각각 한 장씩 할애하여 기록해 나간다.

2. Ex 무슬림이 이슬람을 평가하는 기준

독자들 가운데서 Ex 무슬림이 이슬람의 문제들을 판단하고 지적하는 기준이 무엇이냐고 질문하는 사람이 있을 것 같다. Ex 무슬림이 이슬람에 대해 판단하는 기준은 앞의 그림에서 외재적 요인에 영향을 받은 것이라 볼 수 있다. 즉, 그것은 서구식 교육과 서구 문화의 확대에 따른 서구 가치관의 영향이 그 기저에 깔려 있다고 본다. 인터넷 혁명과 서구식 교육 등으로 인해 전파된 인류의 보편적인 가치들이 그들의 판단 기준이다.

따라서 그들의 판단 기준은 인간의 이성적 판단을 중심으로 한 기본적인 자유와 인권의 개념에 근거해 있다고 볼 수 있다. 예배의 자유, 개종의 자유, 행복 추구의 자유, 사상의 자유, 표현의 자유, 여성 평등 등이 지켜지느냐 그렇지 않느냐가 판단 기준이다. 최후의 계시라는 꾸란의 가르침과 위대한 성품을 가졌다(꾸란 68:4)는 무함마드의 행적을 이러한 기준으로 평가하는 것이다. 또한 초기 이슬람 역사 가운데 있었던 지하드와 노예 제도와 딤미 제도, 이슬람 파시즘, 그리고 여성에 대한 이슈들을 이러한 잣대로 평가하는 것이다. 그것들이 현대인의 윤리와 가치관과 합리성에 맞는지 그들이 평가하는 것이다.

3. 인터넷과 SNS의 혁명: 아랍 세계의 구텐베르크 혁명

서방 세계에 근대 문명이 발전할 수 있었던 중요한 계기는 15세기에 있었던 구텐베르크 인쇄술 발명일 것이다. 타락한 중세교회에 종교개혁의 신호탄이 쏘아진 것도 인쇄술에 의한 영향이라고 한다. 마틴 루터는 라틴어로만 존재하던 성경을 독일어로 번역했는데, 구텐베르크의 인쇄기에 힘입어 그것을 수많은 곳에 보급했다. 독일 사람들은 자신들의 언어로 성경이 번역되니 그것을 쉽게 읽고 정확한 의미를 파악할 수 있었다. 사람들은 더 이상 통치자나 가톨릭교회에 정보를 의존하지 않아도 되었고, 개혁가들의 신념을 배워서 확산시킬 수 있었다. 그것은 진정한 혁명의 씨앗이었다.

아랍 세계는 18세기까지 인쇄술을 알지 못했다. 아랍 세계가 인쇄기를 처음 접하게 된 것은 나폴레옹의 이집트 원정(1798년) 이후라고 한다. 인쇄기를 접한 아랍 이슬람 세계는 그것을 반기기보다 두려워하고 거부했다. 거룩한 알라의 말씀인 꾸란을 수기(手記)하지 않고 인쇄하게 되면 그 내용을 변질시킨다는 것이 그 이유였다. 거룩한 신의 말씀을 경건하게 기록하지 않고 경솔하게 기계로 찍느냐는 것이었다. 그래서 쉐이크들은 알렉산드리아 아부끼르 항구에서 그 인쇄기들을 깨뜨려 수몰시켰다.[2] 이집트뿐만 아니라 당시 중동을 지배하던 오스만 제국도 그것을 금지했다. 오스만 제국 아래에 있었던 대부분의 중동의 순니파 나라들에서 인쇄기 사용이 금지되었다. 시아파 나라인 이란의 사파비(Safavid) 왕조도 그것을 금지했고, 무굴 제국도 금지했다.³ 그들이 인쇄기 사용을 금지한 또 다른 이유는 황실 권력과 종교 권력이 개인의 사상과 언론의 자유를 제한하기 위함이었을 것이다.

19세기 들어서 이슬람 세계는 서방의 인쇄술을 받아들여 사용하게 된다. 서방의 발전상을 바라보며 더 이상 뒤처질 수 없다는 판단에서 오는 불가피한 선택이었다. 그러면서도 인쇄술을 통한 언론의 자유와 자유로운 비판을 권력이 철저하게 통제하고 탄압했다. 이슬람은 완벽하고 무함마드는 최고의 윤리를 가지고 있으며, 술탄은 위대하기에 비판해서는 안 되는 것이었다. 전체주의와 신정주의를 유지하기 위해서는 정권과 종교를 비판하는 사람에게 철저하게 재갈을 물려야 했다.

그렇게 2세기가 지난 이후 20세기 말에 이르러 변화가 나타났다. 사상의 자유와 비판의 자유를 금지해 오던 이슬람 세계에 혁명적인 일이 일어났다. 그것은 구텐베르크의 인쇄술과 비견되는 의미심장한 것이었다. 시대의 변화와 변혁을 일으키는 모멘텀을 제공한 것이었다. 그것이 바로 인터넷 혁명이다.

인터넷은 모든 사람에게 정보를 자유롭게 제공하고 공유한다. 누구든지 정보 제공자와 사용자가 될 수 있다. 누구든지 제한 없이 정보를 올려놓을 수 있기에 그 정보는 계속해서 늘고 있다. 그래서 인터넷을 정보의 바다라고 한다. 그것은 익명성도 보장한다. 아직도 이슬람 나라들은 대개 이슬람 비평 서적의 반입을 금지한다. 객관적이고 과학적인 내용이라 하더라도 이슬람을 해치는 내용은 출판과 전시가 불가능하다. 그러나 인터넷은 정부의 검열이나 사람들의 시선을 우회하는 것이 가능하다.

이슬람은 꾸란이라는 책의 종교이다. 그들은 이슬람의 교리와 율법을 설명하기 위해 수많은 책을 만들어 왔다. 지난 1,400년 동안 이슬람 학자들이 지은 책들이 헤아릴 수 없을 정도로 많다. 거기에는 꾸란과 하디스와 무함마드 전기와 주석들, 그리고 역사책들을 포함하여 수백만권은 되어 보인다. 그런 책들의 내용이 인터넷에 다 올라가 있다고 생각해 보라. 아랍 세계는 저작권 개념이 약해서 수많은 아랍어 책들을 무료로 다운받을 수 있다. 그러한 책들 가운데는 이슬람의 온갖 치부들이 기록된 하디스들과 무함마드 전기들 그리고 각종 비평 서적이 포함되어 있다. 사람들은 그 책들을 검색하여 기록된 내용을 읽고, 코멘트와 비평들을 적어서 올리기도 한다. 그야말로 성역이 없고 국경이 없다.

게다가 최근 10여 년 사이에 SNS가 중동 사람들의 삶을 바꾸어 놓았다. 스마트 폰이 보급되고 사람들이 SNS로 연결된 이후에는 지식 습득과 정보수집이 더 쉬워졌고 빨라졌다. 튀니지와 이집트의 아랍 혁명 때에 SNS를 통해 정부를 비난하는 여론을 확산시켰고, 독재 정부가 무너지는 결정적인 역할을 했다. 또한 SNS는 누구든지 1인 미디어의 기능을 할 수 있다. 수많은 Ex 무슬림이 자신의 스토리를 만들어서 올리고 이슬람 비평 방송

이집트 출신의 Ex 무슬림 하미드 압둘 사마드: 이맘인 아버지로부터 보수적인 이슬람 교육을 받으며 자라났고, 학생 시절 무슬림 형제단에 가입하여 극단주의 이슬람을 몸소 배웠다. 그 뒤 독일에서 유학하며 이슬람을 떠났고, 이슬람 비평가로 변한다. 독일 이슬람협회 회원이었고, 독일에서 가장 인정받는 이슬람 전문가 중의 한 사람이다. 아랍권에서도 영향력이 아주 큰 인물이다. <이슬람의 상자>라는 유튜브 채널과 SNS와 저술을 통해 무슬림의 개화와 계몽을 위해 힘쓰고 있다. 우리말로는 『무함마드 평전』(한스미디어)과 유튜브 강의 <이슬람 상자>가 제공되고 있다. 필자의 책에서 그의 이름을 '하미드 사마드'로 표기한다.

을 하고 있다. 오늘날 Ex 무슬림이 진행하는 이슬람 비평 프로그램들을 통해 수많은 무슬림이 이슬람의 위해한 본질을 파악하고 이슬람을 떠나고 있는 것이 사실이다.

뿐만 아니라 SNS는 시간과 장소의 제약없이 세계의 모든 사람과 관계를 형성한다. 이를 통해 Ex 무슬림들이 그룹을 형성하고 서로간의 정보와 관심을 나누고 서로를 격려하기도 한다.[4] 이런 이유로 인해 이집트인 Ex 무슬림 하미드 사마드는 페이스북의 CEO 주크버그를 '이슬람 세계의 구텐베르크'에 비유하기도 한다.[5] 모로코인 Ex 무슬림 라쉬드는 매주 자신이 진행하는 프로그램 <명명백백하게>(Bi Kull Wudūḥ)의 도입부에 다음과 같이 말한다.

> 이전에는 아무도 이슬람 국가들 안에서 감히 이슬람을 비판하지 못했습니다. 그러나 최근 유튜브와 위성방송과 인터넷을 통한 정보의 유통이 불가능을 가능하게 만들었습니다. 누가 이슬람의 자녀들이 무리지어 이슬람을 떠나는 것(꾸란 110:2에 대한 역설적인 표현)을 두 귀와 두 눈으로 볼 수 있을 것이라 상상했겠습니까? 누가 이슬람을 떠난 사람들이 두려움없이 이슬람을 비판하는 것을 상상했겠습니까? 누가 젊은 남녀들이 대중의 욕설과 위협을 감수하며 용감하게 자신의 생각을 전하는 것을 상상했겠습니까? 이것은 혁명입니다. 이슬람 역사에서 최근 몇십 년 사이에 일어난 일입니다. 그것은 진정한 혁명 즉 사상의 혁명이고, 정보의 혁명이며, 중동과 북아프리카의 모습을 영원히 바꿀 혁명입니다.[6]

지난 1,400년 동안 이슬람 세계는 영웅적인 역사관과 사상에 대한 파시즘적 통제로 사람들이 동굴속에 갇혀 있었다. 그러나 오늘날 이슬람 동굴의 벽이 무너졌다. 인터넷이란 정보와 지식의 혁명 앞에서 이슬람 세계는 대명천지에 자신을 드러내게 되었다. 오늘 이슬람 세계에서 커밍아웃하는 Ex 무슬림들이 하루가 다르게 늘어나는 것은 바로 그런 상황에서 일어나는 일이다.

4. 서구 가치관과 과학 및 철학의 영향

근세에 들어 중동의 이슬람 세계는 서구적 가치관에 큰 영향을 받았다. 1798년 나폴레옹의 이집트 정복은 아랍 세계가 서방의 앞선 문명에 눈을 뜨는 계기가 되었다. 서방의 제국주의적인 발로가 역설적으로 아랍 세계의 개화와 계몽을 일으키는 시초가 되었다.

그 뒤 아랍 세계는 서방에 많은 젊은 인재들을 사절단 혹은 견학단으로 보내어 서방을 배웠다. 일찍이 서방을 방문하여 식견을 넓힌 이들이 아랍 세계를 계몽하고 개혁하여 나갔기에 아랍 사람들은 이들을 계몽주의자 혹은 개혁주의자라 부른다.[1]

1919년 중동에서의 교육 서비스에 헌신한 미국인들에 의해 세워진
The American University in Cairo의 신캠퍼스 전경

---

[1] 이슬람주의자들은 '계몽'(tanwīr)이란 단어를 세속적이고 인본적인 용어로 간주하며, 서방 학문과 기술과 철학을 배우는 것을 이슬람 신앙에서 이탈 혹은 타락으로 간주한다. 따라서 그들의 시각에서 '계몽'은 부정적인 의미를 갖는다. 이에 비해 '갱신'(tajdīd)이란 단어는 이슬람 원래의 신앙을 회복하고 이슬람 신앙의 부흥을 일으키는 것으로 긍정적인 의미를 갖는다.

19세기 아랍 세계 개화와 계몽의 문을 연 대표적인 주자는 이집트의 리파아 타흐타위(Rifā'ah aṭ-Ṭahṭāwi)와 무함마드 압두(Muhammad 'Abduh)라 할 수 있다. 리파아 타흐타위(Rifā'ah aṭ-Ṭahṭāwi, 1801-1873)는 이집트 근대화의 아버지라고 하는 무함마드 알리의 특명을 받고 파리로 파견되었다. 그는 1826년에서 1836년까지 동료 44명과 함께 유럽 문명을 견학하며 공부했다. 견학에서 돌아온 그는 『19세기 이집트인의 파리 여행』과 『파리 황금의 설명』 등의 책들을 쓰기도 했다. 그리고 동료들과 함께 2,000여 종의 프랑스 서적과 유인물을 아랍어로 번역하여 유럽의 문명과 사상을 이집트와 아랍 세계에 전달했다. 『19세기 이집트인의 파리 여행』의 서문에서 "유럽인들의 지식은 아랍인을 잠에서 깨운다"라고 기술했다. 그는 유럽의 발전된 상황을 인문사회, 과학, 의료, 예술, 군사, 도시구조, 농법 등등 15개 분야로 분류하여 섬세히 익히기도 했다.[7]

무함마드 압두(Muhammad 'Abduh, 1845-1905)는 이슬람 현대주의를 이끈 인물로 평가받는다. 그는 이집트의 정치 종교 사회 등 전반적인 개혁을 주장하면서 그 개혁의 중심 도구를 교육과 계몽이라고 했다. 정교의 분리를 주장하고 칼리프의 권위와 통치를 인정할 수 없다고 주장했다.[8]

이러한 서방의 영향은 19세기 중반 이후 서방 나라들이 중동 나라들에 대해 전방위적 식민지 개척에 나서면서 더욱 심화되었다. 각 나라에 서양식 학교와 병원들이 들어서서 문맹과 질병을 퇴치하며 서구의 과학과 기술을 가르쳤다. 그러는 가운데 자연스럽게 서양식 가치관과 윤리가 전해지게 되었다. 오늘날 중동의 주요 도시들에는 당시에 서양 선교사들에 의해서 세워진 학교들과 병원들이 많이 있다. 그곳에서 수많은 개화된 인재들을 길러내고 사회에 긍정적 영향을 주었다. 그러한 기관들을 통해 이슬람의 가치관이 아니라 서구의 가치관이 전해졌고 그 영향이 오늘날까지 미치고 있다.

20세기 중반 이후 제국주의는 막을 내렸지만, 세계는 단일문화권 지구촌으로 좁혀졌다. 기술과 통신의 발달이 큰 역할을 했다. 그러는 가운데 인적 교류는 더욱더 많아졌다. 수많은 젊은이가 서방으로 유학을 가서 배웠고, 다른 젊은이들은 안방에서 위성방송과 인터넷을 통해 서구의 가치관과 생활 방식을 배웠다. 오늘날 아랍 세계의 유치원, 초중고 학교들 가운데 앞서가는 학교들의 교육 시스템은 서구 선진국들에서 빌려온 것이다. 많은 아랍 나라들에서 세계적 교육 프랜차이저 학교들이 성행하고 있으며, 미국, 영국, 프랑스, 독일, 일본 등 선진국들의 지점(branch) 학교들이 성업하고 있다. 이런 학교들은 지역에서 가장 상위권 교육기관으로 평가받고 있으며, 따라서 사회적 엘리트들의 자녀들이 공부하고 있다. 이러한 학교들에서 가르침을 받는 학생들은 서구의 가치관을 자연스럽게 학습하게 되는 것이다.

서구 교육의 가치는 자유와 평등과 인권이다. 신본주의가 아닌 인본주의이다. 암기와 답습이 아니라 의심과 실험과 경험에 의한 학습이다. 아랍 세계에서 자라나는 무슬림 가운데서 이러한 서구 교육의 기본적인 가치가 뿌리 내린 젊은이들이 많다. 이들은 종교의 자유와 남녀의 평등을 주장하고 인종차별에 반대할 줄 아는 지식인들이다.

그런 상황에서 아랍 젊은이들이 21세기를 맞았다. 인터넷과 SNS를 통해 꾸란과 하디스의 비과학적이고 비합리적인 내용들에 대해 읽었다. 창시자 무함마드의 윤리적인 문제들에 대해서도 들었다. 그리고 이슬람 극단주의의 테러와 IS의 만행들에 대한 소식도 접했다. 그들은 이러한 이슬람의 모순과 딜레마들에 대해 그동안의 맹신적 자세를 버리고 합리적 의심으로 대응했다. 그러면서 다음과 같이 질문했다.

이슬람 세계에 이렇게 많은 문제와 모순이 존재하는데 과연 알라가 존재하는가?
과연 알라가 테러와 살해를 명령할 수 있는가?
꾸란과 하디스의 비과학적이고 비합리적인 내용을 어떻게 해석할 수 있는가?
무함마드 선지자와 관련된 이슈들을 어떻게 이해해야 하는가?

그들은 이와 같은 꼬리를 무는 질문들에 답을 얻기 위해 할 수 있는 노력을 다했다. 그 결과 신의 존재와 이슬람 종교에 대해 점점 회의하게 되었고 점점 무신론으로 빠져들었다.

이런 고민과 탐구의 과정에서 서방에서 발달한 과학과 철학은 그들에게 큰 도움이 되었다. 서방의 과학과 철학은 인류가 중세 교회의 종교적 권위와 신 중심적인 세계관에서 벗어나 인간 중심주의(휴머니즘)와 합리주의 그리고 과학주의로 발전하는 핵심적인 도구였다. 오늘날 아랍의 젊은이들 가운데 이슬람에 실망한 자들이 추구하는 방향도 동일하다. 그들은 인간 중심주의와 합리주의 그리고 과학주의를 신봉하고 있다. 그러면서 다윈의 진화론과 빅뱅 이론 등의 과학적 연구에 의지하고, 니체와 칼 마르크스 등의 무신론 철학을 탐독하며 그것들로부터 큰 영향을 받고 있다. 현대 학자들 가운데서는 영국의 진화 생물학자 리처드 도킨스(Richard Dawkins)가 진행한 무신론 논쟁들이 아랍의 젊은이들에게 큰 영향을 끼쳤다. 이들이 이슬람을 떠나는 전위대가 되고 있다.

5. 이슬람 비평 학문의 발달

이슬람은 비평을 허락하지 않는 종교이다.

◆ 믿는 자들이여! 너희에게 분명하게 드러나면 너희에게 해를 끼치는 것들에 대해서는 질문하지 말아라(5:101).

위의 구절에서 보듯이 이슬람은 해가 되는 질문을 금한다. 알라나 무함마드 선지자에 대한 본질적인 질문을 하는 것은 곧 이슬람 신앙에 대한 의심이며, 의심은 곧 불신이라고 생각한다. 질문을 못한다는 것은 비평하지 못한다는 말이다. 그 때문에 지난 1,400년 동안 이슬람에서 객관적이고 과학적인 비평이 있을 수 없었다. 그런 전통은 오늘날도 마찬가지이다. 이슬람을 비평하거나 비판한 사람은 위협을 받는다(이 주제에 대해서는 제9장 '이슬람과 파시즘'의 '질문을 금하는 종교' 부분을 보자). 이런 이유로 이슬람 나라에서 '이슬람 비평'(Criticism of Islam)이란 용어를 사용하는 것을 꺼린다. 알아즈하르 대학(이집트에 있는 순니파 정통 대학 혹은 신학교)이나 심지어 일반 대학에서도 '이슬람 비평학' 혹은 '꾸란 비평학'이란 과목이 존재하지 않는다. 학교에서 그런 내용을 들을 수도 없다. 그들은 '감히 신의 말씀을 비평하다니 이런 불경과 불신이 어디 있나!'라고 생각한다.

그럼에도 오늘날 아랍 나라들에는 이슬람을 비평하는 사람들이 수없이 많다. 가상 세계에서 수많은 사람이 그들이 파악한 이슈와 문제들을 가지고 이슬람을 비평하고 있다. 그들은 주로 세속주의 무슬림이나 Ex 무슬림이라 할 수 있다. 그들은 꾸란과 하디스와 이슬람 역사와 이슬람의 윤리를 비평한다. 비합리적이고 비윤리적인 내용을 과감하게 비평한다. 사이버 세상에 성역은 없다.

그렇다면 이들이 비평하는 비평적인 사고들은 어디에서 올까?

또한 그들의 비평의 방법과 비평의 내용은 어디에서 올까?

이슬람 비평을 위한 비평적 사고방식과 비평의 방법론은 많은 부분 서구식 학문의 결과라 할 수 있다. 서구 가치관으로 교육받은 사람들이 합리적이고 객관적인 시각으로 이슬람을 바라본 결과라 할 수 있다. 또한 이슬람 비평과 관련한 여러 학문도 서구에서 먼저 발전했고, 유학생들과 이민자들을 중심으로 그것을 배워서 아랍 세계에 전달했다고 볼 수 있다. 여기서는 '이슬람 비평'(Criticism of Islam)의 약사(略史)와 서구에서 발전한 여러 이슬람 비평 학문의 내용에 대해 간략하게 살펴본다.

1) 이슬람 비평의 역사

이슬람 내부에서 '이슬람 비평'(Criticism of Islam)이란 단어가 금기시되어 왔지만, 이슬람을 비평하는 사람은 초기부터 드물게 있어 왔다. 예를 들어 다마스쿠스의 요한(John of Damascus, 676-749)은 이슬람 지배 초기에 레반트 지역[ii]에 살았던 아리우스파 기독교 사제였다. 그는 이슬람을 기독교의 한 이단으로 보았고, 무함마드를 거짓 선지자로, 이슬람 종교를 적그리스도의 전조라고 표현했다.[9]

이븐 라완디(Ibn Rawandi, 827-911)는 초기에 무으타질라파 학자였지만 나중에 그 학파 교리를 거부하게 된다. 그 뒤에 이슬람을 회의하게 되었으며 무신론자로서 많은 책을 남겼다. 그는 이슬람 역사에서 가장 중요한 무신론자 중의 한 사람으로 여겨진다.[10]

압바스 왕조의 시인으로 유명한 아부 알래으 알마아리('Abū al-'Alā' al-Ma'arrī, 973-1058)는 성지 순례를 '이교도의 여행'이라고 하고 모든 종류의 신적인 계시를 부인하는 등 이슬람의 여러 교리를 비판했다. 그래서 그를 이슬람의 3대 무신론자 중의 한 사람이라 일컫는다.[11]

이처럼 이슬람 초기부터 이슬람을 비평하는 사람들이 이슬람 세계 내부에 존재했다. 그러나 그들의 비평은 소수의 사람이 개인적 차원에서 행한 것이었고, 학문적 원리와 체계를 갖추고 점진적으로 발전하는 비평학은 아니었다. 특정한 비평의 원리와 방법론을 갖추게 되고 객관적인 학문으로 발전하는 '이슬람 비평학'(Criticism of Islam)은 근대 이후 서방 세계에서 발전했다.

---

ii 아랍어로 as-Shām 지역. 시리아와 레바논 그리고 팔레스타인 지역을 일컫는 말.

2) 서구의 이슬람 비평학의 시작과 꾸란 비평

학문으로서 '이슬람 비평'(Criticism of Islam)의 시작은 16-19세기에 이르는 기독교의 성서 비평(Biblical Criticism)의 발달과 밀접하게 연관되어 있다. 독일을 중심으로 발달한 성서 비평은 서구 학자들의 성경 연구와 기독교 기원 연구에 큰 영향을 끼쳤다. 특히 18세기 독일에서 여러 학자가 발전시킨 역사적-비평적(Historical-critical 혹은 Historical criticism) 연구 방법은 이 분야에 엄청난 결과를 파생시켰다. 그들은 성경의 원본에서 비과학적이고 신화적인 내용을 배제하고, 기록 당시의 원래 의미를 추적해 가며, 원본의 이면에 존재하는 시대적 정황과 저자의 의도를 밝히려고 노력했다. 그러한 과정을 통해서 성경의 자료비평(Source criticism), 양식비평(Form criticism), 편집비평(Redaction criticism), 전통비평(Tradition criticism) 등 여러 비평의 방법들을 발전시켰다.[12]

서구의 여러 학자가 성경에 대한 역사적-비평적 연구에 집중하고 있을 때, 꾸란에 관심을 가지는 일부 학자가 있었다. 그들은 그동안 자신들이 배우고 발전시켜 온 성서 비평학의 방법론을 그대로 꾸란 연구에 적용했다.

꾸란의 기원에 관해 처음으로 비평적인 질문을 제기한 사람은 프랑스 학자 안트완 이삭 실베스떼 데 싸시(Antoine Issac Silvestre de Sacy)이다. 그는 1832년 「싸방트」(Journal des Savants)에 발표한 논문에서 꾸란의 기원에 관한 비평적인 질문을 제기했다.[13]

꾸란학 연구에 주목할 만한 촉매제 역할을 한 사람은 독일 학자인 아브라함 가이거(Abraham Geiger)이다. 그는 1833년에 『무함마드가 유대교에서 차용한 것은 무엇인가?』(Was hat Mohammed aus dem Judenthume aufgenomen?)를 출간했다. 이 책에서 그는 꾸란에 나타나는 기독교/유대교 성경의 인물들에 관한 이야기들이 탈무드와 같은 랍비 문헌에서 발견되는 이야기들과 세부적인 내용까지 매우 유사하다는 것을 밝혀내었다.[14]

또 다른 독일 학자인 구스타프 바일(Gustav Weil)은 1844년 출간한 『꾸란 역사 비평 서론』(Historisch-kritische Einleitung in den Koran)에서 꾸란 본문에 대한 역사 비평 방법론을 처음으로 소개했다. 바일은 꾸란의 상당한 구절이 후대에 정치적 종교적 다양성을 반영하기 위해 편집자들에 의해서 가필되었다고 주장했다. 그는 또한 꾸란의 선지자 이야기들이 랍비 문헌의 이야기들과 유사한 것에 대해서 기록했다.[15]

1860년에는 또 다른 독일 학자 데오도르 뇔데케(Theodor Nöldeke)가 『꾸란의 역사』(Geschichte des Qorans)를 출간했다. 이 책은 꾸란의 기원에 관한 학술적인 질문에 있어서 표준서이며, 향후 서구 꾸란학 연구의 초석을 놓았다고 평가받는다. 이 책에서 뇔데케는 그 당시 전해지는 꾸란 사본(Quranic Manuscripts)의 차이점에 관해서 기록했다.[16] 또한 그는 꾸란이 형성된 과정을 역사적으로 검증하고 이슬람의 기원을 검증 가능한 역사적 자료들을 바탕으로 재구성하려고 했다. 뇔데케의 가장 중요한 공헌은 역사-비평적 연구 방법론을 통해, 신학적 특징과 언어적 특성에 기초하여 꾸란의 내부 구조적 일관성을 설명하려고 노력했다는 것이다. 그 결과 꾸란 각 장의 연대기적 배열을 제시하게 되었다. 그의 연구 성과들은 1924년 이집트에서 출간된 꾸란 장들의 연대기 배열에 사용되었으며, 현재까지도 많은 학자의 꾸란 연구에 기본 근간을 이루고 있다.[17]

그 뒤 뇔데케의 『꾸란의 역사』는 동료 학자인 Friedrich Schwally(1919), Gotthelf Bergstraber(1933)와 Otto Pretzl(1944)의 연구를 통해 내용(Volume)이 추가되었다. Friedrich Schwally(1919)는 꾸란의 수집에 대해서, Gotthelf Bergstraber(1933)와 Otto Pretzl(1944)는 꾸란 본문에서 여러 가지 이문 독경(variant reading, '이문'이란 원본 혹은 표준본과 표기 형태가 다른 것을 의미)과 이문 사본(variant codices)에 대해서 연구한 내용을 추가했다. 그 결과 이 책은 꾸란의 학술적인 연구에서 하나의 표준(canon)이 되었다.[18]

꾸란에 사용된 외래어에 관한 연구로서 호주인 아더 제프리(Arther Jeffrey)의 역할도 주목할 만하다. 그는 1937년 『꾸란의 외래 어휘』(The Foreign

Vocabulary of the Qu'ran)를 출판하는데, 이 책에서 그는 꾸란에 사용된 단어들 가운데 아랍어에서 온 단어가 아닌 외래어에서 온 단어 318개 단어를 추적하여 그 어원과 의미를 상세하게 기록했다.[19]

20세기에 들어서 제1, 2차 세계 대전의 여파로 유럽 학계, 특히 독일 학자들과 유대계 학자들의 꾸란학 연구가 중단되는 일이 발생했다. 그 뒤 1970년대에 들어서야 영국에서 활동하던 학자들을 통해 꾸란 연구가 재점화되었다. 이 시기에 가장 중요한 인물로 학계의 큰 획을 그은 사람은 John Wansbrough이다. 그는 꾸란에 과감하게 역사 비평학적, 문서 비평학적 방법론을 적용하여 이슬람의 기원과 꾸란에 대해 매우 급진적 결론들을 발표했다. 1977년에 발표된 그의 저서 *Quranic Studies: Soruces and Methods of Scriptural Interpretation*은 전통적인 이슬람의 가르침에 근거한 종교적 기원과 꾸란의 문서화 과정을 거부하고, 역사적으로 검증될 수 있는 자료들에 근거하여 새로운 대안적 설명을 제시하려 했다. 그리하여 그가 내린 결론은 상당히 급진적이었다. 예를 들어 꾸란은 무함마드가 기원이 될 수 없다고 한다. 꾸란은 그가 죽은 후 약 200년이 지난 시점에 이르기까지 다양한 시대적 환경 속에서 진화적 과정을 거치며 공동체 안에서 존재하던 내용이 결정체로 나타나면서 문서화된 것으로 본다. 그래서 경전으로서의 출현은 압바스 왕조 시대에 비로소 문서적 형태로 나타났다고 한다.[20]

20세기 말에 와서 꾸란 비평에 새로운 파문이 일어나게 되는데, 그것은 꾸란과 관련된 수리아 기독교 문서(Syriac Christian texts)들에 대한 관심이 일어나면서 발생했다. 그 파장의 중심에는 레바논계 독일 학자인 크리스토퍼 룩센베르그(Christoph Luxenberg)가 있었다. 그는 2000년 *Die Syro-Aramäische Lesart des Koran*이라는 책을 펴냈고, 2007년 그것에 대한 영어 번역서 『수리아 아람어로 꾸란 읽기』(*The Syro Aramaic Reading of the Koran*)[III]를

[III] 여기서 '수리아어' 혹은 '수리아 아람어'로 번역한 언어는 영어로 Syriac Aramaic이라고 하고 아랍어로는 suryāni라고 하는 언어이다. 4세기에서 8세기 사이에 레반트 지역에서 공식 언어로 광범위하게 사용되던 언어이다. 예수 시대에 팔레스타인 지역에서

펴낸다.²¹

이 책에서 그는 꾸란에 사용된 25% 정도의 단어들이 모호하거나 주석가들이 잘못 해석하고 있다고 주장한다. 그 이유는 무슬림 학자들이 그 단어들의 수리아 어원과 아람어 어원을 모르기 때문이라고 한다. 즉 꾸란의 많은 단어가 원래는 수리아 어원인데, 그것이 꾸란에서 원래의 수리아어 의미가 아닌 다른 의미로 잘못 번역되어 사용되고 있다는 것이다.²²

예를 들어, 이슬람의 경전을 지칭하는 '꾸란'(qur'ān)이란 단어는 수리아어 단어 qiryān에서 왔으며 그 의미는 '교회 예식서'라는 것이다. 수리아어에서 교회의 기도나 예배 시에 사용되던 예식서를 qiryān이라고 했는데, 그 단어가 아랍어로 전달되면서 오늘날의 '꾸란'을 지칭하는 단어인 qur'ān으로 바뀌게 된 것이라는 것이다.ⁱᵛ 그 외에도 룩센베르그는 꾸란에 사용된 '포르깐', '후르아인', '무함마드', '밀크야민' 등 많은 단어가 수리아어에서 왔다고 주장하고 있다.ᵛ 이처럼 룩센베르그가 주장한 꾸란의 많은 단어가 아랍어가 아닌 수리아어나 다른 언어에서 왔다는 주장은 기존 이슬람의 관점에서는 지축을 흔드는 것이다.

사용되던 언어였던 아람어(Aramaic)가 분화 발전한 언어이다. 이후에 꾸란의 언어 형성에 큰 영향을 주었다.

ⁱᵛ 오늘날 이슬람 학자들은 '꾸란'(qur'ān)이란 단어의 아랍어 어근이 qara'a(읽다)라고 한다. 그래서 '꾸란'(qur'ān)은 읽는 것과 관련이 있다고 설명한다. 여기서 qara'a 단어에 함자(hamza, glotal stop 음가를 의미. qara'a의 세 번째 음절에 있는 자음 '이 함자 음가이다)가 존재하고 있음을 발견한다. 그러나 꾸란이 처음 기록되었던 7세기 중반에는 아랍어에 함자(hamza) 음가가 존재하지 않았다. 함자 음가는 8세기에 와서 비로소 사용된다. 따라서 이슬람 학자들이 주장하는 qur'ān이란 단어가 아랍어 qara'a(읽다)에서 왔다는 말은 올바르지 않다는 것이다. 그래서 룩센베르그가 주장하는 내용, 즉 '꾸란'(qur'ān)이란 단어가 '교회 예식서'를 가르키는 수리아 단어 qiryān에서 온 것이라고 하는 것이 더 타당하다는 것이다. Hamed Abd Samad, <이슬람 상자>(Ṣandūq al-'Islām) 제27편, https://www.youtube.com/watch?v=2CkVhyHpf8o, 2020년 5월 29일.

ᵛ '포르깐'은 수리아어로 '구원'을 의미하고, '후르아인'은 수리아어로 '백포도'(혹은 청포도)라는 단어에서 온 것이라고 한다. 이 주제에 대한 자세한 내용은 유튜브 채널 <이슬람 상자>의 동영상 가운데, 제27편 룩센베르그의 『'수리아어로 꾸란 읽기'에 대해』에서 공부할 수 있다.

기존 이슬람의 가르침은 꾸란이 알라의 직접 계시라는 것이다. 하늘에 보관되어 있는 꾸란 서판의 내용이 그대로 내려왔고, 그것이 지금까지 완벽하게 보존되어 있다는 것이다. 따라서 꾸란의 용어와 내용은 이전의 다른 문화권이나 언어권에서 차용해 온 것이 될 수 없다. 그런데 오늘날 비평학자들의 연구 결과는 수많은 어휘와 내용이 다른 언어권과 문화권에서 가져온 것으로 밝혀지고 있는 것이다.

3) 꾸란 사본학의 발달

'꾸란 비평'에서 중요한 위치를 차지하는 것이 꾸란 사본(manuscript)에 대한 연구이다. 이슬람은 경전의 종교이기에 계시가 기록된 수많은 사본이 발견된다. 그 사본 가운데 이슬람 초기에 필사된 사본을 연구하는 것은 꾸란의 기록과 전래 과정을 과학적으로 살펴볼 수 있는 좋은 방법이 된다. 또한 그것은 이슬람 역사와 교리 등 초기 이슬람 공동체에 대한 핵심적인 내용을 연구할 수 있는 중요한 수단이 된다.

무슬림은 꾸란에 일점일획의 오류도 없다고 믿는다. 무함마드가 가브리엘 천사로부터 계시를 받는 과정이나, 그것이 암기되고 낭송되며 기록되는 과정이나, 그것이 오늘날까지 전래되는 과정에서 어떤 오류도 없다고 믿고 있다.

이슬람 전통에 따르면 꾸란이 오늘날의 독자들에게 전달되기까지 몇 차례 중요한 수집의 과정이 있었다. 무함마드가 계시받은 내용이 1대 칼리프 아부 바크르 시대(632-634)에 한 차례 수집되어 기록되었고, 그 뒤 3대 칼리프 오스만 시대(644-656)에 두 번째 수집되어 기록되게 된다.[23]

이 두 번의 수집 과정이 있었던 이유는 여러 무슬림이 암기하거나 기록한 꾸란의 내용이 다르게 되자 그 내용을 통일하기 위한 목적이었다. 사히흐 부카리 4987번 하디스에서 후다이파 브닐 야만(Ḥudhaifa bin Al-Yaman)이 "꾸란이 달라지기 전에" 꾸란을 통일시켜 달라고 오스만에게 요청하는 것을 볼 수 있다. 그 말은 이미 그 당시에 내용이 다른 꾸란이 있었음을 시인하는 것이다. 그래서 오스만은 꾸란을 하나로 통일하면서 "모든 다른 꾸란들을 불태우라"고 명령했던 것이다. 그러고는 이슬람이 통치하는 '모든 무슬림 지방'에 그들이 집대성하여 새롭게 필사한 꾸란을 보내었다고 한다. 다음 하디스를 보자.

◇ 후다이파 브니 야만이 오스만에게 왔다. 후다이파는 그들이 꾸란을 다르게 낭송하는 것에 대해서 염려하였다. 그래서 그가 오스만에게 말하길 "믿는 자들의 왕자이시여! 유대인들과 기독교인들이 그들의 경전을 달리한 것과 같이 **꾸란이 달라지기 전에** 이 움마 공동체를 구원하소서."
그러자 오스만은 하프사에게 사람을 보내어서 "우리에게 그대가 가지고 있는 꾸란을 보내시오. 우리가 그것으로부터 여러 권의 꾸란을 필사한 후에 그대에게 그것을 돌려보내겠소." 그러자 하프사가 그것을 오스만에게 보내었다.
그러자 오스만은 자이드 브니 싸비트와 압둘라 브니 주바이르, 사이드 브닐 아스 그리고 압둘 라흐만 브닐 하리스에게 명령하였고, 그들이 여러 권의 꾸란을 필사하였다. 오스만은 꾸라이쉬 사람 세 사람에게 말하길 "만일 너희들이 꾸란의 어떤 부분에서 자이드 브니 싸비트와 다른 점이 있게 되면 꾸라이쉬 부족의 언어로 그것을 기록하라. 왜냐하면 꾸란은 그들(꾸라이쉬 부족)의 언어로 계시되었기 때문이다. 그래서 그들이 그렇게 했고, 여러 권을 필사했다. 그리고 원본은 하프사에게 돌려보냈다. **오스만은 모든 무슬림 지방에 그들이 필사한 꾸란을 보내었다. 그리고 그것 이외의 모든 다른 꾸란들은 불태우라고 명령했다**(사히흐 부카리 4987).

오늘날 무슬림들은 이 하디스에 근거하여 오스만이 집대성하여 통일한 그 꾸란이 지금까지 그대로 보전되어 전해졌다고 믿는다.
꾸란이 전래된 방법에 대해서 학자들은 구전과 기록에 의한 두 가지 방법으로 전래되었다고 말한다. 구전이란 무함마드에게 계시된 꾸란이 당시 후계자들 가운데 하피즈(ḥāfiz, 꾸란 암송자)들에 의해 암송되었고, 그 암송된 것이 그들의 제자 하피즈(ḥāfiẓ)들에게 전달되어 오늘날까지 전승되었다는 것이다. 기록에 의한 방법이란 무함마드가 계시한 내용이 양피지, 가죽 조각, 돌판, 대추야자 가지, 낙타의 뼈 등에 기록되어 전달되었다는 것이다.[24]

그러나 꾸란의 전래에 대한 무슬림의 통념은 두 가지 가운데 구전에 의한 전승을 크게 의지한다. 즉 보통의 무슬림은 꾸란이 기록에 의해 전승(maktub fi-s-suṭūr, 노트에 기록됨)되었다고 믿기 보다는 구전에 의해 전승(maḥfūẓ fi-ṣ-ṣudūr, 마음에 기억됨) 되었다고 믿는 것이다.[25]

이러한 통념은 이슬람 세계에서 전통적으로 사본학의 필요를 부정하거나 경시하는 경향을 낳았다. 최근까지도 알아즈하르 대학이나 다른 이슬람 대학에 꾸란 사본을 다루는 과목이 없고, 전문가가 없거나 아주 소수이다. 이것은 사본에 대한 그들의 태도를 알 수 있는 대목이다.[VI] 그들은 기록에 의한 꾸란의 전승보다는 암송과 구전에 의한 전승을 지지하기 때문이다.

이 때문에 최근까지 꾸란 사본을 발굴하는 일과 발굴된 많은 사본에 대한 연구를 계속해 온 사람들은 대부분이 서구의 근동학자들이다. 그들의 연구 결과로 꾸란의 기록과 전승과정 등을 구체적으로 살펴볼 수 있게 되었다.

오늘날 세계 여러 곳에서 발견되어 보관되어 있는 대표적인 꾸란 초기 사본은 사나아(Sana'a) 사본, Parisino-Petropolitanus 사본, 버밍햄 사본, 튀빙겐 사본, 터키의 톱카피(Topkapi) 사본, 우즈베키스탄의 사마르칸트 사본, 이집트의 후세인 사본 등이 있다. 꾸란 사본과 관련되어 가장 중요한 이슈는 각각의 사본의 기록 연대가 언제인가 하는 것과, 그 사본 내용이 오스만이 집대성하여 오늘날까지 그대로 전래되었다고 하는 꾸란(오늘날 무슬림들이 사용하는 꾸란)과 과연 얼마나 일치하느냐 하는 것이다.

VI 최근 들어 이란, 터키, 이집트 등에서 사본을 연구하는 사람이 생기는 것은 새로운 움직임이며, 서구 비평학 발달의 영향이라 할 수 있다.

카이로의 후세인 모스크에서 발견된 후세인 사본. 무게가 80kg이나 된다. 이집트 무슬림은 이 사본이 오스만이 집대성하여 주요 이슬람 도시에 보낸 그 꾸란 원본이라고 주장한다. 그러나 사본 전문가들은 이것이 9세기경에 만들어졌다고 한다. 유튜브 <이슬람 상자> 제24편 '누가 카이로의 오스만 사본을 훔쳤나?'를 보자.

아이러니하게도 오늘날 초기 사본을 보관하고 있는 나라의 무슬림들은 자신들 나라에 보관되어 있는 사본을 오스만이 집대성하여 주요 이슬람 도시에 보냈다고 하는 그 오스만 사본이라고 주장한다. 터키 사람은 터키의 톱카피(Topkapi) 사본을 오스만이 집대성한 오스만 사본이라 주장하고, 우즈베키스탄 사람은 사마르칸트 사본이 오스만 사본이라 하며, 이집트 사람은 후세인 사본이 오스만 사본이라고 주장한다. 모두가 자신들 나라에 보관되어 있는 사본이 오스만의 피가 묻어 있는 오스만 사본이라고 주장한다. 그러나 사본 학자들의 과학적 연구의 결과, 그 사본들은 모두 오스만이 집대성하여 무슬림 지방에 보낸 그 오스만 사본이 아니라, 그보다 1세기 가량 이후에 만들어진 사본이라는 데 동의한다.[26] 또한 그 사본들에 기록되어 있는 꾸란 내용이 오늘날 무슬림들이 사용하고 있는 꾸란과 비교했을 때 많은 이문(variant, 원본 혹은 표준본과 표기 형태가 다른 것)이 발견되고 있는 것에도 동의한다.[27]

4) 사나아 사본에 대해

발견된 사본들 가운데 가장 주목받는 것은 사나아(Sana'a) 사본이다. 사나아 사본은 1972년 예멘의 수도 사나아에 있는 대 모스크(the Great Mosque of San'ā')에서 발견된 꾸란 사본들이다. 대략 1만 2천 개의 꾸란 사본 조각들로서 그것들은 926권 꾸란(무스하프)을 구성하는 많은 내용이다.[28]

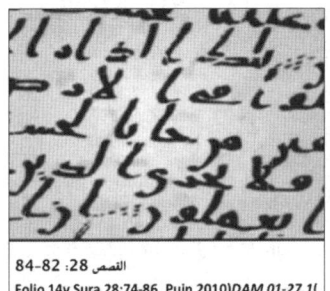 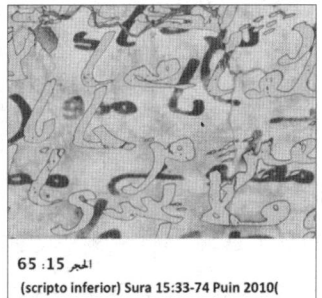

사나아 사본의 팔림시스트. 왼쪽 사진이 상층부 꾸란 기록 모습.
오른쪽 사진이 그것에 특수 조명을 비추었을 때 하층부의 기록이 나타나는 모습

이 사본이 주목받는 이유는 지금까지 발견된 사본들 가운데 가장 오래된 것이고, 또한 그 가운데 팔림시스트(Palimpsest) 사본이 발견되었기 때문이다. 팔림시스트 사본이란 꾸란의 필사자가 사본에 꾸란을 필사한 이후 다른 사람이 이전에 기록되어 있던 사본 내용을 지우고 그 위에 다른 꾸란 내용을 기록한 경우이다. 즉 발견된 꾸란 사본(upper layer)을 조사했더니 그 하층부(lower layer)에 기록 연대가 더 오래된 다른 꾸란 내용이 있는 경우를 말한다. 그래서 독일의 사본 전문가 게르드 푸인(Gerd-R Puin)이 이끄는 꾸란 사본 연구팀이 상층부(upper layer)와 하층부(lower layer) 꾸란 기록을 비교하는 연구를 했다. 그 결과 하층부에 있는 내용이 상층부에 있는 내용보다 더 오래된 내용이란 것과, 상층부에 기록된 내용과 하층부에 기록된 내용에 이문(variant)이 있음을 발견했다. 그뿐만 아니라 상층부에 기록된 꾸란 내용은 이문이 있어도 오늘날 사용하는 오스만 사본 꾸란과 동일한 계열

모로코인 꾸란 사본학 전문가 무함마드 미싸야흐가 강의하는 모습

의 이문이지만, 하층부에 기록된 꾸란 내용은 오늘날 사용하는 오스만 꾸란과 계열이 다르다 할 정도로 이문(variant)이 많고 의미가 다른 것들임을 발견했다. 그 결과 게르드 푸인(Gerd R. Puin)과 엘리자베트 푸인, 벤함 사데기(Behnam Sadeghi)와 무흐신 구다르지(Mohsen Goudarzi) 등의 학자들은 이 사본을 오스만이 집대성한 꾸란과 계열이 다른 꾸란이라고 발표한다.[29] 모로코인 사본학자 무함마드 미싸야흐(Mohammed Lamsiah)는 이 하층부 사본이 오스만이 꾸란을 집대성한 시기 이전에 존재했던, 오스만 계열이 아닌 사본 중의 하나라고 평가하고 있다.[30]

여기에 대해 튀니지인 사본학자 아스마 힐랄리(Asma Hilali)는 2017년에 출판한 *The Sanaa Palimpsest*라는 책에서 이 사본은 당시에 사본 기록을 위해 훈련받던 훈련생들의 습작이라고 주장한다.[31] 습작이기에 오스만 계열이 아닌 이문(variant)들이 충분히 있을 수 있다는 것이다.

여기에 대해 모로코의 사본학자 무함마드 미싸야흐는 그 하층부의 꾸란 내용이 오늘날 무슬림이 사용하는 오스만 사본 꾸란의 내용보다 훨씬 우수한데, 만일 그렇다면 사본 기록을 훈련받던 학생들이 습작으로 기록한 것이 오늘날 오스만 꾸란보다 우수하게 되는 결과라면서, 그의 주장을 부정하고 있다.[32]

오늘날 사본을 연구하는 근동학자(Orientalist)들은 게르드 푸인, 엘리자베트 푸인, 프랑수아 디루쉬(François Déroche) 등이 대표적이다. 또한 아랍인으로 모로코인 무함마드 미싸야흐(Mohammed Lamsiah), 터키인 Tayyar Altıkulaç, 이란인 Behnam Sadeghi와 Mohsen Goudarzi, 튀니지인 아스마 힐랄리(Asma Hilali) 등의 학자들이 있다.

오늘날 꾸란 사본 연구의 결과는 꾸란의 전승이 마음에 기억됨(maḥfūẓ fi-ṣ-ṣudūr, 마음에 기억됨)이 아닌 사본에 기록되어(maktub fi-s-suṭūr, 노트에 기록됨) 전승됨으로 계속되어 왔다는 것을 증명하고 있다.[33] 즉, 구전에 의한 전래가 우선이 아니라 기록에 의한 전래가 우선이었다는 것이다. 다양한 사본이 발견된다는 사실이 그것을 증명한다. 또한 발견된 사본의 내용을 오늘날 사용되는 꾸란과 비교했을 때 거기에 많은 이문이 존재하는 사실이 그것을 증명한다. 여러 필사자가 필사하면서 자연스럽게 이문이 발생한 것이다. 그뿐만 아니라 사나아 사본에서 오스만이 집대성한 꾸란이 아닌 다른 계열의 꾸란이 발견된 것이 그것을 증명한다. 이러한 연구의 결과는 꾸란에 대한 전통적인 가르침과는 전혀 다른 충격적인 것이다. 일점일획도 변함없어야 하는 꾸란에 수많은 이문이 존재한다는 것은 일반 무슬림에게 크나큰 충격이 되는 것이 틀림없다. 따라서 이런 연구의 결과는 오늘날 무슬림이 이슬람의 전통적 가르침에 대해 이의를 제기하고 이슬람에 대해 비판적인 견해를 가지게 한다.

5) 하디스 비평

하디스(Ḥadīth)는 무함마드 선지자의 말과 행동 그리고 그의 묵시적 승인에 대한 기록이다. 무슬림들은 무함마드가 남긴 언행이야말로 가장 올바르고 신의 뜻에 가까운 순나(Sunnah)라고 생각한다. 그래서 무슬림이라면 누구든지 반드시 따라야 할 의무적인 행동 양식이라고 생각한다.[34]

하디스의 단위는 무함마드 선지자의 행동이나 말 혹은 묵시적 승인과 관련한 내용 한 개가 한 하디스가 된다. 간단한 하디스의 예를 든다.

이스나드 ┌ ◇ 압둘 아지즈가 우리에게 이야기했다. 말릭이 나에게 이야기했는데, 그는 아부 지나드로부터, 아으라즈로부터, 아부 후라이라로부터 전해 들었다.

마 튼 ┌ 알라의 메신저가 말씀했다. "여성은 갈비뼈와 같다. 만일 그대가 그것을 곧게 펴려고 하면 그대는 그것을 부러뜨릴 것이다. 그대가 그것이 굽어 있는 채로 그것을 즐긴다면 그것을 즐길 것이다"(사히흐 부카리 5184).

위는 가장 권위 있는 부카리의 하디스이다. 모든 하디스는 두 부분으로 나뉘는데 위의 하디스에서도 그것이 분명히 구분된다. 즉 전승자의 계보(연결고리) 부분인 이스나드(Isnad)와, 무함마드가 전한 메시지 부분인 마튼(matn)이 그것이다. 즉, 위의 첫 번째 줄과 두 번째 줄에 다섯 사람의 이름이 적혀 있는데 이 계보가 이스나드이고, "알라의 메신저가 말씀했다" 이후 부분이 마튼이다. 보통 하디스의 이스나드에 나오는 이름이 5-6명 이상 된다. 마튼(matn)에는 무함마드가 말한 메시지가 기록되기에 이것이 하디스의 핵심이라 할 수 있다. 하디스에 대해 말할 때 누가 전한 하디스 혹은 누구의 하디스라고 자주 말한다. 예를 들어 위의 하디스를 무함마드로부터 가장 먼저 전한 사람은 아부 후라이라이다. 따라서 위의 하디스는 아부 후라이라가 전한 하디스 혹은 아부 후라이라의 하디스라고 한다.

(1) 하디스는 언제 왜 만들어졌는가?

이집트인 Ex 무슬림 하미드 사마드는 그의 책 '무함마드 평전'(한스미디어, 2016)에서 이렇게 기록한다.

바로 이 시기(무함마드가 사망하고 아부 바크르가 1대 칼리프로 등극할 시기, 632년)에 무함마드의 언행을 기록한 (첫) 하디스가 만들어졌다고 나는 확신한다. 하디스는 꾸란보다 훨씬 강한 어조로 이슬람교의 율법을 규정한다. 아부 바크르 시대의 수많은 하디스는 아부 바크르의 딸이자 무함마드의 미망인인 아이샤가 쓴 것이다. 아이샤는 무함마드와의 일상과 사랑에 관한 하디스를 2,200개 이상 남겼다. 샤리아법의 여러 규범이 아이샤의 하디스를 토대로 한다. 무함마드의 다른 미망인들은 하디스를 전혀 남기지 않았거나 아주 조금만 남겼다.

아부 바크르 시대에 아이샤 외에 하디스의 주요 출처가 둘 더 있다. 한 사람은 아부 후라이라이고, 다른 사람은 우마르의 아들 압둘라이다. 아부 후라이라는 5,300개 하디스를 남겼고, 압둘라는 2,630개 하디스를 남겼다.

아부 후라이라는 한참 뒤에야 무슬림이 되었고 아주 잠시 동안만 메디나에서 무함마드와 같이 지냈던 이방인 거지였다. 그럼에도 그는 많은 하디스를 남겼다. 그가 남긴 하디스 하나가 배교자와 세금 납부 거부자를 처벌하는 데 시급히 필요한 명분을 아부 바크르에게 제공했다. 아부 후라이라는 무함마드 선지자가 이렇게 말하는 것을 들었다고 주장했다.

◇ 나는 사람들이 '알라 이외에 다른 신은 없고 무함마드는 알라의 메신저이다'는 것을 고백하고, 기도하며, 자카를 지불할 때까지 사람들과 전쟁할 것을('uqātila) 명령받았다(사히흐 부카리 25; 사히흐 무슬림 22).[35]

위의 글에서 하디스는 무함마드가 사망한 이후에 처음 만들어지기 시작했음을 알 수 있다. 많은 하디스가 무함마드 사후에 그의 동료들에 의해서 만들어진 것으로 보인다. 그러나 하디스 비평 학자들 가운데는, 많은 하디스들이 우마이야 왕조 시대나 압바스 왕조 시대에 만들어지거나 편집되었다고 말하는 사람이 있다.

또한 위의 글에서 하디스는 무함마드 동료들의 필요나 통치자들의 통치의 합법성을 확보하는 차원에서 만들어졌을 가능성을 시사한다. 즉 무함마드의 동료들이나 후대의 통치자들이 하디스를 기록할 때 자신들이 처한 정치적인 상황과 필요에 따라 자신들이 원하는 특정한 하디스를 만들곤 했다는 것이다. 이 경우 형식은 무함마드가 말하는 내용이지만 실제는 후대의 무슬림 통치자의 의도대로 하디스가 만들어지는 것이다. 무슬림의 삶의 규범인 하디스가 이렇게 만들어지는 것이다. 이와 같이 하디스 비평가들은 많은 하디스가 이러한 방식으로 특정인의 정치적 목적에 의해 만들어졌다고 말하고 있다.

하디스의 숫자는 무수히 많다. 예를 들어 이슬람 전승에 따르면 사히흐 부카리를 기록한 알부카리(810-870)는 16년 동안 60만 개의 하디스를 수집했다고 한다.[36] 60만 개를 16년 동안 수집했단 말은 1년에 37,500개를 수집했고, 하루에 102개의 하디스를 수집했다는 말이다. 하루에 102개를 수집하는 일은 불가능에 가깝다. 왜냐하면 오늘날처럼 이미 존재하는 책에서 수집하는 것이 아니라 구전되어 오던 것을 사람들로부터 직접 수집하는 것이기 때문이다. 무슬림은 꾸란과 하디스가 구전으로 전승되었다고 한다. 만일 그렇다면 하루에 102개의 하디스를 전달자로부터 직접 듣고 그것을 암송해야 하는데 그것은 불가능한 것이다.

하디스 컬렉션으로 가장 유명한 사히흐 부카리 모습. 7,563개의 하디스가 수록되어 있다. 전질이 편집하기에 따라 20권 가까이 되는 것도 있다.

하디스 수집가는 이렇게 수집된 수많은 하디스 가운데 선별하여 하디스 컬렉션을 만들게 된다. 그 가운데 가장 대표적인 6대 하디스가 사히흐 부카리(Ṣaḥīḥ al-Bukhārī), 사히흐 무슬림(Ṣaḥīḥ Muslim), 수난 아부 다우드(Sunan 'Abi Dāwud), 수난 이븐 마자흐(Sunan Ibn Mājah), 수난 니싸이(Sunan Nisā'i), 수난 티르미디(Sunan al-Tirmidhī)이다. 이 6대 하디스 이외에도 여러 하디스가 있다.

(2) 하디스에 대한 비평

오늘날 하디스는 이슬람 내외부의 비평가들에게 혹독한 비평을 받는다.

첫 번째는 하디스 컬렉션이 만들어진 시기가 무함마드 사후 200년이 지난 시점이란 것이다. 무와따으 말릭이 A.D. 758년경(126년 이후)에 기록되고, 무스나드 아흐마드가 A.D. 850년경(218년 이후)에 기록되며, 사히흐 부카리가 A.D. 854년경(222년 이후)에 기록되고, 사히흐 무슬림이 A.D. 864년경(232년 이후)에 기록된다. 부분적인 하디스 기록 가운데 아무리 빠른 것이라 하더라도 무함마드 사후 130년은 지난 시점의 기록이고, 하디스 모음집으로 가장 유명한 사히흐 부카리와 사히흐 무슬림은 200년이 지난 시점에 기록되었다. 따라서 2세기 동안 구전으로 전해진 내용을 기록하여 오늘날의 하디스 컬렉션을 만들었다면, 그 내용을 어떻게 신뢰할 수 있냐는 것이다. 사람은 하루가 지난 내용도 정확하게 기억하기 쉽지 않다. 구전에 의한 정보는 똑같은 내용으로 전달되지 못한다. 전달자와 전달받는 자의 기억력에 따라, 혹은 전달자와 전달받는 자의 의도나 상황에 따라 내용의 첨삭이 있게 된다. 하물며 2세기 동안 수많은 사람에 의해 구전으로 전해진 수만 개의 이야기가 어떻게 100% 정확하게 객관적으로 전달될 수 있냐는 것이다.

두 번째는 하디스의 진위를 구분할 때 이스나드(Isnad, 하디스 전승자들의 계보)를 기준으로 삼는 것에 대한 비평이다. 앞에서 설명한 대로 하디스는 전승자들의 연결고리 혹은 계보인 이스나드(Isnad)와 하디스의 메시지가 기록된 마튼(matn)으로 구성된다. 그런데 이슬람에서 하디스의 진위를 구분하는 우선적인 기준은 메시지가 기록된 마튼에 있는 것이 아니라 이스나드에 있다. 즉 어떤 하디스의 진위 여부를 구분[VII]할 때 이스나드의 체인(계보)에 나와 있는 하디스 전승자들의 연대가 맞는지와 그들이 모두 신뢰할 만한 사람인지를 보는 것이다.

이러한 하디스의 이스나드(Isnad)에 대해서 이집트의 Ex 무슬림 개비르는 Patricia Crone의 책 『메카의 교역과 이슬람의 발원』(*Meccan Trade and the rise of Islam*) 내용을 인용하며 다음과 같이 말한다.

> 무함마드가 사망하고 난 뒤 얼마 지나지 않아 몇몇 하디스가 사람들 사이에 구전되고 있었습니다. 사람들 가운데서 그 하디스들을 누가 말하고 전했는지 이스나드(Isnad, 하디스 전승자들의 계보)를 찾기 시작했습니다. 그들이 무함마드가 사망하고 난 뒤 얼마 지나지 않은 시점에 그 하디스들의 이스나드를 찾았는데도 그것을 찾기가 불가능했습니다. 무함마드가 사망한 기간이 오래되지 않았음에도 그 이스나드를 찾을 수 없었는데, 어떻게 200년이 지난 시점에 그 이야기를 누가 말했고, 누가 전달했는지 찾을 수 있겠습니까? 그것은 불가능합니다. 200년이 지난 시점에 수만 개의 하디스에 대해서 그 체인(이스나드)을 모두 완벽하게 아는 것은 불가능합니다.

근동학자 가운데 하디스학의 선구자인 이그나츠 골드치어(Ignaz Goldziher, 1850-1921)는 다음과 같이 말한다.

[VII] 하디스 학자들은 하디스의 진위 여부를 구분하며 하디스들을 여러 등급으로 나누었다. 전승자의 고리가 신뢰할 만하며 내용에 흠이 없는 하디스를 '하디스 사히흐'라고 하고, 전승자의 고리와 내용이 양호한 하디스를 '하디스 하산'이라고 하며, 전승고리가 약한 것을 '하디스 다이프'라고 했다. 그 외에도 결함이 있는 하디스들에 대한 여러 가지 이름이 있다(손주영, 『이슬람 교리 사상 역사』, p. 184).

하디스의 발전에 있어서, 가장 엄격하게 선정한 무슬림 모음집에 있는 하디스들도, 8세기와 9세기에 노골적으로 위조한 것들이다. 그 결과 그것들을 지지하는 세심한 이스나드도 모두 완전한 가공이다.[37] 그것은 100% 조작이다.[38]

이와 같이 하디스는 후대의 수집자 혹은 편집자가 정치적 의도를 가지고 가공하여 편집한 것이라는 것이 비평학자들의 주장이다.

세 번째는 내용적으로 하디스 가운데는 비윤리적인 면들과 비과학적인 면들이 수없이 많다는 비평이다. 예를 들어 무함마드가 아이샤와 6살 때 결혼하여 9살 때 신방에 드는 내용이 하디스에 기록되어 있다. 이 내용은 오늘날 이슬람 공동체 내에서도 윤리적인 문제가 크다고 하는 것이다. 그래서 무슬림의 순나로 받아들일 수 없다고 하는 사람이 제법 많다. 또한 하디스에는 무함마드와 그의 동료들이 수행한 수많은 지하드 전쟁들, 그 전쟁들에서 벌어지는 수많은 야만적인 살해들과 약탈과 노예 삼음들, 무함마드와 그의 동료들의 여러가지 성적인 일탈들 등 수많은 윤리적인 문제들이 기록되어 있다. 그 외에도 꾸란의 내용과의 불일치, 내적인 모순, 비과학적이고 비상식적인 하디스 등 수없이 많은 문제를 가지고 있다.

이러한 이유들로 인해 오늘날 서구 비평가들뿐만 아니라 이슬람 내부의 개혁주의자들 가운데서도 하디스의 전통적인 순나로서의 권위를 부인하는 사람들이 있다. 내부 개혁주의자들 가운데 대표적인 인물은 이집트인 아흐마드 숩히 만수르('Aḥmad Ṣubḥi Manṣūr), 아매드 앗딘 알두바그('Amad al-Dīn al-Dubāgh), 무함마드 샤우끼 알판자리(Muḥammad Shawqi al-Fanjari), 이슬람 브헤이리(Islām al-Bḥeyre), 아흐마드 압두 매해르('Aḥmad 'Abdu Māhir) 등이다. 이들은 하디스를 부인하고 꾸란만 알라의 계시로 인정하기에 '꾸란주의자'(qur'āniyīn)[39]라 불리기도 한다.

6) 이슬람 역사 비평: 이슬람의 기원에 관한 연구

오늘날 아랍권의 온라인 공간에서는 이슬람의 기원과 관련한 논쟁이 일어나고 있다. 서구의 근동학자들이 제기한 이슬람의 기원에 대한 새로운 주장들에 대해 아랍 무슬림들이 조금씩 반응하고 있다. 즉 이슬람의 창시자인 무함마드가 실제 인물인가의 여부, 이슬람의 시작이 오늘날의 메카와 메디나에서 시작되었는가의 여부, 꾸란은 메카와 메디나 지역을 배경으로 한 기록인가의 여부, 이슬람이 근동의 다른 종교권으로부터 영향을 받았는가의 여부 등에 대한 서구 학자들의 주장들이 아랍권에서 이슬람의 전통적 주장과 충돌하며 논쟁을 일으키고 있다. 당연시되어 오던 이슬람의 기원에 대한 믿음이 논쟁으로 발전하고 있다는 자체가 이전에 없던 현상이고 놀라운 일이다. 여기서는 이슬람의 기원과 관련한 오늘날의 이슈들에 대해 간략히 서술하도록 한다.

이슬람의 기원에 관한 이슬람 내부의 전통적 내러티브는 이슬람 초기 역사가 이븐 이스하끄(Ibn Isḥaq, 704-767)가 전한 무함마드 선지자의 전기(무함마드의 전기를 아랍어로 as-Sīrah라고 한다)[VIII]에 상당히 의존한다. 학자들은 이 전기가 무함마드의 행적을 기록한 최초의 전기라고 한다.[40] 이븐 이스하끄는 압바스 왕조 두 번째 통치자인 아부 자아파르 알만수르(al-Mansur, 714-775)의 명령을 받고, 그때까지 구전으로 전해 오던 하디스들을 토대로 무함마드의 전기를 기록한다. 이때가 무함마드 사후 약 130년이 지난 때(752년)이다.[41] 그런데 그가 기록한 책은 전래되지 않고 사라졌고, 그의 제자의 제자인 이븐 히샴(833년 사망)이 그가 전한 내용을 『무함마드 전기』(Sīrat Rasūl allah, The Life of Muhammad)란 책에 기록함으로 그 내용이 오늘날까지 전해진다.

[VIII] 이븐 이스하끄와 이븐 히샴 등이 전한 무함마드의 생애에 대한 전기를 아랍어로 '시라'(as-Sīrah)라 하는데, 이슬람에서 '시라'는 꾸란과 하디스 다음으로 중요한 권위를 가진다.

이븐 이스하끄가 전한 『무함마드 전기』는 이슬람의 기원에 관해 지난 세기들 동안 이슬람이 반복해 온 역사적 내러티브의 뼈대와 살이 되었다. 즉 오늘날 우리가 알고 있는 무함마드의 출생, 첫 계시와 카디자와의 결혼, 메디나로의 이주, 메디나에서의 통치, 수많은 지하드 전쟁, 그의 사망 등 그에 관한 많은 담론이 이븐 이스하끄가 전한 내용을 근거로 한다.[42] 그 담론이 그전부터 구전되어 오다 그 이후에 기록되는 하디스와 영향을 주고 받았고, 그것이 꾸란 주석과 역사책 등에 반복되고 구체화되어 오늘에 이르고 있다. 오늘날 대부분의 무슬림은 이러한 내러티브를 역사적인 사실로 받아들이고 그대로 믿고 있다.

여기에 비해 서구의 비평학자들은 이러한 이슬람의 전통적 내러티브의 역사적 진실성을 의심한다. 그들은 2세기 동안 구전으로 전해져 내려오다 기록된 전승을 사실로 받아들이기 위해서는 역사적이고 고고학적인 고증이 있어야 한다고 말한다. 이러한 생각은 성서 비평학에 사용되었던 역사적-비평적 방법에서 배운 것이다. 그래서 그들은 신화적인 이야기와 역사적으로 증명할 수 없는 내용을 배격하고, 철저한 고증과 과학적 연구로 꾸란과 이슬람의 기원을 탐구해 간다. 그들은 근동 지방에서 발견되고 출토된 여러 역사적 자료들과 고고학적 유물들에 주목한다. 특히 7-8세기 근동 지방에서 만들어진 동전들, 바위나 벽에 조각된 내용들, 모스크 건물 벽 등에 기록된 내용들, 그리스어 혹은 수리아어(Syriac) 혹은 아르메니아어 등으로 기록된 여러 역사가의 기록들, 그리고 사나아(Sana'a)나 카이로 등 이슬람 도시들에서 발견된 초기 꾸란 사본들을 연구한다.

패트리샤 크론(Patricia Crone)과 마이클 쿡(Michael Cook)은 1977년에 『하갈리즘: 이슬람 세계의 생성』(*Hagarism: The Making of the Islamic World*)이라는 책을 발표하여 논란을 일으켰다. 그들은 이 책에서 이슬람이 아랍 반도에서 발생하지 않고, 팔레스타인에서 발생했다고 주장한다. '하갈리즘'이라는 제목에서 드러나듯이 아랍의 뿌리를 아브라함과 그의 이집트 노예 하갈에 두는 가설을 주장한다. 그들은 무함마드를 알라의 메신저나 꾸란

선포자가 아니라 팔레스타인의 메시아 설교자라고 본다.⁴³

독일학자 칼 하인즈 올리그(Karl Heinz Ohlig)는 『이슬람의 숨겨진 원천들』(The Hidden Origins of Islam, 2010)이라는 책을 발표했다. 이 책에서 그는 이슬람이 원래 아랍 그리스도교의 한 분파였는데, 아랍 정복 이후에 독립 종교로 발달했다고 주장한다.⁴⁴ 즉 페르시아와 동로마(비잔티움 제국)에 대한 이슬람의 정복 전쟁 혹은 아랍의 정복 전쟁이 먼저 있었고, 그 이후에 새 왕국에 정체성을 부여하기 위해 무함마드와 꾸란 그리고 이슬람이라는 개념이 나중에 만들어졌다고 보는 것이다. 이때 이슬람은 그리스도가 하나님의 아들이 아니라 하나님의 선지자라고 믿었던 아랍 기독교인들에 의해 시작되었다고 보는 것이다.⁴⁵ ⁱˣ

이슬람의 가장 거룩한 도시 메카의 위치에 대한 연구도 흥미롭다. 이븐 이스하끄의 기록에 의하면 메카는 무함마드 당시 거룩한 종교 도시로 수많은 사람이 순례를 하는 곳이며 교역 도시로 번성했던 곳이다.⁴⁶ 이븐 이스하끄 이후의 이슬람 전승에서도 메카는 이슬람 종교의 중심지로 소개되어 있다. 유구한 역사를 가진 고도(古都)란 것이다. 그래서 현대의 무슬림뿐만 아니라 일반인들도 오늘날의 메카가 무함마드 이전부터 번성했던 도시라는 점에 의문을 가지지 않는다.

그런데 패트리샤 크론(Patricia Crone)은 그의 책 『메카의 교역과 이슬람의 발원』(Meccan Trade and the rise of Islam, 2004)에서, 메카는 무함마드 시대인 7세기초에 황량한 사막이었고, 교역 도시가 아니었다는 결론을 내린다.⁴⁷ 캐나다인 연구가 댄 깁슨(Dan Gibson)도 이슬람 초기 시대에 만들어진 지도들을 살펴본 결과, 메디나(Yathrib)와 다른 아라비아의 주요 상업 도시들

ⁱˣ 예를 들어 초대교회 시대 유대 기독교인 분파 가운데 에비온파(Ebionites)가 있었는데, 그들은 그리스도가 신이 아닌 단지 인간이었으며, 하나님에 의해 메시아 시대의 선지자로 선택받은 사람으로 믿었다. 그러나 그들은 기존 초대교회의 정통 교리인 그리스도의 신성과 선재(pre-existence)와 동정녀 탄생과 대속적 속죄를 믿지 않았다(https://en.wikipedia.org/wiki/Ebionites).

은 지도에 표시되어 있는 반면, 메카는 AD 900년 이전의 어느 지도에도 표기되어 있지 않았다고 한다.⁴⁸ 그뿐만 아니라 AD 740년 이전의 어떤 역사적 문서에도 메카가 언급되지 않고 있다고 한다.⁴⁹

또한 댄 깁슨은 2002년도에 페트라에서 요르단과 사우디 고고학자들과 학술 세미나를 했을 때의 대화를 그의 책에 기록한다. 그가 요르단과 사우디 고고학자들에게 메카에서 발견된 고고학적인 발굴물(the archeological record)이 있는지를 물었을 때, 그들은 메카에는 AD 900년 이전의 어떠한 고고학적 발굴물도 존재하지 않는다는 것을 인정했다고 한다.⁵⁰ 더 나아가 댄 깁슨 등의 학자들은 오늘날 사우디 정부가 메카의 카아바 근처에 엄청나게 높은 호텔과 숙박시설 등의 많은 건물을 짓고 있는 점에 주목한다. 그러면서 그들은 만일 메카에서 이슬람 초기의 유적들이 발견된다면 정부에서 그런 건물들을 짓도록 허가하지 않았을 것이라고 말한다. 다시 말해 이러한 대규모 건축공사는 이슬람의 발생지 혹은 고도(古都)로서의 메카의 역사성을 고증할 수

늘어나는 성지 순례객을 수용하기 위해 대규모 복합 고층 건물 공사가 진행 중인 메카 카아바 부근의 모습. 이곳에 고고학적 발굴물들이 존재한다면 이런 공사를 할 수 없다는 것이 학자들의 의견이다.⁵¹

없다는 증거가 된다는 것이다.[52] 또한 모로코인 사본학 전문가 무함마드 므싸야흐도 메카에 대한 고증 결과 히즈라력으로 78년(A.D. 700년) 이전에 메카 도시의 존재 자체에 대한 어떤 증거도 없다고 한다.[53]

이븐 이스하끄의 기록대로 메카가 수많은 사람이 순례를 하며 교역으로 번성했던 도시라면 그 흔적이 남기 마련이고 고증으로 밝혀지기 마련이다. 그런데 무함마드 시대의 메카 존재에 대한 어떤 고고학적 증거도 발견되지 않는다는 것은 충격적인 사실이다. 만일 그렇다면 이슬람 전승에서 말하는 메카와 관련한 수많은 기록은 어떻게 이해해야 할까? 무함마드의 출생과 성장과 관련하여, 히즈라 이전의 그의 사역과 관련하여, 히즈라 이후 무슬림의 메카 정복과 관련하여 수많은 이슬람의 사건들이 이 도시에서 일어난 것인데, 그것들의 진정성을 어떻게 확보해야 할까? 과제가 아닐 수 없다.

댄 깁슨의 끼블라(무슬림의 기도 방향)에 대한 연구도 논란의 대상이다. 오늘날 전 세계의 무슬림은 어디에서 기도하든지 끼블라인 사우디의 메카 방향을 향하여 기도한다. 모스크를 지을 때도 끼블라에 맞추어 측량하고 모스크를 짓는다. 즉 모스크에서 사람들이 줄을 서서 기도할 때 그들이 바라보는 방향이 끼블라이다. 그래서 이슬람 초기부터 지금까지 지어진 모스크 건축물의 방향을 살펴보면 당시의 끼블라가 어느 방향인지 알 수 있다.[x]

댄 깁슨은 이슬람 발생 이후 100년 어간에 지어진 모스크들의 끼블라 방향을 조사했다. 세계 여러 지역에 있는 초기 모스크의 끼블라 방향을 조사했더니 놀랍게도 그 끼블라가 현재의 메카가 아닌 요르단의 고대 도시 페트라(Petra)로 향한다는 것을 발견했다. 그리고 100년 이후부터 지어진

---

x   무함마드는 메디나 사역 초기, 메디나 유대인들의 환심을 얻기 위해 예루살렘을 향하여 기도했다. 그러나 유대인들이 그에게 관심을 갖지 않고 그를 따르지 않자 기도의 방향을 메카로 바꾸었다(꾸란 2:144). 댄 깁슨의 주장은 이때 바꾼 기도 방향이 현재의 메카가 아니라는 주장이다.

모스크들은 끼블라가 메카 방향으로 되어 있다는 것을 발견했다. 즉, 초기 100년 동안은 무슬림이 메카를 향해 기도한 것이 아니라 요르단의 페트라를 향해 기도했다는 것이다. 그 이후 어떤 특별한 이유에 의해 현재의 메카가 정치적 종교적 중심지가 되었고, 그래서 끼블라를 현재의 메카 방향으로 향하게 했다는 것이다. 댄 깁슨은 그의 책 『이슬람 초기의 끼블라』 (*Early Islamic Qiblas*)에서, 이런 내용들을 근거로 이슬람은 현재의 메카가 아닌 요르단의 페트라에서 발생했다고 주장한다.[XI]

댄 깁슨의 이러한 주장은 이슬람 주류의 입장에서는 받아들이기 힘든 터무니 없는 주장이다. 이집트인 세속주의자 아흐마드 자이드(Ahmed Zayed)도 댄 깁슨의 주장이 잘못된 것이라고 한다. 그는 만일 이슬람이 페트라에서 발생했다면 우마이야 왕조와 압바스 왕조 등 후대의 이슬람 내부 기록에서 나타나야 한다고 말한다. 이슬람 내부 기록에서 페트라에 대한 기록이 없기 때문에 댄 깁슨의 주장은 잘못되었다는 것이다.[54] 이집트인 Ex 무슬림 하미드 사마드는, 오늘날 메카에서 초기 이슬람에 대한 고증 자료가 발견되지 않듯이 페트라에서도 초기 이슬람 관련 고증 자료가 발견되지 않는다는 것을 지적한다. 당시의 페트라가 종교적인 중심 도시라는 것은 고증으로 증명이 되지만, 그것이 이슬람 발원지로서 메카라는 것을 증명할 고증 자료는 없다고 한다. 그러면서 댄 깁슨의 주장과 거리를 두고 있다.[55]

지금까지 살펴본 이슬람의 기원에 관한 서구 비평학자들의 여러 주장은 기존의 이슬람의 관점에서 볼 때 파격적이고 급진적인 것이 틀림없다. 그런 주장들 가운데는 아직 해결하지 못한 난제도 많기에 결론을 내리기 어렵다. 또한 그것들은 이슬람의 전통적인 내러티브와 전혀 맞지 않는 내용이기에 보통의 무슬림뿐만 아니라 Ex 무슬림 가운데서도 받아들이지 않는

XI 댄 깁슨이 연구한 메카의 위치와 끼블라에 대한 내용을 유튜브에서 시청할 수 있다. "신성한 도시"(Sacred City), https://www.youtube.com/watch?v=nM3mzfKmje0

사람도 있다. 이집트인 Ex 무슬림 하미드 사마드는 "나는 이슬람 생성에 대한 이슬람의 공식 설명을 완전히 믿지 않는 것과 마찬가지로 무함마드의 '발명' 가설에도 비판적 거리를 유지한다"고 하고 있다.[56] 즉 일부 서구 근동학자들이 주장하는 '무함마드와 꾸란과 이슬람에 대한 개념이 후대에 만들어졌다'는 주장을 비판적 관점으로 본다는 것이다.

이렇게 서구 비평학자들의 연구가 논란의 대상이 됨에도 불구하고 아랍의 많은 Ex 무슬림과 세속주의 무슬림들이 비평학자들의 학문적인 자세와 탐구의 노력에 지지를 보내고 있다. 그것은 전통적인 이슬람의 전승을 당연시하기보다는 그것에 대한 역사적 사실을 확인하고 과학적으로 검증하며 이성적으로 판단하려는 노력을 높이 사기 때문이다. 또한 지난 한 세기 동안의 이슬람 비평 학문의 발달이 획기적이었고 그 성과가 놀랍기 때문이기도 하다. 그들의 비평학적인 연구의 성과들로 인해 많은 아랍 젊은이들이 기존 이슬람의 가르침에 대해 의문을 가지고 이슬람을 떠나는 것이 사실이다.

7) 이슬람의 역사 서술에 대해

이슬람의 역사 서술은 이슬람 내부적인 것과 외부적인 것으로 나눌 수 있다. 먼저 내부적인 것을 살펴보자. 앞에서 보았듯이 이슬람의 전통적 역사 서술은 사실에 대한 객관적 검증보다는 전통적 내러티브를 그대로 전달하는 것에 초점을 두었다. 그럼에도 불구하고 이슬람의 역사를 기록한 무슬림 역사가들이 생각보다 많다는 것에 놀란다. 위키피디아가 제공하는 8세기부터 19세기까지의 무슬림 역사가들 목록에는 자그마치 130여 명의 이름이 나온다. 그들이 무함마드의 역사와 그 이후 이슬람의 역사를 기록했다는 말이다.[57]

앞에서 언급한 대로 최초의 시라(as-Sīrah, 무함마드의 전기)는 이븐 히샴이 기록한 『무함마드 전기』이며, 그 외에도 무함마드가 치른 전쟁들에 대해 기록한 여러 책이 있다. 이슬람 초기와 중기의 주요 역사책으로는 『따바리의 역사』, 이븐 카티르의 『처음과 끝』(al-Bidāyah wal-Nihāyah), 이븐 아씨르의 『역사의 완성』(Kāmil fi-Tārīkh), 발라두리(al-Baladhuri)의 『나라들에 대한 정복』(Futūḥ al-Buldān), 이븐 칼둔의 『이븐 칼둔의 역사』(Tarikh ibn Khaldun) 등이 있다. 이외에도 중동과 중앙아시아, 인도 등지의 정복 역사를 기록한 많은 연대기와 여행기가 존재하고 있다.

이슬람이 이집트를 침략할 당시의 전쟁의 상황과 이집트가 이슬람화된 원인을 분석하여 설명하는 책이다(CLC, 이나빌).

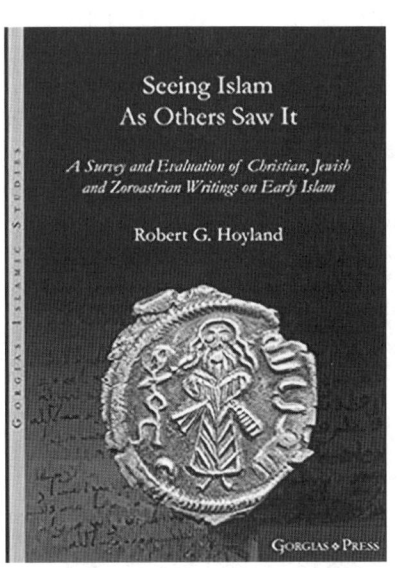

『외부인들의 시각으로 이슬람 보기』

이들 무슬림 역사가들의 서술의 특징은 이슬람 중심의 영웅주의적 사관으로 역사를 기록했다는 것이다. 이슬람의 승리를 찬양하고 무슬림의 우월성을 강조하며 정복의 정당성을 미화하는 기술(記述)이 많다. 그러면서도 이슬람이 행한 야만적이고 파괴적인 행위에 대해서 여과 없이 그대로 기록한 경우도 많다.

오늘날 무슬림들은 이슬람이 평화의 종교라고 한다. 무함마드 이후 이슬람이 수행한 수많은 지하드 전쟁이 방어적 전쟁이거나 이슬람에 맞서는 이교도들을 대항한 정당한 전쟁이었다고 변호한다. 강압적인 개종도 없었다고 한다. 그런데 위에서 언급한 역사책들 가운데는 이슬람이 행한 전쟁의 성격을 숨기지 않고 그대로 보여 주는 기록들이 많다. 오늘날 현대 이슬람이 처한 상황과 달리 당시는 이슬람이 세계의 헤게모니를 쥐고 있었기 때문에 그런 것을 숨길 필요가 없었던 것이다. 그래서 오늘날 무슬림들의 주장들이 근거 없는 거짓이라는 사실을 그들 역사가들의 기록을 통해서도 증명할 수 있다. 필자는 이 책에서 그런 예들을 근거로 제시할 것이다.

지금까지 설명한 이슬람 내부의 역사적 기록들은 이슬람 외부의 역사적 기록들에 의해 검증된다. 이슬람 외부의 역사적 기록들은 당시 이슬람의 침략과 지배를 받았던 나라 혹은 주변국들에 존재하는 역사적인 기록들이다. 이슬람이 침략했던 레반트와 북아프리카와 소아시아 지역들은 그리스 로마 문명이 지배하던 곳이었다. 문명사회에서 생활하던 당시 지식인들은 자신들의 역사를 기록하여 왔었다. 그러다가 이슬람의 침략을 경험했기에 그 내용을 자신들의 언어로 기록하는 것은 당연했다. 그러한 기록들 가운데 대표적인 것들은 이슬람의 이집트 침략 상황을 기록한『니끼우 요한의 연대기』(Chronicle of Nikiu John, 690년대에 기록됨. 1602년 에티오피아어로 번역되어 오늘날까지 전래됨)와, 이슬람 통치 아래에서의 시리아의 상황을 기록한『주끄닌의 연대기』(Chronicle of Zuqnin, 775년까지의 기록),『마이클 대제의 연대기』(the Chronicle of Michael the Great, 1195년까지의 기록), 이집트의『콥트 교황 연대기』등이다. 이 책들은 이슬람의 침략과 지배의 실상을 경험한 사람들의 증언이라는 점에서 역사적 가치가 크다.

이런 전문 역사가의 연대기 기술이 아니더라도 이슬람의 침략을 받았던 사람들이 기록한 서신이나 설교나 보고서 혹은 개인적인 메모 등의 단편적인 이슬람 외부 자료들도 많이 있다. 그 기록들은 그리스어, 수리아어, 콥틱어, 아르메니아어, 라틴어, 히브리어, 페르시아어 그리고 중국어로 기록된 필사본(manuscript)들이다.

역사가 로버트 호이랜드(Robert G. Hoyland)는 이러한 필사본들을 연구하여 『외부인들의 시각으로 이슬람 보기』(Seeing Islam as Others Saw It, 1997)란 책을 기록했다. 그는 이 책에서 620-780에 이슬람이 정복한 지역들에서 이슬람의 침략과 지배를 경험한 사람들이 직접 기록한 내용들을 번역하여 싣고 있다. 그는 이 자료들이 "비무슬림 자료들 가운데서 무함마드에 대해 기록한 첫 번째로 명백한 자료"라고 소개하고 있다.

이슬람 침략을 받은 사람들이 기록한 자료들을 잘 발굴하여 소개하는 서양 학자로는 배트 예오르(Bat Ye'or, 1933-)가 대표적이다. 그녀는 이집트 카이로의 유대인 가정에서 태어나 자랐다. 중동 전쟁이 발발하기 전 이집트에는 많은 유대인이 거주하고 있었다. 그녀는 1957년 스위스로 망명하기 전까지 이슬람의 중심 나라인 이집트에서 딤미인(유대인과 기독교인)들이 겪는 상황을 누구보다도 깊이 경험할 수 있었다. 그래서 그녀는 지하드 전쟁하에서의 딤미인들(이슬람이 정복한 지역에서 2등 국민 혹은 3등 국민으로 생활하는 기독교인 혹은 유대인)에 대해 연구했고 여러 저서를 남겼다. 그녀의 책들을 보면 딤미인들이 직접 기록하거나 주변인들이 기록한 수많은 원자료를 찾아서 영어로 번역하고 있다. 예를 들어 그녀의 책 『딤미 제도』(The Dhimmi)를 보면 7세기에서 20세기에 이르기까지 각종 역사적 기록들을 번역하여 수록해 놓고 있다.

또 다른 학자인 안드루 보스톰(Andrew G. Bostom)은 그의 책 『지하드의 유산』(The Legacy of Jihad)에서 7세기부터 20세기에 이르는 이슬람 침략 지역의 원주민들이 기록한 원자료들을 번역하여 싣고 있다.

이 밖에도 이슬람의 인도 침략에 대해 여러 역사가가 기록한 다양한 기록도 존재한다(제6장에 있는 '인도의 지하드' 부분을 참고하라).[XII]

XII 인도에 대한 이슬람의 침략의 역사를 기록한 이슬람 초기와 중기 학자들로는 알쿠피(Al-Kufi[Chachnama]), 알빌라두리(Al-Biladuri), 알브루니(Alberuni), 이븐 아시르(Ibn Asir), 알우트비(al-Utbi), 하산 니자미(Hasan Nizami), 아미르 카스라우(Amir Khasrau), 지오딘 바라니(Ziauddin Barrani), 술탄 피로즈 투글라끄(Sultan Firoz Tughlaq), 바부르와 자한기르의

2011년 2월 초 카이로의 타흐리르 광장 모습. 시민들은 빵과 자유와 사회적 정의를 요구했다.

　이러한 이슬람 외부적인 기록들은 이슬람의 숨겨진 역사의 성격을 밝혀 주는 객관적이고 결정적인 자료들이다. 한국의 학도들 가운데 이러한 자료들에 대한 관심과 연구들이 일어나길 기대한다.
　오늘날 아랍 세계의 온라인과 오프라인에서는 수많은 사람이 이슬람에 대해 비평하고 있다. SNS 세계에서 이슬람에 대한 풍자와 비평은 어느덧 사람들의 일상사가 되었다. 수많은 Ex 무슬림과 세속주의 무슬림이 유튜브와 페이스북, 트윗 등에서 앞다투어 이슬람을 비평하고 있다. 이것은 이슬람의 지난 역사 어디에서도 볼 수 없었던 새로운 현상이다. 이러한 이슬람 비평 운동이 가능하게 된 것은 객관적이고 과학적인 이슬람 비평 학문의 발달에 영향받은 바가 크다고 할 것이다. 따라서 이슬람 비평 학문의 발달이 아랍 세계 이슬람 비평의 르네상스를 이끌었고, 그 르네상스로 인해 탈이슬람 현상이 더욱 확산되고 있다고 보는 것이 타당하다.

　황제(Emperor Babur and Jahangir), 바다오니(Badaoni), 아불 파즐(Abul Fazl), 무함마드 페리쉬타(Muhammad Ferishtah) 등이 있다(M. A. Khan, Islamic Jihad, p. 108).

앞으로 합리주의와 과학주의 그리고 인본주의가 아랍 세계에 더욱 영향을 끼칠 것이다. 이에 따라 학문으로서 이슬람 비평은 더욱 발전할 것이고, 탈이슬람 현상도 더욱 확대되어 갈 것이다.

6. 아랍 혁명과 정치·종교적 권위의 붕괴

2010년 12월 이후 아랍 나라들에 혁명의 거센 바람이 일었다. 장기독재와 경제적 침체에 신음하던 튀니지, 이집트, 리비아, 시리아, 예멘 등의 시민들이 총궐기했고, 나머지 많은 아랍 나라에서도 대규모 시위가 일어났다.[58]

소위 아랍의 봄(Arab Spring)은 한 튀니지 청년의 분신자살과 그로 인한 시위대의 반정부 시위로 시작되었다. 그 당시 아랍인들의 정권에 대한 불만은 이미 폭발하고 있었다. 높은 실업률과 치솟는 물가, 턱없이 낮은 임금, 만연한 부패, 낙후된 생활 환경, 표현의 자유 부재, 남발하는 공권력의 무자비한 억압, 사회적 불의와 불공정 등에 대해 분노하고 있었다. 그런 상황에서 한쪽에서 불꽃이 튀니 휘발유에 불이 붙듯 거국적인 국민 봉기가 곳곳에서 일어났다.

시위 초반에는 경찰의 진압 곤봉과 매서운 최루탄이 시위를 진정시키는가 싶었다. 그러나 곧 시위대의 규모는 경찰의 통제범위를 넘어 버렸다. 광장마다 분노한 군중이 구름 떼처럼 집결했고, 그들이 결사 항전을 벌이니 경찰이 손을 쓸 수 없게 되었다.

시위 참여자들은 경찰의 진압 곤봉보다 더 좋은 무기를 가지고 있었다. 그것은 당시에는 신기술인 인터넷과 SNS였다. 대중과 소통하는 몇몇 커뮤니케이터가 그것을 이용해 재빠르게 대중에게 뉴스와 정보를 전달하며 여론을 주도했다. 그들은 시위에 대한 정보뿐만 아니라 시위의 정당성을 끊임없이 대중들에게 전달했다. 그러자 대부분의 언론은 민주화 세력에 우호적이 되었고, 그에 따라 여론도 급속도로 민주화 세력을 지지하기에 이르렀다. 그러자 야권 성향의 국민뿐만 아니라 중도층과 전통적 여권 지지층까지도 시위대의 손을 들어주게 되었다.

이집트의 경우 언론과 여론이 민주 세력을 지원하자 도시마다 수백만의 군중이 광장으로 규합하여 정권 퇴진을 외쳤다. 그러자 그렇게 위협적이던 경찰들이 쥐구멍으로 숨듯 어느새 자취를 감추어 버렸다. 이윽고 정권 유지의 최후 보루였던 군대도 정권 편이 아니라 국민 편에 서게 되었다. 그러자 정권이 백기 투항하지 않을 수 없게 된 것이다. 그렇게 철옹성 같은 절대 권력이 무너졌다.

거대한 댐이 무너졌다. 믿기지 않는 엄청난 일이었다. 사람들은 며칠 동안 광란의 축제를 벌이며 기뻐했다. 그동안 짓눌리고 통제되었던 정치와 종교와 전통 등의 모든 종류의 권위에 대한 해방과 자유를 만끽했다. 그것은 모든 종류의 금기와 규제들로부터 탈출하는 경험이었다. 어두운 과거를 벗어던지고 희망찬 미래를 꿈꾸는 것이었다. 그리고 새로운 사상과 철학과 시대정신에 대해 눈을 뜨는 정신적 개방의 시작이었다.

이러한 혁명의 과정을 통해 젊은이들은 전통과 종교의 억압과 집단적 공포감에서 벗어났고, 개인의 사상과 표현의 자유를 누리는 새로운 경험을 하게 되었다. 그러한 개방의 정신으로 그들은 당면한 사회적, 정치적, 종교적 이슈와 딜레마에 관해 토론하며 해법을 찾으려 했다. 젊은이들이 많이 모이는 시내의 카페와 인터넷 SNS와 심지어 공영 방송 프로그램에 이르기까지 토론과 논쟁의 장이 열렸다. 무신론자가 운영하는 유튜브 채널들에서는 다른 무신론자들을 초청해 자신들의 경험담을 나누고 이슬람의 문제들에 대해 토론했다. 심지어 텔레비전 방송에서도 무신론자들을 초청하여 대담하는 프로그램이 생겼다. 이렇게 사회적 정신적 개방의 움직임이 일어났고, 그것이 무신론 현상에 큰 영향을 미친 것이다.

아랍 혁명은 정치적 권위 붕괴와 함께 종교적 권위도 붕괴시켰다. 전통적으로 이슬람 종교지도자들은 무슬림들에게 절대적 영향력을 행사해 왔다. 그들은 종교의식을 인도하고 이슬람의 교리와 생활 규범을 가르칠 뿐만 아니라 무슬림의 일반적인 삶을 지도한다. 특히 이슬람에는 의식주(衣食住)의 구체적인 내용에까지 허용과 금기를 따져야 하는 엄격한 율법이 있다. 무슬림은 율법의 금기사항을 범하지 않기 위해서 생활의 구체적인 내용까지 종교지도자의 의견을 구해야 한다.[XIII] 일반 생활의 거의 모든 부분을 종교지도자의 가르침과 율법적 판단에 의존해야 하므로 종교인들에 대한 의존도와 영향력은 어떤 다른 종교보다도 높을 수밖에 없다. 그런 종교인들에 대한 의존도는 독실한 무슬림들과 극단주의 무슬림들에게는 더욱 절대적이다.

20세기 중반 이후 사우디와 이집트, 이란 등의 중동 나라들에서 극단주의 이슬람이 세력을 형성하고 영향력을 행사한다. 사우디에서는 와하비즘이, 이집트에서는 무슬림 형제단이, 이란에서는 시아파 호메이니 정권이 기세를 떨쳤다. 이집트의 경우 오일 달러를 벌기 위해 사우디에 진출한 이집트 근로자들이 사우디에서 와하비즘을 배워 본국으로 돌아옴에 따라 그들이 극단주의의 선봉에 선다. 사다트를 암살한 이슬람 협회의 주동자들은 사우디 와하비즘의 영향을 받은 살라피주의자들이었다. 그래서 이들 살라피주의자들과 무슬림 형제단이 쌍두마차가 되어 이집트의 극단주의를 견인했고, 또한 외국의 극단주의 활동에도 지대한 영향을 미쳤다. 이들 극단주의 쉐이크들은 모스크와 위성 방송 등의 설교와 가르침을 통해 자신들의 극단주의 이데올로기를 적극 전파했다. 그리하여 2011년 아랍 혁명과 그 이후 무슬림 형제단이 정권을 잡았던 시기에 수많은 극단주의자가 기승을 부렸다.

아랍 혁명 이후의 과도기에는 세속정부 건설을 원하는 자유주의자들과 이슬람 국가 건설을 원하는 이슬람주의자들이 충돌했다. 기존의 정치 질

[XIII] 생활의 구체적인 내용에 대한 질문에 율법적인 답을 하는 쉐이크를 '뭅티'라고 하고, 뭅티가 개진하는 율법적 의견을 '파트와'라 한다.

서가 무너지고 힘의 공백기에 있었기에 자유주의자들은 그들대로 자유주의적인 세속 정부 건설을 모토로 에너지를 분출했고, 이슬람주의자들은 그들대로 샤리아법에 근거한 이슬람 국가 건설을 위해 힘을 쏟았다. 그 이후 2012년 선거에 의해 무슬림 형제단 지도자였던 무르시가 대통령이 된다. 이는 자유주의자들에 대한 이슬람주의자들의 승리였다. 그들이 정권을 잡게 되자 살라피 쉐이크들의 활동은 더욱 두드러진다.

그들의 설교 가운데는 지하드를 부추기고 폭력을 조장하며, 여성의 인권을 말살하고, 타종교인을 박해하는 내용들이 많았다. 비이성적이고 몰상식적이며 현대에 맞지 않는 파트와들이었다. 몇 가지 예를 든다. 한 이집트인 쉐이크는 여성들이 바나나와 당근과 애호박을 손에 잡는 것을 금했다. 그 이유는 그것들이 남성 성기를 닮았기에 여성을 유혹한다는 것이었다. 한 모로코 쉐이크는 부인이 사망한 직후에 부인과 성관계를 하는 것이 가능하다고 했다. 다른 이집트인 쉐이크는 무함마드의 성적인 능력이 보통 남자 4천 명과 동일하다고 했다.[59]

종교적 권위의 붕괴는 단지 몇몇 살라피 쉐이크들의 설교에만 기인한 것이 아니었다. 오히려 종교적 권위 붕괴의 핵심은 이슬람의 본질적 가르침에서 발견되는 수많은 모순과 몰상식과 비윤리적인 가르침이었다. 꾸란과 하디스와 시라와 이슬람 역사에서 발견되는 무함마드와 그의 동료들과 그 후계자들의 수많은 문제였다.

이전 같으면 쉐이크들의 이상한 가르침과 이슬람 본질에서 발견되는 문제들에 대해 쉽게 토를 달지 못했을 것이다. 이슬람에는 종교적인 권위에 대항하지 못하는 전통이 있기 때문이다. 그러나 아랍 혁명 이후 해방과 자유를 경험한 젊은이들은 SNS에서 그것들에 대한 풍자와 비난을 쏟아 내었다. 혁명 전후로 자리 잡은 비판적 사고의 흐름이 그러한 분위기를 이끌어 갔다. 어느새 가상 공간에서는 쉐이크들의 한마디 한마디가 우스꽝스러운 것이 되고 조롱의 대상이 되었다. 이슬람 본질에서 발견되는 수많은 문제가 가십거리가 되고 비판의 대상이 되었다. 성역이었던 종교적 권위가 그렇게 무너져 갔다.

일부 쉐이크들의 비리들도 종교적 권위 추락에 불을 지폈다. 그들이 최고급 승용차를 탄 모습, 거대한 주택을 소유한 모습, 호화롭고 사치스러운 생활 모습 등이 SNS에 전파되었다. 시민들이 더욱 분노한 것은 그들의 그런 생활 모습들이 그들의 평소 가르침과는 정반대였기 때문이다. 그 지도자들은 평소에 무슬림들에게 "이 세상의 없어질 것을 추구할 것이 아니라 최후의 심판과 천국에서의 삶을 준비하라"고 하며 청빈한 삶을 가르쳤던 사람들이다. 그런데 정작 자신들은 엄청난 부와 쾌락을 추구하고 있었던 것이다.[XIV]

게다가 정치 권력도 종교 지도자들의 권위를 무너뜨렸다. IS 등의 이슬람 극단주의 그룹의 광적인 활동 이후, 각국 정부는 극단주의가 기승을 부린 원인을 극단주의 쉐이크들의 가르침에서 찾았다. 2014년 집권한 이집트의 앗시시 대통령과 사우디의 실제적 통치자 빈 살만, 그리고 다른 아랍 통치자들은 극단주의를 뿌리 뽑기 위해 '설교의 갱신' 운동을 펼쳤다. '설교의 갱신'이란 모스크에서 극단주의 쉐이크들이 전파하는 설교가 극단주의를 부추긴다고 진단하고 모스크의 설교와 이슬람의 가르침을 개혁하려는 운동이다. 아랍 통치자들은 급증하는 테러를 추방하는 것을 정권의 명운이 달린 문제로 인식했다. 그리하여 극단주의 가르침이 행해지는 모스크를 폐쇄하고 극단주의를 설교하거나 가르치는 쉐이크들을 대대적으로 검거했다. 매주 금요일 전국의 모스크에서 설교하는 설교자들을 정부가 선정하고 그 설교의 내용을 정부에서 체크하기도 했다.[XV] 심지어 종

[XIV] 예를 들어 살라피 쉐이크 무함마드 하샌이 최고급 외제 승용차를 타는 모습이 SNS에서 공개되어 비난을 샀다(https://www.masrawy.com/news/news_egypt/details/2012/2/17/100930/بسبب-ايقاف-الرهة-محمد-حسان-يتعرض-لانتقادات-عبر-تويتر). 또한 살라피 쉐이크 무함마드 후세인 야꿉은 22명의 처녀와 결혼한 사실이 밝혀져 사회적 비난을 받았다 (https://www.youtube.com/watch?v=E0VgfyVlxSE).

[XV] 일반적으로 이슬람 국가의 모스크는 이슬람 종교부가 관리하는 정부 모스크와 무슬림 공동체가 관리하는 민간 모스크로 나뉜다. 이전에는 후자의 민간 모스크의 경우 그 설

교부가 작성한 통일된 설교문을 전국의 모스크에서 일괄적으로 설교하도록 명령하기도 했다. 이처럼 이슬람 사회의 권위의 최고봉에 있던 쉐이크들의 투옥과 봉쇄는 이슬람의 권위를 무너뜨리는 하나의 요인이 되었다.

유럽 역사를 살펴보면 혁명이나 전쟁 등의 급진적인 정치변화 이후에 무신론 현상이 나타난 경우가 여러 번 있었음을 파악할 수 있다. 예를 들어 프랑스 혁명 이후에 무신론 현상이 두드러지게 나타났다는 것은 잘 알려진 사실이다. 줄리안 바기니(Julian Baggini)는 BBC 프로그램에서 "대부분의 역사가는 프랑스 혁명이 종교와 신에 대한 인간 사고의 발전의 역사에서 뚜렷한 이정표가 되었다고 간주합니다"[60]고 했다. 실제로 프랑스 혁명 이후 수많은 사람이 기존의 정치·종교적 권위에서 벗어나 과학주의와 무신론을 추구하게 되었다. 아랍 혁명도 비슷한 흐름이라 볼 수 있다. 정치와 종교의 전통적 권위가 붕괴하자 거기에 대한 반작용으로 정신적·사상적 개방과 자유와 해방의 바람이 불었던 것이다. 그래서 의식 있는 젊은이들이 삶의 목적과 진로를 찾기 위해 고민하고 토론하면서 무신론으로 옮겨 가게 된 것이다.

7. IS 등 극단주의자들의 만행

이슬람 극단주의자들의 테러 활동은 1980년대 이후 계속해서 있어 왔다. 2001년 9·11 테러 이후에 중동과 유럽 나라들에서 더욱 조직적으로 일어나더니 지난 2014년에는 이라크에서 IS가 칼리프 국가 설립을 선포했다.

교자들을 자신들이 스스로 결정했다. 그런데 지금은 그런 모스크까지 정부에서 파견하는 설교자를 세우고 있다.

탈이슬람 현상(혹은 무신론 현상)의 원인으로서 극단주의자들의 만행은 2001년 발생한 9·11 테러가 중요한 변곡점이 되었다. 그 후 알카에다 등의 여러 단체가 자행한 여러 테러가 영향을 미쳤고, 그리고 2014년 이후 IS의 야만적인 활동들이 메가톤급 영향을 미쳤다고 볼 수 있다. 여기서는 IS가 아랍 사회에 미친 영향에 초점을 맞추어 서술한다.

요르단 조종사가 IS의 손에 화형되고 있다.

IS는 2003년 국제 테러 조직 알카에다의 이라크 하부 조직으로 출발한 단체이다. 이라크에서 각종 테러 활동을 벌이다 2011년 시리아 내전이 발발하자 거점을 시리아로 옮겨 이름을 ISIL이라 했다. 그 뒤 2014년 6월에 이라크의 제2도시 모술과 인근 유전 지역을 점령하면서 엄청난 기세로 확장을 거듭했고, 그해 6월 29일에 이름을 ISIL에서 IS(이슬람 국가)로 개명하며 칼리프 제국 건립을 선포했다.

그들은 야만적이고 반인륜적인 수많은 범죄를 저질렀다. 도둑 혐의자가 양손이 잘리고 간음 혐의자 여성이 돌에 맞아 죽었다. 야지드 여인들이 성 노예가 되어 강간당했다. 스파이로 의심되는 남성들이 T-55 탱크에 깔려 죽거나 동물처럼 도살당했다. 생포된 요르단 전투기 조종사는 쇠창살 안에 갇힌 채 화형되었다. 특히 IS는 이런 장면을 인터넷에 공개해 전세계를 공포에 몰아넣었다.

　이러한 IS의 행위는 전 세계인에게 엄청난 충격을 주었다. 하지만 가장 큰 충격을 받은 사람들은 중동의 무슬림들이었다. 사실 IS 활동 초기에는 중동의 순니파 나라인 카타르, 사우디 등에서 IS에 대해 경제적인 지원도 아끼지 않았다. 순니파 무슬림 입장에서는 IS가 칼리프 국가를 선포하고 시아파 국가들과 서방 나라에 대해 지하드 전쟁을 하고 있으니 그들이 바라던 소원이 이루어진 것이었다. 칼리프 제국이 서서 서구의 나라들과 지하드를 함으로 전 세계를 정복하는 것은 그들의 종말론적 신앙과 일치하는 것이었다. 그래서 많은 독실한 무슬림이 IS에 자원해서 입대했다. 그러나 IS의 야만적인 모습이 전세계의 언론을 도배하자 순니파 국가들의 언론이 IS를 비판하기 시작했고, 일반 무슬림들은 곧바로 IS로부터 돌아서게 되었다.

　IS가 탈이슬람 현상의 주요 요인이 된 이유는 중동의 무슬림들이 IS를 통해 이슬람의 위해한 본질을 보았기 때문이다. 예를 들어 리비아에서 IS가 콥트 기독교인 21명을 사로잡아 참수하는 장면을 생각해 보자. 지하드 전사 지도자는 서슬이 시퍼런 칼로 콥트 기독교인 목을 겨누고는 서방을 향해 다음의 하디스를 외쳤다.

　　◇ "나는, 사람들이 '알라 이외에 다른 신은 없고 무함마드는 알라의 메신저이다'는 것을 고백하고, 기도하며, 자카를 지불할 때까지 사람들과 전쟁할 것을('uqātila, 사람을 죽이는 전쟁을 의미) 명령받았다"(사히흐 부카리 25; 사히흐 무슬림 22).

　그러고는 단숨에 그들을 참수했다. 그러자 그 하디스 구절을 알고 있던 무슬림은 그 구절이 이슬람을 믿지 않는 다른 종교인들과 잔인한 지하드 전쟁을 하는 구절이란 것을 새삼 깨닫게 되었다. 그래서 그들은 '1,400년 전 무함마드와 그의 동료들이 저렇게 카피르를 살해하곤 했구나'라고 생각하게 되었다. 또한, 이 하디스의 존재를 몰랐거나 무함마드를 절대적인 평화주의자로 믿고 있던 많은 온건주의 무슬림은 무함마드가 이런 지하드 구절을 말했다는 자체에 충격을 받았다. 이 장면과 이 하디스를 통해 무슬림들은 그것이 바로 이슬람 지하드의 원래 모습이라고 깨닫게 되었다.

리비아의 지중해 해변에서 이집트 콥트 기독교인이 IS에 의해 참수되는 장면.
많은 무슬림은 이 장면을 보고 무함마드가 했던 행동과 말을 기억했다.

IS가 이라크 모술에서 학살한 사람들을 '카스파'(Khasfa)라는 큰 구덩이에 빠뜨리는 모습을 보며, 무함마드 선지자가 바누 꾸라이자 부족을 학살했던 것을 떠올렸다(제5장에서 '바누 꾸라이자 부족 학살' 부분을 보라). IS가 야지드 여인을 밀크야민(milk yamīn)이라며 성 노예로 삼고 쾌락을 즐기는 것을 보고, 불과 반 세기 전까지 이슬람 국가들에서 실행되었던 노예 제도를 생각했다(제7장에서 '밀크야민과 노예 제도'를 보라). IS가 교회의 십자가를 제거하고 종을 제거하며 기독교인들의 재산에 딱지를 붙이는 것을 보고, 불과 160여년 전까지 이슬람 국가들에서 실행되었던 딤미 제도를 떠올렸다(제8장 '딤미 제도' 부분을 보라). IS가 모술의 기독교인들에게 이슬람으로 개종하든지, 지즈야를 지불하든지, 아니면 죽음을 선택하라고 강요하는 것을 보며, 말로만 들던 강제 개종이 사실이란 것을 알게 되었다. IS로부터 여성이 돌에 맞고 도둑이 양손이 잘리는 것을 보면서, 이슬람의 샤리아법의 잔인성을 보았다. IS가 하는 말 한마디, 행동 하나하나가 꾸란과 하디스에 근거한 그들의 정신이요 그들의 본질이라는 것을 확인하면서 '이슬람이 원래 이러했구나!'라고 생각하게 되었다.

2015년 8월 31일 자 「BBC Arabic」 기사의 제목은 "아랍 세계에서의 무신론 현상: 그들은 왜 이슬람을 떠나게 되었는가?"였다. 그 기사는 아랍 혁명 이후 아랍 세계에서 이슬람의 극단적 설교가 성행하면서 젊은이들 가운데 이슬람을 떠나는 사람들이 발생하게 되었다고 했다. 그리고 몇몇 이슬람 극단주의 그룹이 행사하는 폭력이 이슬람의 믿음들에 대해 의심을 갖게 했다고 했다. 그러면서 이집트의 파트와위원회의 발표 내용을 인용한다. 다음은 이집트 파트와위원회의 발표 내용의 일부이다.

> "테러 분자들의 폭력적 행동과 몇몇 이슬람 단체의 과격성이 무신론 확장에 영향을 주었다."
>
> "젊은이들이 무신론자가 되는 가장 두드러진 이유는 타크피르(이슬람과 무함마드를 믿지 않는 사람을 카피르로 정죄하는 것) 테러 단체들이 야만적이고 공포를 일으키며 이슬람 이름으로 참수하는 등의 행동을 하기 때문이다. 이것들이 종교적 가르침들에 대한 왜곡된 이해를 갖게 하며, 이슬람에 대한 야만적인 이미지를 갖게 한다."[61]

이처럼 이집트의 파트와위원회도 극단주의 그룹이 행사한 폭력으로 인해 무슬림이 이슬람을 떠나게 되었다고 시인하고 있다. 2015년 당시는 이집트에서 무슬림 형제단이 이슬람 원리주의에 기반한 과격한 시도들을 하다 축출된 시점이었고, 또한 이라크에서는 IS가 한창 세력을 확장해 가던 때였다.

이러한 이유들로 인해 좁게는 IS의 만행과 넓게는 여러 극단주의자의 만행이 아랍권에서 Ex 무슬림이 증가한 주요 원인 중의 하나라고 할 수 있다.

미주

1. al-Akh Rashid, Su'āl Jarī'(용감한 질문) 제423편 무슬림이 이슬람을 떠나는 이유, https://www.youtube.com/watch?v=xWXbb9ygTZE&t=4626s, 2020년 5월 29일.
2. Hamed Abd Samad, Ṣandūq al-'Islām(이슬람의 상자).
3. Ali Rizvi, Ibn Warraq & Muhammad Syed, Ex-Muslims Rising: From Islam to Enlightenment, https://www.youtube.com/watch?v=618XW4evm_8&t=3004s, 2020년 5월 29일.
4. https://kin.naver.com/qna/detail.nhn?d1id=11&dirId=110201&docId=299017331&qb=U05T7J2YIOyYge2WpQ==&enc=utf8§ion=kin&rank=1&search_sort=0&spq=0, 2020년 6월 14일.
5. Hamed Abd Samad, Ṣandūq al-'Islām(이슬람의 상자).
6. al-'Akh Rashid, Bi Kull Wudūḥ(명명백백하게), 제43편 모로코인 라일라. 공개적으로 이슬람을 떠나다, https://www.youtube.com/watch?v=88FZB-Y7D-o&t=935s, 2020년 5월 29일.
7. 나승필, "유럽과 이슬람 세계에서 자유주의 역사 비판적 신학 연구의 상호작용", 「제5차 카이로국제다문화포럼」 (2019.3), pp. 82-83; https://en.wikipedia.org/wiki/Rifa%27a_al-Tahtawi, 2020년 5월 29일.
8. 나승필, "유럽과 이슬람 세계에서 자유주의 역사 비판적 신학 연구의 상호작용", 「제5차 카이로국제다문화포럼」 (2019.3), pp. 85-86.
9. 오요셉, "다마스커스의 요한의 기독교 변증과 선교적 함의", 「아랍과 이슬람 세계」 제6집 (2019.12), pp. 199-200.
10. https://www.marefa.org/دقن_السلام#cite_note-Ibn_Kammuna-3, 2020년 5월 29일.
11. https://en.wikipedia.org/wiki/Al-Ma%27arri, 2020년 5월 29일; Ibn Warraq, *Living Islam* (Canada: Prometheus Books, 2003), p. 63.
12. https://en.wikipedia.org/wiki/Historical_criticism, 2020년 5월 29일.
13. Gordon D. Nickel, 『무슬림의 성경 변조 비난에 대한 유순한 대답』 (Ellicott City: 에스라/CIB, 2016), p. 362.
14. Gordon D. Nickel, 『무슬림의 성경 변조 비난에 대한 유순한 대답』 (Ellicott City: 에스라/CIB, 2016), pp. 362-363; Devin Stewart and Gabriel Said Reynolds, "Afterword: The Academic Study of the Qur'an Achievements, Challenges and Prospects", *Journal of the International Qur'anic Studies Association* 1 (2016), p. 176; 황원주, "현대 꾸란학의 서구 학계 동향과 선교학적 시사점", 「아랍과 이슬람 세계」제6집 (2019.12), p. 18.
15. Gordon D. Nickel, 『무슬림의 성경 변조 비난에 대한 유순한 대답』 (Ellicott City: 에스라/CIB, 2016), p. 363.
16. Gordon D. Nickel, 『무슬림의 성경 변조 비난에 대한 유순한 대답』 (Ellicott City: 에스라/CIB, 2016), p. 363; Devin Stewart and Gabriel Said Reynolds, "Afterword: The Academic Study of the Qur'an Achievements, Challenges and Prospects", *Journal of the International Qur'anic Studies Association* 1 (2016), p. 177.
17. 황원주, "현대 꾸란학의 서구 학계 동향과 선교학적 시사점", 「아랍과 이슬람 세계」 제6집 (2019.12), p. 19.
18. Devin Stewart and Gabriel Said Reynolds, "Afterword: The Academic Study of the Qur'an

Achievements, Challenges and Prospects", *Journal of the International Qur'anic Studies Association* 1 (2016), p. 177.
19 https://en.wikipedia.org/wiki/Arthur_Jeffery, 2020년 5월 29일.
20 황원주, "현대 꾸란학의 서구 학계 동향과 선교학적 시사점", 「아랍과 이슬람 세계」 제6집 (2019.12), pp. 19-20.
21 Devin Stewart and Gabriel Said Reynolds, "Afterword: The Academic Study of the Qur'an Achievements, Challenges and Prospects", *Journal of the International Qur'anic Studies Association* 1 (2016), p. 179.
22 Hamed Abd Samad, Ṣandūq al-'Islām(이슬람의 상자) 제26편, https://www.youtube.com/results?search_query=صندوق+الإسلام+٢٦, 2020년 5월 29일; 사마르칸트 사본의 거짓말, https://www.youtube.com/watch?v=7c9W0jJy3AQ, 2020년 5월 29일.
23 손주영, 『이슬람 교리 사상 역사』 (서울: 일조각, 2005), pp. 165-166.
24 손주영, 『이슬람 교리 사상 역사』 (서울: 일조각, 2005), p. 165.
25 Tārīkh al-Islām al-Mubakkir(이슬람 초기 역사), https://www.youtube.com/watch?v=thvQ8uHsc6k, 2020년 5월 29일, 사본학 전문가 무함마드 므싸야호의 대담
26 Hamed Abd Samad, Ṣandūq al-'Islām(이슬람의 상자) 제22, 23, 24, 25, 26편.
27 Hamed Abd Samad, Ṣandūq al-'Islām(이슬람의 상자) 제22, 23, 24, 25, 26편.
28 Behnam Sadeghi And Mohsen Goudarzi, *Sana 1 and Origins of the Quran* (Walter de Gruyter, 2012), p. 9.
29 Behnam Sadeghi And Mohsen Goudarzi, *Sana 1 and Origins of the Quran* (Walter de Gruyter, 2012), pp. 17-18; 엘리자베트 푸인은 게르드 푸인의 부인이다. 벤함 사데기(Behnam Sadeghi)와 무흐신 구다르지(Mohsen Goudarzi)는 이란인 무슬림 사본 학자들이다.
30 Tārīkh al-Islām al-Mubakkir(이슬람 초기 역사), https://www.youtube.com/watch?v=thvQ8uHsc6k.
31 Asma Hilali, *The Sanaa Palimpsest: The Transmission of the Qur'an in the First Centuries AH* (Oxford University Press, 2017).
32 Muḥammad Mesayaḥ, Tārīkh al-Islām al-Mubakkir(이슬람 초기 역사), https://www.youtube.com/watch?v=thvQ8uHsc6k, 2020년 5월 29일.
33 Tārīkh al-Islām al-Mubakkir(이슬람 초기 역사), https://www.youtube.com/watch?v=thvQ8uHsc6k, 2020년 5월 29일, 사본학 전문가 무함마드 므싸야호의 대담.
34 손주영, 『이슬람 교리 사상 역사』 (서울: 일조각, 2005), p. 179.
35 하메드 압드엘-사마드, 『무함마드 평전』 (서울: 한스미디어, 2016), pp. 32-33.
36 손주영, 『이슬람 교리 사상 역사』 (서울: 일조각, 2005), p. 183; Sherif Gaber, 'Akadhīb al-Bukhārī wa-Ḥaqīqatu al-'Aḥadīth(부카리의 거짓말과 하디스들의 진실), https://www.youtube.com/watch?v=qVCZ4FjYL0g&t=1253s, 2020년 5월 29일; Hamed Abd Samad, Ṣandūq al-'Islām(이슬람의 상자) 제119편 부카리 하디스에서의 오류, https://www.youtube.com/watch?v=tvm77Ywfpt0, 2020년 5월 29일.
37 Ibn Warraq, *Why I am not a Muslim* (New York: Prometheus Books, 1995), p. 69.
38 하메드 압드엘-사마드, 『무함마드 평전』 (서울: 한스미디어, 2016), p. 48.
39 https://www.marefa.org/أرقون#.D8.A3.D8.A8.D8.B1.D8.B2_.D8.B4.D8.AE.D8.B5.D9.8A.D8.A7.D8.AA.D9.87.D9.85, 2020년 11월 26일.

40 https://ar.wikipedia.org/wiki/قابن_إسحاق, 2020년 8월 29일.
41 Hamed Abd Samad, Ṣandūq al-'Islām(이슬람의 상자) 제3편 Hal Kāna Hunāk Nabyy Ismuhu Muḥammad(과연 무함마드란 선지자가 있었는가?), https://www.youtube.com/watch?v=y1UBIGIGbBs, 2020년 5월 29일; https://www.youtube.com/watch?v=vIB2U33qaWQ&t=1225s, 2020년 5월 29일; al-'Akh Rashid, Bi Kull Wudūḥ(명명백백하게) 제36편 'Qiṣṣah Bad' al-Waḥi(계시의 시작에 대한 이야기), https://www.youtube.com/watch?v=pCBhrE4A8O8, 2020년 5월 29일.
42 Hamed Abd Samad, Ṣandūq al-'Islām(이슬람의 상자) 제3편 Hal Kāna Hunāk Nabyy Ismuhu Muḥammad(과연 무함마드란 선지자가 있었는가?), https://www.youtube.com/watch?v=y1UBIGIGbBs, 2020년 5월 29일; https://www.youtube.com/watch?v=vIB2U33qaWQ&t=1225s, 2020년 5월 29일.
43 하메드 압드엘-사마드, 『무함마드 평전』(서울: 한스미디어, 2016), p. 49.
44 하메드 압드엘-사마드, 『무함마드 평전』(서울: 한스미디어, 2016), p. 49.
45 Hamed Abd Samad, Ṣandūq al-'Islām(이슬람의 상자) 제4편 '무함마드 선지자'란 인물의 가공, https://www.youtube.com/watch?v=CnPZO1cczKA, 2020년 5월 29일; https://www.youtube.com/watch?v=nnIfdSM-x-U&t=123s, 2020년 5월 29일.
46 Dan Gibson, *Qur'anic Geography* (Canada: Independent Scholars Press, 2011), pp. 222-223.
47 Patricia Crone, *Meccan Trade and the rise of Islam* (Gloria Press, 2004), pp. 6-7; Dan Gibson, *Qur'anic Geography* (Canada: Independent Scholars Press, 2011), p. 223.
48 Dan Gibson, *Qur'anic Geography* (Canada: Independent Scholars Press, 2011), p. 224.
49 Dan Gibson, *Qur'anic Geography* (Canada: Independent Scholars Press, 2011), p. 224.
50 Dan Gibson, *Qur'anic Geography* (Canada: Independent Scholars Press, 2011), p. 223.
51 https://faithandform.com/feature/mecca-hyper-identity-sacred-city/, 2020년 12월 1일.
52 Cira International, The Unknown History of Islam 04: Modern Mecca, Ancient Qibla, https://www.youtube.com/watch?v=HBtFrJOJKOo, 2020년 5월 1일.
53 https://www.youtube.com/watch?v=thvQ8uHsc6k(무함마드 므싸야흐와의 대담).
54 https://www.youtube.com/watch?v=L8xo5j8cYlQ, 2020년 5월 29일.
55 https://www.youtube.com/watch?v=jCvdh52wq3c 이슬람 상자 129, 2020년 7월 1일.
56 하메드 압드엘-사마드, 『무함마드 평전』(서울: 한스미디어, 2016), p. 53.
57 https://en.wikipedia.org/wiki/List_of_Muslim_historians, 2020년 5월 29일.
58 https://www.youtube.com/watch?v=UcPNKQP5jfo, 2021년 1월 15일.
59 https://alamfarid.com/يوتيوب-مرحى-على-النساء-والمزو-خاير/, 2021년 2월 20일; https://www.youtube.com/watch?v=XIDXc3zJ9IE, 2020년 2월 20일; https://www.youtube.com/watch?v=D5_ICgSES8c&t=50s, 2020년 2월 20일; https://www.al-madina.com/article/303997, 2020년 2월 20일.
60 https://www.youtube.com/watch?v=fkeuyG621is, 2021년 1월 7일; https://eipss-eg.org/الإحلال-والمعلمون-في-مصر-3-بين-25-يناير-2011-و30-يونيو/#_ftn8, 2021년 1월 7일.
61 https://www.bbc.com/arabic/middleeast/2015/08/150831_arab_atheism, 2020년 5월 29일.

제4장
꾸란

1. 무슬림에게 꾸란은?

무슬림에게 꾸란은 알라의 말씀이다. 가브리엘 천사를 통해 선지자 무함마드에게 직접 내려주신 말씀이다. 완벽하고 오류가 없다. 변개와 추가와 분실도 없다. 계시된 그대로 오늘날까지 보존되어 있는 것이다.

꾸란은 무슬림의 삶과 떼려야 뗄 수가 없다. 무슬림은 꾸란을 들으며 태어나고 꾸란을 들으며 죽는다. 아이가 태어나면 부모는 아이의 귀에 무엇보다 먼저 꾸란의 '알라후 아크바르'를 들려준다. 장례식에서는 꾸란 독경사 쉐이크가 밤 내내 꾸란을 암송한다. 무슬림은 아침에 눈을 뜨면 꾸란 1장(알파티하 장)을 암송하고 자기 전에도 암송한다. 하루종일 적어도 17번 꾸란 1장을 암송하고, 결혼식이나 중요한 거래를 할 때도 계약의 쌍방이 꾸란 1장을 암송한다. 그들은 틈나는 대로 꾸란을 읽거나 녹음된 꾸란 낭송을 듣는다. 집에서나 일터에서 온종일 그들은 꾸란과 함께하는 것이다.

꾸란은 무슬림에게 가장 거룩하고 중요한 책이다. 그래서 꾸란을 손으로 들 때는 반드시 오른손으로 들어야 하고, 놓을 때는 조심스럽게 놓는다. 그것은 아무렇게 둘 수 없다. 집안의 가장 중요한 자리 높은 곳에 모셔야 하고, 자동차에서는 앞 거치대에 올려야 한다. 아무렇게 버릴 수도 없고 찢어서도 안된다.

> 꾸란은 책들 가운데 가장 거룩한 책이기에 다른 책들 곁이나 아래에 놓아서는 안 된다. 반드시 다른 책들 위에 올려놓아야 한다. 꾸란이 낭송될 때 사람들은 술을 마시거나 담배를 피워서는 안 된다. 모두가 침묵하면서 경청해야 한다.[1]

사람들은 꾸란에 능력이 있는 것으로 믿는다. 시기의 눈이나 진 혹은 악귀에 대항할 때 꾸란 113장과 114장을 암송한다. 질병과 재앙에 대항하며 악귀를 쫓아내는 부적이나 호신부의 역할을 한다.[2]

이처럼 꾸란은 무슬림 삶의 알리프와 예(아랍어의 첫 알파벳과 끝 알파벳)이다. 지난 1,400년 동안 꾸란은 무슬림의 의식과 생활의 핵심이었다. 꾸란을 빼버리면 이슬람은 존재하지 못한다고 할 정도이다. 그것은 신비의 대상이었고 능력의 원천이었으며 무한 신뢰의 대상이었다.

그런데 오늘날 Ex 무슬림들은 꾸란을 다르게 보고 있다. 그들을 통해 꾸란이 재발견되고 있다. 그들은 꾸란이 완벽한 것이 아니라고 한다. 변개와 오류와 모순이 많고 수많은 윤리적인 문제가 있다고 증언한다. 더 나아가 그들은 꾸란이 신의 말씀이 아니라 인간의 작품이라고 한다. 아랍 사막의 베두인 부족이라는 특정 상황에서 기록된 인간의 창작품으로 결론 내린다.

이 장에서 그들이 꾸란에 대해 비평하는 내용을 들어 보자.

무슬림 어린이가 꾸란을 손가락으로 짚으며 읽고 있다.

2. 꾸란의 비과학성

아랍계 Ex 무슬림 Masked Arab과 터키인 Ex 무슬림 Apostate Prophet(이들은 유튜브 계정에서 자신의 본명을 사용하지 않고 활동하기에 유튜브 계정 이름 그대로 기록한다)은 그들이 만든 <왜 나는 이슬람을 떠났는가?>(*Why I left Islam?*)라는 동영상에서 꾸란에 대한 그들의 생각을 말한다.³ 그들은 꾸란이 완벽하지 않고 기본적인 부분에서 과학적 오류가 있다고 한다. 즉 꾸란이 자연과학의 이치에 맞지 않다는 것이다. 그들이 오류라고 지적하는 예들을 들어 보자.

1) 첫 번째 예: 태양이 검은 진흙의 샘으로 지다

◆ 그가 태양이 지는 곳에 이르렀을 때 그는 태양이 검은 진흙의 샘으로 지는 것을 발견하고 또 거기에서 한 백성을 발견했노라(18:86).

Apostate Prophet은 어떻게 태양이 검은 진흙의 샘으로 질 수 있냐고 주장한다. 태양이 지는 것은 지구의 자전으로 인한 것이라는 것은 삼척동자도 아는 사실이다. 그런데도 꾸란은 태양이 지는 장소가 따로 있고, 그곳이 진흙의 샘이며, 태양이 그리로 진다고 기록하고 있다는 것이다. 그러면서 그는 이것은 무함마드가 7세기 사막의 환경에서 석양이 지는 모습을 관찰했기 때문이라고 해설한다.[4]

터키인 Ex 무슬림으로 Apostat Prophet이라는 유튜브를 운영

2) 두 번째 예: 지구의 생성에 대해

◆ 하늘과 땅이 하나로 붙어 있었는데 우리(알라)가 그 둘을 분리했음을 불신자들은 알지 못하느뇨?(21:30)

현대 과학에서는 우주의 생성을 빅뱅 이론으로 설명한다. 빅뱅 이론에 따르면 지구는 빅뱅 이후 약 9백만 년이 지나서 생겨난 행성이다. 오늘날 이슬람 쉐이크들은 이런 과학 이론을 성급하게 끌어들여서 꾸란이 과학적이라는 것을 설명하려 한다. 그들은 꾸란이 1,400년 전에 그런 과학적 사실을 알고 있었다고 말한다. 그러면서 위의 구절이 그 근거라고 한다. 즉 '하늘과 땅이 분리되는 것'이 바로 빅뱅이라는 것이다.

그런데 Masked Arab은 다음과 같이 주장한다. 만일 위의 구절에서처럼 지구가 생성될 때 하늘과 지구가 붙어 있었다면, 우주가 빅뱅을 일으킬 때 지구는 하늘에 붙어 있었기에 완전히 파괴되었을 것이다. 그런데 지구는 완전히 파괴되지 않고 오늘까지 존재한다. 따라서 위의 구절은 과학과 대치되는 구절이라고 한다.[5]

아랍 Ex 무슬림이 운영하는 Masked Arab이라는 유튜브 방송 캡쳐 화면

3) 세 번째 예: 우주와 지구의 창조의 순서

◆ 그분은 너희들을 위해 땅에 있는 모든 것을 창조하시고 하늘로 향하여 오르시어 그것들을 일곱 하늘로 만드신 분이니 그분은 모든 것을 아시는 분이니라(2:29).

위의 구절에서 알라는 땅에 있는 것을 먼저 창조하시고, 그 뒤에 하늘에 올라 일곱 개의 하늘을 창조하셨다고 한다. 꾸란 41:9-12도 같은 순서로 땅에 있는 것 즉 지구가 먼저 창조되었음을 기록하고 있다.

그런데 Masked Arab은 이러한 순서가 우주보다 지구가 먼저 생성되었기에 그것은 과학적 순서가 아니라고 한다. 그는 이런 기록이 1,400년 전 사막에 살던 베두인들이 상상하던 창조의 순서라고 하며, 그들에게는 그들의 환경인 땅이 더 중요했다고 말하고 있다.

4) 네 번째 예: 별똥별은 알라가 사탄에게 던지는 돌인가?

◆ 우리(알라)는 가장 가까운 하늘을 별들의 아름다움으로 장식하였고, 반역하는 모든 사탄으로부터 (하늘을) 보호하였노라. 그들(사탄)은 (하늘에 있는) 천사들의 (회의에서 하는) 말을 들을 수 없고 (그들이 천사들의 말을 엿들으려고 하면) 사방에서 (유성의) **돌팔매질을 맞으며 쫓겨나서** 그들에게 영원한 벌이 있느니라. (그 사탄들 가운데) 재빠르게 (천사의 말을) 엿듣고 오는 자에게는 **불타는 유성**이 그를 따르느니라(37:6-10).

위의 구절에서 알라가 별을 창조한 목적을 기록한다. 하늘을 별들로 장식하셨는데 그것은 반역하는 사탄으로부터 하늘을 보호하기 위함이라고 한다. 그런데 그 사탄은 천사들의 회의를 엿듣기 위해서 기웃거린다. 하지만 알라는 천사들이 있는 하늘에 사탄이 다다르는 것을 원하지 않는다.

그래서 알라(혹은 천사)는 그들을 쫓아내기 위해 유성(돌)으로 돌팔매질을 한다는 것이다. 따바리 주석[1]에서 유성이 사탄에게 던져졌다고 주석하고 있다.

그래서 전통적으로 무슬림은 이 구절에 근거하여서 별똥별이 떨어지는 이유를 설명한다. 즉 알라(혹은 천사)가 사탄이나 진(Jinn)을 내어쫓기 위해서 유성을 던진다는 것이다.

그러나 Masked Arab은 무함마드가 별의 움직임을 본 것은 유성이 지구 근처에서 불타 떨어지는 것을 본 것이지 알라가 사탄에게 유성을 던지는 것이 아니라고 한다. 별똥별은 유성이 대기권에 진입하면서 불타 없어지는 상태에 만들어지는 발광 현상인데, 당시 베두인들은 그것을 알라가 사탄에게 던지는 유성(돌)으로 해석했다는 것이다.[6]

필자는 별똥별에 대한 꾸란의 기록과 이슬람의 해석을 보며 "오늘날 무슬림도 과연 이렇게 믿고 있을까?"라고 생각했다. 아무리 무슬림이라 해도 21세기 과학의 시대를 살아가고 있기 때문에 별똥별을 알라가 사탄을 향해 던지는 돌로 믿지 않으리라 생각했다. 그래서 필자의 한 독실한 무슬림 친구에게 이 구절에 관해 물어보았다. 그의 대답은 놀라웠다. 그것을 꾸란의 내용 그대로 믿는다는 것이다. 의아한 나머지 그에게 과학에서 설명하는 별똥별의 이치를 설명해 주었다. 그랬더니 그는 "그런 과학적인 설명은 내일이면 바뀔 수 있지만, 꾸란의 말씀은 변함이 없다"고 했다. 그러면서 그는 꾸란에 기록된 구절 그대로 믿는다고 했다. 그는 대학을 졸업하고 교사로 일하는 지식인인데도 그렇게 믿고 있었다.

이번에는 Ex 무슬림 두 사람에게 물어보았다. 물론 그들은 이 내용을 믿지 않았다. 그래서 그들에게 오늘날 어느 정도의 무슬림이 이 꾸란 내용을 사실로 믿고 있는지를 물었다. 그 대답은 놀랍게도 오늘날 대부분의 무슬

---

[1] 따바리(829-923)는 꾸란 주석가이자 역사가이다. 그의 꾸란 주석은 최고로 권위 있는 주석으로 인정받는다.

림이 그것을 사실로 믿고 있다고 말했다. 소수의 세속주의 무슬림과 Ex 무슬림을 제외한 대부분이 그렇게 믿고 있다고 했다. 그러면서 무슬림이 꾸란을 변함없는 알라의 말씀으로 믿고 있기 때문에 그렇다고 말했다. 오늘과 같은 초과학의 시대에도 무슬림은 과학적인 설명을 믿지 않고 이슬람의 신화와 가르침을 더 강력하게 믿고 있다니 놀라울 따름이다.

3. 꾸란의 자체 모순

꾸란은 무슬림에게 알라의 말씀이다. 무슬림들은 꾸란이 알라의 말씀이기에 거기에는 어떤 실수와 오류가 있을 수 없다고 주장한다. 꾸란이 알라라는 한 초월적 존재에 의해 계시되었다면 그 내용에 통일성이 있어야 하고, 자체적인 모순이 없어야 한다. 그러나 오늘날 Ex 무슬림들은 꾸란의 여러 구절에서 내부적 모순과 충돌을 발견하고 그것에 대해서 적극적으로 비평한다.[7] 여기서 그 가운데 주요한 부분을 소개한다.

1) 자체 모순 1: 바드르 전투를 지원한 천사의 숫자

◆ 너희가 주님께 도움을 청했을 때 그분께서 너희에게 응답하시길 "내가 **천 명의 천사가** 계속 줄을 서서 너희를 지원하게 할 것이라" 하신 때를 (기억하라)(8:9).

꾸란 8장은 무슬림이 치룬 바드르 전투에 대해 기록한 장으로 알려져 있다. 그 전쟁에 대해서 기록하며 알라가 천 명의 천사를 보내어서 그들을 지원했다고 기록한다. 그런데 동일한 바드르 전투를 묘사한 다른 꾸란 구절인 3:123-124에서는 이렇게 기록한다.

◆ 바드르 전투에서 너희가 소수였음에도 알라께서 너희에게 승리를 주셨노라. 그러므로 너희는 알라를 두려워하라. 아마도 너희가 (그분께) 감사하리라. 그대(무함마드)가 믿는 자들에게 "너희의 주님이 (하늘에서) 내려보내진 **3천 명의 천사로** 너희를 지원한 것이 너희들에게 충분하지 않더뇨?"라고 말한 것을 (그대는 생각하라)(3:123-124).

이 구절에 바드르 전투를 할 때 주님께서 3천 명의 천사를 보내시어 그들이 전쟁하는 것을 도왔다고 한다. 한 구절은 1천 명, 한 구절은 3천 명을 말하고 있다.

이 모순을 이슬람 쉐이크들은 두 가지로 다르게 해명한다. 첫 번째 해명은 이 전투가 바드르 전투가 아니라 우후드 전투라고 하는 것이고, 두 번째 해명은 알라가 먼저 1,000명을 보내었고 나중에 2,000명을 증원하여 전체가 3,000명이 되었다는 것이다.

첫 번째 해명이 논리에 맞지 않는 것은 이슬람 역사에서 우후드 전투는 승리한 전쟁이 아니라 패한 전쟁이다. 그런데 본문은 승리한 전쟁에 대해서 말하고 있다. 그렇다면 우후드 전투라고 볼 수 없는 것이다. 그뿐만 아니라 본문에서 이 전쟁의 이름을 바드르 전투라고 하고 있다.

두 번째 해명이 논리적이지 않은 것은 알라는 처음부터 전쟁의 상황을 다 알고 있어야 한다. 그런데 처음에 1,000명을 보내어서 상황이 불리하자 2,000명을 더 보내는 것은 알라의 전지전능에 적합하지 않은 것이다. Masked Arab은 "주님은 자신이 보내는 지원 천사들 숫자도 정확하게 파악하지 못하는 분이란 말인가?"라고 질문하고 있다.[8]

2) 자체 모순 2: 부활의 날 하루의 길이

다음은 부활의 날의 하루의 길이에 대한 꾸란의 기록이다.

◆ 천사들과 그 영(가브리엘 천사)이 **하루**에 그에게로 올라가니 **그 하루의 길이는 5만 년이니라**(70:4).

◆ 그분은 하늘에서부터 땅에 이르기까지 만사를 주관하시며 그 후 그 만사가 **하루**에 그분에게로 올라갈 것인데, **그 하루의 길이는** 너희가 헤아리는 **천 년**과 같으니라(32:5).

위의 구절에서 '하루'로 기록된 날은 부활의 날 하루의 의미라고 꾸란 주석들에서 설명하고 있다. 즉 부활의 날의 하루의 길이가 한 구절은 5만 년이라고 하고 다른 구절은 천 년이라 한다. 이 부분의 모순을 해결하기 위해 쉐이크들은 부활의 날에 천국에 가는 사람과 지옥에 가는 사람이 느끼는 하루가 다르다고 한다. 그러나 위의 두 구절은 '하루의' 길이에 관해서 설명하지 '천국에 가는 사람' 혹은 '지옥에 가는 사람'에 대해서는 설명하지 않는다.

3) 자체 모순 3: 마르얌(Maryam)이란 인물에 대해

◆ 또한 정절을 지킨 **이므란의 딸 마르얌**(Maryam)을 (기억하라). 그래서 우리가 그녀의 몸에 우리의 영을 불어넣었노라. 그녀는 자기 주님의 말씀과 주님의 책들을 믿고 복종하는 자 중에 있었노라(66:12).

꾸란은 성경의 예수와 동일한 인물인 이사('Īsa)의 어머니의 이름을 마르얌(Maryam)이라 한다(성경에서 예수의 어머니는 마리아[Mary]이다). 그리고 그 마르얌의 아버지를 이므란(Imran)이라 한다. 위의 66:12에서 기록하는 것과 같다.

꾸란은 이사('Īsa)에 대해, 선지자로서 많은 능력과 이적들을 행한 자로 기록하며 그를 존경한다. 그리고 이사('Īsa)의 어머니 마르얌(Maryam)이 이사('Īsa)를 잉태하는 장면 등을 기록한다. 그러한 기록의 대표적인 것이 꾸란 19장 마르얌(Maryam) 장이다. 이 19:19-40 내용에서 마르얌(Maryam)은 이사('Īsa)를 잉태하고 출산한다. 그러한 내용 가운데 27절의 기록은 다음과 같다.

◆ 그리고 그녀가 아들을 안고서 사람들에게 오니 그들이 말하길 "**마르얌(Maryam)이여! 그대는 정녕 기이한 것을 가지고 왔구나**"(19:27).

마르얌이 안고 온 아들 이사('Īsa)를 보고 하는 말이다. 그런데 바로 다음절에는 다음과 같이 말한다.

◆ "**아론의 누이여**! 네 아버지는 악한 사람이 아니었고 네 어머니도 부정한 여자가 아니었노라"(19:28).

바로 다음 절인 28절에서 이사('Īsa)의 어머니 마르얌(Maryam)을 부르며 '아론의 누이'라고 부르고 있다. 한 문맥 한 스토리텔링에서 마치 다른 사람을 부르듯이 기록하고 있는 것이다.
우리가 알듯이 아론은 구약 모세오경의 주인공 모세의 형이다. 모세와 아론은 이집트로 들어가서 이스라엘 사람들을 구원해 낸 인물이다. 출애굽이 B.C. 15세기(혹은 B.C. 13세기)에 일어난 일이므로 모세와 아론도 그때의 사람이다. 이에 비해 이사('Īsa, 예수)는 B.C. 3년 전후에 태어난 것으로 알려져 있다. 그렇다면 아론의 누이와 이사('Īsa)의 어머니 마르얌(Maryam)과는 적어도 1,300-1,500년의 차이가 난다. 이처럼 꾸란에 연대가 맞지 않는 기록들이 등장한다.
구약 성경에서 꾸란의 마르얌(Maryam)과 비슷한 이름은 미리암(Miriam)이다. 민수기 12:4에는 모세와 아론과 미리암(Miriam)이 함께 등장한다. 그리고 출애굽기 15:20 등에는 아론의 누이의 이름이 미리암(Miriam)이라고 밝힌다.

Masked Arab은 이러한 맥락을 설명하며 꾸란의 저자가 혼동한 것이라고 한다. 즉 이사('Īsa, 예수)의 어머니 이름과 구약의 모세와 아론의 누이의 이름을 혼동했다는 것이다. 이사('Īsa)의 어머니 마르얌(Maryam)에 대한 이야기를 기록하다가 아론의 누이 미리암(Miriam)과 혼동했고, 그 인물과 동일 인물이라 생각하여 꾸란에 '아론의 누이여'라고 기록하고 있다는 것이다.[9]

4) 자체 모순 4: 유대인과 기독교인에 대한 기록

터키인 Ex 무슬림 the Apostate Prophet은 꾸란에서 유대인과 기독교인들에 대한 기록이 초기의 내용과 후기의 내용이 다르다는 것을 지적한다. 즉 처음에는 유대인과 기독교인에 대해 아주 긍정적이고 훌륭한 내용으로 기록하다가 나중에 가서는 아주 부정적인 내용으로 바뀐다는 것이다.[10]

> ◆ **믿는 자들이나 유대인이나 기독교인이나** 사비안(Sabians)들 즉, 알라와 최후 심판의 날을 믿고 선행을 하는 사람들에게는 **주님으로부터 보상이 있을 것이며**, 그들에게 두려움이 없고, 그들은 슬퍼하지 않을 것이라(2:62).

이 구절에서 유대인과 기독교인은 무슬림과 같이 알라와 최후 심판을 믿고 선행을 행하는 사람들이며, 그래서 그들에게 주님의 보상이 있을 것이라 한다. 아주 긍정적으로 본 것이다.

> ◆ **유대인들은** 우자이르('Uzayr)를 알라의 아들이라고 말하고 **기독교인들은** 그리스도를 알라의 아들이라 말하느니라. 그것은 그들의 입으로 하는 말이라. 그들은 그들 이전의 불신자(kafaru)들의 말을 모방하느니라. **알라의 저주가 그들에게 있을지어다!** 그들이 얼마나 진리에서 멀리 있는지! (9:30)

위의 구절에서 유대인들과 기독교인들은 무슬림이 믿는 것과는 다른 믿음을 가지고 있다고 말한다. 유대인은 우자이르를 알라의 아들이라고 하고 기독교인은 그리스도를 알라의 아들이라 말한다고 한다. 꾸란은 알라가 아들을 가질 수 없다는 것을 강조해서 말한다. 또한 알라와 비슷한 다른 존재를 신으로 섬기는 것을 쉬르크(shirk)라 하여 가장 큰 죄로 취급한다. 그러면서 꾸란은 유대인과 기독교인이 쉬르크의 죄를 지었다고 한다. 그래서 그들에게 알라의 저주가 있을 것이라고 하며, 그들이 진리에서 멀어져 있다고 한다.

◆ '알라는 셋 중의 세 번째이다'라고 말하는 자는 불신자가 되었느니라(kafara). 한 신 이외에 다른 신은 없느니라. 만일 그들이 말하는 것을 멈추지 않는다면 **고통스러운 형벌이 그들 가운데 불신자(kafaru)들에게 가해지리라**(5:73).

위의 구절에서 '알라는 셋 중의 세 번째이다'라고 말하는 사람은 바로 기독교인이다. 독일의 유명한 꾸란 학자 데오도르 뇔데케(Theodor Nöldeke)의 꾸란 연대에 따르면 꾸란 2장은 메디나 계시 가운데서도 가장 먼저 계시된 장이다. 그리고 가장 나중에 계시된 장이 꾸란 5장이며, 바로 그 앞이 꾸란 9장이다.[11] 그렇다면 위의 세 절을 통해 무함마드가 메디나로 이주한 이후 10년 동안 유대인과 기독교인에 대한 시각이 어떻게 달라지는지를 볼 수 있다. 무함마드는 처음에 유대인과 기독교인과 사비안이 무슬림과 같은 알라를 믿는다고 하며 동정적인 말을 했다. 그러다가 나중에 유대인이 무함마드를 거절하자 화가 나서 그들을 욕하며 저주했다. 최종적으로는 고통스러운 지옥의 형벌이 그들에게 가해질 것이라고 악담 중의 악담을 하고 있다. 똑같은 알라의 계시이고 똑같은 꾸란의 기록인데 내용이 달라지는 것이다. 이것은 불일치요 모순이란 것이다. 전지전능한 알라의 계시라면 이렇게 달라질 수 있냐는 것이다.[12]

☞ 한편 꾸란에서 특정한 계기에 의해 처음 계시된 율법이 취소되고 나중에 계시된 율법으로 대체되는 것을 '취소 교리' 혹은 '대체 교리'라고 한다. 이것을 아랍어로 '나스크'(al-Naskh)라고 하고, 취소시키는 구절을 '나시크'(al-Nāsikh)라 하며, 취소된 구절을 '만수크'(al-Mansūkh)라 한다. 이 책에서는 '나스크 교리'라 한다. 곧 공부한다. 이 교리에 의해 위의 꾸란 2:62은 취소된 계시가 된다. 즉, 유대인과 기독교인에 대한 긍정적인 묘사는 취소된 계시이기에 유효하지 않고, 대체된 계시인 9:30과 5:73에 따라 유대인과 기독교인에게는 저주가 있으며 고통스러운 형벌이 있게 된다고 그들은 믿는다.

5) 자체 모순 5: 하만이 파라오의 신하인가?

인도계 Ex 무슬림 이븐 와라끄(Ibn Warraq)는 꾸란에 기록된 파라오와 하만이란 인물에 대해서 지적한다.[13] 꾸란을 보면 알라가 모세를 선지자로 선택하여 파라오에게 보내는 내용이 여러 차례 기록된다. 우리가 아는 대로 모세는 B.C. 15세기(혹은 B.C. 13세기) 이스라엘 백성이 이집트를 탈출할 때 이스라엘 백성의 지도자였다. 꾸란에서 모세는 알라의 보냄을 받아 파라오 앞에서 이적을 행하는데, 그러한 장면이 기록된 문맥에 하만이란 인물이 동시에 등장한다. 하만은 B.C. 5세기 페르시아 제국의 신하였던 사람이다. 다음 구절을 보자.

◆ 우리는 우리의 증거들과 분명한 권세와 함께 **파라오**와 **하만**과 까룬에게 모세를 보내었다. 그러나 그들은 (모세를 향하여) "마술사요 거짓말쟁이"라 하더라(40:23-24).

◆ **파라오**가 말하였다. "**하만이여**! 나를 위해서 높은 궁전을 지으라. 그래서 내가 그 (하늘) 길들에 닿을 수 있게 하라"(40:36).

◆ **파라오**가 말하였다. "지도자들이여! 나는 나 이외에 너희를 위한 다른 신을 알지 못하노라. 그러므로 **하만이여**! 그대는 진흙을 구워서 나를 위해

높은 궁전을 지으라"(28:38).

위의 첫 번째 구절에서 알라는 모세를 파라오와 하만과 까룬에게 보내었다고 한다. 이 구절에서 모세가 파라오와 하만에게 보내졌다고 하고 있기에 세 사람이 동시대 사람으로 볼 수 있다. 두 번째와 세 번째 구절은 파라오와 하만이 대화하는 구절이다. 즉 파라오가 하만에게 높은 궁전을 지으라고 명령하고 있다. 위의 구절에서 파라오와 하만은 왕과 신하의 관계이다. 즉, 자신을 신으로 생각하는 파라오는 신하 하만에게 자신을 위해 높은 궁전을 지으라고 명령하는 것이다. 이와 같은 기록은 꾸란 28:6과 8절에도 동일하게 등장한다.

이븐 와라끄(Ibn Warraq) 등의 Ex 무슬림은 '하만'이란 이름이 이집트 이름이 아니라 페르시아 이름이라고 지적한다. 이 이름은 어원학적으로 페르시아 이름인 Omanes와 동일한 것이라고 한다.[14] 실제로 성경 에스더서에는 하만이 페르시아 왕 아하수에로의 장관으로 기록되어 있다. 그렇다면 하만은 B.C. 480년 정도에 페르시아에서 사용되던 이름이다. 그런 명칭이 꾸란에는 B.C. 15세기(혹은 B.C. 13세기)에 이집트를 통치했던 파라오의 신하로 기록되어 있는 것이다. 따라서 이 대목도 꾸란의 저자가 스토리텔링을 할 때 인물과 연대를 혼동한 결과라는 것이다.[15]

4. 꾸란이 묘사하는 천국: 후르아인과 연합하는 곳

종교는 인간의 사후 세계에 대한 답을 주려 한다. 인간은 언젠가 맞이할 죽음을 생각하며 사후 세계를 준비한다. 그것이 바로 천국이다. 그렇다면 이슬람의 천국의 모습은 어떠할까?

이슬람의 천국에는 보통 사람들이 생각하는 일반적인 것들도 있지만, 아주 생소하고 놀라운 것도 있다. 일반적인 것들은 다음과 같다.

◆ 그대는 믿는 자들과 선을 행하는 자들에게 기쁜 소식을 전하길, 그들에게 강들이 흐르는 천국이 있다고 하라(2:25).
◆ 그 두 곳의 천국에는 과일과 종려나무와 석류가 있느니라. 너희 둘(진과 인간)은 주님의 어떤 은혜를 거역하겠느뇨?(55:68-69)
◆ 그들에게는 아래로 강들이 흐르는 에덴동산이 준비되어 있느니라. 그들은 금팔찌로 장식하고 비단과 금양단으로 된 초록 옷을 두르고 침대에 기대어 있느니라. 그 보상은 참으로 훌륭하고 천국은 참으로 좋은 곳이니라(18:31).

위의 구절에서처럼 꾸란은 이슬람을 믿는 무슬림에게 천국을 약속한다. 이슬람을 믿고 이슬람이 규정한 의무와 선행을 실천한 무슬림은 천국에 들어간다. 그 천국은 에덴동산이 있고 강이 흐르며, 각종 과일을 먹으며 즐거움을 나누는 곳이다. 천국에 간 사람들에게 주어지는 보상은 훌륭하고, 그곳은 참으로 좋은 곳이라고 한다. 여기까지는 다른 종교들에서 묘사하는 천국과 비슷하다.

그러나 꾸란에 기록된 천국의 묘사 가운데 아주 이상한 면이 있다. 이집트인 Ex 무슬림 하미드 사마드는 그의 강의에서 다음과 같이 말한다.

이슬람의 천국은 인간이 그의 신과 교제하는 장소가 아닙니다. 눈부시게 빛나는 신과 연합하는 그런 곳이 아닙니다. 천국은 하늘에 있는 사창가로서 당신이 먹고 싶은 모든 것을 먹는(All you can eat) 식당과 같습니다. 그곳은 당신이 할 수 있는 만큼 무한대로 성관계를 할 수 있는 곳입니다.[16]

하미드 사마드가 설명하는 내용은 꾸란과 하디스에서 발견하는 후르아인(ḥūr 'īn)에 대한 것이다.

1) 천국의 후르아인(ḥūr ʻīn)

꾸란에서 후르아인(ḥūr ʻīn)에 대한 내용을 읽어 보자.

◆ 실로 경건한 자들은 안전한 곳에 있게 되나니 그곳은 정원들과 샘물들이 있는 곳이라. 그들은 부드럽고 두툼한 비단옷을 입고 서로 마주보고 있느니라. 그처럼 우리가 그들을 **후르아인(ḥūr ʻīn)**과 결혼시켜 주리니, 그들은 그곳에서 평안히 거하면서 (먹고 싶은) 모든 종류의 과일을 주문하리라 (44:51-55).

◆ 그곳에는 정숙하고 아름다운 여인들이 있노라. 너희 둘(진과 인간)은 주님의 어떤 은혜를 거역하겠느뇨? 장막들에는 가려지고 접근이 금지된 **후르아인(ḥūr ʻīn)**이 있느니라(55:70-72).

◆ 실로 경건한 자들은 천국에서 행복하게 거하나니, 그들은 주님께서 그들에게 주신 것으로 인해 즐거워하리라. 주님께서 불지옥의 형벌로부터 그들을 보호하셨느니라. 너희는 너희가 행한 것으로 인해 즐거이 먹고 마셔라. 줄지어 늘어선 좌석들에 기댄 채로 (먹고 마셔라). 우리가 그들을 **후르아인(ḥūr ʻīn)**과 결혼시키리라(52:17-20).

◆ 그들이 원하는 조류고기로 (시중을 드느니라) 그리고 **후르아인(ḥūr ʻīn)**이 있는데 그녀들은 잘 감추어진 진주와 같더라(56:21-23).

위의 구절들에서 후르아인은 천국에 들어가는 무슬림 남성이 보상으로 결혼하는 상대(44:51-55; 52:17-20)로서 정숙하고 진주와 같이 아름다운 여인임을 알 수 있다.

다음 구절에서는 후르아인이라는 단어가 등장하진 않지만 후르아인으로 이해하는 구절이다.

◆ 우리는 그녀들을 (새롭게) 창조하였고 그녀들을 처녀로 만들었으며 나이가 비슷하고 사랑받는 (처녀로 만들었느니라)(56:35-37).
◆ 진실로 경건한 자들에게는 승리가 있나니, 정원들과 포도들이 있고, 나이가 비슷하고 **가슴이 풍만한 처녀들이 있으며**, 술로 가득 찬 잔도 있노라 (78:31-34).

위의 두 구절에서는 후르아인(ḥūrʿīn)은 나이가 비슷하고 사랑받는 처녀이며, 가슴이 풍만한 처녀라고 기록하고 있다. 잘랄린 주석 56:22 등에서 후르아인은 눈이 아주 검고 큰 여자라고 하고 있다. 타프씨르 무야싸르 주석 78:31 설명에서는 믿는 자들에게 젊고 가슴이 풍만하며 나이가 비슷한 또래의 아내들이 주어질 것이라고 한다. 이러한 내용에서 후르아인은 천국에 가는 무슬림이 보상으로 결혼하게 되는 아름다운 여성임을 알 수 있다.

(1) 천국에서 무슬림이 거느리는 후르아인이 몇 명일까?

그렇다면 무슬림은 이런 아름다운 여성 몇 사람과 결혼할까? 여러 하디스와 파트와에서 후르아인에 대해서 기록하고 있다. 따라서 이것은 몇몇 무슬림의 상상이 아니라 1,400년 이슬람 역사에서 확고하게 정립된 가르침이다. 다음 하디스를 보자.

◇ (천국에서) 그들 모두는 두 명의 부인을 거느린다(사히흐 부카리 3245; 사히흐 무슬림 2834).

<이슬람의 질문과 대답>(islamqa.info)[11]이란 유명한 홈페이지에서 여기서 두 명의 부인이란 대개 이 세상에서의 부인이 아닌 천국에 있는 후르아인

---

11 이 사이트는 Muhammad Salih Al-Munajjid라는 사우디의 율법학자가 운영하는데, 알자

이라고 설명한다. 즉 천국에 들어가는 모든 무슬림 남성은 자신의 부인 이외에 최소 두 명의 후르아인과 결혼한다고 한다.[17] 더 나아가 그가 한 선행이 많을 경우 숫자에 제한 없이 후르아인을 얻는다고 한다. 보통의 무슬림이 최소 두 명의 후르아인을 받는 것에 비해 지하드에서 사망한 순교자는 72명의 후르아인과 결혼한다. 다음 하디스를 보자.

◇ 순교자를 위해 알라께서는 여섯 가지를 준비하고 있다. 가장 먼저 죄를 용서받고, 천국에 그를 위한 자리가 있으며, 무덤의 형벌에서 보호받으며, 가장 큰 공포로부터 안전하며, 그의 머리에 품위 있는 면류관이 주어지며—그것의 보석은 이 세상에 있는 그것보다 낫고—72명의 후르아인과 결혼하고, 그의 가까운 친척들 70명을 위해 중보할 수 있다(자미아 티르미디 [Jāmiʿ at-Tirmidhī], 1663).

위의 하디스에서 지하드 전쟁에서 순교한 남성은 여러가지 보상이 있는 것을 볼 수 있다. 그 가운데 72명의 후르아인과 결혼한다고 하고 있다.

그러나 무슬림 남성이 얻는 후르아인의 숫자에 대해서는 대체로 이견이 있다. 왜냐하면 천국의 후르아인 각자가 몸종(waṣīfa)을 둔다는 하디스가 있는데, 이 하디스를 인정할 경우 무슬림 남성은 후르아인과 함께 후르아인의 몸종도 아내로 얻게 되기 때문이다. 아랍 무슬림들에게 유명한 이슬람 웹(Islamweb.net)이란 사이트에서 후르아인이 거느리는 몸종(waṣīfa)에 대한 하디스를 근거가 약한 (하디스 다이프, ḍaʿīf) 하디스라고 한다.[18]

이와 같이 무슬림 가운데 후르아인의 몸종(waṣīfa)의 존재에 대해서는 의견이 나누인다.^{III} 그러나 후르아인 자체를 부인하는 무슬림은 없다. 진

지라 방송은 그를 존경받는 살라피 운동의 학자로 평가받는다고 기록하고 있다.

III 일반적으로 이 몸종(waṣīfa)에 대한 하디스의 기록은 근거가 약한 것(연결고리가 약하다, ḍaʿīf)이라고 한다. 그러나 무슬림 가운데는 이 하디스를 믿고서 후르아인뿐만 아니라 후르아인의 몸종까지 자신의 부인으로 얻는다고 주장하는 사람이 있다. 그 예로서 무

실한 무슬림은 모두 후르아인의 존재를 사실로 믿고 있다. 왜냐하면 꾸란에 분명히 기록되어 있고 많은 하디스가 뒷받침하고 있기 때문이다.

(2) 천국에서 남성의 성적 능력

이슬람 초기의 무슬림은 이런 수많은 후르아인과 성관계를 할 경우 그 성적인 능력이 보통이 아니어야 한다고 생각했던 것 같다. '이슬람 질문과 대답'이란 사이트(islamqa.info)에서 '천국에서 남자들이 후르아인과 성관계를 하는가?'라는 질문에 답하고 있다. 거기에서 알라는 믿는 자들을 위해 후르아인을 준비하셨다고 하면서, '천국에 들어간 남자는 먹고 마시는 것과 욕망과 성관계에서 100배의 능력이 주어진다'(아흐마드 18509)는 하디스를 인용하고 있다.[19]

(3) 후르아인과의 성적 판타지

후르아인이 문제인 것은 후르아인의 개념 자체가 남성의 성적인 판타지를 자극하기 때문이다. 사우디의 쉐이크 중 한 사람인 무함마드 알리 샨끼티라는 모스크에서 설교하며 다음과 같이 설명한다. 후르아인을 설명하는 그의 모습을 보면 그는 벌써 천국의 성적 판타지에 취해 있는 것 같다.

> 당신이 천국에서 당신의 아내(후르아인)에게 다가간 이후 당신은 그녀와 술잔을 교환하고, 당신의 침대와 그녀의 침대가 가까워집니다. 침대들이 정

함마드 알리 샨끼티라는 사우디의 쉐이크는 천국에서 모든 무슬림이 19,600명의 후르아인을 소유한다고 가르치고 있다. 또한 천국에서의 한 번의 성관계는 70년 동안 지속된다고 한다.
19,600명이란 숫자의 근거는 이 세상에서 네 사람을 부인으로 둔다고 했을 때, 천국에서 이 네 사람의 부인이 각각 70명의 후르아인을 거느리고, 후르아인 각각이 70명의 몸종(waṣīfa)을 거느린다. 따라서 네 명의 부인에 70명의 후르아인과 그 후르아인이 거느리는 몸종들 70명을 곱하면 19,600명이 된다(https://www.youtube.com/watch?v=Rs-BQW0US4yM. 이 가르침의 한글 번역은 유튜브 채널 <이슬람 상자> 제47편을 보라).

돋되고 침대 사이에 분리된 것이 없어집니다. 당신과 그녀가 서로 등지는 것이 아니라, 서로가 얼굴을 가까이합니다. 당신이 그녀의 얼굴을 쳐다보고 그녀가 당신의 얼굴을 쳐다봅니다. 당신과 그녀가 달콤한 대화를 나눕니다. 당신과 그녀 사이에서 이렇게 한 번 만나는 기간(성관계의 기간)이 70년입니다. 한 번의 만남이 이 세상 시간으로 70년의 기간입니다. 70년 가까운 기간이 지난 뒤 그 다음 계단에서 대기하고 있던 다른 후르아인이 당신을 부릅니다.[20]

이 쉐이크는 자신의 개인적인 생각이나 환상에서 나온 말을 하는 것이 아니다. 그는 꾸란과 하디스의 기록을 근거로 상세하게 설명하고 있다. 중세 이슬람 학자 알 수유티는 이렇게 묘사했다.

우리가 후르아인과 잠을 자면, 그들은 언제나 다시 처녀로 변한다. 무슬림의 성기는 잠들지 않을 것이다. 발기는 영원히 지속되며, 합방의 쾌락은 끝없이 달콤하고 이 세상에 없는 맛이다(…) 모든 선택받은 자는 현세에서 가졌던 부인들 외에 후르아인 70명을 더 갖는다. 모두가 매혹적인 성기를 가졌다.[21]

이슬람의 유명한 신학자의 기록이 이러하다. 이처럼 천국에서의 후르아인은 무슬림의 구체적인 성적 판타지이다.

2) 지하드와 후르아인

이란 혁명의 지도자 호메이니는 이란-이라크 전쟁에서 15-16살 되는 소년 무장 대원들에게 플라스틱 열쇠를 나눠 주었다. 그러면서 "이것이 천국의 열쇠이다"라고 했다.[22] 그뿐만 아니라 호메이니는 천국의 여권을 발행하여 전쟁의 전사들에게 나눠 주기도 했다.[23] 이렇게 천국의 열쇠와 여권을 나눠준 것은 먼저는 무슬림이 지하드 전쟁에서 죽게 되면 천국에 들어가기 때문에 지하드 전쟁을 두려워하지 말라는 것이다. 다음으로 천국에 가면 후르아인을 보상으로 받기에 순교하는 것을 두려워 말라는 것이다. 이슬람의 지도자들은 그것을 활용하여 지하드 전사에게 천국행 열쇠와 여권을 나눠 준 것이다.

9·11 테러범인 무함마드 아타(Muhammad Atta)는 테러를 감행하는 날에 '천국의 혼례복'을 여행 가방에 챙겼다. 그런데 비행사로서 휴대할 수 있는 물건 외에는 모든 짐을 위탁수하물로 맡겼기 때문에 이 옷으로 갈아입을 수 없었다고 한다. 무함마드 아타의 가방에서 발견된 편지에는 "가장 아름다운 옷을 입고 있는 … 천국의 여인과의 결혼"이라는 글귀가 발견되었다.[24]

IS의 지도자 알 바그다디는 IS를 따르는 사람들에게 "이라크를 떠나 각자의 나라로 귀국하거나 자폭해 순교하라"고 권장했다. 그는 "순교하면 천국에 가서 72명의 여성과 함께 사는 삶으로 보상 받을 것"이라며 자폭을 종용했다(조선일보 2017.03.03).

무슬림 남성이 천국에서 보상으로 결혼하는 후르아인 상상도

자살 폭탄을 감행하는 지하드 전사는 실제로 천국에서 후르아인과의 성관계를 기대한다. 아랍권 SNS에서 소개하는 동영상들을 보면 지하드 전사가 실제로 천국에서의 후르아인을 기대하는 것을 확인할 수 있다.

이처럼 이슬람은 지하드 전쟁에 참전할 것을 독려하며 이런 종류의 보상을 약속한다. 지하드에 참여하는 사람들은 그 내용을 그대로 믿고 후르아인을 기대하며 참전하는 것이다.

이와 같이 이슬람의 천국은 알라와 교제하고 연합하는 곳이 아니라 후르아인과 성적인 쾌락을 누리는 곳이다. 이런 이상야릇한 천국을 무슬림이 그대로 믿는다는 것이 놀랍다.

(1) 천국에 가는 여성에게 주어지는 보상은 무엇인가?

Ex 무슬림은 천국에서 남성에게 이렇게 후르아인이 주어진다면 천국에서 여성에게는 무엇이 주어지느냐고 반문한다. 여성도 동일하게 알라를 믿고 그들의 의무 사항을 성실하게 수행한 사람이다. 오히려 남성보다 더 무거운 짐을 지고 수많은 것을 인내한 사람이다. 그렇다면 그들에게도 보상이 주어져야 한다. 그러나 애석하게도 꾸란이나 하디스에서 천국에 가는 여성의 보상에 관한 기록은 존재하지 않는다. 슬픈 현실이다.

5. 꾸란이 묘사하는 지옥: 카피르가 바비큐 되는 곳

2019년 2월 27일, 카이로 중앙 기차역에서 기관차 충돌로 20명이 사망하고 40명 이상이 부상하는 사고가 있었다. 기관차를 운전해야 할 기관사들이 기관실 바깥에서 말다툼을 벌이는 사이 기관차가 기관사 없이 내리달렸다. 연료를 가득 실은 기관차는 대합실 벽과 충돌하면서 크게 폭발하고 말았다. 단순한 시설 노후로 인한 사고가 아니라 기관사들의 부주의로 인한 인재(人災)였다. 텔레비전이나 SNS를 통해 이 사고를 지켜본 이집트의 국민 대부분이 공포에 휩싸였다. 그 이유는 그 기관차가 내벽에 충돌할 당시의 끔찍한 장면이 동영상을 통해 생생하게 전해졌기 때문이다. 충돌로 인해 연료통이 폭발했고, 그로 인해 벌겋게 불붙은 기름 덩이가 사방으로 튀어서 사람들을 덮치는 장면이 중계되었다. 기겁하고 도망가는 사람들 위로 활활 타는 기름 덩이가 떨어져서 몸이 불타기 시작했다. 몸에서 불덩이가 활활 타오르는 가운데 살기 위해 팔을 벌리고 발버둥치는 실루

엣 모습이 그대로 전파를 탔다. 사람들은 그것을 보며 이슬람의 지옥을 떠올렸다. 꾸란에 기록된 지옥의 모습이 그것과 똑같기 때문이다.

Ex 무슬림 밈지(Mimzy)는 무슬림이 가지는 지옥불에 대한 공포에 관해서 이야기한다. 그녀는 가장 자비로운 신(Most merciful God)이 어떻게 지옥을 만들 수 있으며, 가장 섬뜩하고 소름 끼치는 형벌을 준다고 할 수 있느냐고 질문한다. 그 형벌이란 끓는 물이 피부에 부어지고, 눈알이 튀어나오고, 계속해서 살이 타고 하는 것이다. 이런 형벌을 가하는 신이 어떻게 가장 자비로운 신이 될 수 있냐는 것이다.

그녀는 무슬림이 이슬람을 믿는 이유는 믿지 않을 경우에 영원한 지옥에 간다는 공포로 인함이라고 한다. 거기서 영원토록 고문당하고 고통당한다는 공포가 모든 신실한 무슬림들을 지배하고 있다고 한다.[25]

필자는 Ex 무슬림의 이야기를 들으면서 그들이 느끼는 두드러진 감정이 두려움인 것을 발견했다. 밈지가 말하듯이 그들이 종교적인 열심을 가지는 중요한 동기 가운데 하나가 바로 지옥에 대한 두려움이란 것을 보고 놀랐다. 과연 꾸란이 묘사하는 지옥이 어떤 모습이기에 그럴까?

1) 지옥에 대한 꾸란의 가르침

◆ **불신하는 자(kafaru)**들과 악을 행하는 자들은 알라께서 절대 용서하지 않을 것이며 그들의 길을 인도하지 않을 것이니라. 그들에게는 **지옥의 길 이외에는 없으며**, 그곳에서 영원히 거주하리라. 그것은 알라께 쉬운 일이라(4:168-169).

◆ 알라께서 **불신자(kāfir)**들을 저주하셨고 그들을 위해 **불지옥을 준비하셨노라**. 그들은 그 안에서 영원토록 있노라. 그들은 아무런 보호자나 돕는 자를 찾지 못하리라(33:64-65).

위의 구절에서 알라와 무함마드를 믿지 않는 카피르(kāfir)가 영원토록 거주하는 곳이 지옥이라고 한다. 알라와 무함마드의 선지자 됨을 부정하는 사람들이 최후에 가는 곳이 지옥인 것이다.

- ◆ 그들은 주님을 **불신하는 자(kafaru)**들이니라. 그들은 **목에 족쇄**가 채워지고 **지옥 불**의 주인이 되며 그곳에서 영원히 살 것이라(13:5).
- ◆ 우리(알라)는 **불신자(kafaru)**들의 **목에 족쇄**를 채웠노라(34:33).
- ◆ 우리(알라)는 그들의 **목에 족쇄**를 채웠는데, 그것이 턱에까지 닿으니, 그들은 머리가 위로 치켜지게 되느니라(36:8).
- ◆ 우리(알라)는 **불신자(kāfir)**를 위해 **쇠사슬과 족쇄와 지옥 불**을 준비하였노라(76:4).

이슬람에서 지옥은 카피르(kāfir)가 이슬람을 믿지 않고 악을 행함으로 형벌을 받는 곳이다. 위의 구절들에서 지옥은 중죄인이나 노예가 벌을 받듯이 목에 족쇄가 채워지고 손과 발에는 쇠사슬로 묶여진다(36:8; 40:71, 무야싸르 주석). 이때 두 손이 가슴 앞에서 'X' 자 모양으로 묶이고, 묶인 두 손이 목을 누르는 압력에 의해 머리는 위로 치키게 된다고 한다(36:8에 대한 타프씨르 무야싸르 주석).

- ◆ 그들은 **족쇄가 목에 채워지고** 쇠사슬이 (발에 채워진 채) 끌려가서, **끓는 물 속에 들어가 불에 의해 끓여지노라**. 그후 "너희들이 숭배하던 우상이 어디 있느뇨?"라고 심문받노라(40:71-73).
- ◆ 우리의 증표들을 **불신하는 자(kafaru)**들은 우리가 그들을 불에 던질 것이라. 그들의 피부가 불에 익을 때마다 우리는 그들을 다른 피부로 바꾸리니, 이는 그들이 형벌을 맛보기 위함이니라. 실로 알라는 능력이 많으시고 지혜로운 분이시니라(4:56).

◆ 그들의 거처지는 지옥이라. **불길이 약해질 때마다 우리가 그들에게 불길을 증가시키리라**(17:97).

위의 구절에서 지옥의 끓는 액체에 카피르(kāfir)를 집어넣고 지옥 불로 그들을 끓인다고 한다. 그래서 카피르(kāfir)의 피부가 불에 익으면 알라가 그 피부를 다른 피부로 바꾼다고 한다. 하미드 사마드는 이 모습을 바비큐에 비유했다.[26] 마치 바비큐를 하듯 지옥에서 죽지 않고 피부가 서서히 불에 타는 것이 얼마나 고통스러울까? 이러한 고통을 영원토록 당한다는 것이다.

위의 구절에서 피부를 바꾸고 불길을 강하게 하는 주어가 '우리'이다. 이 '우리'가 누구일까? 바로 알라이다. 알라는 지옥에서 고통을 가하는 주체이다. 불길을 더욱더 강하게 하고 바비큐를 하듯 사람의 피부를 바꾸는 존재이다. 카피르(kāfir)들을 바베큐 하고 피부가 불에 익으면 그 피부를 바꾼다. 알라가 카피르에게 고통을 주고 고문하는 것을 즐기는 것 같다.

◆ 실로 자꿈 나무(Zaqqum, 불지옥에서 자라는 저주받은 나무)의 열매는 죄인들의 음식이며, **뱃속에서 끓는 쇳물과 같고 끓는 용액과 같더라**. 너희(지옥의 천사)는 그(죄인)를 잡아서 불지옥 한가운데로 끌고 가라. 그래서 **그의 머리에 고통의 (끓는 용액을) 부어라**. (그 뒤) "이것을 맛보아라. 실로 너는 존귀하고 관대한 자이니라"(라는 소리가 들릴 것이다)(*지옥에 들어간 자들을 경멸하며 하는 말)(44:43-49).

◆ 이들 둘은 그들의 주님에 대해서 논쟁한 두 반대자라. 그래서 **불신하는 자(kafaru)들은 불길 속에서 그들의 옷이 찢기며 그들의 머리 위에는 끓는 물이 부어지리라. 그것(끓는 물)으로 인해 그들의 내장과 피부가 녹을 것이라**. 그들을 위해 철퇴가 준비되어 있노라. 그들이 고통으로 인해 지옥으로부터 빠져나가길 원할 때마다 (철퇴에 의해) 다시 끌려들어 올 것이며, "불의 형벌을 맛보라"는 (소리를 듣겠노라)(22:19-22).

◆ 방황하고 거역하는 자들이여! 너희는 자꿈나무(지옥에서 자라는 저주받은 나무) 열매를 먹게 될 것이니 (굶주린) 배들을 그것으로 채우고 **그 위에 끓는 물을 마시되** 목마른 낙타처럼 (그것을) 마실 것이라(56:51-55).

◆ 실로 우리는 행악자들을 위해 불의 벽으로 둘러싸인 지옥 불을 준비하였노라. 그들이 (물을 달라고) 도움을 요청하면 **끓는 황동 물이 부어져 그들의 얼굴을 태우리라**. 그 음료수가 참으로 저주스러우며 그 거주지는 참으로 비참하구나(18:29).

◆ 그의 앞에 지옥이 있으니, **그는 고름과 피가 섞인 물을 마시노라**. 그가 그것을 삼키려 하나 삼키기가 힘드노라. 죽음이 사방에서 다가오나 그는 죽을 수 없노라. 그 앞에는 엄청난 형벌이 있음이라(14:16-17).

이 구절들에서 고문의 강도는 더해진다. 끓는 물이 내장과 피부에 쏟아져서 녹아 내리고, 끓는 황동 물이 그들의 얼굴에 부어진다고 한다. 그곳의 사람들이 고름과 피가 섞인 물을 마신다고 한다. 생각만 해도 너무나 끔찍하여 치를 떨고 가슴을 쓸어 내리게 된다. 인류 역사에 존재했던 모든 고문 도구들을 다 모아 놓아도 이런 고문과는 비교가 되지 않는다. 꾸란의

무슬림에게 지옥의 고통은 실재하는 것이다.

알라는 자신을 믿지 않는 카피르(kāfir)를 지옥에 집어넣을 뿐만 아니라 그들을 가혹하게 고문하는 존재이다. 너무나도 야만적이고 끔찍한 방법으로 고문하는 존재이다. 자신을 믿지 않는다고 가장 악랄하고 잔혹한 방법으로 앙갚음하고 있다.

꾸란에 이런 지옥에 대한 구절이 몇 구절이나 될까?

하미드 사마드는 지옥과 형벌에 대한 구절이 400구절이 넘는다고 한다.[27] 실제로 꾸란을 읽어 보면 지옥과 형벌에 대한 구절이 너무나 자주 등장함을 확인할 수 있다. 이슬람의 선지자 무함마드는 카피르에 대한 잔인한 형벌을 반복 강조해 사람들이 이슬람을 믿게 하고 있다. 그 형벌을 받지 않기 위해 이슬람을 떠나지 못하도록 하는 것이다. 실제로 오늘날 무슬림이 종교적인 의무 사항을 그토록 열심히 지키는 이유 중 하나는 바로 지옥과 형벌의 공포를 벗어나기 위함이라고 할 수 있다.

6. 꾸란의 알라는 무함마드의 사적인 문제 해결사인가?

무슬림은 꾸란이 인류를 위한 마지막 계시라고 믿는다. 꾸란이 인류를 위한 계시가 되기 위해서는 그 내용이 모든 시간과 상황과 대상에게 적용되는 보편적인 말씀이어야 한다. 그런데 꾸란을 보면 무함마드 개인의 사적인 필요에 의해서 계시가 내려진 경우가 자주 나타난다. 무함마드의 개인적 문제를 해결하기에 급급한 경우들이다.

터키의 Ex 무슬림 Apostate Prophet은 꾸란에 지극히 개인적인 내용이 기록되어 있다고 비평한다. 시공을 초월하는 보편적인 메시지가 아니라 무하마드 개인이 당한 난처한 상황을 모면하기 위한 지극히 개인적이고 사사로운 내용이라고 한다.[28]

1) 무함마드 선지자의 집 식사에 초대받은 경우

다음은 무함마드 당시의 무슬림이 무함마드 집의 식사에 초대받았을 경우에 대해서 기록한 구절이다.

◆ 믿는 자들이여! 선지자(무함마드) 집의 식사에 **허락받지 않고는 들어가지 말며** 식사 준비가 되기를 기다림 없이 **들어가지 말라**. 그러나 초대받았다면 **들어가라**. 음식을 다 먹었다면 **돌아가고** 너희끼리 대화하면서 **앉아 있지 마라**. 그것은 선지자(무함마드)를 괴롭히는 것이고, 그가 너희를 (돌려보내는 것을) 부끄러워하기 때문이라. 그러나 알라께서는 진실을 부끄러워하지 않으심이라. 너희들이 그녀(무함마드의 부인)들에게 어떤 것(그릇 등)을 요청한다면 **가림막(ḥijāb)을 사이에 두고 요청하라**. 그렇게 하는 것이 너희들의 마음과 그녀들의 마음을 위해 더 정결한 것이니라. 너희는 알라의 선지자를 **괴롭히지 않아야 하며**, 선지자가 죽은 이후에 그의 부인들과 결혼해서도 아니 되느니라(33:53).

Apostate Prophet은 이 구절에서 "선지자 집의 식사에 허락받지 않고는 들어가지 마라", "식사 준비가 될 때까지 기다려라", "음식을 먹었다면 돌아가라", "선지자는 부끄러워한다", "선지자들의 부인들과 가림막을 사이에 두고 대화하라" 등은 무함마드의 지극히 사적인 부분에 대한 명령이라고 주장한다. 이러한 내용은 시대와 장소를 초월하는 인류의 보편적인 진리가 될 수 없다는 것이다.

중동의 관습상 유명인의 집에는 찾아오는 손님이 끊임없었을 것이다. 더구나 주석들은 이 구절이 무함마드 선지자가 자이납과 결혼 피로연을 하는 상황이라고 설명한다. 그렇다면 그의 집에 찾아오는 사람들을 대상으로 '들어가라', '기다려라', '오래 앉아 있지 마라', '돌아가라' 등의 말을 예의를 갖추어서 할 수도 있을 것이다. 질서 유지나 효율성을 위해서라면 가능하다고 생각한다.

그러나 그러한 내용이 '인류를 위한 보편적인 계시'에 기록되는 것은 다른 차원이다. 만일 그런 내용이 인류를 위한 최종적이며 영원한 계시에 기록되어 '들어가라', '기다려라', '오래 앉아 있지 마라', '돌아가라' 등의 명령을 한다면 그처럼 성가신 경우가 어디 있겠는가?

더구나 무함마드는 끝까지 남아 있는 사람들에 대해 속으로 마음이 상한 상황이다. 위 구절에 대한 주석을 살펴보면 다음과 같이 이 구절의 『계시의 이유』('Asbāb-l-Nuzūl)를 설명한다.[IV]

> 알라의 메신저는 그들에 대해서 마음이 상했지만 그들에게 직접 말하는 것이 심히 부끄러웠다.[29]

무함마드는 속으로 화가 났지만 돌아가라고 말하는 것이 부끄러워서 말하지 못하는 상황이었다. 이런 상황에 알라의 계시가 내려온다.

> ◆ 음식을 다 먹었다면 **돌아가고** 너희끼리 대화하면서 **앉아 있지 마라**. 그것은 예언자를 괴롭게 하는 것이고 그가 너희를 (돌려보내는 것을) **부끄러워하기 때문**이라. 그러나 알라께서는 진실을 부끄러워하지 않음이라(33:53).

부끄러워서 '그만 돌아가라'는 말도 하지 못하는 무함마드를 위해 가브리엘 천사가 내려와 그의 난처한 상황을 대변하는 계시를 전한다. 가브리엘 천사는 무함마드를 위한 얼마나 친절한 해결사인가!

[IV] 하디스와 꾸란 주석을 보면 꾸란 각 구절이 계시된 계시의 이유가 종종 기록되어 있다. 그것들을 따로 모아 놓은 『계시의 이유』('Asbāb-l-Nuzūl)란 책도 있다.

2) 가림막(ḥijāb)을 쳐라

다음 문장은 어떤 이유로 계시되었을까?

◆ 너희들이 그녀(선지자의 부인)들에게 어떤 것(그릇 등)을 요청한다면 가림막(ḥijāb)을 사이에 두고 요청하라(33:53).

이 부분에 아랍어로 '히잡'(ḥijāb)이란 단어가 나온다. 그래서 이 구절이 오늘날 여성들이 착용하는 히잡이 계시된 구절이 아닌가 생각할 수도 있다. 그러나 여기서의 '히잡'(ḥijāb)은 여성이 있는 집안의 내부가 보이지 않도록 하는 가림막을 말한다. 이 구절이 계시된 이유를 『계시의 이유』('Asbāb-l-Nuzūl)는 다음과 같이 설명한다.

알라의 메신저가 그의 동료 몇 사람과 함께 식사하고 있었다. 그때 그중의 한 사람의 손이 그 자리에 함께 있던 아이샤의 손을 툭 치게 되었다. 알라의 선지자는 그것을 아주 싫어했다. 그래서 가림막에 대한 구절이 내려왔다.[30]

무함마드의 집에서 여러 사람이 함께 식사할 경우 신체적인 접촉이 있을 수 있다. 그런 가운데 무함마드의 부인이 다른 남자들의 시선에 노출되거나 그들과 약간의 신체 접촉이 일어날 수도 있다. 그런 경우 무함마드가 그것을 꺼려할 수 있다. 그래서 그것을 막기 위한 조치도 가능하다.

그러나 그런 내용이 알라의 계시로 내려와서 꾸란에 기록되어야 하는가 하는 것이다. 모든 인류를 위한 말씀이라고 하는 꾸란에 말이다. 더구나 선지자가 그것을 아주 싫어한다는 것을 알라가 알고 그런 계시를 내린다는 것은 알라가 무함마드를 위한 호위무사가 되는 느낌이다.

3) 무함마드 선지자가 죽은 이후 그의 부인과 결혼에 대해

위의 구절의 마지막 부분은 다음과 같이 기록한다.

◆ 너희는 알라의 선지자를 괴롭게 해서 아니 되며 선지자가 죽은 이후에 그의 부인들과 결혼해서도 아니 되느니라(33:53).

Ex 무슬림들은 위의 구절에서 선지자가 죽은 이후 무슬림 남자들이 선지자의 부인들과 결혼하지 말라고 명령하는 것은 가혹한 명령이라고 한다. 선지자가 정식으로 결혼했던 부인은 12명이라고 한다. 그는 부인 9명을 동시에 거느리기도 했다. 그들 가운데 아이샤의 경우, 6살 때 무함마드가 그녀와 결혼하였고 9살 때 그녀와 동침하였다. 이때 무함마드의 나이는 50살이 넘었다. 그 뒤 9년이 지나 무함마드가 죽었을 때 그녀는 고작 18살이었다. 이제 꽃다운 젊음이 발산될 나이에 남편과 사별했다. 그런데 꾸란은 그녀가 다른 남자와 결혼하지 못한다고 하고 있다. 이에 따라 아이샤는 다른 남자와 결혼하지 못하고 과부로 일평생을 보내야 했다. 그래서인지 아이샤는 무함마드와의 사랑에 관한 하디스를 2,200개 이상 남겼다.[31] 그 가운데는 무함마드와의 신체 접촉에 대해서 말한 구절도 있다.

지금까지의 예들에서 알라는 선지자가 당한 난처한 상황을 곧바로 파악하고 그 문제에 개입하여 선지자를 구원(?)하는 계시를 내린다. 그것은 모든 인류에게 적용되는 보편적인 계시의 모습이 아니라 그당시 무함마드 개인의 난처한 상황을 모면하기 위한 계시로 보인다.

Ex 무슬림들은 이러한 내용을 이슬람의 선지자가 자신의 난처한 문제를 해결하기 위해 알라를 끌어들인 것이라 비평한다. 즉 무함마드가 자신의 어려운 상황들을 모면하기 위해 "알라의 계시가 내려왔다"라고 하며 이러한 구절들을 말했다는 것이다.

무함마드가 난처한 상황을 맞았을 때 계시가 내려온 경우들은 이외에도 여럿 있다. 계속되는 내용을 보도록 하자.

7. 꾸란의 알라는 무함마드의 욕구의 대변인인가? 1

다음은 많은 Ex 무슬림이 하나같이 동일하게 비평하는 부분이다(하미드, 이븐 와라끄, 라쉬드, 무명의 이집트인 Ex 무슬림, Apostate Prophet, Masked Arab 등). 다음 기록을 보자.

> 무함마드는 (자신의 양아들) 자이드(자이드 브니 하리싸)를 자이납(자이납 빈트 자하쉬)과 결혼시켰다. 어느 날 무함마드는 양아들 자이드의 집에 와서 가림막이 쳐져 있는 문 앞에 섰다. 마침 불어오는 바람이 그 가림막을 들어 올렸다. 그러자 방안에서 옷을 걸치지 않고 있는 자부 자이납의 모습이 드러났다. 그러자 선지자의 마음은 그녀에게 반해버렸다.[32]

위의 내용은 『따바리의 역사』란 책의 히즈라 5년 부분에 기록된 내용이다. 자이드는 무함마드의 양아들이고 자이납은 그 양아들의 아내이다. 무함마드가 자부 자이납의 아름다움에 반한 이후 무함마드는 양아들 자이드를 자이납에게서 이혼시키고 자신이 그녀와 결혼한다. 자신의 자부와 결혼한 것이다. 그 뒤 다음 꾸란 구절이 내려왔다. 그 내용은 그의 결혼을 합리화하는 내용이다.

◆ 알라께서 은혜를 베푸셨고 그대(무함마드)도 은혜를 베풀었던 그(무함마드의 양자 자이드)에게 "네(자이드) 아내(자이납)를 네(자이드)가 간직하고 알

라를 경외하라"ᵛ라고 그대(무함마드)가 말하면서, 알라께서 밝히시는 것을 그대의 마음속에 감추고 사람들을 두려워하고 있었던 때를 그대(무함마드)는 기억하라. 알라께서는 그대가 감추고 있는 것보다 더 옳으시니라. 그래서 자이드(무함마드의 양자)가 그녀(자이드의 아내 자이납)로부터 필요를 끝냈을 때(결혼 생활을 끝냈을 때) 우리는 그녀(자이납)를 그대(무함마드)에게 결혼시켰는데, 이는 믿는 이들이 그들의 양자들의 아내들(과 결혼함)에 대해—그들이 그녀들로부터 필요를 끝냈을 때(결혼 생활을 끝냈을 때)—부끄러움이 없게 하기 위해서였노라(33:37).

위의 구절이 계시된 이야기의 시작은 무함마드가 자부 자이납의 집에 방문했을 때 옷을 걸치지 않은 자이납을 본 것에서 시작한다. 모든 주석에서 자이납이 무함마드의 마음에 들었고 무함마드는 그녀의 모습에 반했다고 한다. Ex 무슬림들은 이 대목에서, 무함마드가 자부 자이납을 차지해야겠다는 생각을 하고 알라를 끌어들여, 알라의 계시가 내려오게 했다고 한다.

따바리 주석ᵛᴵ에 따르면 선지자의 마음에 어떤 일이 있었는지를 알라가 안 이후에 자이드의 마음에 아내 자이납을 증오하는 마음이 들어갔다. 그래서 자이드는 아내와 이혼하기를 원하게 되었다. 자이드가 무함마드에게 그런 자신의 마음을 이야기하자, 이상하게도 무함마드는 그에게 "네 아내를 네가 간직하라"고 명령한다. 여기서 꾸란 주석들은 무함마드의 이 말이 그의 마음과는 반대되는 것이었다고 한다. 무함마드의 속마음은 자이

ᵛ 무함마드가 그의 양자 자이드에게 한 말이다. 무함마드는 처음에 그의 양자 자이드에게 "자이납과 결혼 관계를 계속하고 그녀를 이혼시키지 말라고 한다. 그러나 이것은 무함마드의 속마음이 아니었고 그의 속으로는 그녀가 무척 마음에 들었다. 그렇지만 그는 사람들을 두려워해서 속마음대로 자이납과 결혼하지 않고 있다는 의미이다. 이러한 상황을 알라가 알고 무함마드에게 말한다.

ᵛᴵ 따바리(829-923)는 꾸란 주석가이자 역사가이다. 그의 꾸란 주석은 최고 권위 있는 주석으로 인정받는다.

납을 자신의 여자로 삼는 것이었는데 말은 반대로 한 것이다. 선지자가 그렇게 자신의 마음과 반대로 말하자, 알라가 선지자를 책망한다.

◆ 그대는 알라께서 밝히시는 것을 그대의 마음속에 감추고 사람들을 두려워하고 있노라(33:37).

알라가 무함마드에게 "그대는 자이납과 결혼하길 원하는데 그것을 마음속에 감추고 사람들을 두려워하고 있느냐?"고 말하는 것이다. 알라는 이렇게 무함마드 선지자의 마음을 잘 알고 앞장서서 자부 자이납과의 결혼을 중매한다. 그래서 무함마드는 양자 자이드와 자이납을 이혼시키고 본인이 그 자부와 결혼하게 된다. 자부를 빼앗아서 결혼하는 것에 어느새 알라가 개입하여 그 결혼을 가장 거룩하고 합법적인 것으로 바꾼 것이다.

어느 사회이든지 자부와 결혼하는 것은 금지되어 있다. 이슬람이 발생하기 이전의 아랍 문화권에서도 마찬가지이다. 설령 그 아들이 양자라 하더라도 말이다. 그런데 무함마드는 자신의 자부와 결혼한다. Ex 무슬림들은 이것을 무함마드가 자신의 욕구를 충족시키기 위해 알라의 계시를 이용한 것이라고 서슴없이 주장한다. 더 나아가 바로 이런 부분이 꾸란이 신의 계시가 아닌 인간의 작품인 증거라고 말한다.[33]

무함마드가 자부 자이납을 차지한 사건은 무함마드 한 사람의 기행으로만 끝난 것이 아니다. 그의 행동은 이슬람에서 양자 입양 제도를 금지하는 계기가 되어 오늘에 이르고 있다. 이슬람은 아래의 구절과 같이 양자 제도를 금한다.

◆ 알라신은 너희의 양자들이 너희의 아들들이 되게 하지 아니하셨노라(33:4).

그런데 양자 제도를 금지하게 된 계기가 바로 무함마드가 그의 자부 자이납과 결혼한 사건인 것이다. 1998년에 사망한 이집트인 쉐이크 앗샤아라위는 그의 주석에서 "무함마드의 이 결혼은 그 당시 행해지던 양자 제도를 취소하는 것을 확실히 하기 위해서 반드시 있어야 했다"[34]고 말하고 있다. 무슬림 율법학자들은 하나같이 무함마드가 자부 자이납과 결혼한 것이 양자 제도를 취소하기 위한 알라의 지혜라고 말하고 있다.

이러한 무슬림 학자들의 시각에 대해 Ex 무슬림들은 이 사건으로 인해 아름다운 입양 제도가 금지되었다고 비평한다. 즉 무함마드가 정욕으로 자부와 결혼한 사건으로 인해 이슬람 사회에서 양자 입양 제도가 전면 금지되게 되었다는 것이다.[35]

이슬람에서 입양 제도가 금지됨에 따른 결과는 부정적이고 불행하다. 오늘날도 이슬람 나라들에서는 부모 잃은 불쌍한 고아들을 입양할 수 없다. 입양은 샤리아 율법적으로 강력히 금지되고 있다. 고아들이 없어서가 아니다. 오히려 아랍 나라들에서 일부다처의 부작용으로 이혼율이 증가하고 있고, 결손 가정이 늘고 있다. 가난 등으로 인해 거리의 아이들도 늘고 있다. 무슬림 가정들 가운데 임신하지 못하는 부부들의 경우 입양을 원하게 되어 있다. 그런데도 입양은 불가능하다.

입양 제도는 불우한 아이들이 건전한 가정에 입양되어 사랑받고 보호받으며 자라 갈 수 있는 제도이다. 상처받은 고아들의 행복한 미래를 위해서, 그들이 속한 사회가 밝아지기 위해서 축복된 제도가 아닐 수 없다. 그러함에도 이슬람 사회가 입양을 금지하는 이유는 한 여자를 향한 그들 선지자의 그릇된 욕망과 그것을 대변한 알라의 뛰어난 변호(?) 때문이 아닐까?

8. 꾸란의 알라는 무함마드의 욕구의 대변인인가? 2

다음은 많은 Ex 무슬림이 동일하게 비평하는 부분이다(하미드, 이븐 와라끄, 라쉬드, 무명의 이집트인 Ex 무슬림, Apostate Prophet, Masked Arab 등).

이슬람의 선지자가 자신의 여종(밀크야민) 마리야(Maria)와 잠자리를 해 소동이 일어났다. 꾸란 66:1-5인데 좀 긴 구절이지만 나누어서 읽어 보자.

◆ 선지자(무함마드)여! 알라께서 그대에게 합법적으로 허락한 것을 왜 그대가 금하고 있느뇨? 그대는 그대 아내들의 기쁨을 구하고 있노라. 알라께서는 용서하는 분이고 자비하신 분이니라(66:1).

위의 구절을 이해하기 위해서는 '합법적으로 허락한 것'이 무엇인지 이해해야 한다. 그것은 바로 이집트의 통치자가 이슬람의 선지자 무함마드에게 선물로 바친 여종 마리야(Maria)와의 잠자리이다(따라비 주석, 『계시의 이유』['Asbāb-l-Nuzūl] 등에서 기록함). 마리야(Maria)는 무함마드의 밀크야민(milk yamīn)이다. 이슬람에서 밀크야민은 지하드 전쟁에서 포획한 포로나 돈을 주고 구입한 노예 혹은 선물로 받은 노예를 말한다. 밀크야민 가운데 여자들은 소유주가 언제든지 잠자리를 해도 되는 '합법적으로 허락된' 여성이다(제7장 '노예 제도'의 '밀크야민과 노예 제도'를 보라).

이처럼 마리야는 무함마드의 밀크야민이기에 그가 원하면 언제든지 잠자리를 할 수 있는 여인이었다. 그런데 다른 부인들의 눈총으로 인해(특히 아이샤의 압력으로 인해) 그는 그녀와의 잠자리를 금하고 있었다. 그러자 알라가 "알라께서 그대에게 합법적으로 허락한 것을 왜 금하고 있느뇨?"라고 무함마드를 책망하고 있다. 다음은 계속되는 구절이다.

◆ 선지자께서 그의 부인 중의 한 사람(하프사)에게 비밀을 말했을 때를 (기억하라). 그녀(하프사)가 그것을 (아이샤에게) 말하고 알라께서 그것을 그(무함마드)에게 알게 하셨을 때 그(무함마드)는 일부는 인정하고 일부는 부인하였느니라. 그(무함마드)가 그녀(하프사)에게 그것을 말했을 때 그녀는 "누가 당신에게 이 사실을 알려 주었습니까?"라고 했노라. 그가 말하길 "모든 것을 아시는 알라께서 나에게 알려 주셨소"라고 했노라(66:3).

너희 둘(하프사와 아이샤)이 알라께 회개한다면 (그것이 최선이라). 왜냐하면 너희 둘의 마음이 (선지자가 싫어하는 것을 하는 쪽으로) 기울었기 때문이라. 만일 너희 둘이 그(무함마드)를 대항하는 일에 협력한다면, 알라께서는 그(무함마드)의 보호자이며, 그다음에 가브리엘 천사와 믿는 자들 가운데 의로운 자와 다른 천사들이 그를 돕는 자들이라(66:4).

그가 너희와 이혼한다면 그의 주님이 너희보다 더 훌륭한 부인들—무슬림 여자들, 믿는 여자들, 복종하는 여자들, 회개하는 여자들, 예배하는 여자들, 금식하는 여자들, 과부들, 처녀들—을 그에게 줄 수 있노라(66:5).

위의 구절을 이해하기가 쉽지 않다. 위의 구절을 이해하기 위해서 『계시의 이유』에서 이 구절이 계시된 배경을 어떻게 설명하는지 보도록 하자. 다음 이야기는 무함마드와 그의 부인 하프사와 아이샤 그리고 그의 밀크야민 마리야 사이에서 벌어진 일이다.

> 알라의 메신저가 그의 아들의 모친인 마리야와 함께 하프사 집에 들어갔다.[VII] (알라의 메신저가 하프사 집에 있을 때) 하프사는 알라의 메신저가 마리야와 함께 (은밀한 시간을 가지고) 있는 것을 발견했다. 하프사가 말했다.
> "당신은 왜 그녀를 저의 집에 데리고 왔습니까? 당신은 당신의 여자들 가운데서 왜 저에게만 이런 일을 합니까? 제가 당신에게 그렇게 무의미한 여자입니까?"
> 그가 그녀에게 말했다. "이 사실을 아이샤에게 알리지 말아 주오. 이 마리야는 내가 설령 그녀와 동침했다 하더라도 나에게 금지된 여자이기 때문이오(이전에 무함마드는 아이샤에게 다시는 마리야와 동침하지 않겠다고 맹세한 사실이 있기 때문이다)."

[VII] 무함마드의 밀크야민 마리야는 무함마드와의 사이에서 아들이 있었다. 따라서 '그의 아들의 모친'은 마리야를 의미한다.

하프사가 말했다.

"그녀(마리야)는 당신의 여종인데 어떻게 당신에게 금지가 됩니까?"(밀크야민이기에 언제든지 관계할 수 있다는 말)

그래서 그는 그녀에게 마리야와 동침하지 않겠다고 맹세했다. 그러면서 그녀에게 "제발 이 사실을 아무에게도 이르지 말아 주오."

그러나 하프사는 그 사실을 아이샤에게 일렀다.

그러자 무함마드는 한 달 동안 그의 여자들과 동침하지 않겠다고 맹세했다. 그 이후 무함마드가 자신의 부인들과 동침하지 않은 29일째 날에 이 구절(꾸란 66:1 이후의 구절)이 내려왔다.[36]

천하의 무함마드 선지자이지만 여자들 앞에서는 한없이 작아지고 추해지는 모습이다. 자신의 밀크야민인 마리야와 잠자리를 찾다가 왜 하필이면 자신의 부인 하프사 집에 들어갔는지 궁금해진다. 또한 무함마드가 하프사에게 마리야와의 잠자리 사실을 아이샤에게 이르지 말아 달라고 읍소하는 모습을 본다. 이전에 아이샤에게 마리야와 잠자리를 하지 않겠다고 맹세했는데, 그것을 지키지 않았기에 그런 것이라고 한다. 아이샤는 무함마드에게 참으로 무서운 존재였나 보다. 아이샤에게 한 맹세를 어겼기에 그는 자신의 부인들과 한 달 동안이나 동침하지 않겠다고 맹세하게 된다. 그렇게 금욕을 선언한 29일째 날에 알라가 화가 난 듯 계시를 내린다. "알라께서 그대(무함마드)에게 합법적으로 허락한 것(마리야)을 왜 그대는 금하고 있느뇨?" 무함마드가 밀크야민과 동침하는 것은 합법인데, 왜 무함마드 자신이 그것을 금하고 있냐고 알라가 무함마드를 책망하는 것이다.

오늘날 Ex 무슬림들은 이 꾸란 구절에 대해 질문하며 다음과 같은 내용으로 비평한다. 이 문제는 무함마드의 성적인 욕망과 부인들과의 잠자리 분배 문제, 그리고 부인들 사이의 질투와 모략들로 인해 생겨난 문제이다. 그런데 어떻게 알라의 말씀인 꾸란이 무함마드의 지극히 사적이고 부끄러운 내용을 기록하며 변호할 수 있는가 라고 한다.[37] 다른 Ex 무슬림은 알라

가 어떻게 무함마드에게만 특권을 줄 수 있는가 라고 한다.[38]

특히 마리야는 무함마드의 밀크야민(slave girl)이다. 밀크야민과의 관계에 대해 알라가 개입하여서 "알라께서 그대에게 합법적으로 허락한 것을 왜 그대는 금하고 있느뇨?"라고 하고 있다. 어떻게 선지자 한 사람의 성적인 비행을 변호하기 위해 알라를 끌어들일 수 있는지 비판한다.

더 나아가 이 구절 내용은 무함마드가 밀크야민 즉 성 노예를 취하는 것을 인정하고 있다. 밀크야민인 마리야와 동침하는 것이 무함마드에게 합법적으로 허락된 것이라고 하고 있다. 따라서 Ex 무슬림은 알라가 어떻게 성 노예 제도를 인정하고 인권을 짓밟는 구절을 계시할 수 있냐고 비판한다(제7장 '노예 제도'의 '밀크야민과 노예 제도'를 보라).

9. 인간을 조롱하고 저주하는 신

꾸란은 아랍어로 기록되어 있다. 아랍 Ex 무슬림은 대부분 자신의 모국어로 기록된 꾸란을 잘 이해한다. 그들은 어릴 때부터 꾸란을 배우고 암송하여 왔기에 꾸란 구절의 일반적인 의미뿐만 아니라 미묘한 뉘앙스의 차이까지도 파악하고 있다. 이번 장은 꾸란 구절의 의미 가운데서도 아랍 사람이 아니고는 파악이 힘든 부분이다.

Ex 무슬림들은 꾸란에 알라가 인간에게 욕설과 저주를 하는 내용이 들어 있다는 말을 한다(하미드, 쿨루드, 라쉬드, 노하 등). 욕설과 저주는 신적인 행위가 아니라 인간의 행위이다. 그것은 유한한 인간이 발산하는 악한 마음의 발로이다. 그런데 신이 자신이 창조한 인간에게 욕설하고 저주할 수 있는가? 믿기지 않지만 함께 살펴보도록 하자. 여기에서 알라가 아부 라합을 저주하는 구절과 무함마드를 화나게 하는 자를 "단절된 자"(고자)라고 욕하는 구절, 그리고 왈리드 브닐 무기라를 욕하고 저주하는 구절을 살펴본다.

1) 알라가 아부 라합을 저주하다

꾸란 111장 마사드(masad) 장은 다섯 개의 절로 이루어져 있다.

> ◆ 은혜로우시고 자비로우신 알라의 이름으로
> **아부 라합의 두 손이 멸망하고 그도 멸망할 것이며**(tabbat yadan 'abi lahabin watabba)
> 그의 재물과 그가 얻은 것이 그에게 아무 소용이 없을 것이라.
> 그는 타오르는 맹렬한 불길에 불탈 것이라.
> 그의 부인은 땔감을 운반하면서(맹렬한 불길에 불탈 것이다)
> 그녀의 목에는 야자섬유 동아줄이 감겨 있으리라(111:1-5).

이 장의 시작은 대부분의 꾸란 장들과 같이 '은혜로우시고 자비로우신 알라의 이름으로'라고 시작하고 있다. 그러나 그 뒤의 구절들은 전혀 은혜롭지도 자비롭지도 않은 구절이다. 이 장에서 '아부 라합의 손이 멸망하고 그도 멸망할 것이며'(tabbat yadan 'abi lahabin watabba) 부분에 집중해 보자. 아부 라합은 무함마드 삼촌의 이름이다. 'tabbat'은 동사로서 '멸망하다'(to perish)의 의미이다. 현대 아랍어 사전에서는 '죄인이 멸망하고 선으로부터 끊김을 당하다'의 의미라고 하고 있다. 죄인이 당할 수 있는 최종적이고 가장 큰 형벌을 받는다는 의미이다.

이 단어가 아랍 사람들에게 얼마나 부정적으로 사용되는지는 이 동사에서 파생된 동명사가 사용된 'tabban laka'란 표현에서 알 수 있다. 이 표현은 아랍어에서 '저주 혹은 악이 너에게 있으라'의 의미이다. 즉, 본문에서 '아부 라합의 손이 멸망하고'란 표현은 저주의 의미인 것이다. 아랍 사람들은 그렇게 알고 있다.

따바리 주석에서는 이 구절을 알라가 아부 라합에 대해서 기원하는 문장이라 한다. 즉 저주의 기원을 한다는 의미이다. 그래서 "아부 라합의 손이 멸망하고, 그도 멸망할 것이며…"라는 의미는 신의 기원이기에 신의 저주가 된다. 다시 말해 이 구절은 알라가 무함마드의 삼촌 아부 라합을 저주하는 내용인 것이다.

그렇다면 아부 라합은 어떤 사람이며, 무함마드에게 무슨 잘못을 했기에 알라가 나서서 이런 저주를 퍼부었을까? 사프와트 타파씨르VIII 주석은 이 구절이 내려온 이유에 대해 두 가지 설이 있다고 설명한다.[39]

첫 번째는 다음과 같다.

선지자 무함마드에게 "그대의 친족들에게 경고의 말씀을 전하라"는 꾸란 구절이 내려오자 그는 사파산에 올라가서 거기에서 외쳤다.

"꾸라이쉬 족속들이여! 모두 모이세요."

그러자 부족 내의 사람들이 소식을 듣기 위해 모여들었고, 가문의 사람들이 다 참석하지 못할 경우 대표만을 보내기도 하였다. 꾸라이쉬 부족이 다 모이게 되자 무함마드의 삼촌 아부 라합이 무함마드에게 물었다.

"무슨 일로 우리를 모이게 했느냐?"

무함마드는 "만일 제가 여러분에게 이 계곡에 적군이 말을 타고 공격하여 온다고 외친다면 여러분은 믿겠습니까?"라고 했다.

그러자 부족 사람들이 "네. 당신으로부터 거짓말은 듣지 못했어요."

그러자 무함마드는 "제 손에 여러분에게 대한 큰 형벌이 있다는 것을 여러분에게 경고합니다"라고 했다.

그러자 아부 라합은 "이러한 일로 우리를 모이게 했느냐? 무함마드 이 사람아! 자네에게 오늘 종일 저주가 있을 것이다(tabban laka)"라고 무함마드에게 말했다. 그러자 위의 꾸란 구절이 계시되었다. "아부 라합의 손이 멸망하고 그도 멸망할 것이며(tabbat yadan 'abi lahabin watabba) …"

두 번째 설은 다음과 같다.

VIII 사프와트 타파씨르 주석은 1997년에 3권으로 만들어진 꾸란 주석이다.

무함마드가 "사람들이여! 알라 이외에는 다른 신이 없다고 말하세요. 그러면 번영할 것입니다"라고 말하며 가고 있었다. 그 뒤에 아부 라합이 따라가면서 그에게 돌을 던졌다. 그래서 무함마드의 발뒤꿈치가 다쳐서 피가 났다. 그런데도 아부 라합은 "여러분! 이 사람은 거짓말쟁이입니다. 그의 말을 믿지 마세요"라고 했다. 그러자 위의 구절이 내려왔다. "아부 라합의 손이 멸망하고 그도 멸망할 것이며(tabbat yadan 'abi lahabin watabba) …"

『나는 왜 니깝을 벗었는가?』란 책을 쓴 Ex 무슬림 노하 박사는 꾸란 111:1의 'tabbat yadan 'abi lahabin watabba'라는 구절은 꾸란이 인간의 기록이란 것과 무함마드가 선지자가 아님을 보여 주는 분명한 증거라고 한다.⁴⁰ 노하 박사는 두 가지를 지적한다.

- 아부 라합이 사용한 'tabban laka'라는 단어는 분노의 인간적 본성에서 온 것이다. 그것은 거짓말이나 조롱한 사람에 대해 분노와 복수로 앙갚음하는 지극히 인간적인 감정이다.

- 이 구절은 무함마드의 원수였던 특정한 한 사람, 아부 라합에게 내려진 구절이다. 꾸란은 오고 오는 세대의 모든 무슬림을 위해 기록된 거룩한 책이다. 그 책에 무함마드를 모독하는 한 사람의 이름을 거명하며 그에 대한 저주를 기록하고 있다는 것이 사리에 맞지 않다. 그 당시 무함마드 개인에게 발생한 아주 사적인 상황에 대한 저주를 오고 오는 세대를 위한 말씀으로 기록한다는 것이 맞지 않다.

이집트인 Ex 무슬림 하미드 사마드는 <이슬람의 상자> 제19편 강의에서 "신 가운데 이렇게 천한 수준까지 내려오는 신이 있을까요?"라고 질문한다. 그는 상식적으로 그런 신은 없다고 주장하며 이 구절을 비평한 것이다.

2) "그대를 화나게 하는 자가 바로 단절된 자이니라"

꾸란 108장 알카우싸르(al-Kawthar) 장은 세 개의 절로 이루어져 있다.

> ◆ 우리가 그대(무함마드)에게 풍성함(kawthar)을 베풀었노라.
> 그러므로 그대의 주님께 기도하고 희생제물을 (그분께) 드려라.
> 그대를 화나게 하는 자가 바로 **단절된 자('abtar)**이니라('inna shāni'aka huwa -l-'abtar)(108:1-3).

위의 마지막 절의 '단절된 자'로 번역된 단어의 아랍어는 '압타르'('abtar)이다. 이 단어의 의미는 '단절된', '끊어진'이다. 주석가들은 이 단어의 의미를 혈통을 이을 남자 후손이 없는 사람을 의미한다고 한다. 따바리 주석에서도 이 구절 이전에 어떤 사람이 무함마드에게 "무함마드는 '압타르'('abtar)이야!"라고 놀리는 사람이 있었고, 이에 무함마드가 화가 났다는 의미가 내포되어 있다고 한다. 그래서 그 대응으로 알라가 나서서 무함마드에게 "그대를 화나게 하는 자가 바로 '압타르'('abtar)이야"라고 하는 것이다.[41]

이러한 내용은 『계시의 이유』('Asbāb-l-Nuzūl)에서 꾸란 108장이 계시된 이유를 살펴보면 정확하게 파악할 수 있다. 아래와 같이 세 가지 비슷한 이야기를 기록하고 있다.

> • 알아스 브니 와일(al-'Āṣ bni Wā'il)이라는 사람이 꾸라이쉬의 한 모스크에 기도하러 들어가다가 기도를 끝내고 나가는 무함마드를 만나 잠깐 이야기를 나누었다. 그 뒤 사람들이 알아스에게 묻기를 "당신이랑 이야기를 나눈 사람이 누구에요?"라고 물었다. 그러자 알아스가 "그 자는 압타르('abtar)야"라고 대답했다. 무함마드를 압타르('abtar)라 한 것이다. 당시 무함마드는 카디자로부터 낳은 아들 압달라가 죽고 그에게 아들이 없는 상황이었

다. 그래서 사람들이 무함마드에게 "아들이 없는 자는 압타르('abtar)야!" 라고 말하곤 했다. 이러한 상황에 알라께서 위의 구절을 계시하셨다.

- 알라의 메신저 무함마드가 언급될 때마다 알아스 브니 와일(al-'Āṣ bni Wā'il)은 다음과 같이 말했다.

"그(무함마드)를 내버려 두세요. 그는 압타르('abtar)이고 대를 이을 후손이 없습니다. 만일 그가 죽게 되면 그를 기억할 사람이 없고, 여러분은 그로부터 자유롭게 됩니다."

그러자 알라께서 이 구절을 계시하셨다.

- 알아스 브니 와일(al-'Āṣ bni Wā'il)가 무함마드 옆을 지나가면서 말했다.

"내가 바로 당신을 화나게 하는 사람이야. 당신은 정말로 남자 후손이 없는 압타르('abtar)야."

그러자 알라께서 "그대(무함마드)를 화나게 하는 자(알아스)가 이 세상과 저 세상의 축복으로부터 단절된 압타르('abtar)이다"라고 계시하셨다.[42]

이에 대해 이집트의 Ex 무슬림 하미드 사마드는 다음과 같이 비판한다.

> 과연 주님이 "어떤 이가 아들도 없다"며 놀리는 존재입니까? 아이를 낳는 것은 그분의 손에 있는 것 아닙니까? 논리적으로 주님이 그가 창조한 사람을 놀리는 것이 가능합니까?
> 혹은 주님이 어떤 사람에게 아이를 낳지 못하게 해 놓고, 그 사람에게 아이가 없다고 욕할 수 있습니까? 또는 주님의 시각에서 어떤 사람이 아이가 없는 것이 수치가 됩니까? 그러므로 이 기록은 지극히 인간적인 반응인 것입니다.[43]

3) 알라가 왈리드 브닐 무기라를 욕하고 저주하다

다음으로 왈리드 브닐 무기라(al-Walīd bni –l-Mughīra)를 욕하고 저주하는 내용이다. 왈리드 브닐 무기라는 꾸라이쉬 족 지도자 가운데 가장 부유한 사람 중 한 사람이었다(꾸란 43:31). 그러나 그는 무함마드를 믿지 않고 무함마드의 선지자 됨과 꾸란이 계시된 사실을 믿지 않았다. 꾸란은 이런 사람을 카피르(kāfir) 혹은 무쉬리크(mushrik, 알라 이외의 다른 신을 숭배하는 사람)라 하며 가장 큰 범죄자로 취급한다.

(1) 꾸란 68:10-13을 보자

◆ 그대는 모든 거짓 맹세를 많이 하는 사람에게 복종하지 말라.
(그는) 헐뜯고 비방하는 말을 옮기며
선을 방해하고 위반하며 죄가 많고
잔인하고 게다가 **사생아(zanīm)니라**(68:10-13).

꾸란 주석을 보면 위 구절은 왈리드 브닐 무기라(al-walīd bni –l-mughīra)와 같은 무쉬리크(mushrik)에게 내려진 구절이라고 밝히고 있다(사프와트 타파씨르, 타프씨르 무야싸르).[44]

위 구절에서 왈리드 브닐 무기라에 대해서 9개의 다른 특징을 묘사하고 있는데 모두 부정적인 묘사이다. 특히 마지막 단어는 '사생아'(zanīm)라고 까지 하고 있다. 다른 말로 창기의 소생[45]이란 말이다. 이 말은 어느 문화권에서나 가장 심한 욕이다. 더구나 아랍 문화는 족보를 아주 중시하는 문화이다. 따라서 어떤 사람이 아버지가 누군지 모르는 사생아, 혹은 창기의 자식, 혹은 비정상적인 관계 때문에 생겨난 자식이 된다는 것은 가장 큰 수치였다.

무함마드가 이 구절을 계시한 이후 그 내용을 들은 왈리드는 그의 어머니를 찾아가서 "무함마드가 저에게 이러한 말들을 하는데, 모두가 저에게 해당하는 것이라고 합니다. 다른 말은 몰라도 저를 '사생아'라고 하는 것은 이해할 수 없습니다. 저에게 그 비밀을 이야기하지 않으면 칼로서 당신의 목을 치겠습니다"라고 했다.

그러자 그의 어머니는 "너의 아버지는 성적 불구이라 성관계가 불가능했다. 나는 재산을 보호해기 위해 자식이 필요했고, 그래서 한 목자와 관계를 했다. 너는 그 목자의 아들이다"라고 했다고 한다.
사프와트 타파씨르 주석에는 다음과 같이 기록한다.

> 알라께서 이렇게 결점을 묘사할 수 있는 사람은 왈리드 브닐 무기라 이외에는 없다. 그는 항상 수치가 따라붙는 사람이고 수치와 분리될 수 없는 사람이다. 그래서 그에게 이와 같은 조롱을 하고 있다.[46]

다시 말해 왈리드 브닐 무기라는 수치가 너무 많고 죄가 너무 많은 사람이라 알라가 그를 '사생아'라고 조롱했다는 것이다.
이집트의 Ex 무슬림 하미드 사마드는 다음과 같이 말한다.

> 인간을 창조하신 주님이 인간의 수준으로 내려와서 인류 가운데 한 사람에게 "너는 창녀의 아들이야!"라고 하는 것이 상상이 갑니까? 제가 이런 표현을 사용해서 죄송합니다. 그러나 꾸란이 어떻게 입에 담을 수 없는 세속적인 용어들을 사용하는지를 보여 드리고 싶습니다. 신 가운데서 인간의 수준으로 낮아져서 혈통이나 족보에 관해서 이야기하는 신이 있습니까?[47]

실제로 그가 아버지가 없는 사생아라 하더라도 그에게 "너는 창기의 소생이야"라고 말하는 것은 가장 큰 욕이다. 가장 천하고 가장 수치스러운 단계의 욕이다.

(2) 꾸란 74:11-30을 보자

왈리드 브닐 무기라(al-Walīd bni –l-Mughīra)에 대한 두 번째 꾸란 구절이다. 본 구절을 세 단락으로 나누어서 살펴본다. 먼저는 알라는 왈리드 브닐 무기라를 특별히 다루려고 하는 부분이다.

다음 구절을 보자.

> ◆ 나(알라)를 내가 홀로 창조한 사람(왈리드 브닐 무기라)과 함께 내버려 두라.
> 나는 그에게 풍부한 재물을 베풀어 주었고
> 함께하는 자손들이 있게 하였으며
> 그가 안락한 삶을 살도록 했노라.
> 그런데도 그는 내가 더 주기를 바라고 있노라.
> 결코 그럴 수 없노라. 실로 그는 우리의 예표/증거/말씀들을 거역하였노라.
> 내가 그에게 엄청난 형벌을 짊어지우리라.
> 실로 그는 (꾸란에 대해) 생각하고 음모하였으니
> 그래서 그는 음모한 것에 대해서 저주를 받으리라.
> 다시 그는 음모한 것에 대해서 저주를 받으리라(74:11-20).

위의 11절(첫 번째 줄)을 보면 "나(알라)를 내가 홀로 창조한 사람과 함께 내버려 두라"(Leave Me with the one I created alone)라고 하고 있다. 하미드 사마드는 이 구절이, 알라가 무함마드를 욕하고 꾸란의 권위를 무시하는 왈리드를 특별히 직접 상대하겠다는 의미라고 한다. 마치 불량배들이 패싸움할 때 앞장서는 사람이 외투를 벗으며 "저놈을 내게 맡겨. 내가 손 좀 봐줄게"라는 것과 같다고 한다.[48] 그 이유는 알라는 그에게 재물과 자녀들과 안락한 삶을 주었는데 그가 알라를 믿지 않아서라고 한다. 그래서 알라가 그를 특별히 손보려고(?) 한다. 다음 구절에서는 왈리드가 꾸란에 대해 어떤 태도를 취했는지를 기록한다.

> ◆ 그 뒤 그는 (꾸란에 대해) 다시 생각하였고
> 그리고 얼굴을 찌푸리고 불쾌한 표정을 지었고

등을 돌려 외면하며 교만하여졌더라.
그리고 그는 말하길 "이것(꾸란)은 (선조들로부터) 모방한 마술에 불과하니라. 이것은 인간의 말에 불과하니라"라고 하였더라(74:21-25).

왈리드의 잘못은 무함마드를 선지자로 믿지 않는 것과, 꾸란을 경시하고 꾸란에 대해 나쁜 태도를 가졌다는 것이다. 오늘날 Ex 무슬림은 종교를 믿는 것은 개인의 자유라고 본다. 그들은 종교의 가르침이나 경전의 내용이 합리적이지 않을 경우 그것을 비평하고 비난할 수도 있다고 생각한다. 그러나 1,400년 전 무함마드에게는 이것이 참지 못하는 치욕이었다. 그래서 왈리드를 저주하며 불지옥을 예언한다. 이어지는 구절을 보자.

◆ 내가 그(왈리드 브닐 무기라)를 불지옥에 집어넣으리라.
무엇이 그대에게 불지옥이 어떤 것인지 알게 하여 주리요?
그곳(불지옥)은 (불에 타서) 아무것도 남지 않으며
그곳은 인간을 태워서 피부를 검게 만드는 것이며
그 위에는 (천사들) 열아홉이 (지키고) 있노라(74:26-30).

26절에 왈리드를 불지옥에 집어넣겠다고 한다. 29절에 그 불지옥은 살과 뼈가 불에 타서 아무것도 남지 않고 가죽 피부만 검게 남는다고 주석은 기록한다(타프씨르 무아싸르). 26절의 동사 'aṣla는 '불에 넣어 태우다'는 의미의 동사이다. 즉 "내가 그를 불지옥에 집어넣어 태우리라"로 번역할 수 있다. 알라가 무함마드의 대적을 직접 고문하면서 복수하는 장면이다. 꾸란은 왈리드뿐만 아니라 모든 카피르(kāfir)가 들어가는 곳이 이러한 불지옥이라 한다.

앞의 아부 라합 이야기나 '단절된 자'('abtar)에 대한 구절이나 왈리드 브닐 무기라에 대한 구절들에서 우리는 두 가지를 파악할 수 있다. 먼저는 이슬람의 신은 인간을 조롱하고 저주할 수 있는 신이라는 것이다. 아무리 아부 라합과 왈리드 브닐 무기라가 무함마드에게 잘못을 많이 했다고 하지만 그것으로 인해 알라가 나서서 무함마드를 대신해 그들을 조롱하고 저주한다는 것은 이해되지 않는다. 또한 신의 말씀이라는 꾸란에 특정 개인을 향한 알라의 저주와 조롱이 담겨서 지난 1,400년 동안 그대로 전해져 내려온다는 사실이 의아하다. 꾸란이 개인에게 사적인 감정을 표현하는 그런 책이란 말인가? 아니면 알라의 특징이 그렇단 말인가?

두 번째는 무함마드를 욕하는 자는 알라가 욕하고 저주한다는 사실이다. 이 사실은 더욱 이해되지 않는 부분이다. 무함마드가 다른 사람으로부터 모욕을 듣는 것에 대해서 꾸란이 이처럼 민감하다는 것이다. 꾸란은 무함마드가 당황스런 상황을 맞을 때마다 한결같이 알라가 적극적으로 나서서 방어하고 있다. 무함마드를 모욕하는 것에 대한 과민한 반응은 이슬람 초기부터 존재한 것이다. 그래서 무함마드에 대한 비평이나 모욕하는 시인들을 죽이고, 그의 족보를 의심하는 사람들을 죽였다(제5장 '종교의 창시자가 사람을 죽임' 부분을 보라). 이러한 이유로 인해 이븐 타이미야(Ibn Taymiyyah, 1263-1328)는 "알라를 욕하는 사람은 회개하면 용서를 받지만, 무함마드를 욕하는 사람은 회개해도 용서받을 수 없다"라는 파트와까지 공표했다. 오늘날 덴마크 만평 사태나 프랑스 샤를리 앱도 테러 사건, 그리고 최근의 프랑스 역사 교수 참수 사건 등에서 전 세계의 무슬림들이 그렇게 광분하는 이유도 바로 여기에서 온다.

10. 꾸란에 '사탄의 시'가 있는가?

중동 소식에 관심이 있는 사람이라면 살만 루시디(Salman Rushdie)의 『사탄의 시』(The Satanic Verses)에 관해서 들어 보았을 것이다.

살만 루시디는 인도계 영국인 소설가이다. 그는 1988년 『사탄의 시』라는 소설을 발표했는데, 한국에서는 그것을 '악마의 시'로 번역했다(필자는 아랍어 원전의 의미에 맞게 '사탄의 시'로 번역한다). 이 소설은 유럽에서 선과 악, 종교적 신념과 광신에 대한 깊이 있는 통찰을 보여 준 소설이라는 평가를 받았다.⁴⁹ 그러나 작품 속에서 꾸란의 일부 구절과 관련된 『사탄의 시』에 얽힌 비화를 줄거리로 구성하며 무함마드에 대해 풍자함으로 인해, 이란의 호메이니 등 원리주의 무슬림들이 그를 살해하라는 파트와를 내렸다. 다른 여러 이슬람 나라들에서도 책의 발간 중지를 촉구했다. 그러자 유럽의 여러 나라

『사탄의 시』의 저자 살만 루시디
(rationalwiki.org)

에서 이 소설의 판매 및 번역을 금지했고, 일본에서는 번역자가 살해되는 등 큰 소동이 일어났다.

무슬림은 꾸란을 알라의 말씀으로 믿는다. 일점일획도 변질이나 변개가 있을 수 없다고 확신한다. 그뿐만 아니라 꾸란을 신성시하고 꾸란의 권위를 부정하거나 의심하는 것을 철저하게 금기시한다. 무함마드 시대부터 그런 사람들을 죄악시했고 위협하거나 살해했다(제5장의 '종교의 창시자가 사람을 죽임' 부분을 보자).

살만 루시디의 소설 『사탄의 시』는 이런 이슬람의 성역과 관련된 것이었다. 이슬람 원전들에 기록되어 있는 꾸란과 관련된 비화를 소재로 성역을 풍자하니 전 세계의 무슬림이 들고일어나 그를 처단하려고 한 것이다.

그렇다면 과연 어떤 내용이길래 그토록 큰 소동이 일어났을까?

『사탄의 시』에 얽힌 비화가 무엇일까?

이슬람 원전을 통해 그 내용을 살펴보고자 한다. 그것을 알기 위해서는 먼저 꾸란 22:52과 그 구절이 계시된 이유를 살펴보아야 한다.

◆ 우리(알라)가 그대(무함마드) 이전에 메신저나 선지자를 보낼 때마다, 그들이 소원하면 사탄이 그들의 소원에 (악한 생각을) 집어넣지 않은 적이 없

었노라. 그러나 알라께서 사탄이 집어넣고자 한 것을 취소하고 그의 구절들을 확증하시느니라. 알라께서는 가장 잘 아시고 가장 현명하시니라 (22:52).

이 구절은 알라가 보낸 선지자들이 계시를 전할 때 사탄이 그들에게 악한 생각을 집어넣곤 했으며, 그럴 때마다 알라가 그 내용을 취소하고 다른 구절들을 보내며 확정했다는 내용이다. 따바리 주석에서는 이렇게 사탄이 계시한 구절을 알라가 취소하고 완전하게 했다고 한다. 여기서 이슬람의 '대체 교리'(혹은 취소 교리)인 '나스크(al-Naskh) 교리'의 개념이 나온다.

그렇다면 이 구절(22:52)은 어떤 상황에서 계시되었는가? 따바리 주석이나 『계시의 이유』('Asbāb-l-Nuzūl), 이븐 타이미야의 책(Minhāj as-Sunna-n-Nabaweyya) 등을 보면 이 구절이 어떤 상황에서 계시되었는지를 알 수 있다. 다음은 꾸란 22:52의 『계시의 이유』에서 기록하고 있는 내용을 번역한 것이다.

> 알라의 메신저는 그의 동족 사람들(꾸라이쉬 부족 사람들)이 그를 멀리하고 그의 메시지를 믿지 않는 모습을 보는 것이 안타까웠다. 그래서 그는 그 자신과 그의 백성이 가까워질 수 있는 어떤 계기가 알라로부터 주어지길 기대했다. 또한 그의 백성이 믿음을 가지는 것을 간절히 열망했다.
> 어느 날 그는 많은 꾸라이쉬 부족 사람들이 모임을 갖는 곳에 함께 앉아 있었다. 그는 사람들이 그를 멀리하는 어떤 일이 일어나지 않길 바라고 희망하였다. 그때 알라께서 나즘 장(53:19-20) 꾸란을 계시하셨다.
> ◆ "너희는 라트(al-Lāt)와 웃자(al-'Uzza)를 보았고 다른 세 번째 마나트(Manāt)를 보지 않았느뇨?"(53:19-20)
> 이 구절을 계시한 뒤에 사탄이 그의 혀에 그가 바라고 희망하던 것을 집어넣었다.

"실로 그들은 높고 위대한 새들(/신들)이며 그들의 중보는 사람들이 소망하는 것이다"(tilka-lgharanīqu-l-'ula wa'inna shafā'atuhonna la-turtaja)라고 했다.

꾸라이쉬 부족은 그것을 듣고 크게 기뻐하였다. 무함마드 선지자는 낭송을 계속했고 나즘 장(53장) 전체를 낭송했다. 그리고 마지막 절에서 경배했다. 그러자 무슬림뿐만 아니라 그 모스크에 있던 꾸라이쉬의 다신교인들도 모두 경배했다. 머리를 숙이고 경배하지 않은 사람은 두 사람밖에 없었다. 그 두 사람은 한 줌의 흙을 들어 올려 이마에 갖다 대고 경배했다. 왜냐하면 그 두 사람은 나이가 많아 머리를 숙이고 경배할 수 없었기 때문이다.

꾸라이쉬 사람들은 자신들이 들은 것으로 인해 기뻐하면서 "오늘 무함마드가 우리의 신들을 가장 좋은 모습으로 언급했어. 알라는 살리기도 하고 죽이기도 하며, 창조하시고 양식을 주시는 것을 알고 있었지. 하지만 우리의 이 신들은 알라께 우리를 위해 중보하는 신들이야. 무함마드가 이렇게 우리의 신들을 인정한 이상 우리는 그와 함께하는 거야."

그날 저녁 가브리엘이 알라의 메신저 무함마드에게 찾아와서 말했다.

"오늘 그대는 무엇을 했는가? 그대는 내가 알라로부터 그대에게 전해 주지 않은 것을 사람들에게 낭송했고, 내가 그대에게 말하지 않은 것을 말했어."

그러자 알라의 메신저는 매우 슬퍼했고 알라를 매우 두려워했다.

그래서 알라께서 이 구절(22:52)을 계시했다.

그 뒤 꾸라이쉬 사람들은 "무함마드는 알라께 있어 우리 신들이 어떤 위치에 있는지에 대해 언급한 것을 후회했어"라고 말했다.

그리고 그들은 그들이 행했던 악을 더욱 많이 행하였다.[50]

위의 내용을 요약하면 무함마드가 꾸라이쉬 부족 사람들에게 꾸란을 계시할 때 사탄이 무함마드의 혀에 다른 말을 집어넣었다는 말이다. 즉 꾸란 계시에 사탄의 속삭임이 포함되었다는 것이다.

무함마드는 꾸라이쉬 부족 사람들의 환심을 사고싶은 마음이 간절했다. 마침 "너희는 라트(al-Lāt)와 웃자(al-'Uzza)를 보았고 다른 세 번째 마나트(Manāt)를 보지 않았느뇨?"(53:19-20)라는 구절을 계시하고 있을 때 사탄이 무함마드의 혀에 다음 구절을 집어넣었다는 것이다.

tilka-lgharanīqu-l-'ula wa'inna shafā'atuhonna la-turtaja.

즉 " 저들은 위대한 가라니끄(gharanīq 새 모양의 신들)이며, 그들의 중보는 사람들이 소망하는 것이다."는 구절을 집어 넣은 것이다. 그 결과 먼저는 꾸라이쉬족이 숭배하던 새 모양의 우상인 가라니끄를 높이게 되었고, 두 번째는 라트와 웃자와 마나트와 가라니끄 모두를 "그들의 중보는 사람들이 소망하는 것이다"라고 하게 되었다. 그것은 무함마드가 꾸라이쉬 백성이 섬기던 신들의 중보의 능력을 인정해 버린 셈이다. 무함마드가 우상을 칭송하고 그 중보의 능력을 인정하여 쉬르크(shirk)의 범죄를 저지르게 된 것이다. 때문에 그것은 엄청난 실수였다.

두 번째 문제는 무함마드가 천사의 말과 사탄의 말을 구분하지 못했다는 것이다. 그가 알라의 참선지자라면 올바른 계시를 분별할 수 있어야 했다. 그런데 사탄으로부터 계시를 받아 전달했으니 그가 참된 선지자가 아니라는 말이다. '무함마드는 알라의 선지자이다'는 사실은 이슬람에서 가장 중요하게 생각하는 그들의 신앙 고백이다. 그런데 그것이 단 한마디에 무너져 버렸으니 치명적인 실수가 되는 것이다.

세 번째는 그가 그 말을 함으로 꾸란 계시에 사탄의 말이 포함되었다는 것이다. Ex 무슬림은 완벽하고 완전하여 일점일획의 실수도 없다고 하는 꾸란에 사탄이 계시한 구절이 들어가 있었다는 자체가 모순이라고 한다. 따라서 꾸란은 신적인 계시가 아닌 인간적인 기록이라고 하는 것이다.[51]

이름을 밝히지 않은 이집트의 한 Ex 무슬림은 "왜 나는 이슬람을 떠났는가?"란 동영상에서 꾸란의 이 문제가 자신에게 어떤 영향을 끼쳤는지를 설명한다. 그는 평생 꾸란을 생각하면서 꾸란에 오류는 없다고 생각했다고 한다. 그런데 "tilka-lgharanīqu-l-'ula wa'inna shafā'atuhonna la-turtaja"에 대한 이슬람 내부의 기록을 발견하고는 이해가 되지 않았다고 한다. 꾸란 구절 가운데 이렇게 사탄이 계시한 구절이 있고, 잃어버린 구절이 있으며, 취소된 구절이 있다는 것을 발견하고는 당황하고 혼란스러웠다고 말하고 있다.[52]

오늘날 무슬림이 사용하는 꾸란에는 "tilka-lgharanīqu-l-'ula wa'inna shafā'atuhonna la-turtaja"라는 구절이 포함되어 있지 않다. 비평가들 가운데는 이 귀절이 원래 꾸란 본문에 있었는데 3대 칼리프 오스만이 꾸란을 집대성[IX]할 때 제거했다고 말하는 사람이 있다.

꾸란에 이러한 사탄의 구절이 존재했다는 사실은 무슬림들에게 아주 민감한 이슈이다. 알라의 완벽한 말씀이어야 할 꾸란에 사탄의 시가 있었다는 말이 되기 때문이다. 그래서 오늘날 무슬림들은 하나같이 꾸란에 사탄의 구절이 있었다는 이 기록을 부인한다. 그러나 이 내용은 이븐 이스하끄와 이븐 히샴의 『무함마드 전기』와, 따바리와 잘랄리인 등의 꾸란 주석들과, 『계시의 이유』 등의 여러 이슬람 내부 자료들에 엄연히 존재하고 있다. 그들이 아무리 부인하려고 해도 부인할 수 없는 부분이다. 그래서 그것을 발견한 무슬림들이 당황하고 믿음이 흔들리는 것이다.

『사탄의 시』를 기록한 살만 루시디는 오늘날 수많은 Ex 무슬림의 선구자이다. 살만 루시디의 후예들이 그의 길을 따라가며 이슬람에 대한 진실을 말하고 있다. 수많은 Ex 무슬림이 SNS와 위성방송에서 이슬람을 비평하고 있고, 그들로 인해 더 많은 사람이 이슬람을 떠나고 있는 것이 사실이다. 아랍 세계는 이슬람 비평의 르네상스를 맞고 있다.

IX 3대 칼리프 오스만은 무함마드 선지자가 사망한 이후, 내용이 다른 여러 형태의 꾸란이 나타나자 그 내용을 통일할 목적으로 꾸란을 집대성했다.

11. 계시된 꾸란을 양이 먹어 버리다니…

오늘날 무슬림들은 꾸란이 창세 이전부터 하늘에 서판으로 보관되어 있었고, 그것이 가브리엘을 통해 무함마드에게 그대로 계시되었다고 믿는다. 마치 하늘에 있는 서판이 그대로 내려오듯 무함마드에게 전달되었기에 그 꾸란은 변함과 오류가 존재하지 않는 완벽한 말씀이 되었다고 한다. 그 뒤 꾸란이 기록되는 과정과 후대로 전수되는 과정에도 알라가 완벽하게 개입하여 일점일획도 변하지 않았다고 믿는 것이다.

『꾸란 주해』의 저자는 이렇게 표현한다.

> 인간의 역사가 시작된 이래 가장 신기한 기적이 있다면 1,400여 년 동안 일점일획도 수정·보완·폐기되지 않고 원본 그대로 보존되어 내려오고 있다. … 오늘날 지구촌 방방곡곡에 있는 어느 꾸란도 1,400년 전의 꾸란과 일점일획도 차이가 없다는 것에 대해서는 어느 누구도 부정할 수 없는 사실이다.[53]

그런데 오늘날 Ex 무슬림들은 이러한 믿음과는 전혀 다른 점을 발견한다. 바로 앞에서 언급한 이름을 밝히지 않은 이집트의 Ex 무슬림은 "왜 나는 이슬람을 떠났는가?"란 동영상에서 다음의 내용을 밝힌다. 그는 꾸란의 구절들 가운데 전수 과정에서 사라진 구절들이 있다는 사실을 기록한 하디스를 발견하고 충격을 받았다고 한다. 예를 들어 아이샤가 말한 하디스에서, 양이 아이샤의 집에 들어와 꾸란 구절을 먹어 버렸다는 것이다. 그래서 특정한 꾸란 구절이 없어졌고 오늘날 꾸란에 그 구절이 존재하지 않는다는 것이다. 그래서 그는 오늘날 무슬림들이 가지고 있는 꾸란은 완벽한 것이 아니라 변개되었다고 주장한다.[54]

"꾸란이 변개되었다"는 명제는 무슬림들에게 아주 위험하고 도발적인 것이다. 왜냐하면 꾸란에 대한 이슬람의 교리는 이슬람 종교의 가장 기초적인 도그마이기 때문이다. 만일 여기에서 문제가 생기면 이슬람 전체가 흔들리게 된다. 또한 무슬림들이 꾸란이 알라의 계시라는 것에 대해 너무나 확실하게 믿고 있기 때문에 그러한 명제가 더욱 도발적이다. 여기에서 Ex 무슬림들이 제기하는 주요 문제들을 기록한다.

1) 사라진 꾸란 구절

mawdoo3.com에서 꾸란은 114장(chapter), 6,348절(verse),^x 77,439 단어(word), 820,015자(letter)로 구성되어 있다고 한다.[55] 무슬림에게는 이러한 꾸란의 전체 구절이 중요하다. 왜냐하면 그들의 꾸란관은 꾸란이 일점일획도 변함없이 오늘까지 전수되었다는 것이기 때문이다.

(1) 꾸란 알아흐잡 장의 구절들이 사라짐

알아흐잡 장은 33번째 장으로서 그 절수가 73절로 구성된 것이다. 이 장은 메디나 계시로서 무슬림이 지켜야 할 여러 가지 율법이 기록되어 있다. 그런데 하디스 기록 가운데 이슬람 초기의 알아흐잡 장의 절수는 알바까라 장(제2장)과 그 절수가 같았다고 기록한 하디스가 있다. 오늘날 알바까라 장(제2장)은 길이기 가장 긴 장으로서 그 절수가 286절이다. 그런데 이슬람 초기에는 알아흐잡 장(제33장)이 알바까라 장(제2장)과 절수가 같았다는 말이다. 다음의 하디스를 보자.

◇ 우바이 브니 카압이 나에게 말했다.

"알아흐잡 장을 몇 절까지 읽고 있습니까? 아니 그것이 몇 절까지입니까?"

---

x   현재 꾸란의 구절 총수는 6,236절이다. 하지만 구절 수에 포함되지 않은 꾸란 각 장 서두 부분—bismillah 부분—까지 포함하면 6,348절이다. https://ar.wikipedia.org/wiki/آية, 2020년 6월 3일.

내가 그에게 말했다. "73절입니다."

그가 말했다. "그렇지 않습니다. 나는 그것이 알바까라 장(제2장)과 같은 길이인 것을 보았습니다. 그리고 우리는 그 구절 가운데 '남자와 여자가 둘이서 간음을 행했다면 너희는 알라의 본보기를 보여 주기 위해 그 둘을 가차 없이 돌로 쳐 죽여라. 알라께서는 존귀하시고 지혜로우신 분이니라' 라는 구절이 있는 것을 보았습니다"(이맘 아흐마드 21207, 알바이하기 16911).

◇ 아이샤가 말하길 "알라의 선지자 시대에는 아흐잡 장이 200절까지 읽혔는데, 오스만이 꾸란을 기록할 때는 현재의 구절(현재는 73절까지 있음)밖에 보지 못합니다"(al-'Itqān fi 'Ulūmi-l-Qur ān).[56]

알아흐잡 장(제33장)은 현재 73절인데, 알라의 선지자 시대에는 알바까라 장(제2장)과 같이 286절이었다면 나머지 213절은 어디로 갔단 말인가?

(2) 꾸란 9장과 같은 길이의 한 장이 사라짐

꾸란 9장은 앗타우바(at-Tawbah) 장이라고 하며 129절로 구성되어 있다. 꾸란에서 직접적인 지하드 명령이 가장 많은 장으로 알바라아(al-Barā'ah) 장이라고 하기도 한다. 꾸란 114장 가운데 유일하게 장의 시작 부분에 bismillah ar-raḥmān ar-raḥīm(자비롭고 자애로운 이름으로)라는 귀절이 없는 장이다. 그 이유는 이 장이 이슬람을 믿지 않는 카피르들에 대한 무자비한 지하드 전쟁을 명령하고 있기 때문이라고 학자들은 설명한다.

다음 하디스를 보자.

◇ Abu Harb b. Abu al-Aswad가 말하길
우리는 알바라아 장(al-Barā'ah, 꾸란 9장인 앗타우바 장의 다른 이름)과 길이와 강도에서 같은 한 장을 낭송하곤 하였는데, 나는 그 가운데 다음 한 구절을 제외한 다른 구절들을 잊었습니다.

"만일 아담의 아들에게 돈이 가득한 두 계곡이 있다면 그는 세 번째 계곡을 원할 것이고, 그러면 아담 아들의 배에 먼지 이외에 다른 것이 가득 차는 것이 없을 것이다"(사히흐 무슬림 1050).

꾸란 9장인 앗타우바 장과 길이가 같은 다른 꾸란 한 장을 낭송하곤 했는데 그 장의 한 구절만 기억하고 나머지는 기억하지 못한다고 한다. 그 기억하는 구절은 "만일 아담의 아들에게 돈이 가득한 두 계곡이 있다면 그는 세 번째 계곡을 원할 것이고, 그러면 아담의 아들의 배에 먼지 이외에 다른 것이 가득 차는 것이 없을 것이다"이다. 그런데 그 기억하지 못하는 장과 그 구절들이 당시 꾸란에 없다는 것이다. 또한 그 장 가운데 유일하게 기억하고 있었다는 이 하디스 구절도 오늘날 꾸란에는 존재하지 않는다.

(3) 투석형에 대한 구절

Ex 무슬림들은 오늘날 꾸란에 투석형에 대한 구절이 없는 것을 지적한다. 우마르가 말한 다음 하디스를 보자. 우마르는 무함마드 사후의 2대 칼리프이다. 무함마드가 사망한 뒤 어느 날 다음과 같은 설교를 한다.

◇ 알라께서 진리로 무함마드를 보내시고 그에게 경전을 계시하셨는데 그 가운데 투석형에 대한 구절이 알라께서 내려 준 구절 중에 있었노라. 그래서 우리가 그것을 낭송하고 이해하고 암기하였노라. 알라의 선지자는 투석형을 시행했고 우리도 그를 따라 시행했노라. 오랜 세월이 지난 뒤 사람들이 "우리가 투석형에 대한 구절을 알라의 책에서 찾을 수 없습니다"라고 말하는 것을 나는 두려워하노라(사히흐 부카리 6830; 사히흐 무슬림 1691).

여기에서 우마르는 무함마드 생전에 읽었던 꾸란 말씀에 투석형에 대한 구절이 있었음을 기억한다. 투석형은 간음한 사람(무슬림은 남녀 모두라고 하지만 실제로 간음 때문에 투석형을 받는 사람들은 대부분 여자들이다)에게 내리는 이슬람 형벌이다. 그리고 그것을 낭송하고 이해하고 암기했다고 한다. 무함마드는 투석형을 실제로 실행했고, 다른 사람들도 그를 따라 실행했다고 한다. 다음 하디스를 보자.

◇ 이븐 압바스가 말한 하디스에서 우마르 브닐 카땁이 말하길 "나는 (꾸란에서) '늙은 남자와 늙은 여자가 간음한 경우 그들 둘을 돌로 쳐라'는 구절을 읽은 적이 있다. 알라의 메신저는 (간음한 자들을) 돌로 쳤고, 우리도 그를 따라 돌로 쳤다(수난 이븐 마자흐 2650).

이와 같이 무함마드 시대에는 투석형 구절이 꾸란에 존재했고, 그래서 무함마드와 그의 동료들이 간음한 사람을 돌로 쳤다(이슬람의 투석형은 돌로 쳐서 죽이는 것이다). 그런데 그 구절이 우마르 당시의 꾸란에는 존재하지 않았고, 그래서 나중 사람들이 꾸란에서 그 구절을 찾을 수 없다고 말할 것이라고 하며 걱정하고 있다.

실제로 오늘날 꾸란에 투석형에 대한 구절은 없다. 대신에 하디스에 존재한다. 이슬람 샤리아법은 하디스에 근거해서 간음한 사람에게 투석형을 실행한다.

(4) 미흐람 관계를 위한 수유에 대한 구절

'미흐람'(miḥram)은 '금지된 사람'의 의미로서 부모(1촌)와 형제자매(2촌) 그리고 삼촌과 숙모/고모와 같이 서로 결혼이 금지된 사람을 말한다. 이슬람에서 미흐람 관계가 아닌 남녀는 히잡을 쓰지 않은 채 만나거나 대화하는 것이 금지 사항(하람)이다. 그러나 부녀나 오누이 등은 서로 결혼을 못하는 미흐람 관계이므로 두 사람이 히잡을 쓰지 않고 한자리에 앉아서 대화하는 것이 가능하다. 그런데 미흐람 관계가 아닌 남녀가 히잡을 쓰지 않은 채 만나거나 대화하는 것이 가능하게 하는 방법이 있는데, 그것이 바로 남녀 두 사람이 어릴 때 한 어머니에게서 수유를 한 경우이다. 이러한 미흐람 관계를 위한 수유에 대한 내용이 몇몇 하디스에 나오는데 그중에 하나는 다음과 같다.

◇ 아이샤가 말했다.
꾸란 가운데서 10번의 수유를 통해 미흐람 관계가 되는 구절이 계시되었다. 그 이후 그 구절이 5번 수유하는 것으로 변경되었고 그 뒤 알라의 메신저는 사망했다. 그 구절은 꾸란 가운데 있어서 낭송되었다(사히흐 무슬림 1452a; 수난 아비 다우드 2062).

이 하디스에서 수유에 대한 내용이 기록되어 있다. 이 구절이 꾸란에 기록되어 있었고 그것을 낭송하곤 했다고 한다. 그런데 그것이 오늘날 꾸란에는 존재하지 않는다. 이 구절이 어디로 갔을까?

2) 양이 먹어서 잃어버린 꾸란 구절

원래의 꾸란에는 있었는데 양이 먹어 버려서 잃어버렸다고 하는 구절이다. 아이샤가 말한 하디스에서 양이 집에 들어와 꾸란 구절을 먹어 버렸다고 한다.

◇ 아이샤가 전해 준 말이다. "투석형에 대한 구절과 성인을 10번 젖 먹임에 대한 구절이 계시되었다. 그 계시가 한 종이에 있었고, 그것이 나의 침대 아래에 있었다. 알라의 메신저가 사망했을 때 우리는 그의 죽음으로 인해 정신이 없었는데, 양이 들어와서 그것을 먹어 버렸다"(수난 이븐 마자흐 2020).

투석형과 성인 수유에 대한 알라의 계시가 한 종이에 기록되어 있었고, 그것이 아이샤의 침대 아래에 있었는데, 그곳에 양이 들어와서 그것을 먹어 버렸다는 것이다. 그래서 오늘날 꾸란에 투석형 구절과 성인을 젖먹이는 구절이 없다는 것이다.

3) 무함마드의 동료가 추가하려 한 꾸란 구절

꾸란은 가브리엘 천사를 통해 무함마드에게 계시된 구절이다. 무함마드에게 계시된 것이기에 다른 사람이 개입하여 구절을 바꾸거나 추가 혹은 삭제하는 것은 있을 수가 없다. 그런데 하디스와 이슬람 전승들 가운데는 무함마드의 동료 등이 추가하거나 삭제를 시도한 구절들이 있다는 증언이 존재한다.

◇ 아부 유누스가 말하길, 아이샤가 나에게 명령했다.
"그대가 꾸란을 읽다가, '기도하는 것을 준수하고 중간 기도 시간을 지켜라. 그리고 알라께 복종함으로 일어서라(2:238)는 구절에 이르면 나를 위해 꾸란 구절을 기록하세요"라고 했다.
그래서 내가 그 구절에 이르렀을 때 그녀에게 알려 주었다. 그랬더니 그녀가 말하길 "'기도하는 것을 준수하고 중간 기도와 **오후 기도를**(wa-ṣalāti-l-'aṣri) 지켜라. 그리고 알라께 복종함으로 일어서라'가 내가 알라의 선지자로부터 들었던 내용입니다"라고 했다(사히흐 무슬림 629).

오늘날 꾸란에는 '오후 기도를'(wa-ṣalāti-l-'aṣri)이라는 표현이 없다. 그러나 아이샤는 이 부분이 꾸란에 있었고 선지자로부터 들었던 내용이라고 주장하는 것이다. 일점일획도 변함이 없어야 하는 꾸란인데 다른 부분이 발견되는 것이다.

이슬람의 설명에 의하면 꾸란은 처음부터 완벽하고 영원히 완벽해야 한다. 그런데 이슬람 전승을 보면 사라진 구절도 있고 잃어버린 구절도 있으며, 후대에 추가하려 한 구절도 있다는 것이 발견된다. 이러한 꾸란 계시의 진정성에 대한 불일치와 모순은 누구보다 무슬림에게 충격이 크다. 그것이 오늘날의 탈이슬람 현상의 원인 중의 하나라고 볼 수 있다.

12. 무함마드의 서기관이 이슬람을 떠난 이유

다음은 이집트인 Ex 무슬림 하미드 사마드가 인용하는 이야기이다(이슬람 상자 29편에서). 물론 하디스와 꾸란 주석 등 이슬람 전승에 존재하는 이야기를 인용한 것이다. 내용을 요약하면 이러하다.

무함마드가 계시를 받을 때 기록을 담당하던 압둘라 브니 아비 싸르흐(앞으로 '압둘라'로 표기)라는 서기관이 있었다. 어느 날 무함마드가 꾸란 23:14의 인간 창조에 대한 구절을 계시받았을 때 압둘라는 그 구절 내용이 너무 좋아서 감탄하게 되었다. 그래서 그것을 기록하기 전에 "최고의 창조자이신 알라께 축복이 있으소서!"(fa-tabārika-llāhu 'aḥsanu-l-khāliqīn)라고 알라를 찬양했다. 그랬더니 무함마드가 그것을 듣고 "그와 같이 계시되었느니라"고 했다. 그 말은 서기관이 말한 감탄의 표현도 알라로부터 계시되었으니 그대로 꾸란에 기록하라는 것이었다. 그래서 그는 "최고의 창조자이신 알라께 축복이 있으소서!"(fa-tabārika-llāhu 'aḥsanu-l-khāliqīn)를 기록했고, 그래서 그것이 오늘날 꾸란에 기록되어 있다. 이 사건으로 인해 압달라는 무함마드의 계시와 그의 선지자됨에 대해 의심하게 되었고 결국 이슬람을 떠났다. 이러한 내용이 하디스와 꾸란 주석에 기록되어 있다. 이 이야기는 아래의 꾸란 구절과 관련된 것이다.

◆ 그다음 우리가 정액을 응혈로 만들고 그 응혈을 배아로 만들며, 그 배아에 뼈를 만들고 그 뼈에 살을 입히며, 그 뒤 그것을 다른 창조물로 만들었노라. 최고의 창조자이신 알라께 축복이 있으소서!(**fa-tabārika-llāhu** 'aḥsanu-l-khāliqīn)(23:14)

꾸란 23:12-14은 알라가 인간을 창조하는 과정을 기록한 것이다. 권위 있는 주석가 꼬르토비[XI]는 그의 주석에서 "최고의 창조자이신 알라께 축복이 있으소서"(fa-tabārika-llāhu 'aḥsanu-l-khāliqīn) 부분이 꾸란에 기록된 경위를 다음과 같이 설명한다.

무함마드는 원래 "그다음 우리가 정액을 응혈로 만들고 그 응혈을 배아로 만들며, 그 배아에 뼈를 만들고 그 뼈에 살을 입히며, 그 뒤 그것을 다른 창조물로 만들었노라"까지 계시받았다. 그것을 듣고 있던 무함마드의 서기관 **압둘라 브니 아비 싸르흐**가 그 구절에 감탄하여 **"최고의 창조자이신 알라께 축복이 있으소서!"(fa-tabārika-llāhu 'aḥsanu-l-khāliqīn)**라고 말한다. 그러자 무함마드가 그것을 듣고 "그와 같이 계시되었느니라"라고 말한다. 그래서 이 "최고의 창조자이신 알라께 축복이 있으소서!"(fa-tabārika-llāhu 'aḥsanu-l-khāliqīn)라는 구절이 꾸란에 실리게 되었다. 그 이후로부터 서기관 압둘라 브니 아비 싸르흐는 무함마드가 알라의 계시를 받는다는 사실에 의심을 가지게 되었고, 결국 이슬람을 떠났다.[57]

꾸란 6:93에 대한 따바리 주석도 이와 비슷한 이야기를 전하고 있다.

압둘라 브니 아비 싸르흐는 무함마드의 계시에 대해서 의심을 가졌다. 그래서 그가 계시를 받아 기록할 때 계시의 일부분을 변형시켰다. 예를 들어 무함마드가 "'inna 'allāh kāna samī'an 'alīman"(참으로 알라는 듣는 분이고

XI 코로토비(al-Qurtubi, 1273년에 사망)는 13세기 이슬람의 지배를 받던 스페인 코르도바 출신의 율법학자이고 하디스 학자이며 주석가이다. 이집트 민야에서 사망했다. 그가 지은 꼬르토비 주석은 따바리 주석과 이븐 카티르 주석과 함께 가장 권위 있는 주석 중 하나이다.

아는 분이니라)란 계시를 받고 그것을 기록하라고 하면, 그는 "'inna 'allāh kāna 'alīman ḥakīman"(참으로 알라는 아는 분이고 지혜로운 분이니라)라고 기록했다. 그러나 무함마드는 그 차이에 대해서 눈치채지 못했다. 그러자 그는 무함마드의 선지자 됨에 대해 의심했고, 밤에 메디나로부터 도망하여 메카로 갔다. 메카에 도달했을 때 그는 사람들에게 자신이 이슬람을 떠나 아랍 종교로 돌아왔음을 선포했다. 그러면서 무함마드가 선지자인 것이 거짓이며, 그가 꾸란 구절을 변형시킨 것에 대해 이야기를 들려주었다.[58]

하디스를 설명하는 다른 책에서는 압둘라 브니 아비 싸르흐가 메카에 있는 자신의 부족 사람들에게 다음과 같이 말했다고 한다.

나는 무함마드를 내가 원하는 대로 조정했어. 그가 내게 "'azīzun ḥakīm"(존귀하고 지혜로우시다)라고 적으라고 하면 나는 "'alīmun ḥakīm"(모든 것을 아시고 지혜로우시다)라고 적었지. 그러면 그는 "모두가 맞아"라고 하셨어.[59]

세상에 이것이 가능한 일인가?
선지자 무함마드가 가브리엘 천사로부터 받아서 기록했다는 그 꾸란 기록에 평범한 인간이 인위적으로 개입할 수 있단 말인가?
하디스와 꾸란 주석들이 없는 이야기를 지어내어서 기록하지는 않았을 것이다. 만일 이 내용이 사실이라면 꾸란에는 인간이 인위적으로 개입한 구절이 존재한다는 것이 분명해진다.
오늘날 무슬림은 꾸란이 일점일획도 변개나 변질됨 없이 오늘날까지 전수되었다고 주장한다. 그러나 Ex 무슬림들의 증언과 이슬람의 전승을 살펴보면 꾸란의 전래와 기록 과정에서 많은 인위적인 개입과 변질이 있었다는 것이 분명해진다.

13. '나스크' 교리에 대해: 취소 혹은 대체 교리

자신을 '무종교인'이라 밝히는 이집트의 한 Ex 무슬림은 자신이 이슬람을 떠난 과정을 다음과 같이 증언한다.[60]

저의 이야기는 오래전 제가 라마단을 보낼 때부터 시작됩니다. 그때 저는 꾸란 전체를 주석과 함께 읽으며 암송하길 원했습니다. 그래서 꾸란을 한 절 한 절 암송하며 이븐 카티르 주석도 함께 읽었습니다. 라마단이 끝날 무렵 알바까라 장(꾸란 제2장)까지 암송하였고, 주석 책과 그 구절들의 계시 이유도 함께 읽었습니다. 그런데 그와 동시에 제 머리에는 꾸란 구절에 대한 의심이 가득하게 되었습니다. 가장 많이 의심을 가지게 된 것은 다음 구절입니다.

◆ **우리가 어떤 (꾸란) 구절을 취소하거나 그것을 잊게 하더라도 우리는 그보다 나은 구절 혹은 그와 비슷한 구절을 가지고 오나니**, 그대는 알라께서 모든 일에 전능하신 것을 알지 못하느뇨?(2:106)

이 구절에서 어떻게 꾸란 구절이 취소될 수 있고, 무함마드 선지자가 그것을 어떻게 잊어버릴 수 있는지 의구심이 들었습니다. 이븐 카티르의 주석은 이 구절을 이렇게 설명합니다. 무함마드 선지자가 밤에 꾸란 구절을 잊어버리기도 하고, 아침에 일어났을 때 꾸란 구절을 잊어버리기도 했다고 합니다. 그래서 꾸란이 기록될 수 없었다고 합니다. 그러자 사람들이 그에게 물었고, 그 뒤 이 구절이 계시되었다고 합니다. 이 구절에서 무함마드 선지자는 어떤 때는 꾸란 구절을 잊어버려서 더 나은 구절을 가져왔다고 합니다. 또한 어떤 때는 비슷한 구절을 가져오기도 했다는 것입니다. 따라서 그가 꾸란 구절을 잊어버리거나, 더 나은 구절을 가져오는 것이 문제가 아니라는 것입니다. 솔직히 저는 심한 충격을 받았습니다. 계시를 받는 사람이 그것을 잊어버리고, 그래서 다른 구절을 가져오고 하는 이런 이상한 말이 어디 있나 생각했습니다.

이 증언에서 이 Ex 무슬림은 꾸란에 기록된 취소 교리에 대한 내용을 발견하고 깊은 고민과 혼란에 빠진 것을 알 수 있다. 오늘날 무슬림은 꾸란이 하늘에 보관된 서판에 기록되어 있는 알라의 말씀이라고 믿는다. 그것이 그대로 내려와서 전달되었기에 오늘날 꾸란에는 일점일획의 오류도 없고, 변질이나 변개도 전혀 없다는 것이다.

그런데 위의 Ex 무슬림이 지적하는 내용은 무함마드가 계시를 받는 과정에서 꾸란 구절을 잊어버렸고, 그래서 나중에 더 나은 구절이 내려왔다는 것이다. 어떤 구절은 취소가 되어서 다른 구절로 대체되었다는 것이다. 이러한 내용은 변질이나 변개가 없다는 그들의 믿음과는 전혀 다른 것이어서 놀랄 수밖에 없는 것이다.

조금 전에 다루었던 '꾸란에 사탄의 시가 있는가?' 부분에서도 취소 교리에 대한 꾸란 구절이 있었다. 그 구절에서도 동일한 이슈를 발견한다.

◆ 우리가 그대 이전에 메신저나 선지자를 보낼 때마다, 그들이 소원하면 사탄이 그들의 소원에 (악한 생각을) 집어넣지 않은 적이 없었노라. 그러나 **알라께서 사탄이 집어넣고자 한 것을 취소하고 그의 구절들을 확증하시느니라**(22:52).

이 구절이 계시된 이유는 앞의 '꾸란에 사탄의 시가 있는가' 부분에서 설명하였다. 다시 간략하게 설명한다.

평소 무함마드는 꾸라이쉬 부족 사람들의 환심을 사기 위해서 기회를 기다리고 있었다. 그러자 사탄이 그의 혀에 그가 바라고 희망하던 것을 집어넣었다. 그래서 무함마드는 "tilka-lgharanīqu-l-'ula wa'inna shafā'atuhonna la-turtaja"라는 구절을 '계시'했다. 이 계시의 내용은 꾸라이쉬 부족 사람들이 섬기는 신들을 칭송하는 내용이라고 했다. 사탄이 속삭인 내용을 무함마드가 그대로 받아서 '계시'한 것은 무함마드가 참된 선지자가 아님을 증명하는 것이 되고, 꾸란에 알라의 말씀이 아닌 사탄의 말이 포함되는 엄청난 실수가 된다고 했다. 그래서 그러한 무함마드의 실수 이후에 곧바로 계시된 구절이 바로 꾸란 22:52이었다. 이 구절에서 말하는 대로 먼저 계시된 구절을 "취소하고 그의 (다른) 구절을 확증(대체)"하는 것 이것이 바로 취소 교리의 핵심인 것이다.

이와 같이 꾸란과 순나(하디스)에서 먼저 계시된 율법의 효력이 취소되고 나중에 계시된 율법으로 대체되는 것을 '취소 교리' 혹은 '대체 교리'라고 한다. 이러한 취소와 대체를 아랍어로 '나스크'(al-Naskh)라고 하며, 취소시키는 구절을 '나시크'(al-Nāsikh)라 하고, 취소된 구절을 '만수크'(al-Mansūkh)라 한다. 필자는 이 교리를 '나스크 교리'로 표기한다. 이 교리는 오늘날 무슬림 학자들이 현대적인 이슈에 대해 꾸란 해석을 달리 할 때 핵심이 되는 부분이므로 중요한 것이다. 그뿐만 아니라 Ex 무슬림이 꾸란을 신뢰하지 못하고 이슬람을 떠나가는 이유 중의 하나이기도 하다.

'나스크 교리'는 정통 순니파 학자들이 인정하는 정통 교리이다. 순니파 이슬람 학자들의 꾸란 해석의 중심에 이 교리가 자리 잡고 있다. 그것을 확인하기 위해 오늘날 순니파 무슬림들을 대표하는 기관인 알아즈하르 학자들의 의견을 보자. 알아즈하르의 대표적인 쉐이크들이 쓰고 이집트의 이슬람 종교부가 펴낸 『회의론자들의 의심에 대항하는 이슬람의 진실』이란 책에서 다음과 같이 기록한다.

> 우리는 꾸란에 나스크(처음 계시된 율법의 취소와 대체)가 존재한다는 것을 부인하지 않는다. 꾸란의 드문 구절들에서 그것이 존재한다. 몇몇 학자가 그러한 구절이 사람의 손가락 숫자보다 적다고 하고, 다른 몇몇 학자가 그것의 존재를 완전히 부인하지만, 대부분의 율법학자와 정통 학자는 그것의 존재를 부끄럼 없이 인정한다. 그래서 그들은 나스크 교리를 그들의 율법서 저작들에서 여러 장을 할애하여 상세하게 기록하고 있다. … 나스크 교리는 꾸란이 계시되는 기간의 교육적인 특징이자 율법적인 특징이었고,

그 뒤에 그것이 움마 공동체를 계속해서 교육시켰으며, 시대를 거듭하며 그것이 그대로 전수되었다.[61]

위의 글에서 '나스크 교리'는 알아즈하르 학자들이 인정하고 대부분의 율법학자가 인정하는 정통 교리라는 것을 알 수 있다. 그것은 꾸란 계시의 특징이었고, 그 뒤의 율법 형성 과정에서, 그리고 움마 공동체가 이어져 오는 가운데 무슬림 교육의 중심에 있었던 것이 사실이다. 오늘날 온건주의 이슬람을 추구하는 소위 개혁파 학자들 가운데 꾸란의 '나스크' 교리를 부정하는 사람들이 있지만 그것은 정통이 아니다.

한편 위의 알아즈하르 학자들이 기록한 내용에서, 나스크 구절이 손가락 숫자보다 숫자가 적다고 한다. 그들은 이 교리가 꾸란에 명확하게 기록되어 있기에 그것을 부인하지 못하고, 단지 그 숫자가 많지 않다고 말하고 있다. 과연 그것이 10개 이내의 작은 숫자일까? 취소되거나 취소시킨 구절들은 어떤 것이 있을까? 계속해서 살펴보도록 하자.

1) '나스크 교리'를 분명하게 서술하고 있는 꾸란 구절들

꾸란에서 취소 교리를 분명하게 언급하는 구절은 다음과 같다.

◆ 우리가 어떤 (꾸란) 구절을 **취소하거나 그것을 잊게 하더라도 우리는 그보다 나은 구절 혹은 그와 비슷한 구절을 가지고 오나니**, 그대는 알라께서 모든 일에 전능하신 것을 알지 못하느뇨?(2:106)

◆ 알라는 **그가 원하는 것을 지우시고** (그가 원하는 것을) **확증하시느니라**(13:39).

◆ 우리가 (꾸란의) **한 구절을 다른 구절로 대체했을 때**—알라께서는 자신이 계시하시는 것을 잘 알고 계시느니라—그들은 "(무함마드여!) 그대는 진정 거짓말쟁이구려"라고 말하였노라(16:101).

◆ 우리가 그대 이전에 메신저나 선지자를 보낼 때마다, 그들이 소원하면 사탄이 그들의 소원에 (악한 생각을) 집어넣지 않은 적이 없었노라. 그러나 **알라께서 사탄이 집어넣고자 한 것을 취소하고 그의 구절들을 확증하시느니라**(22:52).

위의 첫 구절에서 알라가 꾸란 구절을 취소하고 그보다 나은 구절 혹은 그와 비슷한 다른 구절을 가지고 와서 계시한다고 하고 있다. 두 번째 구절에서는 알라는 자신이 원하는 것을 지우고(취소하고), 그가 원하는 다른 것을 계시하여 확증한다고 한다. 세 번째 구절에서는 무함마드가 꾸란을 계시할 당시 알라는 한 구절을 다른 구절로 대체하는 경우들이 있었고, 그래서 사람들은 계시가 자꾸 바뀌는 것으로 인해 무함마드에게 "그대는 진정 거짓말쟁이구려"라고 했다고 한다. 네 번째 구절은 앞에서 설명한 대로 사탄이 속삭인 내용을 무함마드가 '계시'한 뒤에 내려온 구절이다.

이처럼 나스크 교리는 꾸란 구절에서부터 그 사실이 분명하게 기록되어 있다. 취소되거나 취소시킨 사실에 대한 확실한 기록이 있기에 오늘날 이슬람은 '나스크' 교리를 부인할 수 없다.

2) 꾸란에서 나시크와 만수크의 예

이제 취소시킨 구절(나시크)과 취소된 구절(만수크)의 예들을 꾸란 구절을 통해 살펴보자. 다음의 예들은 많은 율법학자뿐만 아니라 따바리, 꼬르토비, 이븐 카티르 등의 주석가들이 나시크와 만수크를 인정한 구절들이다. 아래에서 취소된 구절(만수크)을 먼저 기록하고 취소시킨 구절(나시크)을 나중에 기록했다. 시간적으로 취소된 구절(만수크)이 먼저 계시되고, 취소시킨 구절(나시크)이 나중에 계시된다.

(1) 술에 대해

이슬람은 술을 엄격히 금한다는 것은 잘 알려져 있다. 그런데 이슬람 초기에는 술이 금지 사항이 아니었다. 처음 꾸란 계시에는 술이 해악이 많지만, 유익도 있다고 하고 있다. 그다음에는 술 취한 채로 기도하지 말라는 율법이 내려진다. 그러다가 최종적으로 술과 도박과 우상 숭배를 엄격하게 금하는 율법이 내려진다. 금지 사항(하람)이 된 것이다. 다음 구절을 보자.

◆ 그들이 술과 도박에 관하여 그대에게 물을 것이라. 그대는 말하라. "그것들에는 큰 죄가 있지만, **사람들을 위한 유익도 있느니라**. 그러나 그것들의 죄악이 유익보다 더 크니라"(2:219).

◆ 믿는 자들이여! **너희가 술 취한 채로 기도하러 오지 말라**(4:43).

◆ 믿는 자들이여! 술과 도박과 제단을 쌓는 것과 점술은 사탄이 행하는 불결한 것이라. 그러므로 **너희는 그것을 피하라**. 사탄은 오로지 술과 도박을 통해 너희들 사이에 적대감과 증오를 일으키는 것을 원하고, 너희가 알라를 기억하는 것과 기도하는 것을 막느니라.(5:90-91)

위의 세 구절은 모두 메디나 구절이다. 무함마드가 메디나에서 통치한 기간은 12년이었다. Ex 무슬림은 그 기간에 변함없는 알라의 뜻이 이렇게 달라질 수 있는지 의문을 가진다.

(2) 금식에 대해

금식은 무슬림의 5대 의무 중의 하나이다. 모든 무슬림은 라마단 기간에 금식해야 한다. 라마단 기간에 금식하지 못하는 여행자나 환자는 나중에 그 기간만큼 대체 금식을 해야 한다. 그런데 금식에 대한 처음 계시인 2:184에서 금식이 힘든 사람은 가난한 자에게 적선함으로 금식하지 않아도 된다고 하고 있다. 그러다가 그다음 절인 185절에 와서는 누구든지 라마단 달의 초승달을 보게 되면 금식하라고 하고 있다.

◆ (노인과 병자처럼) 금식하는 것이 힘든 사람은 (금식 대신에) **가난한 자를 먹여 대속하라**(2:184).
◆ 그러므로 **누구든지** 이달의 (초승달을) 보는 자는 **금식하라**(2:185).

율법학자들은 위의 2:184이 취소된 구절(만수크)이고, 2:185이 취소시킨 구절(나시크)이라 한다. 즉, "가난한 자를 먹여 대속하라"는 구절이 취소되고, 모두가 라마단 기간에 금식해야 한다는 185절로 대체되었다는 것이다. 한 구절을 사이에 두고 이렇게 알라의 계명이 내려졌다가 취소되고, 다른 계명으로 대체되었다고 한다.

(3) 미망인의 외출 금지 기간

남편이 죽은 아내의 경우 처음에는 1년 동안 남편을 위해 애도해야 했다. 바깥출입을 못한 채 남편이 남긴 생활비로 지내며 1년을 보내야 했다. 그 기간이 지나야 외출할 수 있었고, 원할 경우 다른 남자와 결혼할 수도 있었다. 그러나 이 구절은 취소되고 다른 구절로 대체된다. 즉 남편이 죽은 아내는 4개월 10일을 남편의 집에서 기다리라는 구절로 대체된다. 그래서 오늘날도 미망인은 4개월 10일을 애도한다. 그런데 이 꾸란 본문에서는 취소시키는 구절(나시크)인 234절이 먼저 기록되어 있고, 취소된 구절(만수크)인 240절은 나중에 기록되어 있다.

◆ 너희 중에 아내를 남기고 죽을 자들은 아내가 외출 없이 **1년 동안** 살아갈 생활비에 대해 유언을 (남겨야 하느니라)(2:240).
◆ 너희 중에 아내를 남기고 죽을 자들은, 그 아내들이 **4개월 10일**을 (남편의 집에서) 기다려야 하노라(2:234).

(4) 끼블라(Qibla)에 대해

무슬림이 하루 다섯 번 기도할 때 기도하는 방향을 '끼블라'라 한다. 오늘날 '끼블라'는 사우디 메카의 카아바 방향이다. 그런데 이슬람 초기에는 그 방향이 메카가 아니라 예루살렘이었다. 학자들은 무슬림이 메디나로 이주한 초기에 무함마드는 그곳에 살던 토착민 유대인의 환심을 사기 원했다고 한다.[62] 그들이 자신을 믿길 원했던 것이다. 그래서 그와 무슬림들이 유대인들의 기도 방향대로 예루살렘 방향으로 기도했다. 그래서 2:115이 계시되었다. 그러나 그렇게 노력을 기울였지만 유대인들은 무함마드를 믿지 않았다. 그러자 무함마드는 어느 날 기도의 방향을 바꾸어 버린다. 2:144은 새로운 끼블라를 계시한 구절이다.

◆ 동과 서가 알라께 있으니 너희가 어디로 향하든 거기에 알라의 얼굴이 있느니라(2:115).

◆ 우리는 그대(무함마드)가 얼굴을 하늘로 향하는 것을 보노라. 그래서 우리는 그대를 그대가 원하는 끼블라로 향하게 하리라. **그대의 얼굴을 하람 사원 방향으로 향하게 하라.** 너희가 어디에 있든지 너희의 얼굴을 그 방향으로 향하게 하라(2:144).

위의 2:115은 알라의 얼굴은 너희가 어디로 향하든 거기에 있기 때문에 예루살렘으로 기도해도 된다는 구절이다. 그러다가 2:144에서는 끼블라를 하람 사원 방향으로 하라고 계시한다.

(5) 평화의 구절과 칼의 구절

아래 네 구절은 무슬림이 '이슬람은 평화의 종교'라고 주장할 때 가장 많이 인용하는 구절이다. 무슬림은 아래의 구절들을 근거로 이슬람이 상대방에게 종교를 강요하지 않고 설득하며, 다른 사람을 선대하고 공정하며, 관용과 평화의 종교라고 한다.

◆ 종교에는 강요가 없나니 바른길로 인도됨은 방황과 구별되느니라 (2:256).

◆ 너희에게는 너희의 종교가 있고 나에게는 나의 종교가 있노라(109:6).

◆ 그대는 지혜와 설득력 있는 설교로 (사람들을) 그대 주님의 길로 초대하라. 또한 가장 나은 방법으로 그들을 대하라(16:125).

◆ 선행이 악행과 같을 수 없노라. (악행을) 더 좋은 것으로 보답하라. 그리하면 그대와 원한이 있던 사람도 절친한 동료같이 되리라(41:34).

위의 구절들을 듣는 많은 일반인과 지식인은 그 내용에 동의하고 감동하며, '이슬람은 평화와 관용의 종교'라는 것을 사실로 받아들인다. 그런데 놀라지 말라. 이슬람 초기와 중기의 많은 율법학자와 주석가는 위의 구절들이 취소되었다고 한다. 더 이상 효력이 없다는 것이다. 취소되었을 뿐만 아니라 수많은 칼의 구절들에 의해 대체되었다고 한다. 아래에 그렇게 취소시킨 구절(나시크)인 칼의 구절들 가운데 대표적인 네 구절을 기록한다.[XII]

◆ 금지된 달들이 지나면 너희가 우상 숭배자(mushrik)들을 **어디서든지 발견하는 대로 살해하고(uqtulu)** 그들을 포로로 잡거나 그들을 포위하라. 그리고 모든 매복 장소에서 잠복하여 기다리라(9:5).

◆ 우상 숭배자들(mushrik)이 모두 뭉쳐 너희와 전쟁하는(yuqātilu) 것처럼, **너희도 모두 뭉쳐 그들과 전쟁하라(qātilu)**(9:36).

◆ **너희가 그들을 발견한 곳 어디서든지 그들을 죽이고(uqtulūhum) 그들이 너희를 쫓아낸 곳 어디서든지 그들을 쫓아내라**(2:191).

[XII] 위의 구절들이 취소되고 칼의 구절로 대체되었다는 것은 따바리 주석, 꼬르토비 주석, 이븐 카티르 주석, 바이다위 주석, 바그위 주석, 잘랄리인 주석 등의 대표적인 여러 주석을 보면 그 내용이 기록되어 있다.

◆ 내가 불신자(kāfir)들의 마음에 공포를 주리니 너희는 그들의 목들을 치고 그들의 모든 손가락을 쳐라(8:12).

위의 구절들은 카피르와 무쉬리크(우상 숭배자)들에 대한 전쟁과 살해를 명하는 구절들이다. 소위 '칼의 구절' 혹은 '지하드 구절'의 대표적인 것이다. 더 많은 칼의 구절에 대해서는 제6장의 '꾸란의 지하드 구절' 부분에서 공부한다.

여러 꾸란 학자들은 위의 칼의 구절들이 취소시킨 평화의 구절 숫자까지도 기록하고 있다. 이븐 알아라비(Ibn al-'Arabi)는 위의 꾸란 9:5에 의해 평화의 구절 114구절이 취소되었다고 하고, 이븐 쌀라마(Ibn Salāmah)와 이븐 자우지(Ibn al-Jawzi)는 평화의 구절 124구절이 취소되었다고 한다.[63] 이들의 말에 따르면 114구절 혹은 124구절이나 되는 평화의 구절이 모두 취소되고 수많은 칼의 구절로 대체되었다는 것이다.

그렇다면 칼의 구절들 숫자는 얼마나 될까? 이집트 출신 Ex 무슬림 하미드 사마드는 꾸란에 '전쟁을 하라'라든지 '지하드를 하라'고 선동하는 직접적인 지하드 구절이 93개 구절이 있다고 한다. 더 나아가 폭력과 증오를 조장하는 구절이 206구절이 있다고 한다.[64] answering-islam 사이트에서는 지하드 구절이 164구절이라며 그 구절들을 일일이 기록하고 있다.[65] 칼의 구절들에 대한 자세한 내용은 제6장의 '꾸란의 지하드 구절' 부분에서 공부하자.

3) 나스크(취소되거나 취소시킨) 구절 수

그렇다면 꾸란에 얼마나 많은 나시크와 만수크 구절이 있을까? 앞에서 알아즈하르의 쉐이크들은 나시크 구절이 사람의 손가락 숫자보다 적다고 했는데, 지금까지 살펴본 것만 해도 10개가 훨씬 넘는다.

그렇다면 그 숫자가 얼마나 될까?

그 정확한 숫자를 파악할 수 있을까?

꾸란 구절들의 나스크 여부에 대한 학자들의 의견이 다르다. 꾸란 주석이나 나스크에 대한 책을 보면 여러 학자가 다르게 판단하는 것을 볼 수 있다. 따라서 나스크 구절 숫자를 정확하게 파악하는 것은 불가능한 것 같다. 여기서는 나스크 구절 숫자를 기록하고 있는 한 학자의 기록을 제시한다.

이슬람 역사와 고전에 대한 전문가인 이브라힘 알이브야리(무슬림, 1994년 사망)는 그가 지은 책 『꾸란의 연대』(Ta'rīkh al-Qur'ān)란 책에서 나스크 구절 숫자를 기록하고 있다.[66] 다음 도표를 보자.

	장 숫자	주요 장 이름	절수 합계
나스크가 한 절인 장	20	알끄사스, 앗롬, 알카흐프 등	20
나스크가 두 절인 장	18	앗라아드, 알무워미닌, 알포르깐 등	36
나스크가 세 절인 장	6	알이스라, 알안비야, 따흐, 알하즈 등	18
나스크가 네 절인 장	3	후드, 앗나흘, 앗사파트	12
나스크가 다섯 절인 장	2	알히즈르(제15장), 마르얌(제19장)	10
나스크가 여섯 절인 장	2	알안팔(제8장), 알무잠밀(제73장)	12
나스크가 일곱 절인 장	2	앗누르(제24장), 앗슈라(제42장)	14
나스크가 여덟 절인 장	1	유누스(제10장)	8
나스크가 아홉 절인 장	1	알마이다(제5장)	8
나스크가 열 절인 장	1	알 이므란(제3장)	10
나스크가 열한 절인 장	1	앗타우바(제9장)	11
나스크가 열다섯 절인 장	1	알안암(제6장)	15
나스크가 스물네 절인 장	1	앗니싸(제4장)	24
나스크가 서른 절인 장	1	알바까라(제2장)	30
총계	60		229

위의 도표에서 전체 꾸란 가운데 60장에서 취소된 구절 혹은 취소시킨 구절이 있으며, 구절 수로는 229구절이 취소된 구절 혹은 취소시킨 구절이란 것을 알 수 있다. 즉, 꾸란 전체가 114장인데, 그 가운데 60장에 취소된 구절 혹은 취소시킨 구절이 포함되어 있다는 것이다. 그리고 꾸란 전체

6,348절[XIII] 가운데 229절이 취소된 구절 혹은 취소시킨 구절이란 것이다. 만일 이것이 사실이라면 이는 결코 작은 숫자가 아니다. 일점일획도 변개가 없다는 무슬림의 믿음이 송두리째 무너질 만한 숫자인 것이다.

4) 나스크 교리의 위험성

이집트인 이슬람 비평가 자카리야는 '나스크 교리'의 위험성을 다음과 같이 네 가지로 정리한다.[67]

(1) 알라의 속성에 반한다

알라의 속성은 전지전능하다. 때문에 그의 지식은 완전하고 불변해야 한다. 알라는 어떤 일에 대해 자기 뜻을 계시했다가 금방 그것을 바꾸는 그런 존재냐는 것이다. 만일 그렇다면 그것은 알라의 속성에 맞지 않는다. 알라가 자신의 뜻을 계속 바꾸는 것이 가능하냐는 것이다.

(2) 꾸란의 속성에 반한다

무슬림은 꾸란이 창세 이전부터 하늘의 서판에 보관된 알라의 말씀이라고 한다.

◆ 그러나 그것은 잘 보관된 서판에 있는 영광스러운 꾸란이라(85:21-22).

따라서 그것은 오류와 변개가 없는 말씀이라고 믿는다.
그런데 '나스크 교리'는 알라의 말씀이 상황에 따라서 바뀐다는 것을 보여 주는 것이다. 바뀌는 상황을 보면 인간이 잊어버리거나 실수하거나

[XIII] 현재 꾸란의 구절 총수는 6,236절이다. 하지만 구절 수에 포함되지 않은 꾸란 각 장 서두 부분—bismillah 부분—까지 포함하면 6,348절이다. https://ar.wikipedia.org/wiki/آية, 2020년 6월 3일.

문제가 발생하여서 바뀌게 되는 경우가 많다. 그렇다면 꾸란이 오류와 변개가 없는 말씀이 될 수가 없는 것이다.

(3) 잊어버리는 계시가 계시일 수 있는가?

앞에서 기록한 꾸란 2:106의 기록대로 무함마드가 알라의 계시를 잊어버린다면, 무함마드의 계시를 어떻게 신뢰할 수 있는가 하는 것이다. 또한 이슬람은 꾸란의 전승과 전래가 무함마드 이후의 수많은 하피즈(ḥāfiẓ, 꾸란을 암송하는 사람)의 기억에 의해 이루어졌다고 한다. 그런데 만일 무함마드가 꾸란 계시를 잊어버렸다면 그를 계승한 수많은 하피즈는 어떻게 그것을 잊지 않고 일점일획도 변함없이 후대에 전달할 수 있겠는가 질문한다.

(4) 꾸란은 알라 이외의 다른 존재로부터 왔는가?

다음 꾸란 구절은 꾸란에서 '다른 점'(모순)이 발견된다면 그 꾸란은 알라 외의 다른 존재로부터 온 것이라고 기록하고 있다.

> ◆ 왜 그들은 꾸란을 숙고하지 않느뇨? 만일 그것이 알라 외의 다른 존재로부터 왔다면 그들은 그것에서 **많은 다른 점을 발견하였으리라**(4:82).

지금까지 우리가 살펴본 '나스크 교리'는 꾸란 속에서 많은 다른 점과 모순이 있다는 것을 증거하는 것이다. 꾸란에서 많은 다른 점이 발견된다는 것이다. 그렇다면 꾸란은 알라 외의 다른 존재로부터 왔다고 할 수 있다는 것이다.

꾸란과 하디스에 존재하는 수많은 나스크 구절들은 오늘날 이슬람의 딜레마이다. 정통 순니파에서 지난 1,400년 동안 그것을 교리로 확립하고 발전시켜 왔지만, 오늘날 무슬림은 그 교리로 인해 수많은 계시와 율법이 상호 모순됨을 발견하고 괴로워한다. 무슬림 학자들끼리도 이 딜레마로 인해 내부적으로 대립하고 충돌한다. 대부분의 순니파 학자들은 나스크 교리가 정통이라고 주장하지만, 일부 개혁주의자(혹은 계몽주의자)들은 그것이 오늘날 이슬람 극단주의를 부추긴다고 하며 나스크 교리를 부정한다. 그들은 나스크 교리가 꾸란의 평화의 구절들을 취소시켜 버린 것을 주목하는 것이다. 이러한 혼란 가운데 이슬람을 떠나가는 Ex 무슬림의 발걸음은 더욱 빨라지고 있다.

미주

1. Ibn Warraq, *Why I am not a Muslim* (New York: Prometheus Books 1995), p. 105.
2. Ibn Warraq, *Why I am not a Muslim* (New York: Prometheus Books 1995), p. 105.
3. The Masked Arab, Seven main resons why I left Islam—Proof Islam is false, https://www.youtube.com/watch?v=ZZ6c66G99A4&t=142s, 2020년 5월 30일; https://www.youtube.com/watch?v=NRqeYCjih_8&t=92s, 2020년 5월 30일; Apostate Prophet, 22 Reasons (Why I left Islam 2), https://www.youtube.com/watch?v=zT8jv6lZFOg&t=170s, 2020년 5월 30일.
4. Apostate Prophet, 22 Reasons(Why I left Islam 2), https://www.youtube.com/watch?v=zT8jv6lZFOg&t=170s, 2020년 5월 30일.
5. The Masked Arab, Seven main resons why I left Islam—Proof Islam is false, https://www.youtube.com/watch?v=ZZ6c66G99A4&t=142s, 2020년 5월 30일; https://www.youtube.com/watch?v=NRqeYCjih_8&t=92s, 2020년 5월 30일.
6. The Masked Arab, Seven main resons why I left Islam—Proof Islam is false, https://www.youtube.com/watch?v=ZZ6c66G99A4&t=142s, 2020년 5월 30일; https://www.youtube.com/watch?v=NRqeYCjih_8&t=92s, 2020년 5월 30일.
7. The Masked Arab, Seven main resons why I left Islam—Proof Islam is false, https://www.youtube.com/watch?v=ZZ6c66G99A4&t=142s, 2020년 5월 30일; https://www.youtube.com/watch?v=NRqeYCjih_8&t=92s, 2020년 5월 30일; Apostate Prophet, 22 Reasons(Why I left Islam 2), https://www.youtube.com/watch?v=zT8jv6lZFOg&t=170s, 2020년 5월 30일.
'Abd Allah 'Abdu al-Fādi, Hal al-Quran Ma'ṣūm(꾸란은 무오한가?)
8. The Masked Arab, Seven main resons why I left Islam—Proof Islam is false, https://www.youtube.com/watch?v=ZZ6c66G99A4&t=142s, 2020년 5월 30일; https://www.youtube.com/watch?v=NRqeYCjih_8&t=92s, 2020년 5월 30일.
9. The Masked Arab, Seven main resons why I left Islam—Proof Islam is false, https://www.youtube.com/watch?v=ZZ6c66G99A4&t=142s, 2020년 5월 30일; https://www.youtube.com/watch?v=NRqeYCjih_8&t=92s, 2020년 5월 30일.
10. Apostate Prophet, 22 Reasons (Why I left Islam 2), https://www.youtube.com/watch?v=zT8jv6lZFOg&t=170s, 2020년 5월 30일.

제4장 꾸란   237

11 Theodor Nöldeke, *The History of the Qur'an*, 아랍어 번역서 *Tārīkh al-Qr'ān*(꾸란의 역사), ⅩⅩⅩⅤ.
12 Apostate Prophet, 22 Reasons(Why I left Islam 2), https://www.youtube.com/watch?v=zT8jv6lZFOg&t=170s, 2020년 5월 30일.
13 Ibn Warraq, *Why I am not a Muslim* (New York: Prometheus Books 1995), p. 158.
14 https://en.wikipedia.org/wiki/Haman, 2020년 5월 30일; 'Abd Allah 'Abdu al-Fādi, Hal al-Quran Ma'ṣūm(꾸란은 무오한가?)
15 Ibn Warraq, *Why I am not a Muslim*m (New York: Prometheus Books 1995), p158
16 Hamed Abd Samad, Ṣandūq al-'Islām(이슬람의 상자) 제47편 al-Jins wal-Jihād fil-Islām(이슬람에서 성과 지하드), https://www.youtube.com/watch?v=hS7-wA72k-SA&t=1s, 2020년 6월 3일.
17 https://islamqa.info/ar/answers/257509/ام-العدد-الحقيقي-للحور-العين-للمسلم-في-الجنة, 2020년 5월 30일.
18 https://www.islamweb.net/ar/fatwa/324013/, 2020년 5월 30일.
19 https://islamqa.info/ar/answers/10053/هل-في-الجنة-الحور-العين-للرجال-مع-حاجة, 2020년 5월 30일.
20 https://www.youtube.com/watch?v=RsBQW0US4yM, 2020년 5월 30일. 한글 번역은 유튜브 채널 <이슬람 상자>의 제47편을 보라).
21 하메드 압드엘-사마드, 『무함마드 평전』 (서울: 한스미디어, 2016), p. 208.
22 Hamed Abd Samad, Ṣandūq al-'Islām(이슬람의 상자) 제48편 시아파 파시즘, https://www.youtube.com/watch?v=2Rnh17EtmjM&t=471s; https://24.ae/article/496870/, 2020년 9월 6일.
23 https://www.almadenahnews.com/article/198320-جواز-زفر-اي-يناري-خوي-ل-اصحاب-ه-خ-الجنة, 2020년 9월 6일.
24 로버트 스펜스, 『정치적으로 왜곡된 이슬람 엿보기』 (고양: 인간사랑, 2009), p. 150; http://aldeilis.net/english/did-mohamed-attas-bags-contain-paradise-wedding-suit/, 2020년 9월 6일.
25 Mimzy Vidz, 4 Reasons Why You are Muslim, https://www.youtube.com/watch?v=V5fI-YGGreX4, 2020년 5월 30일.
26 Hamed Abd Samad, Ṣandūq al-'Islām(이슬람의 상자) 제66편 Mutanāqiḍāt al-Qur'an: al-Tahdīd wal-Wa'īd fi al-Qur'an(꾸란에서의 위협과 협박), https://www.youtube.com/watch?v=jnfxQoYBtAo&t=600s, 2020년 5월 30일.
27 하메드 압드엘-사마드, 『무함마드 평전』 (서울: 한스미디어, 2016), p. 236.
28 Apostate Prophet, 22 Reasons (Why I left Islam 2), https://www.youtube.com/watch?v=zT8jv6lZFOg&t=170s, 2020년 5월 30일; 그 외에도 하미드, 이븐 와라끄, 라쉬드, Number 10, Masked Arab 등이 이렇게 말한다.
29 'Asbāb -l-Nuzūl lil-wāḥidi, https://www.altafsir.com/AsbabAlnuzol.asp?SoraName=33&Ayah=53&search=yes&img=A&LanguageID=1, 2020년 6월 2일.
30 'Asbāb -l-Nuzūl lil-wāḥidi, https://www.altafsir.com/AsbabAlnuzol.asp?SoraName=33&Ayah=53&search=yes&img=A&LanguageID=1, 2020년 6월 2일.
31 하메드 압드엘-사마드, 『무함마드 평전』 (서울: 한스미디어, 2016), pp. 32-33.

32 https://nour-alakl.blogspot.com/2009/11/blog-post_1848.html, 2020년 6월 2일.
33 하미드, 이븐 와라끄, 라쉬드, 무명의 이집트인 Ex 무슬림, Apostate Prophet, Masked Arab 등이 그렇게 말한다.
34 https://www.altafsir.com/Tafasir.asp?tMadhNo=7&tTafsirNo=76&tSoraNo=33&tAyahNo=37&tDisplay=yes&Page=3&Size=1&LanguageId=1, 2021년 2월 5일.
35 https://www.youtube.com/watch?v=u5Bv2y32CGQ, 2021년 2월 5일.
36 'Asbāb -l-Nuzūl lil-wāḥidi, https://www.altafsir.com/AsbabAlnuzol.asp?SoraName=66&Ayah=1&search=yes&img=A&LanguageID=1, 2020년 6월 2일.
37 Apostate Prophet, 22 Reasons(Why I left Islam 2), https://www.youtube.com/watch?v=zT8jv6lZFOg&t=170s, 2020년 5월 30일; 그 외에도 하미드, 라쉬드 등이 이렇게 말한다.
38 Mimzy Vidz, Why I left Islam, https://www.youtube.com/watch?v=69QNJDCGTGE&t=41s, 2020년 6월 3일.
39 Muhammad 'Ali al-Ṣābūni, Ṣafwat at-Tafasīr (Cairo: Dar al-Ṣābūni, 1997), Vol 3, p. 593.
40 Nuha Mahmūd Sālim, Limādha Khala'tu-n-Niqāb(왜 나는 니깝을 벗었는가?) (인터넷 출판 자료), p. 17.
41 https://www.altafsir.com/Tafasir.asp?tMadhNo=1&tTafsirNo=1&tSoraNo=108&tAyahNo=1&tDisplay=yes&Page=9&Size=1&LanguageId=1, 2020년 6월 3일; al-'Akh Rashid, Su'āl Jarī(용감한 질문) 제389편 Hal kāna Muhammad 'Ala Khulq 'Aẓīm?(무함마드는 위대한 성품의 소유자인가?), https://www.youtube.com/watch?v=3R-18siGXTS0&t=3529s, 2020년 6월 3일.
42 'Asbāb -l-Nuzūl lil-wāḥidi, https://www.altafsir.com/AsbabAlnuzol.asp?SoraName=108&Ayah=1&search=yes&img=A&LanguageID=1, 2020년 6월 3일.
43 Hamed Abd Samad, Ṣandūq al-'Islām(이슬람의 상자) 제19편 꾸란의 발전 과정-메카 시대, https://www.youtube.com/watch?v=3K6tJYXdN6k, 2020년 6월 3일.
44 Muhammad 'Ali al-Ṣābūni, Ṣafwat at-Tafasīr (Cairo: Dar al-Ṣābūni, 1997), Vol 3, p. 414.
45 Muhammad 'Ali al-Ṣābūni, Ṣafwat at-Tafasīr (Cairo: Dar al-Ṣābūni, 1997), Vol 3, p. 414; Hamed Abd Samad, Ṣandūq al-'Islām(이슬람의 상자) 제9편 꾸라이쉬 부족이 무함마드 족보를 의심한 이유, https://www.youtube.com/watch?v=gCN6uO5K5M4, 2020년 6월 3일; al-'Akh Rashid, Su'āl Jarī(용감한 질문), 제389편 Hal kāna Muhammad 'Ala Khulq 'Aẓīm?(무함마드는 위대한 성품의 소유자인가?), https://www.youtube.com/watch?v=3R18siGXTS0&t=3529s, 2020년 6월 3일.
46 Muhammad 'Ali al-Ṣābūni, Ṣafwat at-Tafasīr (Cairo: Dar al-Ṣābūni, 1997), Vol 3, pp. 414-415.
47 Hamed Abd Samad, Ṣandūq al-'Islām(이슬람의 상자) 제9편 꾸라이쉬 부족이 무함마드 족보를 의심한 이유, https://www.youtube.com/watch?v=gCN6uO5K5M4, 2020년 6월 3일.
48 al-'Akh Rashid, 'Iya wa-Ta'alīk, https://www.youtube.com/watch?v=Facjpbv6kZw, 2020년 6월 3일.
49 https://terms.naver.com/entry.nhn?docId=69060&cid=43667&categoryId=43667, 2020년 5월 1일.
50 'Asbāb -l-Nuzūl lil-wāḥidi, https://www.altafsir.com/AsbabAlnuzol.asp?SoraNa-

me=22&Ayah=52&search=yes&img=A&LanguageID=1, 2020년 6월 3일.
51 Ibn Warraq, *Why I am not a Muslim* (New York: Prometheus Books, 1995), p. 102; 하미드, 이집트인 무종교인 Number 5 등도 같은 이야기를 한다.
52 Limādha Tarktu al-Islām(왜 나는 이슬람을 떠났는가?), https://www.youtube.com/watch?v=2pF8dolnbQg, 2020년 6월 3일.
53 최영길, 『꾸란 주해』 (서울: 세창사, 2010), 서문.
54 Limādha Tarktu al-Islām(왜 나는 이슬람을 떠났는가?), https://www.youtube.com/watch?v=2pF8dolnbQg, 2020년 6월 3일.
55 https://mawdoo3.com/مه_أحدد_وعدد_وحروف_وميكل_القرآن_آيات_عدد_مك, 2020년 6월 1일.
56 'Abu Bakr al-Suyūṭi, al-'Itqān fi 'Ulūmi-l-Qur ān, Vol 3, p. 82 (사우디: 사우디파흐드 왕출판사) p. 1456.
57 https://www.altafsir.com/Tafasir.asp?tMadhNo=1&tTafsirNo=5&tSoraNo=23&tAyahNo=14&tDisplay=yes&Page=1&Size=1&LanguageId=1, 2020년 5월 31일; https://www.altafsir.com/AsbabAlnuzol.asp?SoraName=6&Ayah=93&search=yes&img=A&LanguageID=1, 2020년 5월 31일.
58 https://www.marefa.org/عبد_الله_بن_أبي_السرح, 2020년 5월 31일; https://www.altafsir.com/Tafasir.asp?tMadhNo=1&tTafsirNo=1&tSoraNo=6&tAyahNo=93&tDisplay=yes&UserProfile=0&LanguageId=1, 2020년 5월 31일.
59 Ṣalāḥ al-Dīn Khalīl al-Ṣafadi, al-Wāfi bil-Wafayāt (Lebanon: Dar al-Kotub al-'Elmiyyah), Vol 14, p. 29.
60 Limādha Tarktu al-Islām(왜 나는 이슬람을 떠났는가?), https://www.youtube.com/watch?v=2pF8dolnbQg, 2020년 6월 3일.
61 Maḥmūd Ḥamdi Zaqzūq, Ḥaqā'q al-Islām fi Muwājahati Shubuhāt al-Mushakkakīn (al-Qāhirah, 2002), p. 122.
62 Hamed Abd Samad, Ṣandūq al-'Islām(이슬람의 상자) 제13편 무함마드와 유대인, https://www.youtube.com/watch?v=OIhJ9qC8yg8&t=9s, 2020년 6월 1일.
63 Badr al-Dīn al-Zarkashi, Burhān fi 'ulūm al-Qur'ān (al-Qahira: Maktabit Dar al-Turath, 2008) Vol 2, p. 40; Hebah Allah bni Salāmah, Al-Naskh wal-Mansūkh fi al-Qur'ān al-Karīm, Vol 1, p. 99; Malek Meselmani, *The Sword Verse: Quranic Weapon Against Peace?* (USA: Water Life Publishing, 2015), p. 55.
64 Hamed Abd Samad, 이슬람과 폭력 - 하미드 사마드 독일 DW 방송 토론, https://www.youtube.com/watch?v=hWs3lJXCrxo&t=55s, 2020년 6월 4일; Hamed Abd Samad, Ṣandūq al-'Islām(이슬람의 상자) 제39편 무슬림 형제단과 나치주의자 아민 호스니와의 관계, https://www.youtube.com/watch?v=-h0AIZjcK5k, 2020년 6월 4일.
65 https://www.answering-islam.org/Quran/Themes/jihad_passages.html, 2020년 6월 4일.
66 Ibrahīm al-Ibyāri, Ta'rīkh al-Qur'ān (al-Qahira: Dar al-Kitab al-Masri, 1991) pp. 168-169; Zakariyyah Botros, Ḥiwr bil-Ḥaqq (진리의 대화) 제120편, https://www.youtube.com/watch?v=XvIrckwrq_s&t=2731s.
67 Zakariyyah Botros, Ḥiwr bil-Ḥaqq (진리의 대화) 제5편, https://www.youtube.com/watch?v=L5bGtS56rbY&list=PL47UxI1IKpKdNaArPFXvUbPelocu8foQM&index=5.

제5장
무함마드

1. 무슬림에게 무함마드는?

무슬림에게 무함마드는 '위대한 성품의 소유자'이자 '가장 훌륭한 모범'이다.

◆ 실로 그대(무함마드)는 **위대한 성품의 소유자라**(wa'innaka 'ala khuluqin 'azīmin)(68:4).
◆ 실로 알라의 메신저(무함마드)에게 **너희를 위한 훌륭한 모범**('oswah ḥasanah)이 있나니, 그것은 알라와 내세를 바라고 알라를 많이 기억하는 자들을 위한 것이니라(33:21).

위의 두 구절에서처럼 무슬림은 무함마드가 위대한 성품의 소유자라고 믿고, 지구상의 모든 무슬림이 따라야 할 가장 완벽한 도덕적 모범이라고 믿는다.

이븐 카티르[1]는 그의 주석에서 위의 꾸란 33:21이 알라의 선지자를 본받는데 있어 그의 말들과 행동들과 상태들을 본받는 중요한 근거라고 했다. 무함마드가 훌륭한 모범이기에 무슬림은 그의 말들과 행동들과 상태들을 본받아야 한다는 말이다. 오늘날 이슬람의 율법을 가르치는 alukah.net 사이트에서 다음과 같이 기록한다.

> 이슬람은 모범의 종교이다. 높은 지위에 있었던 사람들은 훌륭한 모범의 사람이었다. 이슬람에서 가장 모범적인 사람들은 선지자들이다. 그 가운데 가장 최고는 우리의 선지자 무함마드이다. 그 때문에 알라께서는 그를 우

---

[1] 이븐 카티르(Ibn Kathīr, 1300-1373)는 맘룩 왕조 시대 시리아에서 활동했던 역사가이자 주석가이다. 그가 지은 역사책인 『처음과 끝』('al-Bidāya wal-Nihāya)와 꾸란 주석책인 '이븐 카티르 주석'이 유명하다. 그의 주석은 따바리 주석과 함께 가장 권위 있는 주석 중 하나이다.

리를 위한 모범으로 만드셨다.¹

아랍인들에게 잘 알려진 mawdoo3.com 사이트에서는 다음과 같이 기록한다.

> 이슬람은 무슬림이 알라의 메신저 무함마드를 본받는 것을 권한다. 왜냐하면 그가 무슬림들의 모든 삶의 영역에서 가장 훌륭한 모범이기 때문이다. 그 때문에 그를 본받는 것은 무슬림이 천국에 들어가게 하고 알라의 기쁨을 얻게 하는 것이다. 그러나 선지자(무함마드) 외의 다른 사람을 본받는 것은 선지자(무함마드)를 대항하게 되며 이 세상과 종말에 손실을 얻고, 지옥 불에서 영원토록 타는 것 이외에는 얻는 것이 없을 것이다.²

이러한 가르침에 따라 무슬림들은 무함마드를 가장 신뢰하는 사람으로 교육받으며 자라난다. 글을 배우기 전부터 무함마드를 가장 진실하고 정직한 사람이라 가르침을 받는다. 무함마드는 그들에게 가장 용감하고 패기 있으며 능력 있는 위인 중의 위인이 된다. 사막 유목민의 가난한 목동으로 자라나 메카에서 고난과 핍박을 받은 것이 귀감이 된다. 역경을 뚫고 메디나에서 이슬람을 창설하고, 뛰어난 리더쉽으로 이슬람 제국을 확장시킨 것을 자랑스럽게 여긴다. 최후의 선지자로서 그들을 위한 모범이 되니 그보다 감사한 것이 없다. 그러기에 무슬림들에게 무함마드는 가장 완벽하고 가장 존경하는 영웅이다. 그들은 무함마드를 그들의 부모보다 더 사랑하고 그들 자신보다 더 사랑해야 한다고 말한다.³ 지난 1,400년 동안 무함마드는 모든 신실한 무슬림에게 가장 중요한 존재였고, 절대적인 위치에 있었던 사람이었다.

그런데 오늘날 Ex 무슬림들이 발견하는 무함마드는 그런 내용과는 정반대이다. 이슬람을 떠나는 수많은 Ex 무슬림은 그의 인격이 그들에게 도적적 모델이 될 수 없는 것을 발견한다. 그들은 하나같이 무함마드의 윤리와 가르침에 치명적인 문제들이 있는 것을 발견하고 고민의 긴 밤을 보낸다. 그리고 자신들이 지금까지 완벽하게 속았음에 몸서리친다. 그리하여 이슬람을 떠나기 위해 발버둥친다.

그렇다면 그들이 무함마드에 대해 발견한 사실들은 어떤 것들일까? 이 장에서 살펴보도록 하자.

2. Ex 무슬림 밈지의 증언

Ex 무슬림 밈지(Mimzy)는 자신이 어릴 때 무함마드를 어떻게 생각하고 믿었는지 담담하게 증언한다. 그녀는 자신이 무함마드를 사랑해야 하는 사람으로 알고 노력했지만 그를 사랑하기가 쉽지 않았다. 왜냐하면 무함마드가 현시대의 사람이 아니라 그의 실제 모습을 볼 수 없었기 때문이었다. 그래서 그에 대한 이야기를 많이 읽었다. 그러면서 지금은 만날 수 없지만, 그녀가 죽으면 무함마드 선지자를 만날 수 있다는 사실로 아주 흥분했다. 그를 향한 사랑은 필수적이기 때문에 그렇게 더욱 노력했다.

그녀는 무함마드가 아주 관대한 사람이었기에 그의 원수들도 그를 사랑했다고 배웠다. 그는 자신이 가진 것을 나눠 주기 전에는 잠을 자지도 못했고, 그 정도로 돈과 음식 등을 많은 사람에게 나눠 주었다는 이야기를 들었다. 무함마드에게 1디나가 있었는데, 그것도 가난한 사람에게 나눠 주기 전까지 잠을 잘 수 없었다는 이야기도 들었다. 밈지는 그러한 이야기를 들으며 무함마드가 최고로 관대한 사람으로 믿었다.

그녀가 들은 또 다른 이야기는 이슬람 이전에 아라비아반도에 여아를 매장하는 풍습이 있었다는 것이다. 사람들은 태어난 아이가 여자일 경우 남자가 아니라는 이유로 매장했다. 그러나 무함마드는 그 풍습을 인정하지 않았다. 그래서 율법을 제정하여 여아를 매장하지 못하게 했다. 밈지는 그것이 훌륭한 모범이라 생각했다.

그런 밈지가 자라서 이슬람의 숨겨져 있는 역사와 무함마드에 대한 끔찍한 기록들을 발견하게 된다. 무함마드가 유대인 부족인 바누 꾸라이자 부족 사람들을 집단 살해한 사실을 알게 된 것이다. 무함마드가 참호를 만들어 모든 성인 남자들을 참수하여 죽인다. 성기에 체모가 나 있는 성인 남자는 모두 죽였는데 그 숫자가 600-900명 정도라고 이슬람 자료는 기록하고 있다. 마치 오늘날 IS가 사람들을 참수하듯이 남자들은 죽이고 여자들과 어린이들은 모두 노예 혹은 성 노예를 삼은 것을 기록하고 있다.

또한 그녀는 사피야에 대한 이야기도 기록을 통해 확인한다. 무함마드의 사람들이 침략 전쟁을 한 뒤 사피야의 아버지를 죽였다. 그리고 오빠와 다른 가족도 죽였다. 그렇게 죽인 바로 그날 무함마드는 그녀와 강제로 첫날밤을 치른다.

밈지는 이런 내용을 발견한 뒤 무함마드에 대한 생각을 바꾸었다. 그리고 이슬람을 떠났다.[4]

자신이 이슬람을 떠난 4가지 이유를 증언하는 밈지(Mimzy)

3. 무함마드의 여자 관계

오늘날 Ex 무슬림들이 비판하는 무함마드의 윤리적인 문제에서 여자 관계가 큰 비중을 차지한다. 무함마드는 25세에 부유한 상인이자 자신보다

15살 나이가 많은 카디자와 결혼한다. 카디자는 부유한 집안의 재산가였다. 가난한 고아 출신의 무함마드는 카디자가 죽을 때까지 한 여인의 남편으로서 의무를 다했다고 한다.

그러나 카디자가 사망한 이후 그의 나이가 50세가 지나는 무렵부터 그는 다른 여러 여자와 결혼하기 시작한다. 메디나로 이주하고 움마 공동체의 절대적인 지위를 차지한 이후 그의 여자 관계는 아주 복잡해진다.

이집트인 Ex 무슬림 하미드 사마드는 무함마드가 13명의 여자와 결혼했고 14명의 다른 여자들과 결혼 계약을 했지만 동침하지는 않았다고 한다. 바쁘거나 전쟁을 해야 하는 등의 이유도 있었고, 때때로 아이샤가 개입하여 마지막 순간에 결혼을 망쳐 버리기도 했다고 한다. 또한 20명이 넘는 여자들과 약혼을 했지만 그에게 시간적 여유가 없어서 결혼하지 못했다고 한다. 물론 이 숫자에는 '밀크야민'(milk yamīn)과 몸종들은 포함되지 않았다.[5]

이슬람이 일부다처제라는 사실은 잘 알려져 있다. 꾸란은 다음과 같이 기록한다.

> ◆ 만일 너희가 고아들을 공정하게 대하지 못하는 것에 대한 두려움이 있다면 여자들 가운데 너희에게 좋은 사람—**두 사람 혹은 세 사람 혹은 네 사람—과 결혼하라.** 그러나 너희가 (아내들을) 공평하게 대하지 못하는 것에 대한 두려움이 있다면 **한 여자와 (결혼하거나) 혹은 너희들의 오른손이 소유한 자(ma malakat 'aymānukum)와 결혼하라.** 그것이 너희가 불의를 행하지 않기 위한 최소한의 것이니라(4:3).

위 구절에서 무슬림 남자는 아내들을 공정하게 대할 수만 있다면 네 사람까지 결혼이 가능하다고 한다. 그러나 공정하게 대하기 힘들 경우 한 여자와 결혼하든지, 아니면 오른손이 소유한 자 즉 지하드 전쟁에서 잡아 오거나 돈을 주고 구입해 온 여자 노예(밀크야민)와 결혼하라고 한다. 즉 이슬람 법적으로 무슬림은 네 명의 아내와 숫자의 제한이 없는 여자 노예(밀크야민)를 아내로 둘 수 있다.

지난 1300년 역사 동안 무슬림들은 그렇게 살아왔다. 그러나 현대에 들어서는 더 이상 지하드 전쟁을 할 수 없게 되었고, 노예 제도도 금지되었다. 따라서 오늘날 대부분의 무슬림 남자는 1명의 여자와 결혼 생활을 한다. 그런데 무함마드의 경우 정식으로 결혼한 부인만 13명이었다. 가장 많을 때는 9명의 부인과 한꺼번에 결혼 생활을 했다. 하미드 사마드는 정식 결혼한 13명 이외에도 밀크야민과 몸종이 더 있었다고 한다.

무함마드의 정식 부인 12명[6]

1. 카디자(Khadīja Bint Khuwaylid)	7. 자이납(Zaynab Bint Jaḥashi)
2. 사우다(Sawda Bint Zamʿah)	8. 주와이리야(Juwairiya Bint al-Ḥārith)
3. 아이샤(ʿĀʾishah Bint Abi Bakhr)	9. 사피야(Ṣafiyah Bint Ḥuyayya)
4. 하프사(Ḥafṣah Bint ʿUmar)	10. 옴 하비바(ʿUm Ḥabībah)
5. 자이납(Zaynab Bint Khazīmah)	11. 마리야(Māriyyah al-Qibṭṭiyya)
6. 옴 쌀라마(ʿUm Salamah)	12. 마이무나(Maymūnah Bint al-Ḥārith)

위의 명단은 모로코의 이슬람 학자 아이샤(ʿĀʾishah ʿAbd Raḥman) 박사의 『선지자의 여성들』(Nisāʾ al-Nabyy)에 기록된 명단이다. 이 12명의 이름에는 없지만 무함마드와 정식으로 결혼했다고 하는 리하나(Rihāna bint Zayd)도 있다. 하미드 사마드는 리하나를 포함하여 13명이라고 한다.

무함마드의 윤리적인 문제들 가운데 다수는 이들 여자들과의 관계에서 오는 것이다. 꾸란과 하디스에 기록된 내용이 그것을 증명한다. 무함마드는 정욕을 못 이겨 인륜을 거스르고 자부인 자이납을 차지했고, 6살인 아이샤와 결혼하기도 했다. 무함마드가 다른 부인들 눈치를 보며 밀크야민인 마리야와의 성관계를 피하자 알라의 계시가 내려오기도 했고, 아이샤 등을 중심으로 한 부인들의 질투와 암투가 계속되었다.

오늘날 Ex 무슬림은 꾸란과 하디스들과 선지자의 전기, 그리고 '계시의 이유' 등의 이슬람 전승을 통해 무함마드의 여자 관계에 많은 문제가 있었다는 것을 증언한다. 실제로 그러한 이슬람 전승들을 보면 무함마드의 성적 집착과 방종이라고밖에 볼 수 없는 내용들이 있다. 다음은 하디스들 가운데 무함마드의 삶에서 성(性)이 얼마나 중요한 비중이었는지 보여 주는 대표적인 하디스이다.

◇ 아나스가 말하길
알라의 메신저가 말씀했다.
"여자와 향수는 세상으로부터 내가 사랑하게 된 것이다. 또한 나의 기쁨은 기도에서 만들어진다"(수난 니싸이 3939, 3940).
◇ 아이샤가 말했다.
"알라의 선지자는 세상에서 향수와 여자와 음식 세 가지를 좋아했다."[7]

위의 처음 하디스에서는 무함마드가 좋아한 것 세 가지를 여자와 향수와 기도라고 하고 있고, 두 번째 하디스에서는 향수와 여자와 음식이라고 하고 있다. 그 외 여러 하디스에서 무함마드가 여자와 향수를 좋아했다고 기록하고 있다.

무함마드의 여자 관계 가운데 주요한 내용은 제4장의 '꾸란의 알라는 무함마드의 욕구에 대한 대변인인가?' 부분에서 이미 설명했다. 이 장에서는 아이샤와의 결혼에 대한 문제와 무함마드의 밀크야민에 대한 문제를 근거 자료들을 통해 설명해 나갈 것이다.

우리 속담에 "계집 둘 가진 놈의 창자는 호랑이도 안 먹는다"는 말이 있다. 본처와 첩을 거느리고 살자면 속이 썩어 편할 날이 없다는 말이다. 한두 명 더 거느리는 것도 그런데 수십 명의 처첩을 두고서 어찌 집안이 평안할 수 있었을까. 따라서 무함마드의 많은 부인으로 인해서 여러 에피소드와 문제들이 생겨난 것은 당연한 귀결이라고 볼 수 있다.

1) 아이샤와의 결혼

팔레스타인 혈통의 하짐 파라즈(Hazem Farraj)는 무함마드가 아이샤와 결혼한 것이 그가 이슬람을 떠난 이유 중의 하나라고 밝혔다.[8] 그 외에도 여러 Ex 무슬림이 아이샤와의 결혼의 문제점을 제기한다(Apostate Prophet, Zara Kay 등).

무함마드는 메카에서 포교 시작 이후 11년째 자신의 동료이던 아부 바크르의 딸 아이샤와 결혼한다. 그때 그녀의 나이는 6살이었다. 그 뒤 메디나 이주 이후 아이샤가 9살이 되었을 때 그녀와 신방에 든다. 그때 무함마드의 나이는 50살이 넘었다.

무함마드가 아이샤와 결혼한 것에 대해서는 여러 하디스가 기록하고 있다.

> ◇ 아이샤가 말하길 "이슬람의 선지자는 내가 6살 때 나와 결혼했고, 내가 9살 때 첫날밤을 치렀다"(사히흐 부카리 5134, 5235; 사히흐 무슬림 1422b; 수난 아부 다우드 2121; 수난 니싸이 3378).

이집트인 Ex 무슬림 노하 박사는 이 결혼이 선지자에게 적합한 결혼이 아니라고 한다.

무함마드가 아이샤와 결혼하기 이전에 오마르 브닐 카땁(2대 칼리프)과 우스만 브니 압판(3대 칼리프)이 그들의 딸을 무함마드와 결혼하게 하려고 했을 때 무함마드는 나이 차이가 많다는 이유로 거절했다. 그런데 아부 바크르(1대 칼리프)의 딸 아이샤와는 결혼했던 것이다. 정치적인 목적이 있는 것으로 보인다. 아이샤는 어린아이였다. 아직 생리를 모르고 신체적으로 감정적으로 성숙을 모르는 나이였다. 만일 무함마드가 진정한 선지자였다면 이 나이의 어린 여아와 결혼하는 것을 거부하고, 그녀의 유아기를 보호했을 것이다.[9]

아이샤와의 결혼에 대해 변호하려는 사람들은 그 당시의 공동체는 그렇게 나이 차이가 많은 결혼이 자연스러운 것이었다고 한다. 설령 그렇다고 하더라도 선지자의 사명은 개혁과 변화이다. 공동체에서 일어나는 부정적인 일들에 순응하지 않아야 한다. 그런데도 무함마드는 유아와 결혼함으로 윤리적인 비난을 받게 되었다. 그뿐만 아니라 그의 이 결혼은 오늘날 중동 나라들에 만연한 아동/미성년 결혼 풍습의 원인을 제공했다. 예멘 수도 사나아 대학의 성별 연구 센터의 최근 통계에 따르면 52%의 예멘 여성들이 15세 이하일 때 결혼한다고 밝히며, 65%의 결혼이 아동/미성년 결혼에 해당한다고 밝혔다.[10]

이슬람의 아동/미성년 결혼에 대해 더 자세한 내용은 제10장 '이슬람의 기이한 결혼들' 부분을 보라.

2) 무함마드의 밀크야민

이스마엘(Brother Ismail)이라는 Ex 무슬림의 증언이다. 그는 꾸란과 무함마드의 가르침으로 인해 이슬람을 떠났다. 특히 무함마드의 도덕과 행위를 본 이후 결심하게 되었다. 그는 무함마드를 사랑하려고 최선을 다했고, 무함마드를 변호하기 위해 최선을 다했다. 그러나 권위 있는 이슬람 초기 자료들에 근거한 이슬람 비평을 접하고는 더는 변호할 수 없었다. 그가 접한 비평의 대표적인 예가 무함마드의 성적인 부도덕에 대한 것이었다. 꾸란과 하디스에서 여성을 전쟁 노예로 사로잡고 강간하는 것이 허락되어 있음을 발견했다. 그 여성이 결혼한 여인이라 하더라도, 그 여성의 남편이 아직 살아 있다고 하더라도, 그 여성의 부족이나 국가가 지하드 전쟁에서 패하면 그 여성은 성 노예가 되는 것이었다.[11]

◆ 여성들 가운데 결혼한 여자들과는 (너희가 **결혼하는 것이**) **금지되나 너희의 오른손이 소유한 자**(ma malakat 'aymānukum)**는 예외라**. (이것이) 너희를

향한 알라의 계명이라(4:24).

이스마엘이 발견한 성 노예를 이슬람에서는 '밀크야민'(milk yamīn)이라 한다. 밀크야민은 아랍어로 '오른손이 소유한 사람'을 의미하는 것으로 전쟁에서 사로잡은 노예나 거래를 통해 산 노예, 혹은 선물로 받은 노예를 말한다. 남녀 노예 모두가 해당하지만, 꾸란에서 이 단어는 여성 노예를 의미할 때가 대부분이며, 실제 사용에 있어서도 밀크야민이라고 하면 대개 여성 노예를 의미한다.

무함마드는 정식 결혼한 여성 이외에 밀크야민을 데리고 있었다. 즉, 그가 수행한 지하드 전쟁에서 포로가 된 여성들 가운데서 미모가 뛰어난 여성들을 자신의 밀크야민으로 삼은 것이다. 『선지자의 여인들』(*Nisā' al-Nabiyy*)이란 책을 기록한 모로코인 아이샤 박사는 무함마드의 정식 부인 12명을 소개한다. 하미드 사마드는 무함마드가 13명의 여자와 결혼했고 결혼 계약을 했지만 동침하지 않은 여인들이 14명이고, 그 외 약혼한 여인들과 밀크야민들이 있었다고 한다.[12]

여기서 필자는 이슬람 자료에서 발견되는 무함마드의 밀크야민에 대한 기록을 소개한다. 사피야(Ṣafiyah bint Ḥuyayy)와 리하나(Riḥāna bint Zayd)와 그리고 주와이리야(Juwairiya bint al-Ḥārith)에 대한 기록이다. 이들은 모두 무함마드가 수행한 지하드 전쟁에서 포로가 된 뒤 미모가 뛰어나 무함마드의 눈에 들게 되었다. 그래서 그의 밀크야민으로 삼는다. 오늘날 이슬람은 무함마드가 이 여인들을 자유롭게 했으며, 그의 정식 부인이 되었다고 오히려 자랑스럽게 말하고 있다.[11]

---

11   이슬람 자료들에서는 사피야와 주와이리야는 무함마드가 그들을 노예에서 해방하고 정식 부인으로 삼았다고 하며, 리하나는 밀크야민이라 한다. 여러 이슬람 자료에서 무함마드가 최소 4명의 밀크야민을 데리고 있었다는 것이 확인된다(https://wikiarticle.xyz/i-post.php?ua=wga5n2gnylsotor.com/sq1ko4pdm/جامع-جاريه-الرسول//tp9xw3nqs, 2020년 12월 1일).

(1) 사피야

사피야(Ṣafiyah Bint Ḥuyayya)는 유대인 부족인 바누 나디르 부족 출신의 어여쁜 여성이었다. 17살 정도의 나이로 결혼한 지 얼마 되지 않은 새 신부였다. 그때 이슬람 군대가 쳐들어왔고, 그녀의 부족은 카이바르(Khaybar) 전투에서 이슬람 군대에 패배하고 만다. 그 전투에서 자신의 남편과 오라비와 부족 사람들이 모두 사망한다. 그녀의 아버지는 그전에 이슬람 군대에 의해 사망했다(그녀의 가족이 사망하는 상황에 대해서는 바로 다음 주제인 '종교의 창시자가 사람을 죽임' 부분에서 설명한다). 전투가 끝난 뒤 그녀는 무슬림 군대의 포로가 되었다. 다히야 칼비(Daḥya Al-Kalbi)가 그녀의 미모를 먼저 알아보고 자신의 밀크야민으로 삼는다. 그러나 그 사실이 무함마드에게 보고되자 무함마드가 그녀를 빼앗아 자신의 밀크야민으로 삼는다. 이슬람은 그녀를 무함마드의 정식 부인 12명 가운데 한 사람이라고 한다.[13] 그녀가 포로가 되는 과정을 무함마드의 전기와 하디스에서 다음과 같이 기록하고 있다.

> 사피야는 카이바르 전투에서 이슬람 군대가 승리하고 **그녀의 남편이 사망한 뒤 포로가 되었다.** 포로들을 갈무리하고 있을 때 다히야 칼비가 선지자에게 가서 말하길 "알라의 선지자님! 이 포로들 가운데서 저에게 한 여종을 주십시오." 선지자가 말하길 "가서 한 여종을 취하라." 그래서 그는 사피야를 취했다.
> 그 뒤 한 남자가 선지자에게 가서 말했다. "알라의 선지자님! 당신이 다히야에게 사피야를 주었습니까? 그녀는 당신 이외에는 어떤 이에게도 합당하지 않습니다." 그러자 선지자가 말하길 "그를 그녀와 함께 부르라"고 했다. 그러자 다히야가 그녀를 데리고 왔다. 선지자는 그녀를 본 이후 다히야에게 말했다. "그대는 그녀를 포기하고 포로들 가운데 다른 여종을 취하라." 선지자는 그녀를 노예에서 해방하고 그녀와 결혼했다.[14]

우리는 이 무함마드 전기에서 무함마드와 그의 부하들이 지하드 전쟁에서 밀크야민을 어떻게 선택했는지 볼 수 있다. 전쟁 이후 포로들을 갈무리할 때 그들의 관심사는 더 낫고 아름다운 여자를 자신의 밀크야민으로 선택하는 것이었음을 알 수 있다. 심지어 무함마드도 미모가 가장 뛰어난 여자를 자신의 소유로 삼는다. 자신의 부하가 먼저 선택했음에도 그에게 다른 여자를 선택하라고 명령한 뒤 자신이 빼앗은 것이다.

다음은 무함마드가 밀크야민으로 선택한 사피야와 어떻게 잠자리를 하는지에 대해서 살필 수 있는 하디스이다.

◇ 아나스 브니 말릭이 말했다.
우리는 카이바르(Khaybar)에 도착했다. 알라께서 (카이바르) 요새를 정복하게 하셨을 때 후야이(Ḥuyayya)의 딸 사피야(Ṣafiyah)가 아름답다는 소식이 선지자(무함마드)에게 전해졌다. **그녀는 새 신부인데 남편이 그 전쟁에서 죽임당했다.** 그래서 **알라의 선지자는 그녀를 자신을 위해 선택하였고**, 그녀와 함께 그곳을 떠났다. 우리가 사드 앗사흐바(Sadd al-Ṣahba)란 곳에 도착했을 때 **그녀는 생리가 끝났고, 알라의 메신저는 그녀와 동침했다.** 그 뒤 그는 작은 가죽 돗자리 위에 하이스(Ḥays)라는 아랍 음식을 준비했다. 그 (무함마드)가 나(아나스)에게 말씀하길 "그대 주위의 사람들을 초대하노라." 그것은 사피야를 위해 그가 준비한 결혼 잔치였다. 그 뒤 우리는 메디나를 향해 떠났다. 나는 알라의 선지자가 자신의 낙타 안장 뒤에 그녀를 위해 자신의 옷으로 쿠션을 만드는 것을 보았다. 그리고 낙타에 올라타면서 그의 무릎을 구부려 사피야가 그 무릎을 밟고 올라타도록 하였다(사히흐 부카리 4211, 2235, 2893; 수난 아비 다우드 2995).

이 하디스에서 무함마드는 카이바르 전투에서 승리한 바로 그날 돌아가는 길에 사피야와 동침한 것을 알 수 있다. 그녀가 생리를 끝냈다는 것을 확인한 이후 그녀에게 들어간 것이다.

오늘날 Ex 무슬림들은 무함마드가 사피야를 밀크야민으로 취한 것을 맹렬히 비판한다. 최후의 선지자가 야만적인 지하드 전쟁을 치루고 난 뒤 여성들을 포로로 삼은 것도 큰 문제이고, 그 가운데 아름다운 여인을 자신의 밀크야민으로 취한 것도 큰 문제라고 한다. 더구나 사피야는 그 전쟁에서 남편과 오빠와 가족들 모두를 잃었다. 때문에 그녀는 말할 수 없는 슬픔에 사로잡혀 있었다. 그런 그녀를 밀크야민으로 삼을 뿐만 아니라 그날 바로 동침한 것은 인지상정을 거절한 야만적인 행위라는 것이다. 그것은 종교의 창시자가 할 수 있는 일이 아닌 것이다.[15]

(2) 리하나

무함마드 전기 가운데 하나인 *at-Ṭabaqātu -l-Kubra*에 기록되어 있는 무함마드의 밀크야민 리하나(Riḥāna bint Zayd)에 대한 내용이다. 리하나는 유대인 부족인 바누 꾸라이자 부족의 여인이었다. 무함마드가 바누 꾸라이자 부족을 잔인하게 살해하고 그 아이들과 여자들을 포로로 사로잡았다(바누 꾸라이자 부족 학살에 대해서는 곧 자세히 설명한다). 그녀는 그런 잔인한 학살의 현장에서 미모가 무함마드의 눈에 띄어 밀크야민으로 선택되게 된다.

무함마드 전기의 기록 목적은 무함마드의 행적을 찬양하기 위한 것이다. 그래서 다음 기록의 초점은 리하나가 무함마드의 부인이 되어서 얼마나 행복한지에 맞춰져 있다. 그렇지만 이 기록에서 우리는 당시의 밀크야민이 되는 과정과 무함마드가 밀크야민을 어떻게 대하는지를 볼 수 있다.

> 우마르가 전하는 말이다. 선지자(무함마드)가 리하나(Riḥāna)를 해방했다. 그녀는 자신을 사랑하고 존경하는 남편이 있었다. 그녀가 말하길 "나는 내 남편이 죽은 이후에 결코 다른 사람과 결혼하지 않을 것이다"고 했다.
> 그녀는 아주 아름다운 여자였다.
> 바누 꾸라이자 부족 사람들이 포로가 되었을 때 선지자(무함마드)에게 그 포로들이 전시되었다. 리하나가 말하길

"나는 선지자(무함마드)에게 전시된 포로들 가운데 한 사람이었다. 그가 나를 다른 포로들로부터 따로 분리하라고 명령하셨다. 무함마드 선지자는 모든 전리품 가운데서 선택할 수 있는 권리가 있었다. 내가 (다른 포로로부터) 분리되었을 때에 알라께서 나를 선택하셨다. 나는 포로들이 살해되고 다른 사람들에게 분산될 때까지 며칠 동안 옴무 문디르 집에 보내져 있었다. 그 이후에 선지자가 나와 동침했다. 내가 몹시 부끄러움을 느끼자 그는 나를 그의 무릎 위에 앉히고는 말씀했다."
"네가 알라와 그의 메신저(무함마드)를 선택한다면 알라의 메신저(무함마드)는 자신을 위해 너를 선택할 것이다."
그래서 내가 말했다.
"저는 알라와 그의 메신저를 선택하겠습니다."
"내가 이슬람을 믿게 되자 그는 나를 노예에서 해방해 주고 나와 결혼했다. 그리고 나에게 12온스의 돈을 주었고 그의 부인들에게 재물을 나눠 주는 것처럼 나에게도 나눠 주었다. 그리고 옴무 문디르의 집에서 결혼식도 했다. 그의 부인들에게 나눠 주는 것처럼 나에게도 나눠 주었고, 나에게 히잡을 착용시켰다."
알라의 메신저(무함마드)는 그녀를 아주 좋아했다. 그녀가 그에게 아무 요청도 하지 않았는데 그녀에게 그것들을 주었다. 사람들은 말했다.
"만일 네가 알라의 메신저에게 바누 꾸라이자 부족 전체를 요청했다면 그들을 모두 해방해 주었을 것이다"[16]

위의 기록에서 무함마드가 치른 지하드 전쟁 이후에 전리품과 포로를 어떻게 했는지를 파악할 수 있다. 갈무리한 이후 살해되는 포로가 있었고 취해지는 포로가 있었음을 볼 수 있다. 무함마드는 모든 전리품 가운데서 가장 좋은 것을 선택할 수 있는 권리가 있었다. 그래서 가장 아름다운 여자를 자신의 밀크야민으로 선택한 것을 볼 수 있다. 그리고 그 밀크야민과 동침했다.

위의 기록에서는 리하나가 알라와 그의 메신저를 선택하겠다고 말하고 있다. 그러나 가족과 모든 것을 잃고 포로로 잡힌 여인이 자발적으로 가해자를 믿고 따르겠다고 결정할 수 있겠는가? 어불성설이다. 이 책 제6장에서 자세히 살펴보겠지만 여기에서 지하드 전쟁의 주된 동기가 전리품과 포로 획득인 것도 파악할 수 있다.

(3) 주와이리야

사히흐 부카리 하디스에서 무함마드가 바누 무스딸리끄 출신의 주와이리야(Juwairiya bint al-Ḥārith)를 취하는 내용을 기록한다.

◇ 이븐 아운(Ibn 'Aun)이 말한 하디스에서, 나는 나피아에게 편지를 적었고, 그가 나에게 답장했다.

"알라의 선지자(무함마드)가 바누 무스딸리끄(Banu al-Muṣtaliq) 부족을 침략하였다. 부족 사람들은 눈치채지 못하고 그들의 가축들에게 물을 먹이고 있었다.

그가 그들의 전사들을 죽이고[III] 그들의 여자들과 아이들을 포로로 잡았다. 그날에 그가 주와이리야(Juwairiya)를 획득했다"(사히흐 부카리 2541).

위 하디스에서도 무함마드가 다른 부족을 침략한 뒤 전사들을 죽이고 여자와 아이들을 포로로 잡았다고 하고 있다. 여기서는 전쟁을 한 것도 아

III sunnah.com에서 위의 하디스 영어 번역이 잘못되어 있다. "Their fighting men were killed and their women and children were taken as captives." 즉, "그들의 전사들이 죽임 당하고 그들의 여자들과 아이들이 노예로 취해졌다"로 번역하고 있다(https://sunnah.com/bukhari/49/25). 그러나 아랍어 문장은 "He killed their fighting men and captivated their women and children"이다. 즉, "그(무함마드)가 그들의 전사들을 살해하고 그들의 여자들과 아이들을 포로로 잡았다"이다. 무함마드는 지하드 전쟁에서 사람들을 죽였고, 여자들과 아이들을 포로로 잡았고, 그 가운데 가장 어여쁜 주와이리야를 밀크야민으로 취한 것이다.

니고 무방비로 있는 부족을 화적 떼처럼 습격하여 빼앗은 모습이 기록되어 있다. 그 여자들 가운데 미모가 가장 뛰어난 여자는 무함마드의 밀크야민이 되었다.

오늘날 무슬림들은 무함마드의 밀크야민들이 성 노예가 아니라 자유인이 되었고, 선지자의 부인이 되는 영광을 누렸다고 한다. 이 여인들이 명예와 재물을 얻었고, 모든 믿는 사람의 어머니가 되었다고 오히려 자랑스럽게 말한다.[17] 하디스 기록들에는 이들이 나중에 무함마드로부터 사랑을 받는 모습과 재물을 얻는 모습이 그려진다. 또한 결혼식 혹은 결혼 잔치를 했다고 기록하고 있다.

그렇다면 과연 이 여인들이 무함마드와 정식으로 결혼했다고 할 수 있는가? 그들이 정식으로 결혼한 것이 아니라는 것을 이슬람의 합법적인 결혼 조건을 통해서 알 수 있다. 오늘날 율법학자들은 이슬람의 결혼이 성립되기 위해서는 적어도 네 가지 조건이 필요하다고 한다. mawdoo3.com에서 소개하는 네 가지는 먼저 신랑 신부 두 사람의 동의, 신부 측 후견인의 동의, 증인(하객)의 존재, 그리고 지참금의 지불이라고 하고 있다.[18]

그런데 위의 세 밀크야민의 경우 이 조건을 갖추지 못했다. 신부 측의 동의는커녕 그들은 강제로 몸도 빼앗기고 영혼도 빼앗겼다. 신부 측의 후견인도 없었다. 증인도 무함마드의 동료들 이외에는 없었다. 무함마드가 일방적으로 금은보화를 지급했다고 하더라도 그것은 진정한 의미의 지참금이라 할 수 없다. 따라서 오늘날 무슬림의 말은 터무니없는 것이다.

그들의 말대로 이 여성들이 무함마드의 후처가 되었다 하더라도 그것은 나중 이야기이다. 이 여인들은 지하드 전쟁에서 포로로 사로잡혀 온 노예들이다. 그들의 가족들은 비참하게 세상을 떠났고 그들의 피붙이는 어디에도 없었다. 또한 그들이 주장할 수 있는 권리는 아무것도 없는 상황에서 그들의 의지와 상관없이 무함마드와 강제로 동침했다. 그들은 자신들의 가장 소중한 것들을 다 잃은 사람들이었고, 지하드 전쟁의 가장 큰 피해자들이었다.

종교의 창시자가 그런 폭력과 억압과 강탈을 주도한 것을 어떤 말로 합리화할 수 있단 말인가?

4. 종교의 창시자가 사람을 죽임

Ex 무슬림들이 지적하는 무함마드의 윤리에 대한 두 번째 부분은 그가 사람을 죽였다는 것이다. 그들은 "무함마드가 최후의 선지자이자 종교의 창시자라면 마땅히 자비롭고 포용하며 용서하는 사람이어야 하는데 어떻게 사람을 죽일 수 있나?"라고 반문한다. "한두 사람도 아니고 많은 사람을 잔인하게 죽이고, 수많은 전쟁을 수행할 수 있나?"라는 것이다(밈지, 이름을 밝히지 않은 Ex 무슬림 Number 6, 하미드, 라쉬드 등).

이슬람 초기 자료들에서 무함마드의 삶을 추적해 보면 그는 칼의 사람이었고 전쟁의 사람이었음을 어렵지 않게 발견한다. 많은 하디스와 그의 전기들에서 그가 수많은 전쟁을 지휘했고, 수많은 사람을 죽인 기록이 남아 있다. 다음은 그가 명령하거나 그가 동의하여 사람을 죽인 기록들이다. 그가 직접 죽이지는 않았지만 그가 명령했기에 그가 죽인 것이나 다름없다. 먼저는 죽인 사람의 이름이 기록된 경우를 살펴보고, 다음으로 이름은 기록되지 않았지만 사람을 죽인 기록들을 살펴본다.

1) 사피야의 가족들

사피야(Ṣafeyya bint Ḥuyayy)는 유대 부족 바누 나디르 부족의 딸로서 무함마드의 밀크야민이 된 여인이다. 앞의 '무함마드의 밀크야민' 부분에서 사피야가 밀크야민이 된 과정을 살펴보았다. 그녀가 밀크야민이 되는 과정도 윤리적 문제가 많지만, 그녀의 가족들이 사망하는 과정도 참혹하다. 그래서 오늘날 많은 Ex 무슬림은 이러한 사피야(Ṣafeyya) 상황에 대해서 목소리를 높인다.

당시 메디나 도시 안에는 유대인 부족이 셋 있었다. 바누 까이누까아와 바누 나디르, 그리고 바누 꾸라이자이다. 메디나에서 정권을 잡은 무함마드는 이 세 부족을 순서대로 축출한다. 남자들은 추방하거나 죽이고 여자들과 아이들은 포로로 잡았다.

마지막 유대인 부족인 바누 꾸라이자(Banu Qurayẓah) 부족이 참수되던 날 사피야의 아버지도 살해되었다(바누 꾸라이자 부족 학살에 대해서는 곧 자세히 설명한다). 그리고 그다음 해(히즈라 6년) 이제는 메디나 바깥 근교에 거주하던 카이바르(Khaybar) 유대인들을 정복한다. 그 정복 전쟁에서 사피야(Ṣafeyya)의 남편은 보물들이 숨겨진 곳을 밝히라는 무슬림들의 요구를 거절한다. 그래서 고문당하고 죽임당한다. 그뿐만 아니라 그녀의 오빠도 같은 날 살해당한다. 이로써 사피야는 아버지와 남편과 오빠 등 집안의 남자 가족 모두를 잃었다. 샤피야는 태산이 무너지는 충격에 사로잡힐 수밖에 없었다. 그러나 무함마드는 모든 가족을 잃은 샤피야를 그대로 두지 않았다. 그들이 살해당한 바로 그날 무함마드는 사피야와 강제로 동침했다. 조금 전 있었던 전쟁에서 카이바르 유대인들을 축출하고 참수했기에 그 아이들과 여성들은 합법적인 전리품이 되는 것이다. 여성들의 경우 마음껏 성 노예(밀크야민)로 삼을 수 있는 것이다.

이집트의 Ex 무슬림 하미드 사마드는 이 사건을 설명하면서 다음과 같이 말한다.

무슬림은 이 사건을 "알라께서 그녀의 마음을 열어 이슬람을 받아들이도록 했다"고 하는데요, 정말 위대한 무함마드입니다! 어떻게 그럴 수 있습니까?
사피야는 그녀의 아버지와 오빠와 남편이 죽는 모습을 보았습니다.
그런데 무슬림은 어떻게 갑자기 주님이 그녀의 마음을 열어서 그녀가 이슬람을 받아들였다고 할 수 있습니까?

그녀가 "이렇게 참수하는 이 종교는 정말로 자비롭네요!"라고 말하며, 무함마드에게 "선지자여! 저를 품어 주소서"라고 하는 것이 가능하단 말입니까?[19]

사피야 가족의 죽음과 결혼 등에 대한 이야기는 사히흐 부카리, 사히흐 무슬림, 따바카트 코브라 등의 하디스와 이븐 히샴의 무함마드 전기에 기록되어 있다.

2) 그가 죽인 시인 1: 카아브 브니 아슈라프

카압 브니 아슈라프(Ka'b bni al-'Ashraf)의 암살에 대해서 살펴보자. 카압 브니 아슈라프는 유대인 남자였다. 그는 메디나에서 무함마드 선지자에 대해 비난하는 시를 적었다. 그 시에서 무함마드 선지자에 대해 말하길 "그가 유대인의 책들에서 내용을 가져와서 꾸란을 만들었다"라고 했다. 그 유대인의 책들이란 모세의 율법서뿐만 아니라 탈무드와 미드라쉬 등을 의미한다. 미드라쉬는 모세의 율법서를 해설한 책이다. 그는 단지 시를 적으며 무함마드가 토라와 탈무드 그리고 미드라쉬에서 내용을 인용하여 꾸란을 지었다고 말한 것뿐이다.[20] 다음 하디스를 보자.

◇ 알라의 선지자께서 말씀했다.
"누가 카아브 브니 아슈라프를 죽이겠는가? 그는 알라와 그의 메신저를 해롭게 했다."
무함마드 브니 마슬라마가 말했다.
"제가 그를 죽이는 것을 원하십니까?"
선지자께서 말씀했다. "그래, 내가 그것을 원한다."
무함마드 브니 마슬라마가 말하길 "그렇다면 제가 말하고자 하는 것을 말할 수 있도록 허락하십시오."

선지자께서 말씀했다. "내가 그것을 원한다(그것을 허락했다)"(사히흐 부카리 3032, 3031; 사히흐 무슬림 1301).

그래서 카압 브니 아슈라프는 죽임을 당했다.

3) 그가 죽인 시인 2: 아스마 빈트 마르완

아스마('Aṣmā' bint Marwān)는 여류 시인이었다. 그녀의 시에 무함마드를 모욕하는 내용이 들어 있었다. 무함마드는 자신을 모욕하는 것을 참지 못했다. 그래서 우마이르 브니 아디('Umayr bni 'Adi)라는 사람을 보내어서 그녀를 살해한다. 그때 아스마는 자신의 아이에게 젖을 먹이며 그들과 함께 잠자고 있었다. 가장 평안하고 자애롭게 잠들어 있는 그녀를 죽인 것이다.

이슬람 초기 역사가 알-와끼디(al-Wāqidi, 747-823)가 그녀의 죽음에 대해 기록하고 있다. 또한 이븐 타이미야(Ibn Taymiyyah, 1263-1328)도 그의 책 『선지자를 욕하는 자에게 빼든 검』(al-Ṣārim al-Maslūl)에서 그녀의 죽음에 대해 상세하게 기록했다.[21] 다음은 이븐 히샴의 『무함마드 전기』에 기록된 아스마 살해에 대한 내용이다.

> 아스마 빈트 마르완은 바니 우마이야 브니 자이드 부족 출신이다. 아부 아팍이 살해되었을 때 그녀는 그것을 조롱했다. 압둘라 브니 알-하리스는 그녀가 바니 카뜨마 부족의 한 남자와 결혼한 것을 말했다. 그녀는 다음과 같이 이슬람과 이슬람을 따르는 사람들을 모욕했다.
> ....
> ....
> 그러한 내용이 알라의 메신저에게 도달했을 때 알라의 메신저는 "(너희 가운데) 나를 위해 마르완의 딸(아스마 빈트 마르완을 의미)을 제거할 사람이 없는가?"라고 말했다.

거기에서 그 말을 들은 우마이르 브이 아디야는, 바로 그날 밤 그녀의 집으로 가서 그녀를 죽였다. 그리고는 아침에 알라의 메신저에게 와서 "알라의 메신저여! 제가 그녀를 죽였습니다"라고 말했다.

알라의 메신저는 "우마이르여! 그대는 알라와 그의 메신저를 도왔다"라고 말했다.

우마이르는 "알라의 메신저여! 제가 그녀의 죽음에 대해서 잘못한 일이 있습니까?"라고 물었다.

그러자 알라의 메신저는 "두 암염소('anz)는 그녀에 대해 머리를 서로 들이받지 않는다(그녀의 죽음에 대해 이견이 없다 혹은 그녀의 죽음이 합당하는 의미)"라고 말했다.[22]

아스마는 단지 시를 지어 낭송했을 뿐인데도 무함마드를 모욕했다는 이유로 죽임을 당한 것이다.[23]

4) 그가 죽인 시인 3: 이븐 카딸

무함마드에 의해 죽임당한 또 다른 시인이 있다. 이름은 이븐 카딸(Ibn Khaṭal)이다. 이븐 카딸(Ibn Khaṭal)은 하녀가 둘 있었다. 그가 시를 낭송할 때 그 하녀들은 노래를 불렀다. 이븐 카딸은 이슬람에 귀의했다가 다시 이슬람을 떠났다. 그래서 무함마드 선지자는 메카를 정복하는 날 그를 죽일 것을 명령했다.

무함마드는 "이븐 카딸이 메카의 카아바를 붙들더라도 너희들은 그를 죽여라"고 명령했다. 당시 큰 죄를 지은 사람이 목숨을 건지기 위한 다른 방법이 없을 때 마지막 수단으로 카아바를 붙들곤 했다. 이븐 카딸은 살기 위한 본능으로 카아바를 붙잡았지만 무함마드의 군사들은 그를 목 베었다. 그리고 그의 하녀들도 목 베었다. 왜냐하면 선지자를 욕하는 시를 그 하녀들이 노래했기 때문이었다.[24]

다음은 무함마드가 이븐 카딸을 살해할 것을 명령하는 하디스의 기록이다.

◇ 알라의 메신저가 (메카를) 정복한 해에 그는 머리에 투구를 쓰고 (메카)에 들어갔다. 그것을 벗었을 때 한 남자가 그에게 와서 말하길 "이븐 카딸이 카아바의 커튼을 잡고 있습니다". 알라의 메신저가 "그를 죽여라"고 말했다. (사히흐 부카리 1846, 3044, 사히흐 무슬림 1357)

5) 옴무 끼르파

Ex 무슬림들은 무함마드와 그 동료들의 잔인성을 말할 때 옴무 끼르파('Ommu Qirfa) 이야기를 한다. '옴무 끼르파'는 '끼르파의 어머니'란 의미이다. 그녀는 말릭이라는 사람과 결혼하여 13명의 아들을 낳았다. 낳은 아이들이 모두 부족의 지도자가 될 정도로 그녀는 교육을 잘 시켰다. 옴무 꼬르파는 시인이기도 했다. 당시 아랍 사람들은 시를 통해 부족의 명예와 긍지를 고양하고, 시를 통해 공동의 적인 다른 부족을 조롱하고 저주하기도 했다. 따라서 시를 잘 쓰는 사람이 명성을 얻었다. 부족 사람들은 "옴무 꼬르파보다 시를 잘 써야 한다"는 말을 공공연하게 하곤 했다. 그런데 그녀는 표현의 자유를 주장하고 무함마드를 반대한다는 이유로 죽임당하였다.[25]

무함마드는 그의 양자이자 무함마드 군대의 지휘관이었던 자이드 브니 하리스를 보내어 옴무 끼르파 부족 사람들을 대상으로 매복 습격을 했다. 그런 가운데 그녀를 죽였다. 옴무 끼르파의 죽음이 주목을 받는 것은 자이드 브니 하리스가 옴무 끼르파를 죽이는 방법이 너무나 잔인하고 비인간적인데 있다. 『따바리의 역사』란 책에서 다음과 같이 기록한다.

자이드 브니 하리스가 라마단 달에 그녀를 아주 잔인하게 죽였다. 그녀는 아주 나이 많았는데, 그녀의 두 발을 두 마리의 낙타에 양쪽으로 묶어서 찢어져 죽게 했다. 자이드는 그녀가 죽었는지 확인한 뒤 머리를 잘랐다. 그 뒤 자이드는 옴무 끼르파의 딸을 노예로 사로잡아 갔다.[26]

나이 많은 할머니의 손과 발을 두 마리의 낙타에 묶고는 서로 반대로 달리게 했으니 그녀의 죽음이 얼마나 비참했겠는가? 그녀의 죽음은 여러 이슬람 전승들에서 아무런 부끄러움 없이 그대로 기록되어 있다.

최후의 선지자 무함마드가 죽인 사람은 몇 명이나 될까? 아랍어로 인터넷 검색을 하면 무함마드가 살해를 명령한 사람의 숫자가 몇 명인지, 그 이유가 무엇인지 어렵지 않게 찾아볼 수 있다. 어떤 사이트는 15명이라고 하고 다른 사이트는 20명이라고 한다.[27] 메카를 정복할 당시 무함마드가 살해를 명령한 사람의 이름 6명이 기록된 사이트도 있다.[28] 이 숫자는 그가 지목하여 살해를 명령한 사람들의 숫자이다. 그 외에 그가 지휘한 지하드 전쟁들에서 그의 부하들이 죽인 사람들의 숫자는 헤아리기 힘들 것이다. 그가 지휘한 지하드 전쟁들의 횟수에 대해서는 제6장의 '선지자가 수행한 지하드 전쟁의 횟수는?' 부분을 보자.

6) 바누 꾸라이자 부족 학살

622년 무함마드는 메디나로 이주하여 이슬람 국가를 설립한다. 그 당시 메디나에는 오래전부터 정착하여 평화롭게 살고 있던 유대인 부족이 셋 있었다. 바누 나디르(Banu an-Naḍīr), 바누 까이누까아(Banu Qaynuqāʻ), 바누 꾸라이자(Banu Qurayẓah) 세 부족이다. 그들은 토착민이었지만 불편한 손님 무함마드와 그의 무리를 해롭게 한 일이 없었다.

처음에 무함마드는 그들의 환심을 사기 위해 노력했다. 그들이 그를 믿고 따르게 하기 위함이었다. 정결 예식인 우두와 돼지고기를 금하는 것과 여성들의 월경에 관한 법 등을 유대인의 법에서 가져와서 이슬람에 정착시켰다. 심지어 기도의 방향(끼블라)을 예루살렘으로 향하여 기도하기도 했다. 유대인들의 환심을 사기 위해 그렇게 노력했지만 그들의 마음은 무함마드에게 돌아오지 않았다.

그러자 무함마드는 이슬람 군대가 다른 아랍 부족들을 대상으로 매복 습격을 할 때 유대인들을 동참시키려고 했다. 메카 부족과 바드르 전투를 할 때도 유대인들이 동참하길 원했다. 그러나 유대인들은 그의 제안을 거절했다. 메디나의 유대인들은 어느 한 아랍 부족을 돕다가 후환이 닥칠까 봐 그저 중립을 지키려 한 것이다.

이렇게 유대인들이 자신의 제안을 거절하자 무함마드는 그들을 한 부족씩 메디나에서 쫓아내었다. 매년 메카의 꾸라이쉬 부족을 침략하는 전쟁을 하고 메디나로 돌아올 때마다 거기에 남아 있는 유대인 부족을 한 부족씩 쫓아낸 것이다. 그래서 크기가 작은 바누 나디르로부터 바누 까이누까아, 그리고 마지막에 바누 꾸라이자 부족을 메디나에서 제거한 것이다.²⁹

세 부족 가운데 바누 꾸라이자 부족은 이슬람이 칸다끄(Khandaq, '참호'란 의미) 전투에서 이기고 메디나로 복귀한 이후에 제거되었다. 그들이 제거된 내용에 대해서는 꾸란 33:26-27에 기록하고 있다. 여기서는 이븐 히샴의 『무함마드 전기』에서 그들이 제거된 것에 대한 기록ᴵⱽ을 먼저 보고 그다음 꾸란 구절을 보도록 하자.

이븐 이스하끄가 말하길

그들은 한 곳으로 모였고 알라의 메신저(무함마드)는 그들을 메디나에 있는 빈트 하리스의 집에 구금하였다. 그리고 알라의 메신저는 메디나의 시

ᴵⱽ 무함마드 전기(al-Sīrah)는 이슬람에서 꾸란, 하디스 다음으로 중요하게 여기는 자료이다. 바누 꾸라이자 부족 학살에 대한 이야기는 이븐 히샴이 지은 『무함마드 전기』이외에도 『따바리의 역사』와 많은 사람이 기록한 무함마드의 전기들에서 동일하게 기록하고 있기 때문에 무슬림이 부인할 수 없다.

장 즉, 오늘날까지 시장으로 있는 곳으로 가서 큰 구덩이를 팠다. 그리고 그들을 데리고 와서 그들의 목들을 치고, 그 구덩이에 던져 넣었다. 그들은 그룹으로 보내졌는데 그 가운데는 알라의 원수 후야이 브니 아크땁과 부족장 카아브 브니 아싸드도 있었다. **희생자 숫자는 600명에서 700명이었고, 숫자를 많이 보는 사람은 800명에서 900명이었다고 말한다.** 그들이 알라의 메신저에게 그룹 단위로 보내지고 있을 때, 그들이 카아브 브니 아싸드에게 말하였다.

"카아브여! 지금 우리에게 어떤 일이 일어나고 있습니까?"

카아브가 대답했다.

"이 모든 곳에서 일어나고 있는 일을 그대들은 아직 모른단 말이오? 그대들은 우리를 부르는 자(무함마드)가 이 일을 멈출 것이라 생각하시오? 그대들 가운데 끌려가는 사람들이 다시 돌아오지 않는 것을 보지 못하시오? 알라께 맹세코 이것은 죽음이란 말이요!"

이처럼 알라의 메신저가 그들을 다 없앨 때까지 그 일들은 계속되었다.[30]

여러 이슬람 전승들은 무함마드가 바누 꾸라이자 유대인 부족 600~900명을 학살하였다고 기록하고 있다.

위의 이븐 히샴의 『무함마드 전기』에서 바누 꾸라이자 부족 학살의 희생자 숫자는 최소 600명에서 최대 900명이라고 한다. 그들을 처치하기 위해 큰 구덩이를 팠고, 그들을 그룹으로 데리고 와서 참수하고는 그 구덩이에 던져 넣었다고 한다. 이라크 모술 지역의 '카스파'(Khasfa) 구덩이에서의 학살과 똑같은 모습이다.

(1) 꾸란의 기록

다음은 무함마드가 바누 꾸라이자 부족을 처단한 것에 대한 꾸란의 기록이다.

> ◆ 그분이 성서의 백성 가운데 그들(연합군)을 도운 사람들(바누 꾸라이자)을 그들(바누 꾸라이자)의 **요새로부터 쫓아내고**, 그들(바누 꾸라이자)의 마음에 공포를 일으켜서, **너희가 그들 중 일부는 살해하고 일부는 포로로 잡았다**. 또한 그분이 그들의 땅과 집과 재산과 너희가 아직 밟지 못한 땅을 너희에게 상속하셨노라. 알라께서는 모든 일에 전능하심이라(33:26-27).

이 구절에 대한 주석을 보면 이 구절은 바누 꾸라이자 종족에 대한 구절이라고 모두가 말하고 있다(한글 꾸란 번역인 '꾸란 주해'도 그렇게 설명한다). 위의 꾸란 구절에서 알라가 바누 꾸라이자 종족을 그들이 살고 있는 곳에서 쫓아내었다고 기록하고 있다. 꾸란은 무함마드가 한 행동을 "그분이 … 쫓아내고…"라고 하며 알라가 했다고 기록하고 있다. 또한 그들의 일부를 살해하고 일부는 포로로 잡고, 그들의 땅과 재산을 빼앗았음을 기록하고 있다.

꾸란은 더 나아가 바누 꾸라이자 부족을 이처럼 처참하게 제거한 이유까지도 기록한다. 바누 꾸라이자 부족이 칸다끄 전투에서 이슬람 군대를 대적하는 연합군을 도왔다고 기록한다. "그분이 성서의 백성 가운데 그들(연합군)을 도운 사람들(바누 꾸라이자)을 그들(바누 꾸라이자)의 요새로부터 쫓아내고"라 하고 있다.

이집트인 Ex 무슬림 하미드 사마드는 이 사건을 다음과 같이 말한다. 즉 이 사건은 무함마드가 유대인 부족인 바누 꾸라이자 부족이 자신의 마음에 내키지 않아 그들을 메디나에서 쫓아낸 것이라 한다.[31] 바누 꾸라이자 부족은 그전에도 오해를 사지 않기 위해 무함마드의 참전 요청을 거부했었기에 반대편인 연합군을 도울 이유가 없었다. 이슬람 군대를 대적하는 연합군을 도왔다는 것은 그들을 제거하기 위한 구실이었던 것이다.

(2) 성인을 구별하는 방법

바누 꾸라이자 부족 학살에 대한 『무함마드 전기』 기록에는 이런 부분도 있다.

> 무함마드의 동료들은 그들을 붙잡아서 두 집에 감금했다. 빈트 하르스와 우사마 브니 자이드의 집이었다. 그리고 그 동료들은 그들을 위한 큰 구덩이를 팠다. 동료들은 젊은이들과 어린이들을 살펴보았다. 그들이 성인인지 아닌지 의심이 되는 자는 그들의 음부를 검사했다. 그래서 음부에 음모가 있으면 성인이 된 것으로 알고 그들을 죽였다. 만일 음모가 없으면 성인이 아닌 것으로 알고 여자들과 아이들과 함께 포로로 삼았다.[32]

그들은 바누 꾸라이자 부족의 남자들을 살해하기 전에 그 남자들이 성인인지 아닌지 확인했다. 왜냐하면 이슬람의 지하드 규칙에 따르면 성인의 경우 죽여야 하고, 성인이 아닌 소년들은 노예로 데려갈 수 있기 때문이다. 성인을 구별하는 방법은 그들의 하의를 내려서 음모를 확인하는 것이었다. 이슬람에서 음부는 '아우라'이며 그것을 남에게 드러내는 것은 큰 수치이자 치욕이다(아우라에 대해서는 제10장 '히잡과 아우라' 부분을 보라). 이렇듯 음부에 음모가 있는 성인 남자들은 모두 살해되어 구덩이에 던져졌다. 그 숫자가 적게는 600명에서 많게는 900명이었다.

아이들과 여성들은 모두 노예가 되었다. 물론 그 가운데 미모가 있는 여성들은 밀크야민 즉 성 노예가 되었다. 그 성 노예 가운데는 미모가 탁월하여 무함마드의 부인이 된 리하나(Riḥāna)도 있었다.³³

오늘날의 Ex 무슬림들은 이 사건을 무함마드의 잔인한 학살의 대표적인 사건으로 기억하며 비판하고 있다(밈지, 하미드, 라쉬드, 이름을 밝히지 않은 Number 6 등).

7) 무명의 사람들을 살해함

지금까지는 이슬람의 선지자가 죽인 사람의 이름과 이야기가 자세하게 기록되어 있는 경우이다. 이번에는 죽은 사람의 이름은 모르지만 이슬람의 선지자가 살해의 주체가 되는 기록들이다. 즉 무함마드가 무명의 사람들을 죽인 경우이다.

(1) 하디스 1

◇ 이븐 압바스가 말한 하디스에서 우마르 브닐 카땁이 말하길 "나는 (꾸란에서) '늙은 남자와 늙은 여자가 간음한 경우 그들 둘을 돌로 쳐라'는 구절을 읽은 적이 있다. **알라의 메신저는** (간음한 자들을) **돌로 쳤고**, 우리도 그를 따라 돌로 쳤다(수난 이븐 마자흐 2650).

이 구절은 2대 칼리프 우마르가 꾸란에 간음한 자에 대한 투석형 구절이 있었다는 것을 증언하는 것이다. 오늘날 꾸란에는 투석형 구절이 존재하지 않는다. 이 구절에서 우마르는, 무함마드가 간음한 자들을 돌로 쳤다고 하며, 그 자신도 돌로 쳤다고 고백하고 있다. 즉 그들이 이슬람의 투석형을 집행하였다는 것이다. 그런데 이슬람의 투석형은 간음한 자를 돌로 쳐서 죽이는 것이다.ᵛ 따라서 이슬람의 선지자는 간음한 자를 돌로 쳐서 죽였다는 것이다. 물론 오늘날 무슬림은 이것은 범죄한 사람을 처벌한 것이라 할 것이다. 그러나 아무리 간음을 했다 하더라도 선지자가 직접 사람을 돌로 쳐서 죽음에 이르게 하는 것은 끔찍한 것이고 정당화될 수 없는 행동이다.

(2) 하디스 2

◇ 우라이나 종족의 사람들이 메디나에 있는 알라의 메신저에게 찾아왔다. 그들은 메신저에게 그들의 거처지와 음식에 대해 불평하였다.
그러자 알라의 메신저는 말씀하길
"너희들이 선행을 위해 준비된 낙타들을 끄집어 내길 원한다면 그렇게 하여서 그것들의 우유와 오줌을 마셔라."
그러자 그들은 그렇게 하였고 건강하게 되었다. 그 뒤 그들은 무함마드의 목자들에게 가서 그 목자들을 죽였고, 이슬람을 떠나면서 알라의 메신저의 낙타 몇 마리를 끌고 가 버렸다.
이 소식이 무함마드 선지자에게 전달되었다. 그는 그들의 자취를 따라 사람을 보내었다. 그들을 사로잡아오자 **그는 그들의 손들과 발들을 자르고, 그들의 눈을 뽑고 그들이 죽을 때까지 그들을 암석 바닥에 내버려 두었다**
(사히흐 부카리 6802, 사히흐 무슬림 1671).

위의 하디스에서는 무함마드가 얼마나 잔인하게 형벌을 시행하며 사람을 죽였는지 기록하고 있다. 그들의 손과 발을 자르고 눈을 뽑고 죽을 때까지 암석 바닥에 내버려 두었다고 한다. 태양이 내리쬐는 메마른 사막에

ᵛ 여기서 '돌로 치다'(to stone)에 사용된 동사는 rajama이다. 이 단어가 이슬람 샤리아 법에서 사용되면 간음한 자에 대한 투석형(al-rajm)을 말하게 되며, 그것은 간음한 자를 돌로 쳐 죽이는 것을 의미한다(리샌 아랍 사전[Lisān al-ʿArab], 현대 아랍어 사전[Muʿjam al-Lughati al-ʿArabiyyati al-Muʿāṣirati]).

서 손발이 잘리고 눈이 뽑힌 그 사람들은 물과 피를 쏟는 비참한 모습으로 죽게 되었을 것이다. 아무리 잘못을 저지른 사람들이라 할찌라도 형벌이 이처럼 잔인할 수 있을까?

(3) 하디스 3

◇ 알라께 맹세코 알라의 선지자는 다음 세 경우 이외에는 사람을 죽이지 않았다.
1. 불의하게 사람을 살해해서 죽은 사람
2. 결혼한 이후에 간음을 행한 사람
3. 알라와 그의 선지자에게 대항해 전쟁하고 이슬람을 배교한 사람(사히흐 부카리 6899)

이 하디스는 무함마드가 세 가지 경우에 사람을 죽인 것을 역설적으로 증언하고 있다.

(4) 하디스 4

◇ 이븐 아운(Ibn 'Aun)이 말한 하디스에서
나는 나피아에게 편지를 적었고, 그가 나에게 답장했다.
"알라의 선지자가 바누 무스딸리끄(Banu al-Muṣṭaliq) 부족을 침략하였다. 부족 사람들은 눈치채지 못하고 그들의 가축들에게 물을 먹이고 있었다. **그가 그들의 전사들을 죽이고** 그들의 여자들과 아이들을 포로로 잡았다. 그날에 그가 주와이리야(Juwairiya)를 획득했다"(사히흐 부카리 2541).

앞에서도 설명했지만 위 하디스에서 무함마드가 다른 부족을 침략한 뒤 전사들을 죽이고 여자와 아이들을 포로로 잡았다. 하디스 영어 번역 사이트인 sunnah.com에서는 이 문장을 수동태로 번역하여 살해의 주체가 누구인지 모르게 하고 있다. "Their fighting men were killed and their women and children were taken as captives." 즉, "그들의 전사들이 죽임당하고 그들의 여자들과 아이들이 노예로 취해졌다"로 번역하고 있다.[34] 그러나 아랍어 문장을 직역하면 "He killed their fighting men and captivated their women and children"이다. 즉, "그(무함마드)가 그들의 전사들을 살해하고 그들의 여자들과 아이들을 포로로 잡았다"이다. 이와 같이 무함마드는 지하드 전쟁과 습격에서 살해와 탈취와 포로 삼음의 주체이다. 그가 실행한 것이다.

이상의 기록들에 대해 무슬림은 무함마드가 직접 죽이지 않았고 그의 부하들이 죽였다고 항변할 것이다. 혹은 불의한 사람이나 간음한 사람이나 무함마드를 대항하는 사람을 죽이는 것은 이슬람의 율법이고, 무함마드는 율법에 따라 형을 집행했다고 할 수도 있다.

그러나 그의 부하들이 죽였다고 하더라도 명령을 내린 사람은 무함마드였음으로 책임에서 자유로울 수 없다. 또한 간음자나 무함마드를 대항하는 사람을 죽인 것을 이슬람의 형벌이라 하지만 그 형벌 자체가 얼마나 인권을 탄압하는 것인가? 선지자가 자신을 욕하거나 대항하는 사람을 죽이는 것이 정당화될 수 있는가? 그러므로 위의 하디스들이 기록하고 있는대로 무함마드는 그들을 죽인 주체임이 틀림없고, 이는 윤리적으로 비판받아 마땅한 것이다.

5. 종교의 창시자가 손수 사람을 죽임

지금까지는 무함마드가 사람을 죽이되 부하들에게 명령하거나 다른 사람의 손을 통해 죽였다고 볼 수 있는 경우이다. 다음은 무함마드가 직접 자신의 손으로 사람을 죽였다고 알려진 경우이다. 인터넷 사이트와 유튜브에서 아랍어로 "무함마드 선지자가 직접 자기 손으로 사람을 죽였습니까?"라고 질문하는 사람이 많다. 아마도 많은 무슬림이 무함마드가 죽인 사람이 많다는 것에 놀라서 제기한 질문이라 생각한다. 그 답변을 보면 하나같이 다음의 이븐 타이미야(Ibn Taymiyyah, 1263-1328)의 파트와를 인용하고 있다.

> 무함마드 선지자는 전쟁의 지도자로서 용감함에 있어 가장 완전한 사람이었다. 그는 우후드 전투에서 우바이 브니 칼라프('Ubai bni Khalaf)를 죽인 것 이외에는 아무도 죽이지 않았다. 그 이전에도 그 이후에도 그의 손으로 아무도 죽이지 않았다.[35]

그들은 이븐 타이미야의 이 말을 보고 무함마드가 직접 죽인 사람이 한 사람밖에 없다는 것에 안도하는 것 같다. 전쟁의 상황에서 죽였기에 더욱 안심하는 것 같다. 그래서 많은 사람이 인터넷 페이지에 이 내용을 인용하고 있다. 하지만 한 사람만 죽였다고 해도 그것은 엄연한 살해이다. 더욱이 무함마드는 종교의 창시자가 아닌가.

무함마드가 직접 죽인 사람의 이름은 우바이 브니 칼라프('Ubai bni Khalaf)이다. 우후드 전투에서 무함마드는 원한에 사무친 나머지 동료의 창으로 직접 그를 쳐 죽였다. 이슬람 자료들에서는 전쟁의 장수인 무함마드가 이슬람의 원수인 우바이를 용감하게 쳐 죽인 것으로 묘사되어 있다. 최후의 선지자이자 이슬람 종교의 창시자가 자신의 손으로 사람을 죽인 기록을 살펴보자.

우바이('Ubai bni Khalaf)는 메카 꾸라이쉬족의 지도자 중의 한 사람으로 무함마드의 유일신 메시지를 거부하였다. 그는 무함마드의 원수들 가운데 철천지 원수(mortal enemy)였다. 그는 무함마드를 가장 많이 괴롭히고 심하게 경멸하며 반대하였다. 그러는 가운데 우바이는 무함마드에 대해서 맹세한다.

"신께 맹세코 무함마드가 메카에 왔을 때 그를 죽이리라."
이 맹세가 무함마드의 귀에 들렸을 때 무함마드도 말한다.
"알라의 뜻으로(인샤알라) 내가 그를 죽이리라."
그 뒤 우바이가 무함마드를 만났을 때
"무함마드여! 우리 집에 멋진 말이 있는데 내가 그에게 옥수수 다발을 먹이고 있어. 그래서 내가 그 말을 타고 너를 죽일 거야."
무함마드가 대답하길 "아니야, 내가 너를 죽일 거야. 알라의 뜻으로."
그 뒤 무함마드는 메디나에서 권력을 차지하였고 우후드 전투에서 두 사람이 맞닥뜨린다. 전투에서 무함마드가 사망했다는 소문이 사람들 사이에 퍼졌다.
그때 우바이는 대열을 가르고 앞으로 나가며 말했다.
"무함마드는 어디 있는가? 그가 살아 있는 한 나는 살지 못할 것이다."
그때 무함마드의 부하들이 무함마드에게 말하길
"알라의 선지자여! 저희가 저놈을 긍휼히 여기길 원하십니까?"
무함마드가 말한다.
"그가 가까이 오도록 내버려 두라."
그가 무함마드에게 다가오자, 무함마드는 옆에 있던 장수의 창을 빼서 우바이가 가까이 오도록 기다린 후, 그의 쇄골 부위를 창으로 내리쳤다. 그러자 우바이는 말에서 굴러떨어졌고, 다쳐서 신음하다 메카의 사람들이 메카로 돌아갈 때 숨을 거두었다.[36]

무함마드가 손수 죽인 우바이에 대한 이 이야기는 이슬람 전승에서 자랑스럽게 회자되고 있다.[37] 무슬림은 무함마드가 이렇게 용맹했다며 그를 칭송한다. 다음의 하디스는 무함마드가 우바이 브니 칼라프를 죽인 것에 대한 기록이다.

◇ 아부 후라이라가 말하길

알라의 진노가 그의 선지자를 해롭게 하는 사람에게—그의 부러진 송곳니를 가리키면서—엄중할 것이다. 알라의 진노가 알라의 메신저(무함마드)가 죽이는 사람에게[VI] 엄중할 것이다(사히흐 부카리 4073).

하지만 우리는 위의 전승과 하디스를 통해 이슬람의 선지자가 전쟁에서 손수 사람을 죽였음을 확인한다. 종교의 창시자가 사람을 죽인 것이다. 사람을 죽인 것도 문제이지만 죽이는 과정에서 특정한 개인에 대한 복수의 감정이 가득 찼었다. 우바이가 무함마드를 미워하고 반대하며 경멸한다는 이유로 무함마드는 "알라의 뜻으로 내가 그를 죽이겠다"고 했다.

오늘날 Ex 무슬림들은 이것이 바로 이슬람의 본모습이라며 이슬람을 비평한다. 이슬람의 창시자로부터 그들이 기대하는 자비와 사랑과 평화를 볼 수 없고, 오히려 타오르는 증오와 적대감과 복수를 보기 때문이다.

6. 참수를 가지고 온 최후의 선지자: "나는 참수를 가지고 왔노라!"

종교를 창시하는 사람은 그 종교를 믿는 사람에게 정신적 평안과 영적 성숙을 주고 인류 공영에 이바지해야 한다. 그렇지 않고 사람에게 염려를 주고 인류에게 폐해를 준다면 그것은 사교이다. 그 때문에 종교를 창시한 사람은 자신이 이 땅에 온 선한 목적을 밝힌다.

[VI] 여기서 '알라의 메신저가 죽이는 사람에게' 부분의 영어 번역을 보면 '알라의 메신저에 의해 죽임당한 사람'(the man who is killed by the Apostle of Allah)으로 수동태로 번역되어 있다. 그러나 아랍어 원문은 '알라의 메신저가 죽이는 사람'으로 기록되어 있으며 능동태로 되어 있다. 즉, 알라의 메신저가 능동적으로 죽이는 일을 했다고 기록한다.

예수는 그의 복음서에서 "내가 온 것은 양으로 생명을 얻게 하고 더 풍성히 얻게 하려는 것이라"(요 10:10)고 했다.

석가모니는 과거현재인과경(過去現在因果經)에서 "내 이제 나라와 왕위를 버리고 부모를 떠나 사문이 된 까닭은 모든 중생의 늙고 병들어 죽어가는 고통을 구제하기 위해서일 뿐 욕락을 구하기 위한 것은 결코 아닙니다"라고 했다.[38]

무함마드 선지자는 어떠할까? 이름을 밝히지 않는 Ex 무슬림은 자신의 동영상에서 무함마드에 대한 다음 이야기를 인용한다.[39] 무함마드가 메카에서 전도하던 어느 날 그의 부족인 꾸라이쉬 부족 사람들에게 자신이 온 목적을 말하는 구절이다. 이 내용은 무함마드의 하디스 모음집인 아흐마드의 무스나드(al-Musnad li'Aḥmad bni Ḥanbal 7036)에 기록되어 있는 내용이다.

◇ 압달라가 말하길

나는 꾸라이쉬 사람들이 모이는 하자르(al-Ḥazar)라는 곳의 모임에 참석했다.

그들이 말하길 "우리가 이 남자(무함마드)에 대해서 인내한 것을 안다. 그는 우리의 꿈을 망쳐 놓고 우리의 조상을 욕하며 우리의 종교를 폄하하고 우리 그룹을 나누며 우리 신들을 저주했다. 우리는 그의 엄청난 오점에 대해 인내해 왔다."

그때 알라의 메신저가 거기에 나타나서 한 구석 자리로 다가오더니 그들 주위를 맴돌았다. 그가 그 사람들을 지나갈 때 그들 서로는 그가 들으라는 듯이 그에 대해 비방하는 말을 했다. 그가 두 번째 지나갈 때 그들은 다시 그에 대해서 비방하는 말을 했다. 그가 세 번째 지나갈 때도 그처럼 했다. 그러자 그(무함마드)가 말하길 "꾸라이쉬 사람들이여! 당신들은 나의 말을 듣고 있느뇨? 내가 맹세코 말하건대, **나는 참수를 가지고 왔노라(ji'tu bi-dh-dhabḥ)**"(al-Musnad li'Aḥmad bni Ḥanbal 7036).

쉐이크 나빌 아우다 박사는 이 하디스를 설명하며, "**나는 참수를 가지고 왔노라**"(ji'tu bi-dh-dhabḥ)는 선지자 무함마드가 "앞으로 언젠가 나와 너희 사이에 알라를 위해 지하드 전쟁하는 날이 올 것이다"라는 표현이라고 한다.[40] 앞으로 지하드 전쟁을 하여서 너희를 죽이고 복수하는 날이 있을 것이란 말이다. 무함마드의 머릿속에는 자신이 처참하게 욕을 먹은 것에 대해서 앞으로 피로 복수하는 날이 있을 것을 그리는 것이다.

무함마드는 그의 생애에 직간접적으로 많은 사람을 참수했다. 그의 대를 이은 칼리프들과 이슬람 초기의 역사는 온통 칼의 역사이고 피의 목욕탕의 역사이다. 지난 1,400년 동안 자행된 지하드의 역사는 인류의 역사를 피의 강으로 만들었다. 하미드 사마드는 이슬람의 칼날의 피해자로 숨져간 사람들을 2억 7천만 명이라고 한다.[41] 그는 실로 참수를 몰고 온 사람이었다.

7. 욕설과 저주를 함

Ex 무슬림들이 지적하는 무함마드의 윤리에 대한 세 번째 부분은 그가 욕설과 저주의 사람이었다는 것이다. 오늘날 무슬림들은 무함마드가 언어생활에서 모범적이었다고 믿고 있다. 그렇게 믿는 것은 다음과 같은 하디스를 근거로 한다.

◇ 선지자(무함마드 선지자)는 어떤 상스러운 말도 사용하지 아니하셨다. 그는 "너희 가운데 가장 나은 사람은 도덕적으로 가장 나은 사람이다."라고 말하곤 했다(사히흐 부카리 3559).

◇ 나는 저주하는 사람으로 부름을 받지 않고 자비로서 부름을 받았다(사히흐 무슬림 2599).

이러한 구절들에 근거하여 무슬림들은 무함마드가 어떤 외설적인 말이나 상대방에게 해가 되는 말을 하지 않았다고 믿는다. 자비의 사람이기에 가장 지혜롭고 가장 덕스러운 말만 했을 것으로 생각한다. 욕설이나 저주하는 말은 선지자의 입근처에도 가지 않았다고 생각한다.

그런데 오늘날 Ex 무슬림들은 꾸란과 하디스 등의 이슬람 자료에서 무함마드의 전혀 다른 면을 발견한다. 그들이 믿고 있었던 내용과 달리 많은 사람에게 욕하고 분노하며 조롱하고 저주하는 모습을 발견한다.

1) 자신을 노엽게 하는 사람을 저주함

무함마드는 자신을 화나게 하는 사람을 욕하고 저주했다.

◇ 아이샤가 말하길
"두 남자가 알라의 메신저의 방에 들어가서 그와 어떤 것에 관해 이야기했는데 나는 그것이 무슨 내용인지 몰랐다. 그런데 그 두 사람이 선지자를 노엽게 했다. 그러자 선지자가 그들 둘을 저주하고 그들에게 욕설하였다. 그 두 사람이 나가고 난 뒤 내가 말했다. "알라의 메신저여! 저 두 사람이 얻은 선을 과연 누가 얻을 수 있겠습니까?"
그가 말하길 "왜 그렇다고 생각하느뇨?"
"당신은 저 두 사람을 저주하고 그들에게 욕설하였습니다."
그 메신저가 말씀하길 "그대는 내가 나의 주님께 조건을 제시한 것을 알지 못하느뇨? 내가 말하길 '알라시여! 저는 인간입니다. 그래서 제가 저주하거나 욕설하는 어떤 무슬림이든지, 당신이 그것을 그에게 선과 보상으로 만들어 주소서'라고 하였노라"(사히흐 무슬림 2600).

위의 하디스에서 무함마드는 자신을 노엽게 한 사람을 저주하고 욕했다. 그 광경을 아이샤가 지켜보았고, 아이샤는 그것을 오히려 선지자가 내리는 축복이라고 여겼다. 무함마드는 자신이 인간이기 때문에 사람들에게 저주와 욕설을 할 수밖에 없다고 한다. 그래서 그가 저주하고 욕설하는 사람을 오히려 알라가 선과 보상으로 보상해 달라고 기도했다고 한다. 여기에서 무함마드는 자신이 지극히 평범한 인간인 것과 다른 사람들에게 저주와 욕설을 한 것을 스스로 인정하고 있다.

2) 기도할 때 다른 사람을 저주함

무함마드는 기도하며 다른 사람을 저주하곤 했다. 다음 하디스에서 그가 기도하면서 특정인을 저주한 것을 기록하고 있다.

◇ 쌀림(Sālim)의 아버지가 말하길
그는, 알라의 메신저가 새벽 기도 시간에 마지막 라크아(Rak'ah, 기도할 때 허리를 숙이고 무릎을 꿇는 동작)를 하고 머리를 들면서 기도하는 것을 들었다. **"알라시여! 누구 누구 누구를 저주하소서"**(사히흐 부카리 4069, 4559; 수난 니싸이 1078).

3) 부족 전체를 대상으로 저주함

다음 하디스는 무함마드가 개인이 아닌 부족 전체를 대상으로 저주의 기도를 한 것을 기록한다.

◇ 알라의 메신저가 기도하면서
"알라시여! 바누 리흐얀(Banu Liḥyān) 부족과 리을(Ri'l) 부족과 자크완(Dhakwān) 부족과 우사야('Uṣayyah) 부족을 **저주해 주십시오**.
왜냐하면 그들이 알라와 그의 메신저에게 불순종했기 때문입니다(사히흐 무슬림 679).

◇ 선지자는 큰 소리로 그의 몇몇 새벽 기도에서 아랍 부족들을 대상으로 "**알라시여! 누구 누구 부족을 저주하소서**"라고 기도했다.

그 기도는 알라께서 "그것은 그대의 소관이 아니니라"(3:128)라는 구절을 계시할 때까지 그러했다(사히흐 부카리 4560).

4) 유대인과 기독교인 모두를 저주함

무함마드는 유대인들과 기독교인들 모두를 저주했다. 특정한 유대인 몇 사람이나 기독교인 몇 사람이 아니라 유대인과 기독교인 전체를 저주했다.

◇ 아부 후라이라가 말하길

알라의 메신저가 말씀하길 "**유대인들과 기독교인들에게 저주가 있게 하소서. 그들은 자신들의 선지자들 무덤들에서 (선지자들을 높이며) 예배했기 때문입니다**"(사히흐 무슬림 530; 사히흐 부카리 4443, 4444).

◇ 아이샤가 말했다.

알라의 선지자께서 회복할 수 없는 병이 걸린 상태 중에 말씀하길 "**유대인들과 기독교인들에게 저주가 있게 하소서. 그들은 자신들의 선지자들 무덤들에서 (선지자들을 높이며) 예배했기 때문입니다**"(사히흐 부카리 1390, 4441; 사히흐 무슬림 529).

위의 두 번째 하디스인 아이샤의 하디스는 무함마드가 죽기 직전 병이 걸려 위독할 때 남긴 말이다. 그의 마지막 유언인 것이다. 선지자가 마지막까지 유대인들과 기독교인들에 대한 저주의 기도를 함에 따라 오늘날 무슬림들도 유대인들과 기독교인들을 동일하게 저주한다.

5) 조롱과 비난을 전담하는 시인을 고용함

아랍 베두인 문화에서 시가 중요한 역할을 한다. 그들은 시를 통해 자신의 가문과 부족의 정통성과 명예를 높인다. 그뿐만 아니라 시를 통해 상대방 혹은 적을 조롱하고 비난하며 저주하기도 한다. 아랍 시 가운데 이렇게 상대방을 향해 조롱하고 비난하며 저주하는 것을 '히자으'(al-hijā')라고 한다. 아랍어 위키피디아는 '히자으'(al-hijā')를 "시인이 다른 사람에 대해 분노와 혐오를 표현하길 원할 때 기록하는 것"이라 정의한다.[42]

무함마드는 자신의 적인 꾸라이쉬 부족을 욕보이기 위해 조롱과 저주에 능한 시인을 고용했다. 하싼 브니 타비트(al-Ḥassān bni Thābit)란 사람인데, 그는 두 가지 역할을 했다. 먼저는 무함마드 선지자를 찬양하는 것이고, 두 번째는 무함마드의 원수 혹은 무함마드를 반대하는 사람에게 '히자으'(al-hijā')를 하는 것이었다. 그는 조롱의 전문가였다. 그가 전담하는 일은 시로서 다른 사람을 조롱하고 비난하는 것이었다. 무함마드는 그에게 꾸라이쉬 부족을 시로써 욕하고 저주하라고 한 것이다.[43] 다음 하디스를 보자.

◇ 아이샤가 말하길, 알라의 메신저가 말씀했다.
"너희는 꾸라이쉬 부족을 **조롱(al-hijā')**하라. 그것이 화살을 쏘는 것보다 더 타격이 클 것이다."
그래서 그는 이븐 라와하에게 사람을 보내어서 "(와서) 그들을 조롱(al-hijā')해 달라"고 요청했다. 그래서 그가 (와서) 그들을 조롱(al-hijā')하였지만, 무함마드는 (그의 히자으에) 만족하지 못했다. 그러자 카아브 브니 말릭에게 사람을 보내어 요청하였고, (그의 히자으도 만족하지 못하자) 그는 하산 브니 타비트(al-Ḥassān bni Thābit)에게 사람을 보내었다.
하산 브니 타비트가 무함마드에게 와서 말했다.

"이제 당신들은 꼬리로 (적들을) 쳐부수는 이 사자(하산 브니 타비트 자신)를 보내시는군요." 그리고 그는 자기 혀를 끄집어내어 움직이기 시작하였다. 그는 말하길 "당신(무함마드)을 진리로 보내신 분(알라)에 의해 제가 저의 혀로 가죽을 자르듯 그들을 자르겠습니다."

알라의 선지자가 말씀하길 "서두르지 마라. 아부 바크르가 꾸라이쉬 부족의 족보를 가장 잘 아는데, 나의 족보도 그 족보 가운데 있다. 그가 내 족보를 구별할 것이다"(부족 족보에서 자신을 칭찬하고 다른 꾸라이쉬 부족 사람들을 '히자으'하기 위해 구별하라는 의미).

…

아이샤가 말했다.

나는, 알라의 메신저가 하산 브니 타비트에게 "그대가 알라와 그의 메신저를 위해 변호하는 동안 가브리엘 천사(Rūḥ al-Qudus)가 계속해서 그대를 도울 것이다"라고 말하는 것을 들었다.

아이샤가 말했다.

나는 알라의 메신저가 "하산 브니 타비트는 그들을 **조롱**(al-hijā', 조롱과 저주)하고, (무슬림을) 만족하게 했으며, (불신자들을) 불안에 떨게 했다"라고 하는 것을 들었다(사히흐 무슬림 2490).

위의 하디스에서 무함마드는 꾸라이쉬 부족에게 히자으(al-hijā')를 가장 잘 할 수 있는 사람을 선별하여 고용했다. 그에게 꾸라이쉬 부족을 시로써 조롱하고 비난하라고 했다. 무함마드는 그의 히자으(al-hijā')가 마음에 들자 가브리엘 천사가 계속해서 그대를 도울 것이라고 격려까지 했다. 조롱과 비난을 하는 일에 신성한 천사까지 불러들인 것이다. 그 때문에 꾸라이쉬 부족을 조롱하는 일은 신성한 일이 되었다. 아무리 꾸라이쉬 부족 사람들이 무함마드를 욕하고 조롱한다고 하더라도, 그들을 조롱하고 비난하는 시인까지 고용하고, 그 조롱과 비난의 일을 신성시하는 것은 비난받을 일이 틀림없다.

6) 다른 사람들을 욕하라고 명령함

아래 하디스들은 무함마드가 다른 사람들에게 욕설하라고 명령하는 내용이다.

◇ 이슬람 이전의 자할리이야 시대를 동경하는 사람에게는 **그의 아버지의 성기(han)로 그를 헐뜯고**(/아버지의 성기에 대한 욕설을 하고), 가벼운 비유로 넘기지 마라(수난 니싸이 코브라, Al-Adab Al-Mufrad 963).

위의 하디스는 이슬람 이전의 자할레이야(무지의 시대) 시대를 동경하는 사람들을 가장 저속한 욕설로 분명하게 꾸중하고, 그것을 어물쩍 넘어가지 말라는 의미이다. 이슬람 이전 시대의 우상 섬김과 간음과 술 마심 등 나쁜 습관을 동경하는 사람들을 가장 심한 욕설로 꾸짖으란 말이다.[44]
그러나 이 구절에서 '아버지의 성기'란 표현에 사용된 'han'이란 단어는 남자의 성기를 표현하는 단어이다. 문자적으로는 '그의 아버지의 성기로 그를 물어뜯어라'고 하고 있다. 어느 문화권에서나 가장 심한 욕설은 남녀의 성기에 대한 표현인 것 같다. 모로코인 Ex 무슬림 라쉬드는 이 표현을 차마 입에 담을 수 없는 욕이라고 증언한다. 그러면서 그런 표현을 사용하여 다른 사람을 꾸중하라고 하는 것이 가장 고상한 인격을 가진 선지자가 할 수 있는 일인가 하고 질문하고 있다.[45]

◇ 우바이가 말하길

자신의 혈통을 자랑하는 한 사람이 있었다. 우바이는 그를 그의 **아버지의 성기(han)로 그들을 헐뜯었다**(/아버지의 성기에 대한 욕설을 했다).
사람들이 그에게 말하길 "너는 외설적인 말을 했지 않니?" 그가 대답하길 "우리는 그렇게 행할 것을 (무함마드로부터) 명령받았다"(아흐마드 35/142).

◇ 우바이 브니 카압이 말하길

한 사람이 이슬람 이전의 자할리이야 시대를 동경하였다. 그러자 우바이는 **그를 (그의 아버지의 성기에 대해) 헐뜯고**(/아버지의 성기에 대한 욕설을 하고) 그것을 숨기지 않았다. 사람들이 그를 쳐다보니 그가 사람들에게 말했다. "나는 그대들 가운데 있는 이 사람을 보고 있다. 진실로 알라의 메신저가 우리에게 그렇게 하라고 명령하지 않으셨으면 내가 이런 말을 할 수 없다" (아흐마드 35/157).

우바이가 입에 담지 못할 심한 욕설을 사용하자 다른 사람이 그를 꾸중했다. "너는 어떻게 그런 외설적인 욕설을 한단 말이야!" 그러나 그는 "무함마드 선지자가 그렇게 하라고 명령했어"라고 대답했다. 여기서 무함마드가 그런 욕설을 하라고 가르쳤다는 것을 알 수 있다. 그런 욕설을 할 이유가 있을 수 있다. 그렇지만 종교의 창시자가 이런 욕을 하고, 다른 사람에게 그 욕을 하라고 명령하는 것은 있을 수 없는 일이다.

7) 1대 칼리프 아부 바크르의 욕설

또한 사히흐 부카리 하디스에서 1대 칼리프 아부 바크르가 가장 저속한 욕을 하는 것을 볼 수 있다. 그것은 아부 바크르가 무함마드와 함께 있는 자리에서 **"라트 신의 음부를 빨아라"**('omṣoṣ baẓra 'allāt)라고 하는 것이다 (사히흐 부카리 2731, 2732).

사히흐 부카리 2731과 2732에서 기록되어 있는 baẓr라는 표현은 여성의 외음순을 말한다.[46] 라트 신은 꾸라이쉬 부족이 섬기던 여신 중의 하나이다. 이슬람이 알라 이외의 다른 신들을 우상으로 배격하는 것은 사실이지만, 그렇다고 해서 배격하는 그 여신에 대해서 이런 천한 욕설을 할 수 있단 말인가? 더구나 아부 바크르는 순니파 무슬림이 존경하는 1대 칼리프이다. 무함마드의 동료들과 초대 칼리프들은 모든 무슬림이 존경하는 사람들이다. 그런 사람들이 이런 천한 욕을 했다.

그가 그런 욕을 할 때 그것을 들은 무함마드는 거기에 대해 아무 말도 하지 않았다. 그것은 무함마드가 그의 말에 대해 동의하고 승인했다는 말이다.⁴⁷ 이런 자료들은 이슬람 내부 자료들에 엄연히 존재하는 것이다. 오늘날 많은 무슬림이 이러한 사실을 모르거나 알아도 애써 무시한다.

지금까지 우리는 이슬람 유산 가운데 욕설과 저주의 문화가 있는 것을 살펴보았다. 모로코인 Ex 무슬림 라쉬드는 그가 진행하는 위성방송에서 다음과 같이 말한다.

> 저도 무슬림이었을 때 다른 사람들을 저주했습니다. 저의 어머니도 다른 사람들을 저주했고 할머니도 그렇게 했으며 아버지도 그렇게 했습니다. 누구든지 우리의 원수라고 생각하는 사람은 저주했습니다.
> 다른 사람들을 저주하는 것은 이슬람의 문화 중의 한 부분입니다. 심지어 이웃과 이웃끼리도 그렇습니다. 무슬림끼리도 그렇게 합니다.
> 그 이유는 우리들이 경전(꾸란과 하디스)에서 다른 사람에 대해 저주하는 것을 배웠기 때문입니다.
> 우리는 다른 사람을 축복하는 것을 배우지 못했습니다.
> 관용과 용서의 문화를 배우지 못했습니다.
> 우리는 저주의 문화를 배웠습니다. 무함마드는 그를 따르는 사람에게 저주의 문화를 가르쳤습니다.⁴⁸

기도는 가장 고귀한 것이다. 그것은 마음의 소원을 아뢰며 신과 교제하는 것이다. 그것은 인간의 비천한 언어를 천상의 언어로 바꾸는 시간이다. 따라서 기도 시간 만큼은 긍정적인 말과 축복의 언어를 사용한다. 이상적인 종교일수록 욕설하고 저주하는 상대를 오히려 축복하며 기도한다.

무슬림은 때때로 카피르를 저주하는 기도를 한다.

그런데 무함마드는 기도할 때 특정인을 저주하고 유대인과 기독교인을 저주하며, 부족 전체를 저주했다. 저주는 그의 기도의 한 부분이었다. 더 나아가 그는 조롱과 비난을 전담하는 시인을 고용하여 자신의 적들을 조롱하고 비난하게 했다. 또한 자신이 욕할 뿐만 아니라 그의 제자들에게 다른 사람을 욕하라고 명령했다. 이러한 사실들을 보며 욕설과 저주는 무함마드 인격의 한 부분이었음을 알 수 있다.[49]

이러한 무함마드의 모범과 가르침으로 인해 오늘날까지도 이슬람 문화 가운데는 비난과 욕설과 저주가 만연하다. 모로코인 Ex 무슬림 라쉬드의 말대로 무슬림은 오늘날도 모스크에서 기도하며 카피르를 저주하는 기도를 한다. 항상 그런 것은 아니지만 금요일 예배 시간이나 명절의 예배나, 라마단 절기 가운데 무슬림이 함께 모여서 기도하는 시간에 저주의 기도를 할 때가 있다. 이러한 저주의 기도는 앞에서도 다루었듯이 무슬림에게 허용된 것이다.

기도를 인도하는 이맘과 청중이 모두 일어서서, 양 손바닥이 하늘을 향한 채 기도한다. 이맘은 전체 앞에서 확성기에 대고 무슬림을 보호해 달라는 기도를 한 뒤에 유대인과 기독교인과 시아파 무슬림과 미국 등의 서방을 향해 입에 담을 수 없는 저주를 한다. 때로는 감정이 격앙되어 눈물을 흘리며 기도한다. 이슬람 나라가 공격받거나 서방 나라가 아랍 나라를 침공하는 등의 사건이 발생하면 더욱 격분을 토한다. 참석자들은 그 기도 내용을 들으면서 "아멘!"을 반복한다.

Islamweb.net에서 '무슬림이 위선자와 카피르를 욕하고 저주하는 것이 가능한가?'라는 질문에 답을 한다.

> 원래 무슬림은 어떤 피조물을 저주함에 그의 혀를 통제해야 한다. 그러나 일반적으로 무슬림은 코프르(kofr)와 성적인 부도덕을 행하는 자를 저주하는 것이 가능한데, 이는 카피르들과 성적으로 부도덕한 자에 대해 알라의 저주가 있기 때문이다.[50]

이러한 시아파와 서방과 타종교인에 대한 저주의 기도는 극단주의 무슬림이나 살라피 무슬림에게는 일반적인 것이었다. 메카의 하람 사원에서도 그런 기도를 하곤했다. 그러나 이집트와 사우디 정부가 주도하는 '설교의 갱신' 운동(2015년 전후) 이후 종교부에서 그런 저주의 기도를 금지했고, 극단적인 설교를 하는 쉐이크를 검거하는 등의 조치를 취한 이후 최근에는 그런 저주의 기도를 하는 경우가 현격하게 줄어들었다.

무슬림이 저주의 기도를 하는 동영상의 예

- 사우디 메카의 하람 사원에서 유대인과 기독교인을 저주하는 기도를 함: https://www.youtube.com/watch?v=SCXEWFqpbAQ
- 와하비즘(사우디 이슬람)을 따르는 사람을 제외한 모든 인류의 멸망을 위해 기도: https://www.youtube.com/watch?v=59fQqkA4X1c&t=222s

미주

1. https://www.alukah.net/sharia/0/37451/, 2020년 6월 3일.
2. https://mawdoo3.com/%D8%A8%D8%AD%D8%AB_%D8%B9%D9%86_%D8%A7%D9%84%D9%82%D8%AF%D9%88%D8%A9_%D8%A7%D9%84%D8%AD%D8%B3%D9%86%D8%A9, 2020년 6월 3일.
3. Mimzy Vidz, 4 Reasons Why You Are Muslim, https://www.youtube.com/watch?v=V5fIYGGreX4, 2020년 6월 3일.
4. Mimzy Vidz, 4 Reasons Why You Are Muslim, https://www.youtube.com/watch?v=V5fIYGGreX4, 2020년 6월 3일.
5. Hamed Abd Samad, Ṣandūq al-'Islām(이슬람의 상자) 제14편 무함마드와 여인들, 아미나의 범죄와 카디자의 천재성, https://www.youtube.com/watch?v=I-v3nz8iW8g, 2020년 6월 3일.
6. 'Ā'ishah 'Abd Raḥman, Nisā' al-Nabyy(선지자의 여성들) (모로코: Dar al-Ma'ārif).
7. Muḥammad bni Sa'd, Al-Ṭabaqāt al-Kobra (Beirut) Vol 1, p. 398; http://shiaonlinelibrary.com/الكتب/3044_الطبقات-الكبرى-محمد-بن-سعد-ج-١/الصفحة_395.
8. Ex Muslim TV, We Exmuslims are the next civil rights movement, https://www.youtube.com/watch?v=QWrhCUjozi8, 2020년 6월 3일.
9. Nuha Mahmūd Sālim, Limādha Khala'tu-n-Niqāb(왜 나는 니깝을 벗었는가?) (인터넷 출판 자료), p. 21.
10. http://arabic.bayynat.org.lb/ArticlePage.aspx?id=21064, 2020년 7월 15일.
11. Why I Left Islam, https://www.youtube.com/watch?v=DR7_YQ53lfI, 2020년 6월 3일.
12. Hamed Abd Samad, Ṣandūq al-'Islām(이슬람의 상자) 제14편 무함마드와 여인들, 아미나의 범죄와 카디자의 천재성, https://www.youtube.com/watch?v=I-v3nz8iW8g, 2020년 6월 3일.
13. 'Ā'ishah 'Abd Raḥman, Nisā' al-Nabyy(선지자의 여성들) (모로코: Dar al-Ma'ārif), p. 189.
14. https://ar.wikipedia.org/wiki/%D8%BA%D8%B2%D9%88%D8%A9_%D8%AE%D9%8A%D8%A8%D8%B1, 2020년 6월 3일; Abi Shuhbah, al-Sīrah al-Nabawiyyah fi Ḍaw' al-Qurān wal-Sunnah(꾸란과 순나의 조명에서 무함마드의 전기), Dar al-Bashīr, Vol 2, p. 383; 하디스 부카리 371.
15. Hamed Abd Samad, Ṣandūq al-'Islām(이슬람의 상자) 제13편 무함마드와 유대인, https://www.youtube.com/watch?v=OIhJ9qC8yg8&t=9s, 2020년 6월 13일.
16. Ibn Sa'd al-Zahri, aṭ-Ṭabaqātu-l-Kubra (Madinah 6 Aktobor: al-Sharikah al-Dawliyyah lil-Ṭibā'ah, 2001), Vol 10, pp. 125-126; https://alkalema.net/maghol/maghol33.htm, 2020년 6월 3일.
17. https://mawdoo3.com/%D8%B5%D9%81%D9%8A%D8%A9_%D8%B2%D9%88%D8%AC%D8%A9_%D8%A7%D9%84%D8%B1%D8%B3%D9%88%D9%84#cite_ref-J2oHqyqvtK_3-0, 2020년 6월 13일.
18. https://mawdoo3.com/ام_هي_طورش_الزواج_الشرعي, 2020년 6월 13일.
19. Hamed Abd Samad, Ṣandūq al-'Islām(이슬람의 상자) 제13편 무함마드와 유대인, https://www.youtube.com/watch?v=OIhJ9qC8yg8, 2020년 6월 3일.

20 Hamed Abd Samad, Ṣandūq al-'Islām(이슬람의 상자) 제2편 이슬람과 마피아 2, https://www.youtube.com/watch?v=IA7dnfVIY_w, 2020년 6월 3일; Ibn Kathīr, al-Bidāya wal-Nihāya, Vol 4, p. 2.

21 Ibn Taymiyyah, aṣ-Ṣārim al-Maslūl 'ala Shātim al-Rasūl(메신저를 욕하는 사람에게 빼어진 칼) (Saudi Arabia: al-Ḥars al-Waṭani al-Sa'ūdi, 1983), pp. 95-96.

22 http://www.al-eman.com/الكتب/سيرة%20ابن%20هشام%20المسمى%20ب%20 «السيرة%20النبوية»%20(نسخة%20منقحة)/غزْوَةُ%20عَمْرِو%D9%90%20 بْنِ%D9%90%20عَدِيٍّ%D9%90%20الْخَطْمِيِّ%D9%90%20 /مَرْوَانَ%20بْنَتِ%D9%90%20عَصْمَاءَ%20%D9%90قَتْلِ%D9%90 i933&d1182971&c&p1, 2021년 7월 24일; A. Guillaume, The Life of Muhammad (Oxford University Press, 1982), pp,675-676

23 Hamed Abd Samad, Ṣandūq al-'Islām(이슬람의 상자) 제2편 이슬람과 마피아 2, https://www.youtube.com/watch?v=IA7dnfVIY_w, 2020년 6월 3일.

24 Hamed Abd Samad, Ṣandūq al-'Islām(이슬람의 상자) 제2편 이슬람과 마피아 2, https://www.youtube.com/watch?v=IA7dnfVIY_w, 2020년 6월 3일; 'Abd al-Raḥman bni Naṣr al-Birāk, al-'Oddatu fi Fuwād 'Aḥadīth al-'Omdah (Maktabit al-Malik Fahd), p. 351.

25 Zakaria Botros, The Reality of Islam (Hope of All Nations Association, 2018), p. 145. 이집트인 Ex 무슬림 하미드 사마드는 그녀가 무함마드를 욕해서 죽임당했다고 한다(이슬람의 상자 제68편).

26 Muḥammad bni Jarīr al-Ṭabari, Tārīkh aṭ-Ṭabari(따바리의 역사) (Cairo: Dar al-Ma'ārif, 1967), Vol 2, pp. 642-643.

27 https://www.mezan.net/sayed_ameli/books/s_nabi/23/02.html, 2020년 6월 3일; https://ar.wikisource.org/wiki/محمد_صلى_الله_عليه_وسلم/المكوم_عليهم_لتقباب, 2020년 6월 3일.

28 https://fatwa.islamonline.net/2943, 2020년 6월 3일.

29 Hamed Abd Samad, Ṣandūq al-'Islām(이슬람의 상자) 제13편 무함마드와 유대인, https://www.youtube.com/watch?v=OIhJ9qC8yg8, 2020년 6월 3일.

30 Ibn Hishām, as-Sīrah an-Nabawiyyah li-Ibn Hishām(이븐 히샴의 무함마드 전기) (Beirut: Dar Ibn Kathīr, 2019) pp797-798; Muḥammad bni Jarīr al-Ṭabari, Tārīkh aṭ-Ṭabri(따바리의 역사)(Cairo: Dar al-Ma'ārif, 1967), Vol 2, p. 588; The History of al-Ṭabari (Los Angeles: State University of New York Press), Vol 8, p. 35.

31 Hamed Abd Samad, Ṣandūq al-'Islām(이슬람의 상자) 제13편 무함마드와 유대인, https://www.youtube.com/watch?v=OIhJ9qC8yg8, 2020년 6월 3일.

32 http://www.ahewar.org/debat/show.art.asp?aid=505289&r=0, 2020년 6월 4일; https://www.facebook.com/ummawahedah/posts/463165160490990/, 2020년 6월 4일.

33 Ibn Sa'd al-Zahri, aṭ-Ṭabaqātu -l-Kubra (Madinah 6 Aktobor: al-Sharikah al-Dawliyyah lil-Ṭibā'ah 2001), Vol 10, pp.125-126.

34 https://sunnah.com/bukhari/49/25, 2017년 7월 16일.

35 Ibn Taymiyyah, Minhāj al-Sunnah al-Nabawiyyah(선지자 순나의 방식)(Jāmi'atu al-Imam Muhammad bni Sa'ūd 1986), vol 8, p. 78; https://www.elfagr.com/298788, 2020

년 6월 4일; http://www.thaqafaonline.com/2012/04/blog-post_4868.html, 2020년 6월 4일.
36 https://ar.wikipedia.org/wiki/أبا_بن_خلف, 2020년 5월 23일.
37 따바리 주석 8:17; 이븐 카티르의 *fi-l-Bidāya wa-l-Nihāya*(처음과 끝), 이븐 타이미야의 *Intaha min Minhāj -s-Sunnah -n-Nabawiyyah* 등에 기록되어 있다.
38 https://namu.wiki/w/석가모니/일생, 2020년 6월 4일; 법륜 스님, 『붓다』(정토출판 2010); 과거현재인과경. 이때 빔비사라 왕과 싯다르타의 만남은 숫타니파타의 출가의 경(pabbajja sutta)에도 짧게 기록되었다.
39 https://www.youtube.com/watch?v=4Q-jAdP91Us, 2018년 1월.
40 https://www.youtube.com/watch?v=H5cOrdtoWHI, 2020년 6월 4일.
41 Hamed Abd Samad, Ṣandūq al-'Islām(이슬람의 상자) 제37편 이슬람과 파시즘, 그 조직과 사상의 유사성, https://www.youtube.com/watch?v=V3sli67bP-w, 2020년 6월 4일.
42 https://ar.wikipedia.org/wiki/هجاء_(شعر), 2020년 8월 30일.
43 al-'Akh Rashid, Su'āl Jarī(용감한 질문) 제389편, Hal kāna Muhammad 'Ala Khulq 'Aẓīm?(무함마드는 위대한 성품의 소유자인가?), https://www.youtube.com/watch?v=3R18siGXTS0&t=3529s, 2020년 6월 3일; Hamed Abd Samad, Ṣandūq al-'Islām(이슬람의 상자) 제9편, https://www.youtube.com/watch?v=gCN6uO-5K5M4, 2020년 6월 4일.
44 https://www.islamweb.net/ar/fatwa/264154/, 2020년 6월 4일.
45 al-'Akh Rashid, Hal kāna Muḥammad Sabbāban wa-La'ānan(무함마드는 욕설과 저주의 사람이었는가?), https://www.youtube.com/watch?v=TyEboLnk8_s&t=49s, 2020년 6월 4일.
46 'Aḥmad Mukhtār 'umar, Mu'jam al-Lughati al-'Arabiyyati al-Mu'āṣirati(Cairo: 'Alām al-Kutub 2008), Vol 1, p.222.
47 al-'Akh Rashid, Hal kāna Muḥammad Sabbāban wa-La'ānan(무함마드는 욕설과 저주의 사람이었는가?), https://www.youtube.com/watch?v=TyEboLnk8_s&t=49s, 2020년 6월 4일.
48 al-'Akh Rashid, Su'āl Jarī(용감한 질문) 제389편, Hal kāna Muhammad 'Ala Khulq 'Aẓīm?(무함마드는 위대한 성품의 소유자인가?), https://www.youtube.com/watch?v=3R18siGXTS0&t=3529s, 2020년 6월 4일.
49 al-'Akh Rashid, Su'āl Jarī(용감한 질문) 제389편, Hal kāna Muhammad 'Ala Khulq 'Aẓīm?(무함마드는 위대한 성품의 소유자인가?), https://www.youtube.com/watch?v=3R18siGXTS0&t=3529s, 2020년 6월 4일.
50 https://www.islamweb.net/ar/fatwa/30017, 2020년 5월 29일/.

제6장

지하드

1. 칼과 지하드와 이슬람

이슬람 나라들에서 쉽게 발견되는 것 중의 하나는 칼이다. 요즘은 자취를 많이 감추었지만, 이전에 길거리를 가다 보면 어렵지 않게 자동차 뒤 트렁크 위의 창문에 칼이 그려진 장식을 보곤 했다. 긴 칼이 가로로 그려져 있고 그 바로 위에 이슬람의 신앙 고백이 아랍어로 적혀 있는 것이다. 같은 그림을 가정집 벽면에 붙여 두기도 한다(아래 그림). 사우디아라비아 국기에는 그와 똑같은 칼과 신앙 고백이 그려져 있다. 이집트의 무슬림 형제단의 아이콘은 교차하는 두 칼 위에 꾸란이 그려져 있는 것이다. 예멘의 남자들은 잠비야(Janbiyah)라 불리는 단검을 항상 허리에 차고 다닌다.[1] 그것은 남자의 지위와 부족에 대한 충성과 긍지를 나타낸다. 무슬림 가정은 명절 때마다 칼로서 짐승을 참수한다. 집안의 남자들이 기도를 한 이후 짐승의 목을 직접 베는 것이다.

가정집 벽에 붙여 놓은 칼과 이슬람의 신앙 고백

아랍어에서 칼의 종류에 대한 이름만 300개가 넘는다고 한다. 각각의 이름마다 칼의 다른 특성을 묘사하고 있다.[2] 심지어 아랍 사람들 이름 가운데도 '검'이란 단어가 들어간 이름이 종종 있다.

리비아의 독재자 알카다피의 아들 이름이 '싸이프 이슬람'(Sayf al-Islam)이었다. 여기서 '싸이프'(Sayf)는 아랍식 검(sword)을 말한다. 그의 이름은 '이슬람의 검'이란 의미이다. 이슬람 역사상 가장 용감한 장수로 알려진 칼리드 브닐 왈리드(Khālid bni al-Walīd)의 별명은 '싸이프 알라'(Sayf 'Allah)였다. '알라의 검'이란 의미이다. 그는 무함마드의 동료였고 이슬람 초기 수많은 지하드 전투를 승리로 이끌었던 인물이다. 그러나 그는 그 전투들에서 수많은 사람을 잔인하게 칼로 죽였고 반역하는 많은 종족을 칼로 제압했다. 그는 무자비한 도살자였다. 그런데도 무슬림은 그를 가장 존경하는 인물로 여긴다. 그의 별명인 '싸이프 알라'(Sayf 'Allah, 알라의 검)를 영예롭게 생각한다. 그래서 오늘날도 이 별명으로 사람의 이름을 짓는다. 지난 2017년 11월 뉴욕 테러를 감행한 사람의 이름이 '싸이프 알라'(Sayf 'Allah)였다.

지난 역사에서 이슬람을 믿지 않는 카피르들을 응징하는 방법은 지하드의 칼로 잔혹하게 참수하는 것이었다. 오늘날 무슬림 테러 분자들이 즐겨 사용하는 테러 방법도 칼로 사람들을 참수하는 것이다. IS와 알카에다 등의 만행으로 수많은 사람이 참수되었다. 몇 달 전 프랑스 파리의 테러에서도 역사 교사가 정육점 칼로 참수되었다. 이렇듯 이슬람의 역사와 전통과 교리를 종합해서 살펴볼 때 이슬람은 칼과 밀접한 관련이 있다.

무슬림 형제단의 아이콘. 교차하는 두 칼과 꾸란이 새겨져 있다.

모로코 출신 Ex 무슬림 라쉬드는 그가 쓴 『이슬람의 미래』에서 다음과 같이 기록한다.

> 이슬람의 첫 번째 지도자(무함마드)는 메카에서 13년 동안 말로써 사람들을 인도하려고 했지만 수십 명의 사람만 그를 따랐다.
> …
> 그가 칼을 쓰기 시작할 때까지 변화가 일어나지 않았다. 정복 전쟁만이 이슬람이 승리하게 했다. 그래서 메카 정복 전쟁에서 큰 승리를 거두었다. 즉 이슬람이 칼을 시작하기 전까지는 사람들이 무리를 지어 이슬람에 귀의하지 않았다.
> ◆ "알라의 (꾸라이쉬에 대한) 승리와 (메카에 대한) 정복이 실행되었을 때 그대(무함마드)는 사람들이 알라의 종교에 무리를 지어 귀의하는 것을 보리라"(110:1-2).
> 이슬람이 칼이 없었을 때는 사망 선고를 받은 상태였다. 그러나 그들이 칼을 사용했을 때 그들의 운명이 바뀌었다. 칼이 무슬림의 수익을 창출하는 데 공헌했고, 전쟁이 구체적으로 그것이 가능하도록 했다. 칼이 무슬림으로 하여금 무기와 말들을 대량으로 구입하게 했다. 칼이 지즈야(유대인과 기독교인들이 수모를 당하며 지불하는 세금)를 넘치게 거두게 했고 그것으로 무슬림의 재정이 넘치게 했다. 그래서 가난했던 이슬람 부족들은 엄청나게 부요하게 되었다. 칼이 아라비아반도의 인구 비율도 다르게 했다. 칼이 아라비아반도에서 유대인들과 기독교인들을 쫓아내었다. 무슬림은 그들을 마을들로부터 쫓아내고, 그들의 집들과 재산들을 전리품으로 삼았다. 이 모든 것이 칼로 인한 것이었다.[3]

꾸란 9:73은 지하드에 대한 명령이다.

◆ 선지자여! 불신자(kāfir)들과 위선자(munāfiq)들에 대항하여 지하드를 하고(jāhid) 그들을 가혹하게 대하라. 그들의 거처지는 지옥이니라. 그 종착지는 참으로 비참하리라(9:73; 66:9).

꾸란 주석가로 유명한 이븐 카티르(1301-1373, 따바리 주석 다음으로 가장 권위 있는 주석이라 평가함)는 위의 구절을 주석하며, 알리 브니 아비 딸립(4대 칼리프, 무함마드의 사위)의 말을 인용한다. 거기에서 4대 칼리프 알리는 이슬람이 사용한 칼을 다음과 같이 말하고 있다.

알라께서 무함마드에게 보내신 4가지 칼은 다음과 같다.
- **무쉬리크(mushrik)들에 대한 칼**(무쉬리크는 알라 이외의 다른 신을 섬기는 사람. 우상 숭배자로 많이 번역된다)
◆ 금지된 달들이 지나면 너희가 우상 숭배자(mushrik)들을 어디서든지 발견하는 대로 살해하고(uqtulu) 그들을 포로로 잡거나 그들을 포위하라. 그리고 모든 매복 장소에서 잠복하여 기다리라(9:5).
- **카피르(kāfir)인 성서의 백성에 대한 칼**(카피르는 알라와 무함마드를 믿지 않는 사람. 성서의 백성이란 유대인과 기독교인을 말한다)
◆ 너희는, 알라와 마지막 날을 믿지 않고 알라와 그의 메신저가 금한 것을 금하지 않으며 성서의 백성 가운데서 진리의 종교를 믿지 않는 자들과 전쟁하되(qātilu), 그들이 굴복하여 수모를 느끼며 지즈야를 지불할 때까지 하라(9:29).
- **위선자(munāfiq)들에 대한 칼**
◆ 선지자여! 불신자(kāfir)들과 위선자(munāfiq)들을 대항하여 지하드(jihād)를 하고 그들을 가혹하게 대하라(9:73; 66:9).
- **억압자(bāghi)들에 대한 칼**
◆ 믿는 자들 두 파가 서로 싸운다(iqtatalu)면 너희는 그들을 화해시켜라. 만일 그들 중의 한 파가 다른 파를 불의하게 억압하는 경우 너희는 그 억

압자들이 알라의 명령으로 돌아올 때까지 그들과 전쟁하라(qātilu)(49:9).

알라의 메신저 무함마드는 이 4가지 칼을 사용했고 그 칼로써 승리했다. 그 칼로써 전리품을 모았고, 그 칼로써 이슬람을 세웠다.[4] 그를 계승한 후계자들은 대대손손 칼로써 제국들을 정복했고 칼로써 권력을 유지했다. 이슬람의 역사책들(하디스와 무함마드 전기, 이슬람 역사책 등)을 보면 칼에 의한 살해의 기록이 너무나 많다. 이 장에서 다룰 지하드의 역사는 바로 이슬람의 빼어진 칼의 역사이다.

2. 지하드의 정의와 개념

이슬람의 지하드(al-jihād) 개념을 정확하게 파악하기 위해 주요 아랍어 사전에서의 의미를 살펴보고자 한다.

리샌 아랍 사전(Lisān al-ʿArab)
원수들과 전쟁함(muḥārabah). 말이나 행동에 모든 노력과 힘을 다해 최선을 다함. 카피르(kāfir)들과 전쟁함(qitāl). 전쟁이나 말이나 할 수 있는 모든 것에서 최선을 다함.[5]

현대 아랍어 사전(Muʿjam al-Lughati al-ʿArabiyyati al-Muʿāṣirati)
- 카피르(kāfir)들 가운데 이슬람의 보호의 약속(딤마 제도)이 없는 사람들과 전쟁함(qitāl) 혹은 알라를 위해 전쟁함(qitāl).
- 종교와 나라를 방어하기 위해 전쟁함(qitāl).
- 투쟁함(kifāḥ. 예: 그의 여정은 알라를 위해 이슬람을 전하려는 '지하드'[kifāḥ, 투쟁]로 가득하다).[6]

와시뜨 사전(al-Mu'jam al-Wasīt)

카피르(kāfir)들 가운데서 딤마(보호의 약속)가 없는 사람들과의 전쟁함(qitāl)(즉, 유대인과 기독교인을 제외한 사람들과 전쟁함).[7]

이슬람 용어 사전(Dictionary of Islamic Terms)

지하드는 자신의 능력을 최대한 발휘하기 위해 투쟁하는 것이다. 알라를 위해 육체적으로 혹은 정신적으로 혹은 재물을 사용하여서 자신이 분투하는 사람은 실제로 지하드에 참여하고 있는 것이다. 그러나 샤리아 율법에서 이 단어는 특히 박해를 일삼는 이슬람의 적들에 대항해서 알라의 이름으로 수행하는 전쟁에 대해 사용된다.[8]

이슬람 일반 백과사전(al-Musū'ah al-'Islāmiyyah al-'Ammah)

언어적인 의미로는 말이나 행동에 있어 모든 노력과 힘을 다해 최선을 다함을 말하고, 이슬람 율법적인 의미로는 무슬림이 조약을 체결하지 않은 카피르(kāfir)들에게 이슬람에 대해 초청한 뒤 알라의 말씀을 거부할 경우 그들과 전쟁함(qitāl)을 말한다. 진정한 지하드는 손과 혀와 할 수 있는 모든 것으로 적을 방어하는 데 모든 힘과 노력을 다한다.

- 알라의 말씀을 높이는 것을 방해하는 적들과 지하드/투쟁(mujāhadah)함.
- 사탄과 지하드/투쟁(mujāhadah)함.
- 자기 자신과 지하드/투쟁(mujāhadah)함.[9]

이슬람 대백과사전(Mūjaz Dā'irtu al-Ma'ārif al-'Islāmiyyah)

칼로써 이슬람을 전파하는 것은 모든 무슬림에게 부여된 중요한 의무 조항이다. 지하드는 이슬람의 6번째 기둥이라고 할 것이다. 지하드가 이런 자리를 차지한 것은 순차적이었으며, 많은 시간이 필요하지 않았다. 메카 꾸란에서는 적들에 대항하며 인내를 요구했고 이에 반대되는 내용을 볼 수가 없다. 그러나 메디나에서는 적들에게 대항할 때 진리를 보여 주었다. 그래서 이 지하드의 진리가 점차 무슬림이 메카의 적들에 대항하여 전쟁하는 의무 조항이 되었다.[10]

이브라힘 알바구리

19대 알아즈하르 대표 쉐이크였으며 샤피이 학파의 쉐이크였던 이브라힘 알바구리(Ibrahim al-Bāgūri, 1784-1859)는 무함마드의 전기를 근거로 지하드를 다음과 같이 정의한다.

> 지하드는 카피르들과 전쟁하는 것이다. '지하드'는 mujāhadah(지하드/투쟁)에서 파생한 단어이며, 종교를 설립하기 위해 벌이는 전쟁을 말한다. 이것을 소(小)지하드라 한다. 대(大)지하드는 정신적 투쟁을 말한다.[11]

요셉 까라다위

현존하는 이집트인 율법학자 요셉 까라다위(Yusuf al-Qaradawi, 1926-)는 지하드를 다음과 같이 정의한다.

> 언어적으로는 모든 노력을 다함. 힘과 에너지를 다함, 어려움을 참음이다. 그러나 이 단어는 이슬람 종교의 승리와 움마 공동체 존엄성에 대한 방어를 위해 전쟁(qitāl)하는 것에 많이 사용되었다. 전쟁(qitāl)은 지하드의 여러 국면 가운데 가장 마지막 국면이다. 전쟁(qitāl)은 칼로써 이루어진다. 즉 원수들에 대항하여 무력을 사용하는 것이다.[12]

이상의 정의들을 정리하면 '지하드' 단어의 언어적인 의미는 모든 노력과 힘과 에너지를 다하는 것, 어려움을 참고 자신의 능력을 최대한 발휘하기 위해 투쟁하는 것을 의미한다. 따라서 아랍어에서 이 단어의 일반적인 의미는 아주 긍정적이며, 실제적인 사용에서도 노력과 성실로 최선을 다하는 상황을 표현할 때 이 단어를 사용한다.

이에 비해 이슬람 율법에서 지하드의 의미는 두 가지이다.

첫 번째는 알라와 무함마드와 이슬람을 위해 말과 행동과 가능한 모든 방법으로 노력하고 정신적으로 투쟁(mujāhadah)하는 것이다.

두 번째는 무슬림이 카피르(kāfir)와 전쟁(qitāl)하는 것으로, 보호의 조약을 체결하지 않은 카피르(kāfir)에게 이슬람에 대해 초청한 뒤 알라의 말씀을 거부할 경우 그들과 칼의 전쟁(qitāl)을 하는 것이다.

오늘날 이와 같은 이슬람 율법에서의 지하드 개념을 무슬림 학자들은 대(大)지하드와 소(小)지하드로 구분한다. 즉, 위의 첫 번째 개념인 모든 방법으로 노력하고 정신적으로 투쟁하는 것을 대지하드라 하고, 두 번째 개념인 카피르와 전쟁하는 것을 소지하드라 한다(손주영의 『이슬람』, 정수일의 『이슬람 문명』, 캐롤 힐렌브렌드의 『이슬람 이야기』, 아랍어 위키피디아 사전 등에서도 그렇게 설명한다).[13] 대지하드와 소지하드의 개념은 이슬람 초기부터 존재한 것으로 보이며, 대지하드는 수피(Sufism)[I] 이슬람에서 강조되었던 것도 사실이다. 따라서 지하드는 칼의 전쟁만이 아니라 정신적인 투쟁까지 포함하는 무슬림 신앙의 종합적인 행동 양식이라 볼 수 있다.[II]

I   이슬람 신비주의 종파로 알라와의 합일을 위해 춤과 노래 등으로 구성된 독특한 의식을 수행하는 종파.

II 사우디의 그랜드 뭅티를 역임했던 이맘 이븐 바즈(Ibn Baz)는 '알라를 위해 지하드를 하는 것'(al-Jihād fi sabīl illāh)을 대지하드라 주장한다. 그러면서 그는 '알라를 위해 지하드하는 것'을 소지하드라 칭하는 것이 옳지 않다고 한다. 그는 원수들과의 지하드와 그들을 이슬람으로 초청하는 일, 그리고 그들을 무지와 불신(코프르)의 어둠에서 불러내는 일을 위해 자신과 재정을 바치는 것은 위대한 일이요 사람들이 상상하는 이상의 일이라고 한다. 이러한 일은 '위대한 지하드'이기에 그것을 '소지하드'라 칭하는 것이 합당하지 않다고 한다(https://binbaz.org.sa/fatwas/1231/ان-اي-جهاد-غصا-لأكبر). 또한 그는 대지하드와 소지하드 구분의 근거가 되는 "우리는 소지하드로부터 대지하드로 돌아왔다"라는 하디스를 근거가 없는 것이라고 평가한 이븐 타이미야

1) '참된 지하드는 대지하드'인가?: 메카 이후 지하드 개념의 발전

오늘날 온건주의 무슬림들[III]이나 친이슬람 학자들이 비무슬림에게 지하드를 설명할 때 대지하드를 강조한다. 즉 참된 지하드는 박해를 참고 인내하며 평화적인 다아와(daʻwa, 이슬람을 전하는 모든 행위)를 하는 것이라고 한다. 세속적 욕망을 없애고 자아를 극복하여 정의로운 삶을 살기 위한 개인적이고 내면적인 투쟁이라고 한다.[14] 솔깃한 말들이다. 그러면서 칼의 전쟁으로서의 소지하드의 의미를 축소하거나 부정하고 있다.

지하드의 강조점이 어디에 있는지, 어떤 주장이 맞는지 여부는 지하드 개념의 발전 과정을 살펴보면 쉽게 파악할 수 있다. 먼저 메카 시대의 지하드와 메디나 시대의 주된 지하드의 개념이 분명한 차이가 있다는 것을 주목하자. 즉, 메카 시대에는 평화적인 선포의 지하드가 주된 지하드였다. 이때는 무함마드를 따르는 사람이 아주 소수였고 권력도 그에게 없었다. 오히려 그는 꾸라이쉬 부족 사람들에게 핍박을 받았다. 따라서 온갖 조롱과 수모를 견디며 알라가 유일신이라는 것과 자신이 그의 선지자라는 것을 전해야 했다. 이것이 메카 시대의 주된 지하드의 개념이었다. 말과 행동으로서 노력하고 정신적으로 투쟁하는 지하드 개념이었다. 대지하드를 말한다.

의 의견을 인용하며, 이 하디스의 연결고리가 약하다고 평가한다(https://binbaz.org.sa/fatwas/20033/حجر-شيخ-من-%C2%A0الجهاد-الجلى-رغص-الكبر ك).

이맘 이븐 바즈 이외에 '이슬람의 질문과 대답' 사이트에도 동일한 내용을 기록하고 있다(https://islamqa.info/ar/answers/10455/الجهاد-الكبر و-الاغصر).

이와 같은 내용을 살펴볼 때 지하드를 대지하드와 소지하드로 구분하는 것은 주로 현대의 온건주의 이슬람 학자들의 시도로 보이며, 정통 원리주의 이슬람의 견해는 아니라고 볼 수 있다. 필자는 독자들의 이해의 편리를 위해 대지하드와 소지하드의 구분을 활용하여 지하드를 설명해 나가기로 한다.

III 오늘날 온건주의 이슬람은 꾸란과 하디스의 지하드에 대한 가르침을 현대의 가치관에 맞추어 재해석하려고 한다. 그래서 소지하드와 구분되는 평화적인 지하드로서의 대지하드 개념과 방어적인 지하드 개념으로 지하드를 설명한다.

그러나 메디나 시대에는 무함마드가 모든 권력을 가지게 되었다. 그는 선지자로서, 예배 인도자로서, 중재자로서, 군사령관으로서, 재판장으로서, 행정 수반으로서, 제정일치의 권한을 한 손에 쥐게 되었다.[15] 그러자 무함마드는 그를 핍박한 메카 사람들과 주위의 부족들(무함마드는 그들을 카피르로 부르며 정죄했다)을 칼로써 정복했다. 그래서 주된 지하드의 개념이 카피르들과 전쟁(qitāl)하여 그들을 강제로 이슬람에 귀속시키는 것으로 개념이 바뀌었다. 이것이 메디나 시대의 주된 지하드의 개념이었다. 폭력적 지하드이며 칼의 지하드이다. 소지하드를 말한다.

이슬람은 대부분의 역사 동안 이웃 나라들을 무력으로 진압하고 정복하는 소지하드의 개념을 유지하여 왔다. 물론 메디나 시대에도 대지하드 개념인 정신적인 투쟁의 지하드가 있었고, 그것이 지하드 개념의 기초였던 것이 사실이다. 정신적인 무장은 전쟁에서 승리하기 위한 기초이기 때문이다. 또한 이슬람 역사 초반과 중반기에 수피주의자들 중심으로 자기 자신과의 지하드나 사탄과의 지하드 등의 대지하드 개념을 중시하고 실천한 사람들이 있었던 것도 사실이다. 그러나 당시는 이슬람이 패권을 행사하던 시대였기에 소지하드가 지하드 개념의 중심이었다.

그러다가 서구가 근대화된 19세기 이후 세계의 패권이 서구 나라들에 넘어가게 된다. 500년 이상 전통적 소지하드 개념으로 이슬람 제국을 이끌어 오던 오스만 터키 제국이 점차 이빨 빠진 호랑이가 되더니 결국에는 제1차 세계대전에서 패망하게 된다. 그러자 이슬람 국가는 더 이상 소지하드를 수행할 수 없는 상황이 된다.

1798년 나폴레옹의 이집트 정복 이후 중동 나라들에 서구의 문물이 유입되고 서구의 사조가 소개되면서 중동의 무슬림들이 서방의 근대주의에 눈을 뜨게 된다. 소위 무슬림 선각자들 가운데 서방의 계몽주의와 합리주의 그리고 보편적 윤리관을 학습하거나 영향을 받은 사람들이 나타나고,

그들이 이슬람 세계의 계몽운동(갱신운동 혹은 개혁운동)[IV]을 이끌게 된다. 그들은 계몽주의 관점으로 이슬람 1,200년 역사를 다시 바라보았다. 그러자 지하드 정복의 역사는 더 이상 자랑스러운 것이 아니라 감추고 싶은 수치가 되었다. 그렇게 되자 무슬림 가운데서 소지하드 중심의 지하드 개념을 반성하고 대지하드 개념을 강조하는 사람들이 늘어난 것이다. 그 이후 오늘날까지 많은 무슬림 학자들이 칼의 전쟁으로서의 지하드, 즉 소(小)지하드의 의미를 축소하거나 부정하고 있는 것이다.

2) 지하드는 방어적인 전쟁인가?

또한 오늘날 무슬림 가운데서 지하드 전쟁이 방어적인 전쟁이라고 말하는 학자들이 많다. 현대 아랍어 사전(Mu'jam al-Lughati al-'Arabiyyati al-Mu'āṣirati)에서도 지하드를 '이슬람 역사에 존재했던 수많은 전쟁에 대해 종교와 나라를 방어하기 위해 있었던 전쟁(qitāl)'[16]이라 정의하고 있다. 심지어 무함마드가 수행한 전쟁들은 모두가 방어적인 전쟁이며 공격적인 전쟁이 아니라고 하는 학자들도 있다.[V] 그러나 이러한 주장은 역사적인 사실을 부정하고 이슬람의 본질을 왜곡하는 것이다.

이슬람 초기의 지하드 개념에 방어적인 전쟁이 포함되어 있었던 것은 사실로 보인다. 예를 들어 칸다끄 전투(al-Khandaq, '참호'란 의미이다. 참호 전투라고도 한다)는 메카의 카피르(kāfir)들이 메디나의 무슬림을 공격한 전쟁이었기에 무슬림들에게는 방어 전쟁이었다. 그러나 초기 이슬람 역사에서 그러한 방어 전쟁은 소수였기에 방어적 의미의 지하드 개념이 주된 개

IV   이슬람 원리주의자들은 '계몽'(tanwīr)이란 단어를 세속적이고 인본적인 용어로 간주한다. 그래서 이슬람의 새로운 개혁과 계몽 운동을 주로 '갱신(tajdīd)운동'이라 한다. 오늘날 많은 이슬람 나라가 '설교의 갱신 운동'을 하고 있다.

V   이슬람 개혁가로 알려진 아드난 이브라힘과 알아즈하르 출신의 아흐마드 카리마는 '무함마드의 전기'에서 무함마드가 수행한 전쟁을 가즈와(ghazwah, '정복 전쟁'이란 의미)로 기록한 것을 오류라고 하며, 무함마드는 방어적인 전쟁만 했다고 주장한다.

념이 아니었다. 이슬람은 초기부터 거침없이 진군했고, 침략을 받는 경우는 소수였다. 십자군 전쟁과 몽골의 침입을 제외하면 이슬람 초기와 중기 역사에서 이슬람 국가가 카피르 국가들로부터 정복을 당한 경우는 거의 없었다고 할 수 있다.[VI] 따라서 오늘날처럼 방어적 개념의 지하드를 강조할 필요가 없었던 것이다.

그러던 것이 오스만 터키 제국이 패망하고 이슬람이 세력을 잃게 되자 지하드의 주된 개념을 공격적인 전쟁에서 방어적인 전쟁으로 바꾸는 사람들이 많아지게 된다. 서방의 계몽주의와 합리주의에 영향을 받은 무슬림 계몽주의자(갱신주의자)들이 이슬람의 공격적 지하드에 대해 심리적 부담을 느꼈다고 볼 수 있다. 이슬람 지하드의 만행에 대한 그들 스스로의 근대적인 통찰이었을 것이다. 실례로 19세기 이슬람 현대주의(Islamic Modernism)의 아버지 무함마드 압두(Muhammad Abduh)와 라쉬드 리다(Rashid Rida)는 "무슬림 공동체에 대한 공격에 대응하기 위한 방어적인 전쟁으로서 지하드만 허용된다"고 말했다.[17]

오늘날도 많은 무슬림은 이슬람을 변호하기 위해 지하드가 공격적인 전쟁이 아니라 방어적인 전쟁이라고 강조하고 있다. 다른 무슬림들은 지하드는 칼의 전쟁이 아니라 정신적인 투쟁이라고 역설하고 있다. 물론 앞에서 살펴본 대로 이슬람의 지하드 가운데는 정신적인 투쟁과 방어적인 전쟁의 개념이 포함되어 있다. 오늘날 대부분의 평범한 무슬림인 온건한 무슬림들에게는 이러한 대지하드가 소지하드보다 더 중요하고 일차적인 지하드임이 분명하다. 그러나 그렇다 해도 오늘날 무슬림 학자들이 진행하는 칼의 지하드의 흔적을 지우려는 시도와 대지하드만을 강조하는 모습

[VI] 이슬람의 지하드 정복 전쟁은 17세기까지 거침이 없었다. "17세기 유럽은 거대한 이슬람의 도전을 두려움 속에서 지켜보아야 했다. 무슬림군은 1658년 헝가리를 침공하고, 1669년에는 크레타를 정복했다. 1672년에는 폴란드를 공격하고, 6년이 지나지 않아 무슬림군은 러시아 제국을 패퇴시키며, 우크라이나에 들어갔다. 그리고 1683년에는 비엔나를 포위 공격한다"(손주영, 『이슬람 교리, 사상, 역사』, p. 553).

은 옳은 모습이 아니다. 그것은 종교적 동기에 의한 역사 왜곡이라 할 수 있다. 그들에게 요구되는 것은 지하드에 대한 객관적 연구와 양심적 성찰, 그리고 겸허한 인정일 것이다.

우리는 이슬람의 지하드에서 소지하드의 의미와 대지하드의 의미 양쪽을 다 이해해야 한다. 즉, 이슬람 역사에서 끊임없이 시행되어 온 소지하드의 만행을 잊지 않고 그것을 역사적 교훈으로 삼아야 한다. 또한 오늘날도 계속되는 폭력적인 소지하드를 차단하기 위해 최선의 노력을 기울여야 한다. 그것과 더불어 우리 주위의 보통의 무슬림들이 삶에서 경주하는 정신적인 투쟁으로서의 지하드도 이해하려는 노력이 필요하다.

3. 꾸란의 지하드 구절

지하드 사상은 꾸란에 근거한다. 후대의 무슬림들이 만든 것이 아니라 꾸란의 핵심 사상이며 무함마드의 핵심 가르침이다. 꾸란의 지하드 구절들을 메카 구절과 메디나 구절로 나누어서 살펴보도록 한다.

꾸란 학자들은 꾸란 계시를 메카 계시와 메디나 계시로 구분한다.

메카 계시는 무함마드가 처음 선지자로 소명을 받고 난 뒤 그의 부족인 꾸라이쉬 부족에게 평화적으로 메시지를 전하는 내용이다. 주로 유일신 알라를 믿을 것을 촉구하고 자신이 그의 선지자임을 믿을 것을 촉구하는 내용이다.

메디나 계시는 무함마드와 그의 동료들이 메디나로 이주한 이후 메디나의 무슬림 신자들에게 전하는 메시지이다. 메카 시대와 달리 움마 공동체가 탄생했고, 그를 따르는 수많은 사람이 생겼다. 또한 그 자신은 공동체의 지도자로서 절대권력과 무력을 가지게 되었다. 따라서 이때의 메시지는 이슬람 공동체의 효과적 통치를 위한 규칙과 규범이 많다. 또한 이슬람을 믿지 않는 주위 카피르 부족에게 칼의 지하드를 촉구하는 내용이 많다.

1) 메카에서의 지하드 구절

꾸란에서 '지하드'란 단어는 메카 시대부터 사용되었다.

◆ 우리(알라)를 위해 **지하드(jāhdu)를 하는** 사람들과 관련하여, 우리는 그들을 우리의 길로 인도할 것이다(29:69)(여기서 jāhdu는 '지하드를 하다'란 동사이다).

◆ 그대는 불신자(kāfrīn)들에게 복종하지 말고 그것(꾸란/설교)으로 그들에게 **큰 지하드(jihād)를** 하라(jāhidhum bihi jihādan kabīran)(25:52).

두 구절 모두 메카 시대에 내려진 계시이다. 메카 시대는 칼에 의한 정복 전쟁을 시작하기 전이다. 그러나 그때도 지하드를 촉구하는 명령이 있었다.

꼬르토비[VII]는 주석에서 29:69은 전쟁으로서의 지하드가 무슬림들의 의무로 부과되기 전에 계시된 구절이라고 한다. 그리고 25:52이 최초의 지하드 구절이라고 학자들이 이야기한다. 이 구절에서 '큰 지하드를 하라'고 하는데, 따바리는 그의 주석에서 '꾸란으로 큰 지하드를 하라'의 의미라고 설명한다. 무력이 아닌 말로써 평화적인 선포를 하라는 것이다.

꼬르토비는 이 구절 주석에서 "꾸란으로 혹은 이슬람으로 큰 지하드를 하라. 칼로써 지하드를 하는 것은 나중이다. 왜냐하면 이 꾸란 구절은 메카 구절이며, 죽이는 전쟁(qitāl)을 명령하기 이전이다"라 하고 있다.

꼬르토비는 무함마드가 메카에서는 꾸란의 내용, 즉 설교로 지하드를 했다고 한다. 그러나 메디나 이주 이후 그가 권력을 잡고 난 뒤에는 칼의

[VII] 꼬르토비는 13세기 스페인 꼬르도바 출신의 이슬람 율법학자이다. 당시는 스페인도 이슬람의 지배를 받던 때이다. 그의 이름이 꼬르토비가 된 것은 그의 고향이 스페인의 꼬르도바(Cordova)이기 때문이다. 그가 기록한 꾸란 주석 '꼬르토비' 주석은 오늘날 이슬람에서 가장 권위 있는 주석 중의 하나로 평가받는다.

지하드를 했음을 분명하게 밝히고 있다.

이처럼 메카 시대에도 지하드의 개념이 있었다. 그 의미는 앞에서 정의한 대로 알라와 무함마드와 이슬람을 위해 말과 행동과 가능한 모든 방법으로 노력하고 투쟁하는 것이라 할 수 있다. 따라서 지하드의 넓은 개념 안에는 이슬람 종교의 승리를 위해 선행을 명령하고 악행을 금지하며, 알라신에게 순종하기 위해 정신적 투쟁을 하는 것 등이 포함되어 있다는 것을 알 수 있다.

2) 메디나에서의 지하드 구절

메카 시대의 지하드에서 평화적인 지하드의 개념이 두드러졌다면 메디나 시대의 지하드는 칼로 죽이며 전쟁하는 지하드의 개념이 두드러진다.[VIII] 위의 메카 시대의 평화적인 지하드를 대지하드라 한다면, 메디나 시대의 폭력적인 지하드를 소지하드라 한다.[18]

메디나 계시 가운데 지하드를 명령하는 대표적인 구절들을 세 가지 종류로 나누어서 정리해 보았다. 먼저는 '지하드'라는 단어를 직접 언급하는 구절과, 전쟁을 명령하는 구절, 그리고 살해를 명령하는 구절이 그것이다.

(1) '지하드'(jihād)라는 단어를 직접 언급한 구절

◆ 선지자여! 불신자(kāfir)들과 위선자(munāfiq)들에 대항하여 **지하드를 하고**(jāhid) 그들을 가혹하게 대하라. 그들의 거처지는 지옥이니라. 그 종

[VIII] 메디나 시대의 지하드는 칼의 지하드의 개념이 주가 된다. 무슬림은 칼의 지하드를 하기 위해서는 정신적인 투쟁의 지하드가 기본적으로 요구되는 것으로 이해한다. 왜냐하면 칼의 지하드를 수행하기 위해서 모든 정신적·물질적·공동체적 투쟁이 전제되어야 하기 때문이다. 따라서 메디나 시대의 지하드에서 두드러지는 것은 소지하드이지만 대지하드도 병행되는 것으로 보는 것이 옳다.

착지는 참으로 비참하리라(9:73; 66:9)(여기서 jāhid는 '지하드를 하다'란 동사이다).

◆ 알라를 위해 모든 노력을 다하여 **지하드를 하라**(jāhidu fi-llahi ḥaqqa jihādihi, 22:78)(여기서 jāhidu는 '지하드를 하다'란 동사이고, jihādihi는 '지하드'란 명사이다).

◆ 실로 믿는 자들이란 알라와 그의 메신저를 믿고 의심하지 않으며 알라를 위해 그들의 재물과 생명으로 **지하드하는**(jāhidu) 사람이니라. 그들이 바로 진실한 자들이니라(49:15)(jāhidu, '지하드하다'의 동사가 과거 형태로 사용되었다).

위의 구절들은 '지하드하다'라는 동사인 jāhid라는 동사를 사용하거나, 동명사 형태인 지하드 jihād를 사용하여 지하드를 명령하는 구절이다.

☞ 위의 9:73과 66:9의 경우 카피르들에 대해 소지하드를 하라는 구절이 분명하다. 이에 비해 22:78의 경우 소지하드의 개념으로 주석하는 사람도 있고 대지하드의 개념으로 주석하는 사람도 있다. 따바리와 꼬르토비, 앗라지 등의 주석서를 보면 두 가지 의미를 다 소개한다. 49:15의 경우 '재물과 생명으로 지하드하는'이라 하고 있기에 대지하드의 개념에 더 가깝다고 하겠다. 그러나 이 두 구절이 대지하드의 개념을 포함한다 하더라도 이 두 구절이 메디나 계시이기에 소지하드(칼의 지하드)의 의미까지 포함한다고 보는 것이 타당하다.

☞ 위의 구절들에 대한 다른 한글 꾸란 번역서들의 번역들을 비교해 보라. '성전하라', '투쟁하라' 등으로 번역되어 있는 것을 발견할 것이다. 이는 의미의 약화 혹은 미화이다. 동명사 형태인 jihād나 동사 형태인 jāhid는 각각 '지하드'와 '지하드하다'로 번역하는 것이 가장 정확한 번역이다. 왜냐하면 이슬람의 '지하드' 개념은 이슬람에만 있고 다른 언어에는 없기 때문이다.

(2) 전쟁을 명령하는 구절: 'qātilu'(죽이는 전쟁을 하라)란 단어를 사용한 구절

◆ 알라를 위하여 **전쟁하라**(qātilu)(2:244).

◆ 비록 너희가 싫어하는 것이지만 **전쟁**(qitāl)이 너희에게 부여되었노라 (2:216).

◆ 내세를 위해 현세의 생명을 바치는 자들이 알라를 위해 **전쟁하게 하라** (fal-yuqātil). 알라를 위해 **전쟁하여**(yuqātil) 죽임당하거나 승리를 얻는 사람은 누구든지 우리가 그에게 위대한 보상을 주리라(4:74).

◆ 믿는 자들은 알라를 위해 **전쟁하고**(yuqātilūna) 불신자(kāfir)들은 사탄 (al-Ṭāghūt)을 위해 **전쟁하나니**(yuqātilūna), 너희는 사탄(al-Shayṭān)의 동지들과 **전쟁하라**(qātilu)(4:76).

◆ 그러나 조약 이후에 그들이 맹세를 위반하고 너희의 종교를 공격한다면 그 불신의 우두머리들과 **전쟁하라**(qātilu)(9:12).

◆ 불신앙/시험(fitnah)이 사라지고 모든 종교가 알라를 위할 때까지 그들과 **전쟁하라**(qātilu)(8:39; 2:193).

◆ 너희는, 알라와 마지막 날을 믿지 않고 알라와 그의 메신저가 금한 것을 금하지 않으며 성서의 백성 가운데서 진리의 종교를 믿지 않는 자들과 **전쟁하되**(qātilu), 그들이 굴복하여 수모를 느끼며 지즈야를 지불할 때까지 하라(9:29).

◆ 우상 숭배자들(mushrik)이 모두 뭉쳐 너희와 **전쟁하는**(yuqātilu) 것처럼, 너희도 모두 뭉쳐 그들과 **전쟁하라**(qātilu)(9:36).

◆ 알라께서 믿는 자들 가운데서 그들의 영혼들과 재물들을 사셨나니 천국이 그들의 것이라. 그들은 알라를 위해 **전쟁하여**(qātilu), 죽이고 죽임당하리니(9:111).

◆ 실로 알라께서는 그를 위해 견고한 성벽처럼 대열을 지어 **전쟁하는** (yuqātilūna) 자들을 사랑하시느니라(61:4).

위의 구절들은 모두 qātala라는 동사를 사용하거나 동명사 형태인 qitāl을 사용하여 지하드를 명령하는 구절이다. 이 단어는 두 사람 이상이 서로 전쟁해서 죽이는 것을 의미한다. 즉 여기서 '전쟁하라'의 정확한 의미는 '싸워서 죽여라' 혹은 '전쟁해서 죽여라' 혹은 '죽이는 전쟁을 하라'의 의미이다. 이와 같이 **소지하드는 칼로서 전쟁하여 죽이는 행위이다.** 꾸란은 무슬림에게 알라를 위해 카피르를 죽이는 전쟁을 할 것을 명령하고 있다.

'qātilu'(전쟁하라) 단어 번역의 문제점과 올바른 의미

위의 구절들에서 반복해서 나오는 단어는 '전쟁'(qitāl) 혹은 '전쟁하라'(qātilu)이다. 기존에 나와 있는 한국어 꾸란 번역서('꾸란 주해', '꼬란' 등)를 찾아서 이 단어가 어떻게 번역되어 있는지 확인해 보자. 주로 '투쟁하라', '성전(聖戰)하라'로 번역되어 있다. 이는 약화되거나 미화된 번역이다.

위의 단어들에 대한 영어 번역은 'fight'로 되어 있다. 필자는 이것도 정확한 번역이 아니라고 생각한다. 영어 'fight'에 대한 의미를 사전에서 찾아보면 1. (적과) 싸우다, 2. (서로 치고 받으며) 싸우다, 3. (시합 등에서) 다투다 라고 되어 있다.[19] 이와 같이 'fight'는 죽이는 전쟁만이 아닌 말싸움이나 운동 경기의 시합 등에서도 사용하는 단어이다. 따라서 영어 번역인 'fight'는 정확한 번역이라 할 수 없다. 그 이유는 다음과 같다.

위의 '전쟁하라'(qātilu, 2인칭 복수 명령형)는 단어의 아랍어 어근(원형)은 q-t-l로서 그 의미는 '죽이다'(to kill)이다. 즉 어근(q-t-l)의 의미는 사람이 다른 사람을 살해하는 의미이다. 위의 구절들에서 사용된 단어는 이 원형에서 파생된 3형태 동사인 qātala가 사용되거나 이 동사의 동명사 형태인 qitāl이 사용되었다. 이 경우 그 의미는 두 사람 이상이 '서로 싸워서 죽이다'는 의미가 되며, 두 사람 이상이 서로 싸워서 죽이기 때문에 '죽이는 전쟁을 하다'의 의미가 된다. 또한 동명사 형태인 qitāl의 의미는 '싸워서 죽임' 혹은 '죽이는 전쟁을 함'의 의미가 된다.

따라서 위의 구절들에 사용된 qātilu(위의 본문에서는 '전쟁하라'로 번역함)의 정확한 의미는 '서로 싸워서 죽여라' 혹은 '죽이는 전쟁을 하라'의 의미이다. 반드시 사람을 죽이는 의미가 포함되어야 한다.

필자는 오늘날 아랍 사람들이 위의 꾸란 구절들을 어떻게 이해하는지에 대해서도 유의해서 살펴보았다. 그들이 위의 구절들에 나오는 qātala란 단어를 들을 때나 사용할 때 어떻게 이해하는지에 주목했다. 그래서 그들의 대화나 설교 등에서 이 단어의 의미와 뉘앙스를 묻고 확인했다. 또한 Ex 무슬림에게 그 의미를 직접 물어보기도 했다. 그 결과 qātala란 단어의 의미는 '살해'(qatl)의 행위가 포함되어 있으며, '싸워서 죽이다', '전쟁해서 죽이다'의 의미인 것을 확인했다. 그러므로 기존의 한국어 꾸란 번역서에서 '투쟁하라' 혹은 '성전하라'라고 번역한 것은 의미의 약화 혹은 미화인 것이다.

위의 번역에서 필자는 qātilu를 '전쟁하라'로 번역하고, 아랍어 음가 qātilu를 함께 기록했다. qātilu 단어를 보면서 그 의미에 '살해'가 포함되어 있다는 것을 기억하도록 하자.

qātala(3인칭 단수 과거형) 단어의 어근과 형태에 따른 의미 변화

어근(원형)		1형태		3형태	
동사	q-t-l	죽이다 살해하다 (to kill)	qatala	죽이다, 살해하다	qātala	서로 싸워 죽이다, 죽이는 전쟁을 하다
동명사			qatl	죽임, 살해	qitāl	서로 싸워 죽임, 죽이는 전쟁을 함

(3) 살해를 명령하는 구절: '죽여라'(uqtulu) 혹은 학살의 표현을 사용한 구절

다음은 꾸란 구절 가운데 '죽여라', '살해하라'란 단어가 사용되거나 학살에 대한 표현이 있는 구절들이다.

◆ 너희가 그들을 발견한 곳 어디서든지 **그들을 죽이고(uqtulūhum)** 그들이 너희를 쫓아낸 곳 어디서든지 그들을 쫓아내라(2:191).

◆ 그래서 너희는 그들이 알라를 위해 이주하기까지 그들을 친구/동지로 삼지 말라. 만일 그들이 배반한다면 **어디서든지 그들을 발견하는 대로 그들을 포획하고 죽여라(uqtulu)**(4:89).

◆ 만일 그들이 너희로부터 떠나가지 않고 너희에게 항복하지 않고 그들의 손을 거두지 않는다면, **너희가 어디에서 그들을 발견하든지 그들을 포획하고 그들을 살해하라(uqtulūhum)**(4:91).

◆ 금지된 달들이 지나면 너희가 우상 숭배자(mushrik)들을 **어디서든지 발견하는 대로 살해하고(uqtulu)** 그들을 포로로 잡거나 그들을 포위하라. 그리고 모든 매복 장소에서 잠복하여 기다리라(9:5).

◆ 믿는 자들이여! 너희가 불신자(kāfir)들이 대열을 지어 전진해 오는 것을 발견한다면 **결코 그들에게 너희의 등을 돌리지 말라**(8:15).

◆ 내가 불신자(kāfir)들의 마음에 공포를 주리니 너희는 그들의 **목들을 치고 그들의 모든 손가락을 쳐라**(8:12).

◆ 너희가 불신자(kāfir)들을 만났을 때 그들 가운데 **많은 사람을 죽일('ath-khanatumuhum)** 때까지 그들의 목을 치고 (남은 사람을) 포로로 잡아라(47:4).

3) 메디나 지하드 구절들의 특징

위의 세 가지 종류의 지하드 구절들의 특징은 다음과 같다.

(1) 지하드의 대상이 카피르(kāfir) 혹은 무쉬리크(mushrik)이다

앞에서 살펴본 대로 카피르는 알라와 무함마드를 믿지 않고 이슬람을 따르지 않는 사람이다. 무쉬리크는 알라의 자리에 그와 견줄 만한 다른 우상을 위치시킨 사람을 말한다. 이 구절들은 이슬람을 믿지 않는 모든 다른 종교인 혹은 종교가 없는 무신론자들과 지하드를 하라고 하고 있다.

(2) 칼로써 죽이는 전쟁을 의미한다

메디나에서의 지하드는 대부분 무력과 칼로써 죽이고 이슬람을 강제하는 것이었다. Ex 무슬림 가운데서 위의 구절들이 칼에 의한 전쟁이 아니라고 하는 사람은 없다.

(3) 의도적이고 잔인하며 때론 대량 학살을 의미한다

위의 구절들 가운데는 "발견하는 곳 어디서든지 죽여라"(2:191), "발견하는 대로 포획하고 죽이라"(4:89), "어디서든지 발견하는 대로 살해하고"(9:5), "목들을 치고 모든 손가락을 칠지라"(8:12)라 하고 있다. 무자비한 살해와 전쟁과 포로 삼음을 의미한다.

위의 꾸란 47:4에서 "많은 사람을 죽일 때까지 그들의 목을 치라"는 구절에서 동사는 'athkhana인데, 이 동사는 '학살하다'(to slaughter)의 의미를 가진다. 꼬르토비 주석과 타프씨르 무야싸르 주석 등에서 많은 사람을 죽이는 것, 즉 학살을 의미한다고 한다. 이 장에서 다루겠지만 지하드 전쟁은 수없이 많은 사람을 죽여 피의 강을 만든 역사였다.

또한 "마음에 공포를 주리니"(8:12)라고 한다. 그렇게 발견하는 대로 살해하고 학살하는 이유는 적에게 공포심을 유발하여 이슬람에 복종하게 하기 위해서였다. 의도적으로 더욱 잔인하게 사람들을 죽였던 것이다.

4) 지하드는 무슬림의 의무이자 신성한 것

◆ 실로 믿는 자들이란 알라와 그의 메신저를 믿고 의심하지 않으며 알라를 위해 그들의 재물과 생명으로 **지하드하는(jāhdu)** 사람이니라. 그들이 바로 진실한 자들이니라(49:15).

참된 무슬림은 알라와 그의 메신저인 무함마드를 믿고 가진 재산과 생명으로 지하드하는 사람이라고 밝히고 있다. 또한 지하드를 하는 자들이 진실한 자들이라고 하고 있다. 알라를 위해 전쟁하는 것은 신이 그들에게 주신 사명인 것이다.

지하드를 수행하는 사람에게 최고의 보상을 약속한다.

◆ 알라를 위해 **전쟁하여** 죽임당하거나 승리를 얻는 사람은 누구든지 **우리가 그에게 위대한 보상을 주리라**(4:74).
◆ 알라께서 믿는 자들 가운데서 **그들의 영혼들과 재물들을 사셨나니 천국이 그들의 것이라**. 그들은 알라를 위해 **전쟁하여(qātilu)**, 죽이고 죽임당하리니(9:111).
◆ 실로 알라께서는 그를 위해 견고한 성벽처럼 대열을 지어 **전쟁하는 (yuqātilūna)** 자들을 사랑하시느니라(61:4).

꾸란은 지하드를 행하는 사람과 전쟁에서 순교한 사람을 알라가 사랑하고(61:4), 그들을 위해 최고의 상급을 주신다고 약속한다(4:74; 9:111). 이러한 보상의 약속으로 인해 IS가 발원했을 때 많은 젊은이들이 IS에 가담하였고, 오늘날도 지하드 테러 공격에 감행하는 젊은이들이 있다.

5) 꾸란에 얼마나 많은 지하드 구절이 있을까?

지하드가 꾸란에서 핵심 사상이기에 꾸란에는 수많은 지하드 구절이 있다. 이집트 출신 Ex 무슬림 하미드 사마드는 꾸란에 '전쟁을 하라'라든지 '지하드를 하라' 혹은 '카피르(kāfir)를 죽이라'고 독려하는 직접적인 지하드 구절이 93개 구절이 있다고 한다. 더 나아가 폭력과 증오를 조장하는 구절이 206 구절이 있다고 한다.[20] answering-islam 사이트에서는 지하드 구절이 164구절이라며 그 구절들을 일일이 기록하고 있다.[21]

혹자는 이러한 통계가 Ex 무슬림이 말하는 것이기 때문에 신뢰도가 떨어진다고 말할 수도 있다. 그렇다면 무슬림 단체에서 운영하는 아랍어 사이트에서는 지하드 구절이 몇 구절인지 말하고 있을까? 말하고 있다. quranbysubject.com에서는 '알라를 위한 지하드'를 말하는 구절이 127구절, '전쟁'(qitāl 혹은 qātala)을 명하는 구절이 167구절이라 하며 그 구절들을 일일이 기록하고 있다.[22] altarbawy.net(알라를 돕는 교육부)에서는 지하드와 전쟁을 포함한 구절이 70구절이라고 하며 그 구절들을 일일이 기록하고 있다.[23]

이처럼 폭력적인 지하드를 말하는 구절은 꾸란에 많이 기록되어 있다. 실제로 꾸란에서 메디나 시대 후기의 계시들이라 할 수 있는 알안암(제6장), 알아으라프(제7장), 알안팔(제8장), 앗타우바(제9장), 무함마드(제47장) 등에는 무슬림이 아닌 카피르(kāfir)에 대한 폭력과 증오를 촉구하는 구절들과 지하드에 대한 구절들이 수두룩하다. 지하드는 꾸란의 핵심적인 메시지이기 때문에, 그리고 그 숫자가 너무 많기 때문에 결코 숨길 수 없다.

지금까지 내용을 정리해 보자. 메카 시대의 주된 지하드는 알라를 위해 말과 행동과 가능한 모든 방법으로 노력하고 투쟁하는 것을 말하는 것으로 대지하드라고도 한다. 반면 메디나 시대의 주된 지하드는 카피르와 칼의 전쟁을 하는 것으로 소지하드라고도 한다. 주석가들과 율법학자들에 따르면 메디나 시대에 칼의 지하드가 선포된 이후에는 메카 시대의 노력과 투쟁의 지하드는 취소되었다고 한다(여기서도 '취소 교리' 혹은 '나스크 교리'가 적용된다). 따라서 메디나 시절 이후 이슬람이 세계를 정복하고 통치하던 시절 내내 이 칼의 지하드가 행해져 온 것이 사실이다. 그러다가 19세기 이후 힘의 패권이 서구 국가들에 넘어가고 이슬람 나라들이 헤게모니를 잃게 되자 다시 메카 시대의 지하드 개념인 노력과 투쟁의 지하드를 강조하고 있다. 더 나아가 1천 년 이상의 긴 역사 동안 무참하게 저질러 온 피의 강의 역사를 부인하고, '이슬람이 평화의 종교이다'라고 외치고 있다. 이것은 사실(fact)에 대한 명백한 왜곡이 틀림없다.

4. 하디스의 지하드 구절

이슬람의 다섯 기둥은 신앙 고백, 기도, 금식, 자카, 성지 순례이다. 거기에 여섯 번째 기둥을 말하라면 지하드를 든다. 그 정도로 지하드는 이슬람의 중요한 핵심 교리이다. 따라서 꾸란에서도 수백 구절 기록되어 있고 하디스에서도 수없이 많이 기록되어 있다. 하디스 컬렉션들에는 '지하드'란 권(book)이 아예 따로 존재한다. 사히흐 부카리의 지하드 권(book)에는 308장(chapter)이 기록되어 있고, 사히흐 무슬림에는 87장, 수난 아비 다우드에는 310장이 기록될 정도이다. 이러한 하디스들에서 지하드 전쟁을 준비하는 방법과 적들과의 전투 방법, 승리 이후 정복한 곳의 사람들과 전리품들을 처리하는 방법, 무함마드가 수행한 주요 지하드 전투들의 내용들 등을 상세하게 기록하고 있다. 즉, 하디스에서의 주된 지하드는 소지하드, 즉 전쟁의 지하드라 할 수 있다.

하디스에서 지하드에 대한 대표적인 구절을 들라면 아마도 다음 구절이라 할 것이다. 이 구절은 지난 2015년 리비아에서 IS가 이집트 콥트 기독교인 30명을 참수할 때, 녹화된 동영상에서 IS 지도자가 서방을 향해 경고의 메시지를 전하며 암송한 구절이다.

◇ 나(무함마드)는, 사람들이 '알라 이외에 다른 신은 없고 무함마드는 알라의 메신저이다'는 것을 고백하고, 기도하며, 자카를 지불할 때까지 **사람들과 전쟁할 것을('uqātila) 명령받았다**(사히흐 부카리 25; 사히흐 무슬림 22).

위 구절의 아랍어 원문에는 '나는 전쟁할 것을 명령받았다'('umirtu 'an 'uqātila -n-nāsa)는 부분이 문장의 맨 처음에 나온다. 여기서의 '전쟁'도 앞의 꾸란 구절에서 설명했듯이 죽이는 전쟁(qitāl)을 의미한다. 즉, 모든 사람이 알라와 무함마드를 믿고 기도와 자카를 드릴 때까지 죽이는 전쟁을 해야 한다는 의미이다.

이슬람 전문가 자카리야(Zakari Botros)는 위의 하디스와 똑같은 하디스가 '하디스 사히흐'(ḥadīth ṣaḥīḥ, 하디스 전승자와 전승자들의 연결고리에 결함이 없는 하디스)에만 102번 기록되어 있다고 한다.[IX 24] 하디스를 검색하기 좋은 사이트인 sunnah.com에서 위와 동일한 하디스를 검색하면 51회 나타난다. 알라와 무함마드를 믿지 않는 자를 죽이는 전쟁을 하라는 명령을 100번 이상 한다는 말은 그만큼 지하드가 이슬람에서 중요하다는 말이다. 또한 지하드 전쟁의 성격이 어떠한지를 잘 말해 준다.

그 이외에 주요 지하드 구절들을 살펴보자.

IX   사히흐 부카리 7번, 사히흐 무슬림 6번, 수난 아부 다우드 4번, 수난 티르미디 5번, 수난 니싸이 22번, 수난 이븐 마지흐 5번, 마스나드 아흐마드 20번, 수난 앗다르까뜨니 6번, 수난 알바이하끼 25번.

◇ 너희의 재물과 생명과 혀로써 무쉬리크들과 **지하드를 하라**(수난 아비 다 우드 2504).

◇ 누구든지 **정복 전쟁**(지하드)에 나가지 않고 그것을 하겠다는 뜻을 말하지 않고 죽은 사람은 위선자로 죽은 것이다(사히흐 무슬림 1910).

◇ 너희는 천국이 **검의 그림자** 아래 있다는 것을 알라(사히흐 부카리 2818; 사히흐 무슬림 1742a).

◇ 무함마드 선지자가 메카를 정복하는 날 말하길 "히즈라는 (더 이상) 없고 **지하드**와 선한 의도뿐이다. **지하드**에 참가하라는 부름을 받았을 때 너희는 신속하게 응답하라"(사히흐 부카리 3077).

◇ 알라의 메신저가 어떤 일이 가장 나은 일이냐고 질문을 받았다. 그가 말하길 "알라와 그의 메신저를 믿는 것이다"라고 했다.
"그다음은 무엇입니까?"라고 질문을 받았다. 그가 말하길 "알라를 위해 **지하드를** 하는 것이다"라고 했다.
"그다음은 무엇입니까?"라고 질문을 받았다. 그가 말하길 "성지 순례를 하는 것이다"(사히흐 부카리 26, 1519).

◇ 한 남자가 말하길 " 알라의 메신저여! 이슬람이 무엇입니까?" 무함마드가 대답하길 "그대의 마음에 흠이 없는 것이고 무슬림이 그대의 혀와 손에서 흠을 찾을 수 없는 것이다."
그 남자가 다시 묻길 "어떤 이슬람이 더 낫습니까?" 무함마드가 대답하길 "믿음이다."
다시 묻길 "어떤 믿음입니까?" 대답하길 "그대가 알라를 믿고 그의 천사들을 믿고 그의 책들을 믿고 그의 메신저들을 믿고 죽음 이후의 세계를 믿는 것이다."
다시 묻길 "어떤 믿음이 더 낫습니까?" 대답하길 "히즈라(이주)이다."
다시 묻길 "히즈라가 무엇입니까?" 대답하길 "악에서 떠나는 것이다."
다시 묻길 "어떤 히즈라가 더 낫습니까?" 대답하길 "**지하드**이다."

다시 묻길 "지하드가 무엇입니까?" 대답하길 "카피르(kāfir)들을 만난다면 그들과 전쟁(qitāl)하는 것이다."

다시 묻길 "어떤 지하드가 더 낫습니까?" 대답하길 "그의 말이 도살되고 그 피가 흘려지는 것이다"(Musnad 'aḥmad bni Ḥanbal Vol 4, p. 113, Num 17068).

위의 마지막 하디스에서 지하드는 카피르(kāfir)와 죽이는 전쟁을 하는 것이라고 한다. 그 전쟁에서 카피르(kāfir)가 사용하는 말이 도살되고 그 피가 흘려지는 것이 지하드라고 한다. 또한 믿는 자에게 가장 나은 일은 알라를 위해 지하드를 하는 것이라고 하고 있다(사히흐 부카리 26, 1519). 더 나아가 지하드에 나가지 않고 그것을 하겠다고 하지 않는 자는 위선자이며, 그 상태로 죽을 경우 위선자로 죽는 것이라 하고 있다(사히흐 무슬림 1910).

앞의 꾸란 구절에서도 기록하듯이 참된 무슬림은 알라와 그의 메신저인 무함마드를 믿고 가진 재산과 생명으로 지하드하는 사람이다(꾸란 49:15). 이러한 꾸란과 하디스의 가르침에 따라 수많은 무슬림은 참된 무슬림이 되기 위해 지하드 전쟁에 참여했다. 초기 이슬람 기간에, 특히 무함마드 선지자가 생존하는 시기에, 신체적인 조건이 좋고 전투가 가능한 나이의 모든 남자 무슬림은 지하드 전쟁에 참여해야 했다.[25] 그래서 수없이 많은 생명이 살해되었고 피의 강을 이루었다.

무함마드 이후 오늘날까지 이슬람의 지하드는 계속되고 있다. 이 명령은 시한이 없다. 따라서 앞으로도 이슬람이 전해지는 어디서든지 지하드를 하려는 사람이 발생할 것이다. 왜냐하면 그것이 그들에게 주어진 신적 사명이기 때문이다.

5. 선지자가 수행한 지하드 전쟁의 횟수는?

무함마드는 전쟁의 사람이다. 많은 전쟁을 진두지휘하며 사람들을 살해하고 약탈하는 데 앞장서거나 방조했다. 아이러니하게도 이슬람 고전들은 무함마드가 수행한 전쟁들에 대해 숨기려 하지 않는다. 오히려 그것들을 자랑스럽게 기록하고 있다. 하디스와 무함마드의 전기, 그리고 『선지자의 정복 전쟁들』 등 많은 책에서 그의 정복 전쟁을 상세하게 기록하고 있다. 그 책들에서 그는 수많은 전쟁에서 승리한 영웅으로, 위대하고 카리스마가 넘치는 지휘관으로, 승자의 자비와 여유를 가진 사람으로 기록하고 있다.

이븐 히샴(Ibn Hisham)이 기록한 『선지자의 전기』(al-Sīrah al-Nabawiyyah) 책을 보면 무함마드가 실행한 침략이 몇 번인지를 기록한다.

List of expeditions [edit]

Type legend

expeditions in which Muhammad took part (28)　　expeditions in which Muhammad did not take part (73)

Type	Name	C.E. date[3]	A.H. year[3]
1	Expedition of Hamza ibn 'Abdul-Muttalib[2]	March 623	1
2	Expedition of Ubaydah ibn al-Harith	April 623	1
3	al-Kharrar expedition[3]	May 623	1
4(1)	Patrol of Waddan (al-Abwa'[3])	August 623	1
5(2)	Patrol of Buwat	September 623	2
6(3)	Battle of Badr (Safwan[3])	September 623	2
90	Expedition of Surad ibn Abdullah	April 631	9
91	Expedition of Khalid ibn al-Walid (Najran)	June/July 631	10
92	Expedition of Ali ibn Abi Talib (Mudhij)	December 631	10
93	Expedition of Ali ibn Abi Talib (Hamdan)	632	10
94	Demolition of Dhul Khalasa	April 632	10
95	Expedition of Usama bin Zayd	May 632	10

위키피디아 사전에 기록된 무함마드의 군사 원정 횟수 (무함마드가 참여한 원정 28회, 참여하지 않은 원정 75회. 영어로는 expedition(원정)으로 기록하는데, 이것은 군사 원정을 의미하며, 아랍어로 '가즈와(ghazwah)'와 '사리야(sariyyah)'를 합친 것이다)

이슬람 역사가들은 무함마드의 전쟁을 두 가지로 구분한다. 그가 직접 전쟁에 참전하여 진두지휘한 전쟁을 '가즈와'(ghazwah)ˣ라고 하고, 자기 수하의 장수를 보내어 전쟁하게 한 것을 '사리야'(sariyyah)라 한다. 이븐 히샴은 무함마드가 27번의 가즈와(ghazwah)와 38번의 사리야(sariyyah)를 했다고 기록한다. 두 종류를 합칠 경우 무함마드가 전쟁한 총계는 65회이다.26

또한 하디스 컬렉션인 사히흐 무슬림을 설명하는 책인『샤르흐 나와위』(Ṣaḥīḥ Muslim bi- Sharḥ al-Nawawi)에서 무함마드가 27번의 가즈와(ghazwah)와 56번의 사리야(sariyya)를 치렀다고 기록하고 있다.27 무함마드가 직접 지휘한 전쟁들 가운데서 주요한 전투는 바드르 전투, 우후드, 마르씨아, 칸다끄, 카이바르, 꾸라이자, 파트흐, 후나이니, 닷따이프, 바누 나디르, 와디 알꼬라 전투 등이다(꼬르토비 꾸란 주석 3:123-125).

위키피디아 사전에서는 그가 수행한 군사 원정 횟수를 95번이라 한다. 그 군사 원정들 가운데 28번은 무함마드가 직접 지휘한 것(가즈와)이었고, 67번은 그가 참전하지 않고 그의 부하들이 수행한 것(사리야)이라고 한다.28

이러한 자료들을 종합하면 무함마드가 치른 지하드 전쟁의 횟수는 최소 65회에서 최대 95회 사이라고 할 수 있다. 숫자의 차이는 있지만, 그 횟수가 적지 않다는 것은 분명하다. 이 전쟁들은 무함마드가 메디나에서 통치했던 마지막 10년 사이(622-632)에 일어난 것들이다. 10년 동안 가장 작게 잡아 65번의 전쟁을 했다고 할 경우 1년에 6.5번의 전쟁을 했다는 말이다. 그럴 경우 두 달에 한 번씩 전쟁을 치렀다는 말이다.

전쟁의 크고 작음이 있겠지만, 두 달에 한 번씩 전쟁하기 위해서는 전리품 분배와 처리, 부상자 치료와 사망한 사람들에 대한 사후 처리, 그리고

ˣ 아랍어로 '가즈와(ghazwah)'는 '원수 등을 공격하는 것', '전쟁을 위해 진격하는 것'을 의미하는 것으로 '군사적 정복'을 의미한다. 이슬람은 자신들이 행한 수많은 군사적 정복을 '가즈와(ghazwah)'라 하지 않고 '파트흐(fatḥ)'라 부르길 좋아한다. '파트흐(fatḥ)'는 '엶(opening)' 혹은 '개화'의 의미이다.

새로운 전쟁 준비를 하기가 바쁘게 또다시 전쟁했다는 말이다. 약탈해 온 수많은 전리품과 노예들로 인한 즐거움이 떨어질 때쯤이면 또다시 전쟁했다고 볼 수 있다.

6. 지하드와 이슬람의 세계관: 전쟁의 집과 평화의 집

이슬람은 사람을 무슬림과 카피르(kāfir)로 구분한다는 것을 이 책 첫 부분에서 다루었다. 알라와 그의 선지자 무함마드를 믿는 무슬림과, 그것을 믿지 않는 카피르로 사람을 구분하고 있었다.

이슬람은 우리가 사는 세상도 두 지역으로 구분한다. 즉 무슬림이 살며 통치하는 이슬람의 집(Dar al-Islām)과 카피르가 사는 불신의 집(Dar al-Kofr)으로 구분한다. 이것을 각각 평화의 집(Dar as-Salām)과 전쟁의 집(Dar al-Ḥarb)이라 구분하기도 한다.

이 구분은 이슬람 제국이 지하드 정복으로 영토를 확장하던 시절 주위의 다른 국가들과의 관계에서 생겨난 개념이다. 즉, 우마이야 왕조 시대에 샤리아 율법학파 가운데 하나피 학파의 시조인 아부 하니파('Abu Ḥanīfah)가 주위의 비무슬림 국가들과의 정치적이고 종교적인 관계를 고려하면서 정립한 개념이다.[29] 그 뒤 이슬람의 4대 법학파인 하나피파, 샤피이파, 말리키파, 한발리파 모두에서 인정하며 사용해 왔던 개념이다.[30]

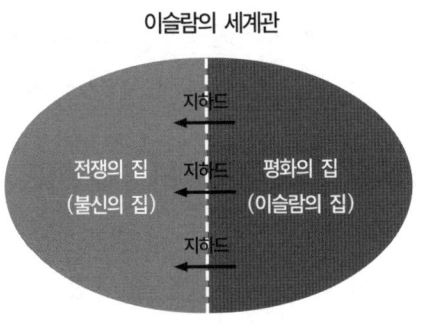

이슬람의 세계관

'이슬람의 집'은 이슬람의 샤리아법으로 온전히 통치되는 무슬림 사회이며, '움마 공동체'라고도 한다. 이슬람이 지배하고 샤리아법에 의해 통치되는 움마 공동체이기에 그들에게는 가장 이상적인 공동체이다. 따라서 그들에게는 '평화의 집'이 되는 것이다.

이에 비해 불신의 집(/전쟁의 집)은 카피르(kāfir), 즉 알라와 무함마드를 믿지 않는 사람들이 사는 지역이다. 요셉 까라다위는 불신의 집(/전쟁의 집)을 이슬람의 집이 아닌 지역을 말한다고 정의한다.[31] 즉, 이슬람이 통치하지 않는 모든 지역과 나라는 불신의 집(/전쟁의 집)인 것이다.

불신의 집(/전쟁의 집)은 이슬람이 통치하지 않으므로 완전하지 못하고 평화롭지도 않다고 생각한다. 코프르(kufr)의 죄와 쉬르크(shirk)의 죄가 가득한 세계이다. 무슬림은 불신의 집이 부패와 술취함과 음란과 악독이 가득한 곳이라 생각한다. 그래서 불신의 집(/전쟁의 집)이 평화의 집이 되기 위해서 필요한 것이 지하드인 것이다. 다시 말해 불신의 집(/전쟁의 집)을 이슬람의 집(/평화의 집)으로 바꾸는 방법이 지하드인 것이다.[32]

1) 불신의 집(/전쟁의 집)에 대해서는 폭력 행위가 허용된다

앞 장의 꾸란과 하디스의 지하드 구절에서 카피르를 발견하는 대로 살해와 포획과 학살을 명령하는 구절들을 살펴보았다. 그들에게 그렇게 하여 그들을 공포스럽게 하라는 구절도 보았다.

그렇다면 이슬람 율법학자들은 어떻게 가르치고 있을까?

다음은 『이슬람의 집과 불신의 집의 진실』(Ḥaqīqtu al-Dārīn Dar al-Islām wa-Dar al-Kufr)이라는 책에서 카피르와의 지하드 전쟁에 대해 기록한 부분이다.

전쟁의 집의 거주자들을 '전쟁해야 하는 사람'(ḥarbiyyi, 전쟁해야 하는 카피르. 제2장에서 '카피르의 종류' 부분을 보라)이라고 한다. 전쟁의 집의 거주자들은 이슬람을 믿지 않는 사람들이다. 전쟁의 집의 사람들(ḥarbiyyūn)은 보

제6장 지하드 321

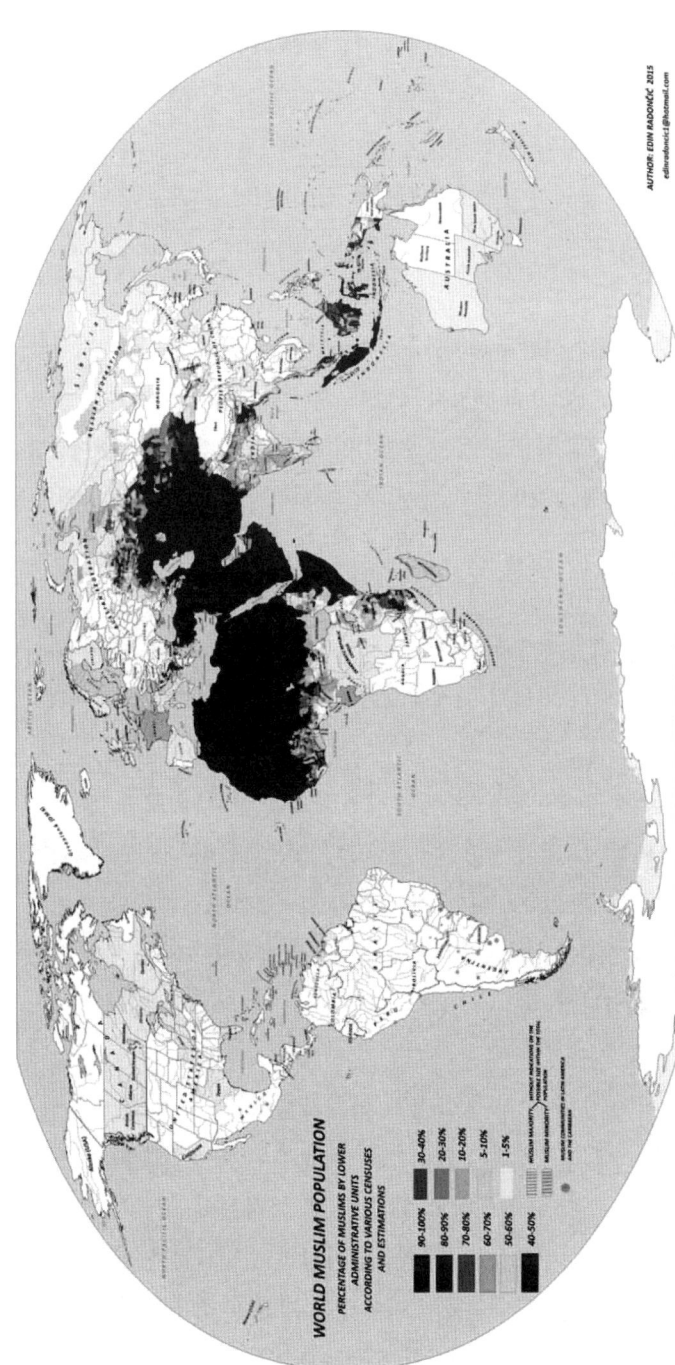

이슬람의 지하드 개념에 따르면 위의 짙은 색 지역(중동과 북아프리카 및 중앙아시아 등)이 이슬람 국가들이 평화의 집이고 그 외의 나라들은 전쟁의 집이다. 그들은 전쟁의 집을 대상으로 지하드를 전파해야 하여 이슬람을 전파해야 한다고 생각한다(www.nationsonline.org).

호받지 못한다(ghayr ma'ṣūm). 그래서 **그들의 피와 재물은 (무슬림에게) 허락된다**(mubāh).³³

다음은 elhaq.com 사이트에서 전쟁의 집(/불신의 집)과 이슬람의 집을 소개하는 내용이다.

전쟁의 집의 사람들(ḥarbiyyi)**은 이슬람의 집 사람들로부터 자신의 생명과 재산을 보호**('iṣmah)**받지 못한다.** 왜냐하면 이슬람 샤리아법에서 보호('iṣmah)는 두 가지 경우에만 주어지기 때문이다. 그 두 가지는 이슬람을 믿거나 조약을 맺는 것인데, 전쟁의 집의 사람들(ḥarbiyyi)은 둘 중의 어느 것에도 속하지 않는다.³⁴

오늘날 무슬림들에게 이슬람의 율법을 쉽게 설명하는 인터넷 사이트인 mawdoo3.com에서 지하드 전쟁에서의 포로를 다음과 같이 설명한다.

알라께서 무슬림에게 지하드와 칼의 전쟁을 허락하신 뒤 무슬림이 수행한 전쟁에서 포로들과 전리품이 생겨났다. 포로들은 대부분 여자들과 아이들이었는데, 그 이유는 대부분의 남자가 전투에서 죽기 때문이다. **이와 같이 지하드 전쟁에서 여성과 아이들이 포로로 잡히며, 그들은 무슬림 손에 노예가 되었다.**³⁵

이와 같이 이슬람 샤리아 율법도 마찬가지로 불신의 집(/ 전쟁의 집)에 대해 지하드 전쟁을 할 때 무슬림은 불신의 집의 거주민들을 살해하고 파괴하며 약탈과 포획을 마음대로 할 수 있게 허락했다. 그들은 카피르들에 대한 증오심과 적대감으로 거주민들을 학살하고 건물들을 파괴했다. 그리고 남아 있는 재산들과 여성들과 아이들은 자신의 소유로 삼았다. 그들은 전리품을 합법적인 것으로 생각할 뿐만 아니라 지하드 출전에 대한 보상

제6장 지하드 323

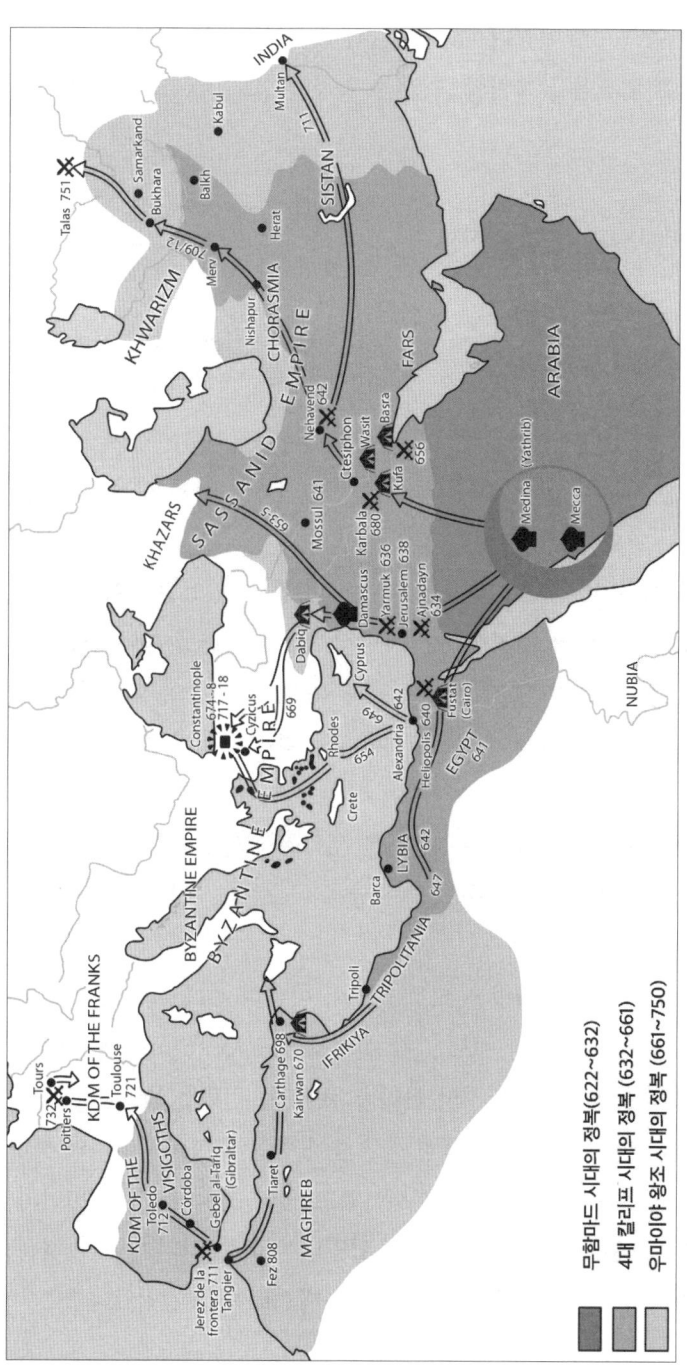

초기 이슬람 정복의 역사

■ 무함마드 시대의 정복(622~632)
■ 4대 칼리프 시대의 정복(632~661)
■ 우마이야 왕조 시대의 정복(661~750)

과 신의 축복으로 여겼다. 초기 이슬람 역사를 보면 그러한 전리품이 너무 많아 차고 넘쳤음을 확인할 수 있다. 이것이 바로 지하드의 민낯이다.

7. 이슬람 역사의 지하드 전쟁

　무함마드가 치켜든 지하드 전쟁의 깃발은 이슬람 역사를 붉게 물들여 갔다. 이슬람은 무함마드 사후(632년) 정통 칼리프 시대가 끝나는 661년까지 서쪽으로는 리비아 건너까지 동쪽으로는 중앙아시아까지 세력을 넓혔다. 그리고 우마이야 왕조의 마지막인 750년까지 서쪽으로는 스페인과 동쪽으로는 인도까지 정복했다(지도 참조).

　불과 120년 만에 그 넓은 세 대륙을 정복할 수 있었던 이유는 무엇일까? 무슬림의 설명대로 지역민들이 자발적으로 이슬람을 받아들였기에 신속하게 이슬람화되었을까? 당시 중동과 북아프리카는 동로마의 지배를 받았는데, 동로마의 탄압이 가혹했기에 이슬람이 들어가 주민들을 해방시켰을까? 다시 말해 이슬람의 전쟁이 해방 전쟁이었을까? 동로마의 박해로 고통받던 백성은 침입하는 무슬림을 오히려 환영했을까? 그래서 그 지역들이 신속하게 이슬람화되었을까? 당시 이슬람의 정복은 침략 전쟁이 아닌 방어 전쟁이었을까?

　이러한 무슬림의 설명은 모두 사실이 아니다. 그들이 아전인수로 왜곡하는 내용이다. 당시의 지도만 잘 살펴보아도 사실(fact)이 무엇인지 쉽게 알 수 있다(지도 참조). 당시의 아라비아반도는 침략을 받은 적이 없다. 오히려 아라비아반도에서 발생한 이슬람이 중동과 북아프리카와 중앙아시아로 진군했다. 그것은 공격 전쟁이었고 침략 전쟁이었다. 120년의 짧은 기간에 그 넓은 영토를 정복할 수 있었던 이유는 하나이다. 그것은 강한 군사력에 기반한 잔인한 지하드 정복 전쟁으로 인한 것이었다.

다행스럽게도 이슬람 지하드의 성격을 살필 수 있는 수많은 역사적 자료가 존재한다. 이슬람 내부의 많은 자료뿐만 아니라 이슬람 침략을 받았던 사람들이 기록한 이슬람 외부의 각종 연대기와 서신과 설교문 등 기록이 있다. 그것들을 살펴볼 때 지하드는 칼로 이루어진 침략 전쟁이었으며, 참혹하고 야만적인 만행으로 가득 찼다는 것을 확인할 수 있다.

여기서 이슬람의 지하드 역사 전체를 자세하게 서술하는 것은 쉽지 않다. 서술할 지면도 부족하다. 그래서 몇몇 역사적 사료를 통해 당시의 지하드 전쟁의 성격을 증명하려 한다.

1) 정통 칼리프 시대의 지하드: 칼리드 브닐 왈리드의 만행

정통 칼리프 시대는 무함마드가 사망한 뒤 아부 바크르가 제1대 칼리프가 된 632년부터 제4대 칼리프 알리가 살해된 661년까지를 말한다. 이때까지 이슬람은 서쪽으로는 리비아 건너까지 동쪽으로는 중앙아시아까지 칼로 정복했다.

다음은 이집트인 Ex 무슬림 쉬립 개비르가 자신의 비디오에서 언급하는 칼리프 시대의 이야기 중의 하나이다.[36] 이 이야기는 꾸란 주석학자로 가장 유명한 따바리가 기록한 『따바리의 역사』(Tārīkh Tabari) 등 여러 이슬람의 전승에 기록되어 있는 내용이다. 세속주의 무슬림으로 잘 알려진 이집트 언론인 이브라힘 아이사도 그의 동영상에서 이 이야기를 스토리텔링으로 전하고 있다.[37]

때는 아부 바크르가 릿다 전쟁을 할 때, 칼리드 브닐 왈리드(Khālid bni al-Walīd)는 무함마드 동료의 한 사람으로 이슬람 초기의 수많은 전쟁을 지휘하며 패배 없이 승리를 이끈 사람이다. 사람들은 그를 '이슬람의 칼'이라고 칭송한다. 그러나 그는 자신의 동료 말릭 브니 누와이라(Mālik bin Nuwayrah)의 목을 자르고 그의 인육을 요리해서 먹었다. 그뿐만 아니라 그날 밤 두려워 떠는 그의 부인과 동침했다. 이에 대한 기록을 번역한다.

칼리드의 군사들이 "우리는 무슬림이다"라고 하니까 말릭 브니 누와이라 (Mālik bin Nuwayrah, 이후에는 '말릭'이라 기록)와 함께한 사람들이 "우리도 무슬림이다"라고 답했다. 칼리드는 "만일 너희들이 무슬림이면 무기를 내려놓아라"고 했다. 그러자 말릭의 군사들이 무기를 내려놓았다.

그리고 그들이 함께 기도했다. 기도가 끝나자 그들을 붙잡아 밧줄로 묶어서 칼리드에게 데리고 갔다.

그러자 아부 까타다와 압둘라 브니 우마르는 말릭과 그 부하를 변호하기 위해 달려가서 그들이 이슬람을 믿고 있으며 알라께 기도한다고 증언했다. 그러나 칼리드는 그 두 사람의 증언을 듣지 않았다.

…

칼리드가 그들을 죽이길 원하였기에 그런 것이 소용이 없었다.

그 후 칼리드는 다라르 브닐 아즈와르에게 명령했다.

말릭은 칼리드에게 "나는 무슬림입니다"라고 말했다.

그러나 칼리드는 **"다라르여! 그의 목을 쳐라"**고 명령했다.

그리고 그날 저녁 그는 음식에 말릭의 머리를 넣어 요리하여 먹었다.

말릭이 죽은 그날 밤 칼리드는 말릭의 부인에게로 들어가 동침했다. 사람들은 그녀가 아랍 사람들 가운데 가장 아름다운 여인이라고 한다.

아부 까타다는 그 일에 분노하여서 그날 이후로 칼리드의 전쟁에 참전하지 않았다고 한다.

우마르 브닐 까땁은 그(칼리드)에 대해 격노하여서 아부 바크르에게 "그(칼리드)는 간음했으니 그를 돌로 치시오"라고 했다. 그러나 아부 바크르는 거부하였다. 그러자 다시 우마르는 "그는 무슬림을 죽였어요. 그를 죽이세요"라고 했다. 아부 바크르는 다시 거절하면서 "그는 좋은 일을 하려고 했지만 실수했다"라고 말했다.[38]

무함마드 동료들 시대의 한 역사이다. 지하드 전쟁을 수행하는 가운데, 이슬람을 믿지 않는다는 이유로 동료의 머리를 자르고, 그 머리를 요리해서 인육을 먹고, 그 아내와 동침하는 야만적인 일이 벌어졌다.

2) 팔레스타인 지역에서의 지하드

아라비아반도를 차지한 이슬람은 곧바로 팔레스타인 지역을 침략한다. 당시 동로마가 지배하던 팔레스타인과 레반트 지역은 군사적으로 경제적으로 그들이 가장 먼저 탐내던 지역이었다. 이슬람 군대는 이 지역을 침략하여 온갖 잔인한 만행을 저질렀고 수많은 사람을 죽였다. 그러한 역사적인 증거들이 당시 무슬림의 침략을 받았던 사람들이 기록한 필사본(manuscript)들에 기록되어 있다. 아래에 기록하는 내용은 제3장 '이슬람 비평 학문의 발달' 부분에서 언급한 『외부인들의 시각으로 이슬람 보기』(Seeing Islam as Others Saw It by Robert G. Hoyland, 1997)에 기록된 많은 사료 가운데 일부분이다.

다음은 사라센인(아랍 무슬림)들이 예루살렘 일대를 침략했을 때 예루살렘의 주교(Patriarch of Jerusalem)인 소프로니우스(Sophronius)가 기독교인들에게 설교한 내용이다. 634년 사라센의 공격을 받고 난 뒤 그해 12월 성탄절에 행한 설교의 필사본으로 그리스어로 기록된 것이다.[XI]

> 그러나 우리는 우리의 수많은 죄와 흉한 허물들로 인해 이러한 것들(성탄절에 행해지는 축복된 예식들)을 볼 수 없습니다. 우리가 도로로 베들레헴(예수 탄생교회가 있는 곳)에 들어가는 것은 금지되었습니다. 우리가 진정 원하는 것과는 달리 우리는 집에 머물러 있어야 합니다. 그것은 신체적인 장애가 있어서가 아니라 **사라센인(아랍 무슬림)**들이 일으키는 공포로 인한 것입니다.

[XI] 이 필사본의 공식적인 명칭은 다음과 같다. Munich MS, No. 221, Saec. XV and the collation of a Paris MS, No. 1171, Saec. X. pp. 517-548, Hermann Usener, 용감한 질문 제476편에서 기록.

우리는 마치 낙원에 가는 것이 금지된 아담과 같습니다. 우리는 '두루 도는 화염검'을 보는 것이 아니라 **거칠고 야만적인 사라센의 (검)**을 봅니다. 그것은 모든 끔찍한 야만성으로 가득 차 있습니다.

우리는 마치 모세가 약속의 땅에 들어가는 것이 금지된 것과 같은 상황입니다. 또한 우리의 곤경은 다윗의 곤경과 비슷합니다. 한때 블레셋 사람들이 했던 것처럼 이제 불경건한 사라센 군대가 신성한 베들레헴을 점령하고 그곳의 통행을 막고 있습니다. 그래서 우리가 이 거룩하고 사랑스러운 베들레헴을 떠나거나 가까이 접근하게 되면 **우리를 참수하고 파괴하겠다고 위협합니다.**[39]

이 설교에서 소프로니우스는 당시 무슬림이 팔레스타인 지역을 침략하여 점령하고 있는 상황을 기록하고 있다. 그들의 잔인성으로 인해 사람들이 공포에 사로잡혀서 집에 머무는 모습과 베들레헴에 접근할 경우 참수하고 파괴하겠다고 위협받는 모습을 볼 수 있다.

다음은 636년 혹은 637년 예루살렘 주교 소프로니우스가 주현절에 세례식을 하면서 행한 설교의 내용이다. 역시 그리스어로 기록된 필사본이다.

그러나 현재 상황은 우리의 삶의 방식에 대해 제가 다르게 생각하도록 합니다. 왜 우리에게 (그렇게 많은) 전쟁이 벌어지고 있습니까? **야만인 습격이 많은 이유는 무엇입니까? 사라센 군대가 우리를 공격하는 이유는 무엇입니까? 왜 그렇게 많은 파괴와 약탈이 있었습니까? 왜 사람들이 끊임없이 피를 흘려야 합니까? 하늘의 새들이 인간의 사체들을 뜯는 이유는 무엇입니까? 왜 교회가 파괴되었습니까? 왜 십자가는 조롱을 받습니까?** 왜 모든 좋은 것과 기쁨을 우리에게 주시는 그리스도께서 이교도의 입(ethnikois tois stomasi)에 의해 모독을 받으십니까? 그래서 그분이 우리에게 "너 때문에 내 이름이 이교도들 사이에서 모독을 받는다"고 소리치게 하십니까? 이것

은 우리에게 일어나고 있는 모든 끔찍한 일 중에서 최악입니다.[XII]

그러한 이유[XIII]로 인해, 복수심에 불타고 하나님의 원수인 사라센 사람들이, 선지자들에 의해 분명하게 예언된 성지를 짓밟는 가증스러운 짓을 하고, 그들에게 허락되지 않은 장소를 정복하며, **도시들을 약탈하고, 들판을 황폐하게 하며, 마을들을 불태우고, 거룩한 교회들을 불 지르며, 성스러운 수도원들을 전복하고,** 그들에게 맞서는 비잔틴 군대와 대항하며, 전쟁의 트로피들을 들어 올리고 승리에 승리를 더 하고 있습니다. 더욱이 그들은 우리를 더욱더 대적하여 그리스도와 교회를 더욱 모독하고 하나님을 대항해 사악한 모독의 말을 하고 있습니다.[40]

위의 설교에서 사라센 군대(아랍 무슬림)가 어떤 만행을 저질렀는지 구체적으로 말해 주고 있다. 파괴와 약탈과 살해와 사체유기 등이 광범위하게 진행된 것을 알 수 있다. 소포로니우스 주교는 그들이 그러한 만행들을 저지른 이유를 자신과 기독교인들이 저지른 수많은 죄 때문이라고 하며 자책하고 있다.

다음은 『토마스 장로의 연대기』(Chronicle of Thomas the Presbyter)[XIV]라고 불리는 필사본이다. 수리아어로 기록되어 있다.

세금 기한으로 일곱 번째 기간인 945년(A.D. 634년) 2월 4일 금요일 9시, 가자(Gaza)에서 동쪽으로 12마일 떨어진 팔레스타인에서 동로마인들과 무함마드의 아랍인들(tayyāyē d-Mḥmt) 사이에 전투가 있었습니다. 동로마인들은 지도자 bryrdn을 버려두고 달아났고, 그러자 아랍인들이 그를 죽였습니다. 그래서 **팔레스타인의 가난한 마을 주민 4,000여 명이 죽임당했는**

[XII] 이런 일들이 발생하는 이유를 소포로니우스 주교는 기독교인들의 많은 죄 때문이라고 자책하며 설교하고 있다.
[XIII] 기독교인들이 저지른 죄들.
[XIV] Brithish Libray Syriac manuscript Add. 14, 643.

데, 거기에는 기독교인, 유대인, 사마리아인이 있었습니다. 아랍인들은 전 지역을 황폐하게 했습니다.[41]

세금 기한으로 아홉 번째 기간인 947년(A.D. 635-636), 아랍인들은 시리아 전체를 침공하고 페르시아로 내려가 정복했습니다. 아랍인들은 마르딘(Mardin)산에 올라가 케다르(Qedar)와 브나타(Bnata) **수도원에서 많은 사제를 죽였습니다**. 거기에서 토마스 신부의 형제이고 케다르의 문지기이자 축복된 사람 시몬이 죽었습니다.[42]

636년경의 작자 미상의 필사본에는 다음과 같은 잔인한 기록도 있다. 그리스어로 기록된 필사본이다.

Nicetas 장군을 섬기던 세르기우스(Sergius)는 다음과 같은 방식으로 죽었습니다. 사라센인들은, **낙타의 가죽을 벗긴 뒤 세르기우스를 그 가죽에 집어 넣어 꿰매었습니다. 낙타의 가죽이 점점 굳어지자 그 안에 있던 그 남자는 메말라갔고 결국 고통스럽게 죽었습니다**. 그에게 지워진 혐의는 그가 사라센인들이 동로마와 무역하는 것을 허락하지 않았다는 것이었습니다.[43]

오늘날 이라크에서 IS가 행한 만행을 연상케 하는 장면이다. 이슬람은 초기부터 이러한 만행들을 저질렀다.

3) 이집트에서의 지하드

오늘날 많은 사람이 이슬람의 이집트 정복은 평화적으로 되었다고 생각한다. 아직 이집트에 10% 이상의 기독교인이 남아 있다는 것과 당시 이집트가 동로마(비잔티움 제국)의 박해 아래에 있었다는 이유 등으로 그렇게 생각한다. 그러나 사실은 전혀 다르다.[XV] 이슬람의 이집트 정복은 639년 12월에 아므루 브닐 아스가 시내 반도를 건너오면서 시작된다. 그 뒤 641년 11월에 사이러스 교황이 항복하기까지 2년 가까이 항전이 계속되었다. 다음은 이슬람의 이집트 침략을 목격한 니끼우의 요한(John of Nikiu)이 기록한 연대기[XVI]의 일부이다.

- **무슬림 군대는 만나는 모든 동로마 군인들을 칼로 죽였습니다.** 동로마 군인들은 한 요새에 있었습니다. 무슬림 군대는 그들을 포위하였고, 투석기를 취하여서 그들의 탑을 파괴하고 요새에서 그들을 내쫓았습니다(115:11).
- **무슬림 군대는 강에서 칼로 그들을 학살했으며**, 자카리야(Zechariah)라고 하는 용맹한 전사 한 사람 이외에는 아무도 도망가지 못하였습니다(118:7).
- 그 이후 **이집트의 모든 성읍에 공포(panic)가 퍼졌고**, 모든 주민이 그들의 소유물들과 재산들과 가축들을 버리고 알렉산드리아로 도망갔습니다(113:6).

바흐나사(Bahnasah)는 이집트 중부의 민야 주에 있는 고대도시 이름이다. 그 도시에서 있었던 학살을 이렇게 묘사한다.

[XV] 아랍의 이집트 정복 과정이 강압적이었다는 증거는 네 가지로 들 수 있다. (1) 아랍의 침략 이후 이집트에 실제적인 전투와 항쟁이 많았다. (2) 많은 사상자가 발생했고 국민들이 공포에 떨었다. (3) 이슬람 내외부 문서들이 강압적인 정복을 증언한다. (4) 현재의 이집트의 도시들 가운데 '쇼하다'(순교자란 의미)란 도시 이름을 보아서 알 수 있다(이나빌, 『니끼우 요한의 연대기와 이슬람의 이집트 침략』 [CLC, 2018], pp. 118-127).
[XVI] 이 연대기는 이집트에서의 이슬람 침략의 실상을 상세하게 기록하고 있는 중요한 자료이다. 이 연대기의 주요 부분이 한글로 번역되어 있다. 『니끼우 요한의 연대기와 이슬람의 이집트 침략』에 번역되어 있다. 이 책은 이슬람의 이집트 침략의 성격뿐만 아니라 이집트의 이슬람화에 대해서도 상세히 기록하고 있다.

- 이 이스마엘파 사람들이 바흐나사(Bahnasah)에 왔을 때 **군대의 지휘관과 그의 모든 동료를 무자비하게 살해했습니다**. 그들은 당장 성문들을 열도록 강요했고, **항복한 모든 사람을 칼로 죽였으며, 노인과 아기와 여자들 가운데서도 아무도 남겨두지 않았습니다**(111:10).

니끼우 요한은 641년 5월 13일 이집트 델타 서부 지역의 고대 도시 니끼우(Nikiou, 현재 이집트 지명으로 Minuf 근처)에서 있었던 학살을 이렇게 묘사한다.

- 그들은 거리들과 교회들에서 남자들과 여자들과 유아들 모두를 발견하는 대로 칼로 죽였습니다. 그들은 아무에게도 자비를 베풀지 않았습니다(118:8).
- 그들은 이 도시를 점령한 후 다른 지역으로 행진하여 약탈하였고, **발견하는 모든 이를 칼로 죽였습니다**(118:9).
- 이제 여기서 멈춥시다. 왜냐하면 무슬림 군대가, 젠포트(Genbôt) 달 18일 주일에, 니끼우섬을 점령하였을 때 **그들이 저지른 죄악들을 묘사하는 것은 불가능하기 때문입니다**(118:10).[44]

이슬람의 이집트 침략에 대한 자세한 내용은 『니끼우 요한의 연대기와 이슬람의 이집트 침략』에 기록되어 있다. 이 책을 보도록 하자.

4) 북아프리카에서의 지하드

이집트를 정복한 아므루 브닐 아스는 643년에 리비아의 구레네(Cyrene)를 정복한다. 그 뒤 튀니지를 거쳐, 681년에 우끄바 브니 나피아(Uqba bni Nafi)에 의해 모로코가 1차 침략을 당한다. 당시 리비아와 튀니지와 모로코 지역은 베르베르 종족이 토착민이었다. 베르베르족은 칼에 의해 정복

643년, 이슬람이 정복한 리비아 도시 구레네(Cyrene)의 현재 모습(위키피디아)⁴⁵

당한 뒤 여러 차례 반란을 일으켰다. 다음은 이슬람 역사학자로서 유명한 이븐 칼둔이 기록한 『이븐 칼둔의 역사』에 있는 내용의 일부분이다.

- 아므루 브닐 아스가 죽기 전에 우끄바 브니 아미르(Uqba bni Amir)가 아프리카를 맡게 되었다. 그는 아므루(이집트를 정복한 장수)의 조카였다. 그는 리와타와 미라나 지역을 평정했고 그들은 그에게 복종하였다가 다시 배신하였다. 그래서 그가 그들을 다시 정벌하였고 **그들을 살해하고 포로로 삼았다.**

그 뒤 히즈라력 42년에 가다미스를 정복했다. 그다음 해에 수단 지역의 위다나와 쿠라 등의 지역들에서 **많은 사람을 학살했다.** 그가 그 지역에서 지하드 전쟁과 정복을 한 것이다. 그 뒤 히즈라력 50년에 무아위야가 우끄바를 아프리카 지역의 책임자로 임명하였고, 그에게 1만 명의 기사를 보내었다. 그래서 그가 아프리카로 진군했는데 그에게 베르베르족 가운데 있던 무슬림들이 가담해서 그의 군사가 더 많이 모이게 되었다.

그는 그 지역의 백성을 칼로 제거했는데 왜냐하면 그들은 무슬림 군대가 쳐들어오면 이슬람으로 개종했다가 군대가 철수하면 배교하기 때문이었다.

그래서 그는 도시를 점령한 뒤에 거기에 베르베르 출신의 군인들이 주둔하는 것을 생각했다. 그래서 까이라완(Kairouan, 튀니지의 내륙 사막에 위치) 도시 건설을 계획하고 그곳에 모스크를 짓고 사람들이 자신들의 거주지와 그들의 모스크들을 짓도록 했다. …

그는 **침략했고 침략과 약탈을 위해 군대를 보냈다.** 그러자 **가장 많은 베르베르인이 이슬람에 귀의하였고**, 무슬림의 계획이 확장되고 이슬람 종교가 더욱 견고해졌다.⁴⁶

- 무슬림은 아프리카로 향해 진군했다. 당시 아프린자(북아프리카 해변 지역을 통치하던 비잔틴 제국)를 다스리던 왕은 자르지르였다. 제나타(Zenata) 부족과 베르베르 부족은 그와 힘을 합쳐서 무슬림에 대항했지만 모두가 흩어지게 되었다. 자르지르 왕은 **살해당하고** 그들의 **재산들은 전리품이 되고 그들의 여성들은 포로가 되었다.** Sbeitla가 정복당했다. 그 뒤 무슬림은 아프리카 정복을 다시 시작하여 잘루라으와 다른 도시들을 정복했다. 그들을 다스리던 아프린자는 바다 건너 자신들의 나라들로 돌아갔다. 베르베르족은 자신들이 아랍족에 대항할 수 있다고 생각하여 산지의 요새들에 결집하였다. 우리가 기억하는 바에 따르면, 제나타는 카히나에 모였고 그 백성은 아우라스산에 모였다. 그래서 아랍 사람들이 **그들을 학살하였고**, 교외와 산들과 황무지까지 그들을 추적하였다. 그로 인해 그들은 **자원함으로 혹은 강제로 이슬람에 귀의하였다.**⁴⁷

5) 모로코에서의 지하드

알모하드(Almohads) 칼리프 왕조는 북아프리카의 베르베르 무슬림 운동으로 세워진 왕조로서 12세기에 모로코 지역과 스페인 지역에 세워졌다. H.

Z. Hirschberg의 『북아프리카 유대인의 역사』에 기록되어 있는 내용이다.

> 알모하드(Almohads) 왕국의 지도자인 압둘 무으민(Abd al-Mumin)은 마그립(Maghreb)에서 트렘센(Tlemcen)을 함락시켰고 그 도시에 있는 모든 사람을 죽였다. 유대인을 포함하여 이슬람을 받아들인 사람들을 제외한 모두를 죽였다. … 시질마사(Sijilmasa)에서 유대인 신앙을 고수한 이유로 **150명이 죽임당했다**. 알모라비드(Almoravid) 왕조의 모든 도시는 알모하드 왕국에 의해 정복당했다. 당시 페스(Fez)에 있는 **10만 명이 죽임을 당했고** 마라케쉬(Marrakesh)에 있던 **12만 명이 죽임을 당했다**. 정복된 모로코 모든 지역에 있던 유대인들은 알모하드의 무거운 멍에 아래에서 신음했다. 많은 사람이 죽임당했고 다른 많은 사람이 개종했다. 유대인으로서 공개 장소에 아무도 자신을 나타내지 못했고, 세빌레(Seville)와 토르토사(Tortosa) 사이의 광활한 지역이 알모하드의 손에 함락되었다.[48]

6) 스페인에서의 지하드

중동과 북아프리카를 정복한 우마이야 왕조는 711년 지브롤터 해협을 건너 스페인 지역(안달루시아 지역)으로 정복을 이어 간다. 그 이후 다마스커스의 우마이야 왕조(661-750)가 무너진 뒤에도 안달루시아 지역의 우마이야 왕조는 그 대를 이어 갔다. 그들은 1492년 그라나다 도시가 멸망할 때까지 안달루시아 지역을 통치한다. 다음은 우마이야 왕조가 안달루시아 지역에서 지하드 전쟁을 할 당시의 기록이다. 이슬람 역사 학자 이븐 알-아씨르(Ibn 'Athīr)가 기록한 『역사의 완성』(al-Kāmil fi al-Tārīkh)에 기록되어 있는 내용이다.

- 히즈라력 177년(A.D. 793년 4월 17일), 스페인의 군주 히샴은 압둘 와히드 브니 무기쓰(Abd al-Malik b. Abd al-Wahid b. Mugith)에 의해 지휘되는 아주

큰 군대를 적지에 보냈다. 그들은 나르본(Narbonne)과 자란다(Jaranda)까지 급습을 나갔다. 그것은 프랑코 왕국의 정예 유격대가 있는 자란다에 대한 첫 번째 공격이었다. 그는 가장 용감하게 살해하고 도시들의 벽들과 탑들을 파괴했다. 그리하여 거의 그것을 탈취했다. 그리고 그는 나르본으로 진군했다. 거기에서 똑같은 일들을 했다. 앞으로 밀고 들어가서 세그다그네(Cerdagne)의 땅들을 짓밟았다. 그는 여러 달 동안 이 땅들의 사방으로 횡단하며, **여성들을 강간하고, 전사들을 죽이며, 요새들을 파괴하며 모든 것을 불태우고 약탈하며**, 무질서하게 도망가는 적들을 내쫓았다. 그 뒤 그는 알라만이 알 수 있는 많은 양의 전리품을 가지고, 안전하고 당당하게 되돌아갔다.[49]

● 히즈라력 231년(A.D. 845년 9월 6일), 한 무슬림 군대가 갈라시아(Galicia)에서 이교도들의 영역으로 진군했고, **거기에서 약탈하고 모두를 학살했다.** 그들은 레온(Leon)도시에 이르기까지 진군했고, 그곳에서 투석기로 돌을 퍼부었다. **공포에 질린 주민들이 도시와 그 안에 있는 것들을 버리고 도망하였다.** 그 결과 무슬림 군대는 기뻐하면서 그 도시를 약탈하였다. 그래서 폐허가 된 채 버려진 곳을 줄일 수 있었다. 그러나 그들은 성벽을 파괴하지 못한 채 철수했는데 그 이유는 그 성벽의 넓이가 17큐빗(cubits)이나 되기 때문이었다.[50]

7) 남유럽에서의 지하드

이슬람은 북아프리카와 스페인의 이베리아반도만 침략한 것이 아니다. 그들은 유럽의 중세 기간 내내 지중해를 건너 남유럽 국가들을 지하드의 대상으로 삼고 침략했다.

다음은 한국에도 잘 알려진 시오노 나나미의 『로마 멸망 이후의 지중해 세계』에서 기록하고 있는 지중해권 나라들에 대한 지하드의 실상이다. 이 책을 보면 당시의 지중해 세계가 이슬람 해적(사라센 해적)으로부터 얼마나

Bill Warner 박사의 '지하드와 십자군 전쟁' 강의의 한 장면. 지중해 해안 가운데 이슬람이 침략한 지점이 빨간 점으로 표기되어 있다. 지하드 전쟁의 실상을 참 보여 주는 비디오이다. 유튜브에서 '지하드와 십자군 전쟁'으로 검색하여 시청을 권한다(<이슬람의 창> 채널에 올라 있음).

많은 침략을 받았는지, 그래서 그들에 대한 공포가 얼마나 컸는지를 파악할 수 있다. 그 책에서의 한 기록을 소개한다.

> 지중해 세계에서도 이슬람 세력이 크게 약진한 8세기는 말할 것도 없고, 9세기와 10세기에도 지중해 서부의 제해권은 사실상 이슬람 쪽이 계속 쥐고 있었다.
>
> …
>
> 이탈리아 반도를 북쪽에서 남쪽으로 등뼈처럼 지나는 아펜니노 산맥에서 발원하여 티레니아 해로 흘러드는 하천들 가운데 볼투르노 강이 있다. 이 강의 상류에 성 빈첸초가 설립한 수도원이 있었는데 … 이 볼투르노의 '성 빈첸초 수도원'을 서기 882년 가을에 사라센 해적(이슬람 초기 지중해 지역들에서 이슬람 군대를 '사라센'이라 불렀다)들이 습격한 것이다.
>
> …
>
> 하지만 이런 예상은 모두 틀어졌다. 해적들도 젊고 건장하고 수도 많았다. 공격을 포기하고 물러간다 해도, 겨울에는 그들이 돌아갈 곳이 없었다. 기독교도를 두려워하지 않는 사라센인도 겨울의 지중해는 두려워했다. 그래도 눈이 내릴 때 공격하는 것은 피하고 싶었기 때문에 처음부터 쉴 새 없이 총공격을 퍼부었다.
>
> 젊고 건장한 수도사 중에도 죽거나 다치는 자가 늘어났다. 말은 잘 타지만 화살을 쏘는 데에는 익숙지 않았던 것이다. 추위가 점점 심해지기 시작한 10월 11일, 성 빈첸초 수도원이 함락되었다.
>
> 수도사의 절반은 전사했지만, 나머지는 모두 해적 앞에 끌려 나왔다. 젊은 수도사들이니까 북아프리카로 데려가서 노예로 팔아도 좋았을 것이다. 농장에서 일하게 해도 좋고 갤리선의 노잡이로도 가치가 있을 것이다. 무엇보다도 해적들은 그들을 판 돈을 품에 넣을 수 있었을 것이다.
>
> 하지만 이슬람교도의 관점에서 보면, 그리스도에게 평생을 바친 성직자, 게다가 이슬람교도를 향해 활시위를 당긴 성직자는 노예 신세로 떨어뜨

릴 가치도 없었다. **한 사람씩 손과 발을 묶고, 다리 위에서 차례로 볼투르노 강에 내던졌다.** 강 하류에서는 농민들이 강가에 몸을 숨기고 떠내려오는 수도사들을 구하려고 애썼지만, 물살이 빠른 데다 손발이 묶여 있어서 강 속에 튀어나온 바위를 피할 수도 없었기 때문에, 살아서 구출된 수도사는 없었다고 한다. '볼투르노 연대기'는 강에 던져져서 **죽은 수도사의 수가 500명**이었다고 기록하고 있다. 사라센인들은 **수도원에서 겨울을 나고 물러갈 때, 수도원을 철저히 파괴하고 불태웠다.**[51]

8) 오스만 터키에서의 지하드

터키의 수도 이스탄불의 원래 이름은 콘스탄티노플이다. 313년 기독교를 공인한 콘스탄틴 대제가 이곳에 수도를 건설하고 자신의 이름을 붙여 만든 도시이다. 그렇게 1000년 이상을 꽃을 피웠던 도시가, 1453년 오스만 터키에 의해 함락당한다.

함락당할 당시의 모습을 그린 기록을 보자.

> 정복한 군대는 3일 동안 제한 없는 약탈이 허용되었다. 이전의 예배당과 모든 다른 빌딩은 정복한 지도자의 재산이 되었다. 그는 그것들을 그가 원하는 대로 배치했다.
> 술탄 메호멧은 그의 병사들에게 3일 동안의 약탈을 허락했다. 그들은 도시에 쏟아져 들어가서 … **거리에서 만나는 모든 사람을 살해했다. 남자들, 여자들과 아이들을 구별 없이 죽였다. 피가 비탈진 거리 아래로 흘러 강들로 흘렀다.** … 그러나 곧 도살의 욕망은 누그러뜨려졌다. 병사들은 포로들과 값비싼 물건들이 그들에게 더 큰 유익을 가져다준다는 것을 깨달았기 때문이다.[52]

지금까지 역사적 자료들을 통해 지하드 전쟁의 성격을 살펴보았다. 제 5장에서 '무함마드와 밀크야민', '종교의 창시자가 사람을 죽임', '바누 꾸라이자 부족의 학살' 등에서 보는 지하드 전쟁의 내용과, 꾸란과 하디스에서의 지하드에 대한 가르침, 그리고 여기에서 기술하는 역사적 자료들의 증언에서 지하드의 성격은 동일하다. 살해와 학살과 약탈과 파괴, 노예 삼음과 강간과 강제 개종 등 그 내용이 동일하다. 계속해서 지하드의 야만성을 살펴보도록 하자.

9) 인도에서의 지하드: 가장 참혹했던 피의 강의 역사

이집트의 Ex 무슬림 쉬립 개비르는 그가 운영하는 유튜브 채널에서 이슬람 지하드의 특징을 다음과 같이 말한다.[53]

> 유감스럽게도 사람들은 역사에 대해 무지합니다. 사람들은 무함마드 선지자가 죽은 이후 인도의 이슬람 식민 지배가 시작되는 것을 모릅니다.
> 그것은 십자군 전쟁과 비교했을 때 가장 피를 많이 흘린 식민 지배였다는 것이 기록에 남아 있습니다. 십자군 전쟁에서 죽은 사람의 숫자는 170만

1025-1026년 술탄 마흐무드는 솜낫 사원을 공격했다(위키피디아).

명이었습니다.

그런데 인도의 이슬람 식민 지배에서 죽은 사람은 8천만 명이었습니다.

그 당시 인구가 4억 명이었습니다. 그 가운데 8천만 명이 죽었습니다.

아마도 쉬립 개비르는 K. S. Lal 교수의 통계를 인용한 것으로 보인다. K.S.Lal 교수는 자신의 저서 『인도의 무슬림 인구의 증가』에서, 그의 계산에 따라 1000-1525년에 힌두교 인구가 8천만 명 감소한 것으로 추정했는데, 이는 아마도 세계 역사상 가장 큰 홀로코스트일 것이라고 했다. 이 시기에 8천만 명의 힌두교도가 무슬림에 의해 학살당했다고 했다.[54]

페르시아계 무슬림 역사가인 프리쉬타(Firishta, 1560-1620)는 『프리쉬타의 역사』(*Tarikh-i Firishta*)라는 그의 책에서 중세 인도의 이슬람 통치기에 있었던 피의 강의 역사적 통계를 제시했다. 그는 이슬람이 인도를 침략하기 전의 인구는 6억 명이었는데, 1500년이 되어서는 2억 명으로 줄었다고 한다. 그러면서 무슬림의 침략과 정복으로 인해 학살된 사람이 4억 명이라고 표명하며, 생존자는 노예가 되든지 거세되었다고 한다.[55]

미국인 역사학자로서 『문명의 이야기』(*The Sotry of Civilization*)라는 전집을 저술한 Will Durant는 인도에 대한 무슬림의 정복이 역사에서 아마도 가장 피를 많이 흘린 정복일 것이라고 주장하면서 다음과 같이 기록했다.

> 이슬람 역사가들과 학자들은, A.D. 800년부터 A.D. 1700년 기간에 이슬람의 전사들이 인도인들을 참수하고 강제 개종시키며 인도 여인들과 아이들을 노예 시장으로 유괴하고 신전들을 파괴한 사실을, 아주 신이 난 듯 자랑스럽게 기록하고 있다. 수백만 명의 힌두교도가 이 기간에 칼에 의해서 이슬람으로 개종했다.[56]

Koenraad Elst 박사는 "힌두교도에 대한 이슬람 대량 학살이 있었는가?"라는 논문에서 다음과 같이 기록한다.

이슬람의 손에 죽은 힌두교도의 총사망자 수에 대한 공식적인 추정치는 없다. 무슬림 연대기 기록자들의 중요한 증언에서 그것을 가늠해 볼 수 있는데, 13세기가 넘는 기간, 대륙에 가까울 정도의 넓은 영토에서, 무슬림 전사들은 (유대인의) 600만 명 홀로코스트보다 더 많은 힌두교도를 쉽게 죽였다. Firishtha는 인도 중부에서 바하마니 술탄(1347-1528)이 힌두교도를 벌하고 싶을 때마다 그들이 최소 목표로 삼은 것이 10만 명의 힌두교도를 죽이는 것이었다는 것을 여러 번 기록한다.[57]

Francois Gautier는 자신의 저서인 『인도 역사의 재기록』(1996)에서 다음과 같이 썼다.

인도에서 무슬림들에 의해 지속된 학살은 나치에 의한 유대인의 홀로코스트보다 더 큰 역사상 유례가 없는 것이다. 또는 터키인에 의한 아르메니아인 학살보다, 혹은 스페인과 포르투갈의 침략에 의한 남미 원주민 학살보다 훨씬 더 광범위하다.[58]

이처럼 여러 역사학자가 동일하게 인도에서 가장 처참한 피의 강의 역사가 있었다고 증언한다. 필자는 그 내용 가운데 주요 부분을 소개하고자 한다. 인도 이슬람 전문가 칸(M. A. Khan)이 지은 『이슬람의 지하드』(*Islamic Jihad*)[XVII]에서 소개하는 내용과 "무굴의 야만성과 인도에서의 이슬람의 잔인성"(Mughal Barbarism and Islamic Savagery in India)이라는 제목의 인터넷 사이트에서 소개하는 구체적인 내용 일부분을 번역한다.[59]

XVII 칸은 『이슬람의 지하드』에서 인도에서의 지하드 역사에 대해 상세하게 기록하고 있다. 수많은 근거 자료와 함께 구체적인 역사를 제시하는데 영어를 읽을 수 있는 독자는 읽어 보길 권한다. 구글(google)에서 다운받을 수 있다.

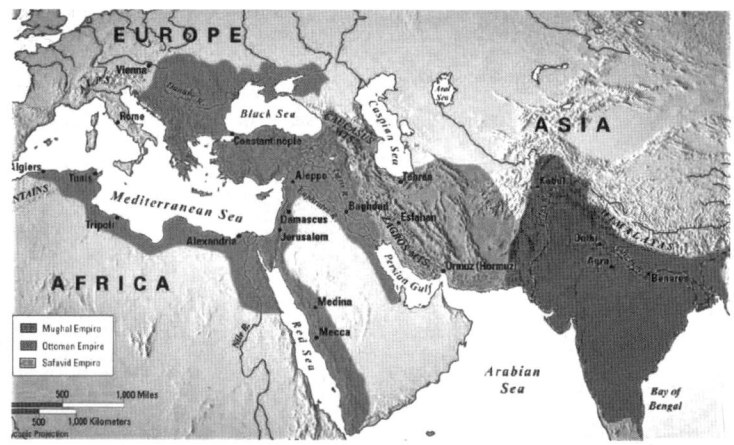

이슬람 제국인 무굴 제국이 인도를 통치하던 시절의 이슬람 세계(위키피디아)

(1) 무하마드 빈 까심의 침략: 712-715년

꾸란과 순나의 칙령에 의해 영감을 얻은 Hajjaj(우마이야 왕조의 6번째 칼리프로 Al-Walid 1세를 말함)는 6,000명의 강한 군대와 함께 까심(Muhammad bin Qasim, 695-715)을 인도로 보내며, 그의 정복 과정에서 모든 신체 건강한 남자를 죽이고 여성들과 아이들은 노예로 삼으라고 지시했다. 까심의 군대는 신드(Sindh, 현재 파키스탄 영토이다)에서 데발(Debal)을 장악한 후 3일 동안 주민들을 학살했다. 브라흐마나바드(Brahmanabad)에서는 무기 보유 연령의 6,000-16,000명의 남자가 학살되었다. 물탄(Multan)에서는 무기를 보유할 수 있는 연령의 모든 남자를 죽이라는 명령이 내려졌다. 차크나마(Cachnama)는 까심의 라와르(Rawar)에서의 성공적인 공격으로 60,000명의 노예를 얻었다고 기록했다. 까심은 3년간의 신드(Sindh) 정복으로 수만 명의 인도 수비병들을 학살하고, 수십만 명의 여성과 어린이들을 대규모로 노예로 삼았다. 또한 사원이 파괴되고, 조각품과 우상들이 산산조각이 났으며, 그 자리에 모스크가 대신 건축되었다. 힌두교 시설, 사원 및 궁전에서의 약탈로 엄청난 양의 전리품이 생겼다.[60]

(2) 술탄 마흐무드의 침략

술탄 마흐무드(Mahmud of Ghazni, 971-1030)는 Ghaznavid 왕조의 첫 번째 통치자로서 이란 북서부로부터 펀잡 지역과 인도 북부까지를 999-1030년에 통치했다.

> 술탄 마흐무드는 북인도에 대한 17번의 원정(1000-1027)에서 까심(Qasim)의 학살과 파괴적 공격을 더욱 격렬하고 거대하게 부활시켰다. 술탄 마흐무드는 성인들을 무자비하게 참수했고, 여자들과 아이들을 수만에서 수십만 명 노예로 사로잡았다. 그리고 그의 군대가 손을 댈 수 있는 전리품은 무엇이든지 약탈하고 압수했다.
>
> 그가 1001-1002년에 인도 북서쪽으로 진출하는 것에 대해서 무슬림 역사가 알-우트비(Al-Utbi)[XVIII]는 다음과 같이 기록했다.
>
> 검은 구름 사이로 번개가 번쩍이듯이 검이 번득였고, 별똥별이 떨어짐같이 피의 샘이 흘렀다. 알라의 친구들은 상대를 물리쳤다. …
>
> 무슬림은 알라의 적들인 이교도(카피르)들에게 복수하여 그들 가운데 15,000명을 죽이고 … 그들을 짐승과 새들의 먹이로 만들며 … 알라는 그분의 친구들에게, 수만 명의 노예와 아름다운 남자와 여자들을 포함하여, 모든 범위와 계산을 뛰어넘는 엄청난 양의 전리품을 주셨다.
>
> 술탄 마흐무드는 1011년 '이슬람의 표준을 전수하고 우상 숭배를 없애기 위한 목적'으로 타네사르(Thanesar)를 공격하기 위해 행진했다고 알-우트비가 기록했다. 계속되는 전투에서 "이교도의 피가 너무나도 많이 흘러 개울이 변색되어 사람들은 그것을 마실 수 없었다. … 술탄은 셀 수 없이 많은 약탈을 하고 돌아왔다. 이슬람과 무슬림에게 영광을 주신 알라를 찬양

[XVIII] 알-우트비는 『오른손의 역사』(Tarikh Yamini, 혹은 오른손의 책[Kitab -l-Yamini])를 기록한 Abu Nasr Muhammad ibn Muhammad al Jabbaru-l 'Utbi (or al-Utbi)를 말한다. 이 책의 영어 번역의 부제는 'Historical Memoirs of the Amir Sabaktagin and the sultan Mahmud of Ghazna, Early Conquerors of Hindustan and Founders of the Ghaznavide Dynasty'이다.

하라!"

카나우즈(Kanauj)를 정복하는 상황을 다음과 같이 기록한다. "주민들은 이슬람을 받아들이거나 이슬람의 칼의 밥이 되기 위해 무기를 들었다. 그는 엄청나게 많은 전리품과 포로들과 부를 모아서 그것들을 세는 사람들의 손가락이 피곤했을 정도였다."

알-우트비는 계속해서 이렇게 기록했다.

그곳의 많은 주민이 도망쳤고, 과부와 고아와 같은 많은 비참한 사람이 뿔뿔이 흩어졌다… 탈출하지 못한 사람들은 죽임을 당했다. 술탄은 하루에 7개의 요새를 모두 차지하였고, 그의 병사들에게 사람들을 약탈하고 포로(노예)들을 사로잡도록 내버려 두었다.[61]

(3) 무함마드 가우리의 침략: 1173년부터

인도의 이슬람 정복과 확장의 세 번째 물결은 12세기 후반 Ghauri 왕조 침략자들에 의한 것이었다. 그의 침략은 1206년 인도에서의 무슬림 통치의 기초를 완성하는 것이었다. 페르시아 역사가 하산 니자미(Hasan Nizami)[XIX]가 기록한 *Tajul-Ma'asir*에서 무함마드 가우리(Muhammad Ghor or Ghori or Ghauri, 1149-1206)의 아지메르(Ajmer) 정복에서 "10만 명의 비굴한 힌두교도들이 재빠르게 지옥 불로 떠났다"고 기록하고, 침략자들은 "바다와 언덕의 비밀 창고가 드러났다고 할 정도로 아주 많은 전리품과 부를 얻었다"고 기록한다. 술탄 가우리는 델리(Delhi)를 공격하기 위해 진군했으며, "전장에 피의 급류가 흐르고 있다"고 기록한다.

1193년 무함마드 가우리의 장군 Qutbuddin Aibak의 알리가르(Aligarh) 정복에서 "힌두교도들이 칼끝으로 지옥 불에 보내졌다"고 Nizami는 말한

XIX 하산 니자미(Hasan Nizami)는 페르시아인으로 12세기와 13세기에 살았던 시인이자 역사가였다. 그는 인도의 델리로 이주해서 살았고, 첫 번째로 델리 왕조의 공식 역사책인 *Tajul-Ma'asir*를 페르시아어로 기록한 사람이다.

다. 학살은 너무나 광범위해서 "세 군데의 요새가 그들의 잘린 머리로 하늘만큼 높이 올라갔고, 그들의 시체는 짐승들에게 먹이가 되었다. 이 지역은 우상과 우상 숭배에서 해방되었으며 배신의 기초는 파괴되었다."[62]

지혜롭고 예리한 사람들은 이슬람교로 개종했지만, 그들 조상을 숭배하는 사람들은 칼로 죽임을 당했다. 2만 명의 죄수가 체포되어 노예가 되었다. 칼린자르(Kalinjar)에서 5만 명의 죄수가 노예로 잡혔다. 이븐 아씨르(Ibn 'Athīr)의 『역사의 완성』(al-Kāmil fi al-Tārīkh) 기록에 따르면 "Varanasi에서 힌두교도의 학살은 엄청났다. 노예로 잡힌 여자와 아이들을 제외하고는 아무도 살지 않았으며, 땅이 지칠 때까지 남자들에 대한 대학살이 계속되었다"고 한다.[63]

(4) 티무르의 침략: 1398-1399년

티무르(Timur, 1336-1405)는 중앙아시아 지역에 세워졌던 티무르 제국의 창시자이다. 티무르의 인도 정복(1398-1399)에 대한 내용은 *Tuzk-i-Timuri*로 알려진 그의 회고록에 기록되어 있다. 그 회고록에서 그가 행했던 역사상 가장 끔찍한 행동들을 생생하게 묘사하고 있다. 다음은 그의 수용소에서 10만 명의 힌두 전쟁 포로들이 매우 짧은 시간에 처형되는 기록이다.

그는 측근으로부터 조언을 들은 뒤 그의 회고록에 기록한다.

그들은 말했다. "이 위대한 전쟁의 날에, 이 10만 명의 포로가 짐을 가지고 떠나게 내버려 둘 수는 없습니다. 이 우상 숭배자들과 이슬람의 적들을 자유롭게 해 주는 것은 전쟁 규칙에 완전히 위배됩니다. 그래서 그들 모두를 칼의 먹이로 만드는 것 이외에는 다른 선택이 남아 있지 않았습니다."

그래서 티무르는 그들을 죽이기로 결심했다. 그래서 공표하였다.

"병영 내에서 불신자(카피르)를 데리고 있는 사람은 그들을 죽여야 한다. 그렇게 하지 않는 사람은 누구든지 그 자신이 처형당하고 그 소유물은 그것을 고발하는 자에게 제공한다."

이 명령이 이슬람의 전사들에게 알려지자, 그들은 칼을 뽑아 포로들을 죽였다. 그날 불경한 우상 숭배자인 10만 명의 불신자(카피르)가 죽임당했다. 상담가이자 학생인 Maulana Nasir-ud-din Umar는 그의 생애에 참새도 죽인 적이 없었는데, 이번에 내 명령을 실천하기 위해 15명의 힌두교 우상 숭배자를 죽였다.

티무르가 인도를 정복할 당시 그의 군대가 델리 도시를 정복하는 장면을 그는 다음과 같이 설명한다.

"짧은 시간에 델리 요새에 있는 모든 사람이 칼을 맞았다. 1시간에 이교도(카피르) 1만 명의 머리가 잘렸다. 이슬람의 칼은 이교도(카피르)의 피에 씻겨졌으며, 오랜 세월 요새에 보관된 모든 물건과 소지품, 보물과 곡식은 나의 병사들의 전리품이 되었다."

그들은 집에 불을 질러 그것들을 재로 만들었다. 그들은 건물들과 요새들을 완전히 파괴했다. 이 모든 이교도(카피르) 힌두교인은 살해당했고 그들의 여자들과 아이들, 그리고 그들의 재산들과 물품들은 승리자들의 전리품이 되었다.[64]

(5) 나디르 샤의 침략: 1738년

페르시아의 통치자 나디르 샤(Nadir Shah, 1688-1747)는 1738년 인도를 침공했는데, 그는 약 20만 명을 죽이고, 엄청난 양의 전리품과 수천 명의 아름다운 소녀들을 포함한 수많은 노예를 데리고 돌아갔다.

프랑스인으로 인도 철학과 종교와 역사 및 예술을 연구한 학자 알랭 다니엘루(Alain Danielou, 1994)는 나디르 샤(Nadir Shah)의 델리(Delhi) 만행을 다음과 같이 설명했다.

한 주 동안 그의 병사들은 모든 사람을 학살하고, 모든 것을 샅샅이 뒤지고, 시골 전체를 완전히 파괴하여 생존자가 먹을 것이 없을 정도까지 되었다. 그는 귀중한 가구, 예술품, 말, 코히노르(Kohinoor) 다이아몬드, 유명한

공작이 새겨진 왕좌 및 1억 5천만 금 루피를 가지고 이란으로 돌아왔다.[65]

(6) 아흐마드 샤 압달리의 침략: 1757년

아프가니스탄의 통치자인 아흐마드 샤 압달리(혹은 아브마드 샤 두라니. Ahmad Shah Abdali, 1747-1772)는 1757년에 인도를 공격하여 크리쉬나(Krishna) 신의 출생지인 힌두교 도시 마투라(Mathura)로 향했다. 다음에 기록된 잔혹 행위는 Mir Muhammad Kazim이 기록한 연대기인 *Tarikh-I-Alamgiri*에 기록되어 있다.

> 압달리의 병사들은 적군의 머리 두당 5루피(당시 상당한 금액)를 지불받았다. 모든 기병은 각각의 말에 약탈한 재물을 실었고, 그 위에는 소녀 포로들과 노예들을 태웠다. 잘린 머리들은 곡식단처럼 양탄자로 싸서 포로들의 머리 위에 놓았다. … 그리고 잘린 머리들을 창끝에 꽂은 채 돈을 지불받기 위해 재무장관이 있는 문으로 가져갔다.
> 그것은 특별한 광경이었다. 매일 이런 방식으로 학살과 약탈이 진행되었다. 밤에는 강간당하는 여성 포로들의 비명이 사람들의 귀를 먹게 했다.
> 모든 잘린 머리는 한곳에 쌓아 탑을 만들었다. 사로잡힌 포로들은 그 유혈이 낭자한 머리들을 가지고 와서 연자방아에 넣고 방아를 돌렸다. 그리고 그 작업이 끝나면 그들도 머리가 잘렸다. 이러한 일들이 아그라(Agra) 도시로 가는 모든 길에서 계속되었고, 그 나라의 어떤 곳도 그대로 남지 못했다.[66]

인도에 대한 지하드 전쟁을 묘사한 글들이 너무나도 잔인하고 끔찍하여 계속 읽을 수가 없을 정도이다. 어떻게 인간으로서 이런 야만적인 일들을 이렇게 대규모로, 계속해서 할 수 있을까? 인도는 이렇게 1천 년 이상 이슬람의 지하드로 인해 피의 바다를 이루었다.

"그리고 잘린 머리들을 창끝에 꽂은 채 돈을 지불받기 위해 재무장관이 있는 문으로 가져갔다"
(아흐마드 샤 압달리의 침략 부분 묘사에서)

8. 전리품과 약탈 경제

대개는 무함마드가 유능한 상인이어서 상업 활동을 통해 부를 축적했다고 알고 있다. 그의 부인 카디자가 메카의 부유한 상인이었기에 무함마드는 상업에 종사하며 돈을 벌 수 있었다. 젊었을 때 시리아 지역까지 대상무역을 위해 여행을 했다는 기록도 있다. 그래서 메카 시절뿐만 아니라 메디나 시절도 상업을 통해 이슬람 제국이 발전했을 것으로 생각한다.

과연 그럴까? 무함마드가 이슬람 국가의 경제를 일으켰던 비결은 무엇일까? 신정국가에서 그를 따르는 사람이 늘면 늘수록 그의 어깨는 무거워지는데 무엇으로 그 많은 신자를 먹여 살렸을까?

이집트인 Ex 무슬림 하미드 사마드는 무함마드 선지자와 그의 동료들이 메디나에서 어떤 일을 했는지 조사했다고 한다. 그러면서 다음과 같이 말한다.

조사결과 저는 그들이 메디나에서 교역 활동이나 농업 활동을 하지 않은 것을 발견했습니다. 대신 그들은 침략 전쟁을 했고, 그 전쟁에서 승리한 뒤 엄청난 전리품을 챙겼습니다. 그 뒤 그들은 그것을 따르는 사람들에게 나눠 주었습니다. 그래서 그를 따르는 사람들의 숫자가 늘어났습니다. 무함마드가 메카에서 지혜와 아름다운 설교로만 전도했을 때 이슬람을 믿는 사람들이 많지 않았습니다. 그러나 메디나에서 정복 전쟁을 시작한 뒤 정치적 이익과 경제적 이익이 생기게 되면서부터 그를 따르는 사람들이 급격하게 늘게 되었습니다.[67]

모로코의 Ex 무슬림 라쉬드는 다음과 같이 기록한다.

이슬람에서 칼은 개인적인 소득과 집단적인 소득의 근원이었다.[68]

이집트의 살라피 쉐이크 아부 이스하끄 알후웨이니(Abu Ishaq Al Heweny)는 방송 출연에서 이렇게 말한다.

우리가 현재 가난한 것은 지하드를 버린 것 이외에 무슨 이유가 있습니까? 이전에 (이슬람 역사에서) 우리가 매년 정복 전쟁을 한 번, 두 번, 세 번 감행했을 때 많은 사람이 부유하지 않았습니까?
이슬람의 초청을 거부하고 우리와 이슬람 사이를 막는 사람들을 우리가 전투해서 죽이지 않았습니까? 그래서 그들을 포로로 삼고, 그들의 돈과 아이들과 여자들을 빼앗아 오지 않았습니까? 이 모든 것이 돈이었습니다.[69]

살라피 이슬람은 꾸란과 순나의 가르침을 문자적으로 따르려는 사람들이다. 그들이 무슬림들에게 가르치는 가르침은 초대의 이슬람과 가장 가깝다. 그런 살라피 이슬람의 지도자가 무슬림들 앞에서 자신들이 지하드를 어떻게 감행해 왔는지 말하고 있다.

이것이 사실이고 진실이다. 아부 이스하끄 알후웨이니(Abu Ishaq Al Heweny)는 이슬람이 카피르 국가(이교도 국가)들에 대해서 정복을 중단했을 때 이슬람은 가난해졌다고 말한다. 과거에 그들이 정복 전쟁을 했을 때 약탈과 노예 삼음으로 전리품을 챙겼고 그래서 부유했다고 하고 있다.

1) 바누 꾸라이자 부족과의 전투에서 전리품의 예

꾸란 33장은 칸다끄(Khandaq, '참호'라는 의미) 전투의 상황에 대해 기록한다. 그 전투 이후 메디나 도시에 남아 있던 바누 꾸라이자 부족을 쫓아낸다. 그들은 유대인 부족으로 메디나의 토착민이었는데 메카 부족과의 지하드 전쟁에 참여해 달라는 무함마드의 참전 요청을 듣지 않았다. 그러자 전투에서 이기고 돌아오는 길에 그들을 봉쇄하고 전투를 벌인 뒤 그들을 살해하고 쫓아내었다. 제5장의 '바누 꾸라이자 부족 학살'에서 살펴본 대로 600-900명의 유대인이 구덩이에 던져져 죽는다.

이 바누 꾸라이자 부족과의 전투와 그 이후의 학살 상황에 대한 꾸란의 기록은 아래와 같다.

> ◆ 그분이 성서의 백성 가운데 그들을 도운 사람들을 그들의 요새로부터 쫓아내고, 그들의 마음에 공포를 일으켜서, 너희가 그들 중 일부는 살해하고 일부는 포로로 잡았다. **또한 그분이 그들의 땅과 집과 재산과 너희가 아직 밟지 못한 땅을 너희에게 상속하셨노라.** 알라께서는 모든 일에 전능하심이라(33:26-27).

위의 구절에서 바누 꾸라이자 부족을 요새로부터 쫓아냈고, 그들의 마음에 공포를 일으켰다고 기록한다. 그런 뒤 그들 일부는 살해하고 일부는 포로로 잡았고, 그들의 땅과 집과 재산을 전리품으로 얻었다고 한다. 심지어 그것이 알라가 그들에게 상속하게 하신 것이라고 한다. 이 기록과 같이 그들은—앞에서 다룬 대로—음부에 음모가 있는 성인 남자들은 다 죽이고, 여자들과 아이들은 포획했다. 그리고 그들의 땅과 집과 재산을 전리품으로 얻은 것이다. 이것이 꾸란에서 지하드 전쟁의 민낯을 보여 주는 좋은 예이다. 즉, 전쟁을 일으킨 뒤 성인 남자들은 다 죽이고, 여자들과 아이들은 포획하여 노예로 삼으며, 그들의 땅과 집과 재산은 빼앗는 것이 바로 그것이다. 이슬람은 이런 전리품으로 부강했던 것이다.

2) 최고의 전리품: 금발의 동로마 백인 여인

꾸란 9장 앗타우바(at-Tawbah) 장은 무함마드의 메디나 계시 가운데 가장 마지막 계시 중의 하나이다. 히즈라력 9년에 계시된 것으로 꾸란 가운데 직접적인 지하드 전쟁과 살해를 명령하는 구절이 가장 많은 장이다. 이 구절들 가운데 지하드에 참여한 사람들이 획득하는 여자 전리품과 관련된 내용이 있다. 다음을 보자.

◆ 그들(위선자들) 가운데 "저를 (집에 머물게) 허락하여 주소서. 제가 (여자들로 인해) 시험(fitnah)에 들지 않게 하소서"라고 말하는 사람이 있더라. 실로 그들은 (더 큰) 시험(fitnah)에 빠졌노라(9:49).

위의 구절은 지하드 전쟁에 나가는 것을 두려워하여 집에 머물면서 핑계 대는 위선자들을 책망하는 구절이다. 무야싸르 주석을 보면 위의 구절이 "위선자들 가운데 '제가 지하드에 나갔을 경우 여자들로 인한 시험(fitnah)에 노출되는 어려움에 빠지지 않게 하소서'라고 말하는 위선자가 있다"고 말하는 구절이라 해설하고 있다. 즉, 지하드에 나가지 않기 위해서 "지하드에 나가면 여자들로 인한 시험(fitnah)에 빠지기 때문에 지하드에 못 나갑니다"고 핑계하는 위선자가 있다는 것이다.

그렇다면 여기서 말하는 '여자들로 인한 시험'(fitnah)은 무엇인가?

그것이 무엇인지는 이 절에 대한 따바리 주석을 보면 알 수 있다. 따바리 주석에서 당시 무함마드는 동로마(비잔티움) 제국의 영역이었던 타북 지역에 대한 정복을 명하면서 다음과 같이 말했다고 한다.

> 알라의 메신저께서 말씀하셨다. "타북 지역을 정복하라. 그러면 금발의 딸들과 동로마 여인들을 전리품으로 얻게 되리라"(꾸란 9:49에 대한 따바리 주석에서).[70]

이제 내용이 분명해진다. 이 꾸란 구절에서 말하는 '여자들로 인한 시험'은 바로 지하드 전쟁에서 전리품으로 획득하는 여자 노예들로 인한 시험이었던 것이다. 무함마드는 더 많은 사람을 지하드 전쟁에 내보내기 위해 "지하드 전쟁에 나가면 금발의 백인인 동로마 여인들을 전리품으로 얻게 된다"고 말했던 것이다.

실제로 당시 동로마(비잔티움) 제국과의 전쟁에서 포로가 된 금발의 백인 여성들이 많았고, 그 여인들은 여느 노예들보다 인기 있고 비쌌다고 한다.[71] 그런데 이런 여인들을 취하는 것이 가책이 되는 그나마 양심 있는 사람들이 있었던 것이다. 꾸란은 그러한 사람들을 "제가 (여자들로 인해) 시험에 들지 않게 하소서"라고 말했던 '위선자들'이라고 묘사하는 것이다.

> 타북 지역을 정복하라. 금발의 딸들과 동로마 여인들을 전리품으로 얻게 되리라.

IS가 한 말이 아니다. 이슬람의 창시자 무함마드가 한 말이다. 여기에서 이슬람 지하드의 본질과 무함마드의 본모습이 어떠한지 더욱 분명해진다.

3) 꾸란 8장과 지하드의 전리품

꾸란 8장의 이름은 '알-안팔'(al-'Anfāl)이다. '안팔'('anfāl)은 아랍어로 '전리품'이란 의미이다. 즉, 꾸란 8장 알-안팔(al-'Anfāl)은 지하드 전쟁 이후의 전리품에 대해서 다루는 장이다. 이 장은 무슬림 군대가 꾸라이쉬 부족과 전투한 바드르 전투에서 승리한 직후에 계시되었다고 한다. 그 전쟁에서 얻은 전리품을 어떻게 처리할지에 대한 규정을 집중적으로 다루고 있는 것이다. 알라의 계시인 꾸란 가운데 한 장의 이름과 내용이 불의한 소득인 '전리품'에 대한 내용인 셈이다. 이 장이 계시된 이유를 다음의 하디스는 말하고 있다.

◇ 바드르 전투의 날, 늙은이들은 깃발 아래에 머물러 있었다. 그러나 젊은이들은 앞장서 나가 살해하고 전리품을 빼앗는 일을 서둘렀다.
(전쟁이 끝나고) 늙은이들이 젊은이들에게 말했다. "너희들이 가진 것을 우리에게 나누어라. 우리들은 너희들의 후방에 있었다. 만일 (전쟁에서) 너희에게 어떤 일이 있었다면 우리에게 와서 도움을 청했을 것이다.
그러나 젊은이들은 (전리품을 나누자는 제안을) 거부했고 그래서 그들은 알라의 메신저에게 분쟁 해결을 요청했다.
알라의 메신저가 말씀하길 "그래서 '전리품에 관해서 그들이 그대에게 묻거든'(꾸란 8:1)이라는 구절이 계시되었다. … 그래서 나는 그 전리품을 그들에게 동등하게 나누어 주었다."[72]

위의 하디스에서 바드르 전투의 모습을 소개한다. 무슬림 젊은이들이 앞장서 나가 꾸라이쉬 사람들을 살해했고, 그들의 전리품을 빼앗는 일을 서둘렀다고 한다. 이슬람의 지하드 전쟁의 본모습이다.

전쟁에서 승리한 뒤에 그들에게 문제가 생겼다. 획득한 전리품으로 인해 전쟁에 참전한 사람들과 참전하지 못한 사람들이 다투게 된 것이었다.

그 다툼이 수그러들지 않자 결국에는 무함마드 선지자에게 가서 묻게 되었고, 그래서 꾸란 8장의 계시가 내려오게 되었다는 것이다.

◆ 전리품에 관해 그들이 그대에게 묻거든, 그대는 "전리품은 알라와 메신저를 위한 것이라"라고 말하라(8:1).

그리고 8장 전체에서 전리품에 대한 여러 가지 규칙을 기록하고 있다. 그 가운데 다음과 같은 구절도 있다.

◆ 그대들은 합법적이고 보람되게 획득한 전리품들로부터 (양식을) 먹어라 (8:69).

잔인한 살해와 약탈로 빼앗아 온 재산을 가지고 다투는 것도 어이없는 일이지만, 그것에 대해 신의 계시가 내려 전리품을 정당화하는 것도 의아한 일이다.

4) 전리품의 20%는 무함마드의 몫

꾸란 8장에서 특징적인 것 하나는 지하드 전쟁의 전리품 가운데서 선지자 무함마드의 몫을 규정하고 있다는 것이다.

◆ 너희가 (전쟁에서) **획득한 전리품의 1/5은** 알라와 메신저(무함마드)와 친척들과 고아들과 불쌍한 자들과 여행자를 위한 것인 것을 너희는 알라(8:41).

위의 구절을 보면 전리품의 1/5을 알라와 무함마드 선지자와 그의 친척들과 고아들과 불쌍한 자들, 그리고 여행자들에게 나누라고 기록한다. 여기에서 고아와 불쌍한 자들, 그리고 여행자들에게까지 전리품을 나누라고 명하기 때문에 이것이 정의로운 분배라고 생각할 수도 있다.
그러나 하디스에서는 다음과 같이 기록한다.

◇ 너희들이 (항복한) 어떤 도시에 들어간다면 거기에 머무르라. 너희의 몫은 그 도시 안에 있느니라. 만일 어떤 도시가 알라와 그의 메신저에게 거역한다면 **1/5은 알라와 그의 메신저를 위한 것이고** 그다음은 너희의 것이니라(사히흐 무슬림 1756).

위의 하디스에서는 '친척들과 고아들 그리고 불쌍한 자들'에 대한 언급은 없다. 즉, 전리품의 1/5이 알라와 무함마드를 위한 것이고, 나머지는 참전한 사람들이 가져간다고 기록되어 있다. 여기에서 알라는 전리품을 취할 수 있는 존재가 아니기에 전리품 1/5의 실제적 주인은 무함마드가 된다. 이 하디스가 신의 명령이 되어 무함마드 이후의 모든 지하드 전쟁에서 전리품의 1/5은 이슬람 지도자인 칼리프나 이맘의 몫이 되었다.

이슬람 역사책들 가운데서도 그런 내용을 볼 수 있다. 이븐 아씨르(Ibn Athīr)의 역사책에서 다음과 같은 내용이 있다.

우마이야 왕조 시대 무사 브니 나시르가 히즈라력 91년에 북아프리카를 점령했을 때 그들은 30만 명을 노예로 삼았다고 한다. 그래서 그 가운데 6만 명을 다마스쿠스의 우마이야 왕조 칼리프인 왈리드 브니 압둘 말릭에게 보내었다고 한다. 왜냐하면 당시 왈리드가 전체 이슬람의 최고 지도자였기에 그에게 1/5을 보낸 것이다.[73]

5) 선지자는 백만장자였는가?

이집트의 살라피 쉐이크인 와그디 구님은 무함마드 선지자가 백만장자였다고 주장한다.[74] 그가 근거로 삼는 하디스 구절은 다음과 같다.

◇ 나(무함마드)는 이 심판의 날에 칼과 함께 보내졌다. 알라께 라이벌 (sharīk) 없이 그분만이 예배를 받을 때까지 (보내졌다). **나(무함마드)의 수입은 나의 창날의 그늘 아래에서 만들어졌다**(사히흐 알자미아 2831).

이 하디스는 압둘라 브니 우마르가 전한 하디스이다. 부카리는 이것을 전승 연결고리가 약한 하디스로 취급했지만, 나중에 알바니가 사히흐 알자미아에서 연결고리를 바로잡아 올바른 하디스로 인정한 것이다. 이 하디스에서 무함마드는 자신의 수입이 자신의 창날로 인해서 만들어졌다고 말하고 있다. 즉, 지하드 전쟁으로 인해 자신이 부를 얻었다는 것이다. 그가 지휘한 65회 이상의 정복 전쟁에서 얻은 전리품의 1/5을 그가 소유했기 때문에 무함마드는 엄청난 부를 소유했다고 볼 수 있다. 그가 많은 여성과 부하를 부릴 수 있었던 것은 그에게 경제적 능력이 있었기 때문이다.

위의 하디스를 해설하는 islamway.net 사이트에서는 이렇게 기록한다.

> 알라께서 무함마드를 이 세상에 보낸 것은 세상의 요구를 위해서가 아니었다. **알라께서 그를 보낸 것은 그분이 한 분이심을 칼로서 증거하기 위해서이다.** 그래서 이 초청을 거부하는 적들을 그가 살해해야 하며, 그는 그들의 재산을 몰수하고 그들의 여자들과 아이들을 납치해야 한다. 그래서 그의 수입은 알라께서 전리품으로 주신 그의 원수들의 재산으로부터이다.[75]

지하드 전쟁은 카피르에 대해서 알라가 명령하는 전쟁이므로 승리한 이후에 발생하는 전리품은 알라의 은총이었다. 그것은 무슬림들에게 주어진 합법적인 권리였다. 이슬람이 전쟁에서 계속해서 승리함으로 그들에게 전리품이 쏟아져 들어왔다. 그것은 오늘 우리가 상상할 수 없을 정도의 전리품이었다. 무슬림 역사가들은 그들이 기록한 많은 이슬람 내적 자료들에서 그 전리품의 규모가 얼마나 컸는지를 자랑스럽게 기록한다. 그들은 엄청난 양의 전리품 앞에서 기쁨을 주체하지 못했다. 다음은 무슬림 군대가 스페인의 자란다(Jaranda) 지역의 프랑코 군대에 대한 첫 번째 공격에서 그들이 취한 전리품에 대한 기록이다. 전리품이 얼마나 많았으면 "알라만이 알 수 있는 많은 양의 전리품을 가지고 왔다"고까지 표현하겠는가?[76]

> 그는 여러 달 동안 이 땅들의 사방으로 횡단하며, 여성들을 강간하고, 전사들을 죽이며, 요새들을 파괴하며 모든 것을 불태우고 약탈하며, 무질서하게 도망가는 적들을 내쫓았다. 그 뒤 그는 **알라만이 알 수 있는 많은 양의 전리품을 가지고**, 안전하고 당당하게 되돌아갔다.[77]

이렇듯 과거 이슬람의 경제는 전리품 경제였다. 도둑질하고 빼앗은 불의한 소득이었다. 오늘날 Ex 무슬림들은 이러한 역사적 과오를 지적하는 것이다.

9. 지하드와 문명의 파괴

지난 2015년 2월 이라크의 IS는 모술의 중앙 도서관을 덮쳤다. 거기에 10만 권의 책과 사본들이 있었는데 그것들을 샅샅이 뒤진 뒤 모두 불태워 버렸다. 또한 모술의 고대 박물관에 진입하여 거기에 있던 고대 유물들을 해머와 전기톱으로 부수어 버렸다. 당시 유네스코의 수장은 "그것은 인류 역사가 담긴 도서관 소장품을 파괴하는 가장 충격적인 행동 중의 하나"라고 하면서, "모술에 있는 이라크 박물관과 도서관과 대학에 대한 파괴들이 있었다"고 했다.[78]

이슬람의 지하드 전쟁은 인명만 살상한 것이 아니었다. 이슬람 군대는 가는 곳곳에서 집과 교회와 신전과 도서관을 파괴했다. 인도 파키스탄계 Ex 무슬림이자 이슬람 비평가로 유명한 Iban Warraq는 다음과 같이 말한다.

유럽 사람들은 그들이 퇴폐적인 가치들과 문화와 언어를 제3세계에 전파해 왔다는 비난을 듣는다. 그러나 이슬람이 찬란한 고대 문명들이 있었던 땅들을 식민지로[XX] 만든 것에 대해서는 아무도 지적하지 않는다. 이슬람은 그런 땅들을 식민지로 만들면서 많은 문화를 발로 짓밟고 영구히 파괴해 버렸다.[79]

지난 1,400년 역사 동안 이슬람이 파괴한 개인의 재산과 공동체의 문화재와 인류의 문명이 얼마나 많은지 이루 헤아리기 어려울 정도이다. 아래에서 이슬람이 문화유산의 보고인 도서관을 파괴한 경우를 보자.

- 976년에 알만수르(Al-Mansur)에 의해 파괴된 스페인 코르도바 도서관
- 1029년에 술탄 가즈니의 마흐무드(Mahmud of Ghazni)가 파괴한 이란의 Rayy 도서관
- 1034년 술탄 마스우드 1세(Mas'ud 1)에 의해 파괴된 이스파한(Isfahan)의 Avicenna 도서관
- 1151년 'Ala al-Din Husayn에 의해 파괴된 Ghazna 도서관
- 1154년 Oghuz Turks에 의해 파괴된 Nishapur 도서관
- 1193년 Bakhtiyar Khilji에 의해 파괴된 Nalanda 도서관
- 1453년 오스만 터키에 의해 파괴된 콘스탄티노플 도서관

그 외 몽골의 침입으로 파괴된 여러 도서관 등 많은 예가 있다.[80](위의 리스트에 알렉산드리아 도서관은 기록되지 않았다. 알렉산드리아 도서관의 파괴에 대해서는 역사학자들 사이에 논란이 있다).

XX Iban Warraq은 이슬람의 침략과 통치를 이슬람 식민주의라고 한다.

1) 9백만 권의 책이 불탄 나란다대학 도서관(나란다 불교 사원)

나란다(Nalanda)는 인도 서북부 비하르(Bihar) 주에 속한 도시이다. 이곳에 5세기 굽타(Gupta) 제국에 의해 세워진 불교 도서관이 있다. 이름이 도서관이지 사실은 불교 사원 및 대학이라고 보아야 할 것이다. 나란다 사원은 인도의 대표적인 불교 유적 중의 하나이다. 이 대학은 인도에서 Takshila 대학 다음으로 두 번째로 일찍 세워진 대학으로서 14헥타르 면적 위에 세워졌다. 8개의 분리된 컴파운드가 있었고 10개의 신전, 명상실, 교실, 호수 그리고 공원이 있었다. 도서관은 9층으로 되어 있었고 불교 승려들이 세밀하게 복사한 책들이 있었다. 아마도 최초의 학생들을 위한 기숙 시설이 있었고 거기에 2천 명이 넘는 선생들과 1만 명이 넘는 학생이 기숙했다. 그래서 나란다 사원은 한국, 일본, 중국, 티벳, 인도네시아, 페르시아 그리고 터키에서 온 학생들과 학자들을 매료시켰다. 이 대학의 커리큘럼은 Mahayana 불교와 Vedas와 논리학과 산스크리트 문법, 의학, Samkhya 등이었다. 나란다 사원은 중국의 현장 스님(602?-664)이 이곳을 방문하여 5년 동안 불교 유학을 했던 곳으로 중국 불교 역사에도 유명한 곳이다.[81]

인도의 나란다 도서관이 있던 지역

그런데 이 도서관에 재앙이 닥친다. 1193년 터키 맘룩 무슬림 통치자 Bakhtiyar Khilji는 나란다대학과 도서관을 샅샅이 뒤져서 거기에 있던 900만 권 책을 모두 불태웠다. 책이 얼마나 많았던지 3개월 동안이나 불탔다. 그뿐만 아니라 수천 명의 열성 신자와 불교 수도승들을 죽였다.

다음 기록을 보자.

> Bakhtiyar는 그의 대담함에서 오는 힘으로 그곳에 자신을 던졌고, 그들은 그 요새를 점령하고 많은 전리품을 얻었다. 그곳 주민은 브라만이 가장 많았는데, 그들은 머리가 깎인 채 모두가 죽임을 당했다. 거기에 수많은 책이 있었다. 무슬림이 이 모든 책을 검사하려고 했을 때 그들은 몇몇 힌두교인들을 불러서 그 책들의 중요성에 대한 정보를 얻으려 했다. 그 뒤 모든 힌두교인은 죽임을 당했다.[82]
>
> Minhaj-i-Siraj는 그의 책 *Tabaqat-i Nasiri*에서 수천 명의 수도승이 산 채로 불타 죽었고 수천 명이 목이 잘렸다는 것을 기록한다. 이는 Bakhtiyar Khilji가 칼로 불교를 뿌리째 뽑고 이슬람을 심으려고 최선의 노력을 다했기 때문이다. 도서관이 불타는 것이 수개월 동안 계속되었고 그것의 연기가 낮은 언덕 위에 걸려 있는 짙은 먹구름처럼 수십 일 동안 계속되었다.[83]

2) 인도에서의 불교와 힌두교 사원의 파괴

인도 무굴 제국의 6번째 황제인 Aurangzeb의 역사를 기록한 책인 Maasir-I Alamgiri에서 1679년 한 해에 있었던 사원 파괴에 대해 다음과 같이 기록한다.

> Aurangzeb의 명령으로 1679년에만 200개가 넘는 힌두 사원이 파괴되었다. 그의 50년 통치 기간 동안 얼마나 많은 사원이 파괴되었는지를 추측하

는 것은 어렵지 않으며, 최대 5천 개에 달한다고 추정하기도 한다. 그 사원을 지키는 사람들은 종종 제거되었다. 그는 자신의 형인 Dara Sikoh도 힌두교에 관심을 가진다며 배교자로 공표하고 그를 아낌없이 처형했다. 이미 언급했듯이 Aurangzeb는, 카쉬미르 힌두교도를 강제로 개종시키는 것에 반대한 두 명의 동료와 함께 시크교 구루 Tegh Bahadur Singh을 살해했다.[84]

인도 역사 전문가 칸(M. A. Khan)은 인도에서의 사원의 파괴에 대해 다음과 같이 기록한다.

> 인도에서 무슬림들이 힌두교, 불교, 자이나교 및 시크교 종교 기관들을 파괴한 규모는 세계의 정복사에서 유사한 경우가 거의 없다. 대부분의 경우, 사원이 파괴된 후 그 안에 있던 우상들과 보물들이 옮겨졌고, 파괴된 사원의 유적은 종종 같은 자리에서 모스크 건축 재료로 사용되었다.[85]

3) 인도에서 불교가 사라진 이유

불교의 발생지는 인도이다. 나란다 유적에서 보듯이 당시 불교의 유적은 찬란했다. 수많은 사원과 도서관과 부대시설을 갖춘 유적들이 곳곳에 있었다. 세계 곳곳에서 불교의 정신을 배우기 위해 유학을 오기도 했다. 그런데도 인도의 불교는 소멸했다. 종교의 발생지에서 쇠퇴하다 못해 소멸한 이유는 무엇일까?

대개 인도 불교의 소멸 이유를 크게 두 가지로 본다.

첫 번째는 이슬람의 침략과 파괴이고,
두 번째는 불교가 자신의 가치를 지키지 못했다는 것이다.[86]

두 가지 원인 가운데 오늘날 일반인들은 주로 두 번째에 대해서 비중을 두는 것 같다. 이슬람의 침략을 이슬람의 문화적 지배 정도로만 생각하고 야만적인 살해와 파괴에 대해서는 자세한 내용을 모르기 때문이다. 오늘날 무슬림은 이슬람이 인도에 들어와서 상권을 장악하는 바람에 불교가 힘을 잃었다고 주장한다. 인도에서의 이슬람 전파가 잔인한 살상으로 된 것이 아니라 무슬림의 상업 활동으로 되었다는 것이다(유튜브 <자현 스님의 붓다로드> 제52편 불교는 무슨 이유로 인도에서 사라지게 됐을까?).[87] 그래서 두 번째 이유인 불교가 내적으로 정체성을 지키지 못하고 힌두교에 흡수되었다는 것을 강조하는 것이다.

하지만 그것은 부차적인 원인이다. 더 근본적이고 중요한 원인은 불교에 대한 이슬람의 처참한 살해와 파괴이다. 나란다 사원의 파괴에서 보듯이 이슬람의 침략은 씨를 말리는 완전한 파괴였다. 제6장 '인도의 지하드: 가장 참혹했던 피의 강의 역사'에서 보듯이 이슬람에서 불교는 코프르(kofr)이고, 불교도는 카피르(kāfir)이기에 그들을 제거한 것이다. 완전한 제거의 대상으로 삼고 살해하고 파괴하고 노예 삼았던 것이다. 그런 결과 인도의 불교가 소멸했다. 인도의 불교 문명이 이슬람 지하드의 희생양이 된 것이다.

10. 지하드와 공포감 조성

이슬람 지하드의 특징 중 한 가지는 그들이 의도적으로 공포를 불러일으켰다는 것이다. 최근의 IS의 경우만 보아도 그것을 분명하게 알 수 있다. 다음의 경우들을 보자.

- 열한 살짜리 남자아이를 '스파이'로 몰아 목을 벰(2016. 7. 20. 조선일보).
- 팝송을 듣는다는 이유로 10대 소년을 공개 참수(2016. 2. 19. 조선일보).

- IS 단원들의 성 노예가 되는 것을 거부한 야지드족 젊은 여성 19명을 공개 화형에 처함(2016. 6. 7. 조선일보).
- 스파이 혐의로 체포된 25명을 죄수용 철근 케이스에 집어 놓고 질산으로 가득 찬 욕조에 집어넣어 죽임.
- 외국 군대에 협력했다는 혐의로 체포된 6명을 끓는 타르 통에 집어넣어 처형(2016. 8. 22. 기독일보).
- 전투기를 몰다 추락한 요르단 조종사를 쇠창살에 집어넣고 화형에 처함 (2015. 2. 4. 중앙일보).
- 리비아 바닷가에서 이집트 기독교인 21명 참수함 (2015.2.15 알호라 신문)

위의 예들에서 IS의 범행들은 너무나 잔인하여 그것을 보는 모든 사람이 심한 공포를 느끼게 된다. IS는 사이코패스처럼 끔찍한 범죄를 아무렇지 않은 듯 저실렀다. 그뿐만 아니라 그들은 그 모습을 인터넷 등으로 생중계하여서 그 공포를 전파했다. 잔인한 모습을 대중에게 노출하여 대중이 느끼는 공포감이 극대화되도록 했다.

그들은 왜 대중의 공포심을 조장했을까? 비단 IS뿐만 아니라 9·11 테러와 극단주의자들의 수많은 테러를 보면 모두 다 공포를 유발하고 있는데 그 이유는 무엇일까? 그 이유를 꾸란과 하디스에서 발견할 수 있다.

1) 꾸란과 하디스에 나타난 지하드와 공포감 조성

꾸란과 하디스를 보면 알라가 지하드 전쟁에서 공포감을 조성하라고 명령하고 있다. 다음 구절들을 보자.

◆ 너희는 그들(kāfir)을 대항해 무력과 말(馬)로써 너희가 할 수 있는 모든 것을 준비하라. 그리하여 알라의 적과 너희의 적과 너희는 모르지만 알라께서 아시는 다른 자들을 **공포에 떨게 하라**(turhibūn)(8:60).

위의 구절은 꾸란 8장인 알-안팔(al-'Anfāl) 장에 나오는 기록이다. 이 장은 지하드 전쟁에서 획득하는 전리품을 어떻게 나눌지와 효과적인 지하드를 어떻게 하는지에 대해 기록하고 있다.

위의 구절에서 카피르(kāfir)에 대항해서 무력을 준비하고 말(馬)을 준비하라고 한다. 당시 지하드 전쟁의 승리를 위해 가장 중요한 것이 군사력이었고, 그 군사력 가운데 핵심적인 것이 말이었다. 그렇게 할 수 있는 모든 것을 준비하는 목적은 바로 '알라의 적을 공포에 떨게 하기 위해서'였다.

이 구절에서 '공포에 떨게 하다'의 아랍어는 'turhibūn'이다. 이 단어는 아랍어의 '테러'('irhāb)란 단어의 동사형이다. 한글에서 '테러'는 '폭력으로 사람을 위협하거나 죽이는 행위'를 말한다. 그러나 아랍어로 '테러'(irhāb)란 단어의 원래 의미는 '공포스럽게 함', '겁을 줌', '위협을 가함' 등의 의미를 가진다. 그래서 아랍어에서 테러('irhāb)의 의미는 폭력으로 사람을 죽이는 행위와 함께 적에게 공포를 일으키기 위해서 위협을 가하는 행동을 말한다.

이와 같이 "알라의 적과 너희들의 적과 그들 외의 다른 자들을 공포에 떨게 하라" 구절에 지하드의 원리가 나타나 있다. 즉, 이슬람은 지하드 전쟁에서 승리하기 위해 알라의 적을 공포에 떨게 해야 한다고 한다. 그래서 그들은 적을 공포에 떨게 하기 위해 테러를 가하고 온갖 참혹한 만행을 저지르는 것이다.

또 다른 꾸란 구절이다.

◆ 그분이 성서의 백성 가운데 그들을 도운 사람들을 그들의 요새로부터 쫓아내고, **그들의 마음에 공포(ru'b)를 일으켜서**, 너희가 그들 중 일부는 살해하고 일부는 포로로 잡았다(33:26).

이 구절은 유대인 부족인 바누 꾸라이자 부족을 메디나에서 쫓아내면서 그들을 살해하는 구절이다. 그들은 유대인 부족으로 메디나의 토착민이었는데 메카 부족과의 지하드 전쟁에 참여해 달라는 무함마드의 참전 요청을 듣지 않았다. 그러자 그들을 봉쇄하고 전투를 벌인 뒤 그들을 살해하고 쫓아내었다. 제5장의 '바누 꾸라이자 부족 학살'이란 부분에서 살펴본 대로 600-900명의 유대인이 구덩이에 던져져 죽는다. 그 대량학살이 참혹하고 잔인하여 사람들의 마음에 공포를 일으켰던 것이다.

이번에는 하디스의 기록을 보자.

> ◇ 알라의 메신저가 말씀하길,
> 나(무함마드)는 **공포(ru'b)를 일으킴으로** 승리를 얻었다. 내가 잠을 자고 있을 때 땅의 보물 창고들의 열쇠가 내 손에 주어졌다(사히흐 부카리 2977, 7273).

위의 하디스는 부카리 하디스 가운데 제목이 '알라를 위해 지하드를 함'이란 권(book)의 기록이다. 즉, 지하드란 주제를 다루고 있다. 앞에서 기록했듯이 하디스 컬렉션들에는 '지하드'란 권이 아예 따로 존재하고, 그 권 아래에 수백 장(chapter)의 지하드에 대한 기록들이 존재한다. 그 가운데 한 장에서 "나는 공포를 일으킴으로 승리를 얻었다"라 하고 있다. 그가 수행한 전쟁에서 IS가 했던 것과 같이 공포심을 조성했다는 말이다. 무함마드는 적을 공포에 떨게 함으로 지하드 전쟁에서 승리를 얻었다고 한다. 그 원리를 따라 오늘날 이슬람 극단주의자들은 테러를 감행한다. 따라서 오늘날 테러들의 원조는 바로 무함마드 선지자라 할 수 있다.

2) 이슬람 역사에 나타난 지하드와 공포감 조성

이번에는 이슬람의 역사 가운데서 카피르(kāfir)를 공포에 떨게 했던 기록을 보자. 아랍 군대가 이집트를 침략할 때의 상황을 기록한 『니끼우 요한의 연대기』(이나빌, 『니끼우 요한의 연대기와 이슬람의 이집트 침략』, CLC)에 아랍 군대가 이집트를 침략했을 때 양민들을 무자비하게 살해하고 약탈한 모습이 기록되어 있다. 거기에서 니끼우 요한은 이렇게 기록한다.

- 그러나 그들이 큰 학살이 일어난 것을 보았을 때 그들은 **공포에 사로잡혔고**, 비탄과 슬픔으로 니끼우로 향하는 배를 타고 도망쳤습니다(112:10).
- 그 후 이집트의 모든 성읍에 **공포(panic)가 퍼졌고**, 모든 주민이 그들의 소유물들과 재산들과 가축들을 버리고 알렉산드리아로 도망갔습니다(113:6).
- 무슬림 군대를 **두려워(fearing)하여** 알렉산드리아 도시로 도망 온 이집트 피난민들은 교황에게 다음과 같이 요청하였습니다(120:28).
- 이집트 사람들은 **끊임없는 공포(unceasing fear) 아래에서** 이 명령들을 수행했습니다(120:31).

이처럼 이슬람은 지하드 전쟁 시에 적에게 공포를 조성하여 적이 쉽게 항복하게 하고 또 이슬람으로 개종하게 했다. 그것은 이슬람 지하드 전쟁의 전략이었다. 1,400년 전 이슬람이 발원한 이후 끊임없는 정복 전쟁에서 '적을 공포에 떨게 하라'는 전략을 사용하여 승리했던 것이다.

오늘날 세계 곳곳에서 테러가 일어나고 있다. 잊힐 만하면 또 새로운 테러가 이어지고 있다. 이슬람 초기와 중기, 이슬람이 패권을 장악한 시절에는 지하드 전쟁을 하며 공포를 조성했다면, 오늘날은 무차별적인 테러를 통해 선량한 시민들에게 공포를 조성하고 있다. 9·11테러는 이러한 전략의 효과를 극대화한 가장 좋은 예라고 할 것이다. 불과 19명의 납치범이 일으킨 테러를 통해 미국 국민들에게 지워지지 않는 상처를 남겼을 뿐만 아니라 전 세계인의 가슴에 공포를 안겨 주었다.

이처럼 이슬람은 공포를 조성하는 종교이자 테러의 종교이다. 우리는 세계 곳곳에서 일어나는 테러들을 보면서 이슬람의 지하드의 성격과 공포감 조성 전략을 잘 파악해야 할 것이다(오늘날 이슈가 되는 '근거 없는 이슬람 포비아' 논쟁에 대해서는 '집필 후기' 부분을 보라).

11. 지하드와 강제 개종

오늘날 무슬림은 이슬람 역사에서 일어났던 토착민들의 개종이 강제적인 것이 아니라고 주장한다. 중동과 북아프리카, 중앙아시아와 인도에 살던 기독교인과 유대인과 불교인과 힌두교인 등이 이슬람으로 개종한 것이 자발적인 개종이란 것이다. 즉, 무슬림의 포교와 이맘의 설교, 모스크에서의 가르침 등의 평화적 방법으로 이슬람이 전파되었다는 것이다.[88] 과연 그러할까?

이슬람 1,400년의 역사에서 이슬람의 확장과 전파가 강제적이었는가? 아니면 평화적이었는가?는 오늘날 이슬람 관련 주제 가운데 가장 뜨거운 이슈 가운데 하나이다. 오늘날 무슬림은 이슬람이 평화적으로 전파되었다는 것을 증명하기 위해 사활을 건 모양새다. 출판계와 언론계 미디어 등에서 여러 종류의 홍보물이 쏟아지고 있다. 워낙 그런 종류의 선전이 많다 보니 일반 대중은 자연스럽게 그것에 익숙해지고 세뇌되는 추세이다.

이슬람의 다른 주제들과 마찬가지로 이 주제의 진위도 역사에 대한 현미경적인 접근으로 파악해야 한다. 무슬림 학자나 전도자의 선전을 들을 것이 아니라 이슬람의 경전과 사료들을 살펴야 한다. 현대의 이슬람 학자들의 종교적 열심에 근거한 주장이 아니라 이슬람 초기와 중기의 객관적인 사료들로 돌아가서 역사의 증인들이 어떻게 기록하고 있는지를 보아야 한다.[XXI] 그러면 해답을 얻을 수 있다.

XXI 인도 이슬람 역사 전문가 칸(M. A. Khan)은 인도에서의 강제 개종의 역사를 알기 위해서 아래 역사가들의 기록을 보라고 한다. 알쿠피(Al-Kufi[Chachnama]), 알빌라두리(Al-Biladuri), 알브루니(Alberuni), 이븐 아씨르(Ibn Asir), 알우트비(al-Utbi), 하산 니자미(Hasan Nizami), 아미르 카스라우(Amir Khasrau), 지오딘 바라니(Ziauddin Barrani), 술탄 피로즈 투글라끄(Sultan Firoz Tughlaq), 바부르와 자한기르의 황제(Emperor Babur and Jahangir), 바다오니(Badaoni), 아불 파즐(Abul Fazl), 무함마드 페리쉬타(Muhammad Ferishtah) 등이 있다(M. A. Khan, *Islamic Jihad*, p. 108).

먼저 강제 개종이 있었는지 살피기 위해 이슬람 경전에서 무력에 의한 이슬람 전파를 명한 구절이 있는지 살펴보자.

◆ 불신앙/시험(fitnah)이 사라지고 종교가 알라를 위할 때까지 그들과 전쟁(qātilu)하라(2:193).
◆ 불신앙/시험(fitnah)이 사라지고 모든 종교가 알라를 위할 때까지 그들과 전쟁하라(qātilu)(8:39).
◆ 너희는, 알라와 마지막 날을 믿지 않고 알라와 그의 메신저가 금한 것을 금하지 않으며 성서의 백성 가운데서 진리의 종교를 믿지 않는 자들과 전쟁하되(qātilu), 그들이 굴복하여 수모를 느끼며 지즈야를 지불할 때까지 하라(9:29).
◇ 나(무함마드)는, 사람들이 '알라 이외에 다른 신은 없고 무함마드는 알라의 메신저이다'는 것을 고백하고, 기도하며, 자카를 지불할 때까지 사람들과 전쟁할 것을('uqātila) 명령받았다(하디스 사히흐 부카리 25; 사히흐 무슬림 22).

위의 구절들에서 "종교가 알라를 위할 때까지 그들과 전쟁하라"고 밝힌다. 알라와 마지막 날과 그의 메신저인 무함마드를 믿지 않는 자들과 전쟁하라고도 한다. 위의 유명한 하디스에서는 무함마드는 사람들이 이슬람의 신앙 고백을 하고 기도와 자카를 지불할 때까지 지하드 전쟁을 하라고 명령받았다고 한다. 이보다 명백한 강제 개종의 증거가 어디에 있겠는가? 이슬람의 경전에서부터 무력과 강제로 이슬람을 증거하라고 명령하고 있다.

필자는 여러 역사적 자료들에서 이슬람의 강제 개종의 사례들을 살펴본 결과 다음 네 가지 종류를 정리할 수 있었다. 칼의 위협에 의한 개종, 노예 삼음에 의한 개종, 지즈야로 인한 개종, 박해에 의한 개종이 그것이다. 칼의 위협에 의한 개종의 경우 완전한 강제 개종의 경우이다. 노예 삼음에 의한 개종, 지즈야로 인한 개종, 박해에 의한 개종의 경우 무슬림들은 이것을 자발적인 개종이라고 주장한다. 그러나 이러한 개종도 이슬람의 신앙을 말로 설득하여서 개종시킨 것이 아니라 견딜 수 없는 여러 가지 압박을 가해 개종시킨 경우이다. 따라서 이것도 강제 개종인 것이다. 이 네 가지 내용을 살펴보도록 하자.

1) 칼에 의한 개종

인도 이슬람 역사 전문가 칸(M. A. Khan)은 그의 책에서 이렇게 말한다.

> 칼에 의한 개종은 무함마드에 의해 시작되었다. 그는 우상 숭배자들에게 꾸란 9:5을 계시하면서 죽음인가 이슬람으로 개종인가 선택하게 했다. 그 때문에 인도인들은 죽음과 이슬람 중에서 선택을 해야 했다.[89]

칸이 언급한 꾸란 9:5을 보자.

> ◆ 금지된 달들이 지나면 너희가 우상 숭배자(mushrik)들을 **어디서든지 발견하는 대로 살해하고(uqtulu)** 그들을 포로로 잡거나 그들을 포위하라. 그리고 모든 매복 장소에서 잠복하여 기다리라. **그러나 그들이 회개하고 기도를 드리며 자카(이슬람 세금)를 바칠 때는 그들의 길을 가게 하라.** 실로 알라께서는 용서하시고 자비로운 분이시라 (9:5).

이 구절에서 우상 숭배자들을 보는 대로 살해하고 나머지는 포로로 잡으라고 한다. 그런 상황 가운데 살아남는 방법은 '회개하고 기도를 드리며 자카를 바치는' 것이라고 하고 있다. 즉, 이슬람을 믿는 것이라는 것이다.

실제로 이슬람이 정복 전쟁으로 세력을 넓혀 나갈 때 유대인들과 기독교인들은 딤미 조약을 맺으면 이슬람으로 개종하지 않아도 목숨은 건질

칼리프 우마르의 예루살렘 정복의 모습을 그린 상상도(19세기 작품)

수 있었지만 다른 종교인들은 살아남는 방법이 없었다. 그들은 죽음이 아니면 이슬람을 택해야 했다. 그것은 설득에 의한 개종이 아니라 강제 개종이었던 것이다.

오늘날 역사학자들 가운데 이슬람 첫 1세기 동안은 강제 개종이 없었다고 말하는 사람들이 있다. 이슬람이 칼의 정복을 하였지만 이슬람 종교를 강요하지는 않았다는 것이다. 콥트 역사학자 아딜 긴디도 이집트에서 첫 1세기 동안은 개종에 대한 압력이 없었으며, 1세기가 지난 AD 745년에 이슬람으로 개종한 사람들에게 지즈야 세금을 면제해 주기 시작하면서 집단 개종이 처음 일어났다고 한다.[90](지즈야는 콥트 기독교인에게 말할 수 없이 무거운 멍에이었다. 또한 지즈야의 면제는 그들이 비자발적으로 개종하는 비참한 결과를 낳았다. 여기에 대해서는 이 책 8장의 '딤미 제도와 지즈야' 부분을 보라). 이 말이 사실이라고 하더라도 우리가 지금 다루는 것은 이슬람 전체 역사에서 칼에 의한 개종 혹은 강제 개종이 있었느냐는 것이다. 이슬람 국가들 전체의 역사를 통틀어 살펴볼 때 칼에 의한 개종의 수많은 사례들을 볼 수 있다. 다음은 칼에 의한 개종의 사례를 이슬람 내부 자료인 무함마드 빈 까심(Muhammad bin Qasim)에 대한 기록과 이븐 칼둔의 기록을 통해서 살펴본다.

(1) 무함마드 빈 까심에 대한 기록

무하마드 빈 까심(Muhammad bin Qasim, AD 695-715)이 인도를 침략할 때의 기록이다. 그가 신드(Sindh) 지역을 정복하기 시작했을 때 그 지역 사람들에게 개종에 대한 정책을 시험했다. 그들이 죽음의 고통 앞에서 싸우지 않고 침략군에게 항복하는 경우, 그는 그들에게 자비를 베풀어서 개종을 강요하지 않았다. 그 뒤 그의 관대한 정책에 대한 보고서가 바그다드에 있는 그의 후원자 하자즈(Hajjaj, 우마이야 왕조의 6번째 칼리프로 Al-Walid 1세를 말함)에게 도달했다. 그 보고서를 본 하자즈(Hajjaj)는 그 관대함을 반대하면서 까심에게 다음과 같은 편지를 썼다.

> 짐은 그대가 따르는 방식과 규칙이 이슬람 법에 부합한 것을 알았지만, 그대가 크고 작은 것과 적과 친구를 구분하지 않고 모두를 보호하는 것은 예외이노라. 알라께서 말씀하시길 "**이교도(카피르)들에게 자비를 베풀지 말고 그들의 목을 잘라라**"라고 하셨노라. 이것이 위대한 신의 명령인 줄 알라. 그대가 그들을 보호해서는 안 된다. **지금부터 그대는 이슬람을 받아들이는 사람을 제외하고는 어떤 적도 보호하지 말라.** 이것은 합당한 결의이며, 관대함이 그대에게 주어지지 않을 것이다.[91]

까심은 하자즈로부터 이 명령을 받고 난 이후 그의 다음번 브라흐마나바드(Brahmanabad) 정복에서 그 명령을 따랐다. 그래서 이슬람을 받아들이지 않는 사람들을 그대로 두지 않았다. 알 빌라두리(al-Biladuri)에 따르면 8천 명이 칼을 맞았다고 하고, 다른 사람은 2만 6천 명의 남자가 칼을 맞았다고 주장한다.[92]

(2) 이븐 칼둔의 기록

이븐 칼둔(Ibn Khaldūn)은 14세기의 아랍 무슬림 역사학자이다. 그는 『이븐 칼둔의 역사』에서 이슬람의 북아프리카 침략 역사를 기록한다. 그 책에서 그는 "그들이 자원함으로 혹은 강제로(ṭawʻan wa-kurhan) 이슬람으로 개종했다"는 표현을 사용한다. 아래의 기록에서 볼드체로 기록된 부분을 확인하라.

- 이드리스 대제(Idris 1, 모로코에 세워진 아랍 왕조인 이드리스 왕조의 창시자. 재위, 788-791)가 통치하게 되었을 때 그에게 모로코에 있는 베르베르족에게 진군하라는 요청이 있었다. … 그 베르베르족의 다수는 유대인과 기독교인이었다. (그가 진군하자) **베르베르족 사람들은 그의 손에 의해 자원함으로 혹은 강제로(ṭawʻan wa-kurhan) 이슬람으로 개종했고**, 그는 그들의 성곽과 요새들을 파괴하였다.[93]
- 무슬림은 아프리카로 향해 진군했다. 당시 아프린자(북아프리카 해변 지역을 통치하던 비잔틴 제국)를 다스리던 왕은 자르지르였다. 제나타(Zenata) 부족과 베르베르 부족은 그와 힘을 합쳐서 무슬림에 대항했지만 모두가 흩어지게 되었다. 자르지르 왕은 살해당하고 그들의 재산들은 전리품이 되고 그들의 여성들은 포로가 되었다. Sbeitla가 정복당했다. 그 뒤 무슬림은 아프리카 정복을 다시 시작하여 잘루라으와 다른 도시들을 정복했다. 그들을 다스리던 아프린자는 바다 건너 자신들의 나라들로 돌아갔다. 베르베르족은 자신들이 아랍족에 대항할 수 있다고 생각하여 산지들의 요새들에 결집하였다. 우리가 기억하는 바에 따르면, 제나타는 카히나에 모였고 그 백성은 아우라스산에 모였다. 그래서 아랍 사람들이 그들을 학살하였고, 교외와 산들과 황무지까지 그들을 추적하였다. **그로 인해 그들은 자원함으로 혹은 강제로(ṭawʻan wa-kurhan) 이슬람에 들어갔다.**[94]

위의 기록에서 '자원함으로 혹은 강제로 이슬람으로 개종했다'는 표현은 본인의 의지와는 상관없이 강제로 개종한 사람들이 있었음을 인정하는 표현이다. 지하드 전쟁의 비참한 학살의 상황에서 많은 사람이 죽음을 피하기 위해 이슬람으로 개종했음을 보여주고 있다. 이와 같이 이슬람의 북아프리카 정복에서 수많은 베르베르족 사람들이 칼의 위협 앞에 목숨을 구하기 위해 이슬람으로 개종한 것이 사실이다.

2) 노예 삼음에 의한 개종

이슬람은 지하드 전쟁에서 사로잡는 전쟁 포로를 노예로 삼았다. 노예 제도는 꾸란에서부터 정당화되고 무함마드와 그의 동료들로부터 합법화되었다. 그래서 이슬람 역사 내내 무슬림들은 노예를 부렸고 그들을 착취했다. 노예 제도에 대한 자세한 내용은 제7장에서 기술한다.

지하드 전쟁에서 포로가 된 노예들은 아무런 자유와 권한이 없었다. 노예는 '설득에 의한 확신'이란 개종의 가장 기초적인 과정 없이 이슬람으로 개종했다. 그들은 강압과 완력에 의해 주인의 재산이 되며 강제로 이슬람의 집(Dar al-Islām)의 일원이 되었다. 이런 과정을 통해 수없이 많은 노예들이 무슬림이 되었다.

칸은 다음과 같이 기록한다.

> 개종과 무슬림 인구의 성장은 분명하게 정복 기간 바로 이후부터 시작되었다. 술탄 마흐무드(Sultan Mahmud)와 야쿱 라이스(Yakub Lais)와 같은 침략자들에 의한 강제 개종을 통해, 그리고 칼날에 의한 여성과 아이들을 대규모로 노예화함을 통해 무슬림 인구는 증가하였다. **왜냐하면 노예가 되는 것은 자동으로 무슬림이 되는 것이었기 때문이다.** 여성들—특히 젊은 여성들—은 선지자 무함마드 당시부터 노예 삼음의 주요 대상이었다. 그 후, 노예가 된 여성들은 무슬림 인구의 번식과 성장을 위한 주요 도구가 되었다.[95]

나중에 살피겠지만 이슬람 역사에서 수천만 명이 노예가 되었는데, 그들은 원래 종교가 무엇인지 관계없이 모두 이슬람의 집(Dar al-Islām)의 구성원이 되었다. 즉, 무슬림이 되었다는 것이다. 칸의 기록을 보자.

- 인도에서의 첫 번째 성공적인 침략 때 무함마드 브니 까심(Muhammad bin Qasim)은 데발(Debal)과 브라흐마나바드(Brahmanabad)와 물탄(Multan)에서 많은 수의 남자들을 죽였다. 무기를 소유한 성인 남성들은 무자비하게 학살된 것으로 보인다. 의심할 것 없이 많은 성인이 칼을 피하고자 취약한 여성들과 아이들을 뒤로한 채 사방으로 도망쳤고, 그로 인해 여성들과 아이들은 노예로 잡혀가게 되었다. 차크나마(Chachnama)는 라와르(Rawar)에 대한 까심의 공격으로 6만 명의 노예를 얻었다고 기록한다. 차크나마(Chachnama)는 신드(Sindh) 정복의 마지막 단계에서 **약 10만 명의 여성과 아이들이 노예가 되었다고** 말한다.[96]
- **이 노예 여성과 아이들은 무슬림의 재산이 되었고 자연스럽게 이슬람의 집(the house of Islam)에 들어가게 되었다.** 그 어린이들은 몇 년 안에 성인 무슬림으로 자라게 되었다. 그 가운데 남자들은 힌두교도들에 대항하여 거룩한 전쟁을 벌이는 무슬림 군대에 가입하게 되었다. 그들은 몇 년 전 그들의 가족과 친족이었던 사람들과 싸우게 되는 것이다. 다시 말해 이 포획된 어린이들은 10여 년의 짧은 기간 만에 이슬람 국가의 확장을 위해 새로운 지하드 침략을 벌이는 전사가 되고, 여자들과 아이들을 노예로 삼고 재산을 약탈하기 위한 무슬림 국가의 무기가 되었다. 심지어 인도가 파키스탄과 분할될 당시인 1946년에서 1947년 사이에 10만 명의 힌두교도와 시크교도 여인들이 노예로 이송되어 무슬림과 강제 결혼을 해야 했다.[97]

이처럼 노예가 된다는 말은 곧 강제로 이슬람의 집(Dar al-Islām)의 재원이 되는 것이었다. 여성 노예의 경우 주인의 성 노예(milk yamīn)가 될 뿐만 아니라 주인의 자녀를 낳는 재생산의 도구로 사용되었다. 이러한 사실로 인해 이슬람 역사가들은 자신이 섬기는 군주가 지하드 전쟁을 치른 뒤 사로잡는 노예들의 숫자에 대해서 자랑스럽게 기록하고 있다. 수많은 연대기 혹은 역사책에서 그런 기록을 발견한다.

3) 지즈야에 의한 개종

지즈야는 이슬람이 정복한 땅에 사는 기독교인이나 유대인들이 죽음을 면한 대가로 이슬람 통치자에게 치욕스런 방법으로 지불하는 세금을 말한다.[98] 이 세금이 지나치게 과도하고 그 지불과정이 수치스러워서 감당할 수 없었고, 그로 인해 수많은 기독교인이 이슬람으로 개종했다. 지즈야에 의한 개종에 대해서는 이 책 제8장 '딤미 제도' 부분에서 자세히 설명한다.

4) 박해에 의한 개종

기독교인과 유대인, 조로아스트교인과 힌두교인들에 대한 박해에 대한 기록은 차고 넘친다. 그 가운데 몇 가지를 기록한다.

- 아르메니아 사람(Armenian)들은 이슬람으로 인해 특별하게 심한 박해를 받았다. 704-705년에 왈리드 1세 칼리프는 아르메니아 사람들이 사는 Naxcawan 지방에서 아르메니안 귀족들을 교회에 모이게 해서 그들을 불태워 죽였다. 남은 자들은 십자가에 못 박고 참수했다. 그들의 부인들이나 아이들은 노예로 데려갔다.[99]
- 딤미인(Dhimmi)인 기독교인과 유대인들은 자신이 딤미인이란 이유로 비하와 수모와 굴욕을 당했고, 과중한 세금을 지불해야 했으며 사회적 억압을 받았다. 그래서 그들 가운데 많은 사람은 그런 상황에서 벗어나기 위한 탈출구로 개종을 택하곤 했다. 오늘날 무슬림은 이런 경우를 '강제 개종' 혹은 '칼에 의한 개종'이 아니라고 한다. 그러나 우리는 여전히 이것을 딤미인을 강요한 강제 개종이라 할 것이다.[100] 그것은 자의가 아니라 타의에 의한 개종이며 칼에 버금가는 악랄한 박해로 인한 개종이라 할 수 있다.
- Amir Timur는 14세기 중앙아시아와 이란을 중심으로 티무르 제국을 세운 사람이다. 그는 역사에서 군사적 리더로서 가장 유명한 사람 중의 하나

이다. 그는 기독교를 체계적으로 파괴하였다. 그 결과 네스토리안과 메소포타미아의 야콥파 기독교는 다시 회복하지 못하였다. Sivas에서 기독교인 4천 명을 산채로 불태워 죽였고, Tus에서 1만 명의 희생자를 내었다. 역사가들은 Saray에서의 대략적인 사망자 숫자를 10만 명, 바그다드에서 9만 명, Isfahan에서 7만 명으로 잡는다.[101]

필자는 『니끼우 요한의 연대기와 이슬람의 이집트 침략』이라는 책을 적었다. 그 책에서 필자는 이집트가 이슬람화된 실제적 원인을 두 가지로 제시했다. 먼저는 지즈야이고, 두 번째는 지속적인 박해이다. 그 책에서 이집트 역사학자 아딜 긴디의 말을 인용한다. 그는 이슬람이 지즈야와 종교의 자유와 개종 등과 관련하여 콥트인들에게 가한 핍박이 '폭력의 기계'를 사용한 것과 같다고 한다. 기계가 계속 돌아가듯 이슬람의 다양한 박해는 지난 역사 동안 지속되었다고 한다. 무슬림 통치자의 성향에 따라서 박해가 완화된 기간도 있었지만, 곧 더 강압적인 통치자가 나타나 더욱 강하게 핍박하곤 했다. 콥트인들은 무슬림 통치자에 의해서뿐만 아니라 무슬림 이웃들에 의해서도 박해를 받았다. 여러 가지 박해의 구체적인 내용은 필자의 이전 책이나 제8장의 '딤미인들에 대한 박해의 사례들'을 보도록 하자. 여기서는 박해가 개종으로 연결된 사례 몇 건을 소개한다.

- 우마이야 왕조 끝 무렵에 칼리프 마르완(Marwān)이 이집트에 와서 명령했다.
"이집트 사람 가운데 나의 종교에 들어오지 않고 내가 하는 기도를 하지 않으며 나의 의견을 따르지 않는 사람은 내가 그를 죽이고 십자가에 못 박겠다. 그러나 나와 함께 나의 종교에 들어오는 사람은 나의 옷을 입히며 내가 타는 말을 태우고 그의 이름을 정부관청에 새기며 그를 부유하게 하겠다."
그 뒤 1천 명의 사람이 재빨리 그를 따라 그가 하는 기도를 했다.
- 압바스 왕조 초기에 도살자 칼리프 압달라가 다음과 같이 명령했다.

"나의 종교를 가지고 나처럼 기도하는 모든 사람은 지즈야를 내지 않는다."

그래서 세금과 비용의 과중함으로 인해 **많은 부자와 가난한 사람이 그리스도의 종교를 부인했다. 그리고 바슈무리인 사람들에게 행한 학살 이후 많은 콥트인이 무슬림이 되었다.**

- 9세기 말경 먹을 음식을 찾기도 어려운 가난한 사람들에게 지즈야로 2 디나를 부과했다. 그들은 고통의 과중함으로 인해 부르짖었고 수많은 기독교인이 가난으로 인해 그들의 종교를 부인했다(과중한 지즈야로 인한 개종의 예).
- 파트마 왕조의 칼리프 하킴 비아므르 일라(al-Ḥākim bi'Amr Lilah)는 무슬림이 기독교인에게 아무것도 팔지 못하게 하고 기독교인이 그들로부터 아무것도 사지 못하게 명령했다. 그래서 그들 가운데 무리들이 그들의 종교를 부인했다.
- 그는 교회 지도자들 10명에게 그의 종교(이슬람)에 들어올 것을 요구했고, 그들 가운데 한 사람을 죽기까지 고문했다. 그가 죽자 시체에 1천 회 곤장을 때린 뒤 목을 자르고 그 시체를 불에 태웠다. 그 뒤 남은 9명의 교회 지도자들에게 고문을 가하고 채찍으로 때릴 것을 명령했다. 채찍 횟수가 많아지자 그들 가운데 4명이 이슬람으로 개종하고 나머지는 고문으로 죽음을 맞이했다.
- 13세기 말 술탄 앗자히르 비브로스(aẓ-Ẓahir Bībros)는 큰 구덩이를 파고 기독교인을 모아서 그 안에서 불태울 것을 결정했다. 왜냐하면 정부 공직에 기독교인이 있는 것을 그가 원하지 않아서였다. 마지막으로 말하길 그들 가운데 이슬람으로 개종하는 사람은 공직에 그대로 있게 허락하겠지만, 그것을 거절하는 사람은 목을 자르겠다고 했다. 아미르 바이다르(Baydar)는 그 명령을 공직자들에게 전했다. 그러자 그들 모두가 이슬람으로 개종했고 아미르는 그들의 개종 확인서를 만들어 술탄에게 가지고 갔다.
- 세월이 흐름에 따라 실수로 이슬람으로 개종한 사람이 있었다. 예를 들어 의도하지 않게 이슬람 신앙 고백을 입으로 말하거나, 압력에 의해 개종

한 경우 등을 말한다. 그 뒤 그들이 다시 기독교로 돌아오려고 시도하였지만 아주 적은 경우를 제외하면 그들은 모두 목이 잘렸다.[102]

지금까지 강제 개종의 종류와 사례들을 살펴보았다. 칼에 의한 개종과 노예 삼음에 의한 개종, 지즈야에 의한 개종, 박해에 의한 개종의 경우들은 모두 비자발적 개종 혹은 강제적인 개종이 분명하다. 이것은 현대의 이슬람 학자들의 종교적 열심에 근거한 주장이 아니라 이슬람 초기와 중기의 역사적 사료들의 증언을 토대로 한 것이다. 사료(史料)들은 거짓말을 하지 않는다. 한국의 이슬람 관련 학계에서도 객관적 사료들에 대한 연구가 일어나길 기대한다.

12. 오늘도 계속되는 지하드: 다아와와 지하드

지금까지 이슬람의 지하드에 대해서 살펴보았다. 인도 이슬람 역사 전문가 칸(M. A. Khan)은 그의 책에서 이슬람 전쟁의 특징을 '이슬람의 전쟁 코드'라 하며 다음과 같이 서술한다.

> 지금까지의 논의에서, 인도의 이슬람 침략자들은 꾸란과 순나의 가르침에 따라 완전히 코드가 다른 전쟁(different code of war)을 가져왔음이 분명하다. 현대 무슬림 역사가들은 이슬람 침략자들이 대개 전장에서 모든 적군의 병사를 죽였다고 알려 준다. 승리 후, 그들은 종종 민간인 마을과 도시에 들어가서 전쟁에 나갈 수 있는 나이의 남자들을 참수했다. 그들은 전리품을 얻기 위해 집안을 약탈했고 때로는 마을과 도시들을 불태웠다. 일반 대중이 신뢰하는 불교 승려와 제사장 브라만은 민간인 집단 중에서 특별한 제거 대상이었다. 이방 종교 중심이고 배움의 중심인 힌두교와 자이나교와 불교 사원과 시크교 및 토착 교육 기관은 그들의 파괴 및 약탈의 주

요 목표였다. 수많은 여성과 아이들을 노예로 사로잡았다. 그들은 젊고 아름다운 여성 포로들을 계속해서 성 노예로 활용했고, 다른 사람들은 가사 일에 종사했으며, 나머지는 노예 시장에 팔았다. 포로를 포함한 전리품의 규모는 전쟁의 영광과 성공 여부를 가리는 척도였다.[103]

그렇다. 이슬람의 지하드 전쟁은 역사상 다른 전쟁들에 비해 완전히 코드가 다른 전쟁이었다. 인류 역사에 있었던 전쟁들이 다 끔찍하지만 이슬람의 지하드는 가장 야만적이었고, 가장 인명 손실이 컸던 전쟁이었다. 하미드 사마드는 무함마드의 메카 정복으로부터 오스만 제국이 끝날 때까지 1,300년의 역사 동안 2억 7천만 명이 목숨을 잃었다고 한다.[104] 이 숫자는 히틀러의 유대인 600만 명 학살이나 스탈린의 2천 700만 명 학살, 마오쩌둥의 3천 500만 명 학살과 비교가 되지 않는 숫자이다. 그것은 잔인한 살육이 피의 바다를 이룬 역사이다. 하미드 사마드는 그것을 '전쟁범죄'라고 했다.

지하드 전쟁은 인명 손실만 컸던 것이 아니다. 셀 수 없이 많은 포로와 전리품을 양산했고 수많은 문화유산을 파괴한 전쟁이었다. 지하드 전쟁과 이어지는 이슬람의 노예 제도는 여성의 성 노예와 남성의 거세, 군사 노예, 어린이 노예 등으로 말할 수 없는 인권 탄압이 있었던 제도이다(노예 제도는 제7장에서 다룬다). 그뿐만 아니라 지하드 전쟁 이후 취해지는 강제 개종과 딤미 제도 아래에서의 타종교인 박해(제8장에서 다룬다) 등도 끔찍한 반인륜적인 범죄였다.

과거의 지하드 전쟁이 그러했다면 현재와 미래의 지하드의 모습은 어떠할까? 지하드는 이슬람의 여섯 번째 기둥이라 할 정도로 무슬림에게 핵심적인 교리이다. 그들의 경전에서 명령하고 있기에 이슬람이 존재하는 한 이 명령은 계속된다. 따라서 지금까지 그러했듯이 앞으로도 카피르(kāfir)와 카피르 나라들을 향한 지하드는 계속될 것이다.

지금까지 살펴본 과거의 지하드는 주로 소(小)지하드, 즉 폭력적인 지하드의 모습이었다. 20세기 말 이후 자주 일어나는 극단주의 무슬림들의 테러들도 같은 성격의 지하드이다.

그러나 오늘날 진행되고 있는 지하드의 주류는 대(大)지하드의 형태이다. 특히 서구 선진국들에서 온건주의 무슬림들에 의해 진행되고 있는 지하드는 대지하드가 대부분이다. 앞에서 메카 시절 지하드의 모습에서 보았듯이 이슬람이 열세인 경우 그들은 대지하드를 하게 된다. 폭력적인 지하드의 모습을 숨기고 평화적인 다아와(da'wa, 이슬람을 전하는 모든 행위)를 한다. 그들이 처한 곳에서 평화로운 말과 설교, 논쟁, 선행, 적선, 기부, 친구 삼음, 교육, 언론, 출판, 이주(이민), 결혼, 출산 등의 모든 방법을 통해 이슬람을 전파하려 한다. 이슬람 종교를 확산시키는 것은 모든 무슬림의 의무 사항이기에 그들은 다아와에 최선을 다한다.

오늘날 서구 선진국들에서의 무슬림 인구 증가는 뜨거운 감자이다. 이슬람 나라에서 들어오는 무슬림 이민과 난민들이 급격히 늘고 있다. 그와 함께 이미 정착한 무슬림의 높은 출산율로 인해 서구 국가들에서의 무슬림 인구는 기하급수적으로 늘고 있다. 2018년 프랑스 국립통계자료협회(The INSEE institute. the French national institute for statistical research)가 발표한 통계에 의하면, 2016년도 프랑스에서의 신생아 가운데 1/5이 무슬림 이름이었다고 한다.[105] 이 통계는 무엇을 말하는가? 현재 프랑스에서 무슬림 인구는 470만 명으로서 인구의 5.8%를 차지한다(위키피디아 통계).[106] 퓨 리서치 센터의 2016년 추정치는 572만 명에 비율이 8.8%라고 한다). 지금도 증가세가 가파른데, 머지않은 장래에는 프랑스 인구의 1/5이 무슬림이 될 수 있다는 것을 보여 준다.

퓨 리서치 센터에 따르면, 무슬림 이민이 많을 것이라 가정했을 때 스웨덴은 2016년 무슬림 인구가 8.1%였는데 2050년에는 30.6%가 될 예정이라고 한다. 독일은 2016년 6.1%였는데 2050년에는 19.7%가 될 예정이라고 한다.[107] 인구 네 사람당 한 사람 혹은 다섯 사람당 한 사람이 무슬림이 된다는 말이다. 이 예상치는 계속해서 무슬림 이민이 많을 경우를 가정했을 때라고 한다. 그러나 프랑스의 경우 현재 신생아의 1/5이 무슬림이라면, 앞으로 무슬림 이민이 많지 않더라도 몇십 년 이후의 결과는 명약관화하다. 무슬림 이민자가 많은 다른 유럽의 여러 나라도 마찬가지이다.

이슬람은 이러한 기회를 노리고 있다. 그들은 서구 나라들에서의 무슬림 이민자의 증가를 '이슬람의 집'(/평화의 집)을 세우는 전략으로 적극 활용하려 한다. 이미 여러 이슬람 지도자들은 늘어나는 무슬림 인구를 바라보며 쾌재를 부르고, 이슬람의 승리를 예견하고 있다.

아래에 두 무슬림 지도자의 말을 인용한다. 먼저는 터키의 수상이었던 나즈마딘 에르바칸(Najmadin Erbakan)이 2004년 독일 신문과 인터뷰한 내용이다.

> 당신네 독일 사람들은 우리 터키인들이 직업이나 구하고 당신들의 돈 부스러기를 모으러 왔다고 생각하겠지만 실은 그렇지 않습니다. 우리는 당신네 나라를 점령하고 이곳에 우리가 합당하다고 생각하는 것을 세우고자 여기 온 것입니다. 그것도 당신들의 동의와 이 나라의 법에 따라 그것을 세울 것입니다.[108]

두 번째는 2006년에 리비아의 지도자 카다피가 말리의 팀북투(Timbuktu)라는 도시에서 많은 아프리카인 군중 앞에서 연설한 내용이다.

> 이슬람을 전파하기 위해 칼이나 폭탄이 필요하지 않습니다. 현재 유럽에는 5천만 명의 무슬림이 있습니다. 이것이 알라께서 유럽에 이슬람을 전파시키실 다른 증표입니다. 그 전파는 칼이나 총이나 정복으로 인해서가 아닙니다. 유럽의 5천만 명 무슬림이 수십 년 뒤에 유럽을 무슬림 대륙으로 바꿀 것입니다.[109]

두 무슬림 지도자의 말은 '계속되는 지하드'라는 관점에서 이해되고 적용되는 말이다. 저들은 전 세계를 '이슬람의 집'(/평화의 집)으로 바꾸는 지하드를 끊임없이 시도하고 있다는 것을 알 수 있다. 현재는 여건상 평화적인 방법의 대지하드를 하면서 무슬림 숫자가 충분하게 증가할 때를 기다리고 있는 것이다.

   그들의 수가 증가하여 이슬람이 패권을 가지게 되면 어떻게 될까? 그 경우를 무함마드의 순나(Sunnah)를 통해서 확인할 수 있다. 즉 무함마드가 메카에서 메디나로 이주한 뒤 패권을 차지했을 때, 그는 칼로서 이웃 부족들을 복속시켰다. 대지하드에서 소지하드로 전략을 바꾼 것이다. 이와 같이 유럽 나라들에서 무슬림의 수가 충분하게 될 경우, 필요하다면 그들은 지하드의 칼을 들게 될 것이다. 그리하여 샤리아법이 통치하는 완전한 움마 공동체를 세우려 할 것이다. 무함마드의 순나(Sunnah)와 이슬람의 교리와 역사를 살펴보건대 그것은 충분히 가능한 시나리오라고 생각한다.

   그러므로 우리는 이슬람에서의 지하드의 역사와 성격을 분명히 알아야 한다. 오늘날 온건주의 무슬림들과 친이슬람 학자들이 지하드의 성격을 희석하려는 시도들에 대해 그 허구를 간파해야 한다. '이슬람은 평화의 종교이다'라고 주장하며 평화적인 다아와를 하려고 하는 그들과 대화는 하되, 그들이 놓치고 있거나 미화하는 내용이 어떤 것인지 분명히 알아야 한다. 또한 극단주의 무슬림이 오늘날 서방과 비무슬림 나라들을 대상으로 소지하드를 시행하려 하는 것을 기억하고 대비해야 한다. 우리는 지하드의 성격을 분명히 파악함을 통해 이슬람의 본질을 정확하게 알고 지혜롭고 의연하게 대처해야 한다.

미주

1. https://ar.wikipedia.org/wiki/جنبية, 2020년 5월 29일.
2. https://almalomat.com/82673/أسماء-السيف-في-اللغة-العربية-تعرف-على/, 2020년 5월 29일; https://mawdoo3.com/من_أسماء_السيف, 2020년 5월 29일.
3. al-'Akh Rashid, *Mustaqbal al-Islām*(이슬람의 미래)(al-'Akh Rashid, 2019), p. 70.
4. al-'Akh Rashid, *Mustaqbal al-Islām*(이슬람의 미래)(al-'Akh Rashid, 2019), p. 70.
5. Ibn Manẓūr, Lisān al-'Arab (Cairo: al-Hay'atu al-Miṣrriyyatu al-'Āmmatu lil-Kitāb, 2013), Vol 3-4, p. 225.
6. 'Aḥmad Mukhtār 'umar, Mu'jam al-Lughati al-'Arabiyyati al-Mu'āṣirati (Cairo: 'Alām al-Kutub, 2008), Vol 1, p. 410.
7. *al-Mu'jam al-Wasīṭ* (Cairo: Maktabit al-Shurūq al-Dawliyyah, 2005), p. 142.
8. Deep Al-Khudrawi, Dictionary of Islamic Terms (Damascus-Beirut: Al Yamamah, 2012), p. 93.
9. Maḥmūd Ḥammdi Zaqzūq, *al-Musū'ah al-'Islāmiyyah al-'Āmmah* (Cairo: 이슬람종교부, 2003), p. 489.
10. Mūjaz Dā'irtu al-Ma'ārif al-'Islāmiyyah (Cairo: al-Hay'atu al-Miṣrriyyatu al-'Āmmatu lil-Kitāb, 1998), p. 3245.
11. Ibrahim al-Bāgūri, Ḥāshiyah al-Bāgūri 'ala Ibn Qāsim, Vol 2, p.268; 재인용 Wahbaht al-Zaḥīli, *'Athār al-Ḥarb Dirāsah Fiqhiyyah Muqāranah* (Dimashq: Maktabit al-'Asad, 2009), p.47; Nuh-uh Ha Mim Keller, *Reliance of the Traveller* (Maryland USA: Amana Publications Maryland, 1991), p. 599.
12. Yūsuf al-Qaraḍāwi, *Fiqh al-Jihād*(지하드의 율법) (Cairo: Maktabit Wahbah, 2009), p. 55.
13. 캐롤 힐렌브렌드, 『이슬람 이야기』 (서울: 시그마북스, 2016), p. 219; 정수일, 『이슬람 문명』 (파주: 창비, 2002), pp. 179-180.
14. 캐롤 힐렌브렌드, 『이슬람 이야기』 (서울: 시그마북스, 2016), p. 219.
15. 손주영, 『이슬람 교리 사상 역사』 (서울: 일조각, 2005), p. 71.
16. 'Aḥmad Mukhtār 'umar, Mu'jam al-Lughati al-'Arabiyyati al-Mu'āṣirati (Cairo: 'Alām al-Kutub, 2008), Vol 1, p. 410.
17. https://en.wikipedia.org/wiki/Islamic_Modernism, 2020년 7월 27일.
18. 캐롤 힐렌브렌드, 『이슬람 이야기』 (서울: 시그마북스, 2016), p. 219.
19. https://dict.naver.com/search.nhn?dicQuery=fight&query=fight&target=dic&ie=utf8&query_utf=&isOnlyViewEE=, 2020년 5월 25일.
20. Hamed Abd Samad, 이슬람과 폭력-하미드 사마드 독일 DW 방송 토론, https://www.youtube.com/watch?v=hWs3lJXCrxo&t=55s, 2020년 6월 4일; Hamed Abd Samad, Ṣandūq al-'Islām(이슬람의 상자) 제39편 무슬림 형제단과 나치주의자 아민 호스니와의 관계, https://www.youtube.com/watch?v=-h0AIZjcK5k, 2020년 6월 4일.
21. https://www.answering-islam.org/Quran/Themes/jihad_passages.html, 2020년 6월 4일.
22. http://quranbysubject.com/category.php?category=c922aa0d-420b-11e4-b11c-000c29db8d9b, 2020년 6월 4일.
23. http://www.altarbawy.net/2017/03/05/3487/, 2020년 6월 4일.

24 Zakariyyah Botros, 'As'ilah 'an al-Imān(믿음의 질문들) 제38편, https://www.youtube.com/watch?v=Klz17SqpMY8&list=PL2EgxqgF3ymkdd1hdrqnAm5cWWNNXrILc&index=18, 2020년 6월 4일.
25 M. A. Khan, Islamic Jihad (iUniverse Book, 2009), p. 87
26 Ibn Hishām, *as-Sīrah an-Nabawiyyah li-Ibn Hishām*(이븐 히샴의 무함마드 전기) (Beirut: Dar Ibn Kathīr, 2019), p. 1097.
27 Ṣaḥīḥ Muslim bi- Sharḥ al-Nawawi (Cairo: al-Maktabah al-Tawfiqiyah, 1995), Vol 12, p. 153.
28 'List of expeditions of Muhammad', https://en.wikipedia.org/wiki/List_of_expeditions_of_Muhammad, 2020년 3월 29일.
29 https://ar.wikipedia.org/wiki/داد_راد_رادو_لمالسلا_رفاكل, 2020년 5월 28일; http://al-multaka.org/site.php?id=636&idC=3&idSC=9, 2020년 5월 28일.
30 Yūsuf al-Qaraḍāwi, *Fiqh al-Jihād*(지하드의 율법) (Cairo: Maktabit Wahbah, 2009), p. 867.
31 Yūsuf al-Qaraḍāwi, *Fiqh al-Jihād*(지하드의 율법) (Cairo: Maktabit Wahbah, 2009), p. 865.
32 Ibn Warraq, *Why I am not a Muslim* (New York: Prometheus Books, 1995), p. 218.
33 Mulufi bin Ḥasan al-Shahari, *Ḥaqīqtu al-Dārīn Dar al-Islām wa-Dar al-Kufr*(이슬람의 집과 불신의 집의 진실), p. 115.
34 https://www.elhaq.com/kashef/41-rights-od-ahl-zumma-in-islamic-jurisprudence/255-2009-09-03-12-59-33?showall=1&start=0, 2020년 5월 28일.
35 https://mawdoo3.com/ام_عن_كلم_يميلا_ني_في_مالسلا, 2020년 6월 4일.
36 https://www.youtube.com/watch?v=NKYLS6XOxs0&t=215s, 2020년 5월 22일.
37 https://www.youtube.com/watch?v=aOYU0Uu1jV4, 2020년 6월 4일.
38 Muḥammad bni Jarīr al-Ṭabari, *Tārīkh aṭ-Ṭabri*(따바리의 역사) (Cairo: Dar al-Maʿārif, 1967), Vol 3, pp. 276-280; https://www.il7ad.org/vb/showthread.php?t=2649.
39 Robert G. Hoyland, *Seeing Islam as Others Saw It* (New Jersey: The Darwin Press, 1997), p. 70.
40 Robert G. Hoyland, *Seeing Islam as Others Saw It* (New Jersey: The Darwin Press, 1997), p. 72-73.
41 Robert G. Hoyland, *Seeing Islam as Others Saw It* (New Jersey: The Darwin Press, 1997), p. 120.
42 Robert G. Hoyland, *Seeing Islam as Others Saw It* (New Jersey: The Darwin Press, 1997), p. 119.
43 Robert G. Hoyland, *Seeing Islam as Others Saw It* (New Jersey: The Darwin Press, 1997), p. 59.
44 이나빌, 『니끼우 요한의 연대기와 이슬람의 이집트 침략』 (서울: CLC, 2018), pp. 119-122
45 https://ar.wikipedia.org/wiki/فتح_الاسلامي_لمغرب#/media/ملف:Libyen_Stadt_Kyrene.jpg, 2020년 6월 4일; https://ar.wikipedia.org/wiki/الاسلامي_حتف_لمغرب, 2020년 6월 4일..

46 'Abd al-Raḥman bni Khaldūn, *Tārīkh ibn Khaldūn*(이븐 칼둔의 역사) (Beirut: Dar al-Fikr, 2000), Vol 3, p. 12.
47 'Abd al-Raḥman bni Khaldūn, *Tārīkh ibn Khaldūn*(이븐 칼둔의 역사) (Beirut: Dar al-Fikr, 2000), Vol 7, p. 11.
48 H. Z. Hirschberg, *A History of the Jews of North Africa* (Leiden: Brill, 1974), vol 1, pp. 127-128; Andrew G. Boston, M. D., M. S., *The Legacy of Jihad* (New York: Prometheus Books, 2005), pp. 612에서 재인용.
49 Andrew G. Boston, M. D., M. S., *The Legacy of Jihad* (New York: Prometheus Books, 2005), pp. 596-597; Ibn 'Athīr, *al-Kāmil fī Tārīkh*, p. 1256.
50 Andrew G. Boston, M. D., M. S., *The Legacy of Jihad* (New York: Prometheus Books, 2005), p. 597.
51 시오노 나나미, 『로마 멸망 이후의 지중해 세계』 상 (파주시: 한길사, 2008), pp. 205-207.
52 Runciman. S., *The Fall of Constantinople, 1453* (Cambridge, 1990), p. 145; Ibn Warraq, *Why I am not a Muslim* (New York: Prometheus Books, 1995), p. 218에서 재인용.
53 Sherif Gaber, Hal Dāʻish Tumathil al-Islām(IS가 이슬람을 대표하는가?), https://www.youtube.com/watch?v=NKYLS6XOxs0&t=215s, 2020년 6월 4일.
54 https://panindiahindu.wordpress.com/2017/11/25/mughal-barbarism-and-islamic-savagery-in-india/, 2020년 6월 4일.
55 https://themuslimissue.wordpress.com/2015/08/31/islamic-invasion-of-india-the-greatest-genocide-in-history/, 2020년 1월 12일; https://hindugenocide.com/islamic-jihad/400-million-hindus-slaughtered-by-islamists-by-1500-ad/, 2020년 3월 31일.
56 Durant W, *The Sotry of Civilization: Our Oriental Heritage* (New York: MJF Books, 1999), p. 459; M. A. Khan, *Islamic Jihad* (iUniverse Book 2009), p. 152.
57 https://www.themysteriousindia.net/the-biggest-holocaust-in-world-history/, 2020년 6월 4일.
58 https://www.themysteriousindia.net/the-biggest-holocaust-in-world-history/, 2020년 6월 4일.
59 https://panindiahindu.wordpress.com/2017/11/25/mughal-barbarism-and-islamic-savagery-in-india/, 2020년 6월 4일.
60 M. A. Khan, *Islamic Jihad* (iUniverse Book 2009), p. 147.
61 M. A. Khan, *Islamic Jihad* (iUniverse Book 2009), pp. 147-148.
62 M. A. Khan, *Islamic Jihad* (iUniverse Book 2009), p. 148-149.
63 https://panindiahindu.wordpress.com/2017/11/25/mughal-barbarism-and-islamic-savagery-in-india/, 2020년 6월 4일.
64 Henry Miers Elliot, *The History of India, as Told by Its Own Historians: The Muhammadan Period* (London: 1871), Vol 3, p. 436; Gérard Chaliand, *The Art of War in World History*, p. 483; https://panindiahindu.wordpress.com/2017/11/25/mughal-barbarism-and-islamic-savagery-in-india/, 2020년 6월 4일.
65 M. A. Khan, *Islamic Jihad* (iUniverse Book 2009), p. 151.
66 Kiran Nirvan, 21 Kesaris: The Untold Story of the Battle of Saragarhi; https://panindia-

hindu.wordpress.com/2017/11/25/mughal-barbarism-and-islamic-savagery-in-india/, 2020년 6월 4일.
67 Hamed Abd Samad, Ṣandūq al-'Islām(이슬람의 상자) 제1편 이슬람과 마피아, https://www.youtube.com/watch?v=GqVx3mZ2jvc&t=20s, 2020년 6월 4일.
68 al-'Akh Rashid, *Mustaqbal al-Islām*(이슬람의 미래) (al-'Akh Rashid, 2019), p. 71.
69 Hamed Abd Samad, Ṣandūq al-'Islām(이슬람의 상자) 제41편, https://www.youtube.com/watch?v=5a6xgggXXgA, 2020년 6월 4일.
70 https://www.altafsir.com/Tafasir.asp?tMadhNo=1&tTafsirNo=1&tSoraNo=9&tAyahNo=49&tDisplay=yes&Page=1&Size=1&LanguageId=1, 2021년 2월 16일.
71 하메드 압드엘-사마드, 『무함마드 평전』(서울: 한스미디어, 2016), p. 136.
72 al-Mustadrik 'Ala aṣ-Ṣaḥīḥīn Vol 2, p. 241, 하디스 2876/5.
73 Ibn Athīr, *al-Kāmil fi al-Tārīkh*(역사에서의 완전함), Vol 4, p. 295; Hamed Abd Samad, Ṣandūq al-'Islām(이슬람의 상자) 제140편 Tārīkh al-'Ubūdiyyah fi al-Islām Mundhu Muhammad tta D 'ish(무함마드로부터 IS에 이르기까지 노예 제도의 역사), https://www.youtube.com/watch?v=Qg-3-QqvEbc&t=1s, 2020년 6월 4일; M. A. Khan, *Islamic Jihad* (iUniverse Book, 2009), p. 217.
74 https://www.youtube.com/watch?v=hhmFbl8QxN8, 2020년 6월 4일.
75 https://ar.islamway.net/article/74226/, 2020년 2월 3일.
76 Ibn 'Athīr, *al-Kāmil fi al-Tārīkh*, p. 1256.
77 Andrew G. Boston, M. D., M. S., *The Legacy of Jihad* (New York: Prometheus Books, 2005), pp. 602-603; Ibn 'Athīr, *al-Kāmil fi Tārīkh*, p. 1256.
78 https://www.theguardian.com/books/2015/feb/26/isis-destroys-thousands-books-libraries, 2020년 2월 6일.
79 Ibn Warraq, *Why I am not a Muslim* (New York: Prometheus Books 1995), p. 198.
80 https://en.wikipedia.org/wiki/List_of_destroyed_libraries, 2020년 2월 6일.
81 https://terms.naver.com/entry.nhn?docId=1163156&cid=40942&categoryId=40016, 2020년 6월 4일; https://kin.naver.com/qna/detail.nhn?d1id=6&dirId=60903&docId=204857165&qb=7ZiE7J6lIOyKpOuLmA==&enc=utf8§ion=kin&rank=1&search_sort=0&spq=0, 2020년 6월 4일.
82 *Minhaj-i-Siraj's book Tabaqat-i Nasiri* Vol 1, p. 552; https://www.myindiamyglory.com/2017/09/11/nalanda-9-million-books-burnt/, 2020년 6월 4일.
83 https://www.myindiamyglory.com/2017/09/11/nalanda-9-million-books-burnt/, 2020년 2월 6일; https://www.fabhotels.com/blog/nalanda-university-nalanda/ 2020년 2월 6일.
84 M. A. Khan, *Islamic Jihad* (iUniverse Book, 2009), p. 151.
85 M. A. Khan, *Islamic Jihad* (iUniverse Book, 2009), p. 151.
86 http://www.hyunbulnews.com/news/articleView.html?idxno=302507, 2020년 6월 4일.
87 https://www.youtube.com/watch?v=RCzaTpYSxgU, 2020년 6월 4일.
88 https://en.wikipedia.org/wiki/Spread_of_Islam, 2020년 10월 7일.
89 M. A. Khan, *Islamic Jihad* (iUniverse Book, 2009), p. 73.
90 al-'Akh Rashid, Su'āl Jarī'(용감한 질문) 제339편 이슬람의 이집트 침입 (상), https://www.youtube.com/watch?v=F17Rfv0tTQk, 2020년 7월 1일.

91 M. A. Khan, *Islamic Jihad* (iUniverse Book, 2009), pp. 73-74; Eliot & Dawson, *History of India* (London: Trubner and Co., 1867), Vol 1, pp. 173-174.
92 M. A. Khan, *Islamic Jihad* (iUniverse Book, 2009), pp. 73-74; Eliot & Dawson, *History of India* (London: Trubner and Co., 1867), Vol 1, pp. 173-174.
93 'Abd al-Raḥman bni Khaldūn, *Tārīkh ibn Khaldūn*(이븐 칼둔의 역사) (Beirut: Dar al-Fikr, 2000), Vol 4, p. 17.
94 'Abd al-Raḥman bni Khaldūn, *Tārīkh ibn Khaldūn*(이븐 칼둔의 역사) (Beirut: Dar al-Fikr, 2000), Vol 7, p. 11.
95 M. A. Khan, *Islamic Jihad* (iUniverse Book, 2009), p. 77.
96 M. A. Khan, *Islamic Jihad* (iUniverse Book, 2009), p. 75.
97 M. A. Khan, *Islamic Jihad* (iUniverse Book, 2009), p. 75.
98 이나빌, 『니끼우 요한의 연대기와 이슬람의 이집트 침략』 (서울: CLC, 2018), p. 132.
99 Ibn Warraq, *Why I am not a Muslim* (New York: Prometheus Books, 1995), p. 233.
100 Ibn Warraq, *Why I am not a Muslim* (New York: Prometheus Books, 1995), p. 233.
101 Ibn Warraq, *Why I am not a Muslim* (New York: Prometheus Books, 1995), p. 235.
102 이나빌, 『니끼우 요한의 연대기와 이슬람의 이집트 침략』 (서울: CLC, 2018), pp. 176-177.
103 M. A. Khan, *Islamic Jihad* (iUniverse Book, 2009), p. 157.
104 Hamed Abd Samad, Ṣandūq al-'Islām(이슬람의 상자) 제37편 이슬람과 파시즘, 그 조직과 사상의 유사성, https://www.youtube.com/watch?v=V3sli67bP-w, https://www.youtube.com/watch?v=V3sli67bP-w&t=2s, 2020년 6월 4일.
105 https://www.defendevropa.com/2018/news/20-percent-french-newborns-muslim/, 2020년 11월 27일.
106 https://en.wikipedia.org/wiki/Islam_in_France, 2020년 11월 27일.
107 https://www.pewforum.org/2017/11/29/europes-growing-muslim-population/, 2020년 8월 19일.
108 https://elaph.com/ElaphWriter/2004/11/23948.html, 2020년 8월 17일; 샘 솔로몬, 『이슬람은 왜 이주하는가』 (대전: 도움북스, 2019), p. 89.
109 https://www.alarabiya.net/articles/2006/04/11/22754.html, 2020년 8월 17일; 샘 솔로몬, 『이슬람은 왜 이주하는가?』 (대전: 도움북스, 2019), p. 15.

제7장
노예 제도

1. "이슬람의 노예 제도가 정의로운 것입니까?"

자신을 '무종교인'이라고 밝히는 이집트의 한 Ex 무슬림은 다음과 같이 증언한다.

> 제가 이슬람을 완전히 떠나게 된 이유 가운데 한 가지는 노예 제도에 관한 것입니다. 이슬람은 노예 제도를 허락합니다. 정의로운 주님이 다른 남자나 여자를 소유하게 하는 것을 허락할 수 있습니까? 사람이 결혼하지 않고 어떤 여자를 소유하고 그녀와 성관계를 하는 것이 맞는 일입니까? 제가 만일 20명의 여자 노예를 소유하고 있으면서 그들 전체와 성관계하며 매달 혹은 두 달마다 한 번씩 돌아가며 성관계를 할 수 있습니까?
> 노예들의 인권 상황을 보십시오. 그들의 인권은 최악입니다. 당시 노예들의 인권에 대해 이슬람 쉐이크들이 변명하는 것은 모두 거짓입니다. 여성 노예는 히잡을 쓸 권리도 없습니다. 히잡은 자유인 여성과 노예 여성을 구분하기 위해서 생겨난 것입니다(제10장의 '히잡과 노예 여성' 부분을 보라). 노예 제도가 알라의 뜻에 반대되지 않기 때문에 무슬림은 남자 노예 한 명과 여자 노예 네 명을 데려다가 노예를 양산하는 프로젝트를 할 수 있습니다. 그들이 아이를 낳게 하고 그 아이를 팔아서 돈을 버는 일을 할 수 있습니다. 그뿐만 아니라 여성 노예를 다른 사람에게 선물로 줄 수도 있습니다. 이런 것들이 가능한 이유는 그들이 무슬림의 소유물이기 때문입니다.
> 예를 들어 당신이 집에 찾아온 손님과 함께 식사를 하고 있는데 손님이 음식을 나르는 여자 노예를 마음에 들어 합니다. 그러면 그가 집에 돌아갈 때 그녀를 그에게 줄 수 있는 것입니다. 만일 당신의 여자 노예가 결혼한 상태라 하더라도 당신이 원하면 그녀를 팔 수 있습니다.
> 율법학자들은 그 여자 노예가 결혼하여 남편이 있다고 하더라도 당신이 다른 사람에게 그녀를 선물로 주었다면 그녀는 남편과 이혼하게 된다고 합니다. 그녀나 그녀의 남편 의지와 상관없이 당신이 그들을 헤어지게 할

수 있는 것입니다.

여러분! 이것이 정의로운 것입니까? 이것이 신적인 것이라 할 수 있습니까? 신 앞에서 모두가 평등해야 하는 것 아닙니까?¹

충격적인 증언이다. 이슬람 종교가 노예 제도를 허락한다니…. 관용과 자비와 인류애를 자랑하는 이슬람 아닌가? 노예 제도는 미국이 주로 활용한 제도이고, 아브라함 링컨 대통령이 폐지했다고 배우지 않았던가? 과연 이슬람에서 노예 제도가 있었단 말인가? 인권을 가장 중시해야 할 종교가 어떻게 인간을 노예로 삼을 수 있단 말인가? 도대체 이슬람에 어떤 일들이 있었단 말인가? 하나하나 살펴보도록 하자.

카이로의 노예 시장에서 팔려 가는 흑인 여성
(1849년 그림, eng.travelogues.gr)

2. 노예 제도의 역사

노예 제도는 인류의 역사만큼이나 오래되었다. 고대 문명의 발상지인 이집트와 이라크 등지의 벽화에서 전쟁 포로들의 모습을 어렵지 않게 발견할 수 있다. 인도와 중국과 전 세계에 노예 제도는 존재했다. 벤허나 글래디에이터(Gladiator) 등의 영화를 통해 로마 등의 고대 유럽 사회에도 뿌리 깊은 노예 제도 문화가 있었다는 것을 알 수 있다.

중세를 지나며 유럽인들이 신대륙을 발견하게 되었다. 신대륙에 진출한 개척자들은 넓은 땅의 개간과 농사를 위해 많은 일손이 필요했다. 그래서 아프리카의 흑인들을 강제로 이송하여 인권을 착취한 것이 아프리카 노예들의 역사이다. 대서양을 횡단하는 노예 산업을 가장 먼저 시작한 나라는 포르투갈이었다. 대서양 횡단 노예 교역의 역사는 15세기부터 시작하여 19세기 중반까지 약 1천 100만 명의 아프리카 사람이 노예선에 탑승했고, 그 가운데 약 960만 명이 살아남아 아메리카 대륙에서 노예 생활을 한 것이다.[2]

노예 제도를 가장 먼저 폐지한 나라는 영국이었다. 1807년에 노예 제도 폐지법이 통과되었고, 1833년 대영제국 전체에서 노예 제도가 폐지되었다. 영국은 노예 무역을 가장 먼저 시작한 나라는 아니지만 1660-1807년까지 노예 무역을 통해 가장 많은 유익을 얻은 국가였다. 약 310만 명이 영국의 노예선에 탑승했고 그 가운데 270만 명이 아메리카 대륙에서 노예 생활을 했다.[3]

프랑스는 1815년 프랑스 내의 노예 거래를 폐지했고, 1848년에는 프랑스 식민지 전체에서 무조건적인 노예 해방을 선언했다. 미국은 1783년 독립 이후 주로 남부 지역의 대농장들이 열대작물(면화, 담배, 사탕수수 등)을 재배하는 데 노예들을 사용했다. 노예 제도 폐지 운동이 대두된 1830년경 미국의 북부 지역에서는 노예 제도가 거의 폐지된 상태였으나, 남부에는 200만 명에 가까운 흑인 노예들이 있었다. 그 뒤 1863년 1월 1일 에이브

러햄 링컨 대통령이 노예 해방을 선언하고, 1865년 미합중국 수정헌법을 제정함으로 폐지가 확정되었다. 이런 노예 해방 과정에서 미국은 값비싼 남북 전쟁을 치르기도 하였다.

이러한 유럽의 노예 교역 역사는 잘 알려져 있다. 유럽 나라들이 스스로 노예 제도를 폐지했고, 당사국들이 피해자들 앞에서, 또 역사 앞에서 사과했다. 노예 제도의 심각성에 대해서도 소설과 영화 등을 통해 세계인들에게 잘 알려져 있다. 오늘날 세계인들은 노예 제도라고 하면 유럽과 미국을 떠올린다. 흑인들의 인권 문제와 맞물려 노예 무역에 앞장섰던 사람들이 아직도 비판을 받고 있다.

서구 제국주의의 노예 제도에 비해 이슬람의 노예 제도와 그에 따른 인권 유린에 대해서는 아는 사람이 거의 없다. 이슬람에서 노예 제도는 뿌리 깊은 것이고 경악을 금치 못하는 것이었다. 이슬람은 이전부터 존재하던 노예 제도를 금지하지 않았고, 오히려 그것을 권리로 채택하여 합법화시켰다. 그것을 조직화하고 활용하여 인권을 착취하는 데 앞장섰다.

이슬람 노예 제도는 세계 노예 제도 역사상 가장 광범위하고 가장 오래 지속되었으며, 가장 많은 사람을 노예 삼은 것이다.[4] 고대와 중세의 노예 제도가 주로 자신들 국가나 제국을 중심으로 운영되었다면, 이슬람 노예 제도는 이슬람이 침략하고 지배한 아시아와 중동과 유럽과 아프리카에서 광범위하게 운영되었다. 서구 제국주의 노예 제도가 4세기 정도 지속된 것이라면 이슬람의 노예 제도는 이슬람의 발생 이후 지난 13세기 동안 이어져 온 것이다. 또한 그 숫자도 파라오 시대부터 유럽 제국주의 시대까지 노예가 된 사람의 숫자보다 더 많은 사람을 노예로 삼았다.[5] 그것은 이슬람 문화 깊숙이 자리 잡고 무슬림의 의식과 생활에 지대한 영향을 미쳤다. 무슬림이 수행하는 지하드 전쟁마다 수없이 많은 포로를 직접 포획했고, 그들을 노예 시장에서 거래했다. 그리고 그들에게 온갖 비인간적인 대우를 했다.

9세기 이후에는 아랍 무슬림들이 아프리카 스와힐리 해안과 바닷길을 확보하게 되고, 그 이후 아프리카 사람들을 포획하고 거래를 시작하게 된 다.[6] 15세기 이후에는 서아프리카 지역에서 유럽의 신대륙 개발을 위한 노예 무역이 발달했는데, 이때 동아프리카 지역은 중동의 이슬람 나라들과 이슬람 국가가 된 인도 등의 노예 수요를 충당하기 위한 교역이 이미 활발하게 진행되고 있었다. 아랍 무슬림들은 일찍부터 이 지역에서 노예 교역을 통해 큰 이익을 보아 왔던 것이다. 아랍인들이 아프리카 노예를 포획하고 강제로 수송하며 노예 시장을 통해 거래하는 노예 무역에 대한 내용에 대해서는 사료들이 넘쳐난다.

이렇게 20세기 중반까지 중동의 이슬람 나라들에 광범위하게 노예 제도가 존속했다. 노예를 포획하는 사람이 존재했고, 노예 상인과 소비자가 존재했으며, 그들이 거래를 위해 만나는 노예 시장이 존재했다. 자료들을 보면 카타르에 1952년까지, 예멘과 사우디아라비아에서는 1962년까지, 모르타니아는 1981년까지 노예 시장이 있었다고 한다. 유럽 나라들에서 노예 제도가 사라진 이후 100여 년 가까이 더 오래 노예 시장이 남아 있었다는 말이다.[7] 왜 그랬을까?

동부 중앙 아프리카에서 일어난 무슬림의 노예 포획(1884년, slaveryimages.org)

이 나라들은 모두 이슬람 국가들인데, 그 나라들에 노예 제도가 그렇게 오랜 기간 존재했던 이유는 무엇인가?

현대인들이 기억하는 최악의 인권 탄압 중의 하나는 노예 제도일 것이다. 사람들은 그 인권 탄압의 가해자로 유럽 여러 나라의 역사적 인물들을 떠올리며 규탄하고 있다. 만일 여러분이 여기까지만 알고 있다면 여러분은 노예 제도의 절반만 아는 것이다. 나머지 절반 이상의 역사를 알기 위해서는 이슬람 역사에서 존재했던 노예 제도의 역사를 알아야 한다. 이제 그 나머지 잃어버린 역사를 탐험해 보자.

3. 꾸란에서의 노예 제도

꾸란이 '최종 계시'라면 그것은 그 이전의 어떤 경전들보다 더 인권을 존중하고 인간의 자유와 평등을 고양해야 하는 것은 당연하다. 그런데 꾸란을 살펴보면 이슬람 이전부터 있었던 노예 제도를 금지하지 않았고, 오히려 그것을 묵인하며 합리화한 것을 볼 수 있다. 그래서 그것이 샤리아법에서 합법화되는 데 필요한 근거를 제공했다.[8]

먼저 꾸란에서 당시 이슬람 사회에 노예 제도가 있었음을 인정하는 구절을 보자.

1) 꾸란에서 노예의 존재를 인정하는 구절

◆ 믿는 자들이여! 살인자들에 대한 보복이 너희들에게 계시되었나니, 자유인은 자유인으로, **노예는 노예로**, 여성은 여성으로 하느니라(2:178).

◆ 알라께서 비유로 설명하시길, 소유된 **노예**로 아무것도 할 수 없는 자와 우리가 가장 좋은 것을 공급하여 그것으로 알게 모르게 돈을 쓰는 사람(자유인)이 같을 수 있느뇨?(16:75)

위의 첫 구절은 살인한 사람에 대한 응징으로서의 보상의 원칙을 말하고 있다. 즉 자유인이 죽었다면 자유인으로 보상하고, 노예가 죽었다면 노예로 보상하며, 여성이 죽었다면 여성으로 보상해야 한다고 한다.

두 번째 구절은 다른 사람에게 소유된 노예는 아무것도 할 수 없는 무능력자인 것에 반해, 자유인은 알라가 가장 좋은 것을 공급하여서 자신이 원하는 대로 돈을 쓰는 사람이라고 구분하고 있다.

이 두 구절에서 당시 이슬람 사회가 자유인과 노예가 구분된 사회였으며, 자유인과 비교할 때 노예는 아무것도 스스로 할 수 없는 존재였다는 것을 알 수 있다.

2) 꾸란에서 노예 해방을 말하는 구절

아래 구절은 노예 해방에 대해 말하고 있는 구절이다.

◆ (참된) 경건은 알라와 마지막 날과 천사들과 성서와 선지자들을 믿고, 돈을 사랑함에도 불구하고 그것을 친척과 고아와 불쌍한 사람들과 여행자들과 구걸하는 사람들과 **노예를 해방하기 위해** 사용하며…(2:177)

◆ 인간은 어려운 길을 돌파하려고 하지 않느니라. 무엇이 어려운 길인지 그대에게 알려 주리오? (그것은) **노예를 해방하거나** 기근이 심한 날에 친척들의 고아들을 먹이거나 혹은 먼지 외에는 아무것도 없는 불쌍한 사람을 먹이는 것이라(90:11-16).

◆ 만일 누구든지 믿는 자를 실수로 살해했다면 믿는 **노예 한 명을 해방하고** 피해자의 가족에게 보상금을 지불하라(4:92).

◆ 너희들의 오른손이 소유한 자들 가운데 **노예 해방 증서를** 원할 경우—너희가 그들에게서 선한 것을 발견한다면—**노예 해방 증서를 기록하라.** 그리고 알라께서 너희에게 준 재물을 그들에게 주어라(24:33).

위의 **첫 번째** 구절은 의로운 사람 즉 참된 무슬림이 되기 위해서 어떻게 행동해야 하는지를 말하고 있다. 의로운 사람은 노예 해방을 위해 돈을 사용할 수 있다고 한다.

두 번째 구절에서는 선한 일 가운데 실행하기 어려운 일에 대해서 언급하고 있다. 즉 노예를 해방하는 일이 쉽지 않은 일이란 것을 말하고 있다.

세 번째 구절(4:92)은 오늘날 무슬림이 '이슬람은 노예를 해방했다'라고 주장할 때 가장 많이 예로 드는 구절이다. 이 구절에서 무슬림이 실수로 다른 무슬림을 살해했을 경우 속죄를 위해서 노예 한 사람을 해방하라고 하고 있다.

네 번째 구절은 노예를 해방시킬 때 노예 해방 증서를 원할 경우 그것을 기록하라고 하고 있다.

오늘날 보통의 무슬림은 이러한 구절들을 인용하며 이슬람은 노예를 해방했다고 주장한다. 무함마드 선지자와 그의 동료들이 많은 노예를 해방했다고 하면서 이슬람은 노예를 해방한 종교라고 말한다.

그러나 위의 구절들은 노예 해방에 대해 언급은 하고 있으나 노예 제도의 해악을 경고하거나 노예를 해방하라고 적극적으로 명령하는 구절이 아니다. 단지 무슬림 개인에게 선행을 독려하는 차원에서 노예 해방을 언급하거나, 무슬림이 실수로 다른 무슬림을 살해했을 경우 속죄의 방법으로 노예를 해방하라고 하고 있다. 이는 노예를 해방하라는 능동적인 명령 혹은 노예 제도를 완전히 폐지한다는 선언과는 차이가 크다.

3) 꾸란과 밀크야민

꾸란에서 노예 제도에 대한 구절을 가장 쉽게 찾는 방법은 '밀크야민'(milk yamīn)에 대한 단어를 찾는 것이다. '밀크야민'은 아랍어에서 노예 혹은 여성 노예를 가리키는 말이다. 그런데 다수의 꾸란 구절은 무함마드와 무슬림에게 이 밀크야민을 허락하고 있다. 따라서 이 단어를 쉽게 찾을 수 있다.

꾸란에서 밀크야민(milk yamīn)은 그 풀어쓴 단어 형태인 'ma malakat 'aymānukum'(혹은 'aymānuhum, yamīnuka)으로 기록되어 있다. 'ma malakat 'aymānukum'이란 문자적으로 '너희 오른손이 소유한 자'의 의미이며, 이 표현을 동명사 형태로 줄이면 'milk yamīn'이 된다. 이 표현은 일반적으로 지하드 전쟁에서 포로로 잡혀 온 남녀 노예나, 거래를 통해 팔려 온 남녀 노예, 혹은 선물로 받은 남녀 노예를 의미한다. 이슬람 문화에서 '밀크야민'은 대부분 여성 노예를 의미한다.

꾸란 검색 사이트에서 ma malakat 'aymānukum(혹은 'aymānuhum, yamīnuka)을 검색하면 이 표현이 15번 사용된 것을 알 수 있다. 즉, 밀크야민에 대한 표현이 적어도 15번 이상은 나온다는 말이다. 밀크야민에 대한 꾸란 구절에 대해서는 곧이어 다루는 '밀크야민과 노예 제도' 부분에서 자세히 다룬다. 이집트인 Ex 무슬림 하미드 사미드는 꾸란에서 노예 소유를 격려하고 인정하는 구절이 29개라고 말하고 있다.[9]

4) 지하드 전쟁과 노예 제도

이슬람의 노예 제도는 이슬람이 수행했던 지하드 전쟁과 연결되어 있다. 앞에서 지하드 전쟁은 무슬림이 카피르(kāfir)와 전쟁(qitāl)하는 것으로, 보호의 조약을 체결하지 않은 카피르에게 이슬람에 대해 초청한 뒤 알라의 말씀을 거부할 경우 그들과 칼의 전쟁을 하는 것이라고 했다. 그리고 지하드 전쟁 시 전쟁의 집의 사람들 즉 카피르들은 자신의 생명과 재산을 보호받지 못한다고 했고, 전쟁에서 살아남는 여성과 아이들은 포로로 잡혀서 무슬림의 노예가 된다고 했다. 아래에 『이슬람의 집과 불신의 집의 진실』(Ḥaqīqtu al-Dārīn Dar al-Islām wa-Dar al-Kufr)의 기록과, mawdoo3.com의 설명을 다시 인용한다.

전쟁의 집의 거주자들은 이슬람을 믿지 않는 사람들이다. **전쟁의 집의 사람들**(ḥarbiyyūn)은 보호받지 못한다(ghayr ma'ṣūm). 그래서 그들의 피와 재물은 (무슬림에게) 허락된다(mubāḥ).¹⁰

알라께서 무슬림에게 지하드와 칼의 전쟁을 허락하신 뒤 무슬림이 수행한 전쟁에서 포로들과 전리품이 생겨났다. 포로들은 대부분 여자들과 아이들이었는데, 그 이유는 대부분의 남자가 전투에서 죽기 때문이다. 이와 같이 지하드 전쟁에서 여성과 아이들이 포로로 잡히며, 그들은 무슬림 손에 노예가 되었다.¹¹

버나드 루이스는 노예 삼는 네 가지 주요 방법을 말하는데, 포획하는 것, 공물로 얻는 것, 자녀를 낳는 것, 그리고 돈으로 구입하는 것 네 가지이다.¹² 그 가운데 가장 대표적인 노예 획득의 수단은 지하드 전쟁에서의 포획이었다.¹³ 특별히 초기 정복 시대에는 이슬람이 수많은 정복 전쟁을 치렀고, 그 전쟁들에서 획득하는 노예의 숫자가 엄청났다.

다음은 지하드 전쟁 이후에 전쟁 포로를 어떻게 취하는지를 설명하는 꾸란 구절이다. 이 구절을 통해 지하드 전쟁과 노예 제도가 밀접한 연관이 있다는 것을 알 수 있다.

◆ 너희가 불신자(kāfir)들을 만났을 때 그들 가운데 많은 사람을 죽일 때까지 그들의 목을 치고 (남은 사람을) **포로로 잡아라**. 그 후 (그들에게) 자비를 베풀어 (그들을) 풀어주든지 혹은 보석금을 받고 풀어주든지 (혹은 그들이 노예가 되든지 혹은 죽든지)¹ 전쟁이 끝날 때까지 그렇게 하라(47:4).

I 괄호 안의 '혹은 그들이 노예가 되든지 혹은 죽든지'의 표현은 꾸란에 직접 기록되어 있지 않다. 타프씨르 무야싸르 주석이 그렇게 기록하며, 다른 주석들에서도 대동소이하다.

위의 구절에서 지하드 전쟁에서 많은 카피르를 살해 혹은 학살하라고 하면서, 남은 사람은 포로로 잡으라고 하고 있다. 포로가 생겼을 경우 그들을 거저 풀어줄 것인지, 아니면 보석금을 받고 풀어줄 것인지, 아니면 노예로 삼을 것인지, 아니면 죽일 것인지 결정하고 실행하라고 한다.

이슬람에서 지하드가 여섯 번째 기둥이 될 정도로 중요한 것이고 비중이 큰 것이었다. 그러한 지하드 전쟁에서 승리한 결과로 생겨난 것이 쏟아지는 전리품이었고, 그 전리품 가운데 가장 값진 것이 전쟁 포로였다. 이슬람 경전과 샤리아법에서 카피르와의 전쟁에서 얻어진 전리품을 알라의 축복으로 다루고 있기에 전쟁 포로를 노예로 삼는 것은 무슬림에게 너무나 당연한 권리였다. 그래서 잡혀 온 노예는 무슬림 주인들 혹은 자유인들로부터 비참한 대우를 받으면서 생활하게 되었고, 움마 공동체의 가장 낮은 사회계층으로 자리 잡게 되었다. 실례로 이슬람 초기와 중기 (4대 샤리아 학파의) 이슬람 율법학자들이 기록한 율법 해설서들을 보면 하나같이 노예 제도에 관해 기록하고 있다. 노예의 구입과 노예의 생활 규칙, 노예 해방 등에 관한 구체적인 내용을 한 장(chapter)으로 따로 상세하게 다루고 있다.

오늘날 시대가 바뀌어서 노예 제도는 현대인의 윤리에 맞지 않는 비인간적인 제도로 비난받고 있다.이에 따라 현대 무슬림은 전통적인 이슬람 사회에 존재했던 노예 제도의 실상을 보고 먼저는 당황한다. 그러고는 그것을 부인하거나 그것에 대해 변명과 합리화를 하려 한다. 그들의 온갖 합리화에도 불구하고 '포로는 지하드 전쟁의 합법적 전리품'이라는 이슬람의 메커니즘을 부인할 수 없다. 왜냐하면 그것이 꾸란과 하디스, 그리고 샤리아법으로부터 튼튼한 근거를 가진 제도이기 때문이다. 또한 수많은 사료(史料)들을 통해 노예 제도의 참혹한 실상이 드러나기 때문이다.

4. 하디스에서의 노예 제도

하디스는 오늘날 무슬림들이 따라야 할 순나(Sunnah)이다. 그 하디스에 무함마드가 지하드 전쟁을 통해 노예를 포획하는 모습과 노예를 구입하고 판매하는 모습, 그리고 노예를 다른 사람에게 선물하는 모습 등이 기록되어 있다.

1) 무함마드 선지자가 지하드 전쟁에서 노예들을 사로잡음

◇ 이븐 아운(Ibn 'Aun)이 말한 하디스에서
나는 나피아에게 편지를 적었고, 그가 나에게 답장했다.
"알라의 선지자가 바닐 무스딸리끄 부족을 침략하였다.
부족 사람들은 눈치채지 못하고 그들의 가축들에게 물을 먹이고 있었다.
그가 그들의 전사들을 죽이고[II] 그들의 여자들과 아이들을 포로로 잡았다.
그날에 그가 주와이리야(Juwairiya)[III]를 획득했다"(사히흐 부카리 2541).

2) 무함마드가 사피야를 구입함

제5장의 '무함마드와 밀크야민'에서 무함마드의 밀크야민 사피야에 대해서 살펴보았다. 다히얄 칼비(Dahya Al-Kalbi)가 그녀의 미모를 알아보고 자신의 밀크야민으로 삼았다. 그러나 그 사실이 무함마드에게 보고되자 무함마드가 그녀를 빼앗아 자신의 밀크야민으로 삼은 사실이다. 다른 하디스에서는 다히얄 칼비가 사피야를 먼저 골랐는데 무함마드가 가로채며 돈을 지불한 것을 기록한다. 즉, 돈을 지불하고 구입했다고 한다.

[II] 인터넷 사이트 sunnah.com에서 위의 하디스 영어 번역이 잘못되어 있다. 자세한 설명은 제5장의 '무함마드와 밀크야민'에 나와 있는 위의 하디스 부분에 기록하고 있다.

[III] 이슬람 자료들에 의하면 주와이리야(Juwairiya)는 무함마드의 12명 부인 중 한 사람이다.

◇ 아나스(Anas)가 말하길

노예들 가운데 사피야(Ṣafiyah bint Ḥuyayy)가 있었다. 그녀는 먼저 다흐얄 칼비(Daḥya Al-Kalbi)에게 주어졌고 그다음에 선지자(무함마드)에게 주어졌다(사히흐 부카리 2228).

◇ 아나스(Anas)가 말하길 선지자는 사피야를 7명의 노예를 지불하고 구입하였다. 압둘 라흐만이 말하길 **그(무함마드 선지자)는 디히얄 칼비(Daḥya Al-Kalbi)로부터 구입하였다고** 했다(수난 이븐 마자흐 2272).

◇ 선지자가 카이바르에 왔다. 알라께서 그에게 승리를 주시고 진지를 정복하게 하셨을 때 사피야가 아름답다는 것과 그녀의 남편이 살해되었다는 소식이 들려왔다. 그녀가 새 신부인 상태로 남편이 사망한 것이다. 알라의 메신저는 그녀를 선택하였고, 그는 그녀를 데리고 가서 삿드 앗라우하에 이르렀을 때 그녀의 생리가 끝났다. 그러자 그가 그녀와 동침하였다(사히흐 부카리 2235).

3) 무함마드가 노예를 판매함

◇ 안사르(메디나 도시 거주민 가운데 무함마드를 돕는 무슬림들) 가운데 한 남자가 그의 노예를 그가 죽은 뒤에 해방하겠다고 선언했다. 그에게는 그 노예 이외에는 다른 재산이 없었다.

그 소식이 무함마드에게 전달되었다. 그러자 그(무함마드)가 **"누가 그(노예)를 나로부터 구입할 것인가?"** 라고 말했다.

그러자 누아임이 그를 800디르함에 구입하고 그 돈을 그(무함마드)에게 전달했다.

아므르가 말하길 "그는 콥트인 노예였고 첫 해에 죽었다"(사히흐 무슬림 997).

위의 하디스에서 한 남자가 노예를 해방시키려 했지만 동시에 그에게 돈이 필요했다. 그러자 무함마드가 그 남자에게 제안하길 "그 노예를 해방하지말고 우리 두 사람이 함께 그를 판매하자"고 했다는 것이다. 그래서 무함마드가 대신해서 그 노예를 판매한 것이다.[14]

4) 노예를 선물하고 선물 받음

◇ **선지자가 파티마에게 선물한 한 남자 노예를** 데리고 파티마에게 왔다. 파티마는 한 옷을 입고 있었는데, 그것으로 그녀의 머리를 덮으면 그녀의 두 발이 미치질 못하고, 그녀의 두 발을 덮으면 그녀의 머리가 미치지 못했다. 선지자는 그녀가 당황하는 것을 보고, "당황하지 마라. 여기는 너의 아버지와 너의 노예밖에 없다"(수난 아비 다우드 4106).

이 하디스에서 무함마드 선지자는 그의 딸 파티마에게 한 남자 노예를 선물했다는 것을 알 수 있다. 그 남자 노예를 데리고 왔는데 마침 그녀가 옷을 제대로 갖추어 입지 않고 있었다. 그래서 그녀가 당황하여 옷을 입으려고 하는 모습이다. 그런 그녀에게 무함마드는 아버지와 나이가 어린 노예 앞에서는 히잡을 하지 않아도 된다고 하고 있다. 여기서 선지자가 사람을 노예로 구입하고 팔기만 할 뿐만 아니라 선물까지 했다고 기록하고 있다.

무함마드는 이집트 통치자가 선물한 마리아(Maria)를 선물로 받기도 했다. 아래 꾸란 66:1의 '그대에게 합법적으로 허락한 것'은 바로 밀크야민인 마리아를 의미한다. 즉 마리아는 무함마드의 밀크야민이기 때문에 무함마드가 언제든지 동침해도 된다는 의미이다.

◆ 선지자여! 알라께서 **그대에게 합법적으로 허락한 것**을 왜 그대가 금하고 있느뇨? 그대는 그대 아내들의 기쁨을 구하고 있노라. 알라께서는 용서하는 분이고 자비하신 분이니라(66:1).

5) 무함마드가 노예를 거래할 때 기록한 노예 거래 증명서

◇ 압둘 마지드 브니 와흐브가 말한 하디스이다.

알앗다으 브니 칼리드가 나에게 말했다.

"알라의 메신저가 나에게 기록[IV]해 준 것이 있는데 그것을 당신에게 읽어 줄까요?"

내가 "그래 읽어 주세요"라고 했다. 그러자 그가 한 문서를 끄집어내었는데, 다음 내용이 거기에 있는 것이었다.

"이것은 알앗다으 브니 칼리드 브니 하우다가 알라의 메신저 무함마드로부터 구입한 것이다. 그는 무함마드로부터 남자 노예 혹은 여자 노예를 구입하였다. 이 노예는 질병이 없고 도망가지 아니하며 어떤 나쁜 처신도 하지 않는다. 무슬림이 무슬림에게 하는 판매이다"(수난 이븐 마자흐 2251; 자미으 앗티르미디 1216).

무함마드가 노예를 거래했다는 확실한 물증이다. 그가 노예를 팔면서 노예의 상태를 증명하는 내용까지 기록해 주었다. 확실한 거래 증명인 것이다.

6) 노예들과 성관계 시 질외 사정에 대해

◇ 아부 사이드가 선지자 곁에 앉아 있을 때 선지자에게 물었다.

"알라의 메신저여! 저희가 여자 노예들을 획득했습니다. 저희는 (그녀들을 판매할) 값을 많이 받길 원합니다. (저희가 그녀들과 성관계할 때) 질외 사정을 하는 것에 대해 어떻게 생각하십니까?"

IV 오늘날 무슬림은 꾸란이 기적적인 계시란 것을 강조할 때 무함마드 선지자가 문맹이었다고 주장한다. 그런데 위의 하디스에서는 무함마드가 노예 증서를 기록하여 주었다고 기록한다.

메신저가 말씀하길

"너희가 그렇게 하지 않아야 할 이유는 없다(질외 사정을 해도 된다는 의미). 왜냐하면 알라께서 (태어나기로) 기록한 영혼은 어떻게 하여도 태어나기 때문이다"(사히흐 부카리 2229).

당시 주인들은 여자 노예의 몸값에 관심이 많았다. 미모가 뛰어난 여자 노예는 주인의 성 노예로 사용되기에 값이 더 나갔다고 한다. 그런데 만일 여자 노예가 임신하게 되면 아이를 낳아야 하기에 판매 시기가 늦어지고, 가격도 떨어지게 되었다. 그래서 질외 사정을 하곤 했다는 의미이다.[15]

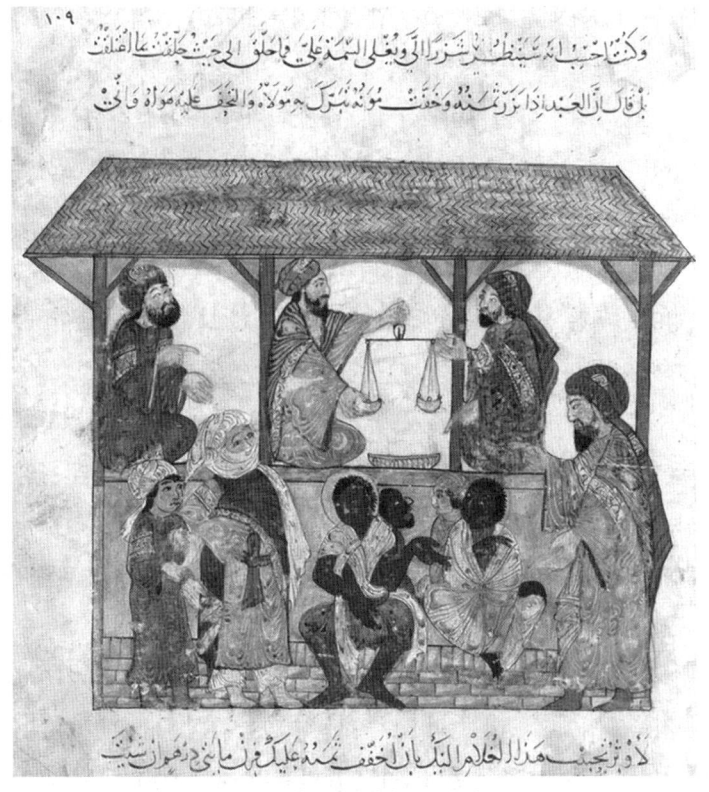

13세기 예멘 지역에서의 노예 시장.
아랍 사람들이 흑인을 거래하고 있다(위키피디아).

7) 메디나의 노예 시장의 모습

이집트의 저명한 이슬람 학자 싸예드 낌니 박사는 위성방송 <as-Sādat-l-Muḥtaramīn>에 출연해 이슬람 인권을 비판한다. 그 가운데 이슬람 초창기 메디나에서의 노예 시장에 대해서 언급한다.[16] 그가 근거로서 제시하는 하디스 구절은 다음과 같다. 이슬람 제국의 두 번째 칼리프 우마르 브닐 카땁의 아들 압달라 브니 우마르에 대한 이슬람 전승의 기록이다.

- 나는 이븐 우마르(우마르의 아들 압달라 브니 우마르)와 함께 시장을 걷고 있었다. 우리는 노예 교역상에게로 갔다. 그들은 한 노예 주위에 모여서 그녀를 세심하게 살피고 있었다. 그들이 이븐 우마르(압달라 브니 우마르)가 온 것을 보았을 때 뒤로 물러나면서 말했다. "우마르(두 번째 칼리프)의 아드님이 오셨어요." **이븐 우마르는 그녀에게 다가가서 그녀의 몸의 한 부위를 만졌다.** 그리고 말했다. "이 노예의 주인들은 어디 있는가?" 그녀는 상품이었다.[17]
- 이븐 우마르는 한 여자 노예를 구입하길 원했다. **그는 자기 손을 그녀의 엉덩이 혹은 허벅지 사이에 갖다 대었다.** 아마 그는 그녀의 두 다리를 체크한 것 같다.[18]
- 이븐 우마르가 여자 노예를 구입하길 원했을 때 그는 노예 상인과 가격을 흥정했다. 그리고 **그의 손을 그녀의 엉덩이에 대고 그녀의 다리 밑을 보거나 그녀의 앞, 즉 배를 보았다.**[19]
- **이븐 우마르는 자신의 손을 여자 노예의 두 젖가슴에 얹고 그 젖가슴을 흔들었다.**[20]

위의 기록에서에서 2대 칼리프 우마르의 아들 압달라는 메디나의 노예 시장에서 서슴없이 성추행한다. 여자 노예들의 주요 신체 부위를 거리낌 없이 쳐다보고 만지고 흔들었다. 그 모습이 너무나 부끄러운 모습이라 오늘날 Ex 무슬림들은 칼리프의 아들이 여성을 어떻게 그렇게 추행할 수 있냐며 놀라워한다.

그러나 이슬람 학자들은 당시의 노예 시장에서의 이런 행위들은 노예를 구입하기 위한 정상적인 행동이기에 부끄러운 것이 없었다고 한다. 노예는 주인의 소유물이었고 아무런 인권이 없었기에 그런 행동은 아무런 문제가 되지 않는다는 것이다.

그것이 어떻게 정상적인 행동이란 말인가? 아무리 노예라도 인간이기에 성적인 수치심이 있기 마련 아닌가? 그래서 싸예드 낌니 박사는 메디나와 메카에서 노예를 팔고 구입할 때의 모습이 이렇게 처참했다고 지적하며 안타까워 하는 것이다. 오늘날 인터넷 Google Image 에서 Arab slave trade 등의 검색어로 사진을 검색해 보라. 이러한 노예 시장의 적나라한 모습을 어렵지 않게 찾아 볼 수 있다.

이처럼 이슬람의 창시자 무함마드는 노예 제도를 인정할 뿐만 아니라 노예를 거느렸다. 노예를 구입했고 판매했으며 노예를 선물하기도 했다. 그가 노예를 해방한 경우들이 있지만 해방한 노예보다 데리고 있었던 노예들이 더 많았다. 그뿐만 아니라 무함마드가 노예를 거래할 때 직접 기록했다고 하는 노예 거래 계약서까지도 하디스에 기록하고 있다. 그는 노예를 포획하고 거래하며 착취하는 것에 분명한 모범을 보인 것이다.

오늘날 무슬림들은 꾸란과 하디스에서 무함마드가 노예를 해방한 경우와 노예 해방을 권장한 몇몇 구절들을 인용하며 이슬람은 노예를 해방한 첫 번째 종교라고 주장한다. 그러나 그런 경우와 그런 구절들은 단지 개인이 선을 행하는 것을 장려하는 차원에서 노예 해방을 권장하는 경우였다. 혹은 살해 등의 피치 못할 사정이 생겼을 경우 속죄의 차원에서 노예를 해방하는 경우였다. 이슬람은 1300년 동안 노예 제도를 폐지한 것이 아니라 존속시키며 활용하여 왔다. 노예들은 이슬람 사회의 가장 천한 계층이 되어 무슬림들의 생활과 문화에 없어서는 안 되는 요소가 되었다.

5. 밀크야민과 노예 제도

1) 야지드 여인들과 밀크야민

이라크에서 IS가 기승을 부릴 때 야지드인들이 엄청난 피해를 보았다. 야지드인은 이라크 모술(Mosul)과 신자르(Sinjar)에 많이 살고 있다. 2014년 IS는 세력을 확장하면서 3일 만에 야지드인 6400명을 노예로 삼았는데 그 가운데 대부분은 여자들과 아이들이었다. 2014년 한 해에만 야지드인 6,417명이 납치되었다. 2018년에는 3,300명이 풀려났지만 3,177명은 여전히 IS에 붙잡혀 있다고 했다(남자 1665명, 여자 1452명).[21]

야지드인이 믿는 종교는 야지드교이다. 야지드교는 조로아스터교와 유대교, 네스토리안 기독교, 시아파 이슬람의 영향을 받은 혼합적인 종교이다. 야즈단이라는 유일신이 세상을 창조했다고 믿고 일곱 천사를 동상으로 만들어 숭배하기도 한다. 이슬람의 시각에서는 그들이 알라를 믿지 않고 다른 우상들을 섬기기에 카피르(kāfir)가 분명한 것이다. 그 때문에 IS가 칼리프 국가를 선포했을 때 야지드인을 지하드의 대상으로 삼았다. 그래서 그들에게 쳐들어가서 재물들과 여자와 아이들을 전리품으로 빼앗았다.

IS에 의해 성 노예로 사로잡힌 야지드 여인(2015년 7월)[22]

당시 IS 전사들이 야지드 여인들을 다루는 모습이 유튜브 등을 통해 전 세계에 알려졌다. IS 전사들은 굶주린 사자들처럼 여인들을 성 노예로 삼았다. 아무런 양심의 가책 없이 가냘픈 여인들을 성폭행했다. 동료가 여성을 성폭행하고 있는 옆 방에서 IS 대원들이 재밌다고 웃고 떠드는 장면도 뉴스로 나왔다(2016년 7월 6일 조선일보). IS 전사들에게 집단 성폭행당한 9세의 야지드 소녀가 임신했다는 소식도 있었다(2015년 4월 13일 조선일보).

IS는 야지드 여인들을 이라크 모술 지역의 노예 시장에서 판매했다. IS의 재정 확보를 위한 목적이었지만 그들에게 노예는 주인의 재산이기에 아무런 거리낌도 없었다. 페이스북에 납치한 여성의 사진을 올리고 '성 노예'로 판매하기도 했다(2016년 5월 29일 조선일보). 그들은 스마트 폰 앱을 만들어 거래하기도 했다. 거기에는 성 노예들의 풀메이크업 사진과 각자의 가격이 매겨져 있었다. 이때 처녀인 여성과 백인 여성은 가격이 더 비쌌다.[23] 이러한 성 노예를 거부한 여성 19명을 공개 화형시켰다는 기사도 있었다.[24]

IS가 야지드 여인들을 성 노예로 삼은 근거는 무엇일까? 야만적 행위를 동영상으로 찍어서 배포하고 스마트 폰 앱을 만들어 거래를 권장함에도 조금도 거리낌이 없었던 이유는 무엇일까? 그 근거와 이유가 꾸란과 샤리아법에서의 밀크야민에 대한 가르침에 있다.

2) '밀크야민'이란

앞에서 밀크야민(milk yamīn)에 대해서 설명했다. 밀크야민은 무슬림 남자가 소유하고 있는 자란 의미로서, 지하드 전쟁 이후에 정복지에서 붙잡아 온 노예 혹은 돈을 주고 사 온 노예, 혹은 선물받은 노예를 의미한다. 원래는 남자 노예와 여자 노예 전체에 대한 표현이지만 이슬람에서 주로 여자 노예를 지칭하는 용어로 사용된다. 남자 노예들은 대부분 전장

에서 사망하고 여자들이 주로 노예로 잡혀 오기에 밀크야민은 주로 여자들이었다.[V]

3) 믿는 자들에게 합법적으로 허락된 밀크야민

꾸란에서 밀크야민이 무슬림에게 허락되었다고 기록하는 구절들이다.

(1) 꾸란 4:24-25

> ◆ 여자들 가운데 결혼한 여자들과는 (너희가 결혼하는 것이) 금지되나 **너희의 오른손이 소유한 자**(ma malakat 'aymānukum)는 예외라. (이것이) 너희를 향한 알라의 계명이라. … 너희 가운데 믿는 여자들과 결혼할 능력이 없는 사람은 **오른손이 소유한 자**(ma malakat 'aymānukum)들 가운데 믿는 여자들과 **결혼할**(yankiḥ) 것이라(4:24-25).

위의 구절에서 '오른손이 소유한 자'(ma malakat 'aymānukum)란 표현은 곧 '밀크야민'(milk yamīn)이란 의미이다. 이 구절의 타프씨르 무야싸르 주석[VI]에서 밀크야민은 이슬람 정복 이후에 정복지에서 붙잡아 온 여자 노예들을 의미한다고 한다.

따바리 주석과 『계시의 이유』 등에서 본 구절이 계시된 이유를 설명한다. 후나이니 정복 전쟁(혹은 아우따스 정복 전쟁)에서 무슬림들이 많은 여성 노예들을 획득하게 되었다. 그 여성들 가운데는 남편이 있는 여성들도 많이 있었다. 그 전쟁에 참여한 무슬림들은 전쟁에서 획득한 그 여성들에게 남편이 있다는 것을 알고, 그 여성들과 성관계하는 것을 꺼렸다. 그러자

[V] 오늘날 아랍 사람들은 '밀크야민'이라고 하면 곧바로 여자 노예로 이해한다.
[VI] 타프씨르 무야싸르 주석은 사우디의 파흐드 국왕청에서 최근에 펴낸 주석이다. 제2판이 2009년에 나왔다. 단권으로 된 주석으로 내용이 간단 명료하게 기록되어 있다.

알라가 본 구절을 계시하여 밀크야민에게 남편이 있다 하더라도 그 밀크야민과 성관계를 하는 것이 허용된다고 하고 있다.

다음은 『계시의 이유』에서 기록하는 위의 꾸란 구절에 대한 계시의 이유이다.

- 아우따스 정복의 날 우리는 남편들이 있는 여자 포로들을 획득했다. 우리는 그녀들과 동침하는 것을 싫어했다. 그래서 우리가 알라의 선지자께 물었고, 그 뒤 이 구절이 계시되었다.
- ◆ "여자들 가운데 결혼한 여자들과는 (너희가 결혼하는 것이) 금지되나 너희의 오른손이 소유한 자(ma malakat 'aymānukum)는 예외라. (이것이) 너희를 향한 알라의 계명이라…"(4:24).

그래서 우리는 그녀들을 허락받은 것(할랄)으로 여겼다.

- 알라의 메신저가 아우따스의 사람들을 포로로 잡았을 때 우리가 물었다. 알라의 선지자여! 우리가 그 여자 포로들의 친척들과 부인들을 알고 있는데 우리가 어떻게 그녀들과 동침할 수 있습니까? 그러자 이 구절이 계시되었다.
- 후나이니 정복의 날 알라의 메신저는 아우따스에 군대를 보내었다. 군대는 거기서 원수를 만나 전투를 벌였고, 그들을 패배시키고 그들로부터 많은 여자 포로를 획득했다. 그러나 몇몇 선지자의 동료들은 그들과 성관계하는 것을 부끄러워했는데, 그 이유는 그 여자 포로들에게 불신(mushrik) 남편들이 있기 때문이었다. 그러자 알라께서 이 구절을 계시하셨다.

이와 같이 전쟁에서 사로잡힌 밀크야민은 남편이 있다 하더라도 무슬림은 그 밀크야민과 성관계를 할 수 있다고 하고 있다. 포로로 잡아 온 여자 노예는 주인의 소유이기에 언제든지 동침할 수 있다는 말이다.

> ◆ 아랍어 'yankiḥ'의 의미
>
> 위의 꾸란 4:24-25에서 "오른손이 소유한 자(ma malakat 'aymānukum)들 가운데 믿는 여자들과 결혼할(yankiḥ) 것이라"라는 구절에 주목하자. 이 구절에 사용된 yankiḥ 단어의 의미에 대해서 살펴보길 원한다. 이 단어는 꾸란 한글 번역에서 '결혼하다'로 번역되어 있다. 그런데 이 단어는 경우에 따라 그 의미가 '성관계하다'일 경우가 종종 있다. 위의 구절에서도 실제적 의미는 '오른손이 소유한 자들' 즉 '밀크야민'과 '성관계하다'라는 의미이다. 세 가지 근거를 말할 수 있다.
>
> **첫 번째**, yankiḥ 단어(과거형 nakaḥa)는 아랍어에서 '결혼하다'의 의미와 '성관계하다'의 의미가 동시에 있는 단어이다. 권위 있는 아랍어 사전들을 보면 두 가지 의미가 다 기록되어 있다.[25]
> **두 번째**, 위의 『계시의 이유』 기록에서의 의미이다. 이 이야기 상황에서 yankiḥ 단어의 실제 의미는 '밀크야민과 결혼하다'가 아니라 '밀크야민과 성관계하다'라는 것을 쉽게 파악할 수 있다. 지하드 전쟁 상황에서 획득한 여자 포로들과 누가 결혼식을 하고 있겠는가? 결혼식을 하려는 무슬림 군인도 없을 것이고 설령 군인이 청혼하더라도 그것에 응하는 여자 포로도 없을 것이다.
> **세 번째**, 오늘날 아랍인들이 이해하는 바도 두 가지 의미를 다 가지고 있다. 이집트인 Ex 무슬림 하미드 사마드는 그의 강의[26]에서 이 내용을 설명하고 있다. 또한 필자가 만나는 아랍 사람들에게 확인한 결과도 그렇다.
> 이와 같이 이 단어는 문맥에 따라서 '결혼하다' 혹은 '성관계하다'의 의미로 다르게 사용된다. 두 가지 의미 가운데 위의 꾸란 4:24-25의 "오른손이 소유한 자들 가운데 믿는 여자들과 결혼할 것이라"의 실제적 의미는 '오른손이 소유한 자들 가운데 믿는 여자들과 성관계할 것이라'의 의미이다. 실제로 밀크야민은 무슬림의 성 노예이기 때문에 결혼식을 하지 않고 언제든지 성관계를 할 수 있다.

(2) 꾸란 23:1-6

밀크야민에 대한 또 다른 대표적인 구절이다. 이 구절에서 이슬람을 믿는 무슬림에 대해서 묘사하고 있다.

> ◆ 믿는 사람들은 번영할 것이다. 그들은 기도할 때 겸손히 복종하며 헛된 말을 거부하며 자카(zakāh)를 지불하며 그들의 은밀한 부분(furūj, 성기)을 지키는 자들이라. 그러나 (은밀한 부분을 지키는 것과 관련하여서) 그들의 부인들과 **그들의 오른손이 소유한 자들**(ma malakat 'aymānuhum)에게는 예외니라. 그들에 대해서는 (은밀한 부분을 지키지 않아도) 비난을 받지 않느니라(23:1-6).

위의 구절은 번영하는 무슬림의 특징에 대해 묘사하고 있다. "겸손히 복종하며 헛된 말을 거부하며 자카를 지불하며"라고 한다. 그리고 "그들의 은밀한 부분(furūj)를 지킨다"고 한다. 여기서 '은밀한 부분'으로 번역한 '푸루즈'(furūj)는 아랍어에서 '모양이 둘로 나누어진 것'을 의미는 것으로 남녀의 성기를 의미한다. 그래서 문자적으로 번역하면 '그들의 성기(性器)를 지키는 자들이라'가 맞다. 즉 이 문장은 무슬림 남자가 자신의 성기를 아무 여자에게나 사용해서는 안 된다는 것을 의미한다. 그리고 그다음 구절이 "그들의 부인들과 그들의 오른손이 소유한 자들에게는 예외니라"라고 한다.

어떤 것에서 예외란 말인가? 그것은 '그들의 성기를 지키는'것에서 예외이다. 즉 자신의 부인들과 밀크야민에게는 자신의 성기를 지키지 않아도 된다는 말이다. 무야싸르 주석에서는 "자신의 부인들이나 밀크야민과 성관계를 하고 그들과 즐겨도 비난을 받지 않고 부끄러움을 당하지 않는다는 의미"라고 설명하고 있다.

즉 무슬림은 자신의 부인에게 자유롭게 성관계를 할 수 있듯이 밀크야민과도 자유롭게 언제든지 성관계를 할 수 있다는 의미이다. 무슬림 남자는 합법적으로 네 명의 여인을 부인으로 둘 수 있고 그 이외에도 밀크야민을 얼마든지 많이 둘 수 있다는 말이다. 물론 노예를 포획하거나 노예를 구입할 수 있을 때 가능한 것이지만 그 숫자는 제한이 없다.

(3) 그 외 구절들

◆ 만일 너희가 고아들을 공정하게 대하지 못하는 것에 대한 두려움이 있다면 여자들 가운데 너희에게 좋은 사람—두 사람 혹은 세 사람 혹은 네 사람—과 결혼하라. 그러나 너희가 (아내들을) 공평하게 대하지 못하는 것에 대한 두려움이 있다면 한 여자와 (결혼하거나) 혹은 **너희들의 오른손이 소유한 자(ma malakat 'aymānukum)와 결혼하라.** 그것이 너희가 불의를 행하지 않기 위한 최소한의 것이니라(4:3).

흔히들 무슬림은 부인을 네 사람까지 둘 수 있다고 알고 있다. 그러나 위의 구절을 통해 네 사람의 부인 이외의 여자가 있음을 알 수 있다. 그것은 바로 밀크야민이다. 무슬림의 밀크야민은 그 숫자의 제한이 없다.

> ◆ 결혼할 (사람을) 못 찾는 사람들에게는 알라께서 그분의 은혜로 그들을 부하게 하실 때까지 (결혼을) 자제하게 하라. **너희들의 오른손이 소유한 자들 가운데** 노예 해방 증서를 원할 경우—너희가 그들에게서 선한 것을 발견한다면—노예 해방 증서를 기록하라. 그리고 알라께서 너희에게 준 재물을 그들에게 주어라. 너희의 여자 노예들이 정결함을 원하거든 이 세상의 이익을 얻으려고 그녀들에게 매춘 행위를 강요하지 말라. 누구든지 그녀들에게 (매춘 행위를) 강요한다면 알라께서는—그녀들이 강요를 받은 이후—(그녀들을) 용서하시고 자비를 베푸시느니라(24:33).

위의 구절에서는 노예가 해방 증서를 요구할 경우 해방 증서를 써 주라고 기록한다. 노예의 해방에 대한 의미로 해석할 수 있다. 그러나 그 뒤의 구절에서 밀크야민에게 매춘 행위를 강요하지 말라고 하고 있다. 꾸란 기록 당시에 밀크야민에게 매춘 행위를 강요하고 그 대가로 이익을 얻는 무슬림이 있었다는 말이다. 매춘 행위를 금지한 구절이 아니라 그것을 강요하지 말라고 하고 있기에 노예들에 대한 매춘 행위를 허락한 구절이라고 하는 사람도 있다.[27]

4) 무함마드에게 합법적으로 허락된 밀크야민

꾸란은 여러 구절에서 무함마드에게 밀크야민(milk yamīn)을 허락한다. 그 가운데 꾸란 33장의 내용을 살펴보자. 꾸란 33장은 결혼 등에서 무함마드가 특별한 위치를 차지하고 있음을 기록하고 있다.

◆ 선지자(무함마드)여! 우리(알라)는 그대가 지참금을 지불한 그대의 부인들과, **알라께서 그대에게 전리품으로 주신 자들 가운데 오른손이 소유한 자(ma malakat yamīnuka)**들과, 그대와 함께 이주(히즈라)한 그대 삼촌의 딸들과 그대 고모의 딸들과 그대 외삼촌의 딸들과 그대 이모의 딸들과, 선지자(무함마드)에게 자신을 바친다고 하며 선지자도 결혼하기를 원하는 믿는 여자—이것은 다른 믿는 자들에게는 해당되지 않느니라—를 허락하였다. 우리는 그들(믿는 자들)의 부인들과 **그들의 오른손이 소유한 자(ma malakat 'aymānuhum)**와 관련하여서 우리가 그들에게 부여한 의무를 알고 있노라. 이는 그대에게 당황함이 없게 하려 함이라(33:50).

이 구절에서 무함마드가 결혼할 수 있는 여인을 길게 나열하고 있다. 여기에서 세 종류의 무함마드의 부인을 볼 수 있다. 먼저는 지참금 지불 등의 정식 결혼 조건을 갖추고 결혼한 정식 부인들이고, 두 번째는 전쟁에서 포로된 여인으로 주인과 결혼 계약 없이 동침하는 밀크야민이며, 세 번째는 무함마드에게 자신을 바치기로 작정하고 지참금 지불이나 결혼 계약 없이 결혼하는 무슬림 여자이다. 즉 무함마드에게 허락되는 여자는 정식 결혼한 부인들만이 아니라 전쟁 노예인 밀크야민과 무함마드에게 자신을 바친 여인들이 포함된 것을 확인 할 수 있다. 꾸란은 이렇게 무함마드에게 많은 부인을 허락하고 있다. 오늘날 Ex 무슬림들은 이것을 무함마드에 대한 특혜라고 비판한다.

◆ 그(50절의 여자들) 외에는 그대(무함마드)에게 여자들이 허용되지 아니하나니, 설령 미모가 그대를 매료시킨다 하더라도 그녀들을 (그대의) 아내들과 바꿀 수 없느니라. 그러나 **그대의 오른손이 소유한 자(ma malakat 'aymānuhum)**들은 예외이니라. 알라께서는 모든 것을 지켜보시니라(33:52).

앞의 33:50에서 무함마드에게 허락된 여성을 나열하고 있었다. 그리고 52절에 와서는 그들 외에는 설령 미모가 아름다워서 무함마드를 매료시킨다고 하더라도 그가 결혼할 수 없다고 한다. 그러나 예외가 있는데 바로 밀크야민이다. 밀크야민은 무함마드가 원하면 얼마든지 많이 결혼할 수 있다는 말이다. 물론 여기서 필자가 '결혼'으로 설명했지만 '밀크야민과의 결혼'의 실제 의미는 '밀크야민과 관계 혹은 잠자리'란 것을 기억하자.

그 외 66:1도 무함마드에게 밀크야민을 허락하는 구절이다.

◆ 선지자여! 알라께서 그대에게 합법적으로 허락한 것을 왜 그대가 금하고 있느뇨? 그대는 그대 아내들의 기쁨을 구하고 있노라. 알라께서는 용서하는 분이고 자비하신 분이니라(66:1).

위의 구절에서 합법적으로 허락한 것이 바로 밀크야민인 마리야(Maria)와의 잠자리였다는 것을 제4장의 '꾸란의 알라는 무함마드의 욕구에 대한 대변인인가?' 부분에서 다루었다. 이 구절에서 알라는 무함마드에게 밀크야민인 마리야(Maria)와의 잠자리를 합법적으로 허락했다. 그런데 무함마드가 다른 부인들의 눈치로 인해 그 밀크야민과의 잠자리를 스스로 금하고 있으며, 그래서 알라가 무함마드를 책망하는 내용이다.

Ex 무슬림 하미드 사마드는 이 구절을 인용하며 "알라가 꾸란에서 선지자가 그의 여종과 함께 동침하지 않는 것을 책망하는 것을 보십시오. 그런데도 이슬람이 노예를 해방했다고 할 수 있습니까?"라고 한다.[28]

이처럼 무함마드는 밀크야민을 소유했고, 그들과 정식 결혼하지 않은 상태에서 잠자리를 가졌다. 사피야와 마리야, 리하나(Rihana) 등은 무함마드의 밀크야민이었다. 이븐 카티르의 역사책『처음과 끝에서』(Fi-l-Bidāyah wa-l-Nihāyah)를 보면 무함마드가 거느렸던 여자 노예의 숫자가 20명이었다고 기록하고 있다. 이븐 까임(Ibn Qayyim al-Jawziyya)이 전하

는 말에 따르면 무함마드가 죽었을 때 그에게 네 사람의 여자 노예가 있었다고 한다.²⁹

5) 밀크야민에 대한 율법학자들의 가르침

오늘날 무슬림들에게 이슬람의 율법을 쉽게 설명하는 인터넷 사이트인 mawdoo3.com에서 밀크야민을 다음과 같이 설명한다.

여자 밀크야민과 관련된 율법이 있다는 것은 의심할 여지가 없다. 여자 포로를 얻는 무슬림은 결혼 계약이나 지참금이나 증인 없이, 마치 그의 부인과 즐기는 것처럼, 그녀와 즐길 권리가 있다. 꾸란 23:5-6에서 "그들의 오

아랍 노예 상인과 여자 노예. 1864년 카이로에서 마이클 그라함이 찍은 것이다. 여자 노예들은 대개 배꼽 아래에서 무릎 위까지만 가리고 가슴을 가리지 않았다. 사진 위의 아랍어 글자는 온라인에서 노예 제도를 비판하는 사람이 쓴 글이다. "이슬람은 술과 간음과 돼지고기에 대해서는 분명하게 금지했다. 그러나 노예 제도와 그의 형제인 사람을 사고 파는 일은 금지하지 않았다"(photograph ⓒ Michael Graham-Stewart).

른손이 소유한 자들(ma malakat 'aymānuhum)에게는 예외이라"라고 말하는 것과 같다.[30]

다른 인터넷 사이트인 sotor.com에서는 다음과 같이 설명한다.

> 이슬람은 남자에게 여자 포로와 성관계를 하도록 허락한다. 그것은 밀크야민이라는 법에 포함되는 것이다. 무슬림이 성관계하기 위해 취하는 여자 포로를 siriyyah라 하는데, 그 의미는 성관계를 비밀스럽게 하기 위해 포로로 삼은 여자를 의미하며, 그럴 경우 '그가 그 여자를 첩으로 삼았다'고 말한다(아랍어로 sirr는 '비밀'이란 의미이다).[31]

위에서 인용한 사이트는 오늘날 현대 무슬림들을 교육하기 위해 만들어진 것이다. 여기에서 무슬림 남성은 밀크야민과 결혼식을 하지 않고도 언제든지 그들과 성관계하며 그들과 즐길 수 있는 권리가 있다고 가르친다.
이집트인 Ex 무슬림 하미드 사마드는 그의 책 『무함마드 평전』에서 다음과 같이 말한다.

> 아랍 남자가 전쟁 포로와 혼인할 때는 지참금, 예비 장인의 동의, 약혼 기간이 필요 없다. 노예에서 부인으로 지위가 바뀌는 것이 바로 신붓값이다. 혼인을 하지 않아도 노예와 잠자리를 가질 수 있다. 동의도 필요하지 않다. 말하자면, 남자는 노예에게 성교를 강요할 수 있다. 이런 혼외정사로 아이가 생기면 아이의 어머니는 노예와 자유민 중간인 '아마'('ama)의 지위를 얻는다. 무함마드는 이런 혼인 형식과 조건을 받아들였고, 그 자신도 사피야와 이런 부부로 살았다.[32]

이처럼 밀크야민은 꾸란과 하디스에 근거한 제도로서 지난 1,300년 동안 무슬림의 삶을 지배하며 영향을 미쳤다. 그래서 지금도 이슬람 문화의 근저에 깊숙이 뿌리박혀 있다. 그들의 경전과 샤리아법에 존재하는 합법적인 것이기에 오늘날 현대 무슬림이 아무리 부인하려고 해도 부인할 수 없다. 그 때문에 이라크의 IS 등과 같이 칼리프 제도가 복원되는 곳이나 샤리아법이 실시되는 곳에서는 공개적으로 실시하려고 하고 있다.

6. 지하드와 노예 삼음의 역사

여기서는 이슬람 자료들 가운데서 무함마드와 그 이후 이슬람 역사에서 그들이 노예로 삼은 사람들의 숫자를 중심으로 노예 제도의 역사를 살펴보고자 한다.

이븐 카티르의 역사책 『처음과 끝』(al-Bidāyah wa-l-Nihāyah)을 보면 무함마드가 거느렸던 남녀 노예의 이름을 기록하고 있다. 그 숫자를 세어 보면 남자 노예 38명, 여자 노예 20명이 된다.[VII] 즉, 무함마드는 그의 생애에 총 58명의 노예를 거느렸다는 말이다.[33]

이븐 까임(Ibn Qayyim al-Jawziyya)의 기록에 따르면 무함마드가 죽었을 때 그에게 네 사람의 여자 노예가 있었다고 한다. 이브라힘을 낳은 마리야(Maria)와 바누 꾸라이자 부족 출신의 리하나(Rayhana)와 바누 무스타리끄 출신의 주와이리야(Juwairiya) 다른 노예들과 함께 획득한 어여쁜 종이 그들이다. 또한 그녀들 이외에도 남자 노예들 20명이 있었다고 한다.[34]

무함마드의 부인들도 많은 노예를 거느렸다. 아이샤는 해방한 노예만 67명이었다고 한다.[35] 오스만 브니 압판은 1,000명에 가까운 노예를 데리고 있었다.[36]

[VII] 『처음과 끝에서』(Fi-l-Bidāyah wa-l-Nihāyah)의 '선지자의 남자 노예와 여자 노예, 종들, 서기관 그리고 회계를 기억함'이란 장(chapter)과 '선지자의 여자 노예들'이란 장에서 기록하고 있다.

무함마드 사후 이슬람은 지하드 정복 전쟁으로 급속도로 세력을 넓힌다. 1세기가 지나지 않아 아라비아반도를 지나 중동과 북아프리카를 차지했고, 곧이어 서아시아와 인도까지 칼로써 침략했다. 이러한 침략의 실제적 동기는 전리품 획득이었다. 물론 그 전리품 가운데 가장 중요한 것은 노예들이었다. 앞에서도 기술했듯이 지하드 전쟁은 카피르를 대항해서 알라가 명령하는 전쟁이었다. 따라서 승리한 이후에 발생하는 전리품은 알라의 축복이며 무슬림에게 주어진 합법적인 권리였다.

그들이 침략하는 지역에서 얼마나 많은 사람을 노예로 삼았는지에 대해서는 아랍 역사가들의 기록에서도 어렵지 않게 발견할 수 있다.

세 번째 칼리프 오스만은 652년 이집트 남부의 누비아와 조약을 맺으면서 매년 노예 공물을, 칼리프를 위해 360명 그리고 이집트 통치자를 위해 40명을 보내라고 요청했다.[37] 이 조약은 1276년까지 계속되었다.

우마이야 왕조 시대 무사 브니 나시르가 히즈라력 91년에 북아프리카를 점령했을 때에 30만 명을 노예로 삼았다. 그래서 그 가운데 1/5인 6만 명을 다마스쿠스의 우마이야 왕조 칼리프인 왈리드 브니 압둘 말릭에게 보냈다.[38]

또한 무사 브니 나시르(698-712)는 4년 동안의 안달루시아 지역 정복에서 승리한 뒤 고트족 귀족 가운데 처녀 노예들 3만 명을 직접 다메섹으로 데리고 왔다.[39]

다음에서 인도 이슬람 역사 전문가 칸(M. A. Khan)이 기록한 『이슬람의 지하드』(Islamic Jihad) 내용을 중심으로 이슬람 노예 삼음의 역사를 정리해 본다.[40]

1) 중동과 북아프리카, 남유럽 지역의 노예 삼음

- 643년: 아므루 브닐 아스가 트리폴리에서 유대인과 기독교인들의 여자들과 아이들을 노예 삼음
- 652년: 칼리프 오스만이 누비아(이집트와 수단 사이에 있는 민족) 사람들에게 매년 노예 공물을 칼리프에게 360명, 이집트를 통치하는 사람에

게 40명을 바치라고 요구함.
- 우마이야 왕조 시대: 무사 브니 나시르가 북아프리카 베르베르 사람들을 점령했을 때 30만 명을 노예 삼음.
- 698-712년: 무사 브니 나시르가 4년 동안 스페인 안달루시아 지역 정복에서 승리한 뒤 고트족 귀족 가운데 처녀 노예 3만 명을 포로 삼음.
- 781년: 에베소 약탈 때 7천 명의 그리스인을 노예 삼음.
- 838년: 칼리프가 아모리움(Amorium) 함락 때 아주 많은 노예를 사로잡아서 5-10명 단위로 경매함.
- 903년: 데살로니가 습격 때 2만 2천 명의 기독교인을 노예 삼음.
- 1189년: 스페인의 리스본 습격 때 3천 명의 여자와 아이를 노예 삼음.
- 1191년: 코르도바의 이슬람 정부가 실베스(Silves)를 공격하여 3천 명의 기독교인을 포로 삼음.
- 1187년: 십자군이 예루살렘을 점령했을 때 살라흐딘이 기독교인 주민들을 노예 삼고 판매함.
- 1268년: 안디옥을 점령할 때 맘룩 술탄 말자히르 바이바르스(al-Zahir Baybars)가 1만 6천 명의 수비대를 칼로 죽인 뒤에 10만 명의 주민을 노예 삼음.
- 18세기 말: 모로코 술탄 마울라이 이스마일(Moulay Ismail)은 흑인으로 구성된 군대의 숫자가 25만 명임.
- 18세기 말: 수단의 다르푸르에서 나일강을 통해 카이로로 수송해 오는 노예가 한 번 여행에 1만 8천 명에서 2만 명임.

2) 인도에서의 노예 삼음

- 712년: 무함마드 브니 까심(Muhammad bin Qasim)이 6천 명의 아랍 군대를 거느리고 인도의 신드(Sindh) 지역을 정복해 약 30만 명을 노예 삼음.[41]

- 712년: 무함마드 브니 까심에 의해 Rawar에서 8,000-26,000명이 죽임당함. 10만 명의 여자와 아이가 노예가 됨.
- 712-715년: Multan에서 30만 명이 노예가 됨.
- 813-833년: 마으문 칼리프 통치 시기에 2만 7천 명이 노예가 됨.
- 1000-1002년: 마흐무드 술탄이 북인도에서 50만 명의 남녀를 노예 삼음.
- 1014년: 마흐무드 술탄이 Nunduna(Punjab) 지역에서 20만 명을 포로로 잡아 감. 군대의 모든 군인이 여러 명의 남자 노예와 여자 노예를 거느림.
- 1019년: 같은 지역에서 5만 3천 명을 노예로 잡아감. Tarikh-i-Alfi의 기록에 의하면 술탄 마흐무드가 칼리프에 보낸 전리품 노예가 15만 명이라고 함. 칼리프가 1/5을 받으니까 술탄 마흐무드는 적어도 750,000명의 노예를 잡아갔다는 말이 됨.
- 1079년: 술탄 이브라힘이 펀잡 지역에서 10만 명을 노예 삼음.
- 1195년: Raja Bhim of Gujarat 때, 무함마드 가우리 술탄이 2만 명을 노예 삼음. 매우많은 인도인을 참수함.
- 1202년: Kalinjar에서 5만 명을 노예 삼음.
- 1260년: Balban, Ranthambhor, Mewat, Siwalik에서 300명 혹은 400명의 살아 있는 사람을 그 앞에서 참수함.
- 1299년: Gujarat 침략 때 수많은 포로를 잡아감.
- 1303년: Chittor에서 3만 명이 학살당함. 이들의 여자들과 아이들은 노예가 됨.
- 1305-1311년: 술탄 알라우딘(Alauddin)이 "터키 군대는 자신들이 좋아하면 언제든지 노예를 잡고 사고팔 수 있었다"고 기록함. 술탄 알라우딘은 그의 사적인 일에 5만 명의 소년 노예를 거느리고, 그의 건물들에서 7만 명의 노예가 일하게 함.
- 1398-1399년: 아미르 티무르(Amir Timur)가 델리에 도달했을 때 10만 명의 노예를 포획해 감.

- 1398년: 아미르 티무르의 기록에 따르면, 1만 5천 명의 터키 군인이 살해와 약탈과 파괴하는 일을 도맡음. 티무르 군대의 전리품이 엄청나서 모든 남자가 50-100명의 죄수(남자, 여자, 아이들)를 차지함. 20명 이하를 차지한 사람이 없음. 각각의 병사는 평균 60명의 노예를 거느림. 획득한 노예 전체가 100만 명임. Raja Ratan Sen 지역에서 티무르 군인 각자가 10-20명의 노예를 거느림. 군대 전체가 20만-30만 명의 노예를 얻었다는 말이 됨. 티무르가 인도에서 포획한 노예는 총 200만-250만 명임.
- 1430년: Amir Shikh Ali가 펀잡 지역을 공격. 40만 명의 인도인을 학살하고 많은 이를 노예 삼음.
- 1568년: 무굴 제국 때 압둘라 칸이 50만 명을 노예 삼고 판매함.
- 1619-1620년: 20만 명의 노예를 이란으로 보냄.
- 1659년: Golkunda에서 2만 2천 명의 소년이 거세됨.

Zanzibar(탄자니아 해변)의 노예사냥(1889년, 위키피디아)[43]

이상에서 노예 삼음의 역사를 통계 중심으로 간략하게 살펴보았다. 엄청나게 많은 숫자이다. 통계에 들지 않은 경우가 훨씬 더 많을 것이란 짐작도 할 수 있다.

이집트인 Ex 무슬림 하미드 사마드는 독일인 에곤 플라이그(Egon Flaig) 교수가 쓴 『세계 노예 제도의 역사』(Weltgeschichte der Sklaverei)란 책의 내용을 인용하며 무슬림이 노예 삼은 사람들이 얼마나 많은지를 말한다. 파라오 시대부터 유럽 제국주의 시대까지 노예가 된 사람의 숫자가 무슬림이 노예 삼은 숫자보다 적다고 한다. 그러면서 인류 역사에서 무슬림이 가장 많은 사람을 노예 삼았다고 한다.[42]

아름다운 꿈과 꽃같은 젊음을 송두리째 빼앗긴 채 지옥과 같은 삶을 살았던 수없이 많은 영혼의 울부짖는 절규가 들리는 듯하다.

7. 아랍 세계의 노예 무역

이슬람의 노예 제도는 유럽 나라들이 신대륙에서 노예 제도를 확립하기 이전보다 1천 년 선행하는 것이다.[44] 이슬람은 발생 이후 지하드 전쟁과 약탈을 통해 수많은 사람을 포획하여 노예로 삼았다. "이슬람 역사에서 노예는 자유인 무슬림의 가정에서, 상점에서, 농사에서, 생산 현장에서, 군사업무에서 다양한 기능을 수행했다."[45] 남자 노예의 경우 주인의 집안일, 농사일, 허드렛일 등 주요한 일들을 대신했고, 왕족이나 귀족의 내시나 경비 혹은 군대의 용병으로 고용되기도 했다. 여자 노예의 경우 자유인 무슬림의 밀크야민이 되었고 왕족이나 귀족이 운영하는 하렘(harem)[VIII]에서 가무와 성 접대의 역할도 했다. 이렇게 다양하고 중요한 용도로 사용되었기 때문에 노예는 이슬람 사회에서 없어서는 안 될 필수 구성원이었다. 실제

VIII 하렘(harem)은 가족이나 가까운 친척 이외의 일반 남자들 출입이 금지된 장소. 보통 궁궐 내의 후궁이나 가정의 내실을 가리킨다. 오스만 터키 제국 시대에 황제와 귀족의 하렘에 많은 밀크야민을 데려다가 가무와 성 접대를 하게 했다.

로 초기 이슬람 사회의 계층은 대략 네 계층으로 이루어졌는데, 아랍 무슬림, 이슬람으로 개종한 현지인, 딤미인(기독교인과 유대인), 그리고 가장 천한 계층인 노예로 이루어졌다.

앞에서 살펴본 대로 이슬람은 정복 시대의 수많은 지하드 전쟁을 통해 엄청난 수의 포로를 획득했으며 이는 모두 무슬림의 노예가 되었다. 무슬림은 획득한 노예를 거래했고 따라서 이슬람 초창기부터 노예 시장이 성행했다. 압바스 왕조를 지나며 지하드 전쟁이 예전처럼 많지 않게 되자 유럽과 중앙아시아, 아프리카 등지에서 팔려오는 노예에 관심을 갖게 되었다. 이슬람 나라들에서 계속되던 노예의 수요는 15세기 이후 신대륙의 발견과 유럽인들의 신대륙에서의 대규모 농장 산업의 발전으로 인해 폭증하게 되었다. 이슬람 사회에서 노예는 없어서는 안 되는 필수적인 상품이었

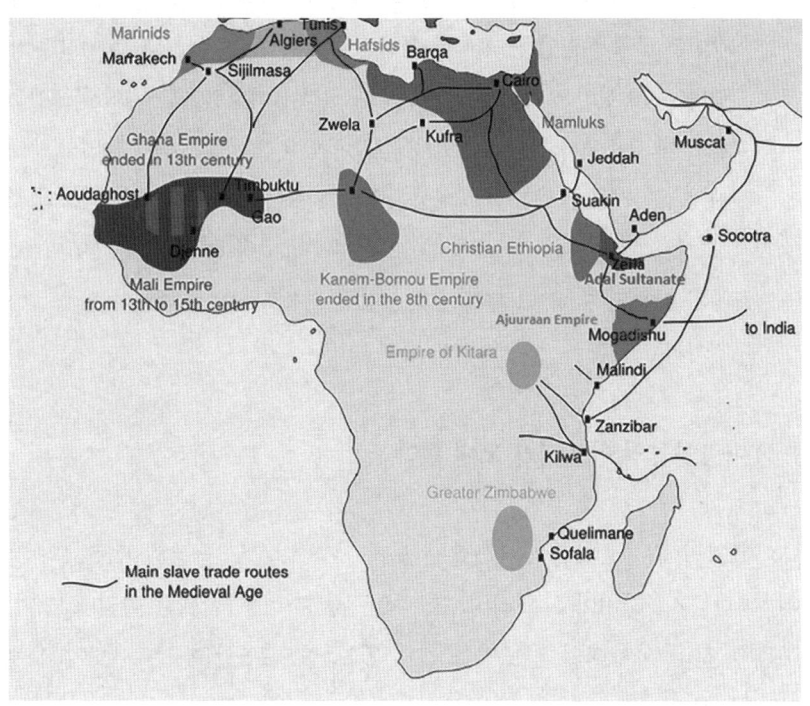

중세의 주요 노예 교역로(위키피디아)
이 지도에서 아프리카 노예들의 주요 종착지가 북아프리카와 중동의 이슬람 국가들이다.

기에 이슬람 내외적으로 계속적인 노예의 수요가 있게 된 것이다. 이렇게 소비자와 공급자가 만나는 것이 노예 무역(Slave Trade)이었다. 아랍 사람들은 지하드를 통한 노예 포획뿐만 아니라 노예 무역에도 실력을 발휘했다.

『아랍 세계의 노예 제도』(Slavery in the Arab World)란 책을 기록한 머리 고든(Murray Gordon)은 중세 노예 무역에 대해서 다음과 같이 기록한다.

> 노예 무역이 어떻게 이루어졌는지에 대한 정보는 충분하다. 모든 큰 도시에는 maʻriḍ라 불리는 전시의 장소 혹은 sūq ar-riqq라 불리는 노예 시장이 있었다. 노예 전체를 부를 때 ruʼūs raqīq(노예 대가리)라 불렀는데 이는 짐승의 머리를 헤아릴 때 사용하는 용어이다.
> 9세기 이라크 도시 사마라(Samarra, 9세기 압바스 왕조의 수도)에 있었던 노예 시장은 1층짜리 주택이 늘어선 골목들이 교차하는 4각형 지대였다. 노예 상인은 종종 수입업자(jallāb)라 불리든지 혹은 가축 거래상(nakkās)이라 불렸다. 노예 상인은 자신의 노예를 공개 시장에 가져왔고, 거기에서 노예들은 공개 장소에서 검사를 받았다. 등급이 높은 노예들은 종종 개인의 주택에서 팔리거나 더 유명한 노예상을 통해 팔렸다. 첩으로 사용될 예정인 젊고 매력적인 여자 노예는 원칙적으로 개인의 주택에서 검사를 받았다. 보통의 젊은 남자 노예보다도 훨씬 높은 가격으로 팔리는 내시의 경우도 마찬가지였다.[46]

1) 아랍인들의 아프리카 노예 무역

아프리카에서 포획된 노예들은 사하라 사막 대상로를 통해 모로코와 알제리, 튀니지, 리비아로 팔려 갔고, 나일강을 따라 이집트로 팔려 갔으며, 홍해를 건너 사우디와 인도양을 건너 인도 등으로 팔려 갔다(다음의 노예 교역로를 보라).

이러한 아프리카에 대한 아랍의 노예 무역은 9세기 아랍 무슬림과 스와힐리(Swahili) 교역인이 스와힐리 해안과 바닷길을 확보한 이후부터였다. 이들 교역인은 반투(Bantu 혹은 Zanj) 흑인들을 사로잡았는데, 그들은 오늘날 케냐와 모잠비크와 탄자니아의 원주민들이었다.⁴⁷

압바스 왕조 시절인 869-883년에 지금의 이라크 바스라 지역에서 노예로 생활하던 아프리카 반투 흑인들이 대규모 폭동을 일으켜서 최소 50만 명 이상이 사망한 사건이 있었다. 잔즈 폭동(Zanj Revolt)라 불리는 이 폭동은 서아시아 역사에서 가장 피비린내 나고 파괴적인 반란으로 역사가들이 평가하는 사건이다.⁴⁸ 이 폭동은 9세기 후반에 대규모의 흑인 노예들이 이슬람 왕조인 압바스 왕조의 중심지인 이라크 지역에서 처참한 노예 노동에 시달리고 있었다는 것을 보여 주며, 그래서 폭동이 일어났다고 볼 수 있다.

『이슬람의 흑인 노예들』(*Islam's Black Slaves*)을 저술한 로널드 세갈(Ronald Segal)에 따르면, 무슬림 노예 상인들은 노예들을 홍해 연안으로부터 중동

1840년 나일강 상류 지역에서 있었던 노예 강제 이동
(slaveryimages.org)⁴⁸

으로, 또한 사하라 사막을 가로지르는 주요 경로 6개를 따라 데려왔다고 한다. 동아프리카에서 오는 노예들은 인도양을 가로질러 데리고 왔다. 19세기에만 사하라를 가로질러 중동 시장으로 온 노예들 숫자가 120만 명이었고, 45만 명이 홍해를 남하했으며, 44만 2천 명이 동 아프리카 연안으로부터 왔다.[49] 세갈은 아프리카 시장에서 노예 거래에 대한 다수의 목격자들의 증언을 다음과 같이 기록한다.

- 1570년에 한 프랑스인이 이집트를 방문하였는데, 카이로에서 시장이 서는 날들에 수천 명의 흑인이 판매되고 있는 것을 발견하였다.
- 1665-1666년에 스페인/벨기에 여행자인 안토니오 곤잘리스 신부는 카이로 시장에서 하루에 800-1,000명의 노예가 팔렸다고 보고했다.
- 1796년 영국인 여행자는 5천 명의 노예를 수송하는 카라반(caravan)이 다르푸르(Darfur, 서부 수단)에서 떠났다고 보고했다.
- 1849년 영국 부영사는 페잔(Fezzan, 북서 아프리카)의 무르주크(Murzuq)에 2,384명의 노예가 도착했다고 보고했다.[50]

포획된 노예들은 이슬람 나라들의 노예 시장과 소비자가 있는 곳으로 이동해야 했다. 수천 마일 떨어진 곳으로 이동하는 도중 수많은 포로가 사망하였다. Paul E. Lovejoy는 그의 책 *Transformation in Savery*에서 19세기에 아프리카와 홍해 해안으로부터 이슬람 나라들로 옮겨진 노예들이 약 200만 명이었는데, 그전에 적어도 800만 명이 노예로 끌려오는 과정에서 사망했다고 한다. 도중에 사망하는 비율이 80-90%는 되었다고 한다. 아프리카 탐험가 데이비드 리빙스턴은 한 사람의 노예가 살아남아 일하는 곳에 도착하는 동안 다섯 명의 다른 노예들이 강제 행군과 질병 등으로 사망했다고 한다.[51] 이렇게 도중에 사망자가 많은 것은 노예 무역의 또 다른 비극이었다.

게다가 노예 생포를 위한 급습에서의 피해자 또한 엄청났다. 중앙 아프리카에서 카메론(Cameron) 사령관은 이렇게 기록한다.

> 이슬람 노예 포획자들은 불탄 마을들과 도살의 흔적들, 그리고 농작물에 대한 대규모 파괴의 흔적을 남겼다. 이 습격에 의한 인명 손실은 엄청나게 큰 것이 틀림없다. 하지만 그것의 정확한 규모를 파악하는 것은 불가능하다.[52] 영국의 탐험가 Burton은 자신이 관찰한 내용을 기록하였다. 한 카라반(caravan)의 상품인 55명의 여성을 생포하기 위해 최소 10개의 마을이 파괴되었는데, 그 마을들은 각각 100명에서 200명의 인구로 구성되어 있었다고 한다. 이들 중 대부분은 기아로 사망했다고 한다.[53]

다음은 아프리카 탐험가 데이비드 리빙스턴이 19세기 중반 아프리카 대해(the African Great Lakes) 지역의 노예 무역에 대해서 기록한 것이다.

> • 1866년 6월 19일. 우리는 나무에 목매인 채 죽어 있는 한 여인을 지나갔다. 그 나라의 사람들은 그녀가 갱단(노예 판매단)의 다른 노예들을 따라잡을 수 없었고, 그녀가 회복되더라도 다른 사람의 재산이 되어서는 안 되기

모잠비크의 후부마강. 아랍 노예사냥(위키피디아)[55]

에 그녀의 주인이 그녀를 죽였다고 설명하였다.
- 1866년 6월 26일. 우리는 총에 맞고 칼에 찔려서 길에 누워 있는 한 여자 노예를 지나갔다. 한 그룹의 남자들이 100야드 정도 떨어져서 한쪽에 서 있었고, 다른 여자들은 다른 쪽에 서서 지켜보고 있었다. 그들은 말하길, 그날 이른 아침에 그곳을 지나간 한 아랍 사람이 그렇게 했다고 했다. 그는 그녀가 더 이상 걸을 수 없기 때문에 그녀의 몸값으로 지불한 돈을 잃는다는 생각에 화가 나서 그렇게 했다고 했다.
- 1866년 6월 27일. 오늘 우리는 기아로 매우 야위어서 죽어 있는 한 남자 시신과 마주쳤다. 우리 직원 중의 한 사람이 주변에서 노예의 표식이 붙어 있는 많은 노예를 발견했는데, 그들은 식량 부족으로 그들의 주인으로부터 버림받은 사람들이었다. 그들은 매우 쇠약해서 어디에서 왔는지조차 말하기가 힘들었고, 그들 중 몇은 아주 어렸다.[54]

1814년 스위스 탐험가 요한 부르크하르트(Johann Burckhardt)는 이집트와 누비아에서의 여행에서 그가 목격한 노예 무역에 대해 다음과 같이 기록했다.

저는 주된 동인(動因)인 노예 상인만 웃고 있는 가장 추잡한 성추행 장면을 자주 보곤 했습니다. 저는, 10살이 갓 지난 여자 노예들 가운데 아주 소수만 처녀성을 간직한 채 이집트와 아라비아에 도착한다는 것을 감히 말할 수 있습니다.[55]

이러한 아랍 사람들의 노예 무역 규모에 대해서 *Transformation in Slavery*란 책을 쓴 Paul E. Lovejoy는 19세기에만 아프리카와 홍해 해안으로부터 이슬람 나라들로 옮겨진 노예들이 약 200만 명이었다고 한다. 또한 18세기에는 약 130만 명의 흑인이 노예로 잡혀왔고, 19세기까지 아프리카에서 이슬람 세계로 잡혀 온 흑인이 1천 151만 2천 명이라고 한다.[57]

머리 고든은 『아랍 세계의 노예 제도』에서 무슬림 노예 상인이 포획한 흑인 노예 숫자는 1천 100만 명 정도로서, 유럽 국가들이 서부 아프리카에서 신대륙으로 데려간 노예들 숫자와 대략 비슷하다고 한다.[58]

19세기까지 아프리카에서 이슬람 세계로 잡혀 온 흑인 노예의 규모가 1천 100만 정도라면 그 외 지중해 지역과 남유럽, 동유럽, 인도 등에서 포로가 되어 이슬람 지역으로 끌려 온 노예 숫자까지 합치면 얼마나 많은 숫자가 될까? 엄청나게 많은 숫자가 노예가 된 것이 분명하다.

1840년 오만의 무스캇 노예 시장(slaveryimages.org)[58]

8. 노예들에 대한 인권 유린

이슬람의 야만적인 노예 제도가 우리에게 주는 충격은 단지 노예의 숫자가 엄청나게 많다는 것만이 아니다. 그들이 노예로 끌려가면서 혹은 끌려가서 당한 일들이 더욱 우리에게 충격을 준다. 여기서는 그들이 당한 인권 유린의 대표적인 것 두 가지, 즉 여성들의 성 노예와 남성들의 거세에 대해서 살펴보고자 한다.

1) 여자 노예: 성 노예가 됨

앞에서 '밀크야민'에 대해서 살펴본 대로, 아랍 세계에서 여성 노예를 삼는 가장 일반적이고 지속적인 목적은 성적으로 그들을 이용하는 것이었다. 이슬람법은 노예 소유주가 노예들을 성적으로 활용하는 것과 출산의 기능을 하게 하는 것, 그리고 그들로부터 노동의 대가를 얻는 것을 전적으로 통제할 수 있도록 했다. 노예 소유주는 그의 여자 노예들에게 완전한 성적인 접근을 할 수 있었고 자신의 후손을 유지하기 위해 그들과의 사이에서 아이를 낳았다.[60]

무함마드 시절 이래로 여성을 성 노예 삼으려는 탐욕은 무슬림 전사들이 지하드 전쟁에 참여하게 하는 중요한 동기였다. 윌리엄 뮤어(William Muir)는 이슬람에서 성 노예를 허가한 것은 전쟁에 참여하는 전사들을 위한 장려책이었다고 한다. 즉 전사들이 전쟁에서 여자들을 사로잡아 합법적인 첩(밀크야민)을 삼음으로 더욱 전쟁에 참여하게 되었던 것이다.[61]

이슬람은 무슬림 남자들이 거느릴 수 있는 성 노예 숫자에 대해서 한계를 두지 않았다. 토머스 휴스(Thomas Hughes)는 "무슬림이 동거할 수 있는 노예 소녀들의 수에는 아무런 제한이 없다"고 했다.[62]

버나드 루이스(Bernard Lewis)는 "노예 여성은 주로 첩으로서 혹은 허드렛일을 하는 사람으로서 요구되었다. 무슬림 노예 소유자는 그의 여성 노예에 대해서 성적인 즐거움을 누리는 것이 법으로 보장되었다"고 기록한다.[63]

버나드 루이스는 그의 다른 책에서 다음과 같이 말한다.

> 수많은 인종에서 온 수많은 여성 노예들은 이슬람 세계의 하렘에서 봉사하기 위해 취해졌다. 주인의 첩(concubine)으로서 혹은 주인의 허드렛일을 하는 사람으로서 잡혀 오는데, 그 두 가지 기능이 항상 분명하게 구분되는 것은 아니었다. 그중의 일부는 노래나 춤이나 음악 연주를 하는 것에 훈련되어 그 일들을 하였다.[64]

로널드 시걸(Ronald Segal)은 다음과 같이 말한다.

> 여성 노예들 가운데는 음악 연주자, 노래하는 자, 춤추는 자로 상당히 많은 숫자가 필요했다. 더 많은 사람이 가사 노동자로 구매되었고 많은 사람이 첩으로 필요하였다. 통치자들의 하렘은 거대했다.[65]

코르도바(Cordova)의 압드 라흐만(Abd al-Rahman) 3세(961년)의 하렘에는 6천 명이 넘는 첩이 있었다. 카이로의 파티마 왕조의 궁전에는 그것보다 두 배나 많았다. 인도의 무슬림 통치자들도 뒤지지 않았다. 아크바르는 그의 하렘에 5천 명의 여자가 있었고, Jahangir와 Shah Jahan은 각각 5천 명에서 6천 명이 있었다. 18세기에 술탄 물레이 이스마일(Moulay Ismail)은 하렘에 4천 명의 첩을 데리고 있었다.[66]

자하기르(Jahagir) 황제의 통치 기간(1605-1627)에 인도를 방문한 네델란드인 Francisco Pelsaert는 하렘에서의 무슬림 통치자와 귀족들의 성적 방종에 대해 다음과 같이 기록한다.

> 매일 밤 아미르(Amir)는 특정한 부인 혹은 거처를 방문한다. 그는 자기 아내와 노예 소녀들로부터 아주 따뜻한 환영을 받는다. 그들은 이때를 위한 특별한 의상을 입고 있다. … 만일 날씨가 더우면 … 그들은 백단향과 장미 향수로 그의 몸을 문지른다. 부채는 계속해서 부쳐진다. 몇몇 노예들은 주인의 손과 발을 문지르고, 다른 이들은 앉아서 노래 부르거나 음악을 연주하고, 춤을 추거나 다른 오락을 제공한다. 그의 부인은 항상 그 근처에 앉아 있다. 그러다가 예쁜 노예 소녀 중 한 명이 그의 마음에 들면 그는 그녀를 불러 그녀를 즐긴다. 그의 부인은 어떤 불쾌한 감정도 감히 나타낼 수 없기에 그것을 숨긴다. 하지만 나중에 그것을 그 노예 소녀에게 표출할 것이다.[67]

하렘의 모습

북아프리카와 유럽과 중동과 인도에 이르는 무슬림 통치자들은 수천 명의 성 노예들을 축적했다. 이슬람 전성기의 법원 관료들, 귀족들, 고위 장군들 및 지방 통치자들은 수십 명에서 수백 명 심지어 수천 명의 노예를 데리고 있었다. 무슬림 연대기 기록자들의 기록에 의하면 심지어 가난한 무슬림 가정들이나 일반 상점 주인들조차도 많은 노예를 데리고 있었다고 한다. 일반적으로 모든 가정집에 있는 젊은 여성 노예들은 그들의 주인들이 요구할 때 성관계를 제공해야 했다.[68]

이처럼 노예 여성들은 이슬람 율법에서 밀크야민으로 규정되기에 하렘 궁전에서 혹은 주인의 집에서 언제든지 성을 상납해야 했다.

2) 남자 노예: 거세당함

여자 노예에게 가해지는 인권 유린의 극치가 성적인 유린이라면 남자 노예에게 가해지는 인권 유린의 극치는 거세이다. 인도 이슬람 역사 전문가 칸(M. A. Khan)은 다음과 같이 이야기한다.

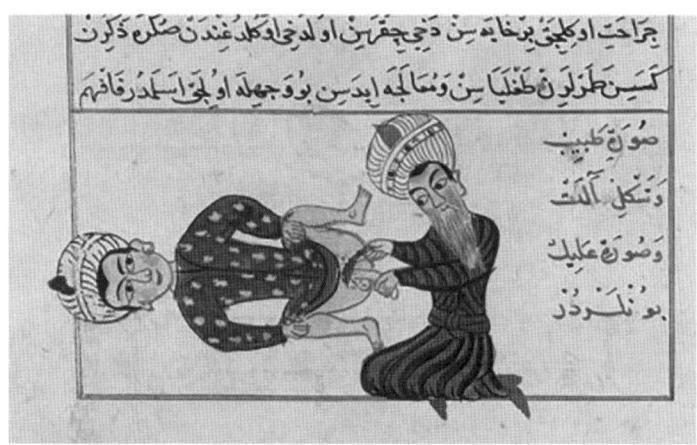

1446년 페르시아 학자 Sharaf ad-Din이 묘사한 거세의 모습(위키피디아)⁶⁹

아마도 이슬람 노예 제도의 가장 충격적인 장면은 남성 포로들의 거세였을 것이다. 노예가 된 아프리카 남성의 대다수는 이슬람 세계에서 그들이 팔리기 전에 거세되었다. 우리는 인도에서의 이슬람 지배의 시작부터 끝까지 남성 포로들에 대한 대규모 거세를 발견하였다. 심지어 최고 장군들인 말릭 카푸르(Malik Kafur)와 쿠스라우 칸(Khusrau Khan) 등도 거세되었는데, 이것은 인도에서 남성 포로들에 대한 거세가 널리 퍼져 있었음을 시사하는 것이다. 또한 유럽 노예들에 대한 거세도 널리 퍼져 있었다.⁶⁹

10세기 초 바그다드 칼리프는 그의 궁궐에 7천 명의 흑인 내시와 4천 명의 백인 내시를 데리고 있었다.⁷¹ 아랍 노예 무역은 일반적으로 거세된 남자 노예들을 거래했다. 8세에서 12세의 흑인 소년들은 음낭과 음경이 완전히 절단되었다. 보고에 따르면 거세를 당한 세 명 중 두 명은 사망했지만 살아남은 자들이 높은 가격을 얻었다.⁷²

거세는 남자가 태어나면서 가지고 있던 남성성의 제거이다. 그것은 가장 근본적인 정체성이기에 가장 소중한 것이다. 그런데 그것을 제거해 버리니 얼마나 처참한 인권 침해라 할 수 있겠는가? 거기다가 거세의 더욱 큰 비극은 거세 수술에서의 엄청난 사망률이었다. Koenraad Elst는 이렇게 말한다.

> 이슬람 문명은 전례 없는 규모로 노예 거세를 실제로 실행했다. 아프리카의 여러 도시는 내시를 만드는 실제 공장이었다. 수술에서 살아남은 자가 단지 1/4이기 때문에 그들은 값비싼 상품이었다.[73]

버나드 루이스는 "내시는 하렘의 보호와 유지를 위해 요구되었다. 주인이 신임하는 종으로서, 궁전 직원으로서, 모스크와 무덤과 다른 신성한 장소의 관리인으로서 필요로 했다"고 기록한다.[74]

칸(M. A. Kahn)은 이슬람 왕국에서 내시의 수요가 높았던 이유를 세 가지로 설명한다.

> 존 라핀(John Laffin)에 따르면 흑인 노예는 일반적으로 거세되었는데, 그것은 '흑인은 통제할 수 없는 성욕을 가졌다'는 가정에 근거한 것이라고 말했다.
>
> 인도에서 아프리카에 이르기까지 내시들은 특히 왕의 하렘을 지키는 일에 종사했다. 그들은 후궁 안팎으로 드나드는 남성과 여성의 통행을 감시하고, 하렘 여성들의 행동, 특히 불륜에 대해 통치자에게 몰래 알렸다. 하렘은 중세 시대 이슬람 왕국에서 왕의 가장 큰 부속기관이었다. 그 거대한 하렘을 돌보기 위해 수천 명의 내시가 필요했다.
>
> 내시의 수요가 높았던 두 번째 이유는, 거세된 남성의 경우 노년에 기대할 가족이나 자손에 대한 희망이 없었다. 따라서 그들은 늙었을 때 주인으로부터 호의와 부양을 얻기 위해 주인에게 더 큰 충성과 헌신을 보인다는 것이다. 성적 충동이 없는 거세된 노예는 일반적으로 성적으로 충동되는 이슬람 문화에서 상대적으로 쉽게 일하며 그들 자신을 주인에게만 바칠 수 있었다.

내시의 수요가 높았던 세 번째 이유는, 많은 무슬림 통치자들과 장군 및 귀족들의 동성애에 대한 열병이었다. 내시는, 대개 잘생긴 어린 소년으로서 ghilman이라고 불리며, 주인들의 육체적 방종을 위해 유지되었다. 내시들은 여자 같은 패션에 부유하고 매력적인 유니폼을 입으며, 종종 몸을 아름답게 꾸미고 향수를 발랐다.[75]

3) 신대륙 이주 노예와 이슬람 국가 노예의 차이점

인도의 이슬람 역사 전문가 칸(M. A. Kahn)은 유럽 사람들의 신대륙을 위한 노예와 이슬람 국가들 노예의 차이점을 이렇게 말한다.

> 이슬람 노예사냥의 주요 초점은 첩을 삼기 위해 여자들을 사로잡는 것으로 보인다. 왜냐하면 아프리카에서 이슬람 세계로 노예를 수송하기 위해 한 명의 남자 노예에 두 명의 여자 노예의 비율로 사로잡았기 때문이다. 유럽 사람들이 신대륙으로 노예들을 수송한 경우에는 한 명의 여자 노예에 두 명의 남자 노예의 비율로 수송했다.[76]

알릭 샤하다(Alik Shahadah)는 다음과 같이 말한다.

> 유럽 사람들은 서부 아프리카에서 남자들을 타깃으로 하였지만, 아랍 사람들은 동부 아프리카에서 주로 여성들을 타깃으로 하였다. 아랍 사람들은 여성들을 가정에서 가사일을 하

튀니지의 하렘에서 무기를 든 내시(1933년)[78]

기 위해서 혹은 젖먹이 보모들로서 혹은 하렘에서 성 노예를 삼기 위해서 포획해 갔다.

이슬람 세계는 내시에 대한 수요를 충족시키기 위해 남성 포로를 거세했다. 남성 노예를 대규모로 거세하는 관습을 정착시킨 것은 무슬림이었다. 이슬람 세계의 남성 노예 대부분, 특히 아프리카에서 포획된 노예들 대부분은 거세되었다.[78]

여기서 오늘날 미국이나 남미 나라들에서 살아가는 흑인 디아스포라 후예들과 이슬람 나라들에서 살아가는 흑인 후예들의 숫자를 비교해 보자. 앞에서 350년의 대서양 횡단 노예 무역 기간 동안 유럽 나라들이 아프리카 흑인을 노예로 삼은 인구와 이슬람 나라들이 아프리카 흑인을 노예 삼은 숫자가 1천 100만 명 정도로 비슷하다는 통계를 보았다. 그런데 신대륙에 잡혀 왔던 흑인들이 남긴 후손들은 오늘날 그 인구가 엄청나게 많다. 그들은 노예였지만 가정을 이루고 자녀를 낳아서 오늘날 큰 흑인 디아스포라 공동체를 이루어 살아가고 있다. 이에 비해 이슬람 나라들의 흑인 인구는 어떠한가? 이슬람 나라들에서 흑인 비율은 지극히 낮다. 간혹 흑인

수단 카르툼의 노예 시장(19세기, 위키피디아)[81]

혼혈 내국인을 발견하는 정도이지 토착 공동체를 이룬 곳은 거의 없다. 아랍 국가들도 그렇고 다른 이슬람 국가들도 마찬가지이다.

비슷한 숫자가 노예로 잡혀 왔는데도 그 후손의 숫자가 이렇게 차이 나는 이유는 무엇일까? 그것은 이슬람 나라들의 흑인 남자 노예들이 거세되므로 후세를 남기지 못했기 때문이다. 신대륙의 남녀 흑인 노예에게는 가정을 이루고 후대를 잇는 것이 허락됐지만, 이슬람 나라들의 노예에게는 그것이 허락되지 않았기 때문이다. 남자 노예는 거세되어 내시가 되고 여자 노예는 성 노예가 되어 둘 다 오로지 무슬림 주인의 기쁨만을 위해 살았기 때문이다.

이러한 운명은 흑인 노예뿐만 아니라 유럽에서 잡혀 온 유럽 노예들과 인도 노예들과 중앙아시아 및 중동의 카피르 노예들(중동에 사는 이슬람을 믿지 않는 유대인이나 기독교인들 가운데 노예된 자들)도 마찬가지였다.[80] 『동방견문록』을 기록한 마르코 폴로(Marco Polo, 1280년대)와 포르투갈 사람으로 인도에 대한 기행문을 기록한 Duarte Barbosa(1500년대)는 인도에서 대규모 거세를 하는 것을 목격했다고 기록한다. Abkar(1605년), Jahangir(1628년) 및 Aurangzeb(1707년)의 통치에서도 마찬가지였다. 그러므로 거세는 인도에서의 이슬람 통치 전반에 걸친 일반적인 관행이었다. 인도의 인구는 1000년 약 2억 명에서 1500년 1억 7천만 명으로 감소했는데 거세한 것이 어느 정도 기여했을 것이라고 한다.[81] 다른 이슬람 국가들도 마찬가지라고 볼 수 있다.

9. 군사 노예 제도: 맘룩

노예 제도는 꾸란과 하디스와 샤리아법에서 정당성을 확보하여 이슬람 사회의 견고한 신분 계급을 완성하게 되었다. 그런 가운데 노예 제도는 통치자나 기득권의 필요에 따라 변형 및 발전하게 되었고 새로운 시스템과 문화가 생기기도 했다. 앞에서 살펴본 남자 노예들이 거세되어 궁중 관리로 채용되는 것과 여자 노예들이 하렘에 채용되어 궁중 문화를 형성하는 것이 그 예라고 할 수 있다. 여기서는 노예 제도가 발전하여 국가의 엘리트 군사 계급을 형성한 맘룩(Mamluk, 맘루크라고도 함) 제도를 다루고, 다음 장에서는 어린이 노예 제도라 할 수 있는 데브쉬르메(Devshirme)에 대해서 살펴본다.

맘룩 보병과 베두인 군인(1804년). 사진의 맘룩 보병은 백인이다.

'맘룩'(Mamluk)이란 아랍어로 '소유된'의 의미로서, 노예로 잡혀 와서 주인에게 소유된 사람이란 말이다. 앞에서 지하드 전쟁의 포로로 잡혀오거나 팔려 와서 주인에게 소유된 노예를 '밀크야민'(milk yamīn)이라 했다. 그와 비교하여서 맘룩은 어린 시절에 잡혀 와서 군사 훈련 등을 받고 자라나 엘리트 계층에 속하게 된 사람들로서 '맘룩 용병'이라 부르기도 한다. 이들은 주로 중앙아시아와 소아시아 혹은 동부 유럽 지역에서 노예 상인에게 팔려 와서[IX] 이집트와 레반트 지역 등에서 엘리트 훈련을 받고 자라나 술탄 혹은 제국을 위해 중요한 직책을 감당하던 사람들이다.

IX 자료들은 주로 노예 상인에게 팔려 왔다고 설명하는데, 당시 동유럽 지역들에는 여전히 지하드 전쟁이 진행되고 있었기에 포로로 잡혀 온 경우도 있었다고 판단한다.

맘룩 제도는 주로 9세기 이후 생겨났다고 본다. 압바스 왕조 시대 아랍 사람들과 아랍 기사 계급들이 압바스 왕조에 대항함으로 압바스 왕조 사람들로부터 신뢰를 잃게 되자, 압바스 왕조 사람들은 자신들의 지위를 강화할 목적으로 맘룩을 사용하게 되는데 이것이 이 제도의 시작이었다.[83] 그 이후 맘룩들이 점점 군사적인 힘을 축적하여 여러 이슬람 나라에서 강력한 사회 계층이 되었다.

버나드 루이스는 다음과 같이 설명한다.

> 맘룩 자신들은 노예로 이집트에 와서 훈련받고 교육받았다. 처음 그들은 흑해 북부 해안 출신의 킵차크 터키인들이 주류를 이루었다. 그러다가 몽골 사막인들, 시르카스인을 중심으로 한 다른 부족 남자들, 때때로 그리스인, 쿠르드인, 심지어는 일부 유럽인들도 포함되었다.[84]

이들의 출신 지역이 중앙아시아와 흑해 지역 혹은 동부 유럽 지역이기에 이들은 피부색이 아프리카 흑인 노예들이나 이집트 등의 북아프리카인들과도 구별되었다. 그래서 사람들은 그들을 '백인 노예'(white slave)로 부르거나, 오늘날 아랍 사람들이 서양 백인들을 별칭하는 용어인 '카왜가'(khwāga)라 불렀다.[85]

『군사 노예와 이슬람』(*Slave Soldiers And Islam*)을 기록한 다니엘 파이프(Daniel Pipes)는 맘룩 제도를 '군사 노예'(military slave)라고 명칭하고 있다. 그는 맘룩 군사 노예는 다른 노예와 여러 가지 면에서 다르다고 하면서, 맘룩 군사 노예는 신중하게 선택되고, 목적을 가지고 어릴 때 취해지며, 군사적 훈련 및 교리 교육을 받고 나중에 전문 군사로 고용된다고 기술한다.[86]

15세기의 이집트 역사가 마끄리지(al-Maqrīzi)는 맘룩이 어떻게 교육받는 지를 다음과 같이 설명한다.

맘룩으로서 삶의 첫 번째 단계는 아랍어 읽기와 쓰기를 배우는 것이다. 그 다음으로 꾸란을 가르치는 사람에게 강제로 넘겨진다. 그 이후에는 이슬람 법률을 배우기 시작하고, 그리고 샤리아법의 예절을 배운다. 기도에 대한 훈련과 매일 지켜야 할 무함마드 선지자의 순나에 대한 교육이 중시된다. 맘룩은 선생 혹은 스승으로부터 엄격한 감시와 감독을 받는다. 만일 그가 이슬람 예절에 저촉되는 실수를 범한다면 그는 경고를 받은 뒤에 처벌을 받는다.[87]

시간이 지남에 따라 맘룩은 무슬림 통치자가 다스리는 다양한 사회에서 강력한 군사 엘리트 계급이 되었다. 이집트는 물론, 레반트 지역과 메소포타미아 지역 그리고 인도에 이르기까지 맘룩이 정치적, 군사적 힘을 가지게 되었다. 그래서 어떤 경우에는 그들이 술탄의 자리에 오르기도 하고 다른 지역에서는 아미르(Emirs) 혹은 Beys라고 하는 지역 권력을 보유하게 되었다.[88] 그리하여 정치적 군사적 힘을 소유하게 되었고, 결국에는 기존의 이슬람 왕조를 쫓아내고 스스로 권력을 차지하기까지 했다. 1250년 이집트는 아유브 왕조의 마지막 술탄이 죽자 혼란의 시기가 되었는데, 이때 맘룩 장군 바이바르스(Baybars)는 몽골에 대한 승리를 바탕으로 스스로 이

카이로에서의 맘룩의 학살(위키피디아)[89]

집트의 술탄이 되었다.[89]

이렇게 맘룩 제도는 9세기부터 발달하기 시작했고, 13세기에서 16세기에는 가장 강력한 영향력을 발휘했다. 특히 이집트에서 술탄이 된 바이바르스는 맘룩 왕조를 이루었는데, 이 왕조는 1250년부터 1517년까지 2세기 반 동안 계속되었다.

이집트의 맘룩 왕조 이후 오스만 터키 시대에는 맘룩 제도가 터키의 노예 제도인 Kul 제도에 흡수되어 그 특징이 유지되었다. 이집트에서는 맘룩 왕조가 망하고 오스만 터키의 지배를 받으면서도 여전히 맘룩들이 막강한 영향력을 발휘했으며, 19세기 초반까지 명맥을 유지하게 된다.

1천 년 동안이나 이슬람 세계에 존재해 오던 맘룩 제도는 슬픈 종말로 막을 내린다. 1801년 이집트 근대화의 아버지인 무함마드 알리는 오스만 제국으로부터 이집트의 통치자로 인정받게 된다. 집권한 이후 그는 자신의 태평성대를 방해하는 가장 큰 걸림돌을 맘룩 세력들로 보았다. 그래서 고민하던 그는, 1811년 어느 날 카이로의 요새(Citadel) 지역에서 군인들의 대형 시가행진을 계획하고 맘룩들 500여 명을 초청한다. 그들에게 정성껏 차와 음식을 대접하고 친숙한 대화를 끝낸 뒤 행진을 시작하려 했다. 행진을 위해서 그들은 요새로 둘러싸여 있는 좁고 긴 통로를 지나가야 했다. 그래서 맘룩들이 무리를 지어 지나가고 있는데 갑자기 앞뒤의 요새 문이 쾅 하고 닫혀 버렸다. 그때 성벽 위에 친위 군인들이 나타나 총부리를 맘룩들에게 향했다. 그날 요새에서 겨우 한 사람의 맘룩만 목숨을 건져서 시리아로 도망했고, 나머지는 모두 사살되었다. 그 이후 이집트 전국에서 3천여 명의 맘룩을 모두 제거했다. 이리하여 맘룩 제도는 역사의 뒤안길로 사라지게 되었다.[91]

한편 이집트 콥트 역사학자 아딜 긴디는 맘룩 왕조가 이집트를 통치하던 2세기 반, 즉 1250-1517년 동안이 이집트 콥트 기독교인에게는 가장 참혹했던 기간이라고 한다. 그가 설명하는 맘룩의 특징과 콥트 기독교인 박해에 대해서 다음 대담 내용을 보자.

살라흐 딘은 그가 전쟁을 치를 때 쿠르드 용병들에 의존해서 전쟁합니다. 십자군과의 전쟁에서 그들을 사용하여 예루살렘 등을 탈환합니다. 그러나 살라흐 딘의 자녀들은 유럽에서 노예들을 데리고 옵니다. 이 맘룩(Mamluk)들은 7살에서 10살 사이에 노예로 사로잡혀 온 아이들이었습니다. 그들 대부분은 지중해 동부와 남부 유럽의 기독교 나라들로부터 잡혀 왔습니다. 그리스와 현재의 유고슬라비아와 불가리아와 코카서스의 다른 지방들 등에서 사로잡혀 온 아이들입니다.

7살에서 10살 사이에 사로잡혀 온 아이들을 선택해서 어릴 때부터 군사적으로 종교적으로 양육합니다. 그래서 나중에는 괴물로 변화하는 것입니다. 일종의 프랑켄슈타인(Frankenstein, 괴물)이 되는 것이지요. 이 사람들이 군사 행동을 하는데요, 그들은 아주 악랄하고 극도로 폭력적이어서 사람 같지 않았습니다. 그들은 아주 이상한 사람들이었습니다. 그들이 아이유브 왕조 이후에 권력을 차지하여 250년 동안 이집트를 통치하였습니다.

그들은 간혹 왕권을 물려준 경우가 있지만 한두 대를 이어가지 못했고, 당대에 살해당하거나, 그다음에 모두가 살해되고 참수되었습니다. 서로가 참수하고 권력을 찬탈하고 지역을 찬탈하여 지역들을 분할하는 등 암흑의 시기였습니다. 심지어 이 시기인 200년 동안 이집트의 『교황들의 역사』[X]를 보면, 새로운 교황이 언제 취임하였는지 기록한 뒤에 재임 기간 내내 재앙과 학대와 피 흘림이 있었다고만 기록합니다. 그래서 그 기록이 단지 세 줄밖에 되지 않습니다(극심한 핍박으로 교황이 종교적 활동을 할 수 없었음을 보여 준다). 그 기간은 피의 강을 이룬 시기였습니다.[92]

우리는 맘룩 군사 노예들을 통해 이슬람 노예 제도의 또 다른 어두운 면을 본다. 노예가 된다는 것처럼 슬픈 운명이 어디 있을까? 포획되어 왔는

[X] 『교황들의 역사』는 싸위리스 이븐 무깟파아(Sawīris ibn-l-Muqaffaʿ, 영어 이름 Serverus Ibn al-Muqaffaʿ)가 쓴 콥트 교황들의 역사책이다.

지 팔려 왔는지 구분하는 것이 중요한 것이 아니다. 인간의 기본적인 선택권이 빼앗긴 상태에서 다른 사람이 자신의 운명을 결정하는 것처럼 억울한 일이 어디에 있을까? 그것도 어릴 때 노예가 되어 짐승처럼 훈련받고 자라나 괴물같은 사람이 되었다면 그 얼마나 통탄할 일인가? 자녀의 생사도 모르는 그들의 부모가 그 사실을 알고 있었다면 얼마나 가슴이 찢어졌을까?

10. 어린이 노예 제도: 데브쉬르메

데브쉬르메(Devshirme)는 14세기 말에 오스만 터키 제국에 의해 실행된 어린이 강제 선발과 개종 및 강제 교육 시스템으로서 이슬람 노예 제도와 맥을 같이하는 제도이다. 데브쉬르메(Devshirme)는 터키어로 '모음' 혹은 '수확'의 의미이다. 제국의 통치자인 술탄을 위해 군사와 행정 분야에서 일할 요원들을 양성할 목적으로 기독교인 자녀들을 강제로 징집하던 제도이다.

데브쉬르메 제도는 오스만 터키의 노예 시스템인 Kul 제도에서 발전한 것이다. 노예 제도는 오스만 터키 제국에서 합법적이었으며 제국의 경제를 운용하고 전통사회를 유지하는데 중요한 일부분이었다.[93] 오스만 터키 제국 초기에는 전쟁 포로와 국가가 산 노예들을 군사 및 행정 요원으로 훈련해서 사용했다. 이것이 Kul 시스템이다. 그러다가 14세기 말에 와서는 제국이 지하드 전쟁을 한 발칸 반도 지역의 기독교인 자녀들을 강제로 선발하여 술탄의 정권 유지를 위한 군사 및 행정 요원으로 훈련했는데 이것이 바로 데브쉬르메였다.

이들은 청소년기 이전 나이에 주로 모집되는 데 가장 이상적인 모집 나이는 8-10세이지만 8-14세가 주된 대상이었다. 데브쉬르메 아이들을 징집하기 위해 오스만 통치자는 발칸 반도의 기독교인들 마을에 군대를 파견한다. 세르비아, 그리스, 알바니아, 보스니아, 불가리아, 크로아티아 등의 마을에 침입하여 아이들을 선택하여 강제로 징집해 갔다.[94] 각 가정의 자녀들 다섯 명당 한 명을 징집해 갔고, 두 명 혹은 세 명을 징집하는 경우도 있었다.⁹⁵ 아이들이 도망가는 것을 방지하기 위해 빨간색 유니폼을 입히고 줄을 세워서 이스탄불까지 행진을 시켰다. 소년들이 이스탄불에 도착하면 그들에게 할례를 시행하고 이슬람으로 개종시키며 무슬림 이름을 주었다. 그 가운데 일부는 거세되어 내시가 되었다.⁹⁶

그들에게 체계적이고 강도 높은 교육이 실시되었다. 아랍어, 페르시아어, 터키어, 수학, 글쓰기, 이슬람, 말타기, 무기 다루는 법 등을 가르쳤다. 여러 단계의 훈련이 끝날 무렵에 소년들은 선발 및 승진 과정을 거쳤다. 이러한 궁전학교에서의 교육은 이슬람 세계에서 가장 엘리트 교육 중의 하나였으며, 그것의 목표는 높은 도덕뿐만 아니라 술탄에 대한 복종심을 배양하는 것이었다. 그들은 공로와 경력에 따라 경비원, 궁궐 문지기, 서기관, 지방 통치자, 군인이 되었고, 더 높게는 수상에까지 오를 수 있었다. 그들은 중앙 정치에 아무런 인맥이 없기에 다른 귀족들과 결탁하지 않고

기독교 소년들이 빨간색 옷을 입은 채 훈련받는 모습(위키피디아)⁹⁸

오로지 술탄을 위해 충성하는 인재가 되었다. 그래서 술탄이 이들을 신뢰하고 등용하게 되었다. 소년들은 본질적으로 국가 노예였지만, 오스만 제국에서 그들에게 높은 고위직에 이르는 특권을 주게 되자 사람들은 이를 큰 영예로 여기게 되었다.[97]

한편 오스만 터키 술탄의 친위 보병을 일컫는 용어인 예니체리(Janissary)는 터키어로 '새로운 군인'이란 의미인데, 이 군대는 데브쉬르메 제도에 의해 양성된 기독교인 자녀들로 구성되었다.[98]

데브쉬르메 제도로 인해 훈련된 사람들이 영예로운 직책을 얻게 되자 보스니아와 알바니아 기독교인 가정 중 일부가 자녀들의 출세를 위해 자발적으로 자녀를 보냈다는 기록이 있다고 한다. 더 나아가 무슬림 가정들 가운데서도 자녀들을 기독교인 소년들 속에 집어넣어서 보낸 경우가 있다고 한다.[100] 이러한 기록이 있음으로 인해 오늘날 터키인들 가운데는 데브쉬르메로 징집되는 것이 오히려 자랑스러운 일이었다고 하는 사람이 있다. 그것은 강제성이 없었고, 그래서 노예 제도와는 거리가 멀다고 주장하는 것이다.

그러나 기독교인 가정이 자원해서 자녀를 보낸 경우는 지극히 일부라고 여겨진다. 거의 대부분의 경우 그들은 강제로 징집되어 부모곁을 떠났으며, 강제로 훈련을 받고 강제 개종을 당했다. 다음 증언들을 보면 그러한 내용이 확실해진다.

다음은 16세기 오스만 터키의 역사가 사데딘(일명 호자 에펜디)이 데브쉬르메에 대해 기술한 내용이다. 버나드 루이스가 기록한 『중동의 역사』에 기록된 것을 인용한다.

> 가장 유명한 왕 … 그는 장관들과 숙의를 하고 있었다. 그 결과는 미래를 위해 이교도(카피르)의 자녀 중에서 (국가에) 봉사할 수 있는 용감하고 부지런한 젊은이를 뽑는 것, 그리고 그들이 이슬람 신앙을 받아들이게 함으로써 그들을 비귀족화시킨다는 것이었다. 이것은 그들을 부유하고 종교적으

로 만들어주는 수단이 되고, 이교도를 복속시키는 강력한 기반이 된다. 이를 실행하기 위해서 왕이 지명한 몇몇 사람들이 명을 받고 여러 나라로 가서, **천 명에 달하는 이교도(카피르, 필자 역) 소년들을 모은다. 그들은 외인부대 방식으로 교육과 훈련을 받아야 한다.** 그들은 그렇게 하여 종교인들과 교분을 쌓고, 유일신 신앙을 계속 지킨다. **이슬람의 빛이 그들의 가슴에 파고들어 그들은 잘못된 믿음의 오염으로부터 정화될 것이다.** … 그들의 급료는 처음에는 일당으로 1아사퍼(Asper)가 책정되었으나, 능력과 자질에 따라서 늘어났다. 그들은 통상 예니체리(Janissary, 즉 신군인)라는 이름으로 알려졌다. 전쟁에서 용맹성과 전투에서 뛰어난 기량을 보였기 때문에, 그들의 도움으로 대부분의 유명한 왕들이 큰 명성을 얻었다. 한편 세속적인 직무에서도 그들은 뛰어난 성취를 이루었다. 따라서 진심으로 이를 원하는 사람들은 그들의 자식을 받아주도록 간청했다. 그리하여 **이런 방식으로 짧은 기간에 수천 명의 이교도(카피르, 필자 역)들이 이슬람 신앙의 영광을 안았다.**[101]

위의 기록에서 '이교도'란 당연히 기독교인이며 아랍어로 '카피르'를 말한다. 이 기록에서 그들이 데브쉬르메 제도를 실행한 목적과 과정이 분명하게 기록되어 있다. 궁극적 목적은 그들을 국가에 봉사하는 용감하고 부지런한 젊은이로 키우는 것이었다. 그것을 위한 표면적 목적은 그들을 강제로 선발하여 외인부대 방식으로 교육과 훈련을 시키고, 그들을 이슬람으로 개종시켜 이슬람의 빛이 그들의 가슴에 파고들게 하는 것이었다. 여기에서 그들이 캠페인을 할 때마다 천명에 가까운 어린이들이 강제 징집되고 그들이 강제로 개종되며 강제로 훈련됨을 파악할 수 있다.

소년들이 데브쉬르메로 강제로 징집되는 과정을 묘사한 당시의 다른 기록도 있다. 16세기 프랑스인 여행가이자 화가인 Andre Thevet이 1575년에 기록한 『보편적인 우주』(la cosmographie universelle)라는 책에서 기록하는 내용이다.

16세기 프랑스인 여행가이자 화가인 Andre Thevet의 그림(1575년)
기독교 마을에서 아이들이 줄에 묶여 끌려가고 있다.[104]

그렇다면 데브쉬르메 시스템이 오스만 터키가 침략한 발칸 반도 지역의 기독교인들에게 얼마나 큰 고통을 가져왔을까? 어린 자녀를 자신의 의사와 상관없이 빼앗기는 부모의 마음은 어떠했을까? 다음은 1395년 데살로니가 주교 이시도레 글라바스(Isidore Glabas)가 1395년에 그의 교회에서 행한 설교의 내용이다. 이 설교에서 1387년 이후 터키가 그의 도시의 사람들에게 부과한 데브쉬르메에 대해 생생하게 묘사하고 있다.

자신이 낳아서 키운 자식이 낯선 사람의 손에 갑자기 강제적으로 붙잡혀 가서, 강제적으로 외국 관습에 적응해야 하고, 한순간에 야만인의 복장과 야만인의 언어 그리고 야만인의 경건한 그릇이 되는 것이 얼마나 고통스럽겠습니까?

...

무엇이 아버지를 애통하게 합니까? 아버지 그 자신으로 인해 애통합니까? 아니면 그의 아들로 인해 애통합니까? 단지 아버지 자신의 노년을 돕기 위한 도우미(아들을 의미)를 빼앗겼기 때문입니까? 혹은 아버지 자신의 눈에 있던 빛(아들을 의미)이 사라졌기 때문입니까? 혹은 아버지가 죽은 이후 그의 무덤에서 그를 위해 장례식을 치를 아들이 없기 때문입니까?

...

아니면 아버지는 아들로 인해 애통합니까? 자유인이던 아들이 노예가 된 것 때문 아닙니까? 고귀하게 태어난 아들이 강제적으로 야만적인 관습에 입양된 것 때문 아닙니까? 아버지와 어머니의 손에 아주 순하게 길러진 그 아이가 앞으로 야만적인 잔인성으로 채워지게 될 것으로 인한 것 아닙니까? 교회의 아침 예배에 출석하고 거룩한 스승들을 자주 방문하던 그 아들이 이제 자신의 동족들을 살해하기 위해 밤을 보내는 것과 그 외 다른 것들을 배울 것이기 때문 아닙니까?[104]

또 다른 기록이다. 다음은 16세기에 13년 동안 오스만 터키의 노예로 살았던 헝가리 사람인 Bartholomew Georgiewitz가 기록한 것이다.

기독교인들이 터키의 통치 아래에서 짊어져야 할 다른 세금 부담 이외에 때때로 그들은 가장 준수한 자손을 터키 사람들에게 빼앗겼습니다. 터키 사람들은 아이들을 부모와 분리해서 그들에게 무술을 가르치곤 했습니다. 이 아이들은 강제로 납치되어서 그들의 부모에게 다시는 돌아오지 않습니다. 그들은 기독교 종교로부터 소원하게 되고, 점점 신앙과 부모와 형제자매 그리고 모든 혈육을 잊게 됩니다. 그 결과 나중에 그들이 부모를 만나더라도 그들은 부모를 알아보지도 못하게 됩니다.
저는, 그들의 자녀들이 부모 가슴과 친지들의 붙잡은 손으로부터 떨어질 때 그들의 부모들이 겪는 고통과 슬픔 그리고 울부짖음을 묘사할 적당한 단어들을 찾지 못하겠습니다.

이제 겨우 자녀들에게 기독교에 대해 가르치기 시작한 부모들에게 가장 어려운 상상은, 악한 자들이 곧 자신의 자녀들을 자신들 조상의 종교(기독교)로부터 멀어지게 하고, 그 자녀들을 기독교인들의 끔찍한 원수가 되게 하는데 성공하는 것입니다.[105]

오늘날 무슬림은 데브쉬르메를 그들이 출세하여 영예로운 직위를 얻은 부분만 보고 그것에 대한 문제의식을 가지지 못한다. 그러나 데브쉬르메는 분명 비인간적이고 반인륜적이며 야만적인 제도이다. 부모의 의사와 자녀의 의지에 반한 강제 납치이고 인권 침해이기에 그것의 결과가 아무리 영예로운 것이라 하더라도 비판을 받을 수밖에 없다.

11. 계속되는 노예 제도

이슬람 국가들은 20세기 중후반에 국제 사회의 강한 압박에 의해서 마지못해 노예 제도를 폐지했다. 그래서 공식적으로는 노예 제도가 폐지되었다. 그러나 지금까지 보았듯이 그것은 1,400년 내내 이어져 내려오는 뿌리 깊은 관습이었다. 그래서 아직도 그 흔적이 어른거린다. 아랍권 미디어와 Ex 무슬림들의 증언에 따르면 아프리카의 이슬람 국가인 모르타니아, 수단, 차드 등의 나라들에서 현재까지도 노예를 거래하는 곳들이 있다고 한다. 또한 IS나 보코하람 등의 극단주의자들이 점령한 지역에서 노예를 삼고 거래하는 일이 자행되고 있다.

2019년 12월 1일 alJazeera.net이 보도한 기사이다. 모르타니아 여인 29살 마브루카는 자신이 어릴 때부터 알고 지내던 다른 가족과 여행을 갔다고 한다. 그런데 그 가족이 그녀를 아무도 모르는 곳에 데리고 가서 그녀를 4년 동안 노예로 부렸다고 한다. 그녀는 그곳에서 쉼도 없고 보수도 없이 온갖 집안일을 다 했다고 한다. 그 뒤 그곳을 빠져나와 법원에 고발했고, 법원은 그 가장에게 징역 15년형을 선고했다.[106] 2012년도에는 모르타니아 라디오 방송에서 사우디의 쉐이크가 모르타니아 노예 시장에서 여인들을 노예로 구입해 가는 증언이 나오기도 했다.[107]

또 다른 경우는 아랍 국가들 가운데 부유한 나라들에서 주로 일어나는 일들이다. 아랍 국가들에는 오일 달러를 벌기 위해 가정부로 일을 하는 동남 아시아 여성들이 많이 있다. 이들이 받는 열악한 처우는 둘째 치고 주인으로부터 성적 학대를 받았다는 뉴스들을 듣곤 한다. 어떤 경우는 성적 학대가 지나쳐 살해 사건으로 이어지는 경우들도 있다. 영어로 뉴스를 검색하면 이런 예들을 찾을 수 있다. 이 또한 아랍 사람들이 밀크야민을 다루던 뿌리 깊은 관습과 관련이 있다고 볼 수 있다.[108]

마지막으로, 오늘날 이슬람 나라들의 무슬림들은 노예 제도에 대해서 어떻게 생각할까? 노예 제도가 공식적으로 폐지되었기 때문에 모든 무슬림이 노예 제도를 반대할까? 윤리적으로 비난받는 나쁜 제도라고 생각하고 과거 이슬람의 노예 제도에 대해 반성하고 있을까? 애석하게도 상황은 그렇지 않다.

이에 대한 반응은 두 가지 형태이다. 온건주의 무슬림은 이슬람의 노예 제도를 깊이 있게 알지 못한 채 그것을 부인하거나 합리화 한다. 그들은 꾸란과 하디스의 내용을 현대적으로 해석하여 '노예제도는 정의와 평등을 촉구하는 이슬람의 원리와 맞지 않다'고 생각한다.[109] 그래서 이슬람에는 노예 제도가 있을 수 없다며 애써 부인한다. 그들 가운데는 이슬람은 노예를 가장 먼저 해방한 종교라고 하는 사람이 많다.

이와는 반대로 극단주의 무슬림들은 오늘날도 노예 제도가 알라의 뜻이고 알라의 명령이라고 주장한다. 이슬람의 질문과 대답(islamqa.info)[XI]이란

[XI] 이 사이트는 Muhammad Salih Al-Munajjid란 사우디의 율법학자가 운영하는데, 알자지라 방송은 그를 존경받는 살라피 운동의 학자로 평가받는다고 기록하고 있다.

유명한 사이트에서 한 젊은이가 "밀크야민이 오늘까지 존재합니까?"란 질문을 했다. 거기에 대한 답변(파트와)은 우리를 끝까지 놀라게 한다.

그것은 합법적인 것이고 그래서 받아들여야 합니다. 이것이 무슬림의 상황입니다. 만일 알라와 그의 메신저가 명령하면 우리는 "듣고 복종합니다"라고 말해야 합니다. 그래야 믿는 것이고 그를 기쁘시게 하는 것이며, 그것이 진리를 아는 것입니다. 주님께서 말씀하십니다.
◆ 그러나 믿는 자들이 알라와 그의 메신저로부터 부름을 받아 그(무함마드)가 그들을 판결할 때 믿는 자들은 말하길 "저희는 듣고 복종합니다"라고 하더라. 누구든지 알라와 그의 메신저에게 복종하고 알라를 두려워하며 경외하는 자들이 승리자이니라(꾸란 24:51-52).
여자 노예를 소유하고 그녀들과 성관계 하는 것은 꾸란과 무함마드의 순나와 무함마드 동료들의 모범과 무슬림의 합의에서 허락하는 것입니다.[110]

인터넷에서 아랍어로 검색하면 위의 파트와와 같은 내용들을 쉽게 발견할 수 있다. 그렇다. 이것이 이슬람의 본질적인 모습이다. 꾸란과 하디스에 기록되어 있는 것은 아무리 시대가 바뀌어도 그대로 지켜야 하는 그들의 거룩한 계명인 것이다. 따라서 원리주의 이슬람은 이라크의 IS처럼 여건만 갖추어지면 언제든지 노예 제도를 실행하려고 할 것이다.

아프리카 흑인 노예들과 아랍 상인들[109]

탄자니아의 노예 무역항 Zanzibar 노예 시장(1860년, 위키피디아)[113]

미주

1. Ladeeni Masry, Limādha Tarkt al-Islām(왜 나는 이슬람을 떠났는가?), https://www.youtube.com/watch?v=2pF8dolnbQg, 2020년 6월 5일.
2. http://www.nationalarchives.gov.uk/slavery/about.htm, 2020년 6월 5일.
3. http://www.nationalarchives.gov.uk/slavery/about.htm, 2020년 6월 5일.
4. Egon Flaig, *Weltgeschichte der Sklaverei*(세계 노예 제도의 역사), pp. 83-123; https://www.jstor.org/stable/j.ctv1168t4p, 2020년 6월 5일.
5. Hamed Abd Samad, Ṣandūq al-'Islām(이슬람의 상자) 제140편 Tārīkh al-'Ubūdiyyah fi al-Islām Mundhu Muhammad Ḥatta Dā'ish(무함마드에서 IS까지 이슬람 노예 제도의 역사), https://www.youtube.com/watch?v=Qg-3-QqvEbc&t=1s, 2020년 6월 4일.
6. https://en.wikipedia.org/wiki/Arab_slave_trade#cite_note-Talhami-19, 2020년 7월 14일.
7. https://en.wikipedia.org/wiki/History_of_slavery_in_the_Muslim_world, 2020년 6월 5일.
8. https://mufakerhur.org/القرآن-والعبودية-أصنب-أو-أية/, 2020년 6월 5일.
9. Hamed Abd Samad, Ṣandūq al-'Islām(이슬람의 상자) 제140편 Tārīkh al-'Ubūdiyyah fi al-Islām Mundhu Muhammad Ḥatta Dā'ish(무함마드에서 IS까지 이슬람 노예 제도의 역사), https://www.youtube.com/watch?v=Qg-3-QqvEbc&t=1s, 2020년 6월 4일.

10 Mulufi bin Ḥasan al-Shahari, *Ḥaqīqtu al-Dārīn Dar al-Islām wa-Dar al-Kufr*(이슬람의 집과 불신의 집의 진실), p. 115.
11 https://mawdoo3.com/ام_معنى_كلمة_اليمين_في_الإسلام, 2020년 7월 1일.
12 Bernard Lewis, *Race and Slavery in the Middle East: An Historical Enquiry* (Kindle Locations 160-161), Kindle Edition.
13 John Allembillah Azumah, *The Legacy of Arab-Islam in Africa: A Quest for Inter-religious Dialogue* (Oneworld Publications, Kindle Edition, 2014).
14 al-'Akh Rashid, Su'āl Jarī'(용감한 질문) 제100편 ar-Riqq wal-'Ubūdiyyah bayna al-Islām wal-Masīḥyyah(이슬람과 기독교에서 노예 제도), https://www.youtube.com/watch?v=9X6tb4cVHVU&t=392s, 2020년 6월 5일.
15 al-'Akh Rashid, Su'āl Jarī'(용감한 질문) 제100편 ar-Riqq wal-'Ubūdiyyah bayna al-Islām wal-Masīḥyyah(이슬람과 기독교에서 노예 제도), https://www.youtube.com/watch?v=9X6tb4cVHVU&t=392s, 2020년 6월 5일.
16 https://www.youtube.com/watch?v=GRIU9g1arEE, 2020년 6월 5일.
17 al-Muṣannaf li-Ibn Abi Shaybah, Vol 7, pp. 185-186.
18 al-kitāb al-Muṣannaf al-'Aḥādīth wal-'Āthār, Vol 4, p. 294.
19 al-Muṣannaf li 'Abd al-Rizāq, Vol 7, p. 286.
20 al-Muṣannaf li 'Abd al-Rizāq, Vol 7, p. 286.
21 https://www.irfaasawtak.com/a/isis-salvery-iraq-yazidi/450873.html, 2020년 6월 6일.
22 https://www.dostor.org/854369, 2020년 6월 21일.
23 http://news.chosun.com/site/data/html_dir/2017/06/30/2017063002984.html, 2020년 6월 6일.
24 http://news.chosun.com/site/data/html_dir/2016/06/07/2016060701612.html, 2020년 6월 6일
25 Ibn Manẓūr, Lisān al-'Arab (Cairo: al-Hay'atu al-Miṣrriyyatu al-'Āmmatu lil-Kitāb, 2013), Vol 3-4; 'Aḥmad Mukhtār 'umar, Mu'jam al-Lughati al-'Arabiyyati al-Mu'āṣirati (Cairo: 'Alām al-Kutub, 2008)
26 Hamed Abd Samad, Ṣandūq al-'Islām(이슬람의 상자) 제46편 이슬람과 성, https://www.youtube.com/watch?v=R9opKBsEHFA, 2020년 6월 11일
27 al-'Akh Rashid, Su'āl Jarī'(용감한 질문) 제100편 ar-Riqq wal-'Ubūdiyyah bayna al-Islām wal-Masīḥyyah(이슬람과 기독교에서 노예 제도).
28 Hamed Abd Samad, Ṣandūq al-'Islām(이슬람의 상자) 제140편, Tārīkh al-'Ubūdiyyah fi al-Islām Mundhu Muhammad Ḥatta Dā'ish(무함마드에서 IS까지 이슬람 노예 제도의 역사), https://www.youtube.com/watch?v=Qg-3-QqvEbc&t=1s, 2020년 6월 4일.
29 Ibn Qayyim al-Jawziyya, Provisions for the Hereafter(Zad al-Ma'ad fi Haydi Khairi-l 'bad), translated by Jalal Abulrub, vol 1, Orlando (Florida: Madinah Publishers and Distributors, 2003), pp. 197-200; https://ar.wikisource.org/wiki/البداية_والنهاية/الجزء_الخامس/إمامه_عليه_السلام, 2020년 6월 1일; https://ar.wikisource.org/wiki/البداية_والنهاية/الجزء_الخامس/باب_ذكر_عبيده_عليه_الصلاة_والسلام_وإمائه_وخدمه_وكتابه_وأمنائه, 2020년 6월 1일.
30 https://mawdoo3.com/ام_معنى_كلمة_اليمين_في_الإسلام, 2020년 6월 6일.
31 https://sotor.com/حكم_السبي_في_الإسلام, 2020년 6월 6일.

32 하메드 압드엘-사마드, 『무함마드 평전』(서울: 한스미디어, 2016), p. 198.
33 2020 السلام عليه_وامام/سـ/الخامس الجزء/ةيواهانية واديابلا/wiki/https://ar.wikisource.org
년 5월 26일; ذكر_باب/سـ/الخامس الجزء/ةيواهانية واديابلا/wiki/https://ar.wikisource.org;
ع ديبـ هيلع_الصالة والسلام_واماهم_وخدمهم_هباتكتو_أنمهئا 2020년 5월 26일; https://
www.coptichistory.org/untitled_5711.htm, 2020년 5월 26일.
34 Ibn Qayyim al-Jawziyya, *Provisions for the Hereafter(Zad al-Ma'ad fi Haydi Khairi-l 'bad)*, translated by Jalal Abulrub, vol 1. Orlando (Florida: Madinah Publishers and Distributors, 2003), pp. 197-200; https://www.coptichistory.org/untitled_5711.htm; 2020년 5월 26일; Hamed Abd Samad, Ṣandūq al-'Islām(이슬람의 상자) 제140편 Tārīkh al-'Ubūdiyyah fi al-Islām Mundhu Muhammad Ḥatta Dā'ish(무함마드에서 IS까지 이슬람 노예 제도의 역사), https://www.youtube.com/watch?v=Qg-3-QqvEbc&t=1s, 2020년 6월 4일; M. A. Khan, *Islamic Jihad*, p. 235.
35 https://www.coptichistory.org/untitled_5711.htm, 2020년 5월 26일.
36 Hamed Abd Samad, Ṣandūq al-'Islām(이슬람의 상자) 제140편 Tārīkh al-'Ubūdiyyah fi al-Islām Mundhu Muhammad Ḥatta Dā'ish(무함마드에서 IS까지 이슬람 노예 제도의 역사), https://www.youtube.com/watch?v=Qg-3-QqvEbc&t=1s, 2020년 6월 4일.
37 Vantini G, *Christianity in the Sudan* (Bologna: EMI, 1981), pp. 65-67; M. A. Khan, *Islamic Jihad* (iUniverse Book, 2009), p. 217에서 재인용.
38 Ibn Athīr Vol 4, p. 295; Hamed Abd Samad, Ṣandūq al-'Islām(이슬람의 상자) 제140편 Tārīkh al-'Ubūdiyyah fi al-Islām Mundhu Muhammad Ḥatta Dā'ish(무함마드에서 IS까지 이슬람 노예 제도의 역사), https://www.youtube.com/watch?v=Qg-3-QqvEbc&t=1s, 2020년 6월 4일; M. A. Khan, *Islamic Jihad* (iUniverse Book, 2009), p. 217.
39 Hamed Abd Samad, Ṣandūq al-'Islām(이슬람의 상자) 제140편 Tārīkh al-'Ubūdiyyah fi al-Islām Mundhu Muhammad Ḥatta Dā'ish(무함마드에서 IS까지 이슬람 노예 제도의 역사), https://www.youtube.com/watch?v=Qg-3-QqvEbc&t=1s, 2020년 6월 4일; M. A. Khan, *Islamic Jihad* (iUniverse Book, 2009), p. 217.
40 M. A. Khan, *Islamic Jihad* (iUniverse Book, 2009), pp. 209-221.
41 M. A. Khan, *Islamic Jihad* (iUniverse Book, 2009), p. 228.
42 Hamed Abd Samad, Ṣandūq al-'Islām(이슬람의 상자) 제140편 Tārīkh al-'Ubūdiyyah fi al-Islām Mundhu Muhammad Ḥatta Dā'ish(무함마드에서 IS까지 이슬람 노예 제도의 역사), https://www.youtube.com/watch?v=Qg-3-QqvEbc&t=1s, 2020년 6월 4일.
43 https://en.wikipedia.org/wiki/Arab_slave_trade#/media/File:Zanzslgwch.jpg, 2020년 6월 6일.
44 Murray Gordon, *Slavery in the Arab World* (New York: New Amsterdam Books, 1989), ix.
45 Bernard Lewis, *Race and Slavery in the Middle East: An Historical Enquiry* (Kindle Locations, 235-241), Kindle Edition.
46 Murray Gordon, *Slavery in the Arab World* (New York: New Amsterdam Books, 1989), p. 65.
47 https://en.wikipedia.org/wiki/Arab_slave_trade#cite_note-Talhami-19, 2020년 6월 6일.
48 https://en.wikipedia.org/wiki/Zanj_Rebellion, 2020년 6월 21일.
49 M. A. Khan, *Islamic Jihad* (iUniverse Book, 2009), p. 244

50 Ronald Segal, *Islam's Black Slaves* (New York: Farrar, Straus and Giroux, 2002), p. 59; M. A. Khan, *Islamic Jihad* (iUniverse Book, 2009), p. 244에서 재인용.
51 https://www.youtube.com/watch?v=0goqyMnJgsg, 2020년 6월 21일.
52 M. A. Khan, *Islamic Jihad* (iUniverse Book, 2009), p. 255.
53 M. A. Khan, *Islamic Jihad* (iUniverse Book, 2009), p. 255.
54 David Livingstone, "The Last Journals of David Livingstone in Central Africa, from 1865 to His Death: Continued by a Narrative of His Last Moments and Sufferings, Obtained from His Faithful Servants, Chuma and Susi", Cambridge University Press, 15 September 2011. pp. 56, 62. Retrieved 25 April 2019; https://en.wikipedia.org/wiki/Arab_slave_trade, 2020년 6월 6일.
55 Johann Burckhardt, "Travels in Nubia, by John Lewis Burckhardt", Ebooks.adelaide.edu.au. 2015-08-25. Retrieved 2016-03-23; https://en.wikipedia.org/wiki/Arab_slave_trade, 2020년 6월 6일.
56 https://en.wikipedia.org/wiki/Arab_slave_trade, 2020년 6월 6일.
57 M. A. Khan, *Islamic Jihad* (iUniverse Book, 2009), p. 219.
58 Murray Gordon, *Slavery in the Arab World* (New York: New Amsterdam Books, 1989), ix.
59 http://www.slaveryimages.org/s/slaveryimages/item/3006, 2020년 6월 22일.
60 Murray Gordon, *Slavery in the Arab World* (New York: New Amsterdam Books, 1989), p. 79.
61 M. A. Khan, *Islamic Jihad* (iUniverse Book, 2009), p. 236.
62 M. A. Khan, *Islamic Jihad* (iUniverse Book, 2009), p. 237.
63 Bernard Lewis, *Race and Slavery in the Middle East: An Historical Enquiry* (Kindle Locations, 241-244), Kindle Edition.
64 Bernard Lewis, *The Middle East* (London: Phoenix), p. 209.
65 M. A. Khan, *Islamic Jihad* (iUniverse Book, 2009), p. 237.
66 M. A. Khan, *Islamic Jihad* (iUniverse Book, 2009), p. 237.
67 M. A. Khan, *Islamic Jihad* (iUniverse Book, 2009), p. 237.
68 M. A. Khan, *Islamic Jihad* (iUniverse Book, 2009), p. 237.
69 M. A. Khan, *Islamic Jihad* (iUniverse Book, 2009), p. 255
70 https://en.wikipedia.org/wiki/Castration#Islam, 2020년 8월 19일.
71 Ronald Segal, *Islam's Black Slaves* (New York: Farrar, Straus and Giroux, 2002); https://en.wikipedia.org/wiki/Castration, 2020년 6월 6일.
72 Jean D. Wilson, Claus Roehrborn (1999), "Long-Term Consequences of Castration in Men: Lessons from the Skoptzy and the Eunuchs of the Chinese and Ottoman Courts", The Journal of Clinical Endocrinology & Metabolism, 84 (12): 4324–4331. doi:10.1210/jcem.84.12.6206. PMID 10599682; https://en.wikipedia.org/wiki/Castration, 2020년 6월 6일.
73 M. A. Khan, *Islamic Jihad* (iUniverse Book, 2009), p. 255.
74 Bernard Lewis, *Race and Slavery in the Middle East: An Historical Enquiry* (Kindle Locations, 241-244), Kindle Edition.
75 M. A. Khan, *Islamic Jihad* (iUniverse Book, 2009), p. 239.

76 M. A. Khan, *Islamic Jihad* (iUniverse Book, 2009), p. 237.
77 https://africanholocaust.net/islamafrica/arabslavetrade/, 2020년 6월 6일.
78 M. A. Khan, *Islamic Jihad* (iUniverse Book, 2009), p. 240
79 https://www.livescience.com/23406-eunuchs-may-outlive-other-men.html, 2020년 6월 6일.
80 M. A. Khan, *Islamic Jihad* (iUniverse Book, 2009), p. 240.
81 M. A. Khan, *Islamic Jihad* (iUniverse Book, 2009), p. 240.
82 https://en.wikipedia.org/wiki/Arab_slave_trade#/media/File:Slave_market_Khartoum_19th_c.png, 2020년 6월 6일.
83 https://en.wikipedia.org/wiki/Mamluk_dynasty_(Delhi), 2020년 7월 1일.
84 버나드 루이스, 『중동의 역사』 (서울: 까치글방, 2001), p. 112.
85 Daniel Pipes, *Slave Soldiers And Islam* (New Haven and London: Yale University Press, 1981), p. 5; https://www.aljazeera.net/midan/intellect/history/2020/2/25/أصول-تعريف-المماليك, 2020년 7월 1일.
86 Daniel Pipes, *Slave Soldiers And Islam* (New Haven and London: Yale University Press, 1981), p. 23.
87 https://www.facebook.com/notes/قرأت-تعريف-أصول-نشأه-مه-المماليك/1638320526256193/, 2020년 7월 1일.
88 https://en.wikipedia.org/wiki/Mamluk, 2020년 7월 1일.
89 버나드 루이스, 『중동의 역사』 (서울: 까치글방, 2001), p. 112.
90 https://en.wikipedia.org/wiki/Muhammad_Ali%27s_seizure_of_power#/media/File:Masakra_mameluków.jpg, 2020년 7월 14일.
91 https://www.historytoday.com/archive/mamelukes-are-massacred-egypt, 2020년 7월 1일.
92 al-'Akh Rashid, Su'āl Jarī'(용감한 질문) 제339편 이슬람의 이집트 침입 (상), https://www.youtube.com/watch?v=F17Rfv0tTQk, 2020년 7월 1일.
93 https://en.wikipedia.org/wiki/Slavery_in_the_Ottoman_Empire, 2020년 7월 1일.
94 https://en.wikipedia.org/wiki/Janissary, 2020년 7월 1일; https://www.youtube.com/watch?v=-_-Evx9aRlo, 2020년 7월 1일.
95 Bat Yeor, *The Decline of Eastern Christianity under Islam from Jihad to Dhimmitude* (Fairleigh Dickinson University Press, 2010), p. 114.
96 http://gloriaromanorum.blogspot.com/2016/12/the-ottoman-turkish-practice-of.html, 2020년 7월 1일.
97 https://en.wikipedia.org/wiki/Devshirme, 2020년 7월 1일.
98 https://en.wikipedia.org/wiki/Janissary, 2020년 8월 18일.
99 https://en.wikipedia.org/wiki/Devshirme#/media/File:Janissary_Recruitment_in_the_Balkans-Suleymanname.jpg, 2020년 6월 22일.
100 https://en.wikipedia.org/wiki/Devshirme, 2020년 7월 1일.
101 버나드 루이스, 『중동의 역사』 (서울: 까치글방, 2001), pp. 116-117.
102 Bat Yeor, *The Decline of Eastern Christianity under Islam from Jihad to Dhimmitude* (Fairleigh Dickinson University Press, 2010), p. 114.
103 https://gallica.bnf.fr/ark:/12148/btv1b8626691v/f723.item.zoom, 2020년 6월 22일.
104 Speros Vryonis, Jr., "Isidore Glabas and the Turkish Devshirme", Speculum (Jul., 1956),

pp. 436-437.
105 Ivo Andric, The Development of Spiritual Life in Bosnia under the Influence of Turkish Rule (1990), http://gloriaromanorum.blogspot.com/2016/12/the-ottoman-turkish-practice-of.html에서 재인용, 2020년 6월 19일.
106 https://www.aljazeera.net/news/humanrights/2019/12/1/%D8%A7%D9%84%D8%B9%D8%A8%D9%88%D8%AF%D9%8A%D8%A9-%D9%81%D9%8A-%D9%85%D9%88%D8%B1%D9%8A%D8%AA%D8%A7%D9%86%D9%8A%D8%A7, 2020년 6월 6일.
107 https://www.radiosawa.com/a/mauritania-slavery-arab-country-/236383.html, 2020년 6월 6일.
108 al-'Akh Rashid, Su'āl Jarī'(용감한 질문) 제100편 ar-Riqq wal-'Ubūdiyyah bayna al-Islām wal-Masīḥyyah(이슬람과 기독교에서 노예 제도), https://www.youtube.com/watch?v=9X6tb4cVHVU&t=392s, 2020년 6월 5일.
109 https://www.marefa.org/الإسلام_والعبودية, 2020년 8월 5일.
110 https://islamqa.info/ar/answers/222559/هل-كل-من-يموج-الى-اليوم, 2020년 7월 14일.
111 https://africanholocaust.net/arabslavetrade/, 2020년 6월 6일.
112 https://en.wikipedia.org/wiki/Zanj#/media/File:Zanzibar_Slave_Market,_1860_-_Stocqueler.JPG, 2020년 6월 21일

제8장
딤미 제도

1. IS를 통해 보는 딤미 제도

이라크의 모술을 점령한 IS는 그곳에 살고 있던 기독교인들을 박해했다. 교회의 십자가를 제거하고 그 자리에 자신들의 깃발을 꽂았다. 교회의 종(鐘)들을 제거하고 건물에 각인된 십자가를 도끼로 파괴했다. 마리아상과 기독교인들의 묘지 등 기독교인들의 영혼이 깃든 소중한 것들을 파괴했다. 그리고 나중에 빼앗기 위한 표식으로 기독교인들의 집과 재산들에 그것들이 기독교인 것이라는 딱지를 붙였다. 그다음 그들은 기독교인들에게 세 가지 중에 하나를 선택할 것을 강요했다. 이슬람으로 개종하든지, 딤미인이란 신분으로 지즈야를 지불하든지, 아니면 그들의 칼에 죽으라고 했다.[1]

IS가 기독교인들에게 행한 이런 행동들 하나하나는 즉흥적인 것이 아니다. 교회에서 십자가를 제거하고, 교회의 종들을 제거하며, 기독교인의 재산에 딱지를 붙이고, 기독교인들에게 이슬람으로 개종하든지 지즈야를 지불하든지 아니면 죽어야 한다는 조건을 제시한 것 등은 모두 이슬람 샤리아법에서 정한 규칙과 전통에 따라서 한 것이다.

모술을 점령한 IS가 교회의 십자가를 내리고 있다.
우마르 규정에 의하면 딤미인은 교회에 십자가를 달지 못하게 되어 있다.

IS가 모술에서 행한 이러한 행동은 이슬람의 오랜 전통과 법률에 존재하는 딤미인과 딤미 제도와 관련된 것이다. 지난 1,200여 년 동안 이슬람이 자행해 온 딤미 제도에 대한 행태를 그대로 실행한 것이다. 우리는 모술의 IS를 통해 이슬람의 본질적인 모습을 보는 것이다. 이 장에서는 딤미인과 딤미 제도에 관한 주요 내용을 살펴보고자 한다.

2. 딤미 제도란 무엇인가?

이슬람이 정복한 나라에서 이슬람의 지배를 받으며 살아가는 유대인과 기독교인을 딤미(Dhimmi 혹은 Zimmi)라고 한다(나중에는 조로아스터교 등을 믿는 사람도 딤미인에 포함되었다). 이에 따라 이슬람이 유대인과 기독교인들에게 부과한 법과 규칙, 그리고 샤리아 율법에서의 시스템을 딤미 제도(Dhimmitude)라 칭한다.

아랍어에서 '딤미'(Dhimmi)라는 단어는 '딤마'(Dhimmah)에서 왔는데, 'Dhimmah'는 '약속', '보호', '안전', '책임' 등의 의미를 가진다. 이런 의미에 따라 이슬람 샤리아법에서는 '이슬람의 보호를 받고 살아가는 유대인과 기독교인'을 '아흘 딤마'('Ahl Dhimmah, 딤마 백성)라고 한다. 즉 '아흘 딤마'는 '보호받는 백성'이란 의미이다.

이렇게 언어적으로 '아흘 딤마'는 '보호받는 백성', '보호의 약속이 있는 백성' 등의 의미라고 할 수 있다. 또한 꾸란과 하디스에서 '딤마'가 '약속', '보호', '책임' 등의 의미로 사용된 경우도 있다. 이러한 이유로 인해 오늘날 무슬림들은 '아흘 딤마'가 무슬림과 특별한 조약을 체결한 뒤 그들의 보호를 받으며 생활하는 유대인과 기독교인을 의미한다고 한다.

이집트인 이슬람 법학자인 요셉 까라다위(Yusuf al-Qaradawi)는 이슬람의 '아흘 딤마'(딤마 백성)를 다음과 같이 정의한다.

'딤마'란 단어는 '약속', '보장', '안전'의 의미이다. 왜냐하면 그들에게 알라의 약속과 선지자(무함마드)의 약속, 그리고 모든 무슬림의 약속이 있기 때문이다. 그들은 이슬람의 보호와 이슬람의 우산 아래에서 안전하고 안심하면서 산다. 그들은 그들과 이슬람 백성 사이의 '딤마 조약'에 근거해서 무슬림의 보호와 보장을 받으며 산다. 이 딤마 조약은 오늘날 국가가 보호를 위해서 제공하는 정치적 '국적'과 비슷하게 무슬림이 아닌 백성에게 제공하는 것이다. 그래서 딤미인(유대인과 기독교인)은 이것에 근거해서 '이슬람 집의 국민'이 되거나 혹은 '이슬람 국적'을 소유하게 된다.

딤마 조약은 영원한 것이며, 그들이 지즈야를 지불하는 것과 비종교적인 부분에서 이슬람의 법률들을 지키는 조건하에, 그들의 종교를 인정하고, 그들이 이슬람 공동체의 보호와 보살핌을 즐기는 것을 포함한다. 이것들로서 그들은 '이슬람의 집'의 국민이 된다.[2]

위의 정의에서 무슬림과 딤미인들 간의 '딤마 조약'에 대해서 말한다. 이 조약은 무슬림이 정복하는 나라에 사는 딤미인들에게 무슬림이 안전과 보호를 보장해 주는 조약이라 한다. 안전과 보호를 보장해 주는 조건으로 딤미인들에게 요구하는 것은 두 가지이다. 먼저는 지즈야를 지불할 것과, 두 번째는 이슬람의 법률들을 지키는 것이다. 언뜻 보면 그럴듯하게 보인다. 무슬림이 딤미인에게 안전과 보호 그리고 종교의 자유까지도 주는 관대한 제도인 것처럼 보인다. '이슬람의 집'의 국민이 된다고까지 말하고 있으니 말이다.

우리나라의 한 대학교수는 "딤미 제도와 이슬람의 관용"이라는 그의 논문에서 이렇게 결론 내린다.

이슬람의 딤미 제도는 이슬람 역사 1,400년을 통해 이슬람의 관용정신을 많이 반영한 제도라고 할 수 있다. 비잔틴 제국과 사산조 페르시아의 치하에 있었던 초기 기독교의 많은 분파는 노예와 같은 삶을 영위하고 있었기 때문에 개종을 권하지 않았던 이슬람의 지배는 비잔틴 제국과 사산조 지배하에 있던 유대교인과 기독교인들에게 하나의 구원이었고 새로운 삶을 살아가게 한 원동력이었다.

…

이들 딤미들은 이전보다 훨씬 더 많은 관용과 함께 예전의 이교도로서의 차별이 아닌 국가의 한 구성원으로서 동등한 대우를 받기에 이르렀다.³

그의 말대로 과연 딤미 제도가 이슬람의 관용 정신을 보여 주는 제도일까? 이슬람으로의 개종을 권하거나 강요하지 않았을까? 딤미인들이 국가의 한 구성원으로서 동등한 대우를 받았을까? 그것이 기독교인들에게 하나의 구원이었을까?

유감스럽게도 오늘날 이슬람을 떠나는 Ex 무슬림들은 하나같이 그것이 아니라 정반대라고 한다. Ex 무슬림들 가운데 기독교로 개종한 사람뿐만 아니라 무신론자들과 세속주의 무슬림들도 동일하게 증언하고 있다. 그들의 증언과 이슬람의 수많은 자료를 검토해 본 결과, 딤미 제도는 오늘날 무슬림들의 설명과는 다르게 아주 불공정하고 치욕적이며 반인권적인 제도임을 알 수 있다.

첫 번째, 침략자인 무슬림이 토착 원주민들을 무력으로 억압한 뒤 그들에게 안전과 보호를 제공했다는 주장 자체가 논리적으로 맞지 않다. 경제적 착취와 정치적 패권을 목적으로 침략한 사람들이 무슨 이유로 그 백성에게 안전과 보호를 제공하겠는가? 무력으로 침략했다는 사실만으로도 억압과 착취가 있었다는 것을 증명한다.

두 번째, 그들이 조건으로 제시한 지즈야는 딤미인에게 엄청나게 무거운 짐을 지우고 착취한 것이다.

세 번째, 그들은 딤미인에게 그들이 만든 규칙인 '우마르 규정'을 지키길 요구했는데, 그 내용은 심각한 인권 침해와 박해이다.

네 번째, 과도한 지즈야 부과와 '우마르 규정' 등의 심각한 인권 침해, 그리고 계속되는 박해로 인해 수많은 딤미인이 반강제적으로, 혹은 강제적으로 이슬람으로 개종했다.

이러한 내용들에 대해서 하나씩 살펴보도록 하자. 이 책에서 주제와 관련된 용어를 '딤미인', '딤미 제도', '딤마 백성', '딤마 조약'으로 표기한다.

이슬람 국가의 통치자를 알현하는 아흘 딤마(딤마 백성)

3. 딤미 제도의 기원

딤미 제도는 꾸란과 하디스에서 확실한 근거를 가지고 있다.

1) 꾸란의 딤미 제도: 꾸란 9:29 해설

딤미 제도의 가장 중요한 근거는 꾸란 9:29이다.

◆ 너희는, 알라와 마지막 날을 믿지 않고 알라와 그의 메신저가 금한 것을 금하지 않으며 성서의 백성 가운데서 진리의 종교를 믿지 않는 자들과

전쟁하되(qātilu), 그들이 굴복하여 수모를 느끼며('an yadin wa-hum ṣāghirūn) 지즈야를 지불할 때까지 하라(9:29).

이 구절이 포함된 꾸란 9장 앗타우바(at-Tawbah) 장은 무함마드의 메디나 계시 가운데 가장 마지막 계시 중의 하나이다. 히즈라력 9년에 계시된 것으로 타북 지역의 지하드 원정에 관한 내용이다. 메디나 계시는 직접적인 지하드 전쟁과 살해를 명령하는 구절이 많은데 그 가운데 꾸란 9장이 대표적인 장이다.

꾸란 9장이 지하드 전쟁과 살해를 명령하는 장이란 것을 그 시작 부분을 보아서도 알 수 있다. 꾸란의 각 장은 그 시작 부분에 'bismillah ar-raḥmān ar-raḥīm'(자비로우시고 자애로우신 알라의 이름으로)이라는 표현으로 시작한다. 알라가 자비의 신이란 것을 강조하는 표현이다. 그런데 꾸란 9장은 이러한 표현이 없는 유일한 장이다. 학자들은 꾸란 9장에 이 구절이 없는 이유가 이 장이 이슬람을 믿지 않는 카피르들에 대한 무자비한 지하드 전쟁을 명령하고 있기 때문이라고 한다.

꾸란 9장은 서두 부분부터 무자비한 지하드를 명한다.

◆ 금지된 달들이 지나면 너희가 우상 숭배자(mushrik)들을 어디서든지 발견하는 대로 살해하고 그들을 포로로 잡거나 그들을 포위하라(9:5).

그러다가 29절에 와서는 지하드 전쟁에서 '아흘 딤마'(딤마의 백성, 유대인과 기독교인을 말함)를 어떻게 대할지를 명령하고 있다.

성서의 백성 가운데서 진리의 종교를 믿지 않는 자들과 전쟁하되(qātilu), 그들이 굴복하여 수모를 느끼며('an yadin wa-hum ṣāghirūn) 지즈야를 지불할 때까지 하라(9:29).

이 29절에서 '성서의 백성 가운데서 진리의 종교(이슬람)를 믿지 않는 자들'은 바로 '아홀 딤마'(유대인과 기독교인)이다(꼬르토비 주석, 이븐 카티르 주석).

이 구절에서 성서의 백성 즉 '아홀 딤마'(유대인과 기독교인) 가운데서 이슬람을 믿지 않는 사람들을 만나면, 그들이 '굴복하여 수모를 느끼며 지즈야를 지불할 때까지' 죽이는 전쟁을 하라고 한다.

이 구절에서 '굴복하여 수모를 느끼며('an yadin wa-hum ṣāghirūn) 지즈야를 지불하는 것', 이것이 딤미 제도의 핵심이다. 이 구절에 기록된 아랍어 'an yadin은 '강제로 굴복당하는 것'을 의미하고 wa-hum ṣāghirūn은 '경멸과 수모를 당하는 것'을 의미한다.

즉 딤마의 백성(딤미인)이 지하드 전쟁에서 살아남기 위해서는 이슬람의 통치를 인정하고 그 아래로 들어가서 온갖 수모를 겪으며 지즈야를 지불해야 하는 것이다. 이런 규정이 꾸란의 이 구절로 인해 생겨났고, 무함마드가 이 구절대로 실행했다. 그리고 그 이후 하디스와 이슬람 샤리아 율법에 정립되었고, 지난 1,200여 년 기간 동안 시행되다가 오늘에 이르렀다.

딤미인이 굴복하여 수모를 느끼는 것이 어떤 것인지는 조금 있다가 설명하겠다. 오늘날 무슬림들은 딤미 제도의 명분이 딤미인의 안전을 보호해 주는 것이라고 하지만, 이 제도의 실상은 딤미인이 '굴복하여 수모를 느끼며 지즈야를 지불하는 것'이다. 딤미인은 이 제도로 인해 경제적으로 착취당했고, 온갖 수모와 굴욕을 겪었으며, 자유도 박탈당했다. 그래서 결국은 수많은 딤미인이 자신의 종교를 떠나 이슬람으로 개종하게 되었다.

2) 하디스에서 딤미 제도

딤미 제도는 하디스에서도 분명하게 기록되어 있다. 다음은 하디스 사히흐 무슬림 가운데 '지하드' 권(book)의 한 장(chapter)이다.

알라를 위해 침략하고, 알라를 불신하는 자(kāfir)와 전쟁하라. … 너희가 우상 숭배자(mushrik)들 가운데 너희의 원수들을 만난다면 너희는 그들을 **3가지 선택 사항**으로 초청하라. 그들이 그 가운데 어떤 것에라도 너희에게 응답한다면 너희는 그것을 받아들이고 그들을 (해치는 것을) 그만두라. **그들이 이슬람을 받아들이도록 초청하라**. 그들이 너희에게 응답한다면 그것을 받아들이고 그들을 (해치는 것을) 그만두라. … 만일 그들이 (이슬람을 받아들이길) 거부한다면 그들에게 **지즈야를 요구하라**. 그들이 그것에 동의한다면 그것을 받아들이고 그들을 (해치는 것을) 그만두라. 그들이 (지즈야 지불을) 거부한다면 알라께 도움을 요청하고 **그들과 전쟁하라**(사히흐 무슬림 1731a, b).

위의 하디스에서 지하드 전쟁의 전형적인 모습을 볼 수 있다. 그들은 카피르(kāfir)와의 지하드 전쟁에서 카피르에게 세 가지 선택 사항 가운데 하나를 선택하라고 명한다. 그 세 가지는 이슬람을 받아들이든지, 지즈야를 지불하든지, 그들과 전쟁하라고 하고 있다. 여기서 지즈야를 지불하는 것은 딤마의 백성 즉 유대인과 기독교인에 대한 조건이다. 그들이 지즈야 지불 요구에 동의한다는 말은 그들이 딤마 조약을 체결한다는 말이며, 그 이후 계속해서 굴복하여 수모를 느끼며 지즈야를 지불하게 되는 것이다.

3) 『무함마드 전기』에서의 딤미 제도

이븐 이스하끄의 『무함마드 전기』에 다음 기록이 있다. 무함마드가 타북 지역에서 돌아오는데 히므야르(Ḥimyar) 지역의 왕들이 서신들을 보내왔다. 그 서신에서 그 왕들은 자신들이 이슬람을 믿으며, 그 지역의 남아 있는 카피르(kāfir)들에 대한 전쟁에 참여하겠다고 한다. 무함마드는 그 서신에 답하면서 무슬림이 되는 것에 대한 의무를 전달했다. 그리고 그 지역의 유대인과 기독교인들에게 먼저는 이슬람을 믿을 것을 요청하고, 그것을 거부할 경우 지즈야를 지불해야 함을 기록했다.

누구든지 유대인 혹은 기독교인이 이슬람으로 개종하면 실로 그는 믿는 자들 가운데 있으며 그에게 권리도 있고 의무도 있다. 그가 유대교나 기독교를 믿을 경우 그 종교에서 돌이키지 않아도 된다. **단지 그는 지즈야를 내어야 하는데**, 남자든지 여자든지, 자유인이든지 종이든지 모든 사람은 완전한 1디나 혹은 예멘산 옷 혹은 그에 해당하는 옷을 내어야 한다. 그것을 알라의 메신저에게 내는 사람은 누구든지 그에게 알라의 보호와 그의 메신저의 보호가 있을 것이다. 그것을 막는 자는 누구든지 알라와 그의 메신저의 원수이다.[4]

위의 기록에서 무함마드는 유대교나 기독교를 믿는 사람의 경우 이슬람으로 개종하지 않아도 된다고 말하면서, 대신에 지즈야를 지불할 것을 말하고 있다. 이와 같이 무함마드는 딤미 제도의 주창자이며 그것을 처음 실시한 사람이다.

4. 지하드 전쟁과 딤미 제도

딤미 제도는 지하드 전쟁 이후 전쟁에서 패배한 유대인과 기독교인이 이슬람 움마 공동체 안에서 어떤 상태로 살아가는지를 말하는 것이다.

그렇다면 이슬람과 딤마 백성이 어떻게 딤마 조약을 맺었을까? 그 구체적인 과정이 어떠할까? 그 과정이 자발적이고 강압이 없었으며 평등한 관계에서 조인되었을까?

이슬람 역사 가운데 딤마 백성과 딤마 조약을 맺은 대표적인 예가 이집트이다. 그 예를 통해서 딤미 제도의 실상을 보도록 하자.[1]

---

1   이나빌, 『니끼우 요한의 연대기와 이슬람의 이집트 침략』(CLC, 2018)에서 그 실상을 잘 소개하고 있다.

아랍 반도를 통일한 이슬람 군대는 곧 시리아와 팔레스타인과 이라크를 정복했고, 이어 이집트를 공격했다. 아므루 브닐 아스가 이끄는 군대가 시내 반도를 건넌 것이 639년 12월 12일이었다. 그 이후 델타 지역과 구(舊)카이로와 페윰 등을 침략하여 엄청난 살상과 약탈을 자행했다. 당시 이집트의 니끼우(Nikiu) 지역(지금의 델타 지역 서쪽에 있는 므누페이야 지역)의 주교이었던 요한(John of Nikiu)은 자신이 목격한 내용을 『니끼우 요한의 연대기』에 기록했다. 그 책에 기록된 침략의 두드러진 내용은 다음과 같다.[11]

- 이 이스마엘파 사람들이 바흐나사(Bahnasah)에 왔을 때 **군대의 지휘관과 그의 모든 동료를 무자비하게 살해했습니다**. 그들은 당장 성문들을 열도록 강요했고, **항복한 모든 사람을 칼로 죽였으며**, 노인과 아기와 여자들 가운데서도 아무도 남겨두지 않았습니다(111:10).
- 니끼우 정복에서 살상을 이렇게 묘사한다. "그들은 거리들과 교회들에서 남자들과 여자들과 유아들 모두를 발견하는 대로 칼로 죽였습니다. 그들은 아무에게도 자비를 베풀지 않았습니다"(118:8).
그들은 이 도시를 점령한 후 다른 지역으로 행진하여 약탈하였고, 발견하는 모든 이를 칼로 죽였습니다(118:9).
- 니끼우 섬을 점령할 때 살상과 무자비함을 이렇게 묘사한다. "이제 여기서 멈춥시다. 왜냐하면 무슬림 군대가, 젠포트(Genbôt) 달 18일 주일에, 니끼우 섬을 점령하였을 때 그들이 저지른 죄악들을 묘사하는 것은 불가능하기 때문입니다"(118:10).
- 그 이후 이집트의 모든 성읍에 공포(panic)가 퍼졌고, 모든 주민이 그들의 소유물들과 재산들과 가축들을 버리고 알렉산드리아로 도망갔습니다(113:6).

---

11 괄호 안의 숫자는 니끼우 요한의 연대기의 구절 표시이다. 이 연대기의 영어본은 *The Chronicle of John, Bishop of Nikiu*이다. 인터넷에서 쉽게 찾을 수 있다.

• 그러나 그들이 큰 학살이 일어난 것을 보았을 때 그들은 공포에 사로잡혔고, 비탄과 슬픔으로 니끼우로 향하는 배를 타고 도망쳤습니다"(112:10).[5]

이 연대기에서 볼 수 있듯이 이슬람 군대의 야만성과 잔인성이 극에 달하여 이집트 주민들은 공포에 떨었다. 그 결과 딤마 조약을 맺지 않으면 살 수 있는 다른 방법이 없다고 생각하게 되었다. 그래서 이슬람과 딤마 조약을 맺게 된 것이다.

이슬람 군대는 이집트에 들어온 뒤 1년 반 이상을 하(下)이집트의 모든 지역을 약탈하고 살해했다. 그 이후 641년 6월 말에 알렉산드리아 공격이 시작되었고, 5개월을 힘겹게 저항하였다. 당시 이집트는 동로마(비잔티움제국)의 지배를 받고 있었고, 동로마의 파견 교황 사이러스(Cyrus)가 통치하고 있었다. 이슬람 군대의 공격에 더이상 저항할 수 없는 상황에 이르게 되자 641년 11월 8일에 사이러스는 항복하게 된다.[III]

이슬람 군대의 포악성이 극에 달하여 더 버틸 수 없게 되자 동로마 교황 사이러스는 구카이로 지역에 있던 바빌론 성채를 찾아가 딤마 조약을 체결했다. 이 조약에서 아므루는 이집트의 콥트 기독교인들에게 "우리가 너희들의 안전을 보장할 테니 너희들은 이슬람의 통치를 인정하고 딤마 백성이 되어서 우리가 제시하는 규칙들을 지키고 지즈야를 지불하라"고 했던 것이다.

그 조약 과정에서 이슬람이 제시하는 조건을 이슬람 사료들의 기록을 통해 살펴보자. 첫 번째 사료는 9세기의 역사가 이븐 압둘 하캄(Ibn 'Abdul-Ḥakam)이 기록한 것이고, 두 번째 사료는 20세기 중반의 무함마드 후세인 하이칼(Muḥammad Ḥusayin Ḥaykal)이 기록한 것이다.

[III] 당시 이집트는 동로마 치하에 있었기 때문에 동로마 황제가 보낸 사이러스 교황(Archbishop, 대주교)이 이집트를 통치하고 있었다. 이집트 사람들은 그를 '교황'이라 불렀다. 당시 이집트에는 콥트 교회를 대표하는 이집트인 교황 베냐민과 동로마에서 파송받은 교황 사이러스 두 사람이 있었다.

첫 번째 사료이다.

여러분이 만일 이슬람을 받아들이면, 당신들에게 있는 것이 우리 것이 되고, 당신들을 대항하는 자를 우리도 대항하며, 알라의 종교에 대해서 우리는 형제가 될 것이다. 이슬람을 받아들이면 당신들과 당신들의 친구들은 이 세상과 저 세상에서 기쁘게 될 것이요, 우리는 당신들과 전쟁을 하지 않을 것이고, 당신들을 해치는 것이 우리에게 허용되지 않고, 당신들을 향하여 적대적인 일을 하지 않을 것이다.
만일 당신들이 거절한다면 지즈야 이외에는 다른 것이 없다. 당신들이 수치를 당하면서 우리에게 지즈야를 지불하라. 우리는 매년 우리가 있는 동안 우리가 원하는 것으로 당신들과 거래할 것이다. 당신들을 해치거나 당신들의 땅이나 가족들이나 재정에 해를 끼치는 사람들에 대해 우리가 싸우겠다.
만일 당신들이 거절하면 우리와 당신들 사이에는 칼의 심판 이외에는 다른 것이 없다. 우리가 모두 죽거나 우리가 원하는 대로 당신들을 해칠 것이다. 이것이 우리의 종교이다. 이것 이외에는 우리와 당신들 사이에 다른 것이 있을 수 없다.[6]

두 번째 사료이다.

우리와 당신들 사이에 이 세 가지 조건 이외에 다른 것은 없다. 당신들이 **이슬람에 들어오면** 당신들이 우리의 형제가 되고 우리가 가진 것을 당신들도 가지게 된다. 만일 이것을 거절한다면 당신들은 굴복하여 수치심을 느끼면서 **지즈야**를 내어야 한다. 그렇지 않으면 알라께서 우리와 당신들 사이를 심판하실 때까지 우리는 당신들과 **죽이는 전쟁**을 할 것이다.[7]

위의 두 문서에서 이슬람이 제시한 세 가지가 분명하게 기록되어 있다. 즉, 이슬람을 받아들이든지, 지즈야를 내든지, 죽음을 택하라고 하고 있다.

그래서 당시 이집트를 대표하던 교황 사이러스는 지즈야를 내는 것을 선택했고, 이슬람의 통치를 받아들였던 것이다.

영국의 역사학자 앨프리드 버틀러(Alfred J. Butler)는 『아랍의 이집트 정복과 동로마의 마지막 30년의 통치』(The Arab Conquest of Egypt and the Last Thirty Years of Roman Dominion)라는 책을 기록했다. 이 책에서 그는 이집트가 최종 항복하고 난 뒤 이슬람 측과 기독교 측이 맺은 조약의 내용에 대해서 상세하게 기록한다. 조약의 내용은 여덟 가지이다.[8]

- **조약에 해당되는 모든 사람은 지즈야를 지불한다.**
- 콥트 월력으로 파오피(Paophi)달 첫째 날(642년 9월 28일)까지 약 11개월의 휴전 기간을 둔다.
- 휴전 기간 동안 아랍 군대는 자신의 위치에 머문다. 이 기간 동안 알렉산드리아에 대해 어떤 군사 행동도 수행하지 않는다. 동로마 군대[IV]도 모든 적대 행위를 멈춘다.
- 알렉산드리아에 있던 모든 동로마 군대는 그들의 소유물과 보물들을 가지고 배에 승선하여 바닷길로 떠난다. 그들 가운데 육지로 이집트를 떠나고자 하는 군인들은 그들이 떠날 때 이집트에 머문 대가로 한 달분 지즈야에 해당하는 돈을 지불한다.
- 동로마 군인은 이집트로 다시 돌아올 수 없고 이집트의 회복을 꾀할 수 없다.
- 무슬림 군대는 교회들을 압류하려는 모든 행동을 그만둔다. 기독교 내부적인 어떤 일에도 간섭하지 않는다.
- 유대인은 알렉산드리아에 남는 것이 허락된다.

IV '동로마 군대'는 당시 이집트를 지배하던 동로마 제국(비잔틴 제국)의 군대를 말한다. 즉 당시 이집트는 동로마 제국의 속국이었다. 따라서 이집트의 주요 지역을 수비하던 군대는 동로마 군대였으며, 주요 지휘관들도 동로마인이었다. 자세한 내용은 필자가 지은 『니끼우 요한의 연대기와 이슬람의 이집트 침략』을 보라.

- 조약의 시행에 대한 보장으로 동로마 군인 150명과 시민 50명을 인질로 삼는다.

위의 버틀러의 기록에서도 지즈야의 지불이라는 조건이 가장 먼저 기록되어 있다. 그 말은 딤마 조약을 체결했다는 말이며, 딤마 조약에서 지즈야가 가장 중요한 조항이라는 것도 알 수 있다.

이렇듯 딤마 조약은 강압적이고 불평등한 조약이었다. 무자비한 살해를 일삼는 침략군과 목숨만이라도 건지려는 민중 사이에 체결된 일방적 조약이었다. 수많은 살해와 약탈로 인해 공포를 느낀 주민들이 살 수 있는 다른 방법이 없었기에 할 수 없이 그들에게 수모를 당하면서라도 지즈야를 지불하겠다고 한 것이다.

반면 이슬람의 입장에서는 딤미인을 죽이기보다 살려 두고 그들로부터 자손대대로 지즈야와 토지세(지즈야 이외에 토지세인 키라즈[khirāj]도 징수했다)를 징수하는 것이기에 수지맞는 장사였다. 그래서 양쪽이 조약을 승인한 것이다.

아랍 군대가 이집트를 정복할 때 콥트인들이 아랍 군대를 환영했다는 주장에 대해

오늘날 무슬림뿐만 아니라 한국의 지식인들 사이에서도 이렇게 알고 주장하는 사람들이 많다. 당시 이집트가 비잔틴 제국(동로마)의 지배를 받으며 박해를 받았기에, 아랍 군대가 들어올 때 이집트인들이 그들을 환영했다는 것이다. 이러한 주장은 무슬림이 이슬람의 침략의 역사를 미화하는 전형적인 선전술이다. 이것이 사실이 아닌 이유는 네 가지이다.

1. 아랍 군대의 이집트 정복의 성격은 무력 침략이다. 앞서 인용한 『니끼우 요한의 연대기』 내용에서 보듯이 그것은 잔인하고 무자비한 침략이었다. 이집트 국민인 콥트인들이 환영할 이유가 없었다.
2. 『니끼우 요한의 연대기』 기록이나 다른 사료들에 이집트 국민이 아랍 군대를 환영했다는 기록이 없다.
3. 당시 이집트가 비잔틴 제국의 지배를 받으며 박해를 받은 것은 사실이다. 그러나 무슬림 학자들이 표현하는 만큼 심한 박해를 받은 것은 아니다. 그 후 이슬람이 콥트인들에게 저지른 박해는 그전의 박해와 비교할 수 없을 정도로 가혹한 것이었다.
4. 콥트인들은 잦은 외침에 익숙한 이유 등으로 아랍 군대를 사력을 다해 방어하지 않았다. 당시의 군 지휘관들은 비잔틴 제국 사람들이었고 사병들은 콥트인들이었다.

아랍 군대의 이집트 정복에 대한 자세한 내용은 필자가 저술한 『니끼우 요한의 연대기와 이슬람의 이집트 침략』을 보자.

5. 딤미 제도와 지즈야

앞에서 요세프 까라다위(Yusuf al-Qaradawi, 1926-)가 말하는 '딤마 조약'에서 딤미인들에게 요구하는 두 가지 조건이 있었다. 먼저는 지즈야를 지불하는 것과, 두 번째는 이슬람이 부과하는 규칙들을 지키는 조건이다. 여기서 그 첫 번째 조건인 지즈야에 대해서 자세히 살펴보자.

딤미 제도는 꾸란 9:29에서부터 기인했다고 했다.

◆ 너희는, 알라와 마지막 날을 믿지 않고 알라와 그의 메신저가 금한 것을 금하지 않으며 성서의 백성 가운데서 진리의 종교를 믿지 않는 자들과 전쟁하되(qātilu), **그들이 굴복하여 수모를 느끼며('an yadin wa-hum ṣāghirūn)[V] 지즈야를 지불할 때까지 하라**(9:29).

여기에서 "굴복하여 수모를 느끼며 지즈야를 지불할 때까지"라고 하고 있다. 이와 같이 지즈야는 이슬람이 정복한 땅에 사는 유대인이나 기독교인들이 죽음을 면한 대가로 이슬람 통치자에게 수모를 당하면서 내는 세금을 말한다.[9]

14세기에 『딤마 백성에 대한 규칙들』(*Aḥkām 'Ahl-il-Dhimma*)[VI]을 기록한 무슬림 법학자 이븐 까임(Ibn Qayyim al-Jawziyya)은 지즈야를 다음과 같이 정의한다.

[V] 위의 "그들이 굴복하여 수모를 느끼며"에 해당하는 아랍어 구절인 'an yadin wa-hum ṣāghirūn에 대한 약화된 번역이 많다. 『꾸란 주해』의 번역은 "그들은 스스로 초라함을 느끼리라"로 되어 있고, 잘랄리인 영어 주석(Tafsir al-Jalalayn)은 '고분고분하게'(compliantly) 그리고 '이슬람의 권위에 복종하고 순응하는 것'이라고 설명하고 있다. 그러나 아랍어로 된 이븐 카티르 주석을 보면 'an yadin은 '강압적'이라는 의미이고, ṣāghirūn은 '천대를 당하고 멸시를 당하며 모욕을 당하는 것'이라고 설명하고 있다. 이 의미에 대해서는 필자의 『니끼우 요한의 연대기와 이슬람의 이집트 침략』을 참고하라.

[VI] 이 책은 딤미제도의 성격에 대해서 잘 파악할 수 있는 대표적인 책이다.

지즈야는 억압과 수모를 위해 카피르들의 머리에 부과하는 세금이다. 꾸란 9:29의 의미는 "그들의 목숨 대신에 지즈야를 지불할 때까지"의 의미이다.[10]

위의 정의에서 지즈야는 자유롭고 공정하게 지불하는 것이 아님을 분명히 기록하고 있다. 그것은 이슬람이 딤미 백성을 억압하고 수모를 주기 위해 부여하는 것이라 하고 있다. 딤미인의 입장에서 그것은 이슬람의 칼로부터 목숨을 건진 대가로 온갖 모욕을 감내하면서 지불하는 것이었다.

1) 지즈야의 액수

이집트의 콥트 기독교인들에게 부여된 지즈야는 1년에 성인 남자 한 사람당 2디나였다.[11] 현대의 무슬림 학자들은 이 2디나가 그 이전에 동로마(비잔티움) 제국이 이집트에 부여한 세금에 비해서 아주 적은 양이었고 부담없이 낼 수 있는 것이었다고 주장한다.

『이것이 이슬람이다. 이 이슬람의 원수들이여!』를 쓴 무슬림 학자 왈리드 알하디 마흐루스(Walīd al-Hādī Maḥrūs)는 그의 책에서 지즈야에 대해 이렇게 말했다.

> 지즈야는 동로마 제국이 부여한 어려움과 탐욕에 비한다면 콥트인들이 짊어질 수 있는 아주 작은 양이다.[12]

우마이야 시대의 금화 디나. 아랍어로 이슬람의 신앙 고백이 기록되어 있다.

그러나 Ex 무슬림과 콥트 역사학자들은 2디나의 세금이 엄청나게 무거운 세금이라 한다.

모로코인 Ex 무슬림 라쉬드는 2디나는 중산층 연봉의 절반 가까이 되는 액수라고 한다.[13] 뉴욕 대학의 조교수 타미르 알리시(Tāmir al-Līthi) 박사는 한 사람이 내는 지즈야의 액수가 중산층 노동자의 20주 분량의 월급 액수라고 한다.[14]

중산층 노동자 월급 20주 분량이라면 5개월치이다. 오늘날 한국의 화폐로 환산하여 한 사람의 월급을 500만 원이라 할 경우, 그 액수는 년간 2천 5백만 원이다. 결코 작은 액수가 아닌 것이다.

이렇듯 지즈야의 액수는 과중했다. 원래 2 디나의 액수가 가난한 사람과 중산층에게 엄청나게 큰 액수였다. 『니끼우 요한의 연대기』를 보면 그것이 큰 액수였음에도 불구하고 그것을 세 배로 올렸다고 기록한다.

- 지즈야를 세 배로 올렸습니다(120:28).
- 그리고 많은 소유를 강제로 빼앗았고, 농민들에 대한 세금을 두 배로 늘렸습니다. 그들의 말을 위해 강제로 사료를 운반하게 하였고, 셀 수 없이 많은 폭력 행위를 저질렀습니다(113:4).
- 아므루는 세금을 금 22바트르(batr)에 해당되는 금액으로 인상했습니다(121:4).

이처럼 지즈야 액수가 많고, 그 액수가 늘어나다 보니 가난한 사람들과 대부분의 중산층 사람이 감당할 수 없게 되었다. 그래서 『니끼우 요한의 연대기』는 이렇게 기록하고 있다.

- 그래서 모든 사람은 그 액수의 과중함으로 인해 고통을 받았고, 지불할 방법이 없어서 자신들을 숨겼습니다(121:4).

- 도시의 부자들이 무슬림들을 피해 섬들에 10개월을 숨어 있기도 하였습니다(120:69).
- 진실로 그 도시에서 일어난 슬픔과 애통을 묘사할 수 있는 사람은 아무도 없습니다. 심지어 그들은 매달 지불해야 하는 엄청난 금액 대신에 그들의 자녀들을 주기도 했습니다(121:7).

얼마나 세금 액수가 많았으면 자신의 자녀들을 바치기까지 했겠나? 이처럼 지즈야와 다른 세금들은 기독교인들이 감당할 수 없을 정도로 과중했다. 그런 가운데 이슬람으로 개종하면 지즈야를 내지 않아도 되었기에 수많은 기독교인이 이슬람으로 개종하게 된 것이다.

2) 지즈야 징수의 과정

지즈야는 액수가 감당하기 어려울 정도의 큰 액수일 뿐만 아니라 그 징수의 과정이 치욕적이었다. 꾸란 9:29에 기록되어 있는 대로 "그들이 굴복하여 수모를 느끼며"('an yadin wa-hum ṣāghirūn) 부분이 바로 그러한 것이다. 이 구절에 기록된 아랍어 'an yadin은 '강제로 굴복당하는 것'을 의미하고 wa-hum ṣāghirūn은 '경멸과 수모를 당하는 것'을 의미한다고 했다.

딤미인들이 지즈야를 지불할 때 당한 수모에 대해서 수많은 이슬람 자료들이 구체적으로 기록하고 있다. 다음의 기록을 보자.

> wa-hum ṣāghirūn은 수모와 경멸의 의미이다. 그들은 서서 지즈야를 지불하고, 받는 사람은 앉아 있다…. 지즈야는 그들이 멱살이 잡힌 채로 지불된다…. 그의 두 뺨을 때리고, 수염이 당겨지며, 멱살이 잡힌 채로 지즈야를 내는 장소까지 강제로 끌려간다.[15]

14세기에 『딤마 백성에 대한 규칙들』을 기록한 이븐 까임은 다음과 같이 기록한다.

> 그들이 굴욕스러운 방법으로 내지 않으면 그들은 끌려가서 목에 인(혹은 표식)이 박히곤 했다.[16]

『딤미인』(The Dhimmi)을 기록한 Bat Ye'or[VII]는 그의 책에서 지즈야 지불에 대한 구체적인 상황을 역사적인 기록들로부터 인용하여 제공한다.

- 지즈야를 지불하는 날 그들은 시장과 같은 공공장소에 소집된다. 그들은 가장 낮고 가장 더러운 곳에서 줄을 서서 기다려야 한다. 샤리아 율법을 제시하는 지도자는 그들보다 높은 곳에 위치하고, 그들에게 위협하는 태도를 취한다. 그렇게 하는 것은, 그들뿐만 아니라 다른 사람들에게, 우리의 목적이 그들의 재산을 취하는 것을 통해 그들을 경멸하는 것이란 것을 보여 주기 위함이다. 우리가 그들로부터 지즈야를 받고 그들을 자유롭게 해줌으로써 그들에게 호의를 베푼다는 것을 그들이 깨달을 것이다. 그다음에 그들은 세금 지불을 위해 (지도자에게) 한 사람씩 끌려간다. 그들이 지불할 때 딤미인은 (뺨이나 목을) 강타당해 땅바닥에 나가떨어질 것이다. 그는 이런 모욕을 당함으로써 그가 칼의 죽음을 모면해 왔다는 것을 생각할 것이다. 이것이 주님의 친구들(무슬림)인 첫 번째와 이전 세대들이 그들의 이교도(kāfir) 적들에 대해 행동한 방식이다.[17]

VII Bat Ye'or는 유대인 혈통으로 이집트 카이로에서 태어나(1933년) 제2차 아랍 전쟁(1956년) 이후 영국으로 망명(1957년)했다. 딤미인들과 딤미 제도에 관한 여러 권의 책을 저술했다. 그녀는 자신이 적은 책들에서 이슬람 내부 자료들과 이슬람이 침략한 지역들에 존재하는 이슬람 외부 자료들을 근거로 하여 딤미 제도의 실상에 대해서 잘 고증하고 있다. 그런 과정을 통해 그녀는 딤미 제도(Dhimmitude)에 대한 개념을 구체화하고 체계화했다.

• 지정된 날 딤미인(기독교인 혹은 유대인)은 지즈야를 걷는 아미르(Amir, 이슬람 국가의 수장, 태수, 지휘관) 앞에 개인적으로 출석해야 한다. 다른 사람(wakīl)이 대신해서 지불하는 것은 허락되지 않는다. 아미르는 높은 왕의 보좌의 모양을 한 의자에 앉아 있어야 한다. 딤미인은 자신의 손바닥에 지즈야를 쥐고 아미르에게로 다가올 것이다. 그 지즈야를 지불할 때에 아미르의 손은 위에 위치하고 딤미인의 손은 아래에 위치한 상태에서 지불할 것이다. 그다음에 아미르는 딤미의 목을 주먹으로 강타할 것이다. 그러면 아미르 근처에서 한 사람이 딤미를 서둘러 쫓아낼 것이다. 그러면 두 번째 사람, 세 번째 사람이 똑같은 고통을 겪기 위해 뒤따라 들어갈 것이다. 모든 무슬림은 이 광경을 즐기는 것이 허락될 것이다. 제 삼자가 딤미를 대신해서 지즈야를 지불하는 것은 아무에게도 허락되지 않을 것이다. 왜냐하면 그들은 이 모멸을 개인적으로 겪어야 하기 때문이다. 그래야 그들이 나중에 알라와 그의 선지자를 실제로 믿게 되고 그 결과 이 끔찍한 멍에에서 구원될 수 있을 것이기 때문이다.[18]

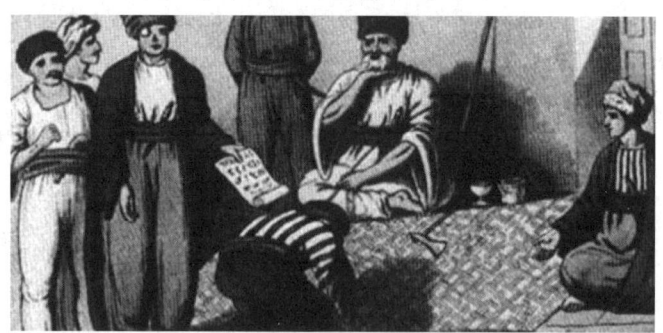

딤미인이 지즈야를 지불하는 과정은 치욕스러웠다.

이처럼 이슬람은 딤미인에게 지즈야를 징수하면서 의도적으로 그들에게 수모를 주었다. 그들의 수염을 잡아당기고 멱살을 잡은 채 끌고 가며, 목덜미를 강타하고 목에 인(혹은 표식)을 박는 일을 했다. 그것은 노예에게 하는 것이나 다름없었다. 그렇게 하는 이유는 이러한 모욕을 통해서 그들이 자신의 종교를 버리고 이슬람을 믿게 함이라고 한다. 지즈야를 낼 때마다 그들은 이렇게 수모를 당했던 것이다.

이븐 까임(Ibn Qayyim al-Jawziyya)은 다음과 같이 기록한다.

> 만일 기독교인이나 딤미인들이 억압과 수모를 거부한다면 그들의 피와 재물에 대한 보호가 없으며, 그들에게 딤마(Dhimmah)의 약속은 없어진다.[19]

딤미인들이 지즈야를 지불하지 않고 지즈야를 지불하는 과정에서 억압과 수모를 거부한다면 그것은 딤마 조약을 깨는 것이라고 한다. 딤마 조약을 깨게 되면 그들은 언제든지 목숨과 재물을 빼앗길 수 있게 되는 것이다.

3) 지즈야와 개종

지난 2018년 12월, 이집트 콥트 교회의 교황 타와도루스 2세는 현재 이집트의 콥트 기독교인들 인구가 1천 5백만에 이른다고 발표했다.[20] 현재 이집트의 인구가 1억 명이기에 기독교인의 비율은 전체 인구의 15% 정도라고 할 수 있다. indexmundi.com의 통계에서는 이집트의 기독교 인구를 10%로 본다.[21] 그런데 이슬람이 침략할 당시인 7세기에 이집트는 콥트 기독교가 국교인 기독교 국가였다. 따라서 인구의 대부분이 기독교인이었다고 추정할 수 있다. 그 많던 기독교인이 어떻게 이슬람으로 개종하여 오늘날 10-15%만 남았을까? 여기에서 지즈야의 부과와 기독교인의 이슬람 개종과의 관계를 설명하도록 한다.

콥트 역사학자 아딜 긴디는 이집트에서 이슬람으로 집단 개종이 일어나기 시작한 것을 745년으로 본다.[22] 우마이야 왕조 끝 무렵의 통치자 하프스(Hafs ibn al-Walid ibn Yusuf al-Hadrami, 744-745 통치)가 "이슬람식 기도를 하고 자신의 종교를 떠난 모든 사람으로부터는 더 이상 지즈야를 징수하지 않는다"는 법령을 공표한 것이다. 그래서 그의 통치 기간 2년 동안에

이집트에서 2만 4천 명의 기독교인이 이슬람으로 개종했다고 한다.[23]

아딜 긴디의 설명에 따르면 이집트에 이슬람이 들어온 초창기에는 개종과 상관없이 이집트인 모두에게 지즈야가 부과되었다고 한다. 그러나 약 1세기 이후인 745년 이후부터 이슬람으로 개종하는 사람들에게 지즈야를 면제해 주어 콥트 기독교인이 이슬람으로 개종하도록 유도했다고 한다. 그러자 무거운 지즈야(1년에 금화 2 디나)를 지불하는 것이 부담스럽거나 흉년과 가난 등으로 지불이 불가능한 사람은 이슬람으로 개종했다. 그러니까 그 2년 동안에 2만 4천 명이 이슬람으로 개종하게 된 것이다. 그 뒤 해가 갈수록 더욱더 많은 기독교인이 이슬람으로 개종하게 된다.

많은 기독교인이 이슬람으로 개종하게 되니 무슬림 통치자가 기뻐했을까? 아니다. 오히려 무슬림 통치자에게 큰 고민이 생겼다. 그것은 지즈야 수입의 감소로 인한 것이었다. 아랍 무슬림이 이집트를 침략한 가장 주된 동기는 이집트의 엄청난 보화를 아라비아의 메카로 가지고 가는 것이었다.[VIII] 그런데 기독교인 숫자가 줄어듦으로 인해 수익이 줄어들게 되니 통치자에게 다른 고민이 생기게 된 것이다.

그러자 무슬림 통치자가 내린 결정은, 기독교에 남아 있는 사람들이 이슬람으로 개종한 사람들의 지즈야까지 계속해서 내게 하는 것이었다. 예를 들어 한 마을에 100명의 기독교인이 있다가 20명이 개종했다면, 마을의 기독교인은 80명분의 지즈야를 내는 것이 마땅하다. 그런데 무슬림 통치자는 그 마을로부터 이전과 동일한 100명 분의 지즈야를 계속해서 징수했다.

그렇지 않아도 1년에 금화 2 디나가 과중한 부담이었는데, 다른 사람 분의 지즈야까지 지불해야 되니 그 고통은 가중되었다. 마을에 사망한 사람이 생겼을 경우도 살아 있는 사람이 사망한 사람 분량까지 내게 했다. 그 때문에 개종자가 많아지면 많아질수록 남아 있는 콥트 기독교인들이 더

VIII 이나빌, 『니끼우 요한의 연대기와 이슬람의 이집트 침략』, pp. 97-103을 보라.

큰 압력을 받았다. 그래서 더욱 가중된 지즈야 압력을 도저히 이기지 못하여 사람들은 개종의 대열에 들어갔다. 그렇게 하여 시간이 갈수록 개종하는 사람들의 숫자가 많아지고 속도도 빨라지게 되었다.[24]

이처럼 지즈야는 무슬림 통치자의 사악한 탈취와 탐욕의 수단일 뿐만 아니라 그것으로 인해 콥트인들이 이슬람으로 개종하게 되는 실제적 요인이 되었다. 그것은 노예와 같은 수모를 참아가며 억지로 지불하는 목숨의 대가였다. 따라서 시간이 갈수록 이슬람으로 개종하는 사람이 늘어갔다.

그렇다면 콥트인들은 언제까지 지즈야를 지불했을까? 641년 11월 이집트가 아랍 군대에 항복한 이후 지불하기 시작한 지즈야를 1856년 오스만 터키 술탄 압둘 마지드가 서방 국가들의 압력에 따라 칙령을 내려 딤미 제도를 폐기할 때까지 계속 지불하였다.

콥트 역사학자 아딜 긴디는 한 번의 조약으로 1,200년 동안 불합리한 세금을 내는 경우는 역사상 없었다고 한다. 그것은 이슬람 통치 기간 내내 콥트 기독교인을 압박하는 가장 무거운 멍에였다.

☞ 지즈야와 이집트인이 당했던 박해에 대한 자세한 내용은 필자의 『니끼우 요한의 연대기와 이슬람의 이집트 침략』(CLC)을 보도록 하자.
☞ 딤미 제도와 이집트의 이슬람화에 대한 좋은 유튜브 동영상이 있다. 한글 자막이 달려 있다.
　　<이슬람의 상자> 제123편 이집트 정복에 대한 새로운 이야기
　　<용감한 질문> 제339편 이슬람의 이집트 침입 상(上) & 이슬람의 이집트 침입 하(下)

6. 딤미인 차별과 박해의 헌법: 우마르 규정

이제 요세프 까라다위(Yusuf al-Qaradawi, 1926-)가 말하는 '딤마 조약'에서 딤미인들에게 요구하는 두 가지 조건 가운데 두 번째를 살펴보자.

이슬람은 딤마 조약을 체결하는 조건으로 딤미인들이 지켜야 할 규칙과 행동 지침을 만들어 부과했다. 그것은 이슬람이 정복한 나라들에 사는 구성원이 지켜야 할 샤리아법의 일부로서 딤미인에게 부과된 것이었다. 그 내용이 이슬람 4대 율법학파들의 율법책들에 상세하게 기록되어 있다. 그 책들을 보면 그것이 얼마나 불합리하고 불공정한 것인지 쉽게 알 수 있다. 이 규칙들을 통칭하여 부르는 용어가 몇 가지 있는데 그 가운데 대표적인 것이 '우마르 규정'(al-Shurūṭ al-'Umariyya, Pact of Umar, Covenant of Umar, Treaty of Umar, Laws of Umar)[IX]이다. 아랍어로 shurūṭ는 '조건들'(conditions) 혹은 '규정'의 의미이다.

이 규칙을 '우마르 규정'[X] 이라 부르는 이유는, 이 규정이 2대 칼리프 우마르가 여러 나라를 정복하고 난 뒤에 공표한 것이라 보기 때문이다. 그러나 이 규정이 과연 우마르 시대에 만들어졌는지에 대해서는 많은 이슬람 학자들과 근동학자들이 의문을 가진다.[25]

'우마르 규정'이 만들어진 시기에 대해서는 논란이 있지만, 이 규정의 존재에 대해서 부인하는 사람은 없다. 왜냐하면 이슬람 4대 샤리아 법학파들이 동일하게 이 내용을 인정하고 있고, 그들의 수많은 법 해설서에 상세하게 기록하고 있기 때문이다. 그러한 기록들을 보면 딤미 제도가 이슬

IX   '우마르 규정'(al-Shurūṭ al-'Umariyya)을 '우마르 협정' 혹은 '우마르 협약'이라고 번역하곤 한다. '협정'과 '협약'은 쌍방이 대등한 입장에서 계약을 체결했을 때 해당되는 말이다. 그러나 우마르 규정의 경우 이슬람이 정복한 나라들의 딤미 백성과 강제로 체결한 계약이므로 '협정'이나 '협약'은 맞지 않는 번역이라고 본다.

X   '우마르 규정'(al-Shurūṭ al-'Umariyya)과 '우마르 보장'(al-'Uhda al-'Umariyya, Umar's Assurance)을 구분할 필요가 있다. 우마르 규정은 이슬람 국가에서 딤마 조약을 맺을 때 조건으로 제시한 것으로, 딤미인들이 지켜야 할 규칙과 행동 지침을 말한다. 이에 비해 우마르 보장은 2대 칼리프 우마르가 팔레스틴 지역을 정복할 때 아엘리아(Aelia, 당시의 예루살렘) 주민들에게 안전을 보장하면서 공표한 문서를 말한다. '우마르 규정'이 딤미인들이 지켜야 할 불공정한 규칙들이 나열되어 있는 것이라면, '우마르 보장'은 칼리프 우마르가 예루살렘 주민들에게 그들의 안전과 종교 생활을 보장하며 개종 등을 강요하지 않겠다고 보장하는 문서이다. 근동학자들은 이 '우마르 보장'의 역사성에 대해서도 의문을 표한다.

람 샤리아법의 중요한 부분인 것을 알 수 있다. IS가 모술을 점령했을 때 기독교인들에 대해 딤미 제도를 실행하려 한 것도 이것이 샤리아법의 중요한 부분이기 때문이다.

'우마르 규정'은 시대가 지나면서 여러 사람이 기록했다. 그래서 길이나 문체가 다른 여러 버전이 있다. 다음에 '우마르 규정' 가운데 가장 대표적인 버전 두 가지를 번역해서 기록한다.

1) 대표적인 우마르 규정 기록

(1) 『딤마 백성에 대한 규칙들』에서

이븐 까임(Ibn Qayyim al-Jawziyya, 1292-1350)이 기록한 『딤마 백성에 대한 규칙들』('Aḥkām'Ahli-dh-Dhimmah)은 딤마 백성이 지켜야 하는 규칙들에 대한 가장 권위 있는 책이다. 이 책에서 '우마르 규정'을 기록하고 있다. 이 규정을 보면 딤마 백성이 하지 않아야 할 것과 해야 할 것이 무엇인지 상세하게 알 수 있다.

> 압둘 라흐만이 우마르 브닐 카땁에게 그렇게 글을 보내었고, 우마르(우마르 브닐 카땁)가 그에게 답을 하면서,
> "그들이 요청하는 대로 서명하여 주되 다음 두 가지 조건을 추가하라. 그 두 가지는 '자신들(무슬림)의 노예를 구입하지 말고, 누구든지 무슬림을 고의로 때리지 말라'이다. 그렇게 할 경우 그들의 언약이 파괴된다"고 하였다.
> 압둘 라흐만이 그대로 실행했고, 레반트 도시들에 살고 있는 동로마 사람(비잔틴 제국 사람)들은 이 조건들에 대해서 승인했다.
> 아흐캄 아흘 밀랄(율법책 이름)에서 압달라 브니 아흐마드가 다음과 같이 전한다.

레반트 지역의 기독교인들이 조약(딤미 조약)을 체결할 때 다음과 같은 조건에 동의했다.

그들은 그들의 도시나 도시 주위에서 수도원과 교회와 주교 관저와 수도사의 기도실을 짓지 않고,

그것들 가운데 파괴된 것을 수리하지 않으며,

무슬림들 가운데 한 사람이라도 그들(딤미인)의 교회에 3일 동안 머무는 것을 (딤미인이) 금하지 않고 무슬림에게 음식을 먹이며,

첩자를 머물게 하지 않으며, 무슬림들을 속이지 않으며,

그들의 아이들에게 꾸란을 가르치지 않으며,

쉬르크(shirk)에 대한 내용을 드러내지 않으며,

그들의 친척들 가운데 그들이 원하여서 이슬람에 귀의하려할 때 그들을 막지 않는다.

그들은 무슬림들을 존경하며,

그들이 앉아 있는 자리에 무슬림이 앉길 원할 경우 앉은 자리들에서 일어난다.

그들의 의복의 어떤 것에서 무슬림을 모방하지 않고,

무슬림의 이름을 사용하지 않으며,

말안장 위에 앉지 않고,

검을 착용하지 않으며,

술을 팔지 않는다.

그들의 머리 앞부분을 깎으며,

그들이 어디를 가든지 그들의 복장을 입고,

그들의 허리에 허리띠를 차고,

'Aḥkām 'Ahl al-Dhimmah(딤마 백성에 대한 규칙들). 우마르 규정 및 딤미인들에 대한 수많은 규칙이 기록되었다. 저자 이븐 까임은 한발리 학파 이븐 타이미야의 제자이며 중세 이슬람의 중요한 율법학자 중의 한 사람이다.

그들은 십자가를 드러내지 못하고,

무슬림이 지나는 도로에서 그들 책들 가운데 어떤 것을 드러내지 못한다.

그들은 죽은 자를 무슬림 옆에 장사할 수 없고,

교회들에서 약하게 치는 종 이외에는 타종을 하지 못하고,

무슬림이 교회에 있는 한 교회에서 소리를 내어 성경을 읽지 못하고,

종려주일에 (부활절 명절 축제를 위해) 밖에 나가지 못한다,

그들 가운데 죽은 사람이 있을 경우 소리 높여 울지 못하고

그들과 함께 횃불을 들지 못한다.

그들은 무슬림이 사로잡은 노예를 살 수 없다.

만일 그들이 정한 규정 가운데 어떤 것을 위반한다면 그들에게 보호는 없게 되고, 반항과 반역의 백성에게 허락되는 벌을 무슬림이 그들에게 내리는 것이 허락된다.[26]

(2) 이븐 카티르의 꾸란 주석에서

이븐 카티르(1300-1373)는 시리아의 맘룩 왕조 시기에 큰 영향을 끼쳤던 역사가이자 주석가이다. 그가 기록한 꾸란 주석은 따바리 주석 다음으로 권위 있는 주석으로 평가받는다. 그의 주석 가운데서, 앞에서 다룬 꾸란 9:29 주석에 우마르 규정의 내용을 기록하고 있다. 여기서는 앞의 『딤미 백성에 대한 규칙들』에 기록된 문체와 달리 기독교인들이 자신들이 지켜야 할 규칙을 기록하여 우마르에게 제출하는 형식으로 기록되어 있다. 그래서 그 내용이 "우리가 …하지 않겠습니다"라고 하고 있고 약간 추가된 내용도 있다. 아마도 무슬림이 기독교인들에게 이러한 내용을 쓸 것을 강요했거나, 무슬림이 이 내용을 기록하며 기독교인들이 기록한 것처럼 문체를 바꾸었을 것이라 짐작된다. 문체가 다르고 내용의 첨삭이 있지만 본질적인 내용은 동일하다는 것을 확인할 수 있다.

◇ "너희는 유대인과 기독교인들에게 인사를 먼저 하지 말고, 길을 갈 때 그들을 만나면 그들이 가장 협소한 곳으로 지나가도록 하라"(한쪽으로 피해서 지나가도록 하라는 의미) (사히흐 무슬림 2167a).

그래서 믿는 자들의 왕이시고 알라께서 기뻐하시는 우마르 브닐 카땁이 딤마 백성에게 잘 알려져 있는 다음과 같은 조건들을 그들에게 수모와 수치와 모욕을 주기 위해서 규정하셨다. 그것은 하디스 학자인 압둘 앗라흐만 브니 가남 알아쉬아리로부터 전해진 것으로 그는 다음과 같이 말했다. 나는 우마르 브닐 카땁(알라께서 그를 기뻐하시는)이 레반트 지역 주민 가운데 기독교인들과 협약을 맺었을 때 그것을 기록했다.

자비하고 자애로운 알라의 이름으로!

이 문서는 이런 이런 도시(such and such city)의 기독교인들이 주님의 종이자 믿는 자들의 왕이신 우마르님께 제출하는 책입니다. 당신들(무슬림)이 우리에게 왔을 때 당신들께 우리 생명과 자녀들과 재산들과 우리 종교 공동체들에 대한 안전을 요청하였습니다.

우리는 우리 도시에서나 우리 주위에서 수도원과 교회와 주교관저와 수도사의 기도실을 건립하지 않고,

그것들 가운데 파괴된 것을 수리하지 않고,

그것들 가운데 무슬림이 의도적으로 파괴한 것을 다시 세우지 않으며,

우리는 무슬림 가운데 어떤 이든지 밤이나 낮에 교회에 머무는 것을 금하지 않으며,

통행하는 자와 여행하는 자들을 위해 교회의 문들을 개방하며,

무슬림 가운데 우리를 지나가는 사람을 우리 집에 3일 동안 음식을 제공하며 머물게 할 것입니다.

우리 교회들에나 집들에 첩자를 머물게 하지 않으며,

무슬림들을 속이지 않으며, 우리 아이들에게 꾸란을 가르치지 않으며,

쉬르크(shirk)에 대한 내용을 드러내지 않으며 (예: 삼위일체 등의 내용),

아무에게도 그 쉬르크(shirk)를 믿으라고 요청하지 않으며,

우리 친척들 가운데 누가 이슬람에 귀의하는 것을 원할 경우 그를 막지 않겠습니다.

우리는 무슬림들을 존경하며,

우리가 앉아 있는 자리들에 그들이 앉길 원할 경우 우리는 그 자리들에서 일어나고,

우리는 캡이나 두건이나 샌달이나 머리 가르마 등에서 그들의 의복의 어떤 것이라도 모방하지 않고,

그들과 말할 때 그들의 용어를 사용하지 않고,

그들의 이름을 사용하지 않으며,

(말을 탈 때) 말안장 위에 앉지 않고,

검을 착용하지 않으며,

어떤 종류의 무기도 소유하지 않겠습니다.

우리는 아랍어로 도장을 파지 못하고,

술을 팔지 못합니다.

우리는 우리 머리 앞부분을 깎으며,

어디를 가든지 우리의 복장을 하고,

허리에 허리띠를 찹니다.

우리 교회들 위에 십자가를 달지 못하고,

개인이 가진 십자가들과 책들(성경과 기독교 서적)을 무슬림이 있는 곳이나 시장에서 드러내지 못합니다.

우리는 우리 교회들에서 약하게 치는 종 이외에는 타종을 하지 못하고,

우리들의 교회들에서 무슬림들이 있는 한 소리를 내어 독경하지 못하고,

종려주일이나 부활주일에 (명절 축제를 위해) 바깥에 나가지 못합니다.

죽은 사람과 함께 소리 높여 울지 못하고,

장례식 과정에서 무슬림이 있는 곳이나 시장들에서 무슬림들과 함께 횃불을 들 수 없으며,

우리 사자(死者)를 무슬림 옆에 장사할 수 없습니다.

우리는 무슬림이 사로잡은 포로를 취할 수 없고,
무슬림들을 안내하며,
그들의 집에서 그들의 사생활을 침해하지 못합니다.
제가 우마르님께 이 책을 가지고 왔을 때 그분은 거기에 다음 내용을 추가하였습니다.
"우리는 무슬림들 가운데 어느 누구도 때리지 못합니다."
이와 같이 우리 자신들과 우리 종파의 백성에 대해서 규정을 정하였고, 그로 인한 안전을 받아들였습니다.
만일 우리가 정한 규정 가운데 어떤 것을 위반하고 우리 자신을 위해 사용한다면, 우리에게 더 이상의 딤마(보호의 약속)가 없게 되고, 반항과 반역의 백성에게 허락되는 벌을 우리에게 내리는 것이 허락됩니다.

억장이 무너지는 내용이다. 어떻게 이럴 수가 있을까? 딤미인들은 이런 내용으로 인해 지난 1,200년 동안 모욕과 불평등을 경험한 것이다. 위의 내용을 정리해 보자.

2) 우마르 규정의 내용

(1) 이것은 자유의 제한이다

개인의 자유의 제한이다. 통행의 자유와 의복 착용의 자유, 사생활의 자유가 침해되었다. 무슬림이 집에 찾아오면 3일이나 숙식을 제공해야 했다. 자리에 앉아 있다가도 무슬림이 그 자리를 원하면 일어서서 비켜 주어야 했다. 기독교인은 머리 앞부분을 깎아야 하고 허리에 허리띠를 차야 하며 눈에 띄는 복장을 해야 했다. 축제의 즐거움도 누리지 못하고 심지어 죽은 사람과 함께 소리 높여 울지도 못했다. 무슬림 앞에서 성경을 소리 내어 읽지 못하고, 그들의 용어도 사용하지 못하고, 그들의 이름도 사용하지 못하고, 말도 타지 못하고, 무기도 소유하지 못했다. 신앙과 예배의 자유만 제한되는 것이 아니고 자녀 교육 등의 가정 생활, 사회적인 관계, 경제 생활 등 모든 부분에서 자유가 제한되었다.

(2) 이것은 불공평과 차별이다

기독교인은 무슬림의 좋은 것을 따라하지 못했다. 무슬림이 항상 나아야 하고 지위가 높아야 했다. 심지어 개인의 집도 무슬림의 집이 높아야 했다.[27] 무슬림은 딤미인을 때릴 수 있지만 딤미인은 무슬림이 행패를 부리더라도 그들을 때리지 못했다. 무슬림은 기독교인에게 이슬람을 소개하여 그들을 무슬림으로 만들 수 있지만, 기독교인은 그렇게 하지 못했다. 무슬림이 기독교인 집에 찾아오면 그들에게 3일 동안 숙식을 제공해야 하는데, 기독교인은 그들의 사생활을 침해하지 못했다. 딤미인들은 무슬림과 구별되는 옷을 입어야 했고 머리 앞부분을 깎아야 했고 허리에 띠를 차야 했다. 무슬림이 좋아하는 캡이나 두건이나 샌들이나 머리 가르마 등을 하지 못했다. 무슬림이 누리는 자유에 비해 기독교인은 모든 것에서 차별 대우를 받았다. 심지어 콥트 기독교인이 목욕탕에 들어갈 때 목에 방울을 달고 들어가야 한다는 법령이 내려진 적도 있었다.[28] 위에서 언급한 하디스에는 이렇게까지 말한다.

> ◇ 너희는 유대인과 기독교인들에게 인사를 먼저 하지 말고, 길을 갈 때 그들을 만나면 그들이 가장 협소한 곳으로 지나가도록 하라(사히흐 무슬림 2167a).

이 모두가 딤미인들을 차별하고 수모와 모멸감을 주기 위한 것이었다.

(3) 이것은 종교 박해이다

이것은 명백한 종교 박해이다. 신앙과 예배의 자유를 빼앗는 것이다. 교회 위에 십자가를 달지 못하고, 타종하지 못하고, 무슬림이 있으면 성경을 소리내어 읽을 수도 없었다. 생활 가운데서도 무슬림들에게 자신들의 십자가와 성경책을 드러낼 수 없었다. 교회당 건물과 기도실과 수도원 등을 건립하지 못하게 했다. 심지어 파괴된 교회당 건물도 수리할 수 없었다. 무슬림이 심술을 부려 파괴한 것도 다시 세우지 못했다. 기독교인 가운데 누구든지 이슬람으로 개종할 경우 아무도 막을 수 없었다. 반면에 무슬림 가운데 기독교로의 개종은 불가능할 뿐만 아니라 앞에서 보았듯이 배교자라며 사형으로 다스렸다. 기독교인의 표식을 드러내지 못하고, 교회당에서 예배 의식을 마음껏 하지도 못하며, 교회당 신축과 수리를 할 수 없었다. 따라서 종교에 대한 명백한 박해였던 것이다. 이러한 종교 박해는 오늘날도 이슬람 나라들에서 그대로 시행되는 경우가 허다하다.

(4) 이 조건을 위반했을 경우

이 조건은 무슬림이 일방적으로 정해서 딤미인에게 강요한 것이다. 그 조건의 마지막 부분에는 만일 딤미인이 그것을 위반하게 될 경우 어떤 불이익을 받는지를 기록하고 있다. 그럴 경우 더 이상 딤마(보호의 약속)가 없어지고 반항과 반역의 백성에게 허락되는 벌을 받게 된다고 한다. 그 말은 그들의 칼에 죽임을 당한다는 의미이다. 이 조건의 처음부터 끝까지 딤미인들에게 불합리한 규정을 제시하지만 무슬림이 이행할 의무나 책임에 대한 기록은 전혀 없다.

이렇듯 딤미 제도는 딤미인들의 자유를 제한하고 무슬림과 차별 대우를 하며 종교적인 박해를 가하는 제도이다. 그런데도 오늘날 무슬림은 딤미인들이 "이슬람의 보호와 이슬람의 우산 아래에서 안전하고 안심하면서 산다"고 한다. "그들의 종교를 인정하고, 그들이 이슬람 공동체의 보호와 보살핌을 즐긴다"고 한다.[29] 억장이 무너진다.

위의 우마르 규정의 내용은 일정 기간 사용되다 없어진 규칙이 아니다. 지난 1,400년 이슬람의 지배 가운데 1856년 오스만 터키 술탄 압둘 마지드가 서방 국가들의 압력에 따라 칙령을 내려 딤미 제도를 폐기할 때까지

맹위를 떨쳤던 악법 중의 악법이다. 어느 일정한 지역만 적용되었던 법도 아니다. 중동과 북아프리카와 서아시아 등의 이슬람이 지배하던 모든 지역에서 유대인과 기독교인들은 이러한 대우를 받아왔다.

이 법은 샤리아법의 근간이다. 신이 만들어 주었기에 지구상의 무슬림들은 모두 이 율법을 지켜야 한다. 따라서 오늘날도 기회만 있으면 그들은 이 제도를 실천하려고 한다. 이슬람 근본주의자들은 오늘도 서방 나라들을 대항하여 지하드를 원하고 있고, 그곳의 유대인과 기독교인들을 이 우마르 규정으로 다루길 갈망하고 있다. 왜냐하면 그것이 꾸란과 하디스와 샤리아법의 명령이기 때문이다. 반면에 온건주의 무슬림은 이러한 딤미 제도의 존재를 깊이 있게 알지 못하거나, 혹은 알아도 그것을 부인하고 합리화한다.

7. 딤미인 박해의 사례

제6장의 '지하드와 강제 개종' 부분에서 이슬람으로의 강제 개종을 설명하며 박해에 의한 개종에 대해 말했다. 여기서는 딤미인들이 받았던 여러 가지 박해의 예를 기록한다. 앞서 살펴 본 '우마르 규정'은 무슬림에게 딤미인들을 핍박할 수 있는 근거를 제공했다. 딤미인들은 무슬림 통치자와 무슬림 이웃으로부터 각종 차별과 박해를 받았다. 통치자에 따라 정도의 차이는 있었지만 딤미 제도가 존재했던 1,200년 이상의 기간 내내 괴로움을 당했다. 그러한 박해의 구체적인 내용들은 제3장 '이슬람 비평 학문의 발달' 부분에서 소개한 여러 연대기와 여러 학자가 번역한 당시의 수많은 기록에서 어렵지 않게 발견할 수 있다. 다음 내용은 이집트 콥틱 역사학자 아딜 긴디가 그의 책 『지배의 이야기들』(Ḥikayāt al-'Iḥtilāl)에 기록하는 것의 일부로서 필자의 『니끼우 요한의 연대기와 이슬람의 이집트 침략』에서 인용한 것이다.[30]

압바스 왕조 칼리프인 압달라 알마으문('Abd Allah al-Ma'mūn, 813-833) 시대에 이집트의 세금 징수원들이 모든 곳에서 사람들을 괴롭혔다. 특별히 바슈무린(al-Bashmūrīn)[XI] 기독교인들을 심하게 핍박한 나머지 그들은 세금을 지불하기 위해 그들의 아이들을 팔기까지 했다. 짐승 대신에 그들을 연자방아에 묶어서 방아를 찧을 때까지 그들을 때리기도 했다. 그래서 결국 민중 봉기가 일어나기까지 했다.

압바스 왕조의 칼리프인 자아파르 알무타와킬(Ja'far-al-Mutawakkil, 847-861)은 콥트인들이 꿀색 망토와 허리띠를 착용하게 하고 나무로 만든 말안장에 앉게 했다. 그들 집들의 문에 나무로 만든 사탄 그림을 붙이게 했고 무슬림이 정부관직에 있는 기독교인에게 도움을 요청하는 것을 금했다.[XII] 또한 기독교인이 무슬림을 가르치는 것을 금했다. 그 당시까지 기독교인들은 여러 분야에서 지식인들이었고 의학과 과학의 전문가들이었다.

9세기 중반 터키인(Tulunids)과 쿠르드족 출신 사람들이 지역의 통치자들이 되었다. 그들은 기독교인들을 증오하여 기독교인 여성들에게 말소리 흉내를 내고 그들의 아이들을 납치하고 눈곱만큼도 두려움 없이 그들의 몸을 더럽혔다. 그리고 가축들을 약탈했고 아주 끔찍한 일들을 했다.

파티마 왕조 칼리프 앗자히르(az-Ẓahir, 1020-1036)와 그의 총리 알가르가이(al-Jarjāy)는 감옥을 남자들과 여자들로 가득 채웠고, 여자들이 감옥에서

[XI] 바슈무린(al-Bashmūrīn, Bashmurian)은 바슈무르(Bashmūr)라는 지역에 살던 콥트 기독교인을 말한다. 바슈무르 지역은 나일강 북쪽 델타 지역이었다. 이 지역에서 압바스 왕조 시기인 약 830년에 지즈야의 과중함으로 인해 반란이 일어났다. 칼리프 마으문이 이 지역을 방문하여 반란을 제압하고 수많은 콥트 기독교인들을 살해했다. 역사가들에 의하면 이 반란에 대한 잔인한 진압은 콥트 기독교인들에게 절망을 가져왔고, 642년 아랍의 침략 이후 보지 못했던 두 번째의 새로운 핍박의 파도가 몰려오게 했다(https://en.wikipedia.org/wiki/Bashmurian_revolt).

[XII] 이 시대까지는 정부 관직에 있는 기독교인이 있었던 것으로 보인다.

아이를 낳기까지 했다. 통치자들은 기독교인들에게 불의와 폭압을 너무 많이 행하여 그것을 헤아릴 수 없을 정도였다.

살라흐 딘(Ṣalāḥ ad-Dīn, 1171-1193)은 상황을 안정시키고 난 뒤 도시들과 나라들과 지하드 전쟁을 벌여 그곳들을 정복하길 갈망했다. 그래서 엄청나게 많은 군사를 모집하여 출전을 준비했다. … 그리고 콥트 기독교인들에게 잔혹한 형벌을 내린 나머지 교수형과 십자가형을 내리기까지 했다. 기독교인들이 그에게 충성하고 완전하게 복종함에도 불구하고 그러했다. 또한 기독교인들은 쳐들어온 십자군에 대해서 호의적이지 않았고 적대감을 가지고 있었음에도 그는 그들(기독교인들)을 모질게 대했다.

아유브 왕조의 술탄 카밀(al-Kāmil, 1218-1238) 시대에 구(舊)카이로 지역의 공중교회(Hanging Church)[XIII]와 관련된 이야기이다. 이 교회에 인접한 모스크에 살고 있던 무슬림들이 모스크와 교회 사이에 있던 담을 허물고는 그 땅이 모스크에 속한 땅이라고 했다. 그들은 사다리를 타고 교황이 기도하는 다락방 꼭대기에 올라가 아잔[XIV]을 외치고 '알라후 악크바르'라고 하며 지크르[XV] 의식을 행했다. 그 뒤에 한 사람이 나타나서 자신이 잠잘 때 그들의 선지자를 보았는데, 그 선지자가 "딤미 백성의 옷을 갈아입혀라. 왜냐하면 그들이 경계를 넘었기 때문이다."라고 말했다고 했다. 그러자 사람들이 기독교인과 유대인들을 때리기 시작했고 공포를 주기 시작했다. 술탄 카밀은 기독교인들에게 그들의 앞머리를 제거할 것과 허리띠를 띨 것을 요구했고 유대인들에게는 노란색 표시를 하도록 했다. 그가 그 사람들을 만나면 그들에게 모욕을 주었다.

XIII 구카이로 지역의 공중교회(Hanging Church)는 옛 바빌론 요새의 남서 두 군데로 통하는 통로에 얹혀 있어서 '매달린'이란 알무알라까(al-mu'allaqa)란 단어를 사용한다.
XIV 무슬림은 하루 다섯 번 기도를 한다. 그 기도 시간을 알리는 행위를 '아잔'이라 한다.
XV 지크르(dhikr) 의식이란 수피즘에서 주로 행하는 의식으로 특정한 기도문을 반복해서 암송하며 몰입의 경지에 들어가는 의식을 말한다.

한 훌륭한 기독교인이 이슬람으로 개종하는 과정이다. 그는 가게와 집들과 말 목장을 가지고 있는 사람이었다. 술탄의 하수인들이 그에게 몰려들어 허리띠를 잡고는 그것을 풀라고 강요했다. 그가 거부하자 많은 사람이 달려들어 그를 때리고 그 허리띠를 버려버렸다. 그리고 그에게 이슬람으로 개종하라고 강요하며 거짓 증언을 했다. 그래서 그는 이슬람으로 개종했다. 이 당시 그리스도인에게 어려움과 수모가 많았다. 가난한 사람이나 하층민들이 그들을 보면 욕을 하고 저주를 했다.

아유브 왕조 앗살리흐(aṣ- Ṣāliḥ, 1240-1249) 왕 시대에 한 기독교인이 기소되었다. 이유는 그의 할아버지가 이슬람으로 개종했는데 그는 기독교인이라는 이유였다. 그래서 판사가 그가 이슬람으로 개종해야 할 것을 판결했고, 개종을 강요하기 위해 그를 감옥에 집어넣었다. 그 뒤 기독교인들이 함께 (지방) 통치자를 찾아가서 설득하여 늦은 밤 그 남자를 석방하는 데 성공했다. 그다음 날 군중이 그 판사의 집으로 가서 그의 판결을 지지했다. 그러고는 자신들의 가게 문을 닫고 그 (지방) 통치자에게 돌을 던지기 시작하여, 그 통치자가 그 도시를 떠나도록 했다. 그러고는 군중이 그 지역에 있는 교회로 달려가 교회를 파괴하고 그 안에 있는 십자가들과 아이콘들을 불질렀다. 그리고 기독교인들의 무덤들을 파서 시체들을 끄집어내어 불태웠다. 그리고 그 지역에 거주하는 기독교인들을 공격했다.

맘룩 술탄 앗자히르 비브로스(aẓ- Ẓahir Bībros, 1260-1277) 시대에 카이로와 이집트의 기독교인과 유대인은 정부 기관에서 일을 하지 못한다는 칙령이 내려졌다. 그러자 보통 사람들이나 아주 가난한 사람들이 기독교인들의 집으로 달려가서 그 집들을 약탈하고 여자들을 끄집어내어 포로로 삼았으며, 그들 중 많은 사람을 그들의 손으로 죽였다. 그리고 공중 교회(Hanging Church)에서 약탈을 저질렀고 교회에 있는 많은 사람을 죽였다. 그것은 가장 어려운 상황이었고 그로 인해 아이들과 노인들과 많은 남자가 사망했다.

술탄 브니 깔라운(Bni Qalāwūn) 시절, 여러 지역에서 54개의 교회와 회당이 불탄 이후, 카이로의 숯 가게 거리에서 불이 났다. 그날 바람이 많이 불어 야자수가 뽑히고 배들이 가라앉을 정도였고 사람들은 며칠이 지나기까지 불을 끄는 데 실패했다. 그 뒤 몇몇 기독교인이 불을 지른 사람으로 내몰려서 금요일에 화형에 처해졌으며 많은 군중이 그 광경을 보기 위해 모였다.

그날 군중은 기독교인들을 끔찍한 모습으로 죽였다. 술탄은 그의 습관을 따라 그 광장에 시찰을 나왔는데 아주 많은 사람이 모여서 외치는 것을 발견했다.

> 압달라의 아들 무함마드의 종교 이외에는 다른 종교가 없습니다.
> 승리자 왕이시여! 이슬람의 술탄이시여!
> 카피르들의 가족들로부터 우리가 이기게 해 주소서.
> 그래서 술탄이 칙령을 내렸다.
> "누구든지 기독교인을 만나면 그의 재산과 피(목숨)를 마음대로 해도 된다."
> 그러자 군중은 기뻐 외쳤다.
> "알라께서 당신에게 승리를 주실 것입니다."

그 소리가 포효하는 것 같았다.

그 뒤 무슬림이 기독교인을 때리고 죽이고 빼앗았으며 여러 날 동안 그런 상황이 계속되었고, 수많은 기독교인이 쓰러지고 난 뒤에 사람들이 그만둘 것을 요청했다. 그 뒤 칙령이 내려 기독교인들은 푸른색 두건을 쓰도록 했고 정부 관청에서 기독교인이 일하지 못하게 했다. 그래서 그들은 정부관청에서 나가야 했다.

1354년 맘룩 왕조의 아미르[XVI]들은 수도원과 교회들의 땅을 빼앗았는데 그것이 2만 5천 에이커나 되었다. 그리고 그들은 여러 교회를 허물었다. 사람들은 다시 교회들과 집들을 부수고 파괴했다. 기독교인은 그 목에 십자가를 달지 않고는 공중목욕탕에 들어가지 못했고, 그들의 부인들은 무슬림의 부인들과는 함께 들어가지 못했다. 사람들은 기독교인들을 아주 심하게 박해했고 대담하게 그들의 손으로 탈취와 약탈 등의 행동을 했다. 술탄은 민중들에게 아무 말도 하지 않았고 아무에게도 그렇게 하지 말라는 말을 하지 않았다.

맘룩 술탄 앗자히르 자끄마끄(az̧- Z̧ahir Jaqmaq, 1438-1453)는 그의 이전 통치자 바르싸바이(Barsabāy) 보다 통치가 온건하다고 알려진 사람이다. 그는 종교적이고 경건하며, 죄를 범하는 것과 술을 마시는 것을 금한 사람이다. 그러나 그의 통치 시대에 많은 기독교인이 살해되고 화형에 처해졌고, 사람들이 나무 십자가에 못 박혀서 말의 등에 태워진 채로 카이로의 도로들에 돌아다니기도 했다.

술탄 알가우리(Ghauri, 1501-1516)는 기독교인을 심하게 박해하여 그들로부터 많은 돈을 빼앗았고, 여러 여성을 채찍질하기까지 그들에 대한 강퍅함이 더했다.

술탄 까이타바이(Qāytabāy, 1468-1496) 시절에 카이로에서 군중이 기독교인들에 대항하여 일어나서 모든 교회의 문을 닫고 예배의식을 못하도록 했다. 이집트 전국의 교회들을 대상으로 박해가 일어나 살해와 탈취와 약탈과 파괴가 있었고 크고 작은 거리들이 피로 가득했다. 그러나 통치자들은 민중들의 행동을 막지 못했다.

XVI 칼리프나 술탄 아래의 국가나 지역을 다스리는 지도자의 호칭이다.

오스만 술탄 술라이만(Sulayman) 1세 시대에 통치자들이 콥트 기독교인들을 압박하고 박해했다. 그들을 관직에서 쫓아내었고, 그들 가운데 가장 나은 사람들을 구분하여 분리하고, 나머지 사람들을 강제로 잡아서 그들의 집들을 파괴하고 그들의 일들을 흩어 버렸다. 당시에 극도의 어려움이 있었다. 기독교인들은 여러 종류의 불행과 재앙을 경험했다.

1678년 기독교인들에 대한 속박이 더 심해졌다. 기독교인들이 공중목욕탕에 들어갈 때 그들 목에 방울을 달아야 한다는 법령이 내려졌다. 또한 양모와 브로드 천으로 만든 옷을 입지 못하게 하고 그들 부인들은 하얀색 옷을 입지 못하고 검은색 옷을 입게 했다.

약 1705년 이집트의 콥트 기독교인들이 예루살렘 성지 순례를 요청했다. 그러자 쉐이크 샤브라위(ash-Shabrāwi)가 딤미 백성에게 종교적인 예식 행하는 것을 금하지 않는다는 파트와(율법 해석)를 내렸다. 그들이 성지 순례를 간 뒤에 무슬림들이 그것에 대해 문제를 제기했다. 쉐이크 바크리(al-bakri)가 샤브라위에게 말하길,

> 이슬람의 쉐이크여! 어떻게 저들이 이런 행동을 하도록 허락하십니까? 그렇게 하면 성지 순례가 저들의 예식이 되어 내년에는 더 많은 사람이 성지 순례를 가려고 할 것입니다. 기독교인의 성지 순례와 무슬림의 성지 순례가 부활의 날 당신에게 죄가 될 것입니다.

그 이후 알아즈하르 인근의 사람들이 길거리로 나와서 기독교인들을 돌로 치고 막대기와 채찍으로 때리고 그들이 가진 것들을 빼앗고 다마르다쉬(Damardāsh)[XVII]에서 가까운 교회를 약탈했다.

XVII 카이로의 한 지역 이름이다.

나폴레옹이 이집트에 원정 왔을 때 무슬림 폭도들이 일어나 기독교인들을 대상으로 쓴 잔을 마시게 했다. 프랑스가 맘룩 군대와 싸워서 승리하자 아즈하르의 쉐이크들은 카피르들(프랑스 군인들과 기독교인들을 의미)과 지하드 전쟁을 해서 복수할 것을 주장했다. 온 도시가 들썩거렸다. 그러고는 다양한 인종의 기독교인 집들을 약탈하고, 남자나 여자나 아이들이나 노인이나 마주치는 사람들을 구분하지 않고 모두 죽였다.

나폴레옹이 이집트를 떠나고 난 뒤 오스만 제국 파견 통치자 나시프 바샤는 무리들에게 "기독교인들을 죽이고 그들을 향하여 지하드를 하라"고 했다. 그러자 사람들이 소리치고 선동하고 그들이 콥트 기독교인들과 시리아 사람들과 그 외의 만나는 모든 사람을 죽이기 시작했다. 한 무리가 기독교인들의 거리와 집들에 가서 집들을 부수고 들어가 남자와 여자와 아이들을 닥치는 대로 죽이고, 약탈하고, 포로로 잡아갔다. 그리고 그들이 사로잡은 기독교인과 유대인과 프랑스 사람들을 오스만 통치자에게 데리고 가서 그들에 대한 보상금을 받았다.

8. 계속되는 딤미인 차별과 박해

무슬림은 이슬람이 평등의 종교라고 자부한다. 모든 사람은 알라 앞에서 지위의 고하가 없고 신분의 차이가 없다고 한다. 모스크에서 그들이 기도할 때 왕과 일반 백성과 부자와 가난한 자가 한 줄에 서서 기도하는 것처럼 그들은 평등하다고 한다. 그러나 Ex 무슬림은 이러한 말들이 사실이 아니라고 한다. 이집트의 Ex 무슬림 피터는 딤미 제도를 다음과 같이 설명한다.

딤미 제도는 이슬람이 모든 사람에게 공평하고 평등한 종교라고 하는 그들의 설명이 틀렸음을 증명하는 것입니다. 이것으로 인해 이슬람 움마 공동체는 모든 거주민에게 정의롭지 못하고 공평하지 못했다는 것을 증명합니다. 이슬람 움마 공동체는 무슬림에게 어떤 비무슬림보다 가장 높은 지위를 부여합니다. 무슬림은 모든 부분에서 다양한 특권을 누립니다. 그러나 아홀 딤마 혹은 비무슬림은 2등 시민 혹은 3등 시민(우마이야 왕조 시대 이슬람이 정복하는 나라들의 사회적 계층은 아랍 무슬림, 비아랍 무슬림, 딤미인, 노예의 순이었다)이 됩니다. 그들에게 차별적인 법이 적용되고 그들에게는 완전한 권한이 보장되지 않습니다.

예를 들어 무슬림은 예배에 있어 모든 권한이 보장됩니다. 무슬림은 어디서든지 모스크를 건축할 수 있고 공개적으로 드러난 곳에서 예배합니다. 그들이 기도할 때에는 확성기를 틀고 기도 시간을 알리는 아잔을 합니다. 그러나 기독교인은 교회당 건축을 하지 못하고 심지어 자신의 소유지에서도 건축하지 못합니다. 기독교인은 자신들이 예배하고 있다는 것을 공개적으로 알리지 못합니다. 예배할 때 교회의 종도 치지 못하고 자신의 신앙을 공개적으로 말하지도 못합니다.

때문에 딤미 제도는 이슬람 사회가 공평하지 않고 평등하지 않다는 것을 보여 주는 예입니다. 왜냐하면 사회를 1등 시민, 2등 시민, 3등 시민으로 나누어서 계급을 만들기 때문입니다. 그래서 그것은 사회적 차별인 것입니다.[31]

모로코의 Ex 무슬림 라쉬드는 <용감한 질문> 프로그램에서 다음과 같이 딤미 제도에 대해서 말한다.

딤마 언약을 깨면 죽임당합니다.
딤미가 무슬림을 때리기만 해도 죽임당합니다.
무슬림을 어떤 이유에서긴 죽이면 죽임당합니다.
무슬림 여자와 결혼하는 것도 죽임당합니다. 결혼 계약도 못하는 것입니다.

그것도 딤미의 조약을 깨는 것이기 때문에 죽임당합니다.
무슬림 여자와 간음을 해도 죽임당합니다.³²

혹자는 이런 딤미 제도는 옛날 이야기이고 오늘날 이슬람 국가에는 그런 차별이 없다고 할 것이다. 천만의 말씀이다. 강도와 종류의 차이는 있겠지만 오늘날도 기독교인들은 비무슬림이라는 이유로 2등 시민의 대우를 받는 경우가 허다하다.

이집트 축구는 아프리카 최고 수준이다. 아프리칸 컵에서 여러 차례 우승했다. 한국과도 종종 경기를 한다. 이 이집트 축구 국가 대표팀에서 경기하는 기독교인 대표선수가 있을까? 불행히도 없다. 또한 2020년 현재 이집트 자국 프로 리그에 있는 18개 팀들의 선수들 가운데 기독교인이 한 사람도 없다. 한두 사람의 아프리카 용병 이외에는 기독교인이 없다.³³ 왜 그럴까? 기독교인이 10-15%라면 적어도 한 팀에 3-4명은 있어야 비율상 맞지 않는가?

이집트에서 가장 유명한 프로팀인 아홀리 클럽에 한 기독교인 선수가 선발 테스트를 하기 위해 갔다. 그런데 코치가 그의 손목에 십자가가 그려진 것[XVIII]을 보고 탈락시켰다.³⁴ 다른 기독교인 선수는 실력이 출중하여 유명 프로팀의 1차 선발을 통과하려던 차에 코치가 그의 이름을 물어보았다. 그래서 그의 이름을 불러 주었다. 그러자 코치는 그가 기독교인인 것을 알게 되었고[XIX] 그에게 다시 연락하지 않았다.³⁵ 민야주의 축구 지망생은 기독교인으로서 프로팀에 들어갈 수 없게 되자 이슬람으로 개종할 것을 심각하게 고려한다고 한다.

왜 이런 상황이 벌어지는 것일까? 그것은 바로 딤미인에 대한 차별 때문이다. 그것이 뿌리 깊은 관습으로 남아 있기 때문이다.

[XVIII] 이집트의 콥트 기독교인은 손목에 십자가 문신을 새겨 자신이 기독교인임을 표시한다.
[XIX] 아랍 사람들의 이름은 대개 무슬림과 기독교인의 이름이 다르다. 그래서 사람들의 이름을 보거나 듣게 되면 그 사람의 종교를 파악할 수 있다.

이집트의 인구는 1억 명이다. 그 가운데 10-15%가 기독교인이라면 결코 작은 숫자가 아니다. 그런데도 이집트 정부의 지도급 인사에 기독교인은 소수이다. 이집트 헌법이나 법률에 무슬림만이 지도자가 될 수 있다는 내용은 없다. 예를 들어 이집트 헌법의 대통령 자격에 무슬림만 대통령이 될 수 있다는 조항은 없다. 그러나 기독교인 가운데 아무도 자신이 대통령이 될 수 있다고 생각하지 않는다. 무슬림도 기독교인이 자신들의 지도자가 된다는 상상을 하지 못한다.

왜 그럴까? Ex 무슬림은 그 이유를 딤미인인 유대인과 기독교인이 무슬림보다 높은 자리에 올라갈 수 없다는 꾸란과 하디스의 가르침이 있기 때문이라고 한다.

◆ 알라께서는 불신자(kāfir)들이 신자들에 대항해 (승리하는) 길을 만들지 않으실 것이다(4:141).

◆ 믿는 자들이여 불신자(kāfir)들을 믿는 자들 대신에 친구/동지로 삼지 말라(4:144).

이러한 이유로 보안대와 군대의 최고 지휘관, 장관, 도지사, 대학 총장 등의 자리에 기독교인이 없거나 아주 소수이다. 예외적으로 한두 명의 기독교인이 임명되는 경우가 있지만 그것은 어디까지나 정권의 보여 주기식 처사이다. 대학에서 박사 학위를 받는 것도 기독교인이 받는 경우는 상대적으로 아주 적다. 실력이 출중함에도 기독교인이라는 이유로 탈락되는 경우가 종종 있다. 학교에서 무슬림 교사는 기독교인 학생들을 차별하는 경우가 흔하다. 그것이 심하다 보니 기독교인 부모가 자녀의 이름을 무슬림 이름으로 짓는 경우도 있다. 수업 시간에 무슬림 교사로부터 차별받지 않기 위해서 무슬림 이름을 짓는 것이다.

이집트에 기독교 대학이 없다. 기독교인 인구가 이 정도로 많은 나라면 충분히 존재할 만하다. 콥트 교단이나 개신교단에서 운영하는 신학교는 있어도 기독교 대학 혹은 콥트 대학은 없다. 이집트의 콥트 문화와 콥트 언어는 이집트인의 정체성 형성에 아주 중요한 부분이다. 이슬람 정복 이전 오랜 세월 콥트 국가였기 때문에 이집트 무슬림도 콥트 문화의 유산을 이어받았다. 세속주의 무슬림 가운데는 이집트인의 정체성 가운데 한 부분을 콥트에서 찾는 사람도 많다. 그런데도 콥트 언어와 문화를 깊이 있게 가르치는 대학이 없다. 그것은 아이러니이다.

이집트의 학교들에 올바른 역사 교육도 없다. 영웅주의적 이슬람 사관으로 역사를 가르치는 것 이외에 객관적인 역사를 가르치는 곳은 없다. 이집트에 대한 이슬람 침략의 역사나 기독교인들이 받은 박해의 역사를 구체적으로 가르치는 곳이 없다. 종교인들과 정치인들은 국민들이 진실된 역사를 대면하는 것을 원하지 않는다. 그래서 일반 국민들은 이슬람의 영웅주의적 역사관에 근거한 역사가 진실된 역사인 줄 안다. 때문에 일반 무슬림은 물론 기독교인들조차도 진실된 역사를 모른다.

기독교인 아이들은 학교에서 따돌림 당하는 경우가 흔하다. 친구들끼리 잘 지내다가도 이해관계가 생기는 경우 무슬림 친구로부터 "기독교인은 냄새가 난다"는 소리를 들으며 인격 모독을 당한다.

2016년 5월 민야주의 한 마을에서 70세 기독교인 할머니가 치욕적인 참변을 당했다. 마을의 무슬림 남성들이 떼지어 몰려와서 그녀의 집을 불태운 뒤 집 바깥에서 그녀를 붙잡아 옷을 완전히 벗기고 구타했다. 그뿐만 아니라 300여 명의 무슬림 군중이 인근 기독교인들의 집을 불태우고 파괴했다. 그 이유는 그 할머니의 아들이 무슬림 집의 딸과 애정 행각에 빠졌다는 소문 때문이었다.[36]

이슬람 샤리아법은 무슬림 여성이 기독교인 남성과 결혼하는 것을 엄격하게 금지하고 있다. 그런데 반대 경우인 무슬림 남성이 기독교인 여성과 결혼하는 것은 아무런 제한이 없다. 어떤 법적 사회적 장애도 없고 오히려 무슬림이 자랑스럽게 생각한다. 그 이유는 무슬림 여성이 비무슬림 남성과 결혼하게 되면 무슬림 여성이 이슬람을 떠나게 되는 결과라고 생각하고, 비무슬림 여성이 무슬림과 결혼하게 되면 그 비무슬림 여성과 그들의 자녀들이 자연스럽게 무슬림이 되기 때문이다.ˣˣ

실제로 이슬람 사회에서 "기독교인 청년이 무슬림 처녀를 꾀어 애정 행각에 빠졌다"는 소문은 무슬림이 치욕으로 여기고 아주 민감하게 반응한다. 이집트 시골 마을들에서 이와 같은 이유로 종종 폭동이 일어난다. 폭동이 일어나면 기독교인들은 일방적으로 피해를 본다. 집이 불타고 파괴되고 모욕과 구타와 살해를 당하기도 한다. 이런 불평등이 이슬람 이외에 어디에 있겠는가?

70세 할머니가 옷이 완전히 벗겨지고 구타를 당하는 모욕을 겪었다. 여성의 명예를 생명처럼 중시하는 이슬람 사회에서 가장 치욕스러운 일을 당한 것이다. 재산상 손해도 엄청났다. 그런데도 2020년 12월 법원은 폭행을 주도했던 무슬림들에게 무죄를 선고했다. 법원의 판결을 들은 할머니는 울음을 터뜨리며 "그토록 수모를 당했는데 나는 어떻게 해야 할 것인가. 내 권리는 정의로 날 인도하실 주님의 손에 달려 있습니다"고 했다.[37]

기독교인들은 종교모독법에 저촉되는 경우도 잦다. 2016년도에 민야주의 한 교회에서 중고등 학생들이 성탄절 성극을 했다. 그런데 그 성극에 IS를 빗대고 조롱하는 내용이 들어 있었다. 당시는 IS의 만행들에 대해 아랍 사람들이 맹렬히 비난하던 때여서 그러한 내용은 일반적인 것이었다. 그런데도 이집트 법원은 그들이 이슬람을 비난했다고 하며 5년 징역형을 선고했다.[38]

2017년도엔 이집트에서 가장 존경받는 콥트 기독교 사제 중 한 사람인 마카리 유난(Makāri Yunān)이 종교모독법으로 기소되었다. 그 이유는 다음과 같다.

---

xx 무슬림 여성이 비무슬림 남성과 결혼이 가능한 한 가지 조건이 있다. 그것은 그 비무슬림 남성이 이슬람으로 개종하는 것이다.

어느 날 알아즈하르 출신의 한 유명한 쉐이크가 텔레비전 방송에 출연해, "기독교인은 카피르(kāfir)이고 기독교 교리는 퇴폐적이다"라고 말했다. 그것은 기독교 전체와 이집트 기독교인 모두를 모독한 것이었다. 그 뒤 마카리 유난 신부는 자신이 시무하는 교회에서 집회하며 청중과 문답을 진행하고 있었다. 그의 집회는 기독교 방송에서 생방송으로 전국에 생중계된다. 그때 한 성도가 그 쉐이크가 텔레비전에서 말한 것을 인용하며, 그것에 대해서 어떻게 생각하는지 신부에게 물었다.

마카리 유난 신부는 그 질문에 답하며 다음과 같이 말한다.

> 우리 모두는 명심해야 합니다. 이집트는 원래 기독교 국가였습니다. 그대(무슬림 혹은 이슬람)는 알아야 합니다. 그대가 칼과 창으로 이 나라를 이슬람 나라로 만들었습니다. 기독교인들이 그리스도를 버리고 떠나간 것도 그대의 칼과 창 때문입니다.[39]

이집트의 상황에서 아무나 할 수 없는 말이다. 백발의 노신부는 대담함과 안타까움으로 진심 어린 충고를 한 것이다. 아니나 다를까 그 뒤 마카리 유난 사제는 이슬람을 모독했다며 종교모독법으로 기소되었고 재판을 받았다.

딤미인으로 차별과 박해를 받는 이집트 기독교인들

2010년 이후 이집트 콥트 기독교인을 대상으로 한 테러 내역[40]

일시	장소 및 주요 사항	피해 내용
2011년 1월	알렉산드리아의 두 교회에서 폭발 테러	최소 21명 사망, 97명 부상
2011년 4월	기자주의 임바바교회에 무슬림이 침입	13명 사망, 약 75명 부상
2011년 10월	카이로의 마스비로 지역에서 파괴된 교회에 대해 항의시위하는 기독교인들에게 무슬림 군중이 무력을 사용함	24-35명 사망. 사망자 중 대부분이 기독교인
2013년 8월 15일	무르시 대통령 축출 이후 무슬림 형제단 성향의 사람들이 전국의 교회와 기독교인 대상으로 약탈과 방화	12시간 만에 전국의 64개 교회를 방화하고 파괴 및 약탈함. 4명 사망, 수십 명 부상
2013년 10월	기자(Giza)주의 와라끄 교회에서 결혼식 중 총격	4명 사망, 18명 이상 부상
2014년 1월	'10월 6월'시(市)에 있는 교회를 대상으로 총격	경찰 1명 사망
2015년 2월	리비아의 IS가 리비아 거주 콥트인들을 참수함	21명이 참수됨
2016년 12월	카이로의 콥틱 교회 본부 성당에서 폭탄 테러	29명 사망, 49명 부상
2017년 2월	시내반도 아리쉬 도시에서 IS가 총을 쏘며 위협함	7명 사망, 기독교인 수십 가정이 다른 도시로 도망함
2017년 4월	탄타주에서 종려주일 미사를 드리는 가운데 폭탄 테러	29명 사망, 76명 부상
	알렉산드리아의 마가교회에서 폭탄 테러	17명 사망, 48명 부상
2017년 5월	민야주에서 수도원을 방문하는 버스를 상대로 총격	최소 29명 사망, 24명 부상
2017년 12월	카이로 남부 헬루완의 교회에서 총격	5명 사망
2018년 8월	카이로 북부 지역 교회를 대상으로 총격	1명 사망, 경찰 1명 부상
2018년 11월	민야주에서 수도원 방문하는 버스를 상대로 총격	최소 7명 사망, 13명 부상
2020년 4월	부활절 기간 교회에 테러를 가하려던 세력을 경찰이 제압함	
2021년 4월 18일	시내 반도 북부에서 IS 대원들이 콥트 기독교인을 총으로 처형하고 동영상 배포함	1명 사망

기독교인들을 향한 테러는 계속해서 일어난다. 다음 도표에서 보듯이 지금까지 이집트의 콥트 기독교인들을 대상으로 수많은 테러가 있었고 수많은 인명 피해가 있었다. 앗시시 정부가 들어선 이후 정책 제1순위를 테러 퇴치에 두고 강력한 테러 소탕을 하고 있다. 정권 안정을 위한 것이지만, 그에 따라 2019년 이후에는 이전보다 테러가 확연하게 준 것은 사실이다. 그럼에도 불구하고 테러의 시도는 계속된다. 2020년 4월 부활절에 카이로의 알아마레이야에서 교회를 대상으로 테러를 실행하려던 테러분자 5명이 사살되었다.[41] 2021년 4월에는 시내 반도 북부에서 콥트 기독교인이 IS 대원에 의해 처형당하기도 했다.

이렇게 콥트 기독교인들은 오늘날도 차별당하고 박해당한다. 그것은 그들이 단지 소수이기에 약간 소외되는 정도가 아니다. 그것은 딤미인이란 뿌리 깊은 낙인에서 오는 구체적인 차별과 박해이다. 공식적으로 딤미 제도는 160여 년 전에 폐지되었지만, 아직도 기독교인들에게는 1,400년 된 '딤미인'이란 주홍글씨가 가슴에 새겨져 있다.

콥트 교회 테러 사상자들의 장례식

※ 이집트의 최근 동향 :

최근 이집트에서는 앗시시 대통령이 추진하는 개혁 정책의 일환으로 기독교인들에 대한 처우가 달라진 부분이 있다.

예를 들어 2022년 2월 10일 앗시시 대통령은 기독교인 볼리스 파호미 이스칸다르를 대법원장에 임명했다. 이는 이집트 역사상 최초의 기독교인 사법부 수장 임명으로 딤미인에 대한 이슬람의 오랜 전통과 비교했을 때 격세지감이다.

다른 예로 지난 2016년 이집트 국회는 교회건축과 수리에 대한 새로운 법을 통과시켰다. 이집트는 1856년 오스만 터키의 지배 아래 있을 때 기독교인에게 불리한 '예배 장소에 관한 법'이 만들어졌고, 그 이후 지금까지 교회의 설립과 건축에 많은 제한이 있었다. 심지어 교회 화장실 수리를 위해서도 대통령의 허락을 받아야 공사를 시작할 수 있었다고 한다. 그런 상황에서 앗시시 대통령의 집권 이후 새로운 법이 통과되었고, 그 후 2018년 10월까지 120여 개의 교회가 건축 허가를 받았다. (BBC Arabic 2018.10.13 기사)

이처럼 2010년대 중반 이후 이집트와 사우디 등의 아랍 국가들은 종교적 개혁과 중도주의를 적극 표방하고 있다. 이는 IS 등의 극단주의 이슬람 집단의 야만적인 테러와 무슬림 형제단의 정치적 이슬람의 활동 실패 등으로 아랍 무슬림 사회가 엄청난 피해를 보았다는 판단에 따른 것이다. 또한 이러한 흐름은 1970년대 이후 이어져 온 이슬람 원리주의 부흥 운동(사흐와 운동)의 부정적 결과에 대한 진단과 반성에 따른 것이다. 그 결과 오늘날 아랍 나라들은 정권 주도로 가열찬 '종교개혁' 운동을 하고 있다. 그들은 한편으로는 무슬림 형제단과 쌀라피 지도자들을 처벌하고 그 극단적 가르침에 대해 철퇴를 내리고, 다른 한편으로는 개인의 자유와 여성 인권, 종교선택, 타종교와의 공존 등에서 개량된 접근을 시도하고 있다. 이러한 흐름의 일환으로 콥트 기독교인들에 대한 종교적 권리가 이전에 비해 상대적으로 신장된 부분이 있다.

이러한 이집트의 '종교개혁' 시도들은 현지의 기독교인들과 온건주의 무슬림들에게 긍정적인 역할을 하는 것은 부인할 수 없는 사실이다. 그러나 그렇다 해서 콥트 기독교인들의 본질적인 지위가 달라지거나 차별 대우가 사라지는 것은 아니다. 앞으로도 정도의 차이는 있을 수 있지만 그대로 존재하리라 판단한다. 왜냐하면 딤미인에 대한 가르침과 전통은 몇몇 현대 정치인 혹은 종교인이 급조한 내용이 아니라 꾸란과 무함마드의 순나에 근거를 둔 뿌리 깊은 전통이기 때문이다. 이슬람의 본질에서 온 것이기에 정치적 운동을 하고 법을 고친다고 해서 바뀔 것이 아니다. 따라서 딤미인에 대한 무슬림의 부정적인 인식과 우월주의와 혐오는 아직도 근본주의 이슬람을 따르는 무슬림들의 마음속에 그대로 남아 있으며, 앞으로도 그럴 것이라 본다.

미주

1. https://elaph.com/Web/News/2015/3/991496.html, 2020년 6월 6일.
2. Yusuf al-Qaradawi, *Ghayr al-Muslimīn fi-l-Mujtami' al-'Islāmiyyi*(이슬람 공동체의 비무슬림들), pp. 7-8.
3. 황의갑, "딤미 제도와 이슬람의 관용", 「지중해 지역 연구」 제13권 제3호 (2011.8), pp. 57-78.
4. A. Guillaume, *The Life of Muhammad* (Oxford University Press, 1982), p. 643; Ibn Hisham, *as-Sīrah an-Nabawiyyah* (Beirut: 1955) V2, p. 589; Robert Spencer, *The History of Jihad* (New York: A Bombardier Books), pp. 43-44.
5. 이나빌, 『니끼우 요한의 연대기와 이슬람의 이집트 침략』 (서울: CLC, 2018), pp. 38-83.
6. Ibn 'Abdul-Ḥakam, *Futūḥ Miṣr wa-'Akhbārha* (Beirut, 1996), p. 54.
7. Muḥammad Ḥusayin Haykal, *al-Fārūq 'Umar* (Egypt, 1964), Vol 2, p. 113.
8. Alfred J. Butler, *The Arab Conquest of Egypt and the Last Thirty Years of Roman Dominion* (Oxford At the Clarendon Press, 1902), p. 320.
9. 이나빌, 『니끼우 요한의 연대기와 이슬람의 이집트 침략』 (서울: CLC, 2018), p. 132.
10. Ibn Qayyim, *'Aḥkām 'Ahli - l-Dhimma*(딤미 백성의 규칙들) (Saudi Arabia: Ramādi lil-Nashr, 1997), p. 119.
11. Walīd al-Hādī Maḥrūs, *Hadha Huwwa al-'Islām ya 'A'dā' al-'Islām*(이것이 바로 이슬람이

다. 이 이슬람의 원수여!) (Cairo: Dar al-Maqta', 2016), p. 73.
12   Walīd al-Hādi Maḥrūs, *Hadha Huwwa al-'Islām ya 'A'dā' al-'Islām*(이것이 바로 이슬람이다. 이 이슬람의 원수여!) (Cairo: Dar al-Maqta', 2016), p. 73.
13   https://www.youtube.com/watch?v=r3TbHRATDaE&t=528s, 2020년 6월 8일
14   뉴욕 대학의 조교수, 보스톤대학에서 학위 받음. 2008년 8월 카이로에서 있었던 '차별에 대항하는 이집트인'이라는 주제의 강의에서 발표한 내용; 'Adl Gindi, *Ḥikayāt al-'Iḥtilāl*(지배의 이야기들) (Cairo, 2009), p. 110.
15   Shirīf Rāshid aṣ-Ṣadafī, *Mafḥūm an-Naṣṣ 'ind 'Umar bni al-Khaṭāb*(Omar Ibn al-Khattab's Concept of the Holy Texts) (e-kutub.com, 2016), p. 234.
16   Ibn Qayyim, *'Aḥkām 'Ahli - l-Dhimma*(딤미 백성의 규칙들) (Saudi Arabia: Ramādi lil-Nashr, 1997), p. 121.
17   al-Maghīli, *'Aḥkām 'Ahl al-Dhimmah*; Bat Ye'or, *The Dhimmi Jesw and Christians under Islam* (London and Toronto: Associataed University Presses, 1985), p. 201.
18   Bat Ye'or, *The Dhimmi Jesw and Christians under Islam* (London and Toronto: Associataed University Presses, 1985), pp. 201-202.
19   Ibn Qayyim, *'Aḥkām 'Ahli - l-Dhimma*(딤미 백성의 규칙들) (Saudi Arabia: Ramādi lil-Nashr, 1997), p. 122.
20   https://www.almasryalyoum.com/news/details/1348566, 2020년 6월 18일.
21   https://www.indexmundi.com/egypt/religions.html, 2020년 9월 1일.
22   al-'Akh Rashid, Su'āl Jarī'(용감한 질문) 제339편 이슬람의 이집트 침입 상, https://www.youtube.com/watch?v=F17Rfv0tTQk, 2020년 7월 18일; al-'Akh Rashid, Su'āl Jarī'(용감한 질문) 제339편 이슬람의 이집트 침입 하, https://www.youtube.com/watch?v=3eRkI-cCaOI, 2020년 7월 18일.
23   'Adl Gindi, *Ḥikayāt al-'Iḥtilāl*(지배의 이야기들) (Cairo, 2009), pp. 18, 114.
24   이나빌, 『니끼우 요한의 연대기와 이슬람의 이집트 침략』(서울: CLC, 2018), pp. 164-165.
25   https://en.wikipedia.org/wiki/Pact_of_Umar, 2020년 6월 9일.
26   Ibn Qayyim, *'Aḥkām 'Ahli - l-Dhimma*(딤미 백성의 규칙들) (Saudi Arabia: Ramādi lil-Nashr, 1997), pp. 1161-1162.
27   Ibn Ḍawyān, *Manār al-Sabīl* (al-Maktab al-Islāmi, 1982), Vol 1, p. 302.
28   이나빌, 『니끼우 요한의 연대기와 이슬람의 이집트 침략』(서울: CLC, 2018), p. 174.
29   Yusuf al-Qaradawi, *Ghayr al-Muslimīn fi-l-Mujtami' al-'Islāmiyyi*(이슬람 공동체의 비무슬림들), pp. 7-8.
30   'Adl Gindi, *Ḥikayāt al-'Iḥtilāl*, pp. 106-108.
31   필자의 녹음. 녹음 대상: Peter Yishmael, 녹음 일시: 2020년 1월 30일.
32   al-'Akh Rashid, Su'āl Jarī'(용감한 질문) 제238편 Ma Ma'na Kāfir fi al-Islām(이슬람에서 카피르의 의미는 무엇인가?), https://www.youtube.com/watch?v=OahdmmEh-RTg&t=1297s, 2020년 5월 28일.
33   https://www.youtube.com/watch?v=CQZYWsQiPWY, 2020년 6월 9일.
34   https://www.youtube.com/watch?v=LGFr3w-972Q, 2020년 6월 9일.
35   https://www.light-dark.net/t1258823, 2020년 6월 9일.
36   https://zahma.cairolive.com/سيدة-المنى-خلع-او-دمومي-كامل-تدلبن-امي/, 2020년 12월

30일; https://www.france24.com/ar/20160526-مصر-توقيف-مسلمون-تعريه-سيدة-قبطية-عجوز-صعيد-اثر-اطائفيه, 2020년 12월 30일.

37 https://www.almasryalyoum.com/news/details/2192783, 2020년 12월 30일; https://www.christiantoday.co.kr/news/337063, 2020년 12월 30일.

38 https://www.alhurra.com/choice-alhurra/2016/09/08/أطفال-الافطار-الأديان-وصولهم, 2020년 12월 1일.

39 https://www.youtube.com/watch?v=weS3zlWYaio, 2020년 12월 1일.

40 https://www.bbc.com/arabic/middleeast-38281434, 2020년 6월 9일; https://ar.wikipedia.org/wiki/اضطهاد_الأقباط, 2020년 6월 9일; https://www.elwatannews.com/news/details/4229654, 2020년 6월 9일; https://www.elwatannews.com/news/details/4322714, 2020년 6월 9일

41 https://www.bbc.com/arabic/middleeast-52286847, 2020년 6월 9일.

제9장
이슬람 파시즘

1. 이슬람 파시즘

파시즘은 1919년 이탈리아의 무솔리니가 주창한 국수주의적·권위주의적·반공적인 정치적 주의 및 운동을 말한다.[1] 파시즘은 무솔리니가 주창했지만 곧이어 발생하는 히틀러의 나치즘도 파시즘으로 분류한다. 그뿐만 아니라 파시즘과 대척점에 있었던 공산주의도 파시즘적인 요소가 아주 많은 이데올로기이다. 즉 스탈린의 볼셰비키 혁명, 중국의 문화 혁명, 북한의 주체사상에도 파시즘적 요소가 아주 많다. 예컨대 권위주의, 집단주의, 전체주의, 일당 독재, 반합리주의(antirationalism), 폭력과 기만, 반대자의 숙청, 인종주의, 제국주의, 전쟁 등의 요소가 파시즘적인 요소라 할 수 있다.

그렇다면 20세기 초 이탈리아에서 발생한 파시즘과 7세기 초 아라비아 반도에서 발생한 이슬람이 무슨 상관이 있을까? 파시즘은 정치 이념이고 이슬람은 종교인데 그것이 관련이 있단 말인가? '평화의 종교이자 가장 이상적인 종교'라는 이슬람을 파시즘과 연결해도 된단 말인가?

오늘날 Ex 무슬림은 이슬람과 파시즘이 여러 부분에서 공통점이 있다고 말한다. 이집트 출신의 Ex 무슬림인 하미드 사마드는 2014년에 『이슬람 파시즘』(Islamic Fascism)이란 책을 펴냈다. 그리고 이에 대해 그가 진행하는 유튜브 채널 <이슬람의 상자>에서 상세하게 설명했다. 그의 책에서 그는 이슬람과 파시즘을 '특이한 커플(odd couple)인가?'라고 질문하면서 다음과 같이 기록한다.

> 파시즘 이데올로기는 추종자들에게 증오와 적개심을 불어넣어 그들을 부패시키고, 세상을 친구와 적으로 분리하며, 반대하는 사람들을 응징함으로 그들을 위협한다. 그것은 현대주의와 계몽주의, 마르크스주의 그리고 유대인을 반대하는 반면, 군국주의와 자기희생(심지어 순교까지)을 미화한다.
> 현대 이슬람주의는 1920년대에 파시즘과 함께 등장하여 이러한 모든 특징을 공유한다. 파시즘과 이슬람주의는 비굴한 예속의 감정, 세계지배와 제

제9장 이슬람 파시즘   515

국건설의 목표로 연합함, 적들의 전멸을 전제로 함 등으로부터 나왔다. 전자는 아리안(Aryan, 인도 유럽 어족) 인종의 우월을 믿고, 후자는 무슬림의 인류에 대한 도덕적 우월성을 믿는다.²

'이슬람 파시즘'(Islamic Fascim)이란 용어는 1933년에 처음 사용되었고, 1990년 이후에는 'Islamofascism'으로 사용되었다. 처음에는 유럽에서 파시즘이 왕성하게 활동할 때 그들과 협력하여 이슬람 국가 건설을 꾀했던 무슬림 형제단 등의 정치적 이슬람 운동을 이슬람 파시즘(Islamic Fascim)이라 했다. 2001년 9·11 이후에는 미국 등에서 서방을 대상으로 테러를 가하는 이슬람 극단주의 테러 운동을 이슬람 파시즘으로 규정하기도 했다.³

무슬림 형제단 지도자 아민 후세이니('Amin al-Ḥusayni)가 나치 군인들과 협력하는 모습

20세기 중반 이후 오늘까지 이슬람 파시즘 운동을 주도한 극단주의 단체가 많다. 그 선두 주자는 1918년 하산 반나에 의해서 세워진 무슬림 형제단이다. 그들은 히틀러의 나치 파시즘과 협력하여서 이슬람 제국 확장을 꾀했다. 파시즘적 요소로 가득한 이슬람 극단주의자들이 나치와 군사적인 협력을 하면서 세계 제패를 꿈꾸었던 것이다(이 역사에 대해서는 하미드 사마드의 유튜브 채널 <이슬람의 상자> 제36, 37, 38, 39편을 시청하길 권한다. 한글자막이 달려 있다).

그 뒤 1964년에 발생한 PLO(팔레스타인 해방 운동)나 1985년에 발생한 히즈볼라, 1988년 발생한 알카에다, 2002년에 발생한 보코하람, 그리고 1999년 발생하여 최근 중동의 지축을 흔든 IS 등 수많은 극단주의 단체가 파시즘 성향을 띄었다. 이란의 호메이니 혁명과 그 이후의 이란 정부는 이슬람 파시즘 정부이다. 이슬람과 파시즘이 절묘하게 섞여 있다. 이라크의 사담 후세인, 리비아의 카다피도 파시즘 정부였다. 오늘날 중동의 대부분의 나라도 강도의 차이는 있지만 이슬람과 파시즘에서 필요한 것을 취사선택하며 정권을 유지하고 있다.

이 책에서 필자는 이러한 이슬람 파시즘 운동의 역사나 정치와의 관계, 혹은 그로 인한 결과를 다루지 않는다. 이 책에서는 이슬람의 본질에 존재하는 파시즘적인 원리들을 다루고자 한다. 꾸란과 하디스를 중심으로 이슬람의 DNA에 존재하는 파시즘적인 특징들을 정리해 보고자 한다.

2. 지도자를 절대화함: 무함마드의 특별한 위치

파시즘의 중요한 특징은 그들의 지도자관(觀)에 있다. 파시스트 단체들은 그들의 보스를 절대화한다. 전체주의 집단들은 하나같이 그들의 지도자가 독재자이며, 민중은 그를 영웅시하고 신성시하는 경향이 있다. 거기에는 '어떤 거짓도 앞이나 뒤로 근접할 수 없는'(꾸란 41:42) '카리스마적인 지도자'란 개념이 있다.[4] 파시즘의 지도자 무솔리니와 히틀러도 그러했고, 공산주의 지도자 스탈린과 모택동과 김일성 모두가 그러했다. 그들에게 절대적으로 복종을 강요할 뿐만 아니라 복종하지 않을 시 잔인한 형벌을 부여했다.

오늘날 무슬림은 무함마드가 알라의 선지자로서, 위대한 성인이고 완벽한 모범이라고 한다. 무함마드는 완전한 인간이지만 그를 숭배하거나 신격화하지 않는다고 한다. 『이슬람 문명』에서 정수일은 다음과 같이 말한다.

> 그들은 무함마드를 오로지 '완전한 인간'으로 숭앙했을 뿐, 결코 신격화하지는 않았다. 무슬림들은 무함마드를 거명할 때면 꼭 "알라께 기도하나니 그에게 평화를!"(살라 알라 알라이히 와쌀람!)이라는 기도사를 덧붙이는데 이는 인간 무함마드에 대한 숭앙을 표명한다.[5]

그러나 오늘날 Ex 무슬림의 생각은 다르다. 하미드 사마드는 "무슬림은 필요 이상으로 무함마드를 신성시한다. 무슬림은 모든 영광을 알라의 메신저 무함마드에게 돌려야 한다"라고 말한다.[6] 그들은 무함마드를 비판해서는 안 되고, 그를 비판하거나 욕할 경우 죽게 된다고 한다. 이러한 무함마드에 대한 태도가 파시즘적이라는 것이다.

이 장에서는 이슬람 경전과 이슬람 전통 가운데서 무함마드를 특별하게 성역시하고 절대시하는 것에 대해 살펴본다. 그리고 이어지는 장에서는 무함마드를 비판하는 자에게 주어지는 처벌에 대해서 살펴본다.

1) 꾸란은 무함마드 선지자를 아주 특별한 위치에 놓는다

꾸란은 무함마드에게 복종하는 것이 곧 알라에게 복종하는 것이라고 한다. 다음 구절을 보자.

> ◆ 누구든지 메신저(무함마드)에게 **복종하는**(yuṭi') 자는 알라께 **복종하는**(yuṭi') 것이니라. (4:80)
> ◆ 그대(무함마드)에게 **충성을 맹세한**(yubāyi'un) 자는 알라께 **충성을 맹세한** 것이니라. (48:10)

위의 두 구절에서 무함마드 선지자에게 복종하는 것을 알라에게 복종하는 것과 대등한 위치에 두어서 무함마드 선지자에게 복종할 것을 강조하고 있다.

또한 꾸란의 구절들은 '알라'와 '그의 메신저'를 대등한 위치에 놓는다. 다음은 '알라'와 '그의 메신저'(무함마드)에게 복종할 것을 명령하는 구절들이다. 다음에서 '알라'와 '그의 메신저'(무함마드)가 대등 관계 접속사 '…와'(and)로 연결되어 있는 것을 주목해 보라.

◆ 누구든지 **알라와 그의 메신저**에게 복종하는(yuṭiʻ) 자는 아래에 강물이 흐르는 천국에 들어가게 하실 것이며 그곳에서 영원히 살리라(4:13; 48:17).
◆ 누구든지 **알라와 그의 메신저**에게 복종하는(yuṭiʻ) 자는 위대한 승리를 거두리라(33:71).
◆ 누구든지 **알라와 그의 메신저**에게 거역하고 그의 율법을 범하는 자는 영원한 지옥 불에 들어가게 하실 것이요, 그에게 수치스러운 형벌이 있으리라(4:14; 72:23).
◆ 믿는 자들이여! **알라와 그의 메신저**와 그의 메신저에게 내려준 그 책(꾸란)과 이전에 내려준 그 책(성서)을 믿으라(4:136).
◆ 너희는 **알라를** 믿고, 알라와 그분의 말씀을 믿는 문맹의 **메신저를** 믿으라(7:158, 이 구절의 원문은 '알라'와 '메신저'가 대등 관계 접속사 '…와'[and]로 바로 연결되어 있다).

위의 구절들에서 '알라'와 '그의 메신저'(무함마드)가 대등 관계 접속사 '…와'(and)로 연결된 것을 확인하라. 꾸란에 이러한 구절이 54구절이나 된다. 무슨 말인가? 알라와 그의 메신저가 동급이라는 것이다.

꾸란은 '알라께 복종하라'고 해야 하는 구절에 '알라와 그의 메신저에게 복종하라'라고 명령한다. 이렇게 하여 무함마드에 대한 복종을 알라에게 복종하는 것과 동일시하고 있다. 혹은 '알라께 복종하라'는 명령을 하는 것처럼 하면서 의도적으로 무함마드를 뒤에 집어넣었다고도 볼 수 있다. 그리하여 무함마드에 대한 복종의 등급을 신적인 복종의 단계로 올려놓은 것이다. 그 결과 그의 위치가 신적인 위치에 올라가게 된 것이다.

그뿐만 아니라 앞의 4:13과 48:17에는 알라뿐만 아니라 그의 메신저(무함마드)에게 복종하면 천국에 들어간다고 한다. 앞의 4:14과 72:23에는 그의 메신저(무함마드)를 거역하는 자는 지옥에 들어간다고 한다.

또한 앞의 4:136과 7:158에는 알라와 함께 그의 메신저(무함마드)를 믿으라고 한다. 이슬람의 신앙 고백에는 무함마드를 알라의 메신저로 믿는 내용이 들어 있다. 여기서 그 메신저를 믿으면 천국에 가고 믿지 않으면 지옥에 간다는 것은 그가 신적인 위치에 올라 있다는 말이다. 정수일의 말대로라면 무함마드는 '완전한 인간'인데 위의 구절에서는 그를 믿으면 천국에 가고, 그를 믿지 않으면 지옥에 간다고 한다. 이는 분명 무함마드가 복종의 대상일 뿐만 아니라 신앙의 대상임이 틀림없다.

2) 선지자의 명령에 절대 복종해야 한다

앞에서 '알라'와 '그의 메신저'(무함마드)가 대등 관계 접속사 '…와'(and)로 연결되면서 무함마드 자신을 알라와 동격으로 삼은 구절들을 보았다. 다음 구절들은 동일한 방법으로 '알라'와 '그의 메신저'를 연결하면서 무함마드 자신에게 복종할 것을 강조하는 구절이다.

- ◆ 너희가 믿는다면 **알라와 그의 메신저에게 복종하라**('uṭi'u)(8:1).
- ◆ 믿는 자들이여 **알라와 그의 메신저에게 복종하라**('uṭi'u)(8:20, 46; 58:13).
- ◆ 믿는 자들이여! 그가 너희를 살리는 일에 너희를 초대한다면 **알라와 메신저에게 응답하라**(8:24).
- ◆ 그러나 믿는 자들이 **알라와 그의 메신저**로부터 부름을 받아 그(무함마드)가 그들을 판결할 때 믿는 자들은 말하길 "**저희는 듣고 복종합니다**"라

고 하더라(24:51).

◆ 그대는 이르라. "**알라께 복종하고 메신저에게 복종하라**. 너희가 거역한다 해도 그(무함마드)에게는 그에게 주어진 의무(메시지 전달의 의무)가 있고 너희에게는 너희에게 주어진 의무(순종의 의무)가 있노라"(24:54).

◆ 너희(f.)는 **알라와 그의 메신저에게 복종하라**(33:33).

◆ 믿는 남자든지 믿는 여자든지, 만일 **알라와 그의 메신저**가 어떤 것을 결정하였다면, 그것에 대해 **다른 선택이나 (다른 의견이) 그들에게 있을 수 없느니라**. 누구든지 알라와 그의 선지자에게 거역하는 자는 명백하게 길을 잃은 것이니라(33:36).

◆ 믿는 자들이여! **알라께 복종하고 메신저에게 복종하라**. 그리고 너희가 행한 바가 헛되지 않게 하라(47:33).

◆ 너희는 **알라께 복종하고 메신저에게 복종하라**. 만일 너희가 거역한다 해도 우리의 메신저는 (너희에게) 분명하게 통보해야 할 의무가 있느니라(64:12).

◆ **메신저**가 너희에게 준 것은 무엇이든지 취하고 그가 너희에게 금한 것은 무엇이든지 금하라(59:7).

위의 구절들에서도 '알라'와 '그의 메신저'를 대등 관계로 연결하면서 복종을 요구한다. 즉 알라께 절대적인 복종을 요구하면서 교묘하게 무함마드에게도 절대적인 복종을 요구하고 있다.

33:36에서는 알라와 그의 메신저가 결정하고 명령한 것에 대해서 사람이 다른 선택을 할 수 없다고 말하고 있다. 사람에게 선택의 자유가 없는 것이다.

59:7에서는 무함마드가 허락한 것은 무엇이든지 취하고 무함마드가 금지한 것은 무엇이든지 금지해야 한다고 하고 있다.

24:51에서는 "저희는 듣고 복종합니다"는 구호를 말하고 있다. 이 표현은 이집트의 극단주의 단체인 무슬림 형제단이 구호로 채택하여 사용했다.

그들은 지도자가 명령을 내릴 때 그것에 무조건 복종한다는 의미에서 "듣고 복종합니다!"(as-sam' waṭ-ṭā'ah!)라고 제창한다. 이처럼 파시스트 단체는 상관의 명령에 무조건 복종해야 한다. 그와 똑같은 내용이 꾸란에 기록되어 있고, 그 기록대로 사람들은 무함마드에게 복종해야 했다.[7] 이 어찌 파시스트적인 것이 아니라 할 수 있겠는가?

3) 그를 대할 때 특별한 예우를 갖추어야 한다

무슬림은 꾸란이 알라의 계시이자 전 인류를 위한 영원한 말씀으로 믿는다. 그런 꾸란에 개인적이고 사적인 구절들이 두드러지게 나타난다. 그 내용은 무함마드에 대한 특별한 예우를 보여 주는 것이다.

조직의 규모가 큰 그룹이나 단체에는 그들의 지도자에 대한 대우와 예절이 있을 수 있다. 그들만이 공유하는 특정한 에티켓이나 문화가 있을 수 있다.

그러나 그것이 지나치게 강압적이고 폐쇄적이라면 그 조직은 비판에 직면할 것이다. 더 나아가 그러한 에티켓을 일반화하여 타인에게 요구하고, 오고 오는 미래 세대에 강요한다면 그 조직은 파시즘적이라고 할 것이다.

꾸란에서 무슬림이 무함마드를 대할 때 요구되던 특별한 에티켓이 있다. 1,400년 전 이슬람 공동체에서 요구되던 것이 꾸란에 기록되어 있다. 그것이 신성하고 변개할 수 없는 신의 명령이 되어 오늘날 무슬림에게까지 영향을 미치고 있다. 다음의 세 가지 에티켓을 보도록 하자.

(1) 이름을 함부로 부를 수 없고, 존경과 우대를 표현해야 한다

아랍 문화는 친구나 가까운 사람을 부를 때 그의 이름을 부르는 문화이다. 나이 차이가 나더라도 친근한 관계일 경우 직위를 사용하지 않고 이름을 부를 수 있다. 그러나 공식적인 관계로서 다른 사람을 부를 때나 존경을 표시할 때 이름 앞에 직위를 넣고 그 뒤에 이름을 부르게 된다. 예를 들어 '무함마드 선생님', '아흐마드 교수님' 등과 같다. 그렇다면 무슬림이 무함마드 선지자를 부를 때에는 어떻게 해야 했을까? 다음 꾸란 구절을 보자.

◆ 너희는 메신저(무함마드)를 부를 때 너희들이 서로 부르듯이 부르지 말라(24:63).

타프씨르 무야싸르 주석에서 이 구절을 다음과 같이 주석한다.

무슬림이 무함마드 선지자를 부를 때 그의 이름 '무함마드'나 그의 아버지 이름인 '압달라'의 이름으로 불러서는 안 된다는 의미이다. 즉 '무함마드여!' 혹은 '압둘라의 아들 무함마드여!'라고 해서는 안 된다. 대신에 그들은 무함마드를 부를 때 '알라의 선지자여!' 혹은 '알라의 메신저여!'라고 해야 한다.

꾸란은 친절하게도 무함마드를 부를 때 어떻게 부르라고 하는 지침까지도 기록하고 있다. 무함마드 선지자에 대한 예우가 각별하다는 것이다. 그들은 그들의 선지자를 평범하게 부르지 못하고 아주 신경을 써서 존대해야 하는 것이다.

또한 무슬림은 무함마드 선지자를 부를 때 무함마드에게만 사용하는 특정한 존경과 우대의 표현을 사용해야 한다. 다음 구절을 보자.

◆ 실로 알라와 그의 천사들이 선지자(무함마드)를 축복하니, 믿는 자들이여 그를 축복하고 그를 위해 평화를 빌라(ṣallu 'allahi wa-sallimu taslīman) (33:56).

이 구절에서 "믿는 자들이여 그를 축복하고 그를 위해 평화를 빌라"고 하고 있다. 여기에서 무슬림이 '무함마드' 이름을 언급할 때마다 사용하는 "ṣalla 'allah 'alayhi wa-sallam"(살라 알라 알라이히 와쌀람. 이 문장의 문자적인 의미는 '알라께서 그[무함마드]를 축복하셨고 그를 위해 평화를 빌었다'이지만, 실제적인 의미는 "알라여! 그[무함마드]를 축복하시고 그에게 평화를 주십시오"라는 간구이다)이란 표현이 나온다. 무슬림의 대화를 잘 들어 보라. 그들이 대화나 토론이나 연설 등에서 '무함마드'란 이름을 언급할 때마다 이 관용구를 사용하는 것을 볼 수 있을 것이다. 그 이유는 바로 이 꾸란 구절에서 그렇게 명령하고 있기 때문이다. 모든 무슬림이 그렇게 사용하며, 심지어 아랍어가 아닌 외래어를 사용하는 무슬림도 대화 도중에 이 표현을 사용한다. '무함마드'란 단어를 기록할 때는 그 뒤에 'S.A.W.'라는 약자를 표기하기도 한다. 이 관용구가 위의 꾸란 구절에서 파생된 표현이다.

무슬림은 이 표현을 그들의 선지자에 대한 존경과 그를 위한 축복의 표현이라고 한다. 그러면서 여기에 사용된 동사 'ṣalla 'ala'란 단어가 '축복하다'(to bless)란 의미를 가졌다고 설명한다(Al-Mawrid 사전). 그래서 알라가 무함마드 선지자를 축복하는 표현이라는 것이다(혹은 무함마드 선지자를 축복해 달라고 알라께 기도하는 것이다).

그런데 'ṣalla 'allah 'alayhi wa-sallam'란 표현은 지구상에서 무함마드 이외에 그 어느 누구에게도 사용하지 않는다. 이것은 오직 무함마드 한 사람을 위한 표현이다. 왜 그럴까? 왜 표현조차 신성시하여 무함마드 한 사람에게만 사용할까? 만일 이 'ṣalla 'ala'라는 단어가 '축복하다'(to bless)란 일반적인 의미라면 무함마드 이외의 다른 사람을 축복할 때도 이 단어를 사용하여 축복을 요청할 수 있어야 한다. 그런데 이 단어와 이 표현은 다른 사람을 위해서는 사용되지 않는다. 그것이 오직 무함마드만을 위한 표현인 것이다. 여기에서도 그들은 무함마드를 특별한 위치에 놓고 있다는 것을 알 수 있다.

(2) 그 앞에서 목소리를 높이거나, 자신을 내세우지 않아야 한다

◆ 믿는 자들이여! **알라와 그의 메신저** 앞에 (너희 자신의 뜻이나 행동을) 내세우지 말라. 알라를 경외하라. 알라께서는 들으시는 분이고 아시는 분이니라(49:1).

◆ 믿는 자들이여! 너희의 목소리를 선지자의 목소리보다 더 높이지 말고 너희가 서로 큰 소리로 말하듯이 그에게 큰 소리로 말하지 말라. 너희 행위가 너희가 느끼지 못하는 동안 실패하지 않도록 하기 위함이라(49:2).

위의 49:1에서도 '알라'와 '그의 메신저'를 대등한 위치에 둔다. 그러면서 알라와 그의 메신저 앞에 너희 자신의 뜻이나 행동을 내세우지 말라고 한다. 자신의 생각이나 행동을 무함마드 선지자의 뜻이나 행동보다 앞세우면 교만이 된다. 불순종이 된다. 그것은 가장 큰 불신앙인 것이다.

또한 무함마드와 대화할 때 목소리를 무함마드보다 더 높이지 말라고 한다. 그 앞에서는 목소리도 높일 수 없다. 주위의 눈치를 보아야 한다. 무함마드의 생각과 다른 주장을 펼칠 수 없다. 그의 말씀에는 무조건 "듣고 복종합니다"(as-sam' waṭ-ṭā'ah)(24:51)라고 해야 한다.

(3) 그와 함께 있다가 자리를 뜰 때는 반드시 허락받아야 한다

◆ 신자들은 오직 알라와 그의 메신저를 믿는 자들이니라. 만일 그들이 공통적인 관심사로 그(무함마드)와 함께 있다면 **그(무함마드)에게 허락을 받기 전에는 자리를 떠나지 않느니라**. 그대(무함마드)에게 허락을 구하는 자들이야말로 알라와 그의 메신저를 믿는 자들이니라. 만일 그들이 그들의 몇몇 문제들에 대해 그대(무함마드)에게 허락을 구한다면 그들 가운데 그대(무함마드)가 원하는 자들에게 허락하고 그들을 위해 알라께 용서를 구하라(24:62).

당시 무슬림이 무함마드와 함께 모임을 하고 있을 때 그 자리를 떠나기 위해서는 무함마드에게 허락을 받아야 한다고 기록하고 있다. 그렇게 허락을 구하는 사람은 알라와 그의 메신저인 무함마드를 믿는 사람들이라고 칭찬한다. 또한 무함마드에게는 "그렇게 허락을 구하는 사람들에게 허락하고 그를 위해 알라께 용서를 구하라"고 한다.

중요한 모임에 참석한 사람이 지도자에게 허락을 구하고 떠나는 것은 에티켓이다. 그러나 그러한 에티켓이 알라의 말씀인 꾸란에 기록될 정도로 중요하고 일반적인 것인가 하는 것이다.

위의 세 가지 경우는 무함마드를 대할 때 요구되는 특별한 에티켓이다. 초기 이슬람 공동체에서 실행했던 그들의 문화였을 것이다. 그런데 그러한 것들이 오늘날 무슬림에게까지 요구되고 있다. 그의 이름을 함부로 부를 수 없고 존경과 우대를 표현하며, 그를 위해 기도하는 것이 그렇다. 무함마드 선지자의 뜻이라고 하면 아무도 다른 주장을 할 수 없게 되는 것이 그렇다.

에티켓은 사람을 대하는 예절이지 삶의 원칙은 아니다. 그것은 시대와 상황에 따라 변할 수 있는 것이다. 만일 그것이 모든 상황과 시대에 적용되는 일반적인 법칙이라면 경전에 기록될 수도 있을 것이다.

그런데 위의 세 가지 에티켓은 무함마드 한 사람을 위해 존재하는 것이다. 일반적인 법칙이 아니라 사적인 규칙인 것이다. 이슬람의 문제는 그러한 사사로운 것이 신의 말씀이라는 꾸란에 기록되어 불변의 진리와 법칙으로 요구되는 데 있다. 그 결과 오늘날까지 무함마드란 인물을 신성시하며 성역화하는 도구로 사용되고 있다.

4) 그를 다른 모든 사람보다 더 사랑해야 한다

아래의 꾸란 구절과 하디스는 무슬림이 이슬람의 선지자 무함마드를 사랑해야 하는 것을 강조하는 구절이다.

◆ 그대는 "만일 너희 부모들과 자녀들과 형제들과 아내들과 친족들과 너희가 취하는 재물과 불경기일까 걱정하는 상업과 너희가 만족하는 주거지들이, **알라와 그의 메신저**와 알라를 위한 지하드보다 너희가 **더 사랑하는** 것이라면, 너희는 알라께서 그의 (형벌의) 명령을 가지고 오실 때까지 기다려라"라고 이르라(9:24).

◇ 너희 중 누구든지 아버지와 아들과 모든 사람보다 **나(무함마드)를 더 사랑하지** 않는다면 아무도 믿음을 가졌다고 할 수 없다(하디스 사히흐 부카리 15).

위의 꾸란 9:24에서도 '알라'와 '그의 메신저'를 대등한 위치에 둔다. 그러고는 무슬림은 세 가지를 사랑해야 한다고 한다. 즉 알라와 그의 메신저 무함마드와 지하드를 사랑해야 한다는 것이다. 만일 이 세 가지를 사랑하는 것보다 가족이나 물질이나 주거지를 더 사랑하게 되면 알라의 형벌이 기다리고 있다고 경고하고 있다.

그다음 하디스는 무슬림이 부모와 가족과 모든 사람보다 무함마드를 더 사랑해야 한다고 강조하고 있다.

2020년 10월 29일 무함마드 선지자 생일 기념일에서 알아즈하르 대표 쉐이크는 위의 꾸란 9:24을 인용하며 설교했다. 당시는 프랑스 파리 역사 교사 참수가 있었던 바로 이후이라 그의 연설이 주목을 받았다. 그 설교에서 그는 "우리(무슬림)는 이 선지자(무함마드)에 대한 사랑과 충성의 감정을 새롭게 해야 하며, 우리의 영혼들과 정신들과 가족들과 자녀들과 우리가 가진 모든 것과 우리에게 소중한 모든 것으로서 그를 변호해야 한다"[8]고 역설했다.

오늘날 경건한 무슬림은 무함마드에 대한 애정과 사랑이 특별하다. 무함마드를 모든 시대의 어떤 사람보다 더 사랑하려 한다. 이러한 사랑에 대한 정도가 지나치다 보니 자발적인 사랑이 아닌 강요된 사랑이 될 때가 종종 있다. 그를 사랑하기 위해서 주위의 비무슬림들을 카피르(kāfir)라 하고,

그 카피르들을 적으로 삼고, 그들을 대상으로 지하드를 하려 한다면 그것은 파시즘의 병인 것이다.

5) 선지자가 죽은 후에도 그를 특별히 예우해야 한다

이슬람은 무함마드가 죽고 나서도 그에게 특별한 예우를 해야 한다고 가르친다. 꾸란은 그가 사망한 뒤 과부가 되는 그의 부인들이 다른 남자와 결혼할 수 없다고 기록한다.

◆ 너희는 알라의 선지자를 괴롭히지 않아야 하며 **선지자가 죽은 이후에 그의 부인들과 결혼해서도 아니 되느니라**(33:53).

이 구절에서 그가 죽은 이후에 다른 사람이 그의 부인들과 결혼해서 안 된다고 기록한다. 꼬르토비는 이 구절을 주석하며 "알라께서 무함마드가 죽은 이후 그의 부인들이 재혼하는 것을 금하셨다. 그것은 그녀들을 믿는 이들의 어머니로 만드시고,[1] 그의 명예를 특별하게 하기 위한 그의 특권이었고, 그의 특별한 지위를 확인하기 위해서였다"라고 하고 있다.[9]

무함마드의 정식 부인은 열두 명으로 알려져 있다. 그 가운데 무함마드가 죽었을 때 살아 있던 부인은 아홉 명이었다고 한다.[10] 그 아홉 명은 무함마드에게 계시된 위의 구절로 인해 다른 사람과 재혼하지 못하고 과부로 여생을 보내야 했다. 그 아홉 명이 그 이후 얼마나 살았는지 살펴보면 그 가운데 여섯 명은 무함마드가 사망한 이후 40년 이상을 과부로 살았다.[11] 더구나 가장 나이 어린 부인이었던 아이샤는 무함마드 사망 당시 18

I 그들이 무슬림의 어머니가 되기에 무슬림이 그녀들과 결혼을 못한다는 의미도 포함한다.
II 옴 쌀라마-히즈라력 58년에 사망, 아이샤-히즈라력 56년에 사망, 사우다-히즈라력 54년에 사망, 마이무나-히즈라력 51년에 사망, 주와이리야-히즈라력 50년에 사망, 사피

살이었다.[11] 한창 젊음이 발산되는 시절이었지만 위의 구절로 인해서 재혼하지 못하고 여생을 과부로 보내야 했다.

앞에서 소개한 무함마드를 축복하는 기도를 하는 것도 그를 특별히 예우하는 것에 해당한다. "알라와 그의 천사들이 선지자를 축복하니"(33:56)라는 구절에 따라 오늘날도 무슬림은 무함마드의 이름을 언급할 때마다 ṣalla 'allah 'alayhi wa-sallam(살라 알라 알라이히 와쌀람)이란 표현을 한다.

이집트의 Ex 무슬림 샤라프는 무슬림이 성지 순례를 갈 경우 그의 무덤을 방문하도록 권하는 하디스들이 많은데 그것도 무함마드를 예우하는 것이라 말하고 있다.

6) 그를 괴롭히거나 대항한 사람은 저주와 형벌을 받는다

꾸란은 무함마드에게 특별한 지위를 부여하기 때문에 그를 괴롭힌 사람을 저주하고 그에 대항한 사람에게 끔찍한 형벌이 있다고 선언한다. 다음 구절을 보자.

◆ 믿는 자들이여! 선지자(무함마드) 집의 식사에 허락받지 않고 음식이 익기를 기다림 없이 들어가지 말라. 그러나 초대받았다면 들어가라. 음식을 다 먹었다면 돌아가고 너희끼리 대화하면서 앉아 있지 바라. **그것은 선지자(무함마드)를 괴롭히는 것이고 그가 너희를 (돌려보내는 것을) 부끄러워하기 때문이라. … 너희는 알라의 선지자를 괴롭히지 않아야 하며**…(33:53)

위의 구절에서 무함마드 선지자의 집에서 식사가 끝난 뒤 돌아가지 않고 대화하면서 앉아 있는 것은 선지자를 괴롭히는 것이라고 하고 있다. 그

야-히즈라력 50년에 사망(https://ejaaba.com/كم-عمر-السيدة-جويرية-بنت-الحارث-يوم-ماتت-عند-موتها)

러고는 같은 구절에서 "너희는 알라의 선지자를 괴롭히지 않아야 하며"라고 기록하고 있다. 그 이후 57절에서는 아래와 같이 선지자를 괴롭히는 결과를 기록하고 있다.

◆ **알라와 그의 메신저를 괴롭히는 자들은** 이 세상과 저 세상에서 알라께서 그들을 저주하시고 그들을 위해 **굴욕적인 형벌을 준비하셨노라**(33:57).

이 구절에서도 '알라'와 '그의 메신저'를 대등한 위치에 둔다. 그러고는 '알라와 그의 메신저를 괴롭히는 자/해롭게 하는 자'를 저주하고 있다. 그들에게 굴욕적인 형벌이 있을 것이라 한다. 이 구절에 대한 타프씨르 무야싸르 주석을 보면 이 구절이 선지자를 말과 행동으로 괴롭힌 자를 저주한다고 하고 있다. 즉, 33:53 내용대로 선지자의 집에 초대받지 않고 들어가거나 그의 집에서 오래 머무르거나 선지자가 죽은 이후에 그의 부인과 결혼하는 등 선지자를 괴롭힌 자에게 알라의 저주가 있고 굴욕적인 형벌이 있다고 하고 있다.

이렇게 개인적이고 사사로운 것을 어긴 사람에게 알라의 저주를 선포하고 있다. 설령 사사로운 일이 아니고 아주 중요한 원칙적인 문제로 선지자를 괴롭히더라도 그것으로 인해 그 사람에게 알라의 저주를 선포할 수 있단 말인가?

오른손과 왼발이 어긋나게 잘린 사람들

또한 꾸란에서는 그의 메신저에게 복종하지 않고 대항한 사람들에 대해 형벌이 있을 것을 자세히 기록한다.

◆ 알라와 그의 메신저에게 대항하여 전쟁하며 이 땅에서 부패한 행동을 일삼은 대가는 **살해당하고 십자가에 못 박히고 그들의 손들과 발들이 반대로 어긋나게 잘리며** 혹은 그 땅에서 **추방이라**. 그것은 현세에서 그들에 대한 치욕이요 내세에서는 그들에게 큰 형벌이 있을 것이라(5:33).

위의 구절에서도 알라와 그의 메신저를 대등한 위치에 두고 있다. 그래서 알라에게 절대적으로 복종하는 만큼 무함마드에게도 절대적인 복종을 요구한다. 위의 구절에서 알라와 그의 메신저 무함마드에게 대항하거나 전쟁한 사람들에게 주어지는 형벌을 보라. 단지 죽음만이 아니다. 십자가에 못 박히고 그들의 손들과 발들이 반대로 어긋나게 잘리며 추방당한다고 하고 있다. 여기서 '반대로 어긋나게 잘린다'는 표현은 오른손과 왼발이 잘리거나 왼손과 오른발이 잘린다는 의미이다. 이슬람의 형벌은 끔찍하다. 무함마드에게 복종하지 않는 자를 이렇게 잔인하게 형벌한다.

3. 지도자 비판: 끔찍한 처벌

지난 2018년 10월에 사우디의 반정부 언론인 자말 카쇼기(Jamal Khashoggi)가 터키에서 살해되었다. 카쇼기는 미국 등의 해외 언론에서 사우디 왕실을 비판하는 활동을 계속했기에 사우디 왕실이 그를 눈엣가시로 여기고 있었다.

사우디 왕실에 의해 터키에서 암살된 카쇼기

그러던 어느 날 그는 자신의 약혼녀와의 혼인 신고를 위해 터키에 있는 사우디 영사관을 방문한다. 그 첩보를 사전에 입수한 사우디 왕실은 그곳에 암살단을 미리 급파했고, 그가 들어오자 영사관 내부에서 잔인하게 토막 살해했다. 터키 정부는 영사관에 설치된 도청 장치의 녹음 등을 근거로 그 사건을 '사우디 왕실 최고위층의 지시로 인한 암살'로 결론 내렸다.

파시즘의 특징 중 한 가지는 보스를 비판하거나 욕하는 사람을 죽인다는 것이다. 최고 지도자에 대한 비판은 그 대가가 처참한 숙청이다. 무솔리니와 히틀러 시절이 그러했고, 스탈린과 모택동이 그러했으며, 북한의 김정은도 마찬가지이다.

1988년 살만 루시디가 소설 『사탄의 시』(The Satanic Verses, 악마의 시)를 낸 뒤 전 세계의 이슬람 원리주의자들이 격분했다. 이 소설을 지지하는 사설을 실었던 뉴욕의 한 신문사가 폭발 당했고, 일본인 번역자가 살해되었으며, 이탈리아와 노르웨이 번역자가 부상당했다.

2005년 한 덴마크 잡지에 무함마드에 대한 만평이 실리고 난 뒤 전 세계 이슬람 국가들에서 시위가 일어났다. 주요 국가들의 덴마크 대사관이 봉쇄되고 덴마크 상품 불매 운동이 일어났다. 무슬림은 "알라의 메신저여! 나의 아버지와 어머니와 함께 당신을 대신해서 죽겠습니다"라며 격렬하게 시위했다.

2015년 프랑스의 샤를리 에브도 잡지에 무함마드 만평이 실렸을 때 무슬림 테러 분자들은 그 잡지사 직원 12명을 살해했다.

얼마 전 2020년 10월 16일, 프랑스의 한 역사 교사가 무슬림 극단주의자에 의해 참수당했다. 그는 수업 시간에 샤를리 에브도 잡지사에서 그린 풍자화들을 보여 주며 학생들과 표현의 자유에 대해 토론 수업을 했는데, 그것이 무함마드를 모독했다는 이유로 목이 잘렸다. 이러한 사건들은 모두 무함마드를 풍자하고 비판했다는 이유로 일어난 일이다.

이슬람에서 비판은 금지 사항이다. 창시자 무함마드나 경전인 꾸란에 대한 풍자나 비판은 허용되지 않는다. 이집트인 Ex 무슬림 하미드 사마드는 무함마드 선지자가 용서하지 않는 세 가지가 있다고 했다.

- 이슬람을 버리고 떠나가는 것(이것을 대반역이라 한다)
- 무함마드의 족보에 대해 의문을 제기하는 것
- 꾸란의 출처에 대해서 의심하는 것(꾸란이 알라의 계시가 아니라 무함마드가 다른 사람에게서 들은 것을 옮긴 것이라는 등의 의심을 말함)[12]

우리는 제5장의 '종교의 창시자가 사람을 죽임' 부분에서 무함마드가 죽인 사람들에 대해 살펴보았다. 그를 비난하고 욕하는 카아브 브니 아슈라프, 아스마 빈트 마르완, 이븐 카딸, 옴무 끼르파 등의 예를 보았다.

다음은 무함마드를 욕하고 비난하는 사람을 죽이는 다른 하디스이다. 수난 아비 다우드(Sunan 'Abi Dawud)에 다음과 같은 하디스가 기록되어 있다.

◇ 한 소경이 자기 아들을 낳은 한 여종과 살았는데 그 여인은 무함마드 선지자를 욕하고 비난했다. 그래서 그것을 못하게 말렸지만 그녀는 멈추지 않았다. 그가 그녀를 꾸중하기도 했지만 그녀는 듣지 않았다. 어느 날 밤 그녀가 선지자를 비난하고 욕했을 때 그는 날카로운 칼로써 그녀의 배를 찔러 죽였다. 그러자 그녀의 두 다리 사이에서 태아가 빠져나와 피투성이가 되었다. 그다음 날 아침이 되어 그 소식이 알라의 선지자에게 보고되었고, 선지자는 사람들을 불러 모았다.

그(무함마드)가 말했다. "나는 알라의 이름으로 요청한다. 이러한 행동을 한 사람이 누군지 일어나라."

그러자 그 소경이 벌벌 떨면서 일어났고, 사람들을 가로질러 알라의 선지자 앞에 앉았다. 그리고 그가 말하길 "알라의 메신저여! 저는 그녀의 주인입니다. 그녀는 선지자님을 욕하고 비난하곤 했습니다. 그래서 그것을 못하게 막았지만, 그녀는 멈추지 않았습니다. 꾸짖어도 보았지만 멈추지 않았습니다. 저에게는 그녀가 낳은 진주와 같은 두 아들이 있습니다. 그녀는 저에게 친구였습니다. 어젯밤 그녀가 선지자님을 욕하며 비난했을 때 제가 날카로운 칼을 들고 그녀가 죽을 때까지 배를 찔렀습니다.

그러자 선지자가 말씀했다. "그대들은 그녀가 피 흘린 것이 합당하다는 것을 증언하지 않겠느뇨?"(수난 아비 다우드[Sunan Abi Dawud] 4361)

이 하디스에 등장하는 소경은 무함마드 선지자를 욕하고 비난했다는 이유로 자신과 동거하는 여종을 살해한다. 그 여종은 배에서 임신한 아이가 터져 나와 피투성이가 될 정도로 잔인하게 죽었다. 아무리 선지자를 욕했다고 하지만, 그녀는 자신의 여자였고 자신의 친구였다. 자신의 두 아이를 낳았고 또 다른 아이를 임신하고 있었다. 분명 그것은 끔찍한 살해였다. 그렇지만 이슬람의 선지자는 그 소경을 두둔하고, 자신을 욕한 그 여자는 죽어도 마땅하다고 했다. 사람을 죽였는데도 재판 과정도 없었고 증인들을 찾지도 않았다. 단지 선지자를 욕했다는 이유 하나만으로 그 여자는 백 번 죽어도 마땅한 자가 되었다.

또 다른 하디스이다.

◇ 한 유대 여인이 알라의 선지자를 욕하고 비난하곤 했다. 그러자 한 남자가 그녀를 목 졸라 죽였다. 알라의 메신저는 그녀의 피 흘림이 합당하다고 했다(수난 아비 다우드 4362, 알바니가 하디스의 연결고리를 교정함).

위의 하디스에서 무함마드를 욕하고 비난한 유대 여인을 다른 한 남자가 목 졸라 죽였다. 엄연한 살인이었다. 그러나 무함마드는 그녀의 피흘림이 마땅하다고 했다. 그 이유는 그녀가 무함마드를 욕하고 비난했다는 이유였다. saaid.net이란 아랍어 웹사이트에서는 무함마드를 욕하고 비난하는 사람을 죽인 18건의 이야기를 싣고 있다. 모두 다 이슬람 내부 자료에 기록되어 있는 것들이다.[13]

하미드 사마드는 하디스와 무함마드 전기 등의 이슬람 사료에서 무함마드를 욕하다 죽은 사람의 경우가 40건이라고 한다.[14] 무함마드가 명령했든지 아니면 그가 동의한 경우들이다. 이유는 사상적인 이유 혹은 정치적인 이유로 처단한 것이다.

한발리 율법학파의 대표적인 인물인 이븐 타이미야(Ibn Taymiyyah, 1263-1328)는 『선지자를 욕한 사람에게 빼든 검』(al-Ṣārim al-Maslūl)을 적었다. 이 책에서 그는 무함마드 선지자를 욕한 사람은 반드시 죽어야 함을 설명한다. 그 책의 제1장은 '선지자를 욕한 무슬림이나 카피르(kāfir)는 반드시 죽여야 한다'는 내용이고, 제2장은 그런 사람을 '노예로 삼아서도 안 되고 호의를 베풀어도 안 되며 속전을 받아서도 안 된다'는 내용이며, 제3장은 '무슬림이든 카피르이든 죽여야 하고 회개를 요청해서는 안 된다'이고, 제4장은 '선지자를 욕한 예들과 선지자를 욕하는 것과 불신(kofr)의 차이'이다. 이 책에서 그는 무함마드를 욕하는 사람을 죽여야 할 27가지 근거를 제시한다. 그 근거들은 꾸란과 하디스에서 무함마드를 욕한 사람을 어떻게 처단했는지 예를 든 것이 다수이다.

그러면서 이븐 타이미야는 주장한다. 무함마드 선지자를 욕한 사람은 회개하더라도 살해되어야 한다고 한다. 알라를 욕하는 것은 회개하면 용서를 받는다. 그러나 무함마드 선지자를 욕한 사람은 회개하더라도 살해되어야 한다고 한다. 그 이유는 알라께 회개할 경우 알라가 살아 있기에 그로부터 용서받을 수 있지만, 무함마드는 이미 죽었기에 그(무함마드)로부터 용서받을 수 없다고 한다.

이슬람은 무함마드에 대한 비난과 욕뿐만 아니라 무함마드에 대한 풍자도 금지한다. 하미드 사마드는 그가 지은 '무함마드 평전' 책에서 이슬람의 풍자 금

이븐 타이미야의 『선지자를 욕한 사람에게 빼든 검』

지에 대해서 다음과 같이 말한다.

> 무슬림은 결코 유머를 모르지 않는다. 그러나 종교와 선지자를 비웃어서는 절대 안 된다.
> …
> 무함마드의 추종자들은 선지자를 욕하는 사람들을 죽임으로써 선지자에 대한 자신들의 사랑을 증명해 보였다.
> 샤를리 에브도를 습격한 테러리스트들은 그 본보기를 충실히 따랐다. 그들은 선지자가 자신들의 행위를 소급하여 축복할 것이라고 믿었다.
> 꾸란은 '소크레이야'(sokhriyah), 즉 풍자나 조롱을 엄격히 금한다. 메카의 카피르(kāfir)들이 무함마드를 자주 조롱했기 때문이다.[15]

이처럼 이슬람의 선지자를 풍자하거나 욕하거나 비난하는 사람에 대한 처벌은 너무나도 끔찍하다. 그 때문에 수없이 많은 이슬람의 문제들을 지적하고 개선하려는 용감한 사람이 많지 않다. 소위 이슬람 내에서 개혁을 주장하는 개혁주의자들도 변죽만 울리지 문제의 핵심을 지적하지 못하는 경우가 많다.

이러한 이슬람의 풍자와 비판 금지는 파시즘적인 것이 분명하다. 나약한 정신은 자신을 보호하기 위해 협박의 장벽을 친다.[16] 풍자와 비판을 허용하는 종교가 진정한 종교이고 그런 가운데서도 더욱 견실해지는 종교가 진리의 종교라고 할 것이다.

4. 이분법과 흑백논리

파시즘의 대표적인 메커니즘은 세상을 선과 악의 구조로 만들고 그 구조에 모든 사람을 끼어맞추는 것이다. 악의 세력을 만들고 거기에 맞서는 의로운 기사단을 만드는 것이다. 적을 만들어 적개심이 불타오르게 하고, 거기에 맞서는 친구들을 구분하여 단합과 일치를 꾀하는 것이다.

히틀러는 유대인을 악의 원천으로 규정했다. 유대인을 제1차 세계대전의 패배를 초래한 매국노로 매도하고 독일의 이익을 팔아먹은 죄인으로 몰아붙였다. 군중은 정권의 선동에 학습되었고 많은 독일인은 유대인을 뼈에 사무칠 정도로 증오하게 되었다. 반면 유대인에 대항하는 나치당을 구국의 전사로 부각시켰다.

공산주의는 부르주아 계급과 프롤레타리아 계급으로 나누고 부르주아는 절대 악이고 프롤레타리아는 절대 선으로 규정했다. 끊임없는 계급투쟁을 통해 부유한 계급인 부르주아를 타파하고 가난한 노동자 계급인 프롤레타리아가 승리하는 혁명을 꿈꾸었다. 스탈린의 혁명이나 마오쩌둥의 문화혁명, 북한의 김일성 혁명이 다 그러했다.

이슬람은 무함마드 시대부터 사람을 신자인 '무슬림'과 불신자인 '카피르'(kāfir)로 나눈다. 무슬림은 절대 선이지만 카피르는 절대 악이다. 그래서 무슬림은 항상 카피르를 증오하고 적대해야 한다. 철저한 이분법적인 선악의 구분이다(제2장에서 카피르에 대해서 다루었다). 이러한 구분은 꾸란과 하디스 가르침의 기본적인 골격이다.

또한 이슬람은 세상을 이슬람의 집(/평화의 집)과 불신의 집(/전쟁의 집)으로 나눈다. 이슬람의 집은 무슬림이 통치하는 나라이고, 불신의 집은 카피르가 통치하는 나라이다. 무슬림은 불신의 집을 대상으로 언제든지 지하드를 벌여야 한다. 불신의 집이 이슬람의 집이 될 때까지 끝없는 지하드를 해야 한다.

이슬람은 저세상도 천국과 지옥으로 양분한다. 무슬림은 천국으로 들어가고 카피르는 영원한 불지옥으로 들어간다. 꾸란은 그 구도가 항상 믿음과 불신이 대립하고 무슬림과 카피르가 대립하는 것으로 정해진다. 그래서 누가 친구이고 누가 원수인지, 누가 아군이고 누가 적군인지 항상 구분된다. 복종하는 사람과 거역하는 사람, 선을 행하는 자와 악을 행하는 자,

복을 받는 자와 저주를 받는 자로 항상 구분된다.

그들의 신앙이 그렇다 보니 그들이 지켜야 하는 율법인 샤리아법도 삶의 모든 것을 이분법으로 나눈다. 생활의 모든 것이 하람(종교적인 금지 사항)과 할랄(종교적 허용 사항)로 나뉜다. 매일 먹는 음식과 매일 입는 의복, 메이크업, 취미, 남녀관계, 결혼 생활, 심지어 성관계와 화장실 가는 것에 이르기까지 일상 생활 전반에 하람과 할랄을 따져야 한다.

또한 샤리아법은 무슬림과 비무슬림에 대해 서로 다른 법 규정을 만들어 낸다. 샤리아 치하에서는 무슬림이라면 보호를 받지만 무슬림이 아니라면 전혀 다른 법의 적용을 받게 된다. 앞에서 다룬 딤미 제도는 비무슬림인 기독교인이나 유대인이 2등 시민 혹은 3등 시민(아랍인 통치자, 이슬람으로 개종한 현지인, 딤미인)으로 차별을 받으며 살아가는 제도이다.

이러한 이분법은 흑백논리로 발전한다. 나는 항상 하얀색이고 선한데, 상대방은 항상 검은색이고 악하다고 한다. 고정관념이다. 우리는 항상 진실을 말하는데 상대방은 항상 거짓말쟁이라고 생각한다. 우리 편은 항상 선하고 상대 편은 항상 악하다고 한다. 팔레스타인은 항상 피해자이고 선한데 유대인은 항상 악한 사탄이 된다. 이슬람 국가는 항상 정의의 편이고 미국은 항상 불의를 행하는 폭군이 되는 것이다.

이런 흑백논리가 무슬림의 근저에 자리 잡고 있으니 이슬람 사회에서 음모론이 판을 친다. 모든 상황에 대해 유불리를 계산하고, 불리한 상황에 대해서는 음모론을 꾸며낸다. 예를 들어 한 말리키 율법학파 쉐이크가 주장한다. 맥도날드 햄버거는 미국이 남자들의 남성 유전자를 죽여서 여자들의 숫자가 많아지도록 하기 위해서 만든 것이라고 주장한다.[17] 어떤 사건의 배후에 비밀스럽고 거대한 음모가 있다고 항상 생각한다. 모든 문제를 서방과 이스라엘과 기독교에 탓을 돌린다.

이러한 이분법은 정의와 윤리에 대한 이중적인 기준을 만든다. 나에 대한 기준과 상대방에 대한 기준이 다르고, 우리 편의 기준과 상대 편의 기준이 다르게 되는 것이다. 그래서 나와 우리 편에 대해서는 항상 관대하고 유리하지만 상대방이나 상대 편에게는 냉정하며 불리하다.

　이 이중구조에 '왈라으 바라으' 교리가 기폭제 역할을 한다. '왈라으 바라으' 교리는 무슬림 신자와 불신자인 카피르(kāfir)를 구분하여 무슬림은 동지요 친구이지만 카피르는 적이요 원수라고 가르치는 교리이다. 이 교리에 의하면 알라와 그의 선지자와 이슬람과 무슬림은 늘 지원하고 도와야 한다. 하지만 비무슬림(kāfir)과 비무슬림 나라는 늘 멀리하고 증오하며 적대해야 한다. 무슬림 국가는 아무리 문제가 많아도 우방이지만 서방 나라는 아무리 많은 유익을 주어도 적이요 원수이다.

- ◆ 믿는 자들이여 불신자(kāfir)들을 믿는 자들 대신에 동지로 삼지 말라 (4:144).
- ◆ 너희가 알라 한 분만을 믿을 때까지 우리와 너희 사이에는 영원토록 적대감과 증오가 생겨날 것이라(60:4).
- ◆ 선지자여! 불신자(kāfir)들과 위선자(munāfiq)들에 대항하여 지하드를 하고(jāhid) 그들을 가혹하게 대하라. 그들의 거처는 지옥이니라. 그 종착지는 참으로 비참하리라(9:73; 66:9).

　이슬람은 이렇게 세상을 둘로 나누어서 카피르(kāfir)와 불신세계에 대해서 적대감을 가지게 한다. 그 적대감이 응집되고 무슬림이 연합할수록 그들의 다아와(da'wa)와 지하드 전쟁을 위한 에너지는 커진다. 그래서 자신의 진영을 더욱 결집하게 하고 상대 진영은 공포감으로 인해 지레 포기하게 한다. 그래서 이슬람의 승리를 더욱 쉽게 한다. 이러한 이분법과 흑백논리는 파시즘적인 특징의 중요한 부분이라 할 수 있다.

5. 브리노가 이슬람을 떠난 이유: '왈라으 바라으' 교리

독일인 브리노는 이슬람으로 개종했다가 다시 Ex 무슬림이 된 경우이다. 아버지는 이집트 콥트 기독교인이고 어머니는 독일인이다. 브리노는 학생 시절 마음속의 음성을 들었다. 그것은 창조자인 신이 계시고 그 창조주가 자신과 대화하길 원한다는 것이었다. 그분이 누구신지는 몰랐지만, 자신의 내면속에 그분에 대한 갈증이 있었다. 그런 때에 무슬림 친구들을 알게 되었다. 그는 그들의 종교의식과 처신을 보며 그들이 자신들의 신에게 아주 신실하다는 것을 발견했다. 그는 무슬림 친구들이 기도하는 것을 보았고, 여러 가지 이슈들에 대해 이야기를 나누었다. 그 뒤 그는 그들이 기도하는 것을 따라 하게 되었고, 모스크에도 가게 되었다. 그렇게 그는 무슬림이 되었다. 이어서 그는 아랍어를 배웠고 꾸란과 하디스의 내용을 암송하며 이슬람에 심취하게 되었다.[18]

독일인 Ex 무슬림 브리노. 아버지가 이집트인이다.

그렇게 무슬림이 되어 종교 생활을 하는 가운데 꾸란과 하디스에서 이상한 가르침을 발견한다. 그것은 이슬람이 아닌 다른 종교를 믿는 카피르 (kāfir)들을 미워하고 이슬람이 아닌 다른 공동체를 멀리할 것을 명령하는 구절들이었다. 그 구절들에 따르면 사랑하는 부모나 형제도 무슬림이 아니면 카피르이었다. 그들을 미워하고 가까이하지 않아야 하며, 증오해야 했다. 그는 이런 구절들로 인해 이슬람 종교에 대해서 심각하게 고민하게 되었다. 결국은 이슬람을 떠나 Ex 무슬림이 되었다. 그러고는 자신이 겪은 이슬람에 대한 경험담을 담담하게 소개한다.

이렇게 브리노가 증언하는 카피르(kāfir)를 미워하고 증오하라는 이슬람의 가르침을 '알-왈라으 왈-바라으'(al-Walā' wal-Barā)라고 한다(앞으로 '왈라으 바라으'로 표기한다). 많은 이슬람 쉐이크는 이것이 이슬람 교리 가운데 너무나도 중요한 것이기에 이슬람 교리의 기둥 가운데 하나라고 한다. 이슬람의 교리를 가르치는 많은 책들과 사이트들에서 이 교리가 가장 중요한 교리 중의 하나라고 밝히고 있다.

살라피 쉐이크로 유명한 아부 이스하끄 후웨이니는 그의 설교에서 다음과 같이 가르친다.

> '왈라으 바라으'를 잃으면 이슬람 모두를 잃습니다. 왜냐하면 왈라으 바라으가 이슬람의 본질이기 때문입니다. 완전한 무슬림은 그에게 반드시 왈라으 바라으가 있습니다.[19]

모로코의 Ex 무슬림 라쉬드는 '왈라으 바라으'가 이슬람의 교리들 가운데 가장 위험한 교리라고 한다.[20] 단순한 사람들이나 보통의 무슬림은 왈라으 바라으에 대해서 잘 모를 수도 있지만, 이것이 가장 위험한 교리라고 한다. 그 이유는 지하드와 같은 이슬람의 다른 교리들이 이 교리에 기초해서 세워졌기 때문이라고 한다.[21] 실제로 모든 이슬람 지하드 단체들과 테러 단체들이 이 교리를 그들의 가르침 가운데 첫 번째에 두고 있고, 여기에 근거해서 다른 내용을 가르치고 있다. 이것에 대해서 살펴보자.

6. 지하드 전사들의 증오와 적대감, 어디서 올까?

　이슬람 극단주의자들의 테러가 계속해서 일어나고 있다. 너무 많은 테러가 일어나서 작은 테러는 대수롭지 않게 여길 때도 있다. 일어나는 테러들을 분석하면 공통적인 것을 발견한다. 그것은 그들의 테러의 동기에 극단적인 증오심이 있다는 것이다. 몇 가지 예를 보자.

　2019년 12월 6일에 미국 플로리다주 펜서콜라 해군 항공기지에서 총격 테러로 3명이 죽고 8명이 다쳤다. 테러를 일으킨 사람은 사우디 장교로서 미국에 항공 훈련을 받으러 온 무슬림이었다. 그가 트위터에 남긴 글은 다음과 같다.

> 나는 당신들이 날마다 무슬림뿐 아니라 인류에 대한 (미국의) 범죄를 지지하고, 후원하며 직접 저지르고 있기 때문에 **당신들을 증오하는 것이다**.

　그는 미국을 사악한 나라로 규정하고 그 악에 반대하고 맞선다고 기록하고 있다.[22]

　2018년 12월 17일 모로코에서 여행 중이던 덴마크 여인과 노르웨이 여인이 살해당했다. 모로코인 살해범들은 그 여인들을 살해하기 전에 "너는 알라의 원수"라고 반복해서 말했다. 그들은 서방 나라들이 시리아의 지하드 군인들을 죽인 것을 복수하기 위해서 살해를 저질렀다고 했다.[23]

　2017년 1월 3일 이집트 알렉산드리아의 밤거리에서 식칼 테러가 일어났다. 길거리에 앉아 평화롭게 쉬고 있는 상점 주인을 식칼로 참수했다. 그 테러범은 "만일 나에게 기회가 주어진다면 모든 술을 파는 사람들을 다 죽일 것이다"라고 말했다. 술을 파는 사람은 기독교인이고, 알라의 율법을 어긴 카피르(kāfir)이기에 그들을 증오한 것이다.

　2015년 1월 7일 프랑스 파리의 샤를리 에브도 잡지사를 대상으로 벌어진 테러에서 테러범들은 잡지사 직원들에게 무차별로 난사하고 난 뒤 "우리는 선지자 무함마드를 위해 복수했다. 우리는 샤를리를 죽였다"고 외쳤다. 그들은 샤를리 에브도 잡지사 직원들이 무함마드를 모욕했기에 그들을 증오했고, 그래서 테러를 가했다.[24]

지난 10월 프랑스의 한 역사 교사가 체첸에서 온 무슬림 난민의 칼에 참수되었다. 그 교사는 수업 시간에 표현의 자유에 관해 토론하며 학생들에게 샤를리 에브도 만평을 보여 주었는데, 그것이 무함마드를 모욕했다는 이유로 살해되었다. 그 테러 분자가 테러 전에 남긴 글은 아래와 같다.

> 알라의 종이 가장 큰 카피르(kāfir)인 마크롱(프랑스 대통령)에게 보내는 글. 나는 그대의 개들과 지옥의 개들 가운데 한 마리를 죽였다. 왜냐하면 그가 감히 무함마드 선지자를 모욕했기 때문이다. 우리가 그대들에게 엄청난 형벌을 맛보게 하기 이전에 그대의 친구들이 입을 닥치게 하라.[25]

이처럼 이슬람 테러들의 공통점은 상대방에 대한 증오심과 복수심이 가득하다는 것이다. 9·11테러를 일으킨 사람들이나 IS, 알카에다, 보코하람, PLO, 헤즈볼라 등 모든 이슬람 테러 단체나 저항 단체들의 언어들을 살펴보라. 그들의 말 가운데, 그들의 표정 가운데 서방과 유대인과 이슬람의 적들에 대한 원한과 증오, 적대감과 적개심이 이글거린다는 것을 발견할 것이다.

그렇다면 그러한 이유는 무엇일까? 바로 그 이유가 '왈라으 바라으'라는 가르침이다. 이 교리는 꾸란과 하디스에 가장 중요한 가르침 중의 하나이고 이슬람 종교의 기초들 가운데 하나이다. 따라서 이것 없이는 이슬람이라 할 수 없다. 쉐이크들은 왈라으 바라으가 이슬람 교리의 기둥들 가운데 하나라고 한다.

7. '왈라으 바라으'의 의미

'왈라으 바라으'(al-Walā' wa-l-Barā')를 영어로 'Loyalty and Enmity', 즉 '충성과 적대'라고 주로 번역한다. 그러나 이 번역은 아랍어 단어의 원의미를 포괄하기에 많이 부족하다. 그래서 필자는 아랍어 단어 그대로 '왈라으 바라으'로 사용한다.

'왈라으 바라으'는 아랍어로 의미가 반대되는 두 단어의 조합이다. '왈라으'(al-Walā)는 알라와 그의 메신저를 사랑하고 이슬람 종교를 따르며, 무슬림과 함께하는 것을 좋아하는 것을 말한다. 그것은 알라와 그의 메신저와 이슬람과 무슬림을 지원하고 돕는 것이다. 더 나아가 알라와 그의 메신저와 이슬람과 무슬림만을 사랑하는 것이다.

반면에 '바라으'(al-Barā')는 다른 사람을 멀리하고 증오하며 적대하는 의미이다. 알라와 그의 메신저를 믿지 않는 사람을 멀리하는 것이다. 그러나 그것만으로 충분하지 않다. 그러한 사람을 증오하고 그에게 적대감을 가져야 한다.26 즉 바라으(al-Barā')는 비무슬림인 카피르(kāfir)와 카피르 나라를 멀리하고 증오하며 적대하는 것이다. 카피르와의 관계를 끊고 배격하며, 모든 비이슬람적인 관습과 가르침, 관례, 전통, 축제 등을 악한 것으로 간주하고 혐오하며 비난하고 책망하는 의미이다.27

'왈라으 바라으'에 대한 꾸란의 가르침을 보자. 아래 꾸란 구절들에서 '친구/동지'로 번역한 아랍어 단어는 waliyy로서, '왈라으'(Walā')와 같은 어근의 단어이다. 즉 '왈라으'(Walā')는 동명사 형태이고 waliyy는 명사 형태이다. waliyy는 일반적으로 '후견인', '동지', '친구', '책임자' 등으로 번역되는데, 아래와 같은 '왈라으 바라으' 문맥에서는 '사랑하는 자', '동지', '친구', '돕는 자', '지원하는 자' 등의 의미가 포함된 단어라 할 수 있다.

◆ 믿는 자들은 **불신자(kāfir)들을** 믿는 자들 대신에 **친구/동지로 삼지 말라.** 그렇게 하는 자는 누구든지 알라와 아무 상관이 없느니라. 그러나 너희가 (그들보다 약해서) 그들(불신자, kāfir)을 조심할 때는 예외니라(그들을 친구로 삼을 수 있느니라)(3:28).

◆ 믿는 자들이여 **불신자(kāfir)들을** 믿는 자들 대신에 **친구/동지로 삼지 말라**(4:144).

◆ 믿는 자들이여! 너희는 **나의 적과 너희의 적을** 친구/동지로 삼지 말고 그들에게 사랑을 베풀지도 말라(60:1).

◆ 믿는 자들이여! 유대인들과 기독교인들을 친구/동지로 삼지 말라. 그들은 서로가 친구/동지들이라. 너희 가운데 그들과 친구/동지를 삼는 사람은 누구든지 그들 가운데 한 사람이라(5:51).

◆ 그대는 알라와 종말의 날을 믿는 백성이 알라와 그의 메신저를 거역하는 사람과 친구가 되는 것을 발견하지 못하리라. 그들(알라와 그의 메신저를 거역하는 사람)이 그들의 아버지들이든지 아들들이든지 형제들이든지 그들의 종족일지라도 그러하니라(58:22).

◆ 믿는 자들이여! 너희는 너희의 아버지와 형제들이 믿음보다 불신(kofr)을 좋아한다면 **그들을 친구/동지로 삼지 말라.** 누구든지 그들을 동지로 삼는 사람은 행악자들이니라(9:23).

◆ 믿는 자들이여! 너희 앞서 성서를 받은 사람들 가운데서 너희의 종교를 조롱과 장난으로 여기는 사람들과 **불신자(kāfir)들을 친구/동지로 삼지 말라.** 너희가 믿는 자들이라면 알라를 두려워하라(5:57).

위의 구절들에서 무슬림에게 불신자(kāfir)들을 친구나 동지로 삼지 말라고 한다. 그리고 무슬림은 유대인이나 기독교인과 친구나 동지가 되어서는 안 된다고 한다. 그뿐만 아니라 사랑하는 부모나 형제라도 그들이 무슬림이 아닌 경우 그들과 동지/친구가 되어서는 안 된다고 하고 있다. 문제는 친구를 삼지 못한다는 가르침 정도가 아니라는 것이다. '믿음으로의

초청'이라는 아랍어 사이트에서 설명하는 내용을 보자.[28]

> 바라으(al-barā')는 이슬람법적으로 알라신 이외에 숭배하는 우상들을 증오하는 것이다. 물질적인 우상이나 정욕이나 생각 등의 추상적인 것도 포함한다. 코프르(알라와 무함마드를 믿지 않음)를 증오하고 카피르(kāfir)를 따르는 것을 증오하며 이런 것들에 대해 적대감을 가지는 것이다.

여기에서 카피르를 증오하고 그들의 생각과 신앙(kofr, 코프르)을 증오하며 그들에 대해 적대감을 가져야 한다고 한다.

이집트인 살라피 쉐이크 무함마드 하샌은 그의 설교에서 다음과 같이 말한다.

> 왈라으와 바라으는 이슬람 종교의 기초들 가운데 하나입니다. 알라와 그의 메신저 무함마드와 신자들을 사랑하는 것과 우상 숭배와 우상 숭배자들을 멀리하는 것 없이는 당신의 종교가 올바르지 않습니다. … 무함마드와 그를 믿는 신자들을 사랑하고 그를 믿지 않는 사람들을 증오하고 적대감을 가져야 합니다. 이것 없이는 이슬람이라고 할 수 없습니다.[29]

아이만 자와히리(Ayman al-Zawahiri)는 오사마 빈라덴의 후계자로 알카에다를 지도한 사람이다. 그는 알카에다를 지도하며 그가 가르치는 '왈라으 바라으' 교리를 소책자에 기록했다. 그 소책자에서 왈라으 바라으의 기둥을 다음과 같이 9가지로 소개한다.

- 카피르들을 지원하지 말 것
- 카피르들을 증오하고 그들을 사랑하지 않을 것
- 그들을 친구로 삼지 말고 무슬림의 비밀을 그들에게 보여 주지 말 것
- 카피르를 중요한 지위에 임명하지 말 것

- 카피르의 종교예식을 칭찬하지 말고 카피르와 배교자(murtadd)의 거짓에 대해 동의하거나 그것을 칭찬하지 말 것
- 무슬림에 대항하는 사람을 돕지 말 것
- 그들에 대해 지하드를 하고 그들의 거짓을 폭로하며 그들을 사랑하지 말고 그들을 멀리할 것
- 카피르를 지원하는 사람의 변명을 받지 말 것
- 믿는 자들을 지원하고 그들을 도울 것[30]

여기에서 극단주의 무슬림 혹은 극단주의 단체들이 왈라으 바라으 교리를 어떻게 가르치는지 분명히 확인할 수 있다.

모로코인 Ex 무슬림 라쉬드는 다음과 같이 말한다.

> 무슬림은 다른 무슬림을 지지하고 사랑해야 하며, 이슬람을 믿지 않는 카피르(kāfir)들을 증오해야 합니다. 그들을 증오하고 그들에게 적대감을 가지고 그들의 원수가 되어야 합니다. 물론 감정만이 아니라 마음속에 심기어져 있어서 외적인 행동으로 나타나야 합니다. 이슬람 학자들이 말하듯이 두 손으로, 말로서, 또한 다른 것으로 나타나야 합니다. 지하드와 살해와 재물 착취와 여성 착취 등으로 말입니다. 이 교리는 지하드와 이슬람 단체들의 사상이 세워진 기초를 제공하는 것입니다.[31]

이제 오늘날 지하드를 감행하는 사람들이 가지는 증오와 적대감이 어디서 나오는지 이해가 되는가? 그들이 선량한 시민들을 향해 칼을 휘두르거나 총을 쏘며 폭탄을 터트리는 이유가 무엇인지 파악이 되는가? 지난 1,400년 동안 이슬람의 지하드 전쟁의 동기가 바로 이것이다. 알라와 무함마드를 믿지 않는 카피르들에 대한 무한한 증오와 적대감이 그것이다. 지하드 전쟁에서 그들이 카피르들을 그렇게 잔인하고 야만스럽게 죽일 수 있었던 이유는 바로 이러한 가르침에 기인한다.

다음은 오사마 빈라덴이 9·11 테러 이후에 한 연설의 내용 중 일부이다. 그의 연설 가운데 적대감과 증오감이 얼마나 깊숙이 자리하고 있는지를 살펴보라. 그리고 그러한 것이 어디에서 왔는지를 생각해 보자.

> 무슬림과 카피르(kāfir)들과의 관계와 관련하여 가장 높으신 알라께서 하신 말씀은 다음과 같습니다.
>
> ◆ "너희가 알라 한 분만을 믿을 때까지 우리와 너희 사이에는 영원토록 **적대감과 증오**가 생겨날 것이라"(60:4).
>
> 그래서 (그들과 우리 간에는) 적대감이 있습니다. (우리) 마음에서 나오는 **맹렬한 적대적인 마음**이 그 증거입니다. 이 **맹렬한 적대감**은 바로 전쟁입니다. 이것은 오직 카피르(kāfir)가 이슬람의 권위에 복종할 때에 멈추어집니다. 또는 피 흘림이 금지되는 경우(조약이나 정전 협정 등이 맺어진 경우, 예: 딤미인들의 경우)들과 무슬림이 약하거나 불가능한 상황일 경우에도 전쟁하지 않습니다. 그러나 그 **증오**가 우리 마음에서 사라진다면 그것은 엄청난 배교입니다. 전능하신 알라께서 그의 선지자(무함마드)에게 하신 말씀이 그 실제적 관계를 말하고 있습니다.
>
> ◆ "선지자여! 불신자(kāfir)들과 위선자(munāfiq)들을 대항하여 **지하드를 하고**(jāhid) **그들을 가혹하게 대하라**. 그들의 거처지는 지옥이니라. 그 종착지는 참으로 비참하리라"(9:73; 66:9).
>
> 이것이 카피르와 무슬림 사이의 관계에 대한 기초입니다. **카피르에 대한 전쟁과 적대감과 증오는 우리 종교의 기초입니다**. 우리는 이것을 정의로 여기고 그들에 대한 친절로 여깁니다.[32]

그렇다. 이슬람의 기초는 카피르에 대한 전쟁과 적대감과 증오이다. 혹자는 이것은 오사마 빈라덴 같은 극단주의 무슬림의 주장이며, 일반 무슬림은 그렇지 않다고 할 것이다. 일면 맞는 말이다. 온건주의 무슬림은 이런 주장을 하지 않을 수 있다. 그러나 그러한 무슬림은 두 가지 중의 하나이다. 이런 이슬람의 본질적인 내용을 깊이 있게 모르는 사람이거나, 아니면 그것의 내용과 문제점을 알면서도 애써 무시하거나 합리화하는 사람이다.

중요한 것은 그들이 모르거나 무시한다고 해서 이슬람의 기초와 본질이 달라지지 않는다는 것이다. 오늘도 많은 극단주의 무슬림은 왈라으 바라으 교리를 충실히 배우며 그것을 지키려고 최선을 다하고 있다. 반면 Ex무슬림은 그러한 가르침의 본질을 깨닫고 이슬람을 떠나고 있다. 우리는 그들을 통해 이슬람의 본질이 무엇인지 정확하게 파악해야 한다.

8. 집단적 우월주의

파시즘은 20세기 초에 이탈리아에서 발생한 정치적 운동이다. 이 운동은 이탈리아 민족이 패배하고 가난해졌다는 생각에서 시작했다. 이탈리아 사람들은 과거 로마 제국의 영광을 바라보았다. 자신들이 세계를 지배했던 때를 생각하며 자신들이 가장 우월한 민족이라고 생각했다. 그리고 그 시절을 꿈꾸며 그때로 돌아가길 원했다. 비록 당시 영국과 프랑스가 세계를 제패하고 있었고, 이탈리아는 거의 아무 역할도 못하고 있었지만, 과거의 자신들은 달랐다고 생각했다. 과거의 로마 제국은 가장 우수하고 위대했다고 생각한 것이다. 이처럼 파시즘은 집단적 우월주의에 의해 싹튼다. 현재 상황에 대한 불만과 과거의 승리에 대한 도취가 사람들을 결속시킨다.[33]

11년 뒤에 독일에서 히틀러가 동일한 원리인 나치즘으로 정권을 잡는다. 그들은 "우리는 지구상에서 가장 선진 문명을 가진 백성이야, 글을 읽는 민족은 가장 선진 민족이야"라고 했다.[34] 그래서 게르만 민족의 우월과 중흥, 그리고 게르만 민족의 세계 지배를 외쳤다. 또한 그들은 자신들의 중흥을 막고 시기하는 민족으로 유대인을 지목하고 그들을 박해했다. 그리고 주위의 나라를 침략하기 시작한 것이다.

이슬람은 이런 집단적 우월주의에 있어 결코 뒤지지 않는다. 오히려 1,400년이란 가장 오랜 기간 동안 집단적 체면에 사로잡혀 있었다. 다음 꾸란 구절을 보자.

◆ 너희는 인류를 위해 출현한 최고의 백성(/공동체/민족)이니라(꾸란 3:110).

여기서 '너희'는 일차적으로 무함마드를 믿고 따르는 무슬림들을 말한다. 그들이 만드는 이슬람 움마 공동체를 의미한다. 더 구체적으로는 무슬림들 가운데서도 아랍어를 사용하는 아랍 민족과 아랍 문화를 의미한다.

하미드 사마드는 무슬림들이 이 구절로 인해 이슬람 움마 공동체의 자부심과 우월감을 가지고 있다고 한다. 아랍 무슬림들은 "우리가 서양 열강에 의해 패배한 것은 역사적인 실수이기에 우리는 그것을 고쳐야 한다. 그래서 우리가 전 세계를 다시 지배하고 세상의 주인이 되어야 한다"고 말한다. 그들은 "우리에게는 신적인 거룩한 사명이 있는데 그것은 바로 인류를 지배하는 것이다. 우리는 다른 인종을 경멸할 수 있다. 왜냐하면 절대적인 진리가 우리에게 있기 때문이다"라고 말한다.[35]

이런 이슬람의 집단적 우월주의는 그들이 생각하기에 이슬람 정복 시대의 성취가 너무나도 위대하기 때문이기도 하다. 그것은 그들의 무한한 자랑이요 긍지이다. 그들은 '히즈라 이후 100여 년 만에 3개 대륙 전체를 정복한 것이 얼마나 대단한가!'라고 생각한다. 그래서 칼리프가 통치하며 전 세계를 굴복시켰던 그날들을 그리워한다. 스페인의 안달루시아와 동유럽의 땅들을 잃어버린 영토라며 회복을 꿈꾼다.

그뿐만 아니라 그들은 '바그다드의 이슬람의 황금기가 얼마나 찬란한가!', '수많은 이슬람 나라들에서 이룩했던 학문적 업적과 과학적 성취가 얼마나 훌륭한가?', '중세 시대까지 이슬람 세계가 유럽을 압도했고, 현재 유럽의 앞선 문명은 이슬람 문명을 배운 것이 아닌가?'라고 생각한다.ⁱⁱⁱ 이처럼 그들은 과거를 영광스럽게 생각하고 자존감을 드높인다. 그러면서 그 영광을 회복하는 것이 알라의 뜻이고 명령이라 생각한다.

이렇듯 이슬람은 세계 제패를 꿈꾼다. IS가 내세운 것이 바로 그것이다. 그들의 목표는 칼리프 제도의 복원을 통한 이슬람의 세계 지배였다. 먼저는 이슬람 지역에서 서방의 식민 지배를 축출하고, 다음 단계로 서방과 지하드 전쟁을 하려했던 것이다. 독일 언론인 Jürgen Todenhöfer는 IS가 모술을 점령했을 당시 10일 동안 그곳에 머물렀다. 거기에서 그는 "IS는 세계를 정복하길 원하며, 자신들이 꾸란을 해석하는 대로 믿지 않는 모든 사람을 죽이길 원한다"는 말을 계속해서 들었다고 한다.[36] 이처럼 그들은 집단적 우월주의를 가지고 기회만 있으면 이슬람의 세계 지배를 꿈꾸고 있다.

9. 질문을 금하는 종교

사라는 13살 때 사우디아라비아 성지 순례를 갔다. 그때 그녀는 메디나에서 매춘이 있는 것과 메카에서 가까운 곳에서 술을 팔고 있는 것을 목격했다. 그녀는 '여기는 알라의 가장 거룩한 도시이고, 알라의 은혜가 소나기처럼 내리는 곳인데, 왜 여기에 매춘과 소매치기와 절도가 있어야 하지?' 하고 생각했다. 그래서 다른 사람들에게 그것에 대해 질문했다.

ⅲ 오늘날 Ex 무슬림은 무슬림들이 주장하는 소위 '이슬람 황금기의 찬란했던 이슬람 문명'에 대해서도 비평한다. 무슬림은 그것을 최고로 자랑스러워하지만, 그 내막을 들여다보면 그들 문명의 많은 부분이 기존의 비잔틴 문명과 페르시아 문명의 도움을 받아 세워졌다는 것이다. 이슬람 제국의 딤미인이었던 유대인과 기독교인과 조로아스터교인들 등의 공헌으로 문명의 꽃을 피웠다는 것이다. 아랍어 문법의 형성, 문학의 발전, 수많은 서적의 아랍어 번역, 그리스 철학의 전수, 비잔틴 양식의 건축, 과학과 기술의 발전, 의학과 천문학의 발전 등에 무슬림이 아닌 딤미인들의 공헌이 절대적이었다는 것이다.

그러니까 돌아오는 사람들의 반응은 이러했다.

"쉬! 쉬! 그런 질문들을 하면 안 돼. 그런 질문은 하람(종교적 금지 사항)이야."

그래서 그녀는 이슬람이 진정한 종교인지 의심을 가지게 되었다.[37]

예멘의 시아파 출신 Ex 무슬림 존은 자신이 성지 순례를 할 때 여러 가지 질문이 생겼다. 사람들이 카아바를 돌며 거기에 키스하는 장면을 보았다. 사람들이 그것의 신통력을 믿고 그것을 숭배하는 모습을 보며, 그것은 또 하나의 우상이라고 생각했다. 이슬람은 철저하게 우상을 배격하고 알라신만 믿는 종교인데, 그 이슬람의 가장 신성한 장소에서 우상적인 내용을 본 것이다. 그래서 그것이 우상 숭배가 아닌지 질문하고 싶었지만 질문할 수 없었다.[38]

터키인 Ex 무슬림 Apostate Prophet은 그의 유튜브 채널에서 그가 이슬람을 떠난 22가지 이유를 말한다. 그는 그 이유 중에 한 가지가 이슬람이 질문을 못하게 경고하고 있기 때문이라고 말한다. 그는 무슬림은 알라가 존재하는지에 대해서 생각하고 의심하는 것 자체를 무서워한다고 한다. 본인도 그것으로 인해 두려워하곤 했다고 한다. 이슬람은 그런 질문은 사탄이 하는 것이라고 하며, 그런 질문을 하는 것이 나쁘기 때문에 멀리하라고 한다는 것이다.[39]

이집트인 Ex 무슬림 하미드 사마드는 이슬람에 질문을 허용하지 않는 이데올로기가 있다고 한다. 문명이 발달한 사회는 질문을 권장하는 사회이고 '자명한 이치'라는 것이 없는 사회이다. 그런데 이슬람은 '자명한 이치'라는 것이 있으며, 논리적이고 합리적으로 설명함 없이 그것을 무조건 믿어야 한다고 한다. 더 나아가 이슬람은 그 '자명한 이치'에 대해 질문하거나 의문을 가지는 것은 위험한 일이라고 한다.[40] 하미드 사마드의 말이다.

서방은 계몽의 원리들에 의해서 현대화를 이루었습니다. 그 원리들 가운데 가장 중요한 것은 데카르트의 "나는 의심한다. 고로 나는 존재한다"입니다. 왜냐하면 의심은 대답을 얻기 위한 노력을 자극하기 때문입니다. 의심은 선한 것입니다. 그러나 우리 이슬람에서 의심은 죄입니다.
무함마드 선지자가 "알라시여! 의심으로부터 지켜 주시길 간구합니다"라고 기도했습니다.
"마음을 다스리는 자여! 저의 마음을 당신에게만 복종하도록 고정해 주십시오"(자마아 앗티르미디 3522)라는 구절도 있습니다.
우리에게 의심이란 있을 수 없습니다. 의심은 믿음을 잃게 하므로 그것은 위험한 것입니다.[41]
이슬람은 "주님이 그렇다고 말씀하시는데, 주님이 그렇게 선택하셨는데, 당신이 변명합니까?"라고 합니다.
그들은 ◆ "너희에게 분명하게 드러나면 너희에게 해를 끼치는 것들에 대해서는 질문하지 말라"(꾸란 5:101)라고 합니다.
"질문하지 마! 명령에만 복종해!"라고 하는 것입니다.
당신은 질문을 제기할 수 없고, 지도자가 지시하는 모든 세밀한 것을 빠뜨림 없이 받아 적고 그대로 실천해야 합니다.[42]
'어떤 생각에 대해 질문하지 말라'는 아이디어는 파시즘적이고 이슬람적이며, 전기가 흐르는 가시철망과 칼들로 담을 쳐 놓고 봉쇄하는 것과 같습니다.[43]

의심과 질문을 못하게 하는 것은 전체주의와 파시즘의 특징이다. 이슬람에서 의심과 질문을 허용하지 않는 가르침이 어떤 것인지 구체적으로 살펴보자.

10. 질문을 금하는 이유

이슬람에서 질문을 금하는 이유는 의외로 그것이 꾸란의 명령이기 때문이다. 꾸란 5:101을 보자.

◆ 믿는 자들이여! 너희에게 분명하게 드러나면 너희에게 해를 끼치는 것들에 대해서는 질문하지 말라(la tas'alu 'an 'ashyā'a 'in tubda lakum tasu'kum, 5:101).

여기에서 이슬람에서 모든 질문을 금하는 것은 아니란 것을 알 수 있다. '분명하게 드러나면 해를 끼치는 것들'에 대해서 질문하지 말라고 하고 있다. 그렇다면 '분명하게 드러나면 해를 끼치는 것'은 무엇일까? 왜 그런 것들을 질문하지 말라고 할까? 여기에 대해서 이슬람 자료를 찾아서 확인해 보자.

이 구절에 대한 따바리 주석에서 두 가지를 이야기한다. 먼저는 무함마드를 시험하거나 조롱하기 위한 질문을 해서는 안 된다고 한다. 두 번째는 질문함으로 인해 더 엄격한 율법이 내려오기에 질문하지 말라고 한다.[44]

1) 무함마드를 시험하거나 조롱하기 위한 질문을 하지 말라

따바리 주석에서 사람들이 무함마드가 선지자인 것을 시험해 보기 위해 혹은 그를 조롱하기 위해 여러 가지 질문을 했다고 한다. 어떤 사람은 무함마드에게 "제 아버지가 누구입니까?"라고 질문했고, 다른 사람은 자신의 낙타가 길을 잃었을 때 "제 낙타가 어디 있습니까?"라고 질문했다. 그러자 무함마드가 화가 났고, 알라가 그들에게 그런 질문을 못하도록 했다는 것이다. 따바리 주석에서 인용하는 하디스의 내용를 보자.

◇ 아부 무사가 말하길 "알라의 메신저가 자신이 싫어하는 것들에 대해서 질문을 받게 되었다. 사람들이 그에게 질문을 많이 했을 때 그는 화가 났다."
그렇지만 (참으면서) 말하길 "나에게 질문이 있나요?"
그러자 한 남자가 일어나서 말했다.
"알라의 메신저여!" "제 아버지가 누구입니까?"
"그대의 아버지는 후다파이지."
다른 사람이 일어나서 말하길
"알라의 메신저여! 제 아버지는 누구입니까?"
메신저가 말씀하길
"그대의 아버지는 쌀림 마울라 샤이바이지."
그러자 우마르가 알라의 메신저의 얼굴이 화가 난 것을 보고 말하길
"우리가 알라께 회개합니다"라고 했다 (하디스 사히흐 부카리 7291, 92).
◇ 어떤 사람이 알라의 메신저에게 조롱하면서 질문했다.
그 남자가 말하길 "제 아버지가 어디에 있습니까?"
그리고 그 남자가 그의 낙타를 잃어버렸다.
그래서 "제 낙타가 어디에 있습니까?"
그래서 알라께서 그들에게 이 구절을 계시하셨다.
"믿는 자들이여! 너희에게 분명하게 드러나면 너희에게 해를 끼치는 것들에 대해서는 질문하지 말라"(꾸란 5:101; 사히흐 부카리 4622).

위의 두 하디스에서 사람들은 무함마드를 시험할 목적으로 여러가지 질문을 했음을 알 수 있다. 그런데 무함마드는 질문을 많이 받는 것을 싫어했다. 특히 무함마드의 선지자 됨을 의심하는 사람이 그것을 확인하기 위해 질문하는 경우 화를 낸 것을 알 수 있다. 심지어 그가 화를 내니까 그의 동료인 우마르가 대신해서 알라께 회개하는 것도 볼 수 있다. 우마르가 회개했다는 말은 무함마드에게 질문하는 것이 죄라는 인정이다. 지도자에게

질문한 것으로 지도자가 화가 났으니 그것이 죄라는 의미이다.

사람들이 무함마드의 선지자 됨을 의심하는 것은 인간의 합리적인 사고의 결과이다. 그래서 질문이 생길 경우 얼마든지 질문해야 하고, 무함마드는 그것에 친절하게 답변해야 한다. 알라의 선지자가 그런 질문에 대해서 화를 내어서는 안 된다. 이렇게 무함마드에게 질문한 것이 죄가 된다는 생각은 파시즘적 발상이 분명하다.

2) 질문하면 더 엄한 율법이 제정되니 질문하지 말라

(1) 질문은 두려운 일

이 내용도 따바리 주석과 아래의 하디스에 나온다. 다음을 보자.

◇ 알라의 메신저가 설교하셨다.
"사람들이여! 알라께서 너희에게 성지 순례를 의무로 부과하셨다. 그래서 너희는 성지 순례를 하라."
한 남자가 말했다.
"알라의 메신저여! 매년 성지 순례를 해야 합니까?"
그(무함마드)는 침묵했다. 그 남자는 (무함마드에게) 세 번 (같은 질문을) 반복했다.
그러자 알라의 메신저가 말씀했다.
"만일 내가 '그래'라고 말한다면 성지 순례의 의무는 (너희가 매년 실행해야 하는) 의무가 된다. 하지만 너희가 그것을 매년 실행하지 못할 수 있다."
그리고 알라의 메신저가 말씀했다.
"내가 너희를 내버려 둔 대로 너희도 나를 (침묵하게) 내버려 두어라. 왜냐하면 너희 앞서 온 선조들은 질문을 많이 하고 선지자들에게 반대함으로 멸망당했다. 그래서 내가 너희에게 어떤 것을 명령하면 가능한 한 너희는 그대로 그것을 하라(순종하라). 그리고 만일 내가 어떤 것을 금지하면 그것을 멀리하라"(사히흐 무슬림 1337).

이 하디스에서 한 사람이 무함마드에게 성지 순례를 몇 번 해야 하는지 여러 번 질문했다. 그 질문에 무함마드는 답을 하지 않았다. 대답을 하지 않은 이유는 만일 몇 번 해야한다고 대답을 하게 되면 그것이 모든 사람이 지켜야 하는 율법이 된다는 논리이다. 무함마드의 입에서 나오는 말은 곧 율법이기에 질문에 대답할수록 더 엄한 율법이 제정되고 그것은 사람들에게 짐이 된다는 의미이다. 그러면서 "너희 앞서 온 선조들은 질문을 많이 하고 선지자들에게 반대함으로 멸망당했다"고 위협한다. 따라서 무함마드가 명령하거나 금지하면 그대로 복종하고 질문하지 말라고 하고 있다.

다음 하디스는 무함마드에게 질문하는 것으로 인해 어떤 것이 금지될 경우 그것이 가장 큰 죄라고 한다.

◇ 가장 큰 죄를 지은 무슬림은 금지되지 않은 어떤 것에 대해서 질문하여서 그 질문 때문에 어떤 것이 금지되는 사람이다(사히흐 부카리 7289).

금지되지 않았던 것인데 질문함으로 인해 그것을 금지하는 계시가 내려올 경우 그 사람은 가장 큰 죄를 짓게 된다는 것이다. 예를 들어 꾸란 2:219에서 술에 대해서 질문하지 않았다면 꾸란 5:91-92(술을 금지하는 구절)이 계시되지 않았고 술이 하람(금지 사항)이 되지 않았다는 것이다. 그래서 무함마드에게 질문하여서 새로운 율법이 내려오게 되면 그 사람은 가장 큰 죄를 짓게 되는 것이라고 한다. 그래서 무함마드의 동료는 무함마드에게 질문하는 것을 두려워했다는 것이다. 질문을 하면 할수록 그들이 죄인이 되기 때문이다.[45]

그래서 다음 하디스는 알라가 질문을 많이 하는 것을 싫어한다고 분명하게 기록하고 있다.

◇ 알라께서는 너희의 세 가지를 기뻐하시고 세 가지를 싫어하시느니라. 너희가 그분을 예배하는 것과 그분 이외에 어떤 것도 그분의 라이벌(shirk)를 만들지 않는 것과 너희가 알라의 밧줄을 함께 잡아서 흩어지지 않는 것을 기뻐하시느니라. 그러나 적절하지 않은 대화와 **질문을 많이 하는 것**과 돈을 낭비하는 것을 알라께서 싫어하시느니라 (사히흐 무슬림 1715 a).

(2) 질문을 많이 한 결과

이슬람에서 알라의 존재에 대해서 질문하는 사람들이 어떤 취급을 받았는지 다음 하디스를 통해 알 수 있다.

◇ 무함마드 선지자가 아부 후라이라에게 말씀했다.
"여전히 사람들이 그대에게 '알라가 존재한다고? 그렇다면 그 알라는 누가 창조해?'라는 질문을 하는가?"
그러자 아부 후라이라가 (자신이 겪은 일을 무함마드에게) 이야기했다.
"어느 날 제가 모스크에서 있었는데, 베두인 몇 명이 찾아왔습니다. 그들이 저에게 '아부 후라이라여! 알라가 계신다면 그 알라는 누가 창조했단 말이오?'라고 말했습니다. 그래서 제가 돌을 집어 들고 그들에게 던지면서 '일어나, 일어나란 말이야. 내 동료 무함마드 선지자는 진실을 말한다 말이야!'"(사히흐 무슬림 135)

'알라가 계신다면 그 알라는 누가 창조했는가?'

이 질문은 대부분의 사람이 가지는 질문이다. 종교인은 그런 질문을 받으면 합리적이고 지혜롭게 답변해야 할 의무가 있다. 그러나 이 하디스에서는 그런 질문을 하는 사람에게 돌을 던지면서 위협하고 겁박한다. 질문을 하지 말라는 것이다. 이것이 파시즘이 아니고 무엇이란 말인가?

다음 하디스를 보자.

◇ 수바이그라고 이름하는 사람이 메디나에 와서 의미가 여러 가지인 꾸란 구절에 대해서 질문했다. 우마르는 그 사람을 자신에게 보내라고 명하였고, 그를 위해 대추야자 줄기로 만든 채찍을 준비하였다.
우마르가 말하길 "너는 누구냐?"
"저는 압둘라 수바이그입니다."
그러자 우마르는 그 채찍으로 그를 내리쳤다. 그러자 그는 "저는 압달라 수바이그입니다"라고 다시 말했다. 수바이그의 머리에서 피가 날 때까지 계속해서 내리쳤다.[46]

우마르는 2대 칼리프이다. 그는 히잡을 쓰고 다니는 노예 여자들을 대추야자로 만든 채찍으로 때리곤 했던 인물이다(노예 여자는 히잡을 쓸 권리도 없었다. 여기에 대해서는 제10장 '히잡과 노예 여성' 부분을 보자). 여기서는 꾸란 가운데 의미가 여러 가지인 구절에 대해서 질문하는 사람에게 채찍을 휘두른다. 다른 하디스에서는 질문하는 사람이 꾸란의 두 구절에 대해 반대하여서 우마르가 채찍을 휘둘렀다고 하고, 또다른 하디스에서는 다른 사람이 꾸란의 방언에 대해서 질문했을 때 채찍을 휘둘렀다고 한다. 꾸란에 대해 의심하면서 질문했는데 우마르가 채찍을 휘둘러 머리 혹은 등에 피가 났다고 기록하기도 한다. 그런 뒤 본 부족에게 돌려보내면서, 부족의 다른 사람들에게 그와 사귀지 말라고 명령했다고 한다.[47]

지금까지 이슬람 종교의 창시자와 그의 동료들이 질문하는 것에 대해서 어떻게 반응했는지를 살펴보았다. 이렇듯 이슬람은 무함마드나 꾸란 그리고 알라에 대한 본질적인 질문과 비판에 대해 히스테리적인 반응을 한다. 건전한 비판과 합리적인 사고를 막아 버린다. 당연한 질문을 하는데도 오히려 그것을 죄로 치부하고 때로는 강압과 폭력으로 그런 질문을 막으려 한다. 그러고는 무조건 복종하라고 외친다. 의심과 질문, 그리고 비판을 막고 복종을 강요하는 것은 파시즘의 중요한 특징이다. 그것이 1,400년 동안의 이슬람의 모습이다.

11. 이슬람에서 하면 안 되는 질문

주위에서 만나는 무슬림에게 "이슬람에서 질문을 못 하게 하는가요?"라고 물으면 아마도 펄쩍 뛰며 부인할 것이다. 왜냐하면 이슬람에서 모든 질문을 금하는 것이 아니기 때문이다. 대부분의 무슬림은 생활에서 자신들이 하고 싶은 질문을 하며 어려움 없이 지낸다. 일반적인 질문을 하는 것은 문제가 없기에 제약을 느끼지 못하는 경우가 많다. 특히 이슬람의 신앙을 잘 믿고 잘 따르는 무슬림의 경우 제약을 느낄 것이 없을 것이다. 그래서 꾸란에 질문을 금지하는 구절이 있는 것을 모르거나 알아도 그 심각성을 모르며 지내는 경우가 대부분이라 할 수 있다.

이처럼 이슬람 나라에서 일반적인 질문이 가능하다. 문제는 그런 일반적인 질문이 아니라 해서는 안되는 특별한 질문이 있기 때문이다. 그 특별한 질문은 이슬람의 핵심적이고 본질적인 것이기에 그것으로 인한 반향이 큰 것이다. 그러한 질문들은 지난 1,400년 이슬람 역사의 딜레마들이고 그로 인해 이슬람 사회가 발전하지 못하고 있는 것들이다. 그 질문들로인해 오늘날 수많은 Ex 무슬림이 이슬람을 떠나는 것이다. 그렇다면 이슬람에서 해서는 안 되는 질문은 무엇인가?

먼저 이슬람에서 주로 다루는 일반적인 질문의 형태를 보자. 이슬람 율법의 실천 방법에 대한 질문은 아무런 문제가 없고 제한도 없다. 주로 'How'에 대한 질문이 그렇다. 수많은 율법서와 파트와 등에서 질문하고 있고 거기에 답을 제시하고 있다. 기도나 금식이나 자카나 성지 순례 등의 율법의 실천에 대한 질문은 수많은 무슬림이 질문하고 쉐이크들이 거기에 답을 한다. 이런 질문들은 이미 샤리아법에 규정되어 있고 파트와도 나와 있으며, 인터넷 등에서도 답을 하고 있다. 예를 들어,

기도 전에 우두(기도 전에 몸을 씻는 행위)를 어떻게 할 것인가?
각각의 기도에서 라카아(몸을 숙이고 머리를 땅에 대는 행위)를 어떻게 하는가?

금식을 어떻게 하는가?
자카(zakāh)를 어떻게 하는가?
성지 순례는 어떻게 하는가?
향수는 어떻게 뿌리는가?
화장실에 들어갈 때는 어떻게 하는가?[IV]
부부간의 성관계는 어떻게 하는가?
음식과 음료는 어떻게 먹고 마셔야 하는가?

이런 질문들은 아무런 문제가 없다. 또한 꾸란과 하디스 구절들의 의미에 대해 질문하는 것은 얼마든지 가능하다.

무슬림은 출생, 교육, 결혼, 이혼, 부부 관계, 사망, 재산, 상속, 의식주, 예배, 종교 생활, 대인 관계, 사회 생활, 국가 관계 등 무슬림의 삶의 구체적인 모든 부분에 대해서 질문할 수 있고, 이슬람은 거기에 답을 한다. 왜냐하면 무함마드의 순나[V]가 모든 무슬림이 지켜야 할 모범이기에, 이러한 모든 부분에 대한 규율이 정해져 있고 그것을 가르치고 있다. 그것이 이슬람의 샤리아 율법이다. 그래서 이런 질문들은 아무런 문제가 없다. 특히 비무슬림이 무슬림에게 이슬람 종교에 대해 관심을 가지고 물어 본다면 그들은 가장 친절하게 답할 것이다.

그렇다면 어떤 질문이 해서는 안 되는 질문인가? 앞의 내용을 종합하면 두 가지로 요약할 수 있다.

먼저는 존재론적이고 형이상학적인 질문을 할 수 없다. 예를 들어 "알라가 모든 것을 창조하였다면 알라신은 누가 창조하였는가?", "알라가 모

[IV] 무슬림은 화장실에도 khubth와 khabā'ith라는 사탄이 있다고 믿는다. 화장실에서 이 귀신들이 몰래 들어와서 남녀의 음부를 지켜보고 있기 때문에 그들로부터 보호를 구하는 특정한 기도를 해야 한다.

[V] 무함마드 선지자가 행하거나 전하거나 묵시적으로 승인한 내용으로서 무슬림이 따라야 하는 행위나 관습.

든 것을 하실 수 있다면 알라는 왜 자신을 창조할 수 없는가?", "알라는 창조에 대한 아이디어를 누구로부터 가져왔는가?", "알라가 우주를 창조하기 이전에 무엇을 창조했는가?" 이슬람에서 이런 철학적인 질문을 할 수 없다. 이러한 질문 금지가 전통이 되어 이슬람 역사에서 이성적이고 합리적인 질문을 한 철학가 혹은 사상가들이 인본주의자로 몰려 배격당했다.

두 번째는 의심과 불신을 가져오는 질문을 할 수 없다. 앞의 꾸란 5:101의 "너희에게 해를 끼치는 것들에 대해서는 질문하지 말라"와 같이, 의심과 불신에 이르는 질문은 무슬림을 해치므로 해서는 안 된다는 것이다. 즉 알라와 무함마드 선지자와 꾸란에 대한 원천적인 내용에 대해 의심을 불러오는 어떤 질문도 해서는 안 되는 것이다. 이에 따라 이슬람 율법은 이러한 것에 대한 의심을 코프르(kofr, 알라와 무함마드를 믿지 않는 것)로 규정하고 있다.[48]

위의 두 번째 경우에 대해 더 자세한 예를 들어보자. 무슬림은 무함마드의 비윤리적인 행적들을 제시하며, "무함마드가 과연 알라의 선지자가 맞습니까?"라고 질문할 수 없다. 꾸란 계시의 진정성에 대해서 반론을 제시하며 "꾸란은 과연 알라의 계시입니까?"라고 할 수 없다. 카피르를 불지옥에서 잔인하게 고문하는 알라에 대해 "이슬람의 알라는 과연 자비로운 존재입니까?"라고 할 수 없다. 성지 순례 시 무슬림들이 카아바를 향해 경배하는 것을 보고 "저런 행위는 우상 숭배가 아닙니까?"라고 할 수 없다. 이런 질문은 이슬람의 근본을 의심하는 질문이다. 이슬람 신앙의 근간을 흔들기 때문이다. 이러한 질문들은 무슬림이 자신의 가족이나 친구에게도 질문하지 못한다. 질문했다가는 당장 이런 말을 들을 것이다.

"저주스러운 사탄으로부터 우리를 구해 주소서"('a'ūdhu billāhi min ash-shayṭāni r-rajīm).

"그런 질문은 코프르(kofr)야."

"알라께 용서를 빌어"(istaghfir 'allāh).

이슬람에서 의심은 부도덕한 것이다. 그래서 무슬림이 성지 순례를 할 때 카아바를 돌며, 혹은 성지 순례 기간 내내 다음과 같은 기도를 한다.

"알라시여! 우리를 의심과 불신(shirk)에서 구해 주소서."

사람은 생각하는 존재이다. 데카르트는 그것을 "나는 의심한다. 고로 나는 존재한다"라고 했다. 따라서 사람은 본질적인 존재에 대해서 혹은 형이상학적인 것에 대해서 의심하면서 질문하게 되어 있다. 청소년기에 신의 존재와 종교의 본질에 대해서 질문하지 않는 사람이 어디 있는가? 그 사고의 결과에 따라 신의 존재를 부인하는 무신론자가 될 수도 있고, 더욱 확실한 유신론자가 될 수도 있으며, 인생을 논하는 심오한 철학자가 될 수도 있다. 그러나 이슬람은 이런 사고활동을 금지한다. 오히려 이런 질문을 사탄의 속삭임이라 하고 반역(fitnah)이라 하며 단죄한다. 본질적 존재에 대해 의심하며 질문하는 사람에게 '자명한 이치'를 들이대며, 그런 사람을 믿음이 없다고 꾸중한다. 그리고 무조건적인 복종을 강요한다. 이 어찌 파시즘이라 하지 않을 수 있을까? 이렇게 사고와 사상의 자유를 억압하기에 오늘날 이슬람 국가들에 진정한 발전이 없다. 수많은 문제가 노출되고 있지만 진정한 의미의 개혁이 일어나지 않는다. 오늘날 Ex 무슬림은 이러한 이유로 인해 이슬람을 떠나고 있다.

12. 예외적인 거짓말이 허용되는 종교

나치 정권의 선전장관이었던 괴벨스는 대중 선동을 위해 거짓말을 사용했다. 그의 거짓 선동(Big Lie, 새빨간 거짓말)은 정치 선동 방법의 하나로 히틀러 정권이 사용한 수법이다. 괴벨스는 "당신이 거짓말을 매우 심하게 한 뒤 그것을 자꾸 반복하면 사람들은 결국 그것을 믿게 될 것이다"라고

했다.⁴⁹

블라디미르 레닌은 '공산주의 신조'에서 다음과 같이 말한다. "혁명을 위해서는 거짓말을 해도 괜찮다. 공산주의자는 법률 위반, 거짓말, 속임수, 사실 은폐 따위를 예사로 해치우지 않으면 안 된다. 거짓말은 혁명을 위한 가장 강력한 수단이며, 거짓말을 백 번하면 참말이 된다. 거짓말을 창조하지 못하는 자는 위대한 혁명가가 될 수 없다. 공산주의가 완성될 때까지 '민주'라는 단어를 버리지 마라."⁵⁰

파시즘이나 공산주의의 중요한 특징 중의 하나는 목적 달성을 위해 수단을 합리화하는 것이다. 혁명의 목표를 달성하기 위해서 비인간적이고 비도적적인 행위도 마다하지 않았는데, 거짓말도 그 중의 하나이다.

이슬람에서 거짓말에 대한 가르침은 어떠할까? 이를 파악하기 위해 아랍 사람들에게 잘 알려져 있는 mawdoo3.com란 사이트의 기록을 보자.

> 거짓말은 어떤 사람들이 가지고 있는 가장 나쁜 습관 가운데 하나이다. 이슬람은 거짓말을 금지한다.⁵¹

그러면서 그 이유를 꾸란이 거짓말을 금지하고 있기 때문이라고 한다. 아래의 구절을 보자.

> ◆ 알라께서는 불의를 행하는 사람과 거짓말쟁이를 인도하지 않으시느니라(40:28).
> ◆ 우상의 불결함을 피하고 거짓 진술을 피하라(22:30).

또한 같은 사이트에서 무함마드의 순나에서 무함마드가 가장 싫어하고 분노한 것이 거짓말이었다고도 기록하고 있다.

◇ 거짓말보다 더 알라의 메신저를 분노하게 하는 것은 없었다(자미아 앗티르미디 1973).

여기까지는 당연한 가르침이다. 이슬람이 종교인 이상 거짓말을 가장 싫어하고 거짓말을 금지하는 것은 누구든지 기대하는 바이다. 실제로 무슬림들도 '거짓말'에 대해서 아주 민감하며, 거짓말하지 않고 정직하게 사는 것을 중요한 덕목으로 생각한다. 많은 무슬림이 정직한 삶을 추구하는 것이 사실이다.

그런데 같은 사이트의 그다음 가르침이 우리를 의아스럽게 한다. 거기에서 "이슬람에서 언제 거짓말이 허용되는가?"라는 소제목을 달고 있고 거기에 관해 설명하고 있다. 지금까지 거짓말이 가장 나쁜 습관 가운데 하나라고 하고 무함마드 선지자가 가장 싫어하고 분노한 것이 거짓말이었다고 했는데, 갑자기 "언제 거짓말이 허용되는가?"라고 한다. 그렇다면 이슬람에 거짓말이 허용될 때가 있다는 말인가?

그렇다. 이슬람에서 거짓말을 금지하는 가르침만 있는 것이 아니다. 거기에 예외가 있는 것이다. 아래에 거짓말이 허용되는 경우에 대한 하디스를 보자.

◇ 알라의 메신저가 말씀했다.
사람들 사이를 화해시키고 선을 말하거나 선을 발전시킨 사람은 거짓말쟁이가 아니다.
이븐 쉬합(Ibn Shihab)이 말하길 "나는 사람들이 거짓말이라고 말하는 것들 가운데서 허용되는 것을 다음의 세 가지 이외에는 듣지 못했다. 전쟁에서와 사람들 사이를 화해시키는 경우와 남편과 아내의 대화 혹은 아내와 남편과의 대화의 경우가 그것이다"(사히흐 무슬림 2605a; 사히흐 부카리 2692).

◇ 알라의 메신저가 말씀했다.

다음 세 가지 이외에는 거짓말이 허용되지 않는다.

남편이 아내를 만족시키기 위해 말을 할 때, 전쟁에서 한 거짓말 그리고 사람들 사이를 화해시키기 위한 거짓말이다(자미으 앗티르미디 1939).

이처럼 이슬람에서 위의 세 가지 경우에는 거짓말을 허용하고 있다. 즉 분쟁을 화해시키기 위한 거짓말과 전쟁에서 적들에게 하는 거짓말, 아내를 기쁘게 하기 위한 거짓말은 해도 괜찮다고 한다.

이러한 예외 조항은 사람들이 자신의 상황을 합리화하는 동기를 부여한다. 친구나 이웃과의 관계에서, 여성과의 관계에서, 국가 간 혹은 집단 간 전쟁에 준하는 여러 가지 활동을 하는 경우에 이런 예외 조항을 활용하여 거짓말할 가능성이 얼마든지 있다.

종교는 추구하는 목적이 선할 뿐만 아니라 수단도 정직하고 덕스러워야 한다. 사람과 공동체를 선도해야 하는 집단이기 때문에 높은 윤리적 기준이 요구된다. 그것은 자신들이 불편함과 불이익을 당하고 때로는 사회적 따돌림과 박해를 받을 때에도 동일하게 요구된다. 오히려 그런 상황일수록 그들이 끝까지 지켜야 할 덕목은 정직과 진실 추구이다.

그런데 이슬람은 위의 세 가지 상황에서 거짓말이 허용된다. 그러한 거짓말이 어떤 특정 집단이나 이데올로기에 충성하기 위해 사용되게 되면 그것은 파시즘이 된다. 그러한 예들은 이슬람의 발생 이후부터 오늘까지 극단주의 이슬람 집단들에서 찾아볼 수 있다.

사실 이슬람의 거짓말은 위의 하디스에서 허용하는 세 가지 예외적인 거짓말만이 아니다. 이슬람이 거짓말을 허용하고 활용하는 경우는 그보다 더 많고 교묘하다. 그것은 마아리드(al-Ma'ārīḍ)와 타끼야(at-Taqiyyah) 교리에서 가르쳐지고 있다. 이에 대한 구체적 내용은 다음 기회에 설명하기로 하겠다.

미주

1. https://terms.naver.com/entry.nhn?docId=1156914&cid=40942&categoryId=31645, 2020년 6월 10일.
2. Hamed Abdel Samad, *Islamic Fascism* (New York: Prometheus, 2014), p. 15.
3. https://en.wikipedia.org/wiki/Islamofascism, 2020년 6월 10일.
4. Hamed Abd Samad, Ṣandūq al-'Islām(이슬람의 상자) 제37편 이슬람과 파시즘, 그 조직과 사상의 유사성, https://www.youtube.com/watch?v=V3sli67bP-w&t=2s, 2020년 6월 10일.
5. 정수일, 『이슬람 문명』(파주: 창비, 2002), p. 69.
6. Hamed Abd Samad, Ṣandūq al-'Islām(이슬람의 상자) 제5편 무함마드 생애의 전환점들, https://www.youtube.com/watch?v=h8XcuR7UjtI, 2020년 7월 8일.
7. Hamed Abd Samad, Ṣandūq al-'Islām(이슬람의 상자) 제86편 al-Islām wa-Mawqifuhu min ghayr al-Muslimīn(이슬람의 비무슬림에 대한 입장), https://www.youtube.com/watch?v=tYWn_UTZcFc, 2020년 6월 10일.
8. https://www.almasryalyoum.com/news/details/2073612, 2020년 11월 27일.
9. http://quran.ksu.edu.sa/tafseer/qortobi/sura33-aya53.html, 2021년 1월 20일.
10. https://www.n3lm.com/2018/01/The-wives-of-the-Prophet.html, 2021년 1월 20일.
11. https://www.islamweb.net/ar/fatwa/34515/, 2021년 1월 20일.
12. Hamed Abd Samad, Ṣandūq al-'Islām(이슬람의 상자) 2편 '이슬람과 마피아 2', https://www.youtube.com/watch?v=IA7dnfVIY_w, 2020년 6월 10일
13. http://www.saaid.net/mohamed/142.htm, 2020년 6월 10일
14. Hamed Abd Samad, Ṣandūq al-'Islām(이슬람의 상자) 제89편 al-Asbāb al-Ḥaqīqiyyah li-Ḥad al-Riddah fi al-Islām(이슬람에서 배교죄를 제정한 진정한 이유), https://www.youtube.com/watch?v=ovvEOP6oU-I, 2020년 6월 10일.
15. 하메드 압드엘-사마드, 『무함마드 평전』(서울: 한스미디어, 2016), p. 323.
16. 하메드 압드엘-사마드, 『무함마드 평전』(서울: 한스미디어, 2016), p. 328.
17. https://www.youtube.com/watch?v=N0f5u161AX8, 2020년 11월 28일.
18. al-'Akh Rashid, Su'āl Jarī'(용감한 질문) 제301편 바리노 이슬람을 믿었다가 그리스도에게로 돌아오다, https://www.youtube.com/watch?v=jzFA-ZAxAWA, 2020년 5월 20일.
19. al-'Akh Rashid, Su'āl Jarī(용감한 질문) 제356편 al-walā' wal-barā':'Akhṭar al-Aqā'id al-'Islāmiyyah(왈라으 바라으: 가장 위험한 이슬람 교리), https://www.youtube.com/watch?v=Hz3mWAm3aQU, 2020년 5월 30일.
20. al-'Akh Rashid, Su'āl Jarī(용감한 질문) 제356편 al-walā' wal-barā':'Akhṭar al-Aqā'id al-'Islāmiyyah(왈라으 바라으: 가장 위험한 이슬람 교리), https://www.youtube.com/watch?v=Hz3mWAm3aQU, 2020년 5월 30일.
21. al-'Akh Rashid, Su'āl Jarī(용감한 질문) 제356편 al-walā' wal-barā':'Akhṭar al-Aqā'id al-'Islāmiyyah(왈라으 바라으: 가장 위험한 이슬람 교리), https://www.youtube.com/watch?v=Hz3mWAm3aQU, 2020년 5월 30일.
22. https://news.joins.com/article/23651418?cloc=joongang-home-newslistleft, 2020년 5월 30일.

23 http://www.bbc.com/arabic/middleeast-48475579, 2020년 5월 30일.
24 https://en.wikipedia.org/wiki/Charlie_Hebdo_shooting, 2020년 5월 30일.
25 https://www.youtube.com/watch?v=-pI2ep1Vszc&t=522s, 2020년 11월 20일.
26 al-'Akh Rashid, Su'āl Jarī'(용감한 질문) 제356편 al-walā' wal-barā':'Akhṭar al-Aqā'id al-'Islāmiyyah(왈라으 바라으: 가장 위험한 이슬람 교리), https://www.youtube.com/watch?v=Hz3mWAm3aQU, 2020년 5월 30일.
27 샘 솔로몬, 『공통의 말씀에 대한 진실』(대전: 도움, 2008), p. 31.
28 http://www.al-eman.com/%D8%A7%D9%84%D9%83%D8%AA%D8%A8/%D8%A7%D9%84%D8%AD%D8%A7%D9%88%D9%8A%20%D9%81%D9%8A%20%D8%AA%D9%81%D8%B3%D9%8A%D8%B1%20%D8%A7%D9%84%D9%82%D8%B1%D8%A2%D9%86%20%D8%A7%D9%84%D9%83%D8%B1%D9%8A%D9%85/%D8%AA%D8%B9%D8%B1%D9%8A%D9%81%20%D8%A7%D9%84%D9%88%D9%84%D8%A7%D8%A1%20%D9%88%D8%A7%D9%84%D8%A8%D8%B1%D8%A7%D8%A1%20%D9%81%D9%8A%20%D8%A7%D9%84%D8%A7%D8%B5%D8%B7%D9%84%D8%A7%D8%AD:/i543&d840580&c&p1, 2020년 5월 30일.
29 https://www.youtube.com/watch?v=CYPIXZ7NFgI, 2020년 5월 30일.
30 Ayman al-Zawahiri, al-Walā' wa-l-Barā' 소책자.
31 al-'Akh Rashid, Su'āl Jarī'(용감한 질문) 제356편 al-walā' wal-barā':'Akhṭar al-Aqā'id al-'Islāmiyyah(왈라으 바라으: 가장 위험한 이슬람 교리), https://www.youtube.com/watch?v=Hz3mWAm3aQU, 2020년 5월 30일.
32 Raymond Ibrahim, *The Two Faces of Al Qaeda*, Chronicle Review, 21 September 2007: M. A. Khan, *Islamic Jihad* (iUniverse Book, 2009), p. 2에서 재인용.
33 Hamed Abd Samad, Ṣandūq al-'Islām(이슬람의 상자) 제36편 움마 공동체의 병: 이슬람 파시즘, https://www.youtube.com/watch?v=7AiID4gwRmE, 2020년 6월 10일.
34 Hamed Abd Samad, Ṣandūq al-'Islām(이슬람의 상자) 제36편 움마 공동체의 병: 이슬람 파시즘, https://www.youtube.com/watch?v=7AiID4gwRmE, 2020년 6월 10일.
35 Hamed Abd Samad, Ṣandūq al-'Islām(이슬람의 상자) 제36편 움마 공동체의 병: 이슬람 파시즘, https://www.youtube.com/watch?v=7AiID4gwRmE, 2020년 6월 10일.
36 https://en.wikipedia.org/wiki/Islamic_State_of_Iraq_and_the_Levant#Goals, 2020년 6월 10일.
37 https://www.youtube.com/watch?v=2_N9cKCJY3Q, 2020년 6월 10일.
38 al-'Akh Rashid, Bi Kull Wudūḥ(명명백백하게) 제10편, https://www.youtube.com/watch?v=K1xjHtiv7yw, 2020년 6월 10일.
39 Apostate Prophet, 22 Reasons(Why I left Islam 2), https://www.youtube.com/watch?v=-T8jv6lZFOg&t=2180s, 2020년 5월 30일.
40 Hamed Abd Samad, Ṣandūq al-'Islām(이슬람의 상자) 제36편 움마 공동체의 병: 이슬람 파시즘, https://www.youtube.com/watch?v=7AiID4gwRmE, 2020년 6월 10일.
41 Hamed Abd Samad, Ṣandūq al-'Islām(이슬람의 상자) 제37편 이슬람과 파시즘, 그 조직과 사상의 유사성, https://www.youtube.com/watch?v=V3sli67bP-w&t=2s, 2020년 6월 10일.
42 Hamed Abd Samad, Ṣandūq al-'Islām(이슬람의 상자) 제40편 무함마드와 히틀러의

비교, https://www.youtube.com/watch?v=uF48CCY7aLw, 2020년 6월 10일.
43 Hamed Abd Samad, Ṣandūq al-'Islām(이슬람의 상자) 제37편 이슬람과 파시즘, 그 조직과 사상의 유사성, https://www.youtube.com/watch?v=V3sli67bP-w&t=2s, 2020년 6월 10일.
44 https://www.altafsir.com/Tafasir.asp?tMadhNo=1&tTafsirNo=1&tSoraNo=5&tAyahNo=101&tDisplay=yes&UserProfile=0&LanguageId=1, 2020년 11월 28일.
45 al-'Akh Rashid, Su'āl Jarī'(용감한 질문) 제322편 al-'Asilah al-Muḥaramah fi al-Islām(이슬람에서 금지된 질문들), https://www.youtube.com/watch?v=O4yqCUK7cN-Q&t=58s, 2020년 6월 10일.
46 Sunan ad-Dārimi (Dar al-Kotob al-'Ilmiyyah, 2017) Vol 1 2-1, p40
47 al-'Akh Rashid, Su'āl Jarī'(용감한 질문) 제322편 al-'Asilah al-Muḥaramah fi al-Islām(이슬람에서 금지된 질문들), https://www.youtube.com/watch?v=O4yqCUK7cN-Q&t=58s, 2020년 6월 10일.
48 https://mawdoo3.com/%D9%85%D8%A7_%D8%AD%D9%83%D9%85_%D8%A7%D9%84%D8%B4%D9%83_%D9%81%D9%8A_%D9%88%D8%AC%D9%88%D8%AF_%D8%A7%D9%84%D9%84%D9%87, 2020년 6월 10일.
49 https://ko.wikipedia.org/wiki/거짓_선동, 2021년 1월 10일.
50 https://blog.naver.com/joy9923/221804617205, 2020년 10월 1일.
51 https://mawdoo3.com/بذكك‌ال_عن_اوقل, 2020년 10월 1일.

제10장
이슬람 여성

1. 이슬람은 여성을 영예롭게 했는가?

이슬람에서 여성에 대해 가장 많이 사용하는 표현은 "이슬람은 여성을 영예롭게 했다"(al-'Islām karram al-mar'ah)이다. 이슬람 여성의 히잡 착용이나 일부다처제 등 여성 관련 이슈가 제기될 때마다 그들은 항상 이 표현을 구호처럼 외친다. 그러면서 무슬림 여성은 억압받는 것이 아니라, 오히려 이슬람은 여성을 존중하며, 이슬람으로 인해 여성의 지위가 높아졌다고 강조한다.

그러나 시리아 출신의 Ex 무슬림이자 여성 운동가인 와파 술탄(Wafa Sultan)은 다음과 같이 말한다.

> 만일 이슬람이 여성을 영예롭게 했다면, 지난 1,400년 동안 그 영예롭게 함을 통해 오늘날 긍정적인 결과들을 보았을 것입니다. 그러나 이슬람은 여성을 영예롭게 하지 않았습니다. 오히려 이슬람은 '영예롭게 한다'는 개념을 왜곡했습니다. 이슬람은 여러 가지 개념을 왜곡하여 사람들이 그 왜곡된 개념을 따르도록 강제했습니다.

아랍 세계 미디어에서 이슬람을 비평하고
여성의 권익 신장을 외치는 와파 술탄

예를 들어 살해와 목을 치는 것을 관용이라 하고, 여성을 포로로 삼는 것을 자비라 하며, 전리품 획득을 권리라 하고, 아동을 무릎 위에 올리는 것을 결혼이라고 했습니다.[1]

여기에서 일반 무슬림과 Ex 무슬림이 이슬람의 여성에 대해서 말하는 내용이 극명히 다르다는 것을 알 수 있다. 약간의 온도 차이 정도가 아니라 근본적인 시각과 가치관이 완전히 다르다. 그렇다면 어느 말이 맞을까? 누구의 말이 숨김없고 왜곡 없는 객관적인 진실일까?

이 장에서는 이슬람의 여성관에 대해서 Ex 무슬림이 증언하는 내용을 기록하고자 한다. 그들이 발견한 것과 그들이 경험한 내용을 전달하고자 한다. 그 내용을 독자들이 객관적인 사실로 받아들일 수 있도록, 그들의 말만 전달하는 것이 아니라 그 근거가 되는 꾸란과 하디스와 초기 전통의 근거 자료들을 자세하게 전달하고자 한다.

2. "여자는 열등하다"- 남성 상위/ 여성 열등

Ex 무슬림들은 이슬람에서 여성이 남성들보다 열등한 존재인 것을 증언한다. 그 내용은 다음과 같은 꾸란 구절들에 근거한다.

---

[1] 와파 술탄이 말하는 '살해와 목을 치는 것'은 지하드 전쟁에서의 살해 혹은 배교자를 죽음으로 처벌하는 것을 들 수 있다. '여성을 포로로 삼는 것'은 지하드 전쟁에서 여성을 포로와 성 노예로 삼는 것을 의미한다. '전리품의 획득'은 지하드 전쟁에서의 전리품 획득을 말하며, 아동을 무릎 위에 올리는 것은 무함마드가 6살짜리 아이샤와 결혼한 것을 두고 하는 말인 듯하다. 지하드 전쟁은 이슬람 편에서 볼 때 이슬람의 빛을 전하는 전쟁이므로 그것이 알라의 관용이라고 할 수 있다. 포로로 잡힌 여성이 이슬람을 알게 되고 믿게 되므로 그것이 자비라고 할 수 있다. 전리품 획득은 알라가 무슬림에게 허락한 특권이었다.

◆ 남편들이 부인들에게 권리가 있는 것처럼 부인들도 남편들에 대해 권리가 있다. 그러나 **남자들은 여자들보다 한 등급 더 있느니라**(wa-lir-rijāli ʻalayhinna darajatun)(2:228).

위의 구절에서 "남자들은 여자들보다 한 등급 더 있느니라"라 하고 있다. 이 구절에 대한 꾸란 주석을 보자.

꼬르토비 주석에서는 이 구절이 지위와 등급을 의미한다고 하면서, "남자들이 여자들보다 두뇌와 힘과 돈을 사용함과 상속과 지하드에 있어서 등급이 많다는 것을 의미한다"고 한다. 이븐 카티르 주석에서는 "인성과 지위와 명령에 복종함과 돈을 사용함과 업무들을 수행함과 현세와 내세에서의 유익에 있어서 남자에게 장점이 있다"는 의미라고 한다. 따바리 주석과 사프와트 타파씨르 주석에서도 비슷한 설명을 하고 있다.

타프씨르 무야싸르 주석[11]에서는 사람들과의 관계나 가정을 운영함이나 이혼함에서 남자가 추가적인 지위를 가진다는 의미라고 하고 있다. 한국의 대표적인 꾸란 번역인 『꾸란 주해』에서는 이 구절을 "남성이 여성보다 우선하노라"로 번역하고 있다. 즉, 위의 구절에서 남성이 여성보다 한 등급 더 있다는 표현은 남성이 여성보다 우월하다는 의미이다. 이처럼 꾸란은 남자가 여자보다 우월하다고 말하고 있다.

또 다른 구절을 보자.

◆ 남자들은 여자들의 책임자/지배자(qawwām)라. **알라께서 그들 가운데 어떤 자를 다른 자보다 낫게 여기시기 때문이며**, 그들(남자들)이 (여자들을 부양하기 위해) 재정을 쓰기 때문이라(4:34).

---

11 타프씨르 무야싸르 주석은 사우디의 파호드 국왕청에서 최근에 펴낸 주석이다. 제2판이 2009년에 나왔다. 단권으로 된 주석으로 내용이 간단 명료하게 기록되어 있다.

위의 구절도 남성 중심이고 남성 우월적인 가르침이다. 남성이 여성을 책임지는 자(혹은 여성을 지배하는 자)라고 한다(이 구절의 qawwām이란 단어의 문맥과 주석에서의 의미를 이 장 '이슬람에서 남편과 아내의 관계' 부분에서 설명하고 있다). 또한 "알라께서 그들 가운데 어떤 자를 다른 자보다 낫게 여기시기 때문이며"라 하고 있다. 꾸란의 많은 주석과 번역은 이 의미를 알라께서 남자를 여자보다 낫게 여기신다는 의미라고 설명한다. 꾸란 한글 번역인 『코란』에서는 위 구절을 이렇게 번역한다.

> **남자는 여자보다 우위에 있다.** 알라께서 서로간의 사이에 우열을 붙인 것으로서 또한 남자가 생활에 필요한 돈을 대고 있기 때문에 이러한 점에서 **남자가 여자보다 우위에 있으며**…(4:34. 김용선,『코란』, 명문당)

위의 구절의 의미는 알라가 남자들을 여자들보다 더 낫게 여기신다는 것이 분명하다. 가정의 재정 결정권도 남자에게 있다. 여자들은 재정의 주체가 아니라 피부양인에 지나지 않는다. 재정은 남자가 수고하여 버는 것이고 그 재정으로 여자를 부양한다는 개념이다. 여성은 경제활동의 주체가 아니라 객체인 것이다. 오늘날 이슬람 나라들에서는 재정을 남편이 관리하고 남편이 아내에게 생활비를 지급한다. 이와 같이 꾸란은 남자가 여자들보다 우월하고 여자는 남자보다 열등하다고 말하고 있다.

3. "여자는 이성이 부족하다"

이슬람에서 여성에 대해 표현한 말 가운데 "여자는 이성(理性)과 종교에서 결여된 존재"가 있다. 모든 무슬림이 알고 있고 종종 사용하기도 한다. 이 표현이 어디에서 왔을까? 여성에 대한 많은 표현이 그렇듯 그들의 경전인 하디스에서 온 말이다.

다음을 보자.

◇ 알라의 메신저가 아드하 명절(대바이람)에 기도실에 갔다. 기도를 끝낸 뒤 사람들에게 설교하면서 자선을 할 것을 명령했다.
메신저가 말씀하길 "사람들이여 자선을 하라." 그러고는 여자들이 있는 곳으로 가서 말했다. "여자들이여 자선을 하라. **나는 지옥의 대다수가 여러분(여자들)인 것을 보았노라.**" 그 여자들이 말하였다. "알라의 메신저여! 그것이 왜 그렇습니까?"
그가 말했다. "그대들은 저주를 많이 하고 남편들의 은혜에 감사하지 않는다. **나는 너희 여자들보다 더 이성과 종교에 결여된 사람을 본 적이 없노라**"(사히흐 부카리 1462, 304).

이 하디스에서 지옥의 대다수는 여자들이라고 하고 있다. 여자들은 저주의 말을 많이 하고 남편들에게 감사하지 않는다고 한다. 또한 여자들은 이성과 종교에서 결여된 존재라고 하고 있다. 그 의미는 여자들은 합리적인 사고 능력이 부족하고 종교나 철학 등의 형이상학적인 사고 능력이 부족하다는 말이다.

다음 하디스에서는 여자가 이성과 종교에서 부족하다는 것의 의미를 설명하고 있다.

◇ 한 여인이 무함마드에게 말했다.
"알라의 메신저여! 우리의 이성과 종교에서 부족한 것이 무엇입니까?
그가 말하길 "이성이 부족하다는 말은 두 여자의 증언이 한 남자의 증언과 동일하기 때문이고, 종교가 부족하다는 말은 몇 날 밤을 보내며 기도하지 않고 보내는 것과 라마단 기간에 금식하지 않는 것 때문이다"(사히흐 무슬림 79).

여기서 '여자는 이성과 종교에서 결여된 존재'란 이 하디스 구절에 대한 현대적인 설명을 보자. 무슬림에게 이슬람의 교리를 설명하는 사이트로 잘 알려진 mawdoo3.com에서의 설명이다.

> 여자가 이성(理性)과 종교에서 결여된 존재라는 의미는 무엇인가?
> 여자들은 너무나 잘 잊어버리기에 일상의 삶에서 여러 가지를 기억하는 것이 어렵다. 그 때문에 여자는 이전에 있은 일들에 대해서 상기해 줄 사람이 필요하다. 그래서 여자 두 사람의 증거 능력이 남자 한 사람의 증거 능력과 동일하다고 하였다. 그래서 첫 번째 여자는 두 번째 여자가 기억할 수 있도록 도와주어야 한다.
> 또한 여자는 자신을 통제하는 것이 약하다는 것이 알려져 있다.
> 또한 알라의 메신저가 종교의 부족이라고 말한 것은 라마단 기간에 여자가 생리 혹은 출산을 할 경우 기도와 금식을 하지 않고 지나기 때문이다. 라마단 기간에 생리 혹은 출산을 할 경우 여자는 이 기간에 남자가 많은 예배를 드리므로 받게 되는 은혜를 받지 못한다. 따라서 남자들과 비교했을 때 여자는 보상을 적게 받게 된다.[2]

이상에서 보듯이 꾸란과 하디스와 율법학자들은 하나같이 여자가 합리적인 사고 능력과 기억력이 부족한 존재로, 통제력이 약하고 종교심이 약한 존재라고 말하고 있다. 이러한 이유로 보수적인 무슬림, 혹은 살라피 무슬림은 여자가 지도자가 될 수 없다고 한다. 사우디에서 여성이 운전하지 못하는 이유 중 한 가지도 바로 여성의 사고 능력이 부족하다는 무함마드의 가르침과 그것을 그대로 믿어 온 그들의 전통 때문이다.

4. "여자는 굽은 갈비뼈이다"

성경을 보면 하와는 아담의 갈비뼈로 지어졌다고 한다. 여기서 아담과 하와는 남자와 여자의 대표다. 또한 갈비뼈는 많은 뼈 중의 하나이지만 심장을 보호하는 가장 중요한 뼈이다. 그렇다면 그 의미는 여자는 남자의 가장 소중한 존재란 의미로 볼 수 있다. 그 때문에 하와가 지음을 받고 난 뒤 아담이 그녀를 처음 보는 순간 그는, "이는 내 뼈 중의 뼈요 살 중의 살이라"고 말했을 것이다.

이슬람도 여자를 갈비뼈로 비유한다. 그러나 그 뉘앙스가 사뭇 다르다. 다음 두 하디스를 보자. 두 번째 하디스의 제목은 '아담과 그의 후손들의 창조'이다. 즉 창조 시의 여성의 본질적인 모습이 어떤지를 보여 주는 하디스이다.

◇ 여자는 갈비뼈와 같다. 만일 그대가 그것을 곧게 펴려고 하면 그대는 그것을 부러뜨릴 것이다. 그대가 그것이 굽어 있는 채로 그것을 즐긴다면 그것을 즐길 것이다(사히흐 부카리 5184).

◇ 여자들을 조심해서 다루어라(istawṣu bin-nisā'). 왜냐하면 여자는 갈비뼈로 창조되었기 때문이다. 갈비뼈 가운데 가장 굽어진 부분은 가장 윗부분이다. 만일 그대가 그것을 곧게 펴려고 하면 그대는 그것을 부러뜨릴 것이다. 그러나 그대가 그것을 그대로 둔다면 그것은 굽은 채로 있을 것이다. 그 때문에 여자들을 잘 다루어라(사히흐 부카리 3331).

위의 하디스에서 여자를 갈비뼈에 비유하고 있다. 여자는 갈비뼈로 창조되었다고 한다. 그러면서 초점은 갈비뼈가 굽어 있는 것에 있다. 갈비뼈의 결함을 지적하는 것이다. 즉 갈비뼈가 원래 구부러져 있어 바르게 할 수 없듯이 여자도 구부러져 바르게 할 수 없다는 것이다. 때문에 그것을 교정하려 하지 말고 있는 그대로 즐기라고 한다. 여자는 고칠 수 없는 고

질적 결함을 가진 존재라는 뜻으로 이해된다.

두 번째 하디스에서 "여자를 조심해서 다루어라"(istawṣu bin-nisā')라고 한다. 한글 의미만 보면 존중하는 대상을 특별히 조심해서 돌보는 긍정적인 의미로 이해된다. 여기에 사용된 아랍어 표현인 istawṣu bin-nisā'는 '…을 돌보다', '주의해서 다루다'의 의미이다. 꾸란과 하디스에서 이 단어는 주로 이런 긍정적인 의미로 사용된다. 그래서 오늘날 대부분의 무슬림들도 이 구절을 여성을 배려하는 긍정적인 의미로 해석한다. 그러나 이 하디스의 중심 주제는 여성이 굽은 갈비뼈라는 것이다. 여성의 단점이나 부족한 점을 지적하면서 그렇기 때문에 '여자들을 조심해서 다루어라'라고 하고 있다. 모로코인 Ex 무슬림 라쉬드는 이 구절의 의미가 여자의 모자라고 연약한 점을 환기시키면서 '조심해서 다루라'고 하는 의미라고 한다.[3] 마치 군대에서 어수룩한 사람을 놀리며 "이 고문관을 조심해서 다루어!"라고 하는 것을 연상할 수 있다. 다른 많은 Ex 무슬림도 이 하디스는 여성 비하의 의미라는 것에 동의하고 있다.

이 하디스들에 대한 해설을 찾아보면 그 의미가 더 분명해진다. <이슬람의 길>(Ṭarīq al-Islām)이라는 사이트에서 이 구절을 이렇게 설명한다.

> 여자는 굽은 갈비뼈로 창조되었다. 그 때문에 그것이 굽었다는 것을 부인할 수 없다. 만일 남편이 그녀를 곧게 펴려고 하면 그녀는 부러지고 분리되어서 조각이 날 것이다. 만일 남편이 그녀의 굽음에서 발생하는 나쁜 상태와 사고 능력의 약함에 대해 인내할 경우 결혼 관계는 계속될 것이다.[4]

<이슬람의 질문과 답변>(al-Islām Su'āl wa-Jawāb) 사이트에서는 이 구절의 의미를 이렇게 설명한다.

> 여자는 견고하게 굽어진 채로 창조되었다. 그래서 당신이 그것을 펴려고 하면 그것은 부러진다. 당신이 그 상태로 그것을 즐기려 한다면 그것이 굽

은 채로 즐겨야 한다. 여자는 본성상 구부러져 있고 이성의 능력이 부족하다. 아주 질투를 잘 하고 아주 감정적이다. 그래서 남자가 그녀를 잘 다루어야 한다. 남자는 이 부족한 부분을 잘 다루어야 한다.[5]

위의 두 하디스와 그 해설에서 이슬람의 여성관을 알 수 있다. 여성은 굽은 갈비뼈라는 것이다. 그 의미는 여성은 본질적인 존재가 굽어 있기에 나쁜 흠결이 있고 이성적인 능력이 부족하다는 것이다. 질투를 잘하고 감정적이라는 것이다. 따라서 남성들이 여성을 아주 특별하게 조심해서 다루어야 한다고 하고 있다.

5. 재산 상속과 법정 증언에서 여자는?

1) 재산 상속의 경우

재산 상속과 법정 증언에서 여성의 지위는 이슬람의 여성관을 판단할 수 있는 좋은 바로미터이다. 오늘날 동서양 나라들에서 상속은 가문이나 가족 구성원들의 합의에 맡겨 두는 경향이 있다. 그러다가 그것에 분쟁이 생길 경우 국가가 제정한 상속법이 그 문제를 해결하게 된다.

그런데 이슬람은 꾸란에서 상속에 관한 분명한 규칙을 제공한다. 그것이 샤리아법이 되어 오늘날 무슬림 사회를 지배하고 있다. 즉 오늘날 대부분의 아랍 나라들의 상속법은 샤리아법에서 말하는 그대로 지켜지고 있다.

상속에 관한 꾸란 구절인 꾸란 니싸으 장 11절에 다음과 같이 기록하고 있다.

◆ 알라께서 너희 자녀들의 (상속)에 관해서 말씀하셨나니, **남자는 여자 둘의 몫과 같으니라**(4:11).

사망한 아버지에게 아들과 딸이 있을 경우 딸은 아들의 절반만 유산으로 받는다는 것이다. 이것은 삼척동자가 보아도 불평등이다. 남아 선호이다. 왜 아들은 두 배를 가져가야 하는가? 이것은 현대 세계의 기본적 가치관으로 자리잡고 있는 남녀평등에 위배된다.

여기에 대한 다른 설명을 보자. 이슬람 샤리아법을 풀이하는 사이트로 유명한 mawdoo3.com에서 이렇게 기록한다.

> 현대의 법들은 상속에서 여성과 남성의 평등을 주장한다. 그러나 그것은 알라께서 정한 규정을 넘어서는 것이다. '무지의 시대'(이슬람 이전의 시대)에는 여성에게 상속권을 주지 않았다. 그러나 현대의 법들은 여성에게 합당하지 않은 권리를 부여한다. 그러나 이슬람은 여성에게 더하지도 않고 덜하지도 않은 합당한 것을 부여하며 여성을 존중한다.[6]

여기에서 남녀가 동일하게 상속받는 것은 이슬람에서 알라의 규정을 어기는 것이라고 하고 있다. 남녀가 평등하게 상속받는 것이 알라의 계명을 어기는 것이라면 그 알라는 남녀를 차별하는 존재란 말인가?

또한 이슬람 이전 시대에 여성에게 상속권이 없었다는 말도 올바르지 않은 말이다. 무함마드의 첫 번째 부인 카디자는 메디나에서 이슬람이 발생하기 이전에 많은 부를 상속받았고 그녀가 사업의 주인이었다. 나중에 가난한 무함마드와 재혼한 뒤 그와 25년 동안 결혼 생활을 했다. 그 시기에 무함마드는 카디자의 권위 아래에 있었다. 그녀가 집주인이었고, 그녀가 그를 위해 돈을 제공하고 그녀가 그를 보호했다.[7] 이슬람은 이슬람이 발원하기 이전 시대보다 여성의 권리 면에서 나아졌다고 이야기하지만 실제는 그 반대이다.

오늘날도 대부분의 아랍 나라들은 재산 상속에 있어 남녀의 차별이 있다. 여성이 남성과 동일한 재산 상속권을 시행하는 나라는 튀니지가 유일하다고 알려져 있다. 2018년 11월 튀니지 정부는 아랍 나라들 가운데 최초로 여성에 대해 남성과 동일한 상속권을 인정했다.(RT 신문, 2018년 11월 23일) 그러나 이집트의 알아즈하르는 그 결정이 샤리아 법에 위배된다고 발표했다. (middle-east-online.com, 2018년 11월 26일)

2) 법정 증언의 경우

이슬람은 여성을 열등한 존재로 보고 이성적인 능력이 부족한 사람으로 본다고 했다. 그러기에 목격자로서 증언의 효력도 남녀의 차이가 있다. 다음의 꾸란 구절을 보자.

◆ 너희 남자들 가운데 두 사람의 증인을 세우라. **만일 두 남자 증인이 없으면 너희가 증인으로 원하는 이들 가운데 한 남자와 두 여자를 증인으로 세우라.** 그것은 두 여자 증인 가운데 한 사람이 (기억을) 잘못하면 다른 한 사람이 기억나게 하기 때문이라(2:282).

위의 구절에서 증인이 필요할 경우 두 남자 증인을 세우라고 한다. 만일 두 남자 증인이 없으면, 한 남자와 두 여자를 세우라고 한다. 여기에서 한 남자의 증언은 두 여자의 증언에 필적함을 볼 수 있다. 잘랄린 주석에서는 이 구절에서 '두 여자 가운데 한 사람이 잘못하는 것'을 설명하며 여자들이 기억력이 없어서 잊어버리기 때문이라고 말하고 있다.

이슬람의 교리를 설명하는 사이트로 잘 알려진 mawdoo3.com에서는 이렇게 설명한다.

여자들은 너무나 잘 잊어버리고 일상의 삶에서 여러 가지를 기억하는 것이 어렵다. 그 때문에 여자는 이전에 있은 일들에 대해서 상기해 줄 사람이 필요하다. 그래서 여자 두 사람의 증거 능력이 남자 한 사람의 증거 능력과 동일하다고 하였다. 그래서 첫 번째 여자는 두 번째 여자가 기억할

수 있도록 해 주어야 한다. 또한 여자들은 자신을 통제하는 것이 약하다고 알려져 있다.[8]

다음은 파키스탄인 Ex 무슬림 카디자(Khadija)의 증언이다.

저는 2005년 강요에 의해 성지 순례를 하였습니다.
가장 거룩한 곳이라는 메카에서 저는 두 번이나 성폭행을 당했습니다.
소리칠 수도 없었고 도망갈 수도 없었습니다.
다른 사람에게 말할 수도 신고할 수도 없었습니다.
그곳은 거룩한 장소이기에 그곳에서의 성폭행은 자신을 보호할 수 있는 권리도 없습니다.
강간에 대해서 증언하기 위해서는 남자 증인 두 사람이 필요합니다. 증인이 여자일 경우, 여자는 이성이 부족하기 때문에 네 사람이 필요합니다.
만일 다른 증인이 없으면 제 자신이 간음한 사람으로 고발됩니다. 왜냐하면 저는 이미 결혼한 사람이기 때문입니다.
고발되면 저는 투석형에 처하거나 100대의 태형을 맞게 됩니다.
난처한 상황에서 저는 그것을 제 남편에게 이야기했습니다. 그랬더니 남편은 오히려 그것을 기뻐하면서 "알라께서 당신을 벌한 거야"라고 말했습니다. 남편은 제가 그 사건으로 교훈을 얻고 남편에게 더 순종하는 사람이 되라고 훈계했습니다. 그 뒤 저는 이혼을 선언하고 샤리아 법정에 가서 이혼 신청을 했습니다. 그랬더니 법원은 저에게 "만일 네가 남편에게 돌아가지 않는다면 너는 지옥에서 불탈 것이다"라고 협박했습니다.[9]

위의 카디자의 증언에서 여성이 억울한 일을 당했을 경우 불리한 상황에 처한다는 것을 쉽게 파악할 수 있다.

오늘날 이슬람 국가들의 민형사 재판에서 여성의 증언도 남성의 증언과 같이 효력이 인정되는 것으로 알려져 있다. 이슬람 국가라 하더라도 형법은 샤리아 법을 따르지 않고 근대적 서구법 체계를 따르고 있기 때문일 것이다. 그러나 일반 무슬림의 사회 생활에서 여성의 증언 효력이 남성에 비해 떨어진다는 것은 하나의 사회적 인식으로 자리 잡고 있다. 그것이 이슬람의 오래된 전통이기에 쉽게 변화되지 않는 것이다.

6. "여자는 유혹이다"

이슬람의 여성관은 여성이 '유혹'이며, '남성을 시험하는 존재'라는 것이다. 다음 하디스의 표현을 보자.

◇ 선지자께서 말씀했다.
나 이후에 남자들에게 여자들보다 더 위험한 시험/유혹(피트나, fitnah)을 남기지 않았다(사히흐 부카리 5096; 사히흐 무슬림 2741).

이 하디스에서 여자를 피트나(fitnah)라 한다. 사히흐 부카리와 사히흐 무슬림 그리고 여러 하디스에서 기록하고 있다. 그래서 "여자는 피트나이다"는 오늘날 이슬람 나라들에서 여성에 대한 대표적인 표현 중의 하나이다.

아랍어 단어 '피트나'(fitnah)는 여러 가지 의미가 있다(이슬람의 질문과 대답[islamqa.info]이란 사이트에서는 11개의 의미가 있다고 소개한다).[10] 그 가운데 위 하디스의 의미는 '유혹' 혹은 '시험'의 의미이다. 무함마드가 죽은 이후 세상의 종말이 올 때까지 무슬림 남자에게 가장 큰 시험과 유혹은 여자라고 말하고 있다.

여자가 유혹인 것을 나타내는 다른 하디스를 보자. 다음 하디스의 제목은 '여자를 보고 음욕을 느꼈을 경우 그의 부인이나 성 노예(밀크야민)에게 가서 성관계할 것을 권함'이다.

◇ 자비르(Jābir)가 말하길

알라의 메신저가 한 여자를 보고 난 뒤 가죽 무두질을 하는 그의 부인 자이납에게 가서 욕구를 해소했다(성관계했다는 의미).

그리고 그의 동료들에게 나가서 말씀하길

"여자는 사탄의 모습으로 다가왔다가 물러간다. 그래서 너희 중 누구든지 여자를 보고 (욕정이 생기면) 자신의 부인에게 가서 (관계하라). 그러면 그의 마음속에 있는 것(욕정)을 충족시키리라(사히흐 무슬림 1403a)."

이 하디스는 무함마드가 아름다운 여자를 보고 음욕이 생겼을 때 어떻게 했는지를 말하고 있다.

무스나드 아흐마드(Musnad 'Aḥmad) 하디스에는 "무함마드가 한 여자를 보고 난 뒤 '그녀를 보고 반하여'(fa'a'jabatuhu) 그의 부인 자이납에게 가서 욕구를 해소했다"라고 기록한다.[11] 즉 아름다운 여자를 보고 반하여 성적 충동이 생겼고, 그래서 그의 부인 자이납에게 가서 성관계했다는 의미이다.

여기서 무함마드는 아름다운 여자를 보고 음욕이 생기자 그의 부인에게 달려가서 성관계하는 평범한 사람으로 기록된다. 여기서 주목할 부분은 자기 부인과 관계한 뒤의 말이다. 자신이 여자를 보고 음욕이 생긴 것에

히잡과 니깝을 쓴 여성

대해서 그는 "여자가 사탄의 모습으로 다가왔다가 물러갔다"라고 표현하고 있다. 즉, 여자는 사탄과 같이 남자를 유혹하는 존재라는 것이다.

사우디의 쉐이크 무함마드 살리흐 알문지드는 '여자의 유혹으로 인한 시험'이라는 파트와(율법에 대한 해설)에서 다음과 같이 말한다.

> 사람이 이 세상에서 받는 시험/유혹은 여러 가지인데 돈, 가난, 부, 자녀들, 전쟁, 핍박, 상처 등 여러 가지가 있다.
> 그러나 여자로 인한 시험이 다른 시험들보다도 가장 어려운 시험이다.
> ….
> 사탄은 남자들의 시선을 여자들에게로 향하게 한다. 사탄은 남자들이 쳐다보는 시선을 위해 여자들을 치장하게 만든다. 여자들이 거리에 나가 길을 걸으면 남자들의 시선은 그녀를 향하게 된다. 사탄은 그녀가 치장하는 것을 바라고 시선들이 그녀에게로 향하는 것을 바란다. 여자가 길거리를 걸을 때 시선들이 그녀에게 향하게 된다. 그래서 여자는 사람들을 유혹하기 위한 사탄의 도구이다. 그래서 선조들은 여자들의 유혹으로부터 자신들을 지키기 위해서 극도로 조심하였다.[12]

이와 같이 이슬람에서 여성은 마치 이 땅에 있는 사탄처럼 남자들을 유혹하고 시험에 들게 하는 존재이다. 여성이 치장하는 목적은 오직 남자를 유혹하기 위한 것이다. 유혹을 느끼는 주체는 남성인데 그것의 책임은 여성에게 돌리고 있다.

한 이집트 여성 Ex 무슬림의 경험담이다. 그녀는 알라를 사랑하고 그에게 가까이 가기 위해 새벽 기도를 했다. 믿음을 강하게 하고 더 좋은 무슬림이 되기 위해 그녀가 입는 의복에도 신경을 썼다. 그녀는 의복 밖으로 자신의 머리카락만 드러나더라도 그것을 죄로 여겼고 양심의 가책을 받았다. 그래서 신체를 완전히 가리는 니깝을 착용했다. 그녀는 그것이 믿음을 더하게 하는 것이라 확신했다.

제10장 이슬람 여성   585

니깝을 쓴 여인들의 모습

그런 가운데 사우디에 여행을 갔다. 사우디는 아주 종교적인 나라이다. 그곳의 여성들은 니깝을 착용하는데, 그것은 신체를 긴 원통 옷으로 완전히 덮는 것이어서 여성의 신체 곡선이 전혀 드러나지 않는다. 또한 그곳은 남자와 여자가 전혀 섞이지도 않는다.

그녀는 다음과 같이 말한다.

> 그곳에서 저는 제가 생각하고 있던 종교심이 실제로 어떻게 반영되는지를 보기 시작했습니다. 저는 긴 원통 옷으로 완전히 덮이는 옷을 입어서 아무 것도 드러나지 않았습니다. 아주 펑퍼짐한 옷이라 신체의 곡선이 나타나지 않지요. 만일 당신이 그런 저를 본다면 단지 검은 물체가 서 있다고 생각할 것입니다.
> 제가 그렇게 완전히 가리는 옷을 입었음에도 그곳의 남자들은 저를 희롱했습니다. 아무것도 드러나지 않는 옷이지만 그곳의 남자들은 단지 제가 여자인 줄 알고는 저를 희롱했습니다. 이슬람에서 여자는 그렇게 남자를 유혹(피트나, fitnah)하는 존재입니다. 제가 여자이기에 저는 그들을 시험(피트나, fitnah)에 빠뜨리는 존재인 것입니다.[13]

위의 이집트인 Ex 무슬림의 증언에서 사우디의 무슬림 남자들이 여자들을 희롱하는 것을 본다. 앞의 하디스에서처럼 여자가 남자를 유혹한 것이 아니었다. 오히려 남자가 여자를 희롱했다. 그것도 검은색 니깝으로 여자의 얼굴이나 신체 곡선이 전혀 드러나지 않음에도 남자들이 여자를 희롱한 것이다. 이 경우는 남자들이 여자에게 '피트나'(fitnah, 시험)가 된 것이 명백하다. 즉, 남자들이 가해자가 되어 여자를 시험에 들게 한 것이다. 그런데도 이슬람은 '여자는 피트나(fitnah, 유혹/시험)이다'는 말만 반복하며 여자를 가해자로 만들고 있다.

7. 여자와 향수

아랍 사람들은 향수를 즐겨 사용한다. 그래서인지 상가들이 몰린 곳에는 향수 가게와 향신료 가게가 항상 자리 잡고 있다. 그 가게들은 세상의 모든 향기의 백화점이다. 향기와 향신료의 종류가 얼마나 많은지!
이슬람의 창시자 무함마드는 향수를 무척이나 좋아한 사람이었다. 그는 여자와 향수와 기도를 특별히 좋아했다는 하디스의 기록도 있다.
다음을 보자.

◇ 아나스가 말하길
알라의 메신저가 말씀했다.
"여자와 향수는 세상으로부터 내가 사랑하게 된 것이다. 또한 나의 기쁨은 기도에서 만들어진다"(수난 니싸이 3939, 3940).

무함마드 선지자가 향수를 좋아해서 그런지 오늘날 무슬림은 남녀 할 것 없이 향수를 좋아하고 즐긴다. 몸에서 나는 냄새를 방지하기 위한 목적도 있을 것이다. 그런데 향수 사용에 있어 여자들이 지켜야 할 규칙이 있다. 남자에게는 없는 규칙이 여자들에게만 있다. 그것이 무엇일까?

앞에서 여자는 피트나(fitnah 유혹/시험)이기에 늘 행동에 조심해야 한다고 했다. 그런 나머지 여자는 자신의 몸에 향수를 뿌리는 것도 조심해야 한다. 다음은 여자가 모스크에 갈 때 향수 뿌리는 것에 대한 하디스이다.

◇ 알라의 선지자가 말씀했다.

너희 여자 중에 누구든지 모스크에 참석한다면 향수를 뿌리지 마라(사히흐 무슬림 443b; 수난 니싸이 5131; 수난 니싸이 5262).

◇ 아부 후라이라가 말했다.

한 여자가 그를 만났는데 그녀는 몸에 향수를 뿌려서, 그녀의 옷에서 향수가 진동했다. 그가 말했다.

"오 훌륭한 여종이여! 그대는 이 모스크에서 나왔느뇨?"

그녀는 "네"라고 대답했다.

그가 말했다.

"그대는 이 모스크에 향수를 뿌리고 갔느뇨?"

그녀가 "네"라고 답했다.

그가 말했다.

"나의 사랑하는 선지자(무함마드)께서 말씀하길, '모스크에 갈 때 향수를 뿌린 여자의 기도는 받아들여지지 않느니라. 그녀는 모스크로부터 돌아가서 자나바(Janābah, 성관계로 인한 체액)를 씻듯이 몸을 씻지 않고는 그녀의 기도가 받아들여지지 않느니라'라고 하셨다"(수난 아비 다우드 4174).

첫 번째 하디스(사히흐 무슬림 443b)는 여성이 모스크에 갈 때 향수를 뿌리지 말라고 하고 있다. 두 번째 하디스는 향수를 뿌린 여성이 모스크에서 기도했을 경우 그녀가 돌아가서 몸 전체를 완전히 씻지 않고는 그 기도가 받아들여지지 않는다고 한다.

향수에 대해 설명하는 mawdoo3.com 사이트의 설명을 보자.

이슬람 샤리아법은 여자가 남자들 가운데 미흐람[III]이 아닌 사람들과 함께 있을 때 자신의 몸에 향수를 뿌리는 것을 금한다. 그것은 그 향수가 남자들의 마음에 나쁜 영향을 주지 않기 위해서이다.

여자가 집 안에서나 여자들의 모임에서 향수를 뿌리는 것은 허락된다. 그리고 자신의 남편의 마음에 기쁨을 주는 목적으로 향수를 사용하는 것은 권한다.

그러나 미흐람이 아닌 남자들이 그 냄새를 맡게 하기위해 향수를 뿌리고 밖으로 나가는 것은 금지된다. 그런 것을 행하는 여자는 죄를 짓게 된다. 왜냐하면 그녀가 향수를 뿌리는 것이 남자들에게 피트나(fitnah, 유혹/시험)가 되기 때문이다. 그러나 남자가 향수를 뿌리고 나갈 경우 여자에게 피트나가 되지 않는다.

여자는 외부 남자들과 섞일 수 없다. 여자는 외부 남자들과 같은 장소에서 섞일 수 없고 따로 떨어져야 한다. 만일 같은 공간에서 외부 남자를 만날 수밖에 없으면 그 남자를 만나기 전에 그녀는 향수를 제거해야 한다. 강한 향기를 가진 향수는 남자의 마음에 유혹(fitnah, 피트나)을 가져오기 때문에 금한다.[14]

위에서 여자가 뿌린 향수를 미흐람이 아닌 다른 남자가 맡게 되면 그것은 여자가 죄를 짓는 것이라 한다. 그 향기가 남자들을 피트나(/유혹)에 빠뜨리기 때문이라고 한다. 그래서 여자가 거리에 나갈 때나 남자들과 함께 있을 때는 향수를 뿌리면 안 된다고 한다.

그런데 남자가 자신의 몸에 향수를 뿌리는 것은 피트나가 되지 않는다고 한다. 남자는 향수를 뿌려도 되고 여자는 뿌리면 안 되는 이것을 어떻

[III] '미흐람'(miḥram)은 '금지된 사람'의 의미로써 부모(1촌)와 형제자매(2촌) 그리고 삼촌과 숙모/고모와 같이 상호 간의 결혼이 금지된 사람을 말한다. 즉 미흐람 관계인 부모 형제자매 혹은 남편이 있는 곳에서는 향수를 뿌려도 되지만 그 외의 사람들에게는 향수를 뿌리면 안 된다고 한다.

게 설명할 수 있을까? 이것이 남녀차별이 아니고 뭐란 말인가?

다음은 향수를 뿌리고 길거리에 나가는 여자를 매춘부라고 하는 하디스이다.

◇ 누구든지 여자가 향수를 뿌리고 사람들을 지나갔을 때 사람들이 그 향기를 맡았다면 그녀는 매춘부이다(수난 니싸이 5126).

앞에서 향수를 뿌린 여자가 길거리에서 다른 남자를 시험에 빠뜨렸다면 그 여자는 죄를 짓게 된다고 했다. 이 하디스는 그렇게 할 경우 그 여자가 남자를 유혹하는 매춘부가 된다고 한다. 이는 향수를 사용하는 여성을 향한 참을 수 없는 모독이다. 여성에 대한 이보다 더한 모욕이 어디 있을까?

8. 여자는 개와 당나귀와 동등한가?

무슬림은 하루 다섯 번 기도한다. 많은 사람이 모스크에 모여 무릎을 꿇고 머리를 땅에 대기까지 하며 경건하게 기도한다. 모스크에서 기도를 하는 사람들은 대부분 남자들이다. 여자들은 대개 가정에서 기도하고 모스크에서 기도하더라도 눈에 띄지 않는 곳에서 한다.

여자들이 모스크에 가는 것과 관련하여 다음과 같은 하디스가 있다. 그것은 남자들이 모스크에서 기도할 때 여자들이 그 앞을 지나갈 경우 기도가 중단된다고 하는 기록이다. 다음 하디스를 보자.

◇ 너희 가운데 누가 일어서서 기도할 때 그 앞에 말안장과 같은 것이 있다면 그것이 그를 가릴 것이다. 만일 그의 앞에 말안장과 같은 것이 없다면 **당나귀와 여자와 검은 개가 그의 기도를 중단시킬 것이다**(사히흐 무슬림 510a; 수난 이븐 마자흐 952).

◇ 알라의 메신저가 말하길 **"여자와 당나귀와 개가 기도를 중단하는데**, 말 안장 같은 것이 그것(기도를)을 계속하게 할 것이다"(사히흐 무슬림 511).
◇ 아이샤가 말한 하디스이다.
"기도를 중단시키는 것은 개와 당나귀와 여자이다"라는 내용이 그녀(아이샤)에게 언급되었다. 그러자 그녀(아이샤)는 **"당신들은 우리를 당나귀와 개에 비유했습니다"**라고 말했다(사히흐 부카리 514).

위의 하디스에서 남자 기도자가 기도할 때 그 앞으로 당나귀나 여자나 검은 개가 지나가게 되면 앞에 했던 기도가 중단된다고 한다. 기도가 중단된다는 말은 그동안 한 기도가 무효가 되기 때문에 처음부터 다시 해야 한다는 의미이다.

그렇다면 개와 당나귀와 여자가 왜 기도를 취소시키는가? 위의 하디스들을 설명하는 파트와들을 보자. 이슬람의 질문과 대답이란 사이트에서는 다음과 같이 말한다.

여자는 피트나이고, 당나귀는 이상한 소리로 울며, 개는 겁을 준다. 그래서 기도자가 묵상하는 것을 방해하므로 기도를 중단하고 무효화한다.[15]

사우디의 전임 그랜드 뭅티 압둘 아지즈 이븐 바즈는 그의 파트와에서 다음과 같이 설명한다.

검은 개는 사탄이다. 사탄은 그의 특징이고, 검은색 또한 사탄을 의미한다. 당나귀도 마찬가지이다.
…
여기서 여자는 다음의 하디스와 같이 월경이 있는 성인 여자를 의미한다. "알라께서는 월경이 있는 (성인 여자)의 기도는 베일을 하지 않는 한 받지 않으신다"(수난 아부 다우드 641; 수난 이븐 마자흐 655; 자미아 앗티르미디 377).

그래서 월경이 있는 성인 여자들이 문제이다. 성인이 된 여자는 남자들에게 성적 욕구를 일으킨다. 그러나 여자 아이는 기도를 중단시키지 않는다. 그래서 월경이 있는 성인 여성이 기도를 중단시킨다.[16]

이처럼 검은 개나 당나귀나 여자가 남자들의 기도를 방해하기 때문에 방해받지 않기 위해서 남성 기도자 앞에 말안장과 같은 것을 놓아두라고 한다 (사히흐 무슬림 511).

앞의 아이샤가 말한 하디스 (사히흐 부카리 514)에서 어떤 사람이 이런 하디스 내용을 아이샤에게 언급하자, 아이샤는 "당신들은 우리를 당나귀와

기도하는 사람은 여자나 당나귀나 개로 인해 기도가 취소되는 것을 막기 위해 자신 앞에 말안장을 두었다.

개에 비유했습니다"라고 항의하는 말을 하고 있다. 오늘날 Ex 무슬림도 이 하디스에서 왜 하필이면 여자를 당나귀와 검은 개와 같이 비유하냐고 비판한다. 하미드 사마드는 "이 하디스에서 여자를 개와 당나귀와 동일시한다"고 한다.[17] 라쉬드는 "여성이 당나귀와 개와 같은 존재란 말인가? 이것이 여성 비하가 아니고 무엇인가?"라고 질문한다.[18]

9. "여자는 사악하다"

이슬람에서 여자는 남자를 유혹하고 시험하는 존재일 뿐만 아니라 사악한 존재이다. 학자들은 여자가 사악하다는 것을 설명하며 다음의 꾸란 12:28을 예로 든다.

◆ 남편이 요셉의 옷을 보니 뒷부분이 찢어졌더라. 남편이 말하길 "이것은 당신들(여자들)의 계략/간교함(kayd)이오. 당신들(여자들)의 계략/간교함(kayd)은 실로 위대하니라"(12:28).

꾸란 12장의 이름은 '요셉'이다. 이 장에서 요셉에 대한 이야기가 길게 기록되어 있다. 위에 기록된 28절 전후의 내용은 요셉이 이집트에 팔려 가서 이집트 장관의 집에서 일하고 있을 때 그 장관의 부인이 그를 유혹하는 이야기이다.

장관의 부인이 집의 문을 걸어 잠그고 요셉을 따라오며 동침하길 요청한다. 끈질기게 요청하지만 요셉은 그녀를 뿌리치고 도망한다. 그때 부인의 손이 요셉의 옷자락을 잡아채어 뒷부분이 찢어졌다. 이윽고 그 사실을 알게 된 남편 장관은 요셉과 그 부인 중 누가 올바른지를 판정한다. 그때 요셉의 옷자락 찢어진 부위를 본다. 그래서 추론하길, 요셉 옷의 앞부분이 찢어졌다면 요셉이 장관의 부인을 겁탈하려다 찢어진 것이고, 옷의 뒷부분이 찢어졌다면 장관의 부인이 유혹할 때 요셉이 도망하다 찢어졌다고 한다. 결국 장관은 요셉의 옷 뒷부분이 찢어진 것을 확인하게 되고, 자신의 아내를 다음과 같이 꾸짖는다.

"이것은 당신들 여자들의 계략/간교함(kayd)이오. 당신들 여자들의 계략/간교함은 실로 위대해!"

아랍어의 kayd는 계략, 음모, 간교함 등의 부정적인 의미이다. 그러나 꾸란에서 이 단어는 항상 부정적으로 사용되는 것은 아니다. 사람을 대상으로 사용되거나 사탄을 대상으로 사용될 때는 부정적인 의미로 사용되지만, '전쟁에서의 계략'이나 '알라의 계획'으로 사용될 때는 긍정적인 의미로도 사용된다. 요셉 장(12장)에서도 이 단어는 요셉 형제들이 요셉에 대하여 음모하는 것(12:5)을 묘사한 경우 부정적인 의미로 사용되었고, 알라가 요셉을 위해 계획을 세우는 경우(12:76)에는 긍정적인 의미로 사용되었다. 이처럼 이 단어가 항상 부정적으로만 사용되는 것은 아니다.

그런데 이 단어가 요셉을 유혹하는 장관 부인에게 사용된 경우는 확실하게 부정적인 의미이다. 위의 28절에서 '당신들의 계략'뿐만 아니라 33, 34, 50절의 '그녀들의 간교함'에서 여성들에게 사용된 kayd가 모두 부정적이고 사악한 의미이다. 그뿐만 아니라 28절에서 한 여자인 장관의 부인의 '계략'이 아니라 '당신들(여성 복수)의 계략'이라고 하고 있다. 여자 전체를 향하여 '그대들 여자들의 계략/간교함은 정말 위대해!'라고 비꼬며 일반화시키고 있다.

꼬르토비 주석은 "그들 여자들이 관련된 문제를 해결함에서 그들의 유혹과 술수가 위대하다"는 의미라고 주석하고 있다.

> 아부 후라이라가 말하길: 알라의 메신저가 말씀하길 "여자들의 계략/간교함은 사탄의 계략보다 더 위대하다. 왜냐하면 알라께서 말씀하시길 '실로 사탄의 계략 음모(kayd)는 약하노라(weak)'(꾸란 4:76)라고 하셨기 때문이다."[19]

압바스 마흐무드 알아까드(1889-1964)는 근대 이집트의 작가로서 그의 책들은 지금까지도 영향을 끼치고 있다. 그가 지은 백과사전에서 '꾸란에서의 여성'이란 주제를 다루고 있는데, 거기에서 위의 꾸란 구절을 설명하고 있다.

> kayd(계략/간교함/음모)란 단어는 요셉의 장관 부인과 그녀의 동료들을 묘사하고 있다. kayd는 여자에게 잘 알려진 것이고 그 이외의 다른 대상과는 상관이 없다. 여자들의 kayd는 그들의 특징이고 성품이다. 장관의 아내가 한 일을 보면 남편을 속였고, 자신의 종 요셉을 유혹하는 것을 획책했으며, 요셉이 자신을 유혹했다고 모함하기까지 했다. 이러한 모든 일은 위선이

고 겉과 속이 다르다고 할 수 있다. 여자의 위선은 사회 생활과 가정 생활에서 여자의 연약함에 부과된 필수적인 것이다.[20]

율법학자들 가운데서 앗잠카슈리(az-Zamkhashri)와 알루시(al-Ālūsī)는 다음과 같이 말한다.

나는 여자들을 사탄을 두려워하는 것보다 더 두려워한다. 왜냐하면 알라께서 말씀하시길, "사탄의 kayd(계략/간교함/음모)는 약하니라"(꾸란 4:76)라고 하시고 "당신들 여자들의 kayd는 실로 위대하니라"(꾸란 12:28)라고 하시기 때문이다.[21]

앞에서 다룬 무함마드의 다음 하디스도 여자를 사악한 존재로 본 결과이다.

◇ 자비르(Jābir)가 말하길
알라의 메신저가 한 여자를 보고 난 뒤 가죽 바느질을 하는 그의 부인 자이납에게 가서 욕구를 해소했다.
그리고 그의 동료들에게 나가서 말씀하길
"여자는 사탄의 모습으로 다가왔다가 물러간다. 그래서 너희 중 누구든지 여자를 보고 (욕정이 생기면) 자신의 부인에게 가서 (관계하라). 그러면 그의 마음속에 있는 것(욕구)을 충족시키리라"(사히흐 무슬림 1403a).

무함마드 본인이 한 여자를 보고 난 뒤 욕정이 생겨 자신의 부인 자이납에게 들어가서 욕정을 해소했다. 문제는 그 이후 그가 한 말이 그의 여성관을 대변하고 있다. 즉 남자에게 여자는 사탄과 같은 사악한 존재란 것이다. 이와 같이 이슬람에서 여성은 남성을 대항해 계략과 음모를 꾸미고 시험하는 사악한 존재이다.

10. 여성에게 강요된 히잡

1) Ex 무슬림이 말하는 히잡

히잡은 무슬림 여성이 신체를 가리기 위해 쓰는 복장을 말한다. 사우디 출신의 Ex 무슬림 가다(Ghada)는 히잡을 쓰는 것이 자신을 괴롭혔다고 한다. 9살 때부터 짧은 옷을 입을 수 없었고, 친구도 만날 수 없었으며, 물속에 들어갈 수도 없었다. 남동생과 수영을 할 수도 없었다.

그녀의 부모님은 "네가 만일 히잡을 쓰지 않으면 너는 나의 딸이 아니다"라고 했다. 저항할 수 없는 것이었다. 그녀가 정숙한 여인이 되기 위해, 천국에 가기 위해 할 수밖에 없었다. 만일 히잡을 하지 않으면 머리카락이 잡힌 채로 지옥으로 간다고 했기 때문이다. 히잡을 쓰든 쓰지 않든 그것은 그녀의 선택이어야 한다. 그러나 현실은 그렇지 않았고, 그래서 괴로워했다. 그것이 이슬람을 떠난 이유 중 하나였다.[22]

가다의 말처럼 실제로 이슬람은 여성에게 히잡을 강요한다. 성인이 된 여성은 미흐람(부모[1촌]와 형제자매[2촌] 그리고 삼촌과 숙모/고모와 같이 상호 간의 결혼이 금지된 사람)을 제외한 모든 남자 앞에서 히잡을 해야 한다. 성인이 되지 않더라도 부모에 따라서 10살도 안 된 여자아이가 히잡을 하기도 한다.

모로코 출신의 Ex 무슬림 라쉬드는 무슬림 엄마가 딸에게 히잡을 쓰도록 강요하며 다음과 같이 경고한다고 한다.

"알라께서 너에게 진노하고 있어."
"알라께서 불지옥에서 너를 형벌하실 거야."[23]

그러면서 라쉬드는 다음과 같이 말한다.

히잡은 개인의 선택이 아닌 사회가 그것을 강요하는 것입니다. 개인에게 강요하고 학생들에게 강요하며 공동체 전체에 강요합니다. 쓰지 않으면 그것으로 인해 사람들을 구분하고 차별하며 형벌을 가합니다. 히잡을 한 사람은 정숙하고 경건한 사람으로 취급받고, 그렇지 않으면 정숙하지 않고 부도덕한 사람이 됩니다.[24]

2) 히잡의 기원

한국무슬림학생연합(Muslim Student Association of Korea)에서 발행한 '히잡'이란 전단지에서 무슬림 여성들의 히잡 착용 이유를 다음과 같이 설명한다.

히잡은 여성을 억압하기 위해서가 아니라 오히려 보호하기 위해서 하나님께서 명하신 계율입니다. 히잡을 갖춘 여성은 창조주의 뜻에 순종하는 고귀한 신앙인이지 억압받는 존재가 아닙니다. 히잡의 옷차림 안에서 여성은 외모에 치중하는 삶이 아닌 내면에 집중하는 삶을 살게 됩니다. 오히려

패션의 흐름에 따라 수시로 새로운 옷을 구입해야 하고 자신의 외모를 가꾸는 데 엄청난 돈과 시간, 그리고 에너지를 낭비하는 현세 사회의 여성들이야말로 진실로 억압받는 존재들임을 주목해야 합니다.

이 전단지에서 히잡은 여성들을 보호하기 위해서 착용하는 것이라 한다. 또한 히잡을 착용하는 것이 억압이 아니라 내면적인 삶에 집중하여 오히려 더 자유롭게 된다고 설명하고 있다. 만일 그렇다면 앞의 Ex 무슬림 가다의 항변은 잘못되었단 말인가? 무엇이 맞는 말일까?

여기서는 히잡 착용의 이유를 알기 위해 꾸란과 하디스에서 히잡이 생긴 기원을 살펴본다. 그것을 통해 히잡 착용의 진정한 이유를 알게 될 것이다. 먼저 히잡의 기원과 관련된 하디스를 보도록 하자.

◇ 아이샤가 말했다. "우마르 브닐 카땁이 알라의 메신저에게 말하길 '당신의 부인들이 히잡(혹은 베일)을 착용하도록 해 주십시오'"고 했지만, 그는 그렇게 하지 않았다.
그 당시 선지자의 부인들은 밤에 용변을 보러 밖으로 나가곤 했다. 그런 가운데 싸우다 빈트 자므아(Sawda bint Zam'a 무함마드의 부인)가 용변을 보러 나갔다. 그녀는 키가 컸다. 그 때문에 우마르 브닐 카땁이 앉은 상태에서, (용변을 보는) 그녀를 보고서는 "싸우다(Sawda)여! 우리는 네가 누군지 안다"고 했다.
우마르는 히잡에 대한 계시가 내려오길 바랐다. 아이샤는 "이러한 이유로 알라께서 히잡에 대한 구절을 계시했느니라"고 말했다(사히흐 부카리 6240).

무함마드 동료이자 두 번째 칼리프였던 우마르는 무함마드의 부인들이 히잡을 착용해야 한다고 생각하고 무함마드에게 요청한다. 하지만 무함마드는 그 요청을 듣지 않았다. 우마르는 그런 무함마드에게 압력을 넣으려고 그랬는지 무함마드의 부인 싸우다를 당황하게 한다. 그녀가 밤에 집 밖에서 용변을 보고 있을 때 멀찌감치 앉아 그녀를 희롱했다.[25] 이슬람의 칼리프가 되는 중요한 인물이 선지자의 부인에게 하는 행동은 많은 사람을 당황케 한다.

그 뒤 우마르는 계속해서 히잡에 대한 계시가 내려오길 바랐다고 한다. 그 뒤 아이샤는 "이러한 이유로 인해" 히잡에 대한 계시가 내려왔다고 하고 있다. 여기서 히잡은 무함마드의 부인들과 관련이 있음을 알 수 있다. 좀 더 자세한 이유를 꾸란 33:59과 그 주석에서 살펴보자.

◆ 선지자여! 그대의 아내들과 딸들과 믿는 이들의 여자들에게 베일로써 그들 신체 전체가 가려지게 하라고 말하라. 그렇게 하는 것이 그들이 구별되고 시달림을 받지 않게 하는 데 더 적절한 것이라(33:59).

위의 구절에서 히잡(베일) 착용의 두 가지 이유를 볼 수 있다. 먼저는 선지자의 부인들과 믿는 여자들이 어떤 다른 대상과 구별되게 하기 위해서였다. 두 번째는 그들이 시달림을 받지 않게 하기 위해서였다. 그렇다면 왜 선지자의 아내들과 믿는 여자들이 다른 대상과 구별되어야 했을까? 그리고 그들이 어떤 시달림을 받았을까? 이것에 대한 답을 얻기 위해 가장 권위 있는 따바리 주석을 보자.

알라께서 그의 선지자 무함마드에게 말씀하시길
선지자여! 그대의 아내들과 딸들과 믿는 이들의 여자들에게 말하라. 그들의 옷을 여자 노예들과 구별되게 하라. 그들이 용변을 위해 집을 나설 때 그들의 머리와 얼굴은 드러내지만, 베일로써 그들 신체 전체가 가려지게 하라. 그래서 그들이 음탕한 자에게 노출되지 않고 희롱의 말로부터 자유롭게 하라.
다른 주석가는 말하길

그들이 베일로 얼굴과 머리를 덮고 한 눈 외에는 신체 전체가 가려지게 하였다. 당시 여자 노예들이 거리를 지나가면 사람들이 그들을 해롭게 했다. **그래서 알라께서는 자유인 여자들이 여자 노예들과 같이 행세하는 것을 금하셨다. 그래서 그들은 긴 베일을 입어서 그들이 자유인임을 알게 했으며**, 음탕한 자가 말이나 생각으로 그들을 괴롭히지 못하도록 했다. 알라의 선지자가 메디나에 오셔서 집이 아닌 곳에 머무셨다. 선지자의 부인과 다른 여자들이 그와 함께 있었다. 밤이 되면 그들은 밖에 나가서 용변을 보았다. 그때 남자들이 길거리에 앉아서 그들을 희롱했다. 그래서 알라께서 이 구절을 계시하셨다. **그들이 베일을 입은 것은 여자 노예들을 자유인 여인들로부터 구분하기 위해서였다.**[26]

위의 따바리의 주석에서 히잡 착용의 이유를 분명하게 설명한다. 그 이유는 당시의 노예 제도의 문화적인 상황에서 이해된다. 당시 메디나에는 수많은 노예가 잡혀 와 있었고 그 가운데는 여자 노예들도 있었다. 그들은 길거리에서 모진 성희롱과 모욕을 당하는 상황이었다. 앞의 제7장의 '하디스에서의 노예 제도' 부분에서 보았듯이 당시 메디나의 노예 시장에서는 무슬림이 여자 노예의 신체를 만지는 것도 예사였다. 그런 가운데 무슬림 여자들이나 심지어 무함마드의 부인들이 길거리에 나갔을 때 남자들이 그들을 성적으로 희롱했던 것이다.

더구나 당시 메디나에는 화장실이 갖추어지지 않았다. 그래서 밤에 여성들이 길거리에 나가서 용변을 볼 때 남자들이 여자들을 성희롱했던 것이다. 우리는 이러한 하디스들을 통해 당시 메디나에 성희롱이 얼마나 많았는지 짐작할 수 있다.

이러한 상황에서 무슬림 여성들과 선지자의 부인들이 길거리를 나갈 때 여자 노예들과 구분하기 위해서 히잡을 쓰라고 한 것이다. 그러면 무슬림 여성들과 선지자의 부인들은 여자 노예들과는 다른 복장을 했기에 남자들이 성희롱하지 않았다. 반면에 그런 복장을 하지 않은 여자들은 노예인 것이 분명하기에 남자들이 마음대로 대우하거나 성희롱을 할 수 있었다.

이와 같이 히잡은 노예 여성들로부터 자유인 여성들을 구별하기 위해 생긴 것이다. 무슬림 여성들과 선지자의 부인들을 여자 노예들로부터 구분하여 그들을 보호하기 위한 목적인 것이다. 자유인 여성들의 입장에서는 그들을 성희롱으로부터 보호하기 위함이었다고 하겠지만, 여자 노예들이나 비무슬림 여성들 입장에서는 그것이 오히려 더 심각한 차별과 학대를 받는 조치였다. 우리는 여기서 초기 이슬람 사회에서 여성들의 상황이 얼마나 열악한 지를 알게 된다. 특별히 여자 노예들과 비무슬림 여성들의 인권이 최악이었음을 보게 된다.

모로코인 Ex 무슬림 라쉬드는 히잡이 이런 구별을 위해서 생긴 것이라면 노예 여성이나 비무슬림 여성(kāfir)들은 성희롱해도 되고, 믿는 부인들이나 선지자의 부인들은 성희롱해서는 안 된다는 차별이 생긴다고 말한다.[27]

실제로 이슬람 역사에서 히잡은 선지자의 부인들과 무슬림 여성들을 구별하여 그들만 보호하고, 나머지 여성들은 차별 대우하는 결과를 낳았다. 당시 메디나뿐만 아니라 이슬람 역사에서 무슬림과 비무슬림이 섞여 살았던 수많은 도시에서 히잡을 쓴 여성들과 쓰지 않은 여성들은 서로 구별되었다. 그래서 히잡을 쓰지 않은 여성들은 차별 대우를 받았다.

앞의 제8장 딤미 제도에서 딤미인들이 무슬림의 복장을 해서는 안 된다는 것과 딤미인들이 복장을 구별되게 입어야 한다는 역사를 살펴보았다. 그 때문에 히잡은 무슬림 여성의 입장에서는 '보호'라고 하겠지만, 비무슬림(kāfir) 여성이나 노예 여성의 입장에서는 그것은 '구별'이요 '차별'임이 분명하다.

3) 히잡과 아우라

(1) 아우라('awrah)의 의미

이슬람 사회가 히잡을 사용하게 된 이유는 노예 여성과 자유인 여성을 구분하기 위해서였다는 것을 살펴보았다. 무슬림 여성이 히잡을 쓰는 중요한 이유가 한 가지 더 있다. 그것은 아랍어로 '아우라'('awrah)란 단어에서 나타난다.

이슬람의 '아우라'는 한국 예술계나 연예계 등에서 사용하는 아우라와 다르다. 한국인이 알고 있는 '아우라'는 '예술 작품 등에서 느껴지는 고상하고 독특한 품위나 품격'[28]의 의미이지만 이슬람의 '아우라'는 전혀 다른 의미이다.

이슬람의 '아우라'('awrah)는 언어적인 의미와 종교적인 의미 두 가지로 생각할 수 있다. 언어적인 의미로는 '어떤 것에 대한 결함', '수치', '결함이 있어 적이 들어가기 쉬운 장소나 집', '드러내기가 부끄러워 숨기는 모든 것'의 의미이다.[29]

이슬람 법학 용어 사전(Mu'jam Muṣṭalaḥāt Fiqhiyyah, almaany.com)에서는 언어적으로 '경함', '부족', '수치', '쳐다보는 것이 부끄러운 것'의 의미라고 한다.

이에 비해 종교적인 의미에서 아우라를 아랍어 위키피디아 사전에서 다음과 같이 정의한다.

> 아우라('awrah)는 이슬람 용어로서 남자와 여자의 신체 부위 가운데 드러나지 않아야 하는 부분을 말한다.[30]

이슬람 용어 사전에서는 아우라를 두 가지로 설명한다.

먼저는 다른 사람에게 노출되면 율법에 어긋나게 되는 몸의 부분을 말한다. 아우라 부위는 남자의 경우 배꼽 아래에서 무릎까지이고 여자들은 얼굴과 손을 제외한 신체 전체이다. 두 번째는 신체의 은밀한 부분인 음부, 생식기, 외음부를 의미한다.[31]

이러한 정의들을 종합하면 아우라는 남녀 신체의 은밀한 부분으로 다른 사람에게 노출되면 수치스럽고 이슬람 율법에 어긋나는 몸의 부분이다. 아랍 사람들이 일상 생활에서 아우라라고 할 때는 남녀의 외음부를 일컫는다.[32] 이슬람 율법에서는 남자의 아우라를 배꼽 아래에서 무릎까지라고 하며, 여자의 아우라를 대체로 얼굴과 두 손바닥(혹은 손)을 제외한 신체 전체라고 한다.[33]

그래서 여자가 집을 나설 때는 반드시 이 아우라를 가려야 한다. 신체 전체를 가려야 한다는 말이다. 무슬림 여성이 니깝을 쓰는 이유가 여기에 있다. 그러나 집에 있을 때 미흐람 관계에 있는 사람들(부부, 자녀, 부모, 삼촌/숙모)에게는 얼굴과 머리 두 손, 두 발 등은 드러내도 상관이 없다. 꾸란에서 이에 대한 구절이 있다.

◆ 그대는 믿는 남자들에게 말하길, 그들이 시선을 아래로 하고 **그들의 은밀한 부분(furūj, 성기)**[IV]**을 지키라**고 하라. 그대는 믿는 여자들에게 말하길, 그들이 시선을 아래로 하고 **그들의 은밀한 부분를 지키며** 밖으로 드러난 부분 외에는 그들의 장식[V]을 드러내지 말라고 하라. 그들이 가슴 부위까지

IV 위의 구절에서 '은밀한 부분'으로 번역한 furūj는 '모양이 둘로 나누어진 것'을 의미하는 것으로 남자 혹은 여자의 성기를 말한다. 이 구절을 직역하면 "그들의 성기(furūj)를 지키라"이다. 꾸란에 '성기'란 단어를 직접적으로 사용하고 있다. 꾸란의 한글 번역서인 『꾸란 주해』는 이 구절에 두 번 사용된 'furūj를 지키라' 부분을 "정숙하라"와 "순결을 지키며"라고 번역한다. 지나친 의역이다. 한편 여기서 사용된 furūj는 아우라('awrah)와 그 의미가 거의 비슷하다(https://en.wikipedia.org/wiki/Intimate_parts_in_Islam).
V 여기서 장식은 여성이 신체에 부착하는 목걸이, 귀걸이, 팔찌 등을 말한다. 이런 장식

내려오는 베일을 쓰도록 하라. 그들이 그들의 남편들 혹은 그들의 아버지들 혹은 남편들의 아버지들 혹은 그들의 자녀들 혹은 남편들의 자녀들 혹은 그들의 형제들 혹은 형제들의 자녀들 혹은 자매들의 자녀들 혹은 그들의 무슬림 여자들 혹은 그들의 오른손이 소유한 자들 혹은 남자들 가운데 성욕이 없는 자들[VI] 혹은 **여자들의 수치스러운 부분**('awrāt an-nisā')을 모르는 아이들을 제외하고는 그들의 장식을 드러내지 않도록 하라(24:30-31).

이 구절에서 베일 즉 히잡(혹은 니깝)을 쓰라는 명령을 하고 있다. 그 이유는 그들의 은밀한 부분을 지키고 그들이 장식한 것이 다른 사람들에게 드러나지 않도록 하기 위함이라고 한다. 이런 것이 드러나게 되면 부끄러움과 수치가 되기에 드러내서는 안 된다는 의미이다.

또한 위의 구절에서 '여자들의 수치스러운 부분'으로 번역한 'awrāt an-nisā'를 직역하면 '**여자들의 아우라**('awrah)'이다. 즉 아우라는 여자들의 수치스런 부분을 의미하는 것이다. 이런 수치스러운 부분을 가리기 위해서 여자는 가슴 부위까지 혹은 몸 전체를 가리는 베일을 써야 한다. 그리고 남자들은 여자들을 직접 쳐다보아서는 안 되고 시선을 아래로 해야 한다.

위의 구절에서 노출이 가능한 사람들을 길게 나열하고 있다. 미흐람 관계인 사람들과 노예인 밀크야민(오른손이 소유한 자들)과, 남자들 가운데 성욕이 없는 백치와 같은 사람(따바리 주석에서)과, 그리고 여자들의 수치스러운 부분을 모르는 아이들에게는 자신의 장식을 드러내도 된다고 하고 있다. 그러나 그 이외의 사람들에게는 자신의 장식을 드러내서는 안 된다. 베일로 완전히 가려야 한다는 것이다.

품이 있는 부위가 드러나지 않도록 해야 한다는 말이다.
VI 따바리 주석에서 여성을 보고도 성욕을 느끼지 못하는 백치라고 설명한다.

아우라 부분을 노출한 여인은 정숙하지 않은 여성으로 간주되며, 따라서 성희롱 혹은 성폭행에 노출될 가능성이 있다. 무슬림이 기도할 때 자신의 아우라를 가리지 않을 경우 기도가 취소된다.[34] 오늘날 많은 무슬림 여성이 히잡 혹은 니깝을 착용하는 이유가 바로 아우라를 노출하지 않기 위함이다.[35]

(2) 하디스의 아우라에 대한 가르침

> ◇ 선지자께서 말씀했다.
> 여자는 아우라('aurah)이다. 만일 그녀가 집 밖으로 나간다면 사탄이 그녀를 보기 위해 시선을 든다.[36]
> ◇ 또한 선지자께서 말씀했다.
> 여자는 열 개의 아우라를 가지고 있다. 만일 그녀가 결혼한다면 남편이 한 개의 아우라를 덮을 것이다. 만일 그녀가 죽는다면 무덤이 10개의 아우라를 덮을 것이다.[37]

위의 하디스에서는 여자가 아우라 자체라고 한다. 여자가 수치 자체란 말이고, 여자 전체가 외부에 노출된 성기라는 의미이다.[38] 또한 여자에게는 수치스러운 것이 10개나 된다고 한다. 그래서 결혼을 하게 되면 남편이 겨우 한 개를 덮는다. 그러나 나머지는 일평생 덮을 수 없다. 오직 그녀가 죽어야만 그것을 다 덮을 수 있다. 이슬람에서 여성은 이처럼 수치스런 존재이다.

이집트인 여성 Ex 무슬림 노니 다르위시(Nonie Darwish)는 다음과 같이 말한다.

> 무슬림으로 자라날 때 우리의 육체가 거룩하다는 느낌을 가진 적이 한 번도 없고, 대신에 아주 더러운 것이어서 감추어야 하는 것으로 느꼈습니다. 샤

리아 치하에서 여성의 육체는 신의 창조물로서 거룩하고 존중되어야 하는 것으로 다루어지기보다 동물을 길들이는 것과 같습니다. 이슬람 율법은 여성을 존중하기보다 구타와 채찍질과 돌로 치는 것에 더 관심이 많습니다.[39]

오늘날 많은 무슬림 여성이 노니 다르위시와 같은 느낌을 가진다. 그래서 그 아우라를 노출하지 않기 위해 히잡을 착용하고 있다.[40]

4) 히잡과 노예 여성

앞에서 여성의 아우라는 얼굴과 손바닥을 제외한 신체 전체라고 했다. 따라서 무슬림 여성은 이 아우라를 가리기 위해 히잡 혹은 니깝을 쓴다. 그런데 충격적인 사실은 이슬람 역사에서 자유인 여성과 노예 여성의 아우라가 다르다는 것이다.

Ex 무슬림 라쉬드는 이슬람 시대 내내 히잡 착용을 강요받지 않는 여자들 그룹이 있었다고 증언한다. 그들은 바로 여자 노예들이다. 지하드 전쟁에서 포로로 잡혀 와서 노예로 살아가는 여자들은 히잡을 쓰지 않았다. 그들 가운데는 당연히 성 노예도 있었다. 그들이 히잡을 쓰지 않은 이유는 그들의 아우라가 다르기 때문이었다.

앞에서 남자의 아우라는 배꼽 아래에서 무릎 위라고 했다. 그런데 여자 노예의 아우라도 남자의 아우라와 같았다. 즉 여자 노예는 배꼽에서 무릎까지

왼쪽이 무슬림 여성의 아우라이고
오른쪽이 노예 여성의 아우라

만 가리고, 배꼽 위에서 상체 전체를 드러내었다는 말이다.

다음의 그림을 보자.

이 그림이 믿기지 않는 독자는 Google Images에서 'Islamic slave girl'이나 'Arab slave girl' 혹은 'Islamic slave trade' 등의 검색어로 검색해 보길 권한다. 수많은 그림과 사진들이 나올 것이다. 거기에 아랍인들이 나오고 그 앞에 나체를 드러낸 노예 여성들이 많은 것을 발견할 것이다.[VII]

거기에 있는 그림들 가운데 상당수는 19세기와 20세기에 아랍 국가들에서 존재하던 노예 시장과 여성 노예들의 모습을 직접 그리거나 사진으로 찍은 것이다. 사진들 가운데는 작가의 이름과 날짜가 적혀 있는 것도 상당수다. 상상화가 아니라 실제로 목격했던 현장의 사진들이다.

이집트의 Ex 무슬림 피터는 이러한 모습은 무함마드 시대 이후로부터 불과 1900년대 중반까지 아랍 국가들에 존재했던 모습이라고 증언한다.[41] 노예 여성의 경우 아우라가 남자와 같아서 상체를 드러내 놓고 다녔다는 말이다. 다른 말로는 히잡의 착용 여부를 통해 자유인인지 노예인지를 구분했다는 것이다. 남자들은 여자 노예들을 보호할 생각은커녕 그들을 희롱의 대상으로 삼곤 했다. 다음 이슬람 전승의 기록을 보자.

> 우마르 브닐 카땁이 메디나 도시를 순례할 때 만일 여자 노예가 히잡을 쓰고 있는 것을 보게 되면 그 여자 노예가 머리에서 히잡을 벗을 때까지 그의 잘 알려진 채찍으로 그녀를 때렸다. 그리고 "저 여자 노예들이 자유인처럼 행세한다"고 말했다.
>
> 아나스가 말하길 "한 여종이 베일을 한 채 우마르 브닐 카땁을 지나갔다. 그러자 그는 채찍으로 그녀를 때리며 말하길 '이 사악한 여자여! 너가 자유인처럼 행세하느냐? 베일을 벗어라.'"

[VII] 아랍어를 구사하는 독자의 경우 구글 이미지(Google Images)에서 여자 노예의 복수인 al-Jawāri 단어나 밀크야민(Milk al-Yamīn) 단어를 아랍어로 쳐 보자. 관련 사진들을 볼 수 있다.

> 아부 하프스가 말하길 "우마르는 그가 통치할 때 여자 노예가 베일을 쓰지 못하도록 했다"고 한다.⁴²

이 하디스에서 2대 칼리프 우마르는 여자 노예가 히잡을 쓰고 길을 갈 경우 대추야자 줄기로 만든 채찍으로 사정없이 때리면서 히잡을 벗을 것을 강요했다고 기록한다. 우마르는 노예가 자유인처럼 행세하는 것을 지켜보고 있지 못한 것이다. 그래서 그가 칼리프로 통치할 때 여자 노예는 베일을 쓰지 못하도록 했다고 한다.⁴³ 여자 노예는 가슴을 드러내 놓고 다녔다는 말이다.

또 다른 이슬람 전승의 기록을 보자.

> 아나스 브니 말릭이 전하는 기록에서
> 우마르의 여자 노예들은 머리카락에 덮인 가슴을 드러낸 채 우리를 섬기곤 했다.⁴⁴

우마르의 여자 노예들은 히잡을 쓰지 않은 채 그들을 섬겼다고 한다. 히잡을 쓰지 않았기에 머리카락이 드러나고 가슴이 드러났던 것이다.

이와 같이 우리는 1,300년 동안 이슬람 세계를 지배해 왔던 노예 문화와 여성 노예의 아우라를 통해서 그들이 얼마나 인권의 사각지대에 있었는지 더욱 분명하게 알게 된다.

지금까지 우리는 Ex 무슬림의 증언과 역사적 사료를 통해 이슬람의 히잡의 기원과 '아우라'의 의미, 그리고 노예 여성의 '아우라'에 대해서 살펴보았다. 이것을 통해 우리는 오늘날 무슬림이 히잡의 정당성에 대해 설명하는 많은 내용이 근거 없는 합리화인 것을 알게 된다.

11. 카이로와 쾰른에서 일어난 집단 성범죄

1) 카이로 집단 성범죄

지난 2011년 1월 이집트에 민주화 혁명이 일어났다. 수십 년 동안 독재 정권의 탄압에 억눌려 있던 민중의 자유에 대한 갈망이 광장으로 쏟아진 것이다. 그 이후 5-6년 동안 이집트 전국은 엄청난 군중이 모이는 많은 시위로 몸살을 앓았다. 그런데 그런 혼란을 틈타 군중 틈에서 더욱 끔찍한 일들이 일어났다. 그것은 시위들 가운데 많은 남자들이 무리를 지어 특정 여자를 둘러싸고 집단적으로 성추행 혹은 성폭행을 가하는 것이었다.

국제 인권 단체인 휴먼라이츠워치는 2013년 반정부 시위가 있었던 나흘 동안 이집트 카이로의 타흐리르 광장에서 총 91건의 성범죄가 있었고, 그 가운데 강간도 있었다고 발표했다.[45] 국제사면위원회에서는 2012년에서 2014년 사이에 500건의 집단 성추행이 보고되었다고 기록하고 있다.[46] 그러니 2011년 이후 전국에서 있었던 수많은 시위에서 얼마나 많은 피해자가 있었는지 짐작할 수 있다. 구글이나 네이버에서 검색하면 관련 내용을 쉽게 찾을 수 있다.[47]

2013년 6월 30일 타흐리르 광장 근처의 모습.
긴 팔과 청바지 차림의 여성이 납치되어 가고 있다.

2011년 1월 시위를 취재하던 CBS 여기자 라라 로건(남아공 출신)은 시위대 300여 명에 둘러싸여 집단 성폭행을 당했다. 카메라 기자가 배터리 교체를 위해 잠시 자리를 비운 사이 흥분한 군중이 그녀를 발견하고 몰려들었다. 그들은 이집트어로 "저 여자는 이스라엘 사람이다"라고 소리치고는, " 우리가 지금부터 이것(바지)을 벗길 거야"라고 말했다. 로건의 옷은 갈기갈기 찢기고, 그들은 손으로 그녀를 성폭행했다.[48]

2013년 7월 시위에서의 한 성범죄 피해자는 다음과 같이 말한다.

> 사람들이 제 몸 구석구석을 범하는 상황에서 도와달라는 말조차 나오지 않아 비명밖에 지를 수 없었습니다. 차 한 대가 다가와 (사람들이) 제 머리카락을 밟자 저는 우리에 갇힌 꼴이 되어 버렸고 사람들은 제 다리를 들어 올린 후 강간했습니다.[49]

위키피디아는 2013년 1월 당시의 성범죄 상황을 자세하게 설명한다.

> 당시 타흐리르 광장에서 공격을 당한 여성들의 증언에 따르면 여성들은 종종 군중에 의해 그녀의 친구들로부터 분리가 되어 혼자 있게 되었고, 많은 남자에 의해 둘러싸이게 되었다. 그 뒤 그 남자들이 여자의 가슴과 생식기, 엉덩이를 만졌다. 여자의 옷이 찢기거나 벗겨지고, 여자의 몸은 남자들이 당기는 대로 끌려갔다. 당시 피해 여성들은 대부분 자신들의 질과 항문에 손이 들어와서 그들을 만지고 추행했다고 증언한다. 심지어는 막대기나 칼이 그들의 질에 삽입되었다고 한다.[50]

한 피해 여성은 다음과 같이 상세하게 증언한다.

> 비명 이후에 마지막으로 제가 들은 것은 남자들의 '걱정하지 마세요'라는 소리였습니다. 먼저는 그들이 저의 가방에서 저의 손을 떼려고 했습니다. 그 뒤 여러 손이 저의 온몸을 만지는 것을 느꼈습니다. 저의 바지와 재

킷을 찢고, 바지와 팬티를 아래로 내렸습니다. 그러나 제가 부츠를 신고 있었기에 모두를 벗길 수는 없었습니다. 사방에서 손들이 침투하여 저를 만지는 것을 느꼈습니다. 저는 거의 실려 가듯이 사람들에 의해 옮겨졌고, 저를 둘러싼 남자들은 저에게 폭력을 가하면서도 저를 향해 '걱정하지 마세요'라고 했습니다.^{VIII}

2) 퀼른대성당 집단 성범죄

지난 2015년 12월 31일 밤에는 독일의 주요 대도시에서 집단 성범죄가 일어났다. 신년을 맞아 축제를 벌이던 독일 여성 수백 명이 무슬림 난민들에 의해 집단으로 성추행과 강간을 당한 것이다. 2015년 이라크와 시리아 등에서 100만 명 이상의 무슬림 난민이 유입되었는데, 그들이 주동이 되어 축제를 즐기던 여성들을 희롱하고 성폭행한 것이다. 무슬림 난민 남자들은 광장에서 사람들을 향해 불꽃놀이용 폭죽을 쏘며, 적게는 10명, 많게는 수십여 명이 떼로 몰려다니면서 독일 여성들을 무차별적으로 희롱하거나 성폭행했다.

이러한 집단 성범죄는 독일의 퀼른, 함부르크, 슈투트가르트 등 독일 곳곳에서 벌어졌는데 그중에서도 퀼른의 상황이 가장 심각했다. 당시 퀼른대성당 주변에서는 중동계 남성 1,000명이 몰려다니며 독일 여성을 대상으로 성범죄를 저질렀다. 피해 여성 가운데는 질서 유지 자원봉사에 나선 경찰도 있었다. 어떤 여성은 200m를 걸어가는 도중 100여 번의 추행을 당하기도 했다. 독일 시민들은 그런 대규모 범죄는 처음이라며 혀를 내둘렀다.[51]

VIII https://en.wikipedia.org/wiki/Mass_sexual_assault_in_Egypt, 2020년 7월 6일. 이 사이트에서 관련 동영상도 제공한다. https://www.youtube.com/watch?v=KZyo74ESr2s&-feature=emb_logo&has_verified=1을 보라.

제10장 이슬람 여성 611

쾰른은 향수 산업으로 유명한 도시이다.
2015년 12월 31일 밤 이곳 대성당앞 광장에서 대규모 성범죄가 있었다. 52

그 일 이후 SNS에는 당사자인 난민들이 찍은 유튜브가 나돌았다. 그 가운데는 자신이 서양 백인 여성을 향해 성(性)의 지하드를 했다며 자랑하는 젊은이도 있었다. 이러한 현상은 독일의 도시들뿐만 아니라 암스테르담과 파리 등에서도 매년 나타났다고 한다.53

어떻게 이런 일들이 일어날 수 있는가? 남녀관계에 있어 가장 보수적이라고 알려져 있는 이슬람 나라의 남자들이 그런 짓을 할 수 있는가? 이슬람은 남자가 여자에게 인사하는 것도 금지하고, 여자가 있으면 시선을 아래로 쳐다보고 지나가는데 어떻게 이슬람 종주국의 사람들이 집단적인 성추행을 할 수 있을까? 또한 독일과 유럽은 자신들 나라도 아니고 그들이 난민으로 가 있는 곳인데 거기서 이런 범행을 할 수 있을까?

우리는 이집트와 독일에서의 성범죄 사건들에서 장소는 다르지만 공통점을 발견할 수 있다. 먼저는 범행을 가한 사람들이 무슬림 남자들이란 것이다. 두 번째는 동일하게 시위 혹은 축제라는 대중의 군중심리가 작용하는 장소라는 것이다. 다시 말해 민주화 시위와 서방 나라에서의 축제에서 공통적으로 느끼는 자유와 해방감 혹은 무법과 무질서가 있었다는 것이다.

쾰른 사건에 대해 이집트인 Ex 무슬림 하미드 사마드는 다음과 같이 진단한다. 그가 진행하는 이슬람의 상자 강의에서 진단하길, 먼저는 "모든 무슬림이 이 같은 성추행을 한다고 말할 수는 없습니다"고 한다. 성급한 일반화는 위험한 것이다. 그러면서 그는 "그런 성추행을 한 사람이 이슬람의 가르침을 잘 실행했던 사람이 아닐 수 있습니다"고도 한다. 그러나 그는 "그렇다고 해서 무슬림이 말하듯이 '이 사건은 이슬람과 전혀 상관이 없다'고 말할 수 있습니까?"라고 반문한다. 그들이 무슬림이기 때문에 이슬람의 가르침에 영향을 받은 바가 크다는 것이다. 아래에 그의 강의 중 일부를 싣는다.

> 무슬림 여자는 집을 나갈 때 반드시 히잡을 착용해야 합니다. 또한 향수를 뿌려서는 안 됩니다. 하디스에 "누구든지 여자가 향수를 뿌리고 사람들을 지나갔을 때 사람들이 그 향기를 맡았다면 그녀는 매춘부이다"(수난 니싸이 5126)라고 기록하고 있습니다. 남자가 다른 여자로부터 향수 냄새를 맡게 되면 그 여자를 창녀로 생각한다는 말입니다. 그 여자를 마음대로 해도 괜찮다고 생각하는 것입니다.
> 쾰른 사건 이후 그 도시에서 가장 큰 모스크의 이맘도 "(축제에 나온) 여자들도 잘못했어요. 왜냐하면 그들이 몸에 향수를 뿌렸기 때문이에요"[IX]라고 말했습니다. 아랍 무슬림은 길거리에서 향수를 뿌린 여자가 지나가면 "저 여자는 창녀이구나"라고 생각한다는 것입니다. 그러면 그에게 성희롱해도 되는 권리가 생기는 것입니다. 왜냐하면 그 여자는 히잡을 쓰지 않았고 향수를 뿌렸기에 이슬람 방식을 어겼다고 생각하는 것입니다.[54]

위의 이맘의 말을 보면 축제에 나온 여자들이 몸에 향수를 뿌렸기 때문에 그곳에 나온 무슬림 남자들이 그 여자들을 창녀로 생각했다는 것이다.

[IX] 독일 쾰른은 향수 산업이 발전해 있다고 한다. 향수를 가장 먼저 만든 도시 중의 하나이다. 그곳의 아랍 무슬림은 대부분 향수 관련 공장들에서 일한다고 한다. Hamed Abd Samad, Ṣandūq al-'Islām (이슬람의 상자) 제46편 이슬람과 성, https://www.youtube.com/watch?v=R9opKBsEHFA, 2020년 6월 11일.

왜냐하면 이슬람 전통에 의하면 길거리에서 향수 냄새를 풍기는 여자는 매춘부로 간주되기 때문이다. 그래서 그 여자들을 매춘부로 생각했기에 마음대로 해도 된다고 생각한 것이다.

계속해서 하미드 사마드의 강의를 보자.

> 물론 그 사건이 일어난 뒤 무슬림의 반응은 "이 사건은 이슬람과 전혀 상관이 없다"였습니다.
>
> 아니지요! 상관이 있습니다. 이슬람과 확실한 상관관계가 있습니다. 물론 이슬람은 길거리에서 여자들을 성희롱하라고 가르치지 않습니다. 오히려 눈을 아래로 내려다보라고 합니다(꾸란 24:30-31).
>
> 그러나 이슬람은 남자와 여자의 관계를 병적으로 만들었습니다. 그 관계가 균형 잡히지 않고 평등하지 않으며, 그 관계에 정신병이 있게 만들었습니다. 학교에서 남자와 여자가 함께 앉는 것을 금하고, 남자가 여자를, 여자가 남자를 보는 것을 금하며, 서로 섞이는 것과 대화하는 것을 금합니다. 이렇게 금지하는 것은 결국 억압입니다. 히잡과 니깝 등이 억압을 만듭니다. 인간의 자연스러운 본능과 욕구를 억압하는 것입니다.
>
> 억압이 많으면 결국 폭발하게 됩니다. 오늘날 사회는 인터넷이 있고 젊은 이들은 비디오에서 여러 가지를 보며 바깥세상의 사람들이 어떻게 사는지를 봅니다. 그래서 무슬림들에게 일종의 정신 분열과 혼란이 생깁니다. 종교는 이렇게 이야기하는데 현실은 전혀 다릅니다. 무슬림들이 이슬람 윤리는 단지 위선과 허위에 지나지 않는다는 것을 발견하면서 그로 인해 아주 이상한 현상이 생깁니다.
>
> 사회에서 히잡 착용 비율이 높아질수록 성추행의 비율도 높아집니다. 세계에서 성추행이 가장 많은 나라가 어딘지 아십니까? 아프가니스탄과 이란과 사우디아라비아와 이집트입니다. 그다음이 인도이고, 그다음이 대부분 이슬람 나라들입니다. 왜 그렇습니까?

모스크에서 말씀을 듣고 정신분열증에 사로잡힌 젊은이가 인터넷에 들어가서 완전히 다른 세상을 보면서 엄청난 혼란을 경험해서 그렇습니다.[55]

위키피디아는 민주화 혁명 이후 카이로에서의 성추행 이유를 설명하며 2013년 UN의 조사 통계를 인용한다. 성추행을 당한 75.7%의 여성이 그들 자신은 화장하지 않았고 보수적으로 옷을 입고 있었다고 한다. 시민들에게 남자들의 성희롱 이유에 대한 설문조사를 했는데, 여성 응답자들의 97.2%가 외국 포르노 프로그램이 원인이라고 했고, 95.5%가 종교적 원칙들을 실행하지 않아서 그렇다고 했다. 그리고 여성 응답자들의 94.3%는 피해자 여성이 용모를 종교적 가치에 맞지 않게 했기 때문에 남자들이 성희롱했다고 답했다. 반면에 남자 응답자들은 96.3%가 여자들이 꽉 끼인 옷을 입었기 때문이라고 했고, 97.5%가 여성들이 용모 면에서 종교적 윤리를 따르지 않기 때문이라고 했다.[56]

이 설문조사에서 이슬람 사회에서의 성 의식에 대한 몇 가지 중요한 부분을 파악할 수 있다. 그들은 성희롱이 발생한 이유를 남자들이 외국의 포르노 프로그램을 보았거나, 피해자 여성들이 히잡이나 니깝을 쓰지 않아서 그랬다고 답한다. 무슬림 남성 개인의 윤리 의식 결여로 보지 않고 서구의 포르노로 인한 것이라고 하고 있고, 여성들이 이슬람식 복장을 하지 않아서 그렇다고 한다. 그들은 그 원인을 피해자 여성들에게와 제삼자에게 돌리는 것이다.

우리는 여기에서 여성이 이슬람식 복장인 히잡이나 니깝으로 몸을 가리지 않으면 남자들이 그녀를 함부로 해도 되는 여자라고 인식한다는 것도 확인할 수 있다. 성추행을 당한 여성의 75.5%가 화장하지 않았고 보수적인 옷을 입고 있었다고 한다. 그러나 보수적인 옷이라도 이슬람식 복장과는 차이가 있다. 긴 팔과 긴 청바지를 입어도 그것은 이슬람식 복장과 다르며 신체의 굴곡이 다 드러나는 것이다. 위의 설문에서 남자들의 96.3%은 여자들이 꽉 끼인 옷을 입었기 때문이라고 한다. 또한 남자들의 97.5%

와 여자들의 94.3%가 피해 여성들이 이슬람식 복장을 하지 않은 것을 이유로 들었다.

카이로와 쾰른에서의 집단 성범죄 사건은 한두 사람이 몰래 저지른 범죄가 아니다. 수많은 무슬림이 모여 있는 곳에서 공공연하게 저질렀다는 것은 무슬림의 집단의식이 작용했다는 방증이다. 비무슬림 여자들을 함부로 할 수 있는 여자로 생각하는 무슬림만의 군중심리가 작용한 것이다. 거기다가 그 여성들을 보며 포르노에서 보던 여성들을 연상했고, 그래서 절제의 끈을 놓아 버리게 된 것이다. 더 나아가 시위나 축제에서 느끼는 해방감과 공권력의 공백, 그리고 무질서가 그들의 내면적 본능을 어김없이 드러내게 했던 것이다.

이렇듯 카이로와 쾰른에서의 집단 성범죄 사건은 이슬람의 여성관과 여성을 대하는 무슬림의 태도와 밀접한 관련이 있다고 하겠다.

12. 이슬람에서 남편과 아내의 관계

노니 다르위시(Nonie Darwish)는 이집트인 Ex 무슬림이다. 그녀는 자신이 "이슬람 여성들에 대한 금기와 통제 속에서 30년을 살았다"고 한다. 그녀는 무슬림으로 살면서, 결혼이 불행해질 경우 항상 여성이 비난받는 것을 보았다. 부부간에 문제가 일어날 때마다 항상 여성들에게 책임을 돌리고 양보를 받아내는 것을 보았다. 그럴 때 친척들은 항상 여성들 귀에 대고 다음과 같이 속삭였다.

"그가 원하는 것을 들어줘! 순종하고 존경해 줘! 남편에게 복종해! 일어나서 남편 시중을 들어! 그는 가정의 주인이야. 그러니 말대꾸하거나 그의 말에 이의를 달지 마."

그러면서 그녀는 항상 다음의 속담을 기억했다.

"남자의 등이 벽보다 낫다."
"현명한 여성은 남편의 걸어간 발자국에 입을 맞춘다."[57]

그녀의 증언에서 이슬람의 부부 관계를 엿볼 수 있다. 모든 문제의 근원과 책임을 아내에게 돌리는 것을 본다. 모든 것을 남편 중심으로 생각하고, 남편이 주인이고 아내는 시중을 드는 존재라고 하고 있다. 그러면서 아내는 그런 남편이라도 무생물인 벽보다는 낫다고 체념하기까지 한다. 도대체 이슬람에서 남편과 아내의 관계를 어떻게 가르치기에 이러한 말을 할까? 이슬람에서의 부부 관계를 꾸란과 하디스의 가르침을 통해 알아보자.

1) 꾸란 4:34

꾸란에서 남편과 아내의 관계를 표현하는 대표적인 두 구절이 있다. 앞에서 '여자는 열등하다'라는 주제에서 다룬 꾸란 2:228과 4:34이 그것이다.

◆ 남편들이 부인들에게 권리가 있는 것처럼 부인들도 남편들에 대해 권리가 있다. 그러나 남자들이 여자들보다 한 등급 더 있느니라(wa-lir-rijāli 'alayhinna darajatun)(2:228).

◆ 남자들은 여자들의 책임자/지배자(qawwām)라. 알라께서 그들 가운데 어떤 자를 다른 자보다 낫게 여기시기 때문이며, 그들(남자들)이 (여자들을 부양하기 위해) 재정을 쓰기 때문이라(4:34 전반부).

위의 꾸란 2:228절은 앞에서 설명하였기에 여기서는 꾸란 4:34에 집중하여 설명하도록 한다.

위의 구절에서 qawwām이란 단어는 오늘날 이슬람 사회에서 그 의미에 대해 의견이 분분하다. 그것이 긍정적인 의미인지 부정적인 의미인지, 남성 우월적인 표현인지 여성 억압적인 표현인지, 현대의 상황에 어떻게 적용되는지 등에 대해 논쟁한다. 다양한 학자가 여러 다른 의미로 이 구절을 설명하고 있고, 시대적인 변화에 따라 그 의미를 미화하려고 시도하는 것이 사실이다. 우리는 그럴수록 이 구절의 원래의 의미가 무엇인지 꾸란 주석들과 초기 이슬람 학자들의 의견으로 돌아가 살펴볼 필요가 있다.

기존의 한글 번역에서는 이 구절을 "남성은 여성의 보호자라"(최영길, 『꾸란 주해』, 세창출판사)라고 하고 있다. qawwām이란 단어를 '보호자'로 번역한 것이다. '보호자'라는 단어는 '자녀의 보호자'라고 할 경우 미성년자에 대하여 친권을 행사하는 사람(guardian)의 의미가 된다. 그런데 '남성은 여성의 보호자라'라고 할 경우 그 뉘앙스가 사뭇 달라진다. 즉 그 느낌이 남성이 여성을 지키고 보호하는 보호자(protector)란 의미와 함께, 남성이 여성을 위해 기사도를 발휘할 정도의 여성 배려적인 의미도 느껴진다. 여러 번역서에서는 이 단어를 책임자(in chargee of), 보호자(protector) 혹은 관리인(maintainer) 등으로 번역하고 있다.

결론부터 말하자면 이러한 번역들은 대부분 현대적인 의미가 추가된 번역들이다. 즉 남녀 관계에 대해서 꾸란 기록 당시 혹은 초기 이슬람 당시의 의미가 아닌 현대인의 시각과 가치관이 포함된 번역이라 할 수 있다.

필자는 qawwām에 대해 '책임자'란 번역도 괜찮지만 '지배자'라는 번역이 원문의 의미에 가장 가깝다고 본다. 그래서 위의 번역에서 '책임자/지배자'로 기록하고 있다. 그 이유를 다음 네 가지로 설명한다. 즉 본 구절의 사전적 의미, 문맥적 의미, 여러 정통 주석에서의 해석, 초기 이슬람 학자들의 견해로 나누어 살펴보도록 한다. 이러한 설명을 통해 qawwām의 의미가 여성 차별적이고 남성 우월적인 의미란 것을 설명하려고 한다.

첫 번째로, 사전적 의미를 살펴보자.

위의 qawwām이란 단어를 al-Mawrid 사전에서는 후견인(guardian), 관리인(caretaker), 보호자, 감독자(supervisor) 등의 의미로 소개한다.[58] 또한 현대 아랍어 사전에서는 문제들을 책임지는 사람(mutawallin lil'umūr)이라고 한다.[59] 그렇다면 위의 구절을 각각 '남성은 여성의 후견인이라', '남성은 여성의 관리인이라', '남성은 여성의 보호자라', '남성은 여성의 감독자라', '남성은 여성의 책임자라'의 번역이 가능해진다. 이러한 번역들 가운데 '보호자'란 단어가 이 문맥에 대해 가장 긍정적인 의미의 번역이라 할 수 있다. 다른 단어인 '관리인'이나 '감독관', '책임자' 등은 중립적이거나 다소 부정적인 의미를 부여하는 번역이 된다.

그렇다면 어떤 의미가 가장 적합한 의미일까? 단어가 가진 의미가 여러 가지일 경우에는 문맥의 의미를 살펴야 하고, 주석 등을 통해 그 당시의 시대적 상황에서의 의미를 살펴야 한다.

두 번째로, 문맥적 의미를 보자. 위의 구절 전체를 다시 한번 살펴본다.

> ◆ 남자들은 여자들의 책임자/지배자(qawwām)라. 알라께서 그들 가운데 어떤 자를 다른 자보다 낫게 여기시기 때문이며, 그들이 (여자들을 부양하기 위해) 재정을 쓰기 때문이라. 정결한 부인은 경건하고 알라께서 지키는 것처럼 남편의 부재중에도 순결을 지킬 것이라. 불순종(/거역)이 우려되는 아내들에 대해서는 너희가 그녀들을 충고하고, 잠자리를 같이하지 말며, 때려 줄 것이라(4:34).

위의 구절에서 남성이 여성의 qawwām이 되는 이유는 먼저 알라께서 남자를 여자보다 더 낫게 여기시기 때문이라고 기록한다. 이 부분의 의미에 대해서 이 장의 "여자는 열등하다" 부분에서 설명했다. 따라서 이것은 남성 우월주의이고, 남성이 주가 되고 여성은 객이 되는 것이다.

다음으로 남성이 여성의 qawwām이 되는 이유를 남성이 재정의 주체이기 때문이라고 한다. 남자가 일하여 돈을 벌고 그 돈으로 가족을 부양하는 것을 의미한다. 여성은 그 재정에 대한 객체이다. 남자가 벌어주는 돈으로 살아가기에 남성 의존적 존재가 된다. 실제로 무슬림 대부분은 qawwām의 의미를 남성의 재정적 책임에 대한 의미라고 이해한다. 그럴 경우 이 의미는 '남성은 여성의 책임자라'고 하는 것이 적합하다 하겠다.

그러나 본 구절 하반절은 부인이 남편에 대해 지켜야 할 의무 사항을 기록하고 있다. 정결해야 하고, 순결을 지켜야 하며, 순종해야 할 것을 말하고 있다. 더 나아가 순종하지 않을 경우 세 가지 단계로 처벌해야 한다고 가르치고 있다. 그 세 가지 단계 가운데는 여성을 때리는 것도 있다(불순종하는 여자에게 대한 처벌 방법에 대한 것은 바로 다음 주제에서 다루고 있다).

이처럼 하반절은 여성에게 의무를 부과하며 훈계하고 처벌하는 내용이다. 심지어 여성이 그 훈계를 따르지 않으면 '때려라'고까지 하고 있다. 이런 의미를 두고 '남성이 여성의 보호자라'고 말할 수 있는가? 아니다. 따라서 본문의 qawwām은 '지배자'의 의미가 더 가깝다고 하겠다.

세 번째로, 본 구절에 대한 여러 정통 주석들의 해석을 살펴보자.

이 구절에 대한 따바리와 꼬르토비 그리고 이븐 카티르의 주석 가운데 주요 부분을 발췌한다.

- 남자들은 그들의 여자들을 훈계하고 행동을 통제하는 사람이다. 남성은 여성에 대한 명령자('amīr)이다. 알라께서 그녀에게 명령한 것에 있어서 그녀는 남자에게 순종해야 한다(따바리 주석).
- 남자들은 여자들의 비용을 지불하고 그녀들을 보호하며, 그뿐만 아니라 그녀들을 다스리는 자이고 명령자('amīr)이며 (전쟁에서) 정복하는 자(man yaghzu)이다. 그러나 여자들은 그렇지 않다(꼬르토비 주석).
- 남자는 여자의 지도자이고 그녀보다 큰 자이며 그녀를 다스리는 자이고, 그녀가 잘못 행동한 것을 훈계하는 자이다(이븐 카티르 주석).

- 남성은 여성에 대한 권세자(musallit)이다(잘랄리인 주석).
- 남성은 여성에 대한 명령자이다. 아내는 알라께서 순종하라고 명령한 부분에 있어 남편에게 순종하며, 남편의 가족에 대해 선을 행하는 것에 순종하는 것이다(앗시유띠 주석).

위의 주석들 설명에서 남자는 여자들을 훈계하고 명령하고 다스리며 권세를 행사하는 자라고 한다. 또한 남성은 여성의 지도자이고 큰 자라고 한다. 이처럼 qawwām의 의미는 현대적인 가치관으로 판단할 때 부정적인 의미가 다수라 할 수 있다.

2) 수피 신학자 알가잘리의 견해

네 번째로, 초기 이슬람 학자들의 견해이다. 알가잘리(Al-Ghazali, 1058-1111)는 수피 신학자로서 무슬림 가운데서 아주 존경받는 사람이다. 그는 『종교 과학의 부활』('Iḥyā' 'Ulūm al-Dīn, the Revival of Religious Sciences)을 적었는데, 이 책은 무슬림들이 "이 책을 읽지 않은 사람은 살아 있는 사람이 아니다"(man lam yaqra' al-'iḥyā' falaysa min al-'aḥyā')라는 격언을 만들어 사용할 정도로 유명한 책이다. 이 책의 내용 가운데 '결혼의 에티켓'(Book on the Etiquette of Marriage)이란 장(chapter)이 있다. 이 장은 결혼과 가정, 여성의 역할 등에 대해서 기록하고 있다. 그런데 그 내용을 살펴보면 여성에 대한 부정적인 서술들이 아주 많은 것을 발견한다. 학자들은 이 장에서 그가 인용하는 하디스들의 연결고리가 약하다(하디스 다이프)고 하며 이 책에서의 여성에 대한 부정적인 가르침들 전체를 평가절하한다. 그러나 『종교 과학의 부활』 전체에 대해서는 찬양 일색이다가 그 책의 일부인 여성에 대한 가르침 부분은 하디스의 연결고리가 약하다며 비판하는 것은 논리적으로 맞지 않는다. 아래에서 알가잘리의 가르침의 주요 부분을 소개한다.

(1) 알가잘리의 남편과 아내의 관계

알가잘리는 자신의 책에서 위의 꾸란 구절(4:34)을 다음의 문맥에서 인용한다.

> 남자의 권리는 추종자(follower)가 되는 것이 아니라 다른 사람이 추종하는 사람(be followed)이 되는 것이다. 알라께서 남자들을 여자들의 책임자/지배자(qawwām)로 부르셨고 남편을 주인(sayyid, master)으로 부르셨다.[60]

여기서 알가잘리는 남편을 "여자의 책임자/지배자(qawwām)와 주인(master)으로 부르셨다"고 하고 있다.

(2) 알가잘리의 결혼관

다음은 알가잘리가 그의 책에서 결혼에 관해 말한 내용이다. 이 책에서 그는 결혼이 일종의 노예 제도라고 말하고 있다. 그러면서 무함마드의 하디스를 인용한다. 여성이 남성의 손에 있는 포로라고 하고 있다. 그래서 여성의 성기가 합법적으로 주어졌다고 한다.

> 결혼은 일종의 노예 제도이다. 여자는 남자의 노예이고, 따라서 그녀는 남편이 요구하는 모든 것에 절대적으로 순종해야 하며, 불순종하지 않아야 한다. 아내에 대한 남편의 권리를 이야기하며 선지자께서 말씀했다. 아내가 죽었을 때 만일 남편이 그녀를 기뻐하였다면 그녀는 천국에 들어간다.[61]
> ◇ 선지자께서 말씀했다.
> 결혼은 노예 제도이다. 그러므로 너희들 가운데 누구든지 그의 딸을 어떻게 할 것인지 조심하라. 그녀의 권리에 대해 주의하는 것은 중요하다. 왜냐하면 그녀는 결혼을 통해 노예가 되며 그녀를 구할 수 있는 방법이 없다. 그러나 남편은 언제든지 이혼을 선언할 수 있다.[62]
> ◇ 선지자께서 말씀했다.

여자들은 너희들의 손에 있는 도구들 즉 포로들이다. 너희는 알라의 성실함으로 그들을 취했고, 알라의 말씀으로 그들의 성기가 합법적으로 너희에게 주어졌다.[63]

(3) 아내는 오로지 남편에게 순종하고 감사해야 한다

알가잘리는 무함마드 선지자의 하디스를 빌어 아내가 남편에게 어느정도 순종해야 하는지를 말한다. 남편의 머리끝에서 발끝까지 고름이 있을 때 아내가 그것을 혀로 핥을 정도로 순종해야 한다고 한다.

◇ 선지자가 말씀했다.

아내가 죽었을 때 만일 남편이 그녀를 기뻐하였다면 그녀는 천국에 들어간다. 어떤 남자가 여행을 떠나면서 그의 아내에게 집을 나서서 처가에 가는 것을 금했다. 그 뒤 그녀의 아버지가 병이 들었다. 그녀는 알라의 메신저에게 메시지를 보내어 아버지 집에 갈 수 있도록 허락을 구했다. 그러자 선지자는 "그대의 남편에게 순종하라"라고 했다. 그 뒤 아버지가 죽었다. 그녀는 다시 선지자에게 허락을 구했다. 그렇지만 선지자는 "그대의 남편에게 순종하라"라고 했다. 아버지의 장사가 끝난 뒤 알라의 메신저는 그녀에게 메시지를 보내서 말했다. "그녀가 남편에게 한 순종으로 인해 알라께서 그녀 아버지의 죄를 사하셨다"라고 하였다.[64]

◇ 한 처녀가 알라의 선지자께 가서 말했다. "선지자님! 저는 약혼을 했는데 그 남자와 결혼하는 것이 싫습니다. 남편의 여성에 대한 권리가 무엇입니까?"

선지자께서 말씀했다. "**만일 남편의 머리끝에서 발끝까지 고름이 있어서 아내가 그것을 혀로 핥는다 하더라도 그에게 충분히 감사하지 못할 것이다.**"[65]

◇ 선지자께서 말씀했다.

만일 내가 어떤 사람에게 다른 사람에게 절할 것을 명령해야 한다면, 나는 여자에게 그녀의 남편에게 절하라고 명령했을 것이다. 왜냐하면 그녀에 대한 남편의 권리가 위대하기 때문이다(수난 이븐 마자흐 1925, 1926).[66]

(4) 만일 남편이 아내에게 순종한다면…

알가잘리는 다음에서 상황이 역전되어 남편이 아내에게 순종할 경우에 대해서 말하고 있다. 남편이 아내의 요구에 복종하게 되면 남편은 아내의 노예가 되고 멸망한다고 한다. 그리고 여성에 의해 지배를 받는 백성은 번성하지 못한다고 한다.

> 알라께서 여자를 남편이 소유하도록 하셨다. 만일 그것이 거꾸로 된다면 그것은 질서를 뒤집는 것이고, 사탄에게 순종하는 것이다.[67]
> ◇ 선지자께서 말씀하길
> 누구든지 아내의 종이 되는 사람은 멸망한다. 그가 그렇게 말씀하신 것은 만일 남편이 아내의 욕구에 복종하게 되면 그는 그녀의 노예가 되고 그는 멸망하기 때문이다.[68]
> ◇ 선지자께서 말씀하길
> 여자에 의해서 지배를 받는 백성은 번성하지 못한다.[69]

오늘날 이슬람 지도자들은 이슬람이 여성을 영예롭게 했고 여성을 존중한다고 한다. 더 나아가 이슬람에서 남성과 여성은 평등하다고까지 말한다. 그러나 그들의 말과 주장들은 이슬람의 전통적 가르침과는 거리가 한참 멀다. 지금까지 살펴본 꾸란과 하디스와 초기 이슬람 지도자들과 이슬람 율법에서의 가르침을 볼 때 그것들은 근거 없는 말이란 것이 확실하게 드러난다.

이렇듯 이슬람은 지극히 남성 중심이고 남성 우월적인 종교이다. 아내는 남편의 포로이며 노예라고 할 정도로 남편과 아내의 관계가 일방적이다. 아내는 남편의 머리끝에서 발끝까지의 고름을 혀로 핥는다 하더라도 남편에게 충분히 감사하지 못할 정도로 남편을 위해 봉사해야 하는 존재이다. 이렇게 아내는 남편에 의해 지배되고 억압받고 순종이 강요되지만, 아내를 위한 권리는 한마디도 언급되지 않는다.

지금까지 꾸란 4:34의 qawwām이란 단어의 사전적 의미, 문맥적 의미, 주석에서의 의미, 초기 이슬람 학자들의 의미를 살펴보았다. 이러한 내용을 종합하면 qawwām의 실제적인 의미는 '보호자'가 아니라 '지배자' 혹은 '다스리는 자'의 의미라고 보는 것이 타당하다.

한 가지 근거를 더 추가할 수 있다. 그것은 오늘날 Ex 무슬림의 견해이다. 이집트인 Ex 무슬림인 피터는 qawwām의 의미가 아랍어로 mutasallit의 의미라고 한다. 다른 이집트인 Ex 무슬림 무함마드는 가장 적당한 의미가 아랍어로 mutaḥakkim이라고 한다. 두 단어의 뜻은 모두 '지배자', '통제하는 자', '압제자', '정복자' 등의 의미이다. 오늘날 Ex 무슬림은 qawwām의 의미가 여성 차별적이고 남성 우월적인 의미란 것을 파악하고 있다.

13. 불순종하는 아내 훈계법

사우디의 Ex 무슬림 가다는 이슬람을 떠난 이유를 이렇게 말한다.

> 저는 고등학교 때 꾸란을 더 읽으려고 노력했습니다. 더 종교적인 사람이 되고 싶어 꾸란을 정독했습니다. 순서에 따라 알-니싸으 장(4장)을 읽었습니다. 거기에 남자가 어떻게 여자를 다스리는지에 대해서 기록하고 있고, 부인이 불순종하면 어떻게 해야 하는지 기록하고 있습니다.
> ◆ 불순종(/거역)이 우려되는 아내들에 대해서는 너희가 그녀들을 충고하고, 잠자리를 같이하지 말며, 때려 줄 것이라(4:34).

이 구절에서 여성이 잘못할 경우에 대해서는 여러 번 기록하면서도 남자가 잘못하면 어떻게 하는지는 기록되어 있지 않습니다. 불순종하는 아내에 대해서는 이렇게 구체적으로 다루면서 불순종하는 남편에 대해서는 어떤 가르침도 없습니다. 심지어 자신의 아내와 잠자리하지 않고 다른 아내와 잠자리하는 것이 아내를 훈계(displine)하는 것이라고 말합니다.

무슬림은 네 명의 부인을 둘 수 있으므로 한 부인과 잠자리를 하지 않는다는 말은 다른 부인과 잠자리를 한단 말입니다.

왜 남자에게만 네 사람의 여자들과 결혼할 권리를 주었습니까? 여자가 자신의 권리를 포기해야 하는 것은 아주 불공평합니다.

그래서 가다는 그녀의 어머니에게 왜 이런 차이가 있는지 물었다고 한다. 어머니는 여자가 남편에게 불순종하면 모든 사회가 무너져내린다고 대답했다. 이러한 내용이 불공평하다고 느낀 가다는 결국 이슬람을 떠나게 되었다.[70]

가다가 지적한 꾸란 4:34 전체를 다시 한번 살펴보자.

> ◆ 남자들은 여자들의 책임자/지배자(qawwām)라. 알라께서 그들 가운데 어떤 자를 다른 자보다 낫게 여기시기 때문이며, 그들이 (여자들을 부양하기 위해) 재정을 쓰기 때문이라. 정결한 부인은 경건하고 알라께서 지키는 것처럼 남편의 부재중에도 순결을 지킬 것이라. **불순종(/거역, nushūz)이 우려되는 아내들에 대해서는 너희가 그녀들을 충고하고, 잠자리를 같이하지 말며, 때려 줄 것이라**(4:34).

위의 구절 하반절은 불순종이 우려되는 아내, 혹은 남편에게 거역하는 아내에 대해서 "너희가 그녀들을 충고하고, 잠자리를 같이하지 말며, 때려 줄 것이라" 하고 있다.

1) 꾸란이 말하는 불순종의 의미

먼저 위의 구절에서 '불순종'이라는 단어로 사용된 nushūz의 의미가 무엇인지 꾸란 주석에서 살펴보자. 이를 통해 이슬람에서 말하는 남편에게 불순종하는 것이 어떤 것인지 알 수 있다.

- 그들의 남편들에 대해 거만해짐, 침실에서 거만해져서 불순종함, 남편들에 대해 순종해야 하는 일에 대해 거역함이다. … 불순종하는 여성은 남편의 권리를 경시하고 그의 명령을 순종하지 않는다(따바리 주석).[71]
- 불순종(nushūz)이란 말로도 할 수 있고 행동으로도 할 수 있다. 말로 하는 불순종의 예는, 그가 그녀를 부를 때 부름에 응답하고 그의 말에 복종하다가 나중에 행동이 바뀌는 것을 말한다. 행동으로 하는 불순종의 예는, 그가 방에 들어갈 때 그녀가 일어서고, 그의 명령을 재빨리 순종하고, 침실에서 남편이 그녀를 애무할 때 기쁨으로 주도적인 반응을 하다가 이 모든 부분에서 행동이 바뀌는 것을 말한다(앗타지 주석 4:34).[72]
- 알라께서 아내들에게 남편들에 순종을 명령하신 것에 대해 아내들이 불순종하고 거만하게 대하는 것이다(꼬르토비 주석).[73]

위의 주석들에서 남편에게 불순종함이란 남편의 명령을 순종하지 않는 것, 남편에 대해서 거만해지고 남편을 경시하는 것, 침실에서 남편의 성관계 요구에 적극적으로 응하지 않는 것 등이라는 것을 알 수 있다.

주목되는 것은 많은 주석에서 아내들의 불순종에 대해 말할 때 무함마드의 다음 하디스를 인용한다는 것이다. 다음은 꼬르토비 주석에서 인용하는 하디스이다.[74]

◇ 만일 남자가 (성관계를 위해) 그의 아내를 침대로 불렀지만, 그녀가 거절해서 남편이 화가 난 채 잠을 잤다면, 천사들이 그녀를 아침까지 저주할

것이다(사히흐 부카리 3237).

◇ 알라께 맹세코, 여자는 자신이 낙타 안장(qatab) 위에 있을 때 남편이 그에게 (성관계를) 요구하더라도 그것을 거부하지 않을 정도로 남편에 대한 의무를 수행할 때까지 알라께 대한 그녀의 의무를 수행했다고 할 수 없다(수난 이븐 마자흐 1926).

위의 두 하디스는 침실에서 남편이 아내에게 어떤 요구를 하더라도 아내는 순종해야 함을 말하고 있다. 따라서 꾸란 4:34의 '불순종'(nushūz)의 의미 가운데는 침실에서 남편의 요구를 거부하는 것이 큰 비중을 차지한다는 것을 알 수 있다. 실제로 대부분의 주석에서 아내가 남편의 성관계 요구를 거부하는 것을 가장 큰 불순종이라 하고 있다.

2) 불순종하는 아내를 훈계하는 방법

위의 꾸란 4:34은 불순종하는 아내를 훈계하는 세 가지 종류의 훈계 방법에 대해 기록하고 있다. 이 세 방법은 아랍어의 대등접속사 wa('and'의 의미)로 연결되어 있다. 이 경우 아랍어 문법적으로 세 가지 방법을 동시에 하는 것으로 볼 수도 있고, 세 가지를 단계적으로 하는 것으로 볼 수도 있다.

대부분의 이슬람 주석은 후자의 단계적인 처벌 방식으로 설명하고 있다. 즉, 먼저는 말로 충고하고, 두 번째는 잠자리를 같이하지 말고, 세 번째는 때려주라는 의미라고 한다.

(1) 말로써 충고함

아내의 불순종에 대한 첫 번째 훈계 방법은 말로써 훈계하는 것이다. 다음은 따바리 주석의 설명이다.[75]

불순종하는 여자들에게 알라의 말씀으로 훈계하라. 만일 아내가 불순종하면 그녀에게 훈계하고 그녀에게 알라를 기억하게 하라. 그리고 그녀에 대한 남편의 권리를 더 높여라. …

만일 남편이 아내가 들어가며 나오며 남편을 경시하는 것을 보았다면 말로써 훈계하라. "내가 너로부터 이렇고 이러한 것을 보았다. 그것을 그만하라." 그래서 그녀가 멈춘다면 더 이상 말할 것이 없다. …

만일 여자가 그의 남편에게 불순종한다면 그는 말로써 훈계하라. 그녀에게 알라를 경외할 것과 남편에게 순종할 것을 명령하라. …

만일 아내가 침실로 오라는 남편의 말을 듣지 않는다면 그녀에게 이렇게 말하라. "알라를 경외하고 침대로 돌아오라." 그래서 그녀가 그에게 순종한다면 더 이상 말할 것이 없다. …

만일 아내가 침대에 오는 것을 거부했다면 남편은 그녀에게 "알라를 경외하고 돌아오라"고 말하라.

다음은 앗라지 주석이다.

불순종하는 아내에게

"알라를 경외하라! 나는 너에 대한 권리를 가지고 있다. 그러니 네가 행하고 있는 것에서 돌이켜라. 나에게 순종하는 것이 너의 의무인 것을 알라" (앗라지 주석).[76]

(2) 잠자리를 같이하지 않음

만일 남편이 말로써 아내를 충고해도 듣지 않는다면 다음 단계는 잠자리를 같이하지 않는 것이다. 본문에서 '잠자리를 같이하지 말며'에 사용된 단어의 명사형은 hajr이다. 이슬람에서 hajr의 방식에 대해서 여러 가지 의견이 있다. 그 가운데 주요 의견은 다섯 가지 정도 된다.

- 같은 침대에서 아내와 성관계를 계속하지만, 그녀와 대화를 하지 않는 것
- 침대에서 등을 돌아눕고 성관계를 하지 않는 것. 샤피이 학파의 의견이다.
- 침대를 같이 사용하지 않고 성관계도 하지 않는 것. 한발리 학파의 의견이다.
- 아내와의 대화와 성관계를 계속하지만, 그녀에게 험한 말과 조롱으로 꾸짖는 것. 수피얀의 의견이다.
- 집안의 침대 등에 그녀의 다리와 배를 밧줄로 묶는 것. 주석가 따바리는 이 방법을 지지한다.[77]

위의 의견들 가운데 마지막 방법은 우리에게 충격을 준다. 주석가 따바리는 '잠자리를 같이하지 말며'에 해당되는 hajr의 의미를 아내의 다리와 배를 밧줄로 묶는 것이라고 설명한다. 또한 본인은 이 의견을 지지한다고 한다.[78] 시리아인 Ex 무슬림 말릭 미슬마니(Malek Meselmani)는 그가 지은 책 『이슬람에서의 여성』(Women in Islam)에서, 아랍 베두인들이 낙타의 한쪽 앞다리와 뒷다리를 묶어서 한쪽으로 눕혀 두는 것을 hijār라 한다고 기록한다. 그런데 본문의 hajr는 그 어근이 hijār와 같은 단어라고 설명하고 있다.[79] 따바리의 hajr에 대한 설명이 아랍 베두인들의 낙타를 징벌하는 풍습에서 온 것이라는 것을 알 수 있다.

오늘날 무슬림은 이러한 설명이 꾸란 주석가 따바리 한 사람의 의견이라 한다. 그리고 현대 무슬림 가운데 hajr의 의미를 이렇게 해석하여 아내를 짐승처럼 묶어두는 경우는 거의 없을 것이라 본다. 그러나 이슬람 전승에서 이런 사례들이 있다는 것은 우리에게 충격을 주는 것이 분명하다.

(3) 때림

꾸란 4:34은 "때려 줄 것이라"고 하고 있다. 이 구절에 대해 국내의 대표적인 한글 번역인 『꾸란 주해』(최영길, 세창 출판사)는 "가볍게 때려 줄

것이라"라고 번역한다. 그런데 아랍어 원문에는 '가볍게'란 단어가 없다. 그냥 "때려 줄 것이라"가 맞다. 불순종하는 아내를 훈계하는 세 번째 방법이 때리는 것이다.

그렇다면 『꾸란 주해』는 왜 그렇게 번역했을까? 아마도 '아내 구타' 혹은 '가정 폭력'이란 비판을 의식해서 의미를 약화시켰을 것이다.

3) 이 구절이 여성에 대한 구타의 의미가 아니라는 주장에 대해

오늘날 쉐이크들은 "때려 줄 것이라"란 구절에 대해 변호하기 위해 진땀을 뺀다. 쉐이크들은 이 구절이 '상처 나지 않게 살짝 때리라'는 의미라고 설명한다. 특히 따바리 주석에서 "칫솔(siwāk, 당시에 치솔로 사용하던 막대기)이나 그와 비슷한 것으로 때리라"⁸⁰라고 한 것에 많이 의지한다. 그래서 이 구절이 칫솔로 치듯이

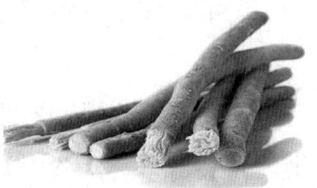

따바리 주석에서 여성을 훈계할 때 사용하라고 언급한 무함마드 당시 칫솔

상처가 나지 않고 폭력적이지 않게 살짝 때리라는 의미라고 주장한다.

다른 쉐이크들은 이 구절이 여성을 구타하는 의미가 아니라고 항변한다. 그러면서 오히려 이슬람은 그 이전 시대에 만연했던 구타를 멈추게 했다고 주장한다. 예를 들면 예멘인 율법학자 쉐이크 알리 알지프리(Ali al-Jifri)는 텔레비전 프로그램에서 이 꾸란 구절은 이슬람 이전과 이후에 존재했던 여성에 대한 구타를 멈추라는 의미라고 주장한다.[81] 그러나 이 말이 사실이 아닌 이유는 다음 세 가지 면에서 분명히 나타난다.

(1) 꾸란 주석이 구타를 인정하고, 하디스가 당시 상당한 구타가 있었음을 말한다

위의 꾸란 4:34에 대한 주석들을 보면 강도의 차이는 있지만 모두가 아내에 대한 구타를 인정하고 있다. 꾸란 주석 모두가 때리되 '상처가 나지

않게, 폭력적이지 않게, 심하지 않게' 때리라고 설명하지 구타 자체를 부인하지는 않는다.

다음은 4:34의 이븐 카티르 주석이다.

> 율법학자들은 그것이 여자의 신체가 부러지지 않게, 여자의 신체에 어떤 상처도 나지 않는 것이라고 말했다. … 알라께서 그대에게 그녀를 상처 나지 않게, 그녀의 뼈가 부러지지 않게 때리는 것을 허락하셨다.[82]

다음 하디스를 보면 당시에 아내에 대한 구타가 상당했음을 알 수 있다.

> ◇ 알라의 메신저가 말씀했다.
> "알라의 여자 노예들을 구타하지 말라."
> 그러자 우마르가 선지자께 와서 말했다.
> "(여자 노예를 구타하지 말라는 말씀으로 인해) 여자들이 자신의 남편들에게 불순종하고 있습니다."
> 그러자 선지자께서 여자들을 때리도록 허락하셨다. 그 뒤 많은 여자가 알라의 메신저의 집 근처를 둘러싸고는 그들의 남편들에 대한 불평을 털어놓았다. 그러자 알라의 선지자께서 말씀했다.
> "많은 여자가 이 집 근처에 둘러서서 자신들의 남편들에 대해 불평하는데, 그들(아내를 구타하는 사람들)은 너희들 가운데 최고의 사람들이 아니다"(수난 아비 다우드 2146; 리야드 앗살리힌 279).

이 하디스를 통해 먼저는, 무함마드 선지자가 여자들을 때리도록 허락했다는 것을 알 수 있다. 두 번째는, 초기 이슬람 시대에 많은 부인이 불평할 정도로 아내에 대한 남편의 구타가 심했음을 알 수 있다.

(2) 이슬람 율법학자들의 전통적 견해가 구타를 허용한다

인도의 하나피 학파 까지 칸(Qazi Khan, 13세기 인물)의 파트와에 따르면, 다음 네 가지 경우에 아내를 가볍게 때리는 것이 허용된다.

- 남편이 원하는 옷을 입지 않았을 경우
- 남편이 성관계를 위해 불렀음에도 합법적 이유 없이 거절했을 경우
- 부정함을 깨끗하게 하기 위해 샤워할 것을 명령받았는데도 거절할 경우
- 남편의 허락 없이 외출했을 경우[83]

이슬람의 4대 법학파 가운데 하나피 학파는 이슬람의 율법을 가장 유하게 적용하는 학파로 알려져 있다. 하나피 학파에서 가볍게 때리는 것이 허용된다는 말은 다른 법학파에서는 말할 것도 없다.

(3) 꾸란 3:34의 세 가지 훈계 방식은 강도가 단계적으로 증가한다

모로코인 Ex 무슬림 라쉬드는 위의 구절에서 구타는 남편이 부인에게 하는 훈계의 세 번째 방법이자 마지막 방법이란 것을 지적한다. 즉 첫 번째 방법은 말로 충고하는 것이고, 그것을 듣지 않을 경우 두 번째 방식으로 잠자리를 같이하지 말라고 한다. 그 두 번째도 듣지 않으면 세 번째로 때려 줄 것이라고 하고 있다. 여기서 훈계의 강도가 점점 강해지고 있는 것을 확인할 수 있다. 즉 말로 하는 충고보다 잠자리를 같이하지 않는 것이 더 강한 훈계이고, 잠자리를 같이하지 않는 것보다 때려 주는 것이 더 강한 훈계인 것이다. 그러므로 잠자리를 같이하지 않을 정도로 강한 훈계를 한 다음 단계의 훈계는, 칫솔로 가볍게 때리는 것이 아니라, 폭력적인 구타가 될 수밖에 없다는 것이다.[84]

하미드 사마드는 꾸란에 "때려 줄 것이라"라고 기록됨으로 인해 오늘날 수백만 명의 여자가 남편들로부터 구타를 당한다는 것을 지적한다. 그러면서 "알라가 왜 이런 구절을 꾸란에 집어넣었는가?"라고 질문한다. 그

러면서 그는 "만일 이 구절이 구타를 금지하는 의미라면 이 구절에 구타에 대한 언급이 아예 없어야 한다"고 한다.[85] 어떤 도구로 때리든지, 어떤 강도로 때리든지 그것이 여성을 때린 것이라면 그것은 구타이다. 따라서 이슬람의 변명은 합당하지 않다.

영원토록 변치 않을 신의 계시에서 아내가 순종하지 않으면 때리라고 명령함으로 인해 오늘날 아랍 세계에서 가정 폭력이 끊이지 않는다. 2013년 6월 26일 신문에서 사우디에서의 가정 폭력이 87.6%에 이른다는 기사가 났다.[86] 2018년 9월 21일 자 「알호라」 신문에서는 아랍 여성들 1/3이 가정 폭력의 피해자라고 한다.[87]

14. 여자는 성적 도구이다

이슬람의 전통적인 여성관은 여성이 성(性)의 도구이요 출산의 도구라는 것이다.

1) 여성은 경작지이다

다음 꾸란 구절을 보자.

◆ 너희의 여자들은 너희를 위한 경작지라. 너희들이 어디서(/언제/어떻게 'anna)ˣ 원하든지 그 경작지로 가라(꾸란 2:223).

---

x   이 구절에 사용된 'anna라는 단어는 관계부사로서 세 가지 의미를 가지고 있다. 즉 어디서든지(wherever), 언제든지(whenever), 어떻게든지(however)가 그것이다. 그래서 "너희들이 어디서 원하든지", "너희들이 언제 원하든지", "너희들이 어떻게 원하든지" 세 가지 의미가 다 가능하다.

이 구절에서 여자들을 경작지라고 한다. 그리고 너희들(남편들)이 어디서/언제/어떻게 원하든지 그 경작지로 가라고 하고 있다. 이 구절의 의미가 무엇일까? 그것을 정확하게 알기 위해 이 구절을 풀이한 권위 있는 주석들을 보자.

- "너희의 여자들은 너희 자녀들을 낳기 위한 경작지이다. 따라서 너희는 어떤 (성관계의) 방법을 원하든지, 어디서 원하든지 그 경작지로 가라"(따바리 주석).
- "너희의 여자들은 너희를 위한 경작지라. 너희는 정액을 그녀들의 자궁에 배설하라. 그러면 알라의 뜻으로 그것에게서 아이들이 나오리라. 너희는 성관계를 하는 부위에서만 그녀들과 성관계하라"(타프씨르 무야싸르 주석).
- 너희의 여자들은 너희를 위한 경작지이다. 아이들의 씨를 뿌리는 곳이다. 그래서 너희가 서든지 앉든지 눕든지 정상위든지 후배위든지 너희가 원하는 방식으로 아내의 성기로 오라(잘랄라인 주석).

위의 주석들에서 남편과 아내를 농부와 밭에 비유한다. 농부가 밭에 씨를 뿌리듯이 남편이 아내의 육체에 씨를 뿌린다고 말한다. 더 나아가 농부가 모든 권리를 가지고 자신이 원하는 대로 밭을 다루듯이 남편은 아내의 육체에 대해 모든 권리를 가지고 원하는 대로 할 수 있다는 것으로 설명한다. 이 구절은 남편이 아내를 통해 아이를 얻는다는 것을 설명할 뿐만 아니라, 남편이 욕구를 느끼는 대로 아내와 어떤 체위로든지 성관계를 해도 된다는 것을 설명하는 구절이라 할 수 있다. 정말로 그런지 좀 더 자세히 살펴보도록 하자. 먼저 이 구절이 계시된 이유를 설명하는 '계시의 이유'에서 그 의미를 살펴보자.

(1) 계시의 이유 1

유대인들이 이야기하길, 남자가 그의 아내의 성기에 후배위로 성관계하는 자는 그 아이가 사팔뜨기가 된다고 하였다.

그래서 (이 말을 부인하기 위해) "너희의 여자들은 너희를 위한 경작지라. 너희들이 어디서(/언제/어떻게, 'anna) 원하든지 그 경작지로 가라"가 계시되었다(즉, 정상위나 후배위 등 원하는 대로 성관계를 하라는 의미이다).

(2) 계시의 이유 2

무자히드가 말했다.

나는 이븐 압바스의 지도를 받으며 꾸란의 처음부터 끝까지를 세 번 암송하였다. 질문이 있는 모든 구절마다 멈춰서서 그에게 질문하였는데, 이 구절에서 멈추었다.

◆ "너희의 여자들은 너희를 위한 경작지라. 너희들이 어디서(/언제/어떻게, 'anna) 원하든지 그 경작지로 가라"(2:223).

이븐 압바스가 이야기했다. 꾸라이쉬 부족의 사람들이 메카에 있는 부인들과 성관계를 하곤 하였는데, 그들은 정상위와 후배위로 그녀들과 즐겼다. 그 뒤 그들은 메디나로 이주한 뒤 메디나의 주민들(안사르)과 결혼하였다. 거기서 그들은 메카에서 하던 대로 하려고 했다. 그러나 그 여자들은 그것을 거부하면서 "이것은 우리가 이전에 하지 않았던 것입니다"라고 했다. 이러한 대화가 소문이 나서 알라의 메신저에게까지 이르렀다. 그 뒤 알라께서 다음과 같이 계시하셨다.

◆ "너희의 여자들은 너희를 위한 경작지라. 너희들이 어디서(/언제/ 어떻게, 'anna) 원하든지 그 경작지로 가라."

그리고 말씀하시길 "그대가 정상위를 하든지, 후배위를 하든지, 무릎 꿇은 채로 하든지, 너희가 원하는 대로 하라. 그분이 "너희가 원하는 대로 경작

지에 가라"라고 말씀하셨다.[88]

위의 꾸란 구절의 계시 이유가 놀랍고 충격적이다. 거룩한 꾸란 구절의 계시 배경이 이런 성관계와 관련된 것이라는 것이 믿기지 않는다.

(3) 따바리 주석의 설명

더욱 충격적인 것은 위 구절에 대한 따바리 주석의 설명이다.

◆ 너희의 여자들은 너희를 위한 경작지라. 너희들이 **어디서(/언제/어떻게**, 'anna) 원하든지 그 경작지로 가라(꾸란 2:223).

따바라 주석에서 이 구절에 사용된 단어인 'anna의 의미를 어떻게 해석할 지에 대해 여러 학자들의 의견을 제시한다. 즉, 아랍어의 'anna라는 단어는 관계부사로서 세 가지 의미를 가지고 있다. 어디서든지(wherever), 언제든지(whenever), 어떻게든지(however)의 세 가지 의미로 다 사용되는 단어이다.

그래서 위의 구절에서 "너희들이 어디서 원하든지" 혹은 "너희들이 언제 원하든지" 혹은 "너희들이 어떻게 원하든지"가 모두 가능한 것이다. 그래서 따바리는 이 한 단어의 사용을 통해 이 구절이 의미하는바, 즉 성관계에서 취할 수 있는 온갖 체위에 관해서 토론하고 있다. 그의 주석에서 10페이지 이상을 할애하여서 그 내용을 길게 설명하고 있다.[89] 그 가운데 주요 내용을 소개하면 다음과 같다.

그녀의 항문이나 생리 중을 제외하고 그가 원하는 어떤 방법으로든지 그녀에게 가라. …[xi]

---

xi 위의 표현에서 '그녀에게 가라'라는 표현인 'ata al-mar'ata는 아랍어에서 '여성에게

항문이나 생리 중을 제외하고, 정상위든지 후배위든지 그대가 원하는 대로 그녀에게 가라. …

경작지란 성기를 의미한다. 그대는 정상위든지 후배위든지 어떤 방법을 원하든지 그 방법으로 성기에 가라. 그러나 성기 이외에 다른 것은 범하지 말라. …

누워서든지, 서서든지, 구부려서든지, 정상위든지, 후배위든지, 그녀의 성기라면 당신이 원하는 어떤 방식으로든 그녀에게 가라. …

서서든지 앉아서든지 옆으로든지 그녀의 생리가 나오는 곳의 방향이라면 어떻게라도 괜찮다. …

그녀의 항문이 아닌 그녀의 성기라면 그대가 원하는 어떤 방법으로라도 그대의 경작지로 가라. …

시리아인 Ex 무슬림으로 『이슬람에서의 여성』(Women in Islam)이란 책을 쓴 말릭 미슬마니(Malek Meselmani)는 따바리 주석에서 언급하는 내용들이 다음과 같은 남편의 권리를 인정하는 것이라고 한다.

- 남편은 그가 원하는 어떤 방법(체위)으로든지 아내와 성관계하는 권리를 가진다.
- 남편은 그가 원하는 어느 때든지 아내와 성관계하는 권리를 가진다.
- 남편은 그가 원하는 어디서든지 아내와 성관계하는 권리를 가진다.[90]

하미드 사마드는 이 구절이 무슬림 남편이 언제 어디서든지 그의 부인에게 성관계를 요구하면 부인은 들어주어야 하는 의미라고 한다. 심지어 낙타 위에서라도 남편이 요구할 경우 부인이 들어주어야 한다는 의미라고 한다.[91]

가라'라는 의미로서 '동침하다' 혹은 '성관계하다'는 의미이다.

우리는 꾸란 2:223과 그 계시의 이유와 꾸란 주석에서 이슬람의 여성관을 분명하게 보게 된다. 이슬람에서 여성은 남자의 성을 위한 도구이자 출산을 위한 도구이다. 남편들의 씨를 받아서 아이를 낳는 밭이다. 씨받이란 말이다. 더 나아가 남편은 아내의 몸을 자신이 원하는 대로 완전히 통제할 수 있다. 그래서 남편이 원하는 언제든지, 어디서든지, 어떤 체위든지 마음대로 할 수 있다. 아내는 단지 남편의 쾌락을 위해서 그런 요구를 받아주어야 하며 제한 없이 자신의 몸을 주어야 한다.

2) 여자의 성에 대한 하디스의 가르침

지금까지는 꾸란 2:223절이 의미하는 내용에 대해 살펴보았다. 여기서는 하디스에서 여성의 성에 대해 어떻게 말하는지를 살펴본다.

(1) 남성의 권리

이집트인 Ex 무슬림 노니 다르위시는 이슬람의 결혼은 남성에게 여성의 은밀한 부분을 즐기는 권리를 준다고 한다.[92] 다음의 하디스를 보자.

> ◇ 자비르가 말하길
> 내가 결혼했을 때 알라의 메신저가 말씀하길
> "그대는 누구와 결혼했는가?"
> 내가 말하길 "기혼자와 결혼했습니다."
> 그분이 말씀하길 "처녀들('adhāra)과 결혼하여 그들과 즐기는 것(li'āb)이 어떠니?"
> 자비르가 말하길, 선지자께서 나에게 말씀하길
> "그대는 젊은 여자(jārya, young girl)와 (결혼)해 보지 그래. 그러면 그대가 그녀와 즐기고 그녀는 그대와 즐길 수 있어"(사히흐 부카리 5080, 5079).

위의 하디스에서 무함마드는 자비르에게 기혼자와 결혼하지 말고 처녀들과 결혼하는 것이 더 낫다고 한다. 단수인 '처녀'가 아니고 복수인 '처녀들'('adhāra)이다. 여러 처녀와 결혼할 것을 권하고 있다. 그러면서 그 처녀들과 '즐기는 것이 어때?'라고 하고 있다. 이 하디스를 설명하는 『샤르흐 사히흐 부카리』(Shaḥr Saḥīḥ al-Bukhāri)를 보면 '그들과 즐기는 것이 어때?' 부분의 li'āb란 단어를 설명하면서 여자의 혀를 빨고 두 입술을 빠는 의미이며, 그것은 애무와 키스할 때 하는 것이라고 설명한다.[93] 즉, 이 하디스는 처녀들과 결혼하여 성관계를 하며 유희를 즐기라고 권유하고 있다.

◇ 전쟁에서 나귀를 타고 서둘러서 돌아오는 한 사람이 도중에 선지자를 만났다. 선지자가 그에게 물으셨다. "무슨 이유로 그렇게 급하게 가는가?"
그 사람이 말하길 "저는 최근에 결혼한 새신랑입니다."
선지자가 말씀하길 "처녀와 결혼했는가? 아니면 기혼자와 결혼했는가?"
그 사람이 말하길 "기혼자와 했습니다."
선지자가 말씀하길 "젊은 여자(jārya)와 해 보지 그래. 그러면 그대가 그녀와 즐기고 그녀는 그대와 즐길 수 있어."
그 사람과 선지자가 (메디나 도시에) 들어가려고 할 때 선지자가 말씀하길 "기다렸다 밤에 (메디나에) 들어가자. 남편과 떨어져 있던 여인이 헝클어진 머리를 빗고 은밀한 부위의 체모를 제거할 수 있도록 말이야"(사히흐 부카리 5079, 5245, 5246, 5247; 사히흐 무슬림 715w).

위의 하디스는 앞의 하디스와 비슷한 내용이다. 뒷부분에 첨가된 부분은 전쟁에서 돌아온 무함마드가 메디나에 들어가기 전에 바로 들어가지 않고 밤이 되기까지 기다리는 것이다. 기다리는 이유는 자신의 아내에게 남편을 맞을 준비를 하라는 것이다. 그래서 아내는 머리를 빗고 화장을 하고 은밀한 부분의 체모까지도 제거해야 한다고 한다.[94] 이 하디스에서와 같이 오늘날 이슬람 세계에서 결혼하는 여성이나 남편을 맞이하는 여성은 신체의 체모를 모두 제거한다.

◇ 너희들이 실행한 계약들 가운데 가장 큰 권리는 너희에게 (여성의) 은밀한 부분(furūj, 성기)이 허락되는 것이다(사히흐 부카리 5151, 2721; 수난 니싸이 3281).

이슬람의 결혼은 신랑과 신부 보호자 간의 계약이다. 신랑은 신부 측에 지참금(mahr)을 지불하고 신부와 결혼한다. 위의 하디스에서는 사람이 실행하는 계약들 가운데 가장 확실한 권리 혹은 중요한 권리는 바로 신랑에게 신부의 은밀한 부분이 허락되는 것이라고 한다. 여기서 '은밀한 부분'으로 번역한 furūj란 단어를 직역하면 '성기'란 말이다. 즉 신랑에게 여성의 성기가 허락되는 것이 가장 큰 권리라고 한다. 남자가 자신의 아내와 성관계를 즐기는 것이 그만큼 중요한 권리라는 것이다.

이러한 이유로 인해 노니 다르위시는, 아랍어에서 마흐르(mahr)라 부르는 결혼 지참금이 성관계와 관련이 있다고 말하며, "신부 몸값은 여성의 성기 사용에 대한 대가로 주어진다"는 내용을 인용한다.[95]

(2) 낙타 등에서 요구하더라도

앞에서 남편이 아내에게 성관계를 언제/어디서/어떻게 요구하든지 아내는 들어주어야 한다고 했다. 다음은 낙타 등에 타고 있을 때에라도 그 요구를 들어주어야 한다는 하디스이다.

◇ 알라의 메신저가 말씀했다.
그렇게 하지 마라. 만일 내가 어떤 사람에게 알라 이외의 다른 사람에게 절하라고 명령해야 한다면 그녀의 남편에게 절하라고 명령했을 것이다. 알라게 맹세코, 여자는 자신이 낙타 안장(qatab) 위에 있을 때 남편이 그녀에게 (성관계를) 요구하더라도 그것을 금하지 않을 정도로 남편에 대한 의

무를 수행할 때까지 주님께 대한 그녀의 의무를 수행했다고 할 수 없다(수난 이븐 마자흐 1926).

'무함마드 이후 가장 위대한 무슬림'이라고 불리며 존경받는 이슬람 학자 알가잘리(Al-Ghazali, 1058-1111)는 아내가 남편의 성관계 요구에 어떻게 응해야 하는지 하디스를 인용하며 다음과 같이 기록하고 있다.

남편이 원한다면 언제든지 아내와 (성관계를) 즐길 수 있도록 아내는 항상 준비되어 있어야 한다.[96]
◇ 선지자께서 말씀했다.

남편은 아내에 대해 권리를 가지고 있다. 만일 남편이 아내를 원하여 낙타 등에서라도 그녀와 성관계하길 요청할 경우 그녀는 그를 막지 못한다.[97]

(3) 아내가 성관계 요구를 거절할 경우

앞에서 남편의 성관계 요구를 거절하는 것이 가장 큰 불순종이라는 가르침을 보았다. 또한 그렇게 불순종했을 경우 먼저는 말로써 훈계하고, 그 다음은 잠자리를 같이하지 말고, 세 번째는 때리라는 꾸란의 가르침을 보았다. 다음은 남편의 잠자리 요구를 거절한 아내에 대해 하디스가 어떻게 기록하는지를 보자.

◇ 만일 남자가 (성관계를 위해) 그의 아내를 침대로 불렀지만, 그녀가 거절해서 남편이 화가 난 채 잠을 잤다면, 천사들이 그녀를 아침까지 저주할 것이다(사히흐 부카리 3237).
◇ 나의 삶을 주관하시는 분을 두고 맹세하노니, 남편이 아내를 침실로 불렀을 때 아내가 그것을 거절하였다면 남편이 그녀에게 만족할 때까지 하늘에 있는 자(神)가 그녀를 기뻐하지 않으실 것이다(사히흐 무슬림 1436c).

지금까지 이슬람에서 성(性)에 대한 가르침을 보았다. 이슬람은 여성의 성에 대해서 부정적이고 폐쇄적이며 억압적이다. 아우라와 은밀한 부분(furūj)을 철저하게 가리라고 하고 여성들의 외부 활동도 철저하게 차단하고 있다.

그런 반면 남성이 성과 쾌락을 누리는 데는 너무나 관대하고 적극적인 것을 볼 수 있다. 그것은 남성의 당연한 권리이기에 아내에게 강압에 가까울 정도로 요구하고 있다. 남편은 언제/어디서/어떻게라도 아내에게 요구할 수 있다. 이때 아내의 심리나 감정 혹은 아내의 만족에 대해서는 관심이 없다. 오직 남편의 성적인 만족을 채워 주는 도구로 사용될 뿐이다. 아내는 심지어 낙타 위에서까지도 들어주어야 하는데, 만일 그렇지 않을 경우 천사들과 하늘에 있는 신까지 동원되어 여자를 저주한다고 한다.

15. 이슬람의 기이한 결혼들

모로코인 라일라는 Ex 무슬림으로서 SNS에서 활발히 활동하고 있다. 그녀는 스무 살이 된 이후에 이슬람의 샤리아법이 정의롭지 못하다는 것을 발견했다. 그래서 만일 이 샤리아법이 알라에게서 왔다면 알라는 불의한 신이라 생각했다. 그녀는 다음과 같이 말한다.

> 제가 이슬람을 볼 때 이슬람은 윤리적이지 못하였습니다. 저는 무함마드가 아홉 명의 부인과 결혼 생활을 한 것을 보고서 충격을 받았습니다. 보통 사람이 그렇게 해도 비윤리적이라 할 텐데 어떻게 이슬람의 선지자라는 사람이 그렇게 할 수 있습니까?
> 일부다처제는 결혼 생활 모두를 파괴합니다. 사랑이라는 개념을 원천적으로 파괴합니다. 어떻게 남편이 자기 아내에게 화가 나서 다른 여자를 좋아하고 결혼할 수 있습니까? 다른 여자와 결혼함으로 전처를 욕하고 형벌할

수 있습니까? 무함마드는 한두 여자가 아니라 아홉 명과 결혼 생활을 했습니다. 어떻게 밤에 한 아내를 내버려 두고 다른 아내에게 가서 동침할 수 있습니까?[XII] 이러한 내용은 저를 고민에 빠뜨렸습니다.[98]

라일라의 말대로 이슬람은 일부다처제이다. 무슬림 남자는 능력이 허락된다면 네 사람의 여성과 결혼할 수 있다. 오늘날 아랍 나라들에서 일부다처 결혼 생활을 하는 비율이 높은 것은 아니다(2010-2015년 쿠웨이트 8.12%, 카타르 7.88%, 바레인 5.16% 등이다[99]). 하지만 샤리아법에서 허락하기에 상황만 되면 언제든지 일부다처로 살 수 있다.

이슬람 사회에는 일부다처 결혼 이외에도 결혼의 종류가 여럿 있다. 2013년 사우디 경제 신문인 「al-Iqtiṣādiyyah」는 "10가지 결혼의 종류"라는 기사를 실었다. 기사는 아랍 세계에 10가지 결혼의 종류가 있다고 전하고 있다.[100] 아랍 위성방송에서 이슬람 비평으로 유명한 이집트인 자카리야(Zakari Botros)는 그의 방송인 <진리의 대화>에서, 이슬람에 17가지 결혼의 종류가 있다고 했다.[101] 이렇게 많은 결혼의 종류가 있다니 믿기지 않는다. 인터넷과 SNS 등에 소개된 이슬람 결혼의 종류를 세심히 살펴보면 실제로 종류가 많은 것이 사실이다. 종류가 많다는 말은 그만큼 제도가 복잡하고 윤리적인 문제가 많다는 것이다. 필자는 여기서 일부다처 결혼 이외에 순니파 혹은 시아파 사회에서 존재가 널리 확인되는 이슬람의 결혼 6가지를 정리하도록 한다. 즉, 아동/ 미성년 결혼, 무트아 결혼, 미쓰야르 결혼, 타흘릴 결혼, 우르피 결혼, 밀크야민 결혼에 대해서 소개한다.

[XII] 무함마드는 하룻밤에 여러 명의 부인과 성관계를 했다. 다음의 하디스를 보자. "선지자는 한 번의 샤워로 그의 여러 부인과 이어서 성관계했다"(사히호 무슬림 309; 불루그 알 마람 1026).

1) 아동/ 미성년 결혼(Child Marriage, Zwāj al-Qaṣr)XIII

아동/ 미성년 결혼(이후 표기는 '아동 결혼'으로 한다.)이란 성인 남성이 여자 어린이 혹은 미성년과 결혼하는 것을 말한다. 오늘날 국제적으로 아동 결혼을 금지하는 법이 있지만, 이슬람 세계에는 여전히 아동 결혼이 성행하고 있다.

알제리 전국 여성 연합 사무총장 누리아 하프시는 알제리에서 16살 이하 여아의 결혼이 2016년 한 해 500건을 기록했다고 밝혔다. 그러면서 이러한 현상은 매년 증가 추세이며 증가율이 25%를 넘는다고 했다. 모로코의 연구 자료는 2013년 한 해에 기록된 아동 결혼만 35,152건이고 실제 숫자는 이것보다 더 많을 것이라고 밝혔다. 이집트의 모성 및 아동위원회의 최근 통계에 의하면 이집트의 아동 결혼 비율이 22%라며 이들은 미성년법을 위반함에도 불구하고 18세 이전에 결혼한다고 밝혔다. 예멘 수도 사나아 대학의 성별 연구 센터의 최근 통계에 따르면 52%의 예멘 여성들이 15세 이하일 때 결혼한다고 밝히며, 65%의 결혼이 아동 결혼에 해당한다고 밝혔다.[102] 그 외의 아랍 여러 나라에서도 아동 결혼이 성행하고 있다.

아랍 국가들과 이슬람 국가들에서 아동 결혼이 성행하는 이유는 무엇인가? 그것은 경제적 사회적 요인도 있겠지만 종교적인 이유가 크다고 하겠다. 즉 이슬람의 선지자 무함마드가 아이샤와 결혼한 순나(Sunnah, 무함마드 선지자가 행하거나 전한 내용으로서 무슬림이 따라야 하는 행위나 관습)가 있기 때문이다. 무함마드는 아이샤가 6살 때 결혼하여 9살 때 신방에 들었다. 아이샤는 그의 세 번째 부인이었다. 다음 하디스를 보자.

XIII 아랍어의 Zwāj al-Qaṣr 는 '아동 결혼(Child Marriage)'이 맞는 말이지만 실제 결혼하는 아동들의 연령을 보면 아동 뿐만 아니라 미성년도 포함한다.

제10장 이슬람 여성   645

61살의 신랑과 12살의 신부

◇ 아이샤가 말하길 "이슬람의 선지자는 내가 6살 때 나와 결혼했고, 내가 9살 때 첫날밤을 치렀다"(사히흐 부카리 5134, 5235; 사히흐 무슬림 1422b; 수난 아부 다우드 2121; 수난 니싸이 3378).

이러한 전통에 따라 이슬람 샤리아 법학파 가운데 하나피(Hanafi)파와 자파리(Jafari)파의 경우 여성이 9살이 되면 결혼이 가능한 것으로 정하고 있다.[103] 그것이 무함마드의 순나(Sunnah)이기 때문에 그것을 따라 하는 것은 선한 것이다. 이에 따라 이슬람 나라 가운데는 아직도 아동 결혼을 하는 경우가 많다.

오늘날 율법학자 가운데는 아동 결혼의 비윤리성을 지적하며, 무함마드가 아이샤와 결혼한 하디스의 기록이 잘못되었다고 주장하는 사람들이 있다(아흐마드 숩히 만수르, 이슬람 브헤이리, 이브라힘 아이사 등). 이들은 주로 세속주의 무슬림 그룹에 속한 사람들로서, 하디스의 비윤리성을 비판하며 하디스 자체의 전통적 권위를 인정하지 않는다.

그러나 하디스는 지난 1,400년 동안 순니파 무슬림이 신앙과 행위의 순나로 철저하게 믿고 따라 온 경전이다. 또한 꾸란의 수많은 구절의 해석이 하디스를 통해 이루어진다. 다시 말해 하디스의 설명이 없으면 많은 꾸란 구절들의 의미를 이해할 수 없게 된다. 따라서 꾸란과 하디스는 불가분의 관계이다. 이렇듯 이슬람은 하디스를 부인하려야 부인할 수 없다.

무함마드가 아이샤와 결혼한 사건은 위의 하디스 기록에서 보듯이 대부분의 하디스 컬렉션에 기록되어 있는 사건이다. 그들이 부인할 수 없기 때문에 그들의 딜레마가 더욱 크다.

2) 무트아(Zwāj al-Mut'ah) 결혼: 쾌락 결혼

쾌락을 위해 재정을 지불하고 짧은 기간 동안 일시적으로 결혼하는 것을 말한다. 몇 시간 혹은 며칠 동안 동거하는 것으로, 계약 이후에 동거하게 된다. 이 결혼 계약은 사적으로 이루어지며 계약 기간과 지불하는 재정에 대해 말 혹은 문서의 형태로 계약할 수 있다.[104] 영어로는 임시결혼(Temporary Marriage)으로 많이 번역하지만, 쾌락 결혼(Pleasure Marriage)이 정확한 번역이다.

2019년 BBC는 이라크에 쾌락 결혼이 성행하고 있다고 보도했다.[105] 그 내용을 보면 이라크의 무슬림 남자들이 여자들에게 '쾌락 결혼'이라는 명목으로 매춘을 강요한다는 것이다. 그 쾌락 결혼에 어린 소녀들이 동원되어 희생되고, 이슬람 성직자들이 사실상의 포주 역할을 하므로 문제가 더욱 심각하다고 한다. 이라크에는 15년간의 전쟁으로 100만 명의 여성이 과부가 되었는데, 이들이 빈곤으로 인해 쾌락 결혼에 응하고 있다고 보도한다. 결혼 정보 업체라고 하는 곳에서 이슬람 성직자들이 짧게는 한 시간에서부터 며칠 동안의 쾌락 결혼을 소개한다. 여성의 경우 9살만 지나면 그 대상이 된다.

결혼 정보 업체의 관계자는 "남성은 원한다면 얼마든지 많은 여성과 결혼할 수 있어요. 어린 소녀랑 30분 동안만 결혼할 수도 있고, 30분이 지나면 바로 다른 여성이랑 결혼할 수도 있죠. 9살 이상이면 전혀 문제될 것이

BBC 방송의 이라크 쾌락 결혼 보도

없어요. 샤리아법에 따라서 하거든요"라고 했다.

"12살짜리 여자아이는 아직 파릇파릇하기 때문에 귀해요. 이런 아이들은 비싸게 거래되기 때문에 성직자들은 500, 700, 800달러도 벌 수 있어요"라고 하기도 했다.

그들의 이러한 행동은 다른 나라에서의 매춘과 다를 것이 없다. 그러나 그들은 "이슬람 성직자가 쾌락 결혼은 신성한 것이라 하고 있고, 그것을 죄악으로 여기지 않아요"라고 한다. 그것이 매춘이 아니라 이슬람 율법에서 허락한 이상 그것은 합법적인 결혼이고 성스럽다고 믿는 것이다. 이와 같은 무트아 결혼(쾌락 결혼)은 시아파에서 광범위하게 행해지고 있다. 왜냐하면 시아파 종파인 12 이맘 학파 등에서 무트아 결혼을 합법적으로 인정하고 있기 때문이다.[106] 이라크는 시아파 무슬림의 비중이 높은데, 그에 따라 무트아 결혼이 성행하는 것이다. 하지만 무트아 결혼이 비단 이라크에서만의 현상은 아니다. 여러 다른 중동 나라에서도 은밀하게 행해진다고 알려져 있다.

(1) 꾸란에서 무트아 결혼

그렇다면 그들이 그것을 합법적이고 성스럽다고까지 여기는 이유는 무엇일까? 그것은 다음 꾸란 구절을 보면 알 수 있다.

◆ 여자들 가운데 결혼한 여자들과는 (너희가 결혼하는 것이) 금지되나 너희의 오른손이 소유한 자는 예외라. (이것이) 너희를 향한 알라의 계명이라. 그 이외의 사람들은 너희에게 허락되었으니, **너희가 음행하지 않고 결혼하기 위해 너희의 재물로 (여자들을) 원하는 것이 허락됨이라.** 그래서 그녀들 가운데 너희들이 즐긴(istamta'atum) 사람에게[XIV] (알라께서 부여한) 의무로서 삯을 지불할 것이라. 의무를 수행한 이후 너희가 합의한 것 이외의 것에 있어서는 너희에게 죄가 없느니라(4:24).

이 구절은 4:23에 이어지는 구절이다. 23절에서 무슬림 남자에게 결혼이 금지된 여성들에 대해서 말한다. 즉, 무슬림 남자는 어머니와 딸, 누이 등 미흐람 관계[XV]의 여성들과 결혼할 수 없다고 기록한다. 그러고는 24절에 와서 이미 다른 사람과 결혼한 여자들과도 결혼할 수 없다고 한다. 그 이후 그런 결혼 금지 대상에서 제외되는, 다시 말해 결혼이 가능한 두 가지 경우를 말하고 있다.

하나는 오른손이 소유한 것, 즉 밀크야민(milk yamīn, 이슬람 정복 이후에 정복지에서 붙잡아 온 여성 노예)과의 성관계이다. 그들은 주인이 원하면 결혼식을 하지 않아도 언제든지 성을 제공해야 하는 사람이었다.

두 번째는 무트아 결혼(쾌락 결혼)이다. 위 구절에서 "음행하지 않고 결혼하기 위해 너희의 재물로 (여자들을) 원하는 것이 허락됨이라"라고 하며, "그래서 그녀들 가운데 너희들이 즐긴 사람에게 대가를 지불할 것이라"라고 하고 있다. 이 구절에 대한 무흐신 칸(Muhsin Khan)의 번역은 "너희들이 성관계를 즐긴 사람에게(whom you have enjoyed sexual relations) 대가를 지

[XIV] 여기서 '즐긴 사람에게' 부분의 '즐기다'에 기록된 아랍어 단어는 istamta'a인데, 이 단어의 의미는 '…와 즐기다', '…로부터 쾌락을 얻다'란 의미이다. '무트아 결혼'의 '무트아'(mut'ah)와 어근이 같은 단어이다.

[XV] 부모(1촌)와 형제자매(2촌) 그리고 삼촌과 숙모/고모와 같이 상호 간의 결혼이 금지된 사람.

불할 것이라"라고 하고 있다. 타프씨르 무아싸르 주석에서는 "너희가 금지 사항(간음)을 범하는 것을 막고 너희가 돈을 지불하고 선을 추구하도록 알라가 허락하셨다"라고 한다. 즉 결혼 금지 대상과 결혼하는 것은 간음이 되기 때문에, 무트아 결혼을 통해 상대에게 돈을 주고 성관계를 하여 간음이 되지 않도록 알라가 허락했다는 것이다.

(2) 하디스에서 무트아 결혼
하디스에 무트아 결혼에 대한 여러 구절이 있다.

◇ 우리가 군대에 있었을 때 알라의 메신저가 와서 말씀했다.
"너희에게 즐기는 것(tastamti'u, 무트아 결혼)이 허락되었으니 즐기도록 하라"(사히흐 부카리 5117, 5118).

◇ 압달라가 말하길, 우리가 알라의 메신저와 함께 정복 전쟁에 나갔는데, 우리에게 여자들이 없었다.
그래서 서로 말하길 "우리가 고자가 아니지 않는가? 그런데 그(무함마드)가 우리에게 그것(여자와 동침)을 금했으니…"
그래서 그(무함마드)는 우리가 옷을 지불하고 일정 기간 동안 여자와 동침하는 것을 허락하셨다(사히흐 무슬림 1404a).

◇ 알라의 메신저가 무트아 결혼을 허락하셨다. 그래서 나와 한 남자 친구는 바니 아미르(Bnu 'Amir)에 있는 한 여자에게 갔는데, 그녀는 목이 긴 젊은 암낙타 같았다. 우리가 그녀에게 우리 자신을 소개하니, 그녀는 "무엇을 저에게 주겠습니까?"라고 물었다. 나는 그녀에게 "나의 옷을 주겠소"라고 했고, 나의 친구도 그의 옷을 주겠다고 말했다. (두 옷 가운데) 나의 친구의 옷이 더 값진 것이었지만, 나는 그보다 나이가 젊었다. 그녀가 내 친구의 옷을 보고는 그것을 마음에 들어했다. 그러나 그녀가 나를 보았을 때 나를 더 마음에 들어했다. 그녀가 나에게 말했다. "당신과 당신의 옷으로 내게 충분합니다." 그래서 나는 그녀와 3일을 동거했다.

그 이후 알라의 메신저가 말씀했다.

"누구든지 이 여자와 같은 여자를 데리고 있던 사람은 그 여자를 떠나보내야 한다"(사히흐 무슬림 1406a; 수난 니싸이 3368).

위의 구절들에서 이슬람의 선지자 무함마드가 지하드 전쟁을 하던 그의 동료들에게 무트아 결혼이 허락된 것이라고 하며 즐기라고 권장하는 것을 본다. 남자와 여자가 동의한다면 일정 기간의 무트아 결혼을 할 수 있다고 말한다. 그래서 그들은 옷이나 대추야자, 밀가루 등을 지불하고 일정 기간 여자들과 즐겼음을 기록하고 있다.

우리는 무함마드 동료들의 대화와 행동에서 그들의 윤리적인 수준을 확인할 수 있다. "우리가 고자가 아니지 않는가?"라는 대화에서 그들이 길거리 건달 수준을 벗어나지 못한다는 것을 파악한다. 그들은 색욕을 탐하고 있다. 당시의 무트아 결혼은 오늘날 매춘업소에서 성을 사고 즐기는 것과 다를 바가 없는 것이다.

오늘날 시아파 나라들에는 위의 꾸란 구절과 하디스들을 근거로 무트아 결혼이 성행하고 있다.

(3) 순니파 나라들의 무트아 결혼

그렇다면 순니파 나라들의 경우 어떠할까? 순니파 법학자들 대다수는 무트아 결혼을 금지 사항이라고 한다. 그들은 무트아 결혼이 이슬람 초기에는 허용되었으나 나중에 취소되었다고 한다.[107] 그래서 알아즈하르의 수장인 아흐마드 따옙은 무트아 결혼을 금지 사항(하람)이라고 한다. 그들이 금지하는 근거는 다음과 같은 하디스들이 있기 때문이다.

◇ 자비르 브니 압둘라가 말하길

"우리는, 알라의 메신저와 아부 바크르 시대에, 대추야자 한 움큼 혹은 밀가루 한 움큼을 주고 며칠 동안 (여자들과) 즐겼다. 그러나 우마르(우마르 브닐 카땁)가 아므루 브니 후라이쓰 사건을 계기로 그것을 금지하였다"(사히흐 무슬림 1405d).

◇ 알라의 메신저가 말씀했다.

남자와 여자가 (무트아 결혼에) 동의한다면 그들의 동거하는 것은 3일 밤이다. 만일 그들이 연장하길 원한다면 (연장하고), 그들이 헤어지길 원한다면 헤어지면 된다. 그래서 나는 그 말씀이 우리만을 위한 것인지 아니면 모든 사람을 위한 것인지 잘 몰랐다.

아부 압달라가 다음과 같이 말했다.

알리(Ali)가 그것에 대해서 "알라의 선지자께서 그것(무트아 결혼)은 취소되었다고 말씀했다"고 분명하게 말했다(사히흐 부카리 5119).

위의 하디스들에서 무트아 결혼은 처음에 허용(할랄)되었던 것이라고 한다. 그런데 2대 칼리프 우마르 혹은 4대 칼리프 알리가 그것을 취소했다고 한다. 그래서 오늘날 순니파 율법학자 다수는 무트아 결혼이 금지(하람)되었다고 한다.

그러나 이러한 하디스들이 있음에도 불구하고 순니파 법학자들 가운데는 무트아 결혼이 허용 사항(할랄)이라고 하는 사람도 있다. 예를 들어 이집트인 율법학자로서 잘 알려진 요셉 까라다위(Yusuf al-Qaradawi, 1926-)는 무트아 결혼이 시아파 발생 이전부터 허용되었다고 한다. 그 뒤 우마르 브닐 카땁에 의해서 금지가 되었지만, 그것이 금지된 이후에도 이븐 압바스 등의 여러 무함마드의 동료들이 그것을 계속 실행했다고 한다.[108]

앗나지미(al-Najīmi) 박사는 순니파가 무트아 결혼을 금지했지만 이븐 압바스는 금지를 따르지 않았다고 한다. 또한 아따와 따우스와 이븐 자리흐 등의 여러 동료도 금지를 따르지 않았다고 한다. 그러면서 그들은 무트아 결혼은 꼭 필요한 것이라 했다고 한다. 이븐 압바스는 "무트아 결혼은 알라로부터 온 자비임이 틀림없다. 알라께서 그것으로 무함마드의 움마 공동체를 긍휼히 여기셨다. 우마르가 그것을 금지하지 않았다면 간음을 행

할 필요가 없었다"고 말했다고 한다.[109]

이븐 카티르는 꾸란 4:24 주석에서 초기 순니파 전통에서 무트아 결혼에 대한 의견이 어떻게 나뉘었는지 잘 기록하고 있다.

> 일반적으로 이 구절(꾸란 4:24)은 무트아 결혼에 대한 구절이라 결론을 내릴 수 있다. 무트아 결혼은 이슬람 초기에 율법으로 정해졌다는 것은 의심의 여지가 없다. 하지만 그 뒤에 취소되었고, 그 뒤 다시 샤피이 법학파와 다른 율법학파가 그것을 허용하였다. 그 뒤 다시 취소되었고 또다시 허용되었다. 사람들은 두 번 취소되었다고 하기도 하고, 다른 사람들은 그보다 여러 번 취소되었다고 한다. 또 다른 사람들은 그것이 한 번 허용되었다가 취소되었고, 그 뒤에는 허용되지 않았다고 한다. 이븐 압바스와 무함마드의 동료들 한 무리는 그것이 반드시 필요하다며 허용되었다고 말했다. 이맘 아흐마드 한발은 아부 브니 카아브와 싸이드 브니 자비르 그리고 앗사디가 꾸란 4:24을 다음과 같이 읽었다고 전한다. 즉 그들은 "그녀들 가운데 너희들이 '정해진 기간 동안'(ila 'ajal musamma) 즐긴 사람에게 (알라께서 부여한) 의무로서 삯을 지불할 것이라"고 읽었다고 한다.[110]

위의 주석에서 이븐 카티르는 무트아 결혼이 이슬람 초기에 율법으로 정해졌다고 말하고 있다. 그리고 그 뒤에 취소되었다는 사실도 기록한다. 여기까지는 여러 학자가 동일하게 말하는 내용이다. 즉, 우마르 브닐 카땁에 의해 취소가 된 것이라는 것이다.

문제는 그 뒤의 율법학자들에 대한 기록이다. 샤피이 법학파 사람들과 다른 율법학파는 그것을 다시 허용했다고 한다. 이븐 압바스와 무함마드의 다른 동료들도 그것을 다시 허용했다고 하고, 그것이 반드시 필요하다고까지 말했다고 한다.

이와 같이 무트아 결혼이 최종적으로 취소되었는지 계속해서 허용되는지는 순니파 율법학자들 가운데서도 의견이 일치되지 않고 있다.[111]

이러한 영향으로 순니파 나라들에서 무트아 결혼 혹은 그와 비슷한 형태의 결혼이 존재하는 것이 파악된다. 앞에서 언급한 사우디 경제 신문인 「al-Iqtiṣādiyyah」는 '여행 결혼'(Zwāj al-Siyāḥi)과 '피서 결혼'(Zwāj al-Miṣyāf)이 몇몇 아랍 나라에서 유행한다고 말하고 있다.[112] 여행 결혼과 피서 결혼이란 피서철 등을 이용하여 피서지에 여행 가는 남자가 피서지에 사는 여자와 정해진 기간 동안 결혼 생활을 하는 것을 말한다. 또한 다음에 설명할 미쓰야르 결혼(Zwāj al-Misyār)도 무트아 결혼의 변형이라 볼 수도 있다.[113]

오늘날 순니파 나라들에서 무트아 결혼은 공식적으로는 금지 사항(하람)이다. 그러나 음성적으로 존재하는 것으로 파악된다. 이러한 무트아 결혼은 매춘과 성립 조건이 일치한다. 제한된 기간, 확정된 금액, 성관계가 그것이다. 따라서 이 결혼이 암묵적 매춘이라는 비난은 오늘날에도 여전하다.[114] 많은 Ex 무슬림은 이 제도를 '임시 매춘'이라고 하고 있다.

3) 미쓰야르 결혼(Zwāj al-Misyār)

(1) 미쓰야르 결혼의 특징

이 결혼은 오늘날 걸프만 나라에서 유행하고 있는 결혼이다. 이슬람의 결혼 조건을 다 갖춘 결혼이지만, 남편 혹은 부인이 결혼에 대한 일부의 권리를 포기하는 결혼을 말한다. 즉 두 사람은 이슬람의 정식 결혼 성립의 네 가지 조건인 결혼 당사자, 후견인(waliyy, 신부 아버지), 증인, 지참금이

현지 인터넷 사이트에서 '미쓰야르 결혼, 사회적 필요와 부정적 영향'이라는 글과 함께 있는 삽화[115]

라는 조건을 갖추어 결혼한다. 하지만 부부가 거주할 집을 남편이 장만하지 않거나, 남편이 부인에게 생활비 지불을 하지 않거나, 부인이 집안 정돈과 요리를 하지 않는 등 각자의 권리의 일부를 포기하는 조건으로 결혼하는 것이다.[116]

미쓰야르 결혼(Zwāj al-Misyār)이란 용어의 의미를 살펴보면 misyār란 단어는 sāra라는 단어에서 왔다고 한다. 아랍어 단어 sāra는 '가다'(to go)라는 의미의 동사이다. 이 동사에서 misyār 형태로 파생되면 남편이 아내에게 '가는 장소'의 의미가 된다. 따라서 미쓰야르 결혼의 의미는 남편이 아내와 함께 정해진 주거지에서 상시 동거하는 것이 아니라, 필요(성적인 필요)할 때에 남편이 아내를 찾아가서 함께 머물되 오래 거주하지 않는 것을 말한다.[117] 요셉 까라다위는 미쓰야르 결혼을 하는 남자들 가운데는 그의 원래 부인에게 알리지 않는 경우가 많다고 한다.

미쓰야르 결혼은 근래에 생겨난 것으로 보는 견해가 많다. 그러나 다른 사람들은 비슷한 형태의 결혼이 오래전부터 있어 왔다고 한다. 즉 이슬람 역사 초기부터 상인들이 상업을 위해 여행할 때 여행지에서 이 결혼을 했다고 한다. 이븐 꾸대마(Ibn Qudāmah)가 기록한 알무그니(al-Mughni)라는 고전에서, 이 결혼의 존재에 대해 기록하며, 그 이름을 '낮에 하는 결혼'(Zwāj al-Nahriyyāt) 혹은 '밤에 하는 결혼'(Zwāj al-Layliyyāt)이라고 했다고 한다. 그 이유는 상인인 남편이 낮에 신부의 집에 가서 머물게 되면 '낮에 하는 결혼'이고, 밤에 가서 머물게 되면 '밤에 하는 결혼'이라고 했다고 한다.[118]

(2) 미쓰야르 결혼이 증가하는 이유

아랍 나라들에서 이러한 미쓰야르 결혼이 증가하는 이유는 무엇일까? 그것을 여성과 남성 각각의 입장에서 정리한다.

여성의 입장에서 첫 번째는, 독신녀와 이혼녀와 과부의 증가가 그 원인이다. '사우디 가족'이란 잡지사가 시행한 여론 조사에 의하면 미쓰야르

결혼을 행한 363명 가운데 46.62%가 독신과 이혼과 배우자와의 사별이 그 이유였다고 한다.[119]

두 번째는 많은 여성이 일부다처 결혼을 거부한다고 한다. 그러다가 나이가 들게 되고 혼기를 놓치게 되면 미쓰야르 결혼을 받아들일 수밖에 없게 된다고 한다.

세 번째는 전남편이 사망하고 자녀가 있는 부인의 경우, 한가한 주말만 남편이 찾아와서 함께 머물고, 나머지 날들은 혼자 자유롭게 있는 것을 원한다는 것이다. 그래서 미쓰야르 결혼을 원한다는 것이다.

남성의 입장에서 첫 번째는, 성적으로 즐기기 위한 목적이다. 걸프만 국가들의 남자들을 대상으로 한 여론 조사에서 미쓰야르 결혼을 한 남자들 66.25%가 자신의 부인 몰래 성적으로 즐기기 원하여서 이 결혼을 한다고 한다.[120]

두 번째는 결혼에 따른 의미와 책임을 피하기 위해서라고 한다. 즉 부부가 살아갈 거주지를 장만하지 못하거나 생활비를 지불할 능력이 없는 남자들이 이 결혼을 선호한다고 한다. 앞에서 언급한 같은 여론 조사에서 미쓰야르 결혼을 한 남자들 58.75%가 이러한 이유로 미쓰야르 결혼을 한다고 한다.

세 번째는 남자들이 직업적으로 정착이 어렵고 여행이 많은 관계로 이 결혼을 한다고 한다. 이럴 경우 자신이 여행하는 나라에 미쓰야르 결혼을 한 현지처가 있게 되는 것이다.[121]

미쓰야르 결혼이 아랍 나라들에서 유행하고 있지만, 이 결혼의 합법성 여부에 대해서는 학자들의 의견이 갈린다. 이집트인 율법학자 요셉 까르다위나 사우디인 율법학자 압둘 아지즈 브니 바즈 등 이슬람 세계의 저명한 이맘들이 이것을 허용된 것이라 한다. 반면에 시리아인으로 하디스와 이슬람 법률 전문가인 쉐이크 무함마드 나시르 앗딘과 사우디의 교육부 장관을 지냈던 압둘 아지즈 알무스나드 등은 허용되지 않는다고 한다.[122]

이집트인 Ex 무슬림 피터는 미쓰야르 결혼의 궁극적인 목적은 남녀가 성적인 욕구를 충족하기 위해 원하는 시간에 신랑의 집이나 신부의 집에서 지내는 것이라고 한다. 그래서 외형적으로 결혼의 조건을 갖추었다고 하더라도 결국 그 동기는 무트아 결혼과 같은 것이라고 한다.[123]

미쓰야르 결혼을 비판하는 학자들은 다음과 같은 점을 지적한다. 이 결혼은 건전한 결혼에 대한 경멸이며, 도덕적 부패를 위한 구실을 준다. 자신의 아내 모르게 비밀리에 결혼 생활을 하기에 부부간의 신의와 정절을 깨는 것이고 아내에게 죄를 짓는 것이다. 또한 어린이들 교육과 윤리교육에 부정적인 영향을 주고, 자신들과 사회를 해치게 한다. 이러한 방법으로 결혼이 쾌락을 위한 시장이 되며, 남자는 남자대로 또 다른 여자를 찾고, 여자는 여자대로 또 다른 남자를 찾아 나서는 결과를 낳는다.[124]

4) 타흘릴(Zwāj at-Taḥlīl 혹은 Zwāj al-Muḥalīl) 결혼

남편과 세 번째 이혼한 아내가 남편과 세 번째 재결합하기 위해 다른 남자와 결혼하는 것을 타흘릴[XVI] 결혼(혹은 무할릴 결혼)이라 한다. 자신의 남편과 재결합하기 위해 외간 남자와 결혼하다니 이 무슨 말인가? 찬찬히 살펴보도록 하자.

이슬람은 남성이 절대적인 권위를 가지는 남성 중심의 사회이다. 그러한 특징은 결혼과 가정 생활 그리고 이혼 과정에서 여실히 드러난다. 이혼의 경우 남편이 아내에게 "당신은 이혼이야!"라는 말만 하면 이혼이 성립된다. 믿기 어렵겠지만 이것은 이슬람 율법이 명시하는 내용이다. 즉 남편이 온전한 정신 상태에서 아내에게 "당신은 이혼이야!" 혹은 "당신은 이혼녀야!" 혹은 "내가 당신을 이혼시켰어!" 등의 문장을 말하기만 하면 이혼이 성립된다. 현대 이슬람 국가에서 이혼 증명서와 위자료 등의 문제는

XVI '타흘릴'(Taḥlīl)이란 합법적이게 함, 할랄이 되게 함이란 의미이다.

차후에 가정 법원에서 처리하지만, 이슬람 율법적으로 이혼의 성립은 남편이 말로 선언하는 것으로 충족된다.[125]

남편의 이혼 선언으로 성립되는 이혼을 몇 번까지 할 수 있을까? 꾸란은 이혼을 두 번까지만 허락한다고 기록한다.

◆ (재결합이 가능한) 이혼은 두 번이니라. (그녀를) 친절함으로 붙들든지, 아니면 (그녀를) 잘 대우하여 떠나보내라(2:229).

이 구절에 따라 두 번째 이혼까지는 합의할 경우 언제든지 재결합할 수 있다. 이때 이혼한 아내는 세 번의 생리 기간('iddah)을 보낸 뒤 재결합한다. 이렇게 두 번째 재결합까지는 이 기간만 보내면 언제든지 재결합할 수 있다.

꾸란에서 이혼이 가능한 횟수를 두 번으로 정하고 있기 때문에 무슬림은 세 번째 이혼을 영원히 헤어지는 것으로 생각한다. 그래서 남편은 이 사실을 이용하여, 아내가 마음에 들지 않을 때, "당신은 세 번 이혼이야!"라고 하거나 "당신을 세 번 이혼시키겠어!"라고 협박하기도 한다. 이 말은 '당신을 영원히 헤어지게 할 수 있으니 조심하라'는 의미로, 부부 싸움에서 단골로 등장하는 표현이다. 이렇게 두 번까지만 이혼이 허락되기에 가정법원에서 부부의 이혼 절차를 진행할 경우 그 이혼이 몇 번째인지 반드시 확인한다.

그렇다면 부부가 세 번째로 이혼하면 두 사람은 영원히 헤어지는 것일까? 영원히 헤어진다고 생각했는데, 그 뒤에 마음이 바뀌어 재결합하려고 하면 어떻게 해야 하는가? 여기서 필요한 것이 타흘릴 결혼이다. 앞의 꾸란 구절에서 이혼이 두 번째까지만 가능하다고 하고 있지만 바로 그다음 구절에서 다음과 같이 기록한다.

◆ 남편이 그의 아내를 (세 번째로) 이혼시켰다면 그녀가 남편 이외의 다른 남자와 결혼할 때까지 그녀는 남편과 재결합이 불가하니라. 만일 그 다른

남자가 그녀와 이혼하면 그들 둘이 재혼하는 것이 잘못이 없느니라(2:230).

이 구절에서 남편이 아내를 세 번째로 이혼시켰을 경우 그녀가 남편 이외의 외간 남자와 결혼을 해야 남편과 재결합이 가능하다고 한다. 이때 이혼한 아내는 남편이 아닌 외간 남자와 결혼한 뒤 반드시 그 남자와 성관계를 해야 하고, 그 뒤 그 남자와 이혼해야 원래의 남편과 재결합할 수 있다고 한다. 즉 이 결혼은 이슬람에서 세 번째 재결합이 금지 사항(하람)인데, 그것을 합법(할랄)적이게 하는 결혼(Zwāj at-Taḥlīl)이란 의미이다. 그래서 세 번째 이혼한 이혼녀와 일정 기간 결혼 생활을 하는 이 남자를 '무할릴'(muḥalil)[XVII]이라 한다.

정말 이상하고 상식적으로 납득할 수 없는 결혼이다. 그러나 이 결혼은 위의 꾸란 구절이 명하고 있을 뿐만 아니라 다음의 하디스들이 분명하게 기록하고 있다.

◇ 아이샤가 말했다.
리파아의 아내가 알라의 선지자에게 와서 말했다.
"제가 리파아와 결혼해서 살았는데 그가 나를 이혼시켰습니다. 그가 저를 세 번 이혼시켜서 다시 돌아갈 수 없게 했습니다. 그래서 저는 압둘 라흐만 브닐 자비르와 결혼했습니다. 그런데 그가 가진 것은 베 한 조각밖에 없었습니다(성적인 능력이 약했다는 의미 [He is sexually weak])."
그것을 들은 알라의 메신저는 미소를 지은 후 말했다.
"그대는 리파아(처음 남편)에게 돌아가길 원하는가? 그렇게 할 수는 없어. 그대가 그(압둘 라흐만. 새로 결혼한 남편)의 성기('usaylah)의 달콤함을 맛보고, 그(압둘 라흐만)가 그대 성기의 달콤함을 맛보기 전까지는 돌아가서는

XVII 의미는 '할랄이 되게 해 주는 사람'이란 의미이다. 즉, 결혼을 합법적이게 해 주는 사람이란 의미이다.

안 된다"(사히흐 무슬림 1433a; 사히흐 부카리 5265).

위의 하디스의 제목은 "세 번 이혼을 당한 여자는 이혼시킨 남편에게 돌아갈 수 없다. 그녀가 남편 이외의 다른 사람과 결혼하고, 그 다른 사람이 그녀와 성관계를 한 뒤, 그가 그녀를 이혼시키고, 그 뒤 그녀가 세 번의 생리 기간('iddah)를 보내지 않고는 이혼시킨 원래 남편에게 돌아갈 수 없다"이다. 제목이 길다. 그러나 그 의미는 남편에게 세 번 이혼당한 여자가 남편에게 돌아가기 위해서는 다른 남자와 타흘릴 결혼을 해야 한다는 말이다. 아래는 비슷한 의미의 다른 하디스이다.

◇ 아이샤가 말하길

알라의 메신저가 아내를 세 번 이혼시킨 한 남자에 관해서 질문을 받았다. 그 남자의 아내는 자신의 남편 이외의 다른 남자(무할릴)와 결혼하였고, 그 남자(무할릴)는 그녀와 침실에 들었다. 그런데 그 남자(무할릴)가 그녀와 성관계를 하기 전에 그녀를 이혼시켰다. 이럴 경우 그녀가 처음 남편과의 재결합이 합당한가 하는 질문이었다.

알라의 선지자께서 말씀하길 "그녀가 그 남자(무할릴) 성기의 달콤함을 맛보고 그 남자(무할릴)가 그녀 성기의 달콤함을 맛보기 전까지는 처음 남편과의 재결합이 합당하지 않다"(수난 아비 다우드 2309; 수난 니싸이 3415).

자신의 남편과 세 번째로 재결합을 원하는 여자가 무할릴(muḥalil)과 서류상 결혼 혹은 위장 결혼을 해서는 안 된다는 것이다. 반드시 그녀는 그 무할릴과 성관계를 한 뒤 성관계의 즐거움을 맛보고 그 무할릴이 자신을 이혼시킬 때 자신의 원래 남편과 새 번째로 재결합할 수 있다는 것이다. 이혼한 아내가 남편과 세 번째로 재결합하기 위해 외간 남자와 결혼 생활을 해야 한다니 일반적인 결혼관으로는 도저히 이해되지 않는다.

무슬림 쉐이크는 이 결혼을 제정한 목적이 세 번이나 부인을 이혼시킨 남편에게 부끄러움과 형벌을 가하기 위한 것이라고 한다. 남편이 아닌 다른 남자와 성관계를 하되 그와의 성관계에서 즐거움까지 느낀 뒤 자신의

타흘릴 결혼을 한 무할릴의 모습.
그는 돈을 받고 타흘릴 결혼을 일곱 번 했다고 밝히고 있다.[127]

남편과 재결합하는 것이 남편에게 복수하는 것이라는 설명이다.[126] 그러나 이러한 설명은 남편과 아내가 지켜야 할 정절이라는 상식적인 결혼 윤리에 전혀 맞지 않는 것이다.

더구나 이 결혼 제도는 다음과 같은 부차적인 문제를 일으킨다. 세 번째 재결합을 원하는 부부의 경우 이슬람 율법이 그렇게 정해 놓고 있기에 아내가 외간 남자(무할릴)와 하루라도 결혼해야 한다. 그래서 타흘릴 결혼을 원하는 남편이 자신이 아는 친구나 다른 남자(무할릴)에게 청탁을 하는 경우들이 생기게 된다. 즉 그 남자(무할릴)에게 자신의 이혼한 아내와 결혼해 달라고 요청하고, 그에게 일정 금액의 돈을 지불하는 것이다. 그러면 그 남자(무할릴)는 남편으로부터 돈을 받고 그 이혼한 아내와 일정 기간 결혼 생활을 한다. 한 아랍 방송에는 3년간 일곱 번이나 타흘릴 결혼을 해 준 무할릴(muḥalil)이 프로그램에 나와 자신의 경험을 나누기도 했다.[128]

이슬람 율법학자들은 타흘릴 결혼의 조건을 남편과 무할릴 간의 사전 동의나 금전 거래가 없어야 한다고 말한다. 그러나 실제는 청탁과 돈거래가 있는 경우가 대부분이다.

타흘릴 결혼은 이슬람 샤리아법으로 완전한 허용 사항(할랄)이다. 꾸란과 하디스에서 명령하고 있기에 현대 율법학자들도 다른 말을 하지 못한다. 그러나 오늘날 보통의 무슬림들 가운데는 이 결혼을 비난하는 사람들

이 많다. 이혼한 남녀의 재결합을 위해 외간 남자에게 돈을 지불하는 것도 비난할 일이지만, 그 외간 남자에게 자신의 아내를 주어서 일정 기간 동거하게 하는 것이 현대인들의 윤리관과 맞지 않기 때문이다.[129]

타흘릴 결혼 제도를 보면서 과연 이슬람은 성적인 윤리와 부부간의 정절을 중시하는 종교인가? 라는 자연스러운 의문이 생긴다.

5) 우르피(az-Zwāj al-'Urfi) 결혼

앞에서 미쓰야르 결혼이 아랍 나라 가운데 걸프만 국가들에서 유행한다고 했다. 그에 비해 우르피 결혼은 아랍 나라 가운데 이집트에서 가장 유행하는 것이다.[130]

이 결혼은 공식적인 결혼 계약 서류를 작성하지 않아 법원(샤리아 법원 혹은 가정 법원)에 혼인신고가 되지 않은(ghayr muwaththaq) 결혼을 말한다.[131] 보통의 결혼은 신랑 본인과 신부 측 대리인이 결혼 계약과 등록 업무를 담당하는 마으준(ma'dhūn, 결혼 계약 업무를 담당하는 사람) 앞에서 결혼 계약서를 작성한다. 그러면 마으준(ma'dhūn)이 그 계약서를 가지고 법원에 결혼 등록을 한다. 그러나 우르피 결혼은 이 마으준에 의한 결혼 계약서를 작성하지 않으므로 법원에 혼인신고가 되지 않는 결혼을 말한다.

이러한 우르피 결혼은 이슬람 법적인 합법성(zawāj shara'iyy) 여부에 따라 두 종류로 나뉜다. 이슬람 법적으로 허용된(할랄) 결혼과 금지된(하람) 결혼이 그것이다.[132] 이슬람 법적으로 허용된 우르피 결혼은 이슬람 결혼의 네 가지 요건을 갖춘 경우이다. 즉 결혼 당사자인 남편과 아내의 동의, 신부 후견인(waliyy, 신부의 아버지가 살아 있을 경우 신부 아버지)의 동의, 증인 두 사람 이상의 출석, 그리고 지참금 지불이 그것이다. 이슬람 법적으로 조건을 갖추었으나 공식적인 서류는 작성하지 않는 결혼인 것이다.

이에비해 이슬람 법적으로 금지된 우르피 결혼은 이슬람 결혼의 네 가지 요건을 갖추지 않은 결혼이다. 즉 신부 후견인의 동의를 받지 못한다든지, 증인이 없이 비밀리에 결혼하든지, 지참금을 지불하지 못하는 경우 등이다. 신랑과 신부는 구두로 약속하든지, 두 사람이 임의로 결혼계약서를 작성하곤 하지만 결혼계약 관리인(ma'dhūn)에 의한 공식적인 증빙 서류는 작성하지 않는다. 이러한 우르피 결혼의 경우 가족이 반대하는 것이 보통이기에 가족이나 이웃에 공개하지 않고 비밀리에 진행되는 경우가 대부분이다. 결혼의 요건이 갖추어지지 않았고, 공식적인 증빙도 되지 않았기에 파혼의 가능성이 아주 높다. 그럼에도 많은 아랍의 젊은이들이 이러한 두 번째 종류의 우르피 결혼을 하고 있다. 그 이유를 아랍어 위키피디어는 다음과 같이 설명한다.

> 젊은이들이 성적 욕구를 해소하기 위해서,
> 젊은 자녀들을 가족이 제대로 보호하고 감시하지 못해서,
> 가난한 집안 출신의 남자가 신혼집을 구할 돈이 없어서,
> 결혼하지 못한 노처녀의 비율이 증가함으로,
> 남편이 사망한 미망인이 남편 이름으로 나오는 연금을 계속 받으면서 다른 남자와 재혼하고 싶어서,
> 높은 실업률로 인해 젊은이들의 결혼 연령이 높아짐으로,
> 후견인이나 가족이 일부다처 결혼을 반대하여서.[133]

우르피 결혼은 공식적인 결혼 증빙을 하지 않았기에 파혼이 되거나 남편이 이 결혼을 부인할 경우 부인이 법적인 보호를 받지 못하게 된다. 즉 마흐르(mahr, 결혼 지참금. 보통 이혼 시 신부가 얼마를 받는다고 계약함)나 살던 집 등에 대해 부인의 권리 행사가 불가능하고, 태어난 아이가 있을 경우 호적에 등록이 불가능하게 된다. 이러한 문제가 있음에도 젊은이들의 우르피 결혼이 증가했고 그것이 사회적 문제가 되자, 정부가 나서지 않을 수 없었다. 그래서 2000년 이집트 정부는 우르피 결혼을 국가법적으로 합법화하는 조처를 했다.[134] 즉, 우르피 결혼을 하더라도 당사자가 결혼 계약서

를 작성하고 등기소(Shahr 'Aqāri)에서 그 서류에 대한 공증을 받을 경우 그 결혼이 보호되도록 했다. 그래서 오늘날 우르피 결혼을 하는 젊은이가 결혼 계약서에 대한 공증을 받을 경우 결혼에 대한 권리 행사에는 문제가 없다고 한다.

이집트의 잘 알려진 신문인 「욤 일새비아」 신문은 우르피 결혼이 아랍 사회와 이슬람 사회가 직면한 가장 큰 재앙 중의 하나라고 했다. 그리고 그 가운데 가장 선두에 있는 나라가 이집트라고 했다. 이 결혼으로 인해 수많은 여성이 자신의 권리를 잃어버렸고 많은 젊은이가 길을 잃게 되었다고 한다. 가장 큰 위험은 우르피 결혼이 아동 결혼을 부추기게 하는 것이라고 했다.[135]

이집트 중앙 통계청에 따르면 2018년에 이집트에서 우르피 결혼은 139,000쌍이었다고 하며, 그중 83%는 결혼 연령이 18세가 넘지 않는다고 발표했다.[136]

6) 밀크야민 결혼

밀크야민은 지하드 전쟁에서 포로가 되거나 돈을 주고 구입하거나 선물로 받은 노예를 말한다. 그 노예들 가운데 미모가 뛰어난 여자들은 주인의 성 노예 혹은 첩이 되었는데, 그들을 밀크야민이라 한다.

밀크야민은 주인이 일방적으로 성관계를 가지는 대상이기에 결혼식이 필요 없다. 이집트의 세속주의자 아흐마드 자이드(Ahmed Zayed)는 중세 시기에 무슬림이 성욕이 생길 경우 여자 노예를 사서 성관계를 했다고 말하고 있다.[137] 밀크야민에 대해서는 제7장에서 구체적으로 다루었다.

오늘날 아랍 세계에 공식적으로는 밀크야민이 존재하지 않는다. 지난 세기 서방 세계의 압력으로 노예 제도가 폐지되었기 때문이다. 그러나 수단과 모르타니아 등의 인권의 사각 지역에서, 혹은 IS나 보코하람 등의 극단주의 이슬람이 지배하는 지역에서 밀크야민이 존재하고 있다.

또한 걸프만 국가들 등에서 가정부로 종사하는 아시아계 여성들을 대상으로 성폭력이 발생하기도 하는데, 이것을 밀크야민의 연장이라 보는 사람도 있다.

이슬람의 여러 가지 결혼에 대한 허락과 금지 여부

	샤리아법적으로	국가법적으로	일반 무슬림 의견
일부다처 결혼	○	○	○
아동/미성년 결혼	○	×	△
무트아 결혼	시아파 ○		△
	순니파 △		△
미쓰야르 결혼	△		△
타흘릴 결혼	○		△
우르피 결혼	△	○	△
밀크야민 관계	○	×	△

* ○ 할랄(합법), × 하람(금지), △ 논란이 있음/사람에 따라 다름

7) 이슬람의 결혼 제도에 대한 비판

지금까지 살펴본 이슬람의 여러 결혼 제도들은 다음과 같은 부분에서 비평을 받는다.

(1) 현대인의 윤리 기준에 적합하지 않은 것이 많음

예를 들어 일부다처제 결혼은 현대인의 윤리 기준 그 어디에도 맞지 않다. 아동 결혼은 아동학대로서 국제적인 금지 사항이다. 타흘릴 결혼과 밀크야민 관계는 이슬람 율법에서는 합법이지만 현대인의 시각으로는 도저히 이해되지 않는 야만적인 것이다. 무트아 결혼(쾌락 결혼)과 미쓰야르 결혼은 이름이 결혼이지 합법적인 매춘이라 할 수 있다. 일반적으로 순니파 나라들에서는 무트아 결혼이 금지되어 있다고 알려져 있다. 그렇다고 하더라도 순니파 나라들에서 미쓰야르 결혼과 우르피 결혼이 성행하고 있다. 또한 두 종파 모두에게 밀크야민이 있다. 밀크야민은 꾸란이 허락하는 것

이기에 극단주의 무슬림에게 여건만 주어진다면 언제든지 시행하려고 한다. 이러한 것들은 현대인의 윤리 기준에 맞지 않다.

(2) 성 관념이 지나치게 남성 중심적임

이슬람 나라들에서 사람들이 성적인 탈선을 하지 않도록 엄격하게 통제하지만, 결과적으로 그것은 여자들에게만 해당한다. 남자들은 밀크야민, 무트아 결혼, 미쓰야르 결혼, 타흘릴 결혼, 우르피 결혼 등 자신의 욕구에 따라 얼마든지 즐기고 방종하는 방법이 있다. 이슬람 율법을 철저하게 지키려고 하는 극단주의 무슬림이나 독실한 무슬림이라 할지라도 이슬람 율법이 그들에게 할랄(허용 사항)로 허용하는 결혼들이 있어 그것들을 얼마든지 즐길 수 있다. 남자들에게는 미쓰야르 결혼과 타흘릴 결혼 그리고 밀크야민 결혼, 시아파의 경우 무트아 결혼이 허용되어 있다. 순니파에서 무트아 결혼을 허용하는 율법학자도 있다. 그러면서 여자들에게는 피트나(fitnah, 유혹)와 아우라의 규정으로 순결과 정절을 요구한다. 간음죄 등으로 처벌받는 사람도 대부분 여자들이다.

(3) 여성은 성의 도구에 지나지 않음

언급된 대부분의 결혼이 남자의 성적인 만족을 위해서 고안되었다.[138] 주체가 남자이며, 여자는 권리가 없거나 수동적이다. 결국 여성은 남성에게 성의 노예가 되는 구조이다. 비평가들은 이슬람의 결혼은 남성이 여성에게 지참금을 지불하고 여성으로부터 성적인 권리를 사는 것이라 한다.

◆ 너희의 여자들은 너희를 위한 경작지라. 너희들이 어디서(/언제/어떻게, 'anna) 원하든지 그 경작지로 가라(꾸란 2:223).

꾸란과 하디스와 이슬람 전통은 아내들이 남편의 성적인 즐거움을 채워 주는 도구에 지나지 않음을 말하고 있다.

(4) 남녀의 이상적 성과 결혼의 가치를 왜곡시킴

남자와 여자에게 주어진 성(性)은 고유하고 아름다운 것이다. 그것은 한쪽이 지배하고 한쪽은 복종하는 주종 관계가 아니다. 그것은 대등한 입장에서 서로의 부족함을 채워 주고 보완하는 원윈 관계이어야 한다. 결혼은 이러한 남성과 여성의 장점이 계발되는 과정이고, 육체적인 관계만이 아닌 정신적인 연합을 이루는 하나 됨의 신비라 할 수 있다. 그런데 이슬람의 결혼 제도에는 이러한 이상적인 결혼의 아름다운 가치를 볼 수 없다. 부부간의 정신적 연합과 인격적인 상호 존중과 배려 등의 행복한 결혼 생활을 위한 필요조건에는 관심이 없다. 오로지 남편에게 복종을 강요하고, 남편의 성적 기쁨을 채워 주는 역할 그리고 출산을 위한 역할만 강조하고 있다.

미주

1 al-'Akh Rashid, Su'āl Jarī'(용감한 질문) 제93편 al-Mar'ah fi al-Islām(이슬람에서의 여성), https://www.youtube.com/watch?v=Lbk1aOHCq8M&t=314s, 2020년 6월 11일.
2 https://mawdoo3.com/ام_اذا_تعني_النساء_قانات_عقل_ودي#cite_note-EpM3q-JsKrF-8, 2020년 6월 11일.
3 al-'Akh Rashid, Su'āl Jarī'(용감한 질문) 제549편 Hal Karama al-Islām al-Mar'ah(이슬람은 여성을 영예롭게 했는가?), https://www.youtube.com/watch?v=U9qgawt4O-jQ, 2020년 6월 11일.
4 https://ar.islamway.net/fatwa/56081/%D8%A7%D9%84%D9%85%D8%B1%D8%A3%D8%A9-%D8%AE%D9%84%D9%82%D8%AA-%D9%85%D9%86-%D8%B6%D9%84%D8%B9-%D8%A3%D8%B9%D9%88%D8%AC, 2020년 6월 11일.
5 https://islamqa.info/ar/answers/264771/%D9%81%D9%8A-%D9%85%D8%B9%D9%86%D9%89-%D8%AD%D8%AF%D9%8A%D8%AB-%D8%A7%D9%86-%D8%A7%D9%84%D9%85%D8%B1%D8%A7%

D8%A9-%D8%AE%D9%84%D9%82%D8%AA-%D9%85%D9%86-%D8%B6%D9%84%D8%B9-%D9%88%D9%87%D9%84-%D9%87%D9%8A-%D9%85%D8%AC%D8%A8%D8%B1%D8%A9, 2020년 6월 11일.

6 https://mawdoo3.com/كم_نصيب_البنت_من_الميراث, 2020년 6월 11일.
7 Hamed Abd Samad, Ṣandūq al-'Islām(이슬람의 상자) 제16편 무함마드의 여인들: 무함마드는 왜 아이샤와 결혼했는가?, https://www.youtube.com/watch?v=iwX-anH-qvrk, 2020년 6월 11일.
8 https://mawdoo3.com/ماذا_يعني_قوامة_الرجال_على_النساء#cite_note-EpM3q-JsKrF-8, 2020년 6월 11일.
9 https://www.youtube.com/watch?v=-w3kNLaigUc, 2020년 6월 11일.
10 https://islamqa.info/ar/answers/22899/معنى-الفتنة-المكبلة-في-القران-الكريم, 2020년 6월 11일.
11 al-Musnad, lil-'Imām 'Aḥmad Bni Muḥammad Bni Ḥanbal (Cairo: Dār al- Ḥadīth, 1995), Vol 11, p. 477; https://www.ahlalhdeeth.com/vb/showthread.php?t=207411, 2020년 6월 11일; al-'Akh Rashid, Su'āl Jarī'(용감한 질문) 제389편 Hal Kāna Muhammad 'ala Khulq 'Aẓīm(무함마드는 위대한 성품의 소유자인가?), https://www.youtube.com/watch?v=3R18siGXTS0&t=3530s, 2020년 6월 11일.
12 https://almunajjid.com/speeches/lessons/242, 2020년 6월 11일.
13 https://www.youtube.com/watch?v=UeYIXAFnPZU, 2020년 4월 6일.
14 https://mawdoo3.com/ءالنسا_عن_عطر_الرسول_حديث#cite_note-GtuJDyJIz6-2, 2020년 6월 11일.
15 https://islamqa.info/ar/answers/214748/شبهة-حول-حديث-يقطع-الصلاة-المرأة-والحمار-والكلب, 2020년 8월 7일.
16 https://binbaz.org.sa/fatwas/6027/بيان-ما-يقطع-الصلاة-المرور-بالمامم, 2020년 8월 7일.
17 Hamed Abd Samad, Ṣandūq al-'Islām(이슬람의 상자) 제46편 이슬람과 성, https://www.youtube.com/watch?v=R9opKBsEHFA, 2020년 6월 11일.
18 al-'Akh Rashid, Su'āl Jarī'(용감한 질문) 제549편 Hal Karama al-Islām al-Mar'ah(이슬람은 여성을 영예롭게 했는가?), https://www.youtube.com/watch?v=U9qgawt4O-jQ, 2020년 6월 11일.
19 http://quran.ksu.edu.sa/tafseer/qortobi/sura12-aya28.html, 2020년 6월 11일.
20 'Abbās Mahmūd al-'Aqqād, Mawsū'at 'Abbās Mahmūd al-'Aqqād al-Islāmiyya (Beirut: Dar al-kitab al-'Arabi, 1971), Vol 4, al-Mar'a fi al-Qur'ān(꾸란에서의 여성), p. 407.
21 http://midad.com/article/195974/كيد-النساء-وكيد-الشيطان-مام-وردو-في-القرآن, 2020년 6월 11일.
22 Why I left Islam-Saudi Ex-Muslim Ghada, https://www.youtube.com/watch?v=-qFscP-J5Amg, 2020년 6월 11일.
23 al-'Akh Rashid, Limādha Talbas al-Mar'ah al-Muslimah al-Ḥijāb(왜 무슬림 여성은 히잡을 착용하는가?), https://www.youtube.com/watch?v=Ncd4rImqVXc, 2020년 6월 11일.
24 al-'Akh Rashid, Limādha Talbas al-Mar'ah al-Muslimah al-Ḥijāb(왜 무슬림 여성은 히잡을 착용하는가?), https://www.youtube.com/watch?v=Ncd4rImqVXc, 2020년 6월 11일.

25 al-'Akh Rashid, Limādha Talbas al-Mar'ah al-Muslimah al-Ḥijāb(왜 무슬림 여성은 히잡을 착용하는가?), https://www.youtube.com/watch?v=Ncd4rImqVXc, 2020년 6월 11일.
26 https://www.altafsir.com/Tafasir.asp?tMadhNo=1&tTafsirNo=1&tSoraNo=33&tAyahNo=59&tDisplay=yes&Page=1&Size=1&LanguageId=1, 2020년 6월 11일.
27 al-'Akh Rashid, Limādha Talbas al-Mar'ah al-Muslimah al-Ḥijāb(왜 무슬림 여성은 히잡을 착용하는가?), https://www.youtube.com/watch?v=Ncd4rImqVXc, 2020년 6월 11일.
28 https://ko.dict.naver.com/#/entry/koko/6d55788311b440d2a9352fea5ae2cc2a, 2020년 6월 11일.
29 almaany.com, https://www.almaany.com/ar/dict/ar-ar/%D8%B9%D9%88%D8%B1%D8%A9/, 2020년 6월 11일; 'Aḥmad Mukhtār 'umar, Muʻjam al-Lughati al-ʻArabiyyati al-Muʻāṣirati (Cairo: ʻAlām al-Kutub, 2008), Vol 2, p. 1575.
30 'Aḥmad Mukhtār 'umar, Muʻjam al-Lughati al-ʻArabiyyati al-Muʻāṣirati (Cairo: ʻAlām al-Kutub, 2008), Vol 2, p. 1575; https://ar.wikipedia.org/wiki/%D8%B9%D9%88%D8%B1%D8%A9, 2020년 6월 11일.
31 Deep Al-Khudrawi, Dictionary of Islamic Terms (Damascus–Beirut: Al Yamamah, 2012), p. 372.
32 노니 다르위시, 『이슬람의 인권과 여성』 (서울: 4HIM, 2014), p. 105; Nonie Darwish, Cruel and Usual Punishment (Nashville: Thomas Nelson, 2008), p. 77.
33 https://binbaz.org.sa/fatwas/2264/حدود-عروق-الرجل, 2020년 6월 11일; https://binbaz.org.sa/fatwas/1746/حدود-عروق-المرأة, 2020년 6월 11일.
34 https://en.wikipedia.org/wiki/Intimate_parts_in_Islam, 2020년 6월 11일; https://ar.wikipedia.org/wiki/عورة, 2020년 6월 11일.
35 https://en.wikipedia.org/wiki/Intimate_parts_in_Islam, 2020년 6월 11일.
36 Tirmdhi에 의해 하디스 사히흐로 판정된 하디스. 'Abu Ḥamed al-Ghazāli, 'Iḥyā' 'Ulūm al-Dīn (Beirut: Dar Ibn Hazm, 2005), p. 499; https://www.islamweb.net/ar/fatwa/78553/قبضتي-حد-الشيء-عورة-خارج-ت-ستشرفها, 2020년 6월 11일.
37 'Abu Ḥamed al-Ghazāli, 'Iḥyā' 'Ulūm al-Dīn (Beirut: Dar Ibn Hazm, 2005), p. 499.
38 노니 다르위시, 『이슬람의 인권과 여성』 (서울: 4HIM, 2014), p. 105; Nonie Darwish, Cruel and Usual Punishment (Nashville: Thomas Nelson, 2008), p. 77.
39 노니 다르위시, 『이슬람의 인권과 여성』 (서울: 4HIM, 2014), pp. 106-107; Nonie Darwish, Cruel and Usual Punishment (Nashville: Thomas Nelson, 2008), p. 78.
40 https://en.wikipedia.org/wiki/Intimate_parts_in_Islam, 2020년 6월 11일.
41 필자의 녹음. 녹음 대상: Peter Yishmael, 녹음 일시: 2020년 2월 26일.
42 al-Sunan al-Kobra lil-Bayhaqi, Vol 2, p. 227; Ṭabaqāt ibn Saʻd, Vol 7, p. 127.
43 al-'Akh Rashid, Limādha Talbas al-Mar'ah al-Muslimah al-Ḥijāb(왜 무슬림 여성은 히잡을 착용하는가?), https://www.youtube.com/watch?v=Ncd4rImqVXc, 2020년 6월 11일.
44 al-Sunan al-Kobra lil-Bayhaqi, Vol 2, p. 321.
45 https://www.hrw.org/news/2013/07/03/egypt-epidemic-sexual-violence 2020년 11월 7일; http://www.womennews.co.kr/news/articleView.html?idxno=59129, 2020년 7월 6일.
46 https://www.amnestyusa.org/files/mde_120042015.pdf, 2020년 7월 6일.
47 https://www.youtube.com/watch?v=2ZiA5PHpYTg.
48 https://www.seoul.co.kr/news/newsView.php?id=20110217018008; https://www.

chosun.com/site/data/html_dir/2012/01/23/2012012300319.html; http://news.chosun.com/site/data/html_dir/2011/04/29/2011042901571.html?Dep0=twitter&d=2011042901571, 2020년 7월 6일.
49 http://www.womennews.co.kr/news/articleView.html?idxno=59169, 2020년 7월 6일.
50 https://en.wikipedia.org/wiki/Mass_sexual_assault_in_Egypt, 2020년 7월 6일.
51 http://www.newdaily.co.kr/site/data/html/2016/01/06/2016010600051.html, 2020년 6월 11일; https://masralarabia.net/صحاف-ةأجنبية/867367-تـ-افاصيل-الـقـتلـة-الـحر ش-الـجماعـي-فـي-كولون, 2020년 6월 11일
52 https://www.dw.com/ar/الـنشطة-أ%D9%90س-افـترز-لـيس-الـمسلـمون-بـل-الـسلام-ويون-هم-ضحانجة-فـي-كولونايا/a-19254897, 2020년 11월 8일.
53 Hamed Abd Samad, Ṣandūq al-'Islām(이슬람의 상자) 제46편 이슬람과 성, https://www.youtube.com/watch?v=R9opKBsEHFA, 2020년 6월 11일.
54 Hamed Abd Samad, Ṣandūq al-'Islām(이슬람의 상자) 제46편 이슬람과 성, https://www.youtube.com/watch?v=R9opKBsEHFA, 2020년 6월 11일.
55 Hamed Abd Samad, Ṣandūq al-'Islām(이슬람의 상자) 제46편 이슬람과 성, https://www.youtube.com/watch?v=R9opKBsEHFA, 2020년 6월 11일.
56 https://en.wikipedia.org/wiki/Mass_sexual_assault_in_Egypt#cite_note-unwomen2013-31, 2020년 7월 6일.
57 노니 다르위시, 『이슬람의 인권과 여성』 (서울: 4HIM, 2014), p. 35; Nonie Darwish, *Cruel and Usual Punishment* (Nashville: Thomas Nelson, 2008), p. 28.
58 Rohi Baalbaki, al-Mawrid Arabic Dictionary (Beirut: Dar El-ILM LILMALAYIN, 1997), p. 876.
59 'Aḥmad Mukhtār 'umar, Mu'jam al-Lughati al-'Arabiyyati al-Mu'āṣirati (Cairo: 'Alām al-Kutub, 2008), Vol 2, p. 1877.
60 'Abu Ḥamed al-Ghazāli, *'Iḥyā' 'Ulūm al-Dīn* (Beirut: Dar Ibn Hazm, 2005), p. 483.
61 'Abu Ḥamed al-Ghazāli, *'Iḥyā' 'Ulūm al-Dīn* (Beirut: Dar Ibn Hazm, 2005), p. 497.
62 'Abu Ḥamed al-Ghazāli, *'Iḥyā' 'Ulūm al-Dīn* (Beirut: Dar Ibn Hazm, 2005), p. 479.
63 'Abu Ḥamed al-Ghazāli, *'Iḥyā' 'Ulūm al-Dīn* (Beirut: Dar Ibn Hazm, 2005), p. 481.
64 'Abu Ḥamed al-Ghazāli, *'Iḥyā' 'Ulūm al-Dīn* (Beirut: Dar Ibn Hazm, 2005), pp. 497-498.
65 'Abu Ḥamed al-Ghazāli, *'Iḥyā' 'Ulūm al-Dīn* (Beirut: Dar Ibn Hazm, 2005), p. 498.
66 'Abu Ḥamed al-Ghazāli, *'Iḥyā' 'Ulūm al-Dīn* (Beirut: Dar Ibn Hazm, 2005), p. 498; 수난 이븐 마자흐 1925, 1926와 이맘 아흐마드 12614 등에 같은 하디스가 있다.
67 'Abu Ḥamed al-Ghazāli, *'Iḥyā' 'Ulūm al-Dīn* (Beirut: Dar Ibn Hazm, 2005), p. 483.
68 'Abu Ḥamed al-Ghazāli, *'Iḥyā' 'Ulūm al-Dīn* (Beirut: Dar Ibn Hazm, 2005), p. 483.
69 'Abu Ḥamed al-Ghazāli, *'Iḥyā' 'Ulūm al-Dīn* (Beirut: Dar Ibn Hazm, 2005), p. 484.
70 Why I left Islam-Saudi Ex-Muslim Ghada, https://www.youtube.com/watch?v=-qFscPJ5Amg, 2020년 6월 11일.
71 https://www.altafsir.com/Tafasir.asp?tMadhNo=0&tTafsirNo=1&tSoraNo=4&tAyahNo=34&tDisplay=yes&Page=5&Size=1&LanguageId=1, 2020년 6월 11일.
72 https://www.altafsir.com/Tafasir.asp?tMadhNo=0&tTafsirNo=4&tSoraNo=4&tAyahNo=34&tDisplay=yes&Page=3&Size=1&LanguageId=1, 2020년 6월 11일.

73 https://www.altafsir.com/Tafasir.asp?tMadhNo=1&tTafsirNo=5&tSoraNo=4&tAyahNo=34&tDisplay=yes&Page=2&Size=1&LanguageId=1, 2020년 6월 11일.
74 https://www.altafsir.com/Tafasir.asp?tMadhNo=1&tTafsirNo=5&tSoraNo=4&tAyahNo=34&tDisplay=yes&Page=3&Size=1&LanguageId=1, 2020년 6월 11일.
75 https://www.altafsir.com/Tafasir.asp?tMadhNo=0&tTafsirNo=1&tSoraNo=4&tAyahNo=34&tDisplay=yes&Page=5&Size=1&LanguageId=1, 2020년 6월 11일.
76 https://www.altafsir.com/Tafasir.asp?tMadhNo=0&tTafsirNo=4&tSoraNo=4&tAyahNo=34&tDisplay=yes&Page=3&Size=1&LanguageId=1, 2020년 6월 11일.
77 https://www.alukah.net/sharia/0/50650/, 2020년 12월 1일.
78 https://www.altafsir.com/Tafasir.asp?tMadhNo=0&tTafsirNo=1&tSoraNo=4&tAyahNo=34&tDisplay=yes&Page=9&Size=1&LanguageId=1, 2020년 6월 11일.
79 Malek Meselmani, *Women in Islam: Honored or Persecuted?* (USA : Water Life Publishing, 2013).
80 https://www.altafsir.com/Tafasir.asp?tMadhNo=0&tTafsirNo=1&tSoraNo=4&tAyahNo=34&tDisplay=yes&Page=11&Size=1&LanguageId=1, 2020년 6월 11일.
81 https://www.youtube.com/watch?v=49Uw8HINLak, 2020년 6월 14일.
82 https://www.altafsir.com/Tafasir.asp?tMadhNo=0&tTafsirNo=7&tSoraNo=4&tAyahNo=34&tDisplay=yes&Page=3&Size=1&LanguageId=1, 2020년 6월 11일.
83 Nonie Darwish, *Cruel and Usual Punishment* (Nashville: Thomas Nelson, 2008), p. 49.
84 al-'Akh Rashid, Su'āl Jarī'(용감한 질문) 제549편 Hal Karama al-Islām al-Mar'ah(이슬람은 여성을 영예롭게 했는가?), https://www.youtube.com/watch?v=U9qgawt4OjQ, 2020년 6월 11일.
85 Hamed Abd Samad, Ṣandūq al-'Islām(이슬람의 상자) 제94편 Kayfa Yumkinu ' Islāḥ 'Alāqah al-Islām bil-Mar'ah(이슬람과 여성의 관계를 어떻게 개혁할 수 있을까?), https://www.youtube.com/watch?v=IsFP3L3Y81I, 2020년 6월 14일.
86 https://www.alarabiya.net/ar/saudi-today/2013/06/26/إفتاء-عن-سن-العلاقة-فتحاجة- الافطال-واومار-ةأروسدي-ةلي-87-, 2020년 6월 14일.
87 https://www.alhurra.com/choice-alhurra/2018/09/21/ثلث-سنء-العرب-ضحايا- العنف?amp=&page=292, 2020년 6월 14일.
88 https://www.altafsir.com/asbabalnuzol.asp?soraname=2&ayah=223&search=yes&img=a&languageid=1, 2020년 6월 14일.
89 Muḥammad bni Jarīr al-Ṭabari, *Tafsr al-Ṭabari* (Cairo: Hagr, 2001),Vol 3, pp. 745-763.
90 Malek Meselmani, *Women in Islam: Honored or Persecuted?* (USA : Water Life Publishing, 2013).
91 Hamed Abd Samad, Ṣandūq al-'Islām(이슬람의 상자) 제94편 Kayfa Yumkinu ' Islāḥ 'Alāqah al-Islām bil-Mar'ah(이슬람과 여성의 관계를 어떻게 개혁할 수 있을까?), https://www.youtube.com/watch?v=IsFP3L3Y81I, 2020년 6월 14일.
92 노니 다르위시, 『이슬람의 인권과 여성』(서울: 4HIM, 2014), p. 67; Nonie Darwish, *Cruel and Usual Punishment* (Nashville: Thomas Nelson, 2008), p. 50.
93 Muḥammad bni Ṣāliḥ al-'Uthīmīn, *Sharḥ Saḥīḥ al-Bukhāri* (Cairo: al-Nublā' lil-Kitāb Markish, 2008), Vol 6, p. 157.
94 Muḥammad bni Ṣāliḥ al-'Uthīmīn, *Sharḥ Saḥīḥ al-Bukhāri* (Cairo: al-Nublā' lil-Kitāb

Markish, 2008), Vol 6, p. 156.
95 노니 다르위시, 『이슬람의 인권과 여성』 (서울: 4HIM, 2014), p. 51; Nonie Darwish, *Cruel and Usual Punishment* (Nashville: Thomas Nelson, 2008), p. 39.
96 'Abu Ḥamed al-Ghazāli, *'Iḥyā' 'Ulūm al-Dīn* (Beirut: Dar Ibn Hazm, 2005), p. 500.
97 'Abu Ḥamed al-Ghazāli, *'Iḥyā' 'Ulūm al-Dīn* (Beirut: Dar Ibn Hazm, 2005), p. 498.
98 al-'Akh Rashid, Bi Kull Wudūḥ(명명백백하게) 제43편 Layla al-Maghrabiyyah Tatruk al-Islām 'Alāniyyah(모로코인 라일라, 공개적으로 이슬람을 떠나다), https://www.youtube.com/watch?v=88FZB-Y7D-o&t=935s, 2020년 6월 14일.
99 https://arabic.sputniknews.com/arab_world/201912031043593589-أكثر-من-قارئ-الباب-الدولي-على-برغية-تستتحال-تعددت-زوجات-فيديو/, 2020년 10월 9일.
100 https://www.aleqt.com/2013/06/17/article_763808.html, 2020년 6월 14일.
101 https://www.youtube.com/watch?v=Kp7MSr1V5zk, 2020년 10월 10일.
102 http://arabic.bayynat.org.lb/ArticlePage.aspx?id=21064, 2020년 6월 14일.
103 https://en.wikipedia.org/wiki/Child_marriage, 2020년 6월 14일.
104 https://en.wikipedia.org/wiki/Nikah_mut%27ah, 2020년 7월 21일.
105 https://www.bbc.com/korean/49936063?xtor=AL-73-%5Bpartner%5D-%5Bnaver%5D-%5Bheadline%5D-%5Bkorean%5D-%5Bbizdev%5D-%5Bisapi%5D, 2020년 6월 14일.
106 https://en.wikipedia.org/wiki/Nikah_mut%27ah, 2020년 6월 14일; https://ar.wikipedia.org/wiki/زواج_المتعة, 2020년 6월 14일.
107 https://islamqa.info/ar/answers/20738/زواج-المتعة-والرد-على-من-يبيحه-من-الروافض, 2020년 6월 14일.
108 https://www.yabeyrouth.com/6457-زواج-المتعة-بين-السنة-والشيعة, 2020년 10월 9일.
109 https://islamweb.net/ar/library/index.php?page=bookcontents&idfrom=2131&idto=2132&bk_no=93&ID=1182, 2020년 10월 9일.
110 https://www.altafsir.com/Tafasir.asp?tMadhNo=1&tTafsirNo=7&tSoraNo=4&tAyahNo=24&tDisplay=yes&Page=11&Size=1&LanguageId=1.
111 https://www.youtube.com/watch?v=K19ECKmtHbQ, 2020년 6월 14일.
112 https://www.aleqt.com/2013/06/17/article_763808.html, 2020년 6월 14일.
113 https://elaph.com/Web/opinion/2016/8/1102340.html, 2020년 10월 9일.
114 하메드 압드엘-사마드, 『무함마드 평전』 (서울: 한스미디어, 2016), p. 201.
115 https://www.naseh.net/index.php?page=YXJ0aWNsZQ==&op=ZGlzcGxheV9hcnRpY2xlX2RldGFpbHNfdQ==&article_id=MzA5, 2020년 7월 6일.
116 https://en.wikipedia.org/wiki/Misyar_marriage, 2020년 6월 14일; https://ar.wikipedia.org/wiki/زواج_المسيار, 2020년 6월 14일.
117 https://www.yabeyrouth.com/5437-خصائص-في-زواج-المسيار, 2020년 10월 9일; https://www.youtube.com/watch?v=Dtuj7gea0wo&t=2574s, 2020년 10월 9일.
118 https://nawazel.net/?p=1200, 2020년 10월 9일; https://www.youtube.com/watch?v=Dtuj7gea0wo&t=2574s, 2020년 10월 9일.
119 https://www.yabeyrouth.com/5433-أسباب-نشأة-وظهور-زواج-المسيار, 2020년 10월 9일.
120 https://www.yabeyrouth.com/5433-أسباب-نشأة-وظهور-زواج-المسيار, 2020년 10월 9일.
121 https://www.yabeyrouth.com/5433-أسباب-نشأة-وظهور-زواج-المسيار, 2020년 10월 9일.
122 https://www.fateh-gaza.com/post/22263, 2020년 10월 9일.

123 필자의 녹음. 녹음 대상: Peter Yishmael, 녹음 일시: 2020년 5월 25일.
124 https://www.fateh-gaza.com/post/22263, 2020년 10월 9일.
125 https://mawdoo3.com/كيف_عقي_الطلاق_شرعًا.
126 https://www.youtube.com/watch?v=HNaQs3AIEAc.
127 https://www.youtube.com/watch?v=AMmrXmVnR_g&t=7s, 2020년 6월 14일.
128 https://www.youtube.com/watch?v=AMmrXmVnR_g&t=3s, 2020년 6월 14일.
129 https://www.youtube.com/watch?v=AMmrXmVnR_g&t=3s, 2020년 6월 14일.
130 https://www.youtube.com/watch?v=-SRH1jDcGCw&t=1279s, 2020년 10월 10일.
131 https://www.islamweb.net/ar/fatwa/5962/حكم-الزواج-العرفي, 2020년 10월 10일; https://ar.wikipedia.org/wiki/زواج_عرفي, 2020년 10월 10일.
132 https://www.islamweb.net/ar/fatwa/5962/حكم-الزواج-العرفي, 2020년 10월 10일.
133 https://ar.wikipedia.org/wiki/زواج_عرفي, 2020년 6월 14일.
134 https://sites.google.com/site/socioalger1/drasat-qanwnyte/drasat-qanwnyte/alzwaj-al-rfy-byn-alshryte-walqanwn, 2021년 1월 18일.
135 https://www.youm7.com/story/2019/7/26/اشنان-مضيحكشك-عليكي-القانون-فرق-بين-الزواج-العرفي-شرعاً/4349585, 2020년 7월 21일.
136 https://akhbarak.net/articles/37101720-مفاجأة-صادمة-83-من-أصحاب-الزواج-العرفي?sec=Analysis&src=صدى+البلد, 2020년 6월 14일.
137 https://www.youtube.com/watch?v=HYZbMI10ngU&t=2149s, 2020년 8월 9일.
138 https://en.wikipedia.org/wiki/Misyar_marriage, 2020년 7월 21일.

집필 후기

1. 이슬람의 본질을 알자!

　필자가 탈이슬람 현상을 파악하고 구체적으로 작업에 들어간 지 3년 이상의 시간이 흘렀다. Ex 무슬림의 세계는 음지의 세계이고 비밀의 세계이다. 지난 20여년 사이에 그들의 숫자가 많아져서 '무신론 현상'이란 소동이 일어나기도 했지만, 가상 공간 이외에서는 그 실체를 알기가 쉽지 않다. 그런데도 필자는 SNS를 통해 그들이 증언하고 강의하는 내용을 접할 수 있었고, 그것을 공부하고 정리할 수 있었다. 다행스럽게 생각한다.

　필자는 이 책을 집필하는 내내 '본질'이란 단어를 생각했다. 어떤 종교의 '본질'이라고 하면 그 종교가 가지고 있는 근본적인 특징이나 모습을 말할 것이다. 식물의 씨앗처럼 몸통과 가지를 볼 수 없어도 그 안에 간직하고 있는 원형의 모습일 것이다. 다르게는 그 종교에 대한 미화와 포장과 위장을 모두 제거하고 남은 적나라한 진실, 그것이 그 종교의 본질일 것이다.

　그렇다면 어떤 종교의 '본질'을 파악하려면 어떻게 해야 하는가? 그것은 의외로 간단하다. 그 종교의 경전과 창시자에 대해 살펴보면 된다. 그 종교의 현재의 모습이 아니라 그것의 초기의 모습으로 돌아가면 된다. 그들의 뿌리를 보는 것이다.

예를 들어 불교와 유교와 기독교 등의 종교의 본질을 알기 위해서는 그들의 경전과 창시자의 삶과 초기의 역사를 보면 된다. 그것들에 나타나는 가르침의 진수와 특징을 보면 된다. 마찬가지로 이슬람도 그 경전인 꾸란과 하디스, 창시자인 무함마드의 삶, 그리고 초기의 역사를 살펴보면 된다. 꾸란과 하디스의 중심 주제와 특징, 무함마드의 행적과 가르침의 진수들, 그리고 사하바(무함마드의 동료들)들이 살아간 행적을 통해 이슬람의 본질을 정확하게 파악할 수 있다.

우리는 지금까지 Ex 무슬림이 증언하는 내용을 따라 이슬람의 경전과 창시자 그리고 이슬람 초기 역사를 살펴보았다. Ex 무슬림은 그것들 가운데 존재하는 상호 모순과 비윤리성, 비합리성, 비인간성, 인종차별과 인권 침해, 여성 억압, 선택의 자유 침해, 타종교 박해 등을 지적했다. 그 문제들 가운데는 인간으로서 상상할 수 없는 야만적인 스캔들도 있었다. 또한 그러한 것들은 종교가 추구해야 할 공익적인 가치에 맞지 않고 현대적인 가치에도 맞지 않는 것이었다. 필자는 Ex 무슬림들의 이러한 증언들과 평가들이 이슬람 본질에 대한 냉철한 자아비판이라 생각한다. 그동안 시도되어 온 모든 종류의 미화와 포장과 위장을 벗겨내고 남은 앙상한 실체적 진실이라 생각한다. 그것이야말로 이슬람의 DNA이고 뿌리인 것이다.

혹자는 "이슬람 근본주의자(극단주의자)들은 무슬림 전체로 보면 소수에 불과하다"라고 말한다. 그러면서 근본주의자들이 소수인데도 그들만 보고 이슬람을 테러와 폭력의 종교로 보면 안 된다고 한다. 일면 동의하고 싶은 말이다. 필자도 제1장 '이집트 무슬림 유형 분류'에서 무슬림이 극단주의 무슬림만 있는 것이 아니라 독실한 무슬림, 온건한 무슬림, 세속주의 무슬림, Ex 무슬림이 있음을 밝혔다. 이집트에서는 극단주의 무슬림의 비율이 10% 정도라고 추정치도 말했다. 그 비율이 높지 않다.

---

1 https://news.joins.com/article/23829310?cloc=joongang-home-photovideolist, 2020년 7월 21일.

그러나 '본질'이란 이슈를 다룰 때는 비율이나 숫자는 별 의미가 없다. 단지 참고 사항일 뿐이다. 왜냐하면 본질은 비율이나 숫자에 거의 영향받지 않기 때문이다. 본질은 앞에서 말한 대로 DNA이고 시대와 상황을 초월하는 핵심 가치(core value)이다. 전체를 주도하고 정체성을 결정하는 창조적 소수이다. 순종이 잡종을 지배하며 진품이 모든 모조품을 제압한다. 따라서 어떤 개인이나 집단이 소수라고 하더라도 그들이 DNA와 핵심 가치를 가지고 있다면 그들이 전체를 대표할 수 있는 것이다.

이런 의미에서 '극단주의 무슬림'은 수적으로 소수라 하더라도 그들이 본질을 간직하고 있기에 그들이 이슬람을 대표하는 그룹이다. 실제로 그들은 이슬람의 가르침과 초기 선조들의 행적을 가장 충실히 따르고 지키고 있다. 꾸란과 하디스 내용을 문자 그대로 지키려고 하고 있다. 그들이 믿고 따르는 내용에 조금의 흔들림도 없다. 오늘도 아랍 나라들에 존재하는 극단주의자(근본주의자, 원리주의자), 살라피주의자, 무슬림 형제단, IS 대원, 정치적 이슬람주의자들이 바로 이러한 본질을 지키려는 사람들이다. 이들이 이슬람의 대표인 것이다.

여기에 한 가지 덧붙일 수 있다. 제1장 '이집트 무슬림 유형 분류'에서 'Ex 무슬림'의 비율을 10%로 추정했다. 이들 Ex 무슬림은 이슬람의 본질에 대해 증언하며, '극단주의 무슬림'이야말로 이슬람의 본질을 가장 잘 간직하고 있는 집단이라 말하고 있다. 따라서 이슬람의 본질을 충실하게 보여줄 수 있는 한 그룹이 더 생겼다. '극단주의 무슬림'과 'Ex 무슬림'을 합치면 전체 인구의 20% 이상이 '본질적 이슬람'에 대해 증언하고 있는 것이다. 이는 적은 숫자가 아니다.

우리는 본질적 이슬람을 정확하게 파악하고 경계해야 한다. 변방에 머물면서 변죽만 울리지 말자. 정확한 진단은 치료를 위한 필수 조건이다. 이슬람 세계와 무슬림을 이해하기 위해, 우리 사회를 이슬람 극단주의로부터 보호하기 위해, 이슬람의 문제를 해결하기 위해 선행되어야 할 것이 바로 이슬람 본질 알기이다.

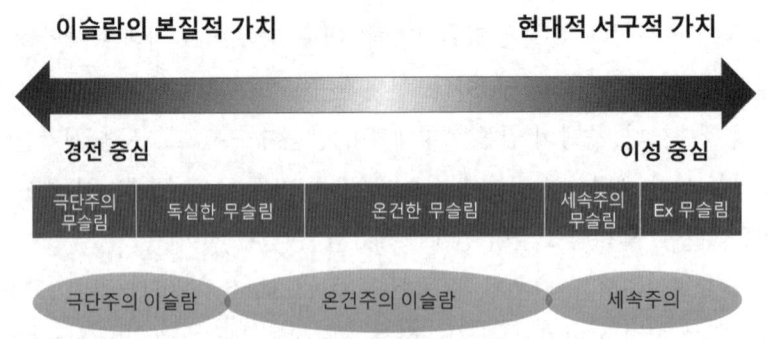

2. 이슬람에 선한 가르침이 있는가? 그렇다면 …

지금까지 이 책을 읽는 독자라면 "그렇다면 이슬람의 모든 것이 악하단 말인가?"라고 질문할 수 있다. "그래도 4대 종교 가운데 하나인데, 우리에게 유익하고 배울 만한 가르침이 있을 수 있지 않는가?"라고 말이다.

필자는 이 책에서 Ex 무슬림의 증언과 경전 및 사료들의 실증을 통해 이슬람 종교에 본질적인 문제가 크고 많다는 것을 기록했다. 그 문제들은 이슬람의 핵심적인 가르침들이며, 너무나 해악이 크고 치명적이라고 했다. 하지만 필자는 이슬람의 모든 가치와 가르침이 악하다고 말하지는 않았다.

'이슬람의 선한 가르침은 무엇일까?' 이것은 오래전부터 필자가 가졌던 질문이다. 이슬람의 가치를 알고 싶었고 배우고 싶었다. 그래서 만나는 무슬림에게 물어보았고, 꾸란과 하디스에서 찾기도 했다. 탈이슬람 현상에 대해 연구할 때도 Ex 무슬림이 생각하는 이슬람의 가치에 대해서 주목했.

그 결과 Ex 무슬림들도 이슬람에 선한 가르침이 있다고 말하는 것을 확인했다. 이미 이슬람을 떠난 Ex 무슬림이 이슬람의 모든 것이 나쁜 것이 아니라고 말했다. 이집트인 Ex 무슬림 아딜은 다음과 같이 말한다.

만일 이슬람에 선한 것이 없다면 아무도 이슬람을 따르지 않을 것입니다. 그러나 많은 사람이 이슬람을 따르고 있습니다. 그것을 보면 이슬람에 좋은 가르침이 있다는 것은 확실합니다.[1]

그러면서 아딜은 자신이 이슬람을 떠나기 전에 꾸란 23:1-5 내용을 아주 좋아했다고 했다. 그 내용을 보면 다음과 같다.

◆ 믿는 사람들은 번영할 것이다. 그들은 기도할 때 겸손히 복종하며 헛된 말을 거부하며 자카(zakāh)를 지불하며 그들의 은밀한 부분(furūj, 성기)을 지키는 자들이라(23:1-5).

이 구절은 보통의 무슬림이 추구하는 가치를 보여 준다. 유일신 알라께 겸손히 복종하며 기도하고, 헛된 말과 음란한 것으로부터 자신을 지키고, 자카(zakāh)를 지불하고 선행을 하는 것이 그들의 삶이다. 이슬람이 중시하는 가치는 알라께 복종하고, 이웃에게 선을 행하는 것이다. 꾸란에 이러한 삶을 강조하는 구절들이 무수히 많다.

이집트인 Ex 무슬림 하미드 사마드는 꾸란에 아름다운 구절이 있다고 하며 다음 구절을 예로 든다.[2]

◆ 알라께서 정의와 선행과 친척들에게 베풀 것을 명령하셨고, 방탕과 악행과 억압을 금하라 하셨느니라(16:90).

하미드 사마드는 이런 구절이 휴머니즘적인 가치를 가진 구절이라고 한다. 이 구절에서 정의와 선을 행할 것과 친척들에게 관대하게 베풀고, 방탕과 악행과 억압을 금하라고 하고 있다. 한 구절에 여러 가지 아름다운 덕목이 기록되어 있다.

어느 날 필자는 한 Ex 무슬림에게 이슬람의 선한 가르침 내용을 적어달라고 부탁했다. 그랬더니 그것을 적어 왔다. 그 내용을 보니 스물 다섯 가지 주제의 선한 가르침이 적혀 있었다. 그 아래에는 그것들의 근거가 되는 꾸란 구절을 200구절 이상 적어 놓고 있었다. 필자는 그것을 보고 Ex 무슬림들이 이슬람에 선한 가르침이 많이 있다는 것을 인정한다는 사실을 알았다. 그들은 이슬람에 존재하는 수많은 문제로 인해 이슬람을 떠난 사람들인데도 그것을 인정하는 것이다. 이슬람에 대해서 가장 깊숙이 정확하게 알고 있는 사람들이 그렇게 증언한다는 것은 실제로 이슬람에 선한 가르침이 많다는 증거이다.

여기서는 이슬람에 어떤 선한 가르침들이 있는지를 간략하게 정리하고, 그러함에도 여전히 이슬람이 문제가 되는 이유를 살펴보도록 하겠다.

1) 이슬람의 선한 가르침들

(1) 무슬림의 기본 신앙 생활

다음은 무슬림 신앙 생활의 기본을 잘 보여 주는 구절들이다. 그들이 믿는 믿음의 내용과 그들이 실천할 것이 무엇인지 말하고 있다.

> ◆ 경건(al-birr)은 알라와 마지막 날과 천사들과 성서와 선지자들을 믿고, 돈을 사랑함에도 불구하고 그것을 친척과 고아와 불쌍한 사람들과 여행자들과 구걸하는 사람들과 노예를 해방하기 위해 사용하며, 기도를 드리며 자카를 지불하고, 그들과 약속했다면 그 약속을 지키며, 가난과 고난과 전쟁 가운데서 인내하는 것이라(2:177).
>
> ◆ 신앙인들이란 '알라'가 언급될 때 그들의 마음이 두려워하고 그분의 말씀이 그들에게 낭송될 때 믿음이 증가하며 그들의 주님을 의지하는 자들이라. (또한 신앙인들이란) 기도를 실행하고 우리(알라)가 그들에게 공급한 것으로부터(재정을 우리가 명령한 사람들에게) 지불하는 자이니라(8:2-3).

◆ 알라께 예배하고 그에게 다른 신을 두지 말라. 부모에게 선을 행하고, 친척들과 고아들과 불쌍한 자들과 이웃 친척들과 친척이 아닌 이웃들과 곁에 있는 동료(/아내)와 여행자와 오른손이 소유한 자들에게도 그리하라(4:36).

위의 구절에서 무슬림은 알라와 천사들과 성서와 선지자들을 믿는다고 한다. 또한 '알라'가 언급될 때 그들의 마음에 두려운 마음을 가지고, 그를 믿고 의지한다. 그리고 친척과 고아와 불쌍한 자들과 여행자들과 걸인들 등에게 선행을 한다고 한다.

(2) 선행

이슬람 가르침의 특징은 여러 종류의 선행을 강조한다는 것이다.

◆ 너희는 알라 외에 (다른 신을) 섬기지 말라. 부모와 친척들과 고아들과 불쌍한 자들에게 선을 행하라. 사람들에게 착한 말을 하라. 기도를 행하고 자카를 나누라(2:83).

◆ 친척들에게 (그들이 받을) 권리를 베풀고 불쌍한 자와 여행자에게도 그렇게 하되, 헛되게 낭비하지 말라(17:26).

◆ 실로 알라께서는 (그분을) 두려워하는 자들과 선을 행하는 자들과 함께 하시느니라(16:128).

◆ 그들은 알라와 최후의 날을 믿고 올바른 행위를 권하고 금지된 행위를 금하며 서둘러 선행을 실천하느니라(3:114).

◆ 선행이 악행과 같을 수 없노라. (악행을) 더 좋은 것으로 보답하라. 그리하면 그대와 원한이 있던 사람도 절친이 되리라(41:34).

이슬람이 강조하는 선행의 대상은 여럿이다. 즉, 부모에게 선을 행하는 것에서 시작하여, 친척과 고아들과 불쌍한 자들과 가난한 자들, 이웃들과 여행자들 등이 선행의 대상이다. 그들이 말하는 선행은 구체적으로 물질을 나누는 것이다. 그래서 무슬림은 그들에게 자선(Ṣadaqah)을 하기도 하고 자카(Zakāh)를 지불하기도 한다. 이슬람에서 선행에 대한 가르침은 수없이 많다는 것을 기억하자.

위의 41:34에서 "악행을 더 좋은 것으로 보답하라"고 한다. 이는 성경의 "악한 자를 대적하지 말라. … 너희 원수를 사랑하라"(마 5:39, 44)는 구절을 연상하게 한다. 악행을 더 좋은 것으로 보답하면 원한이 있던 사람도 절친이 된다고 하니 얼마나 좋은 구절인가?

(3) 부모 공경

이슬람은 부모에게 선을 행하라고 한다. 이것은 유교에서 가르치는 효도와도 일치한다.

◆ 우리는 사람이 그의 부모에게 선을 행할 것을 명령하였노라. 왜냐하면 그의 어머니가 그를 고통 가운데 잉태하였고 고통 가운데 해산하였기 때문이라(46:15).

◆ 알라께 예배하고 그에게 다른 신을 두지 말라. 부모에게 선을 행하고, 친척들과 고아들과 불쌍한 자들과 이웃 친척들과 친척이 아닌 이웃들과 곁에 있는 동료(/아내)와 여행자와 오른손이 소유한 자들에게도 그리하라(4:36).

(4) 정의 실천

◆ 믿는 자들이여! 알라를 위해 굳건히 서서 정의롭게 증언하는 사람이 되라. 사람들에 대한 증오가 너희를 범죄에 빠뜨려 너희가 불의하게 되도록 하지 말라. 정의롭게 행동하라. 그것이 경외와 아주 가까우니라. 알라를 경외하라(5:8).

◆ 너희가 사람들 사이를 판단하거든 정의롭게 판단하라고 하셨느니라(4:58).

◆ 믿는 자들이여! 정의를 실행하며 알라를 위한 증언자가 되라(4:135).

(5) 친절한 말

◆ 친절한 말 한마디와 관용이 괴로움을 동반한 자선보다 나으니라(2:263).
◆ 사람들에게 착한 말을 하라(2:83).
◆ 그대는 나의 종들에게 그들이 가장 좋은 말을 해야 한다고 이르라. (그렇지 않으면) 사탄이 그들 사이를 이간질하리라. 실로 사탄은 인간에게 명백한 원수이니라(17:53).
◇ 친절한 말은 자선이니라(사히흐 부카리 2989).

(6) 인내

◆ 내 아들아! 기도를 실행하고 선행을 명하며 악행을 금하라. 그대가 당한 어려움을 인내하라. 실로 그것은 지켜야 할 것들이니라(31:17).
◆ 너희는 인내와 기도로 도움을 구하라. 그것은 겸손히 복종하는 자 이외에는 어려운 것이라(2:45).
◆ 믿는 자들이여! 인내와 기도로 도움을 구하라. 실로 알라는 인내하는 자들과 함께하시느니라(2:153).

(7) 겸손

◆ 그대는 사람들을 업신여겨 얼굴을 돌리지 말며 거만하게 길을 걷지 말라. 알라께서는 속이는 자와 거만한 자를 사랑하지 않으시느니라(31:18).
◆ 자비의 신(알라)의 종들은 묵묵하고 겸손하게 땅 위를 걷는 사람들이라. 무지한 자들이 그들에게 (해로운) 말을 하더라도 그들은 평화를 말하느니라(25:63).

(8) 용서와 화해

◆ 악행의 보상은 범한 악행만큼 처벌을 받느니라. 그러나 용서하고 화해하는 자는 누구든지 그의 보상이 알라로부터 있느니라(42:40).
◆ 그대는 믿는 자들에게 "알라의 날들(심판)을 소망하지 않는 자들을 용서하라"고 말하라. 그것은 그분(알라)이 백성을 그들이 행한 대로 보응하시기 때문이라(45:14).
◆ 우리는 진리 안에서가 아니고는 하늘과 땅과 그 둘 사이에 있는 것을 창조하지 않은 것이 없나니, 실로 그때(심판의 날)가 다가오고 있노라. 그러므로 그대(무함마드)는 아름답게 용서하라(15:85).

(9) 개인 예절

이슬람은 남의 집에 들어갈 때 먼저 허락을 받고 들어가라고 하고, 상대방이 인사할 때 그것보다 나은 인사말을 하든지 혹은 그와 동일한 인사말로 인사를 하라고 한다.

◆ 믿는 자들이여! 남의 집에 들어갈 때 허락을 구하고 그 집 가족에게 인사할 때까지는 들어가지 말라. 그것이 너희를 위해 좋은 것이니라(24:27).
◆ 너희가 인사를 받는다면 그보다 더 낫게 인사하든지 혹은 (그의 인사와 같이) 대답하라(4:86).
◆ 그대의 걸음걸이를 적당히 하고 목소리를 낮추어라(31:19).

(10) 신앙의 자유

◆ 그대는 "진리는 그대들의 주님에게서 오나니 그러므로 누구든지 (믿음을) 원하는 자는 믿게 하고 (불신을) 원하는 자는 불신하게 하라"고 말하라(18:29).

◆ 만일 그대의 주님이 원하셨다면 지상에 있는 모든 사람이 믿었을 것이라. 그런데도 그대는 사람이 믿도록 그들을 강요하려고 하느뇨?(10:99)

◆ 그러므로 그대는 상기시켜라. 그대는 오직 상기시키는 자이라. 그대는 그들을 강제하는 자가 아니니라(88:21-22).

(11) 평화의 구절

또한 제4장의 '나스크 교리' 부분을 공부할 때 살펴보았던 평화의 구절들은 모두 다 선한 가르침이라 할 수 있다.

◆ 종교에는 강요가 없나니 인도는 방황과 구별되느니라(2:256).

◆ 너희에게는 너희의 종교가 있고 나에게는 나의 종교가 있노라(109:6).

◆ 그대는 지혜와 아름다운 설교로 (사람들을) 그대 주님의 길로 초대하라. 또한 가장 나은 방법으로 그들과 논쟁하라. 실로 그대의 주님은 방황하는 자를 잘 알고 계시며, 또한 바른길로 인도받는 자들도 잘 알고 계시느니라(16:125).

이렇듯 이슬람에 많은 선한 가르침이 있다. 알라를 경외하라는 가르침, 이웃에게 선을 행하라는 가르침, 선한 말과 인내와 겸손과 용서와 화해의 가르침, 정의의 실천 등 많은 선한 가르침이 존재한다. 따라서 이슬람의 모든 가르침이 악하고 비윤리적이며 폭력적이라고 보는 것은 잘못이다. 이슬람에 선한 가르침이 많고, 무슬림들에게는 그것이 절대적인 선으로 보이기에, 오늘날 18억의 무슬림이 이슬람을 믿고 있다.

따라서 우리는 이런 이슬람의 선한 가르침을 구체적으로 알고 인정할 필요가 있다. 특히 만나는 무슬림에게 그러한 내용을 인정하는 것은 그들과 가까워질 수 있는 좋은 방법이다. 그들과 관계할 때 그들이 좋아하고 자랑스러워하는 것을 인정할수록 그들의 마음 문을 열고 그들과 쉽게 친구 관계를 맺을 수 있다.

그렇다면, 이슬람에 그런 선한 가르침이 있기 때문에 이슬람은 모든 문제에서 자유로울 수 있는가? 그들이 입버릇처럼 주장하는 "이슬람은 평화와 관용의 종교이다"에 공감할 수 있는가? "이슬람은 완벽한 종교인데, 오늘날 소수의 무슬림이 이슬람을 망치고 있다"에 동의할 수 있는가? "테러와 종교 박해와 여성 억압 등의 모든 문제는 이슬람과 아무 상관이 없다"를 인정할 수 있는가? 이집트의 무슬림 형제단이 주장하는 "이슬람이 해결책이다"는 모토를 수용할 수 있는가? 이슬람이 과연 인류의 번영과 발전에 이바지하는 종교라고 할 수 있는가?

유감스럽게도 필자는 그렇지 않다고 생각한다. 이슬람에 아름다운 가르침이 있음에도 불구하고 이슬람의 딜레마는 여전히 존재한다. 본질적인 문제와 치명적 결함은 사라지지 않고 더욱 두드러진다. 해악이 되는 수많은 가르침으로 인해 고통받고 괴로워하는 사람들은 더욱 늘어난다. 그렇게 신음하다 이슬람을 떠나는 Ex 무슬림도 더욱 늘어난다.

아래에 **이슬람에 선한 가르침이 있음에도 불구하고 여전히 딜레마가 되는 이유** 네 가지를 기록한다.

2) 여전히 딜레마가 되는 이유

(1) 선한 가르침에 예외가 존재하기에

이슬람이 선한 가르침이라고 강조하는 내용을 가만히 살펴보면 거기에 예외가 있다는 것을 발견한다. 먼저 살해에 대한 가르침을 보자. 오늘날 무슬림은 이슬람이 살해를 금하는 종교라고 강조한다. 특히 테러들이 일어날 때마다 무슬림은 "이슬람은 살해를 금한다"라고 하면서 다음 구절을 인용한다.

◆ 너희는 알라께서 금하신 목숨을 죽이지 말라.(wala taqtulu an-nafsa allati ḥarrama 'allahu, 6:151; 17:33).

위의 번역은 아랍어 문장을 어순대로 번역한 것이다. 여기까지만 들으면 이슬람은 살인을 금했다고 말할 수 있다. 그러나 위의 구절 뒤에 예외 조항이 기다리고 있다. 예외 조항을 포함한 번역은 다음과 같다.

> 너희는 알라께서 금하신 목숨을 죽이지 말라. 그러나 정당한 경우는 예외니라(wala taqtulu an-nafsa allati ḥarrama 'allahu 'illa bil-ḥaqq, 6:151; 17:33).

위의 번역을 우리말 어순으로 순화해서 번역하면 다음과 같다.

◆ 너희는 정당한 경우 외에는 알라께서 금하신 목숨을 죽이지 말라(6:151; 17:33).

여기서 우리는 꾸란이 살해를 금하지만, 거기에 대한 예외 조항이 있음을 알 수 있다. 그렇다면 그 예외 조항은 무엇일까? 다음은 그 예외에 대해 무함마드가 말한 하디스이다.

◇ 알라 외에 다른 신이 없으며 무함마드는 알라의 메신저라고 고백하는 무슬림의 피 흘림은 세 가지 경우 외에는 합당하지 않노라. 보복을 위한 살해와 간음한 부인과 이슬람 종교와 무슬림 공동체를 떠난 배교자가 그 경우이니라(사히흐 부카리 6878; 사히흐 무슬림 1676a).

위의 하디스에서 살해자를 보복하는 경우와 간음한 부인과 이슬람을 떠난 배교자는 살해해도 된다고 가르치고 있다. 그들에 대해서는 살해를 허용하는 것이다. 이에 따라 여러 이슬람 나라들에서 오늘날까지 보복 살해의 풍습이 존재하고, 극단주의 이슬람 나라들의 경우 간음한 자를 투석하는 것도 존재하며, 배교자 살해도 존재한다.

보복 살해에 대해서는 꾸란 구절에서 다음과 같이 명확하게 기록하고 있다.

◆ 믿는 자들이여! 살인자들에 대한 보복이 너희들에게 계시되었나니, 자유인은 자유인으로, 노예는 노예로, 여성은 여성으로 하느니라(2:178).
◆ 부당하게 살해당한 사람은 누구든지, 우리는 그의 보호자(/후견인)에게 (보복의) 권한을 주었노라. 그러나 그가 (보복) 살해를 함에 한계를 넘지 않게 하라(17:33).

이처럼 꾸란은 보복 살해를 허용하고 명령하고 있다. 위의 2:178은 자유인이 죽었다면 자유인을 죽여 보복하고, 종이 죽었다면 종을 죽여 보복하며, 여성이 죽었다면 여성을 죽여 보복해야 한다고 하고 있다. 따라서 무슬림이 주장하는 "이슬람은 살해를 금지한다"라는 말은 꾸란 구절의 예외 조항에 근거할 때 사실이 아닌 것이다.

예외 조항이 있는 이슬람 가르침의 다른 예를 거짓말에 대한 가르침에서도 볼 수 있다. 여기에 관해서는 제9장의 '거짓말이 허용되는 종교' 부분에서 다루었다. 거기에서 이슬람은 거짓말을 허용하지 않는다고 하지만 예외적인 거짓말을 허용하고 있다고 했다. 즉 자신의 아내에게나, 분쟁이 있는 두 사람을 화해시키기 위해, 전쟁에서 이기기 위해 거짓말이 가능하다고 가르친다고 했다.

이처럼 이슬람의 선한 가르침 가운데는 예외 조항을 허락하여 선한 가르침이 제구실을 못하게 하는 경우들이 있는 것이다.

(2) 선한 가르침과 반대되는 모순된 가르침이 존재하기에

이슬람에서 선한 가르침이라고 하는 많은 것에 모순되는 다른 가르침이 존재한다. 그 상반되는 가르침들이 대부분의 선한 가르침들의 효과를 반감시키고 있다.

예를 들어 꾸란에서 술을 금지하고 있지만, 이슬람의 천국에서는 그것이 축복으로 묘사되어 있다. 이슬람에서 간음을 엄격히 금지한다고 하지만, 이슬람에는 일부다처 결혼뿐만 아니라 밀크야민(지하드 전쟁에서 포로로 잡혀 오거나, 거래를 통해 팔려 오거나, 혹은 선물로 받은 남녀 노예)과 미쓰야르 결혼, 타흘릴 결혼, 그리고 무트아 결혼(쾌락 결혼)이 존재한다. 가난한 자와 이웃과 고아들에게 선행을 베풀라는 많은 구절이 존재하지만, 유대인과 기독교인들을 원숭이와 돼지로 취급하는 구절(꾸란 5:60; 2:65)들이 존재한다. 용서와 화해의 구절이 존재하지만, 카피르에 대한 무한한 증오와 적대감을 명령하는 수많은 구절이 존재한다. 알라가 자비와 긍휼의 신이라고 수없이 기록하지만, 다른 많은 구절에서는 진노와 보복과 저주의 신이기도 하다.

선한 말을 하라(17:53)고 가르치지만, 꾸란과 하디스에는 욕설과 저주가 기록된 경우가 있다.[II] 무함마드는 인간을 위한 훌륭한 모범(33:21)이라고 하지만, 윤리적으로 치명적인 문제가 되는 여러 비행을 저질렀다. 종교에는 강요가 없다(2:256)고 하고 신앙의 자유에 대한 여러 구절(18:29; 10:99; 88:21-22)을 말하고 있지만 꾸란을 보면 불신자인 카피르(kāfir)들에게 지옥의 형벌과 고문으로 신앙을 위협하는 경우들이 많이 있다.[III] 이슬람은 관용의 종교라고 하지만, 이슬람 역사에서 딤미 제도와 지즈야를 통해 수없이 많은 비무슬림이 비관용과 박해로 말할 수 없는 고통을 당했다. 이슬람은 평화와 안녕의 종교³라고 하지만, 오늘날 수많은 무슬림이 죽음의 공포와 무덤의 공포 그리고 지옥 형벌의 공포로 하루하루를 살고 있다. '두려움'(fear)과 '공포'(phobia)는 이슬람 종교의 중요한 키워드이다.[IV] 꾸란에 많은 평화의 구절들이 존재하지만, 그와 상반되는 많은 칼의 구절들이 존재한다.[V]

[II] 제4장의 '인간을 조롱하고 저주하는 신' 부분을 보라.
[III] 제2장의 '꾸란에서의 카피르' 부분을 보라.
[IV] 이슬람이 조성하는 공포에 대해서는 '집필 후기 III'에서 구체적으로 설명한다.
[V] 평화의 구절들과 칼의 구절들의 숫자에 대해서는 제4장의 '나스크 교리에 대해' 부분

이와 같이 꾸란과 하디스에 선한 가르침이 있지만, 그것에 반대되는 수많은 가르침이 병행한다. 그 결과 이슬람의 선한 가르침들을 상쇄시켜 버린다.

(3) 많은 선한 가르침이 폐지되었기에

이슬람에서 아름답고 선한 가르침은 메카 계시가 많다. 무함마드가 메카에서 계시받은 소위 평화의 구절이라는 구절들을 말한다. 그런데 그러한 구절들은 대부분 이슬람 정통 교리에서 취소되었다고 한다. 제4장 '나스크 교리에 대해서' 부분에서 다루었듯이, 취소 교리는 꾸란 구절의 내용적 모순을 해결하기 위해서 무함마드가 계시받던 시절부터 생겨난 것이다. 이 교리는 앞에서 기록한 선한 가르침들 다수를 취소시켜 버렸다.

예를 들어 앞에서 언급한 "악행을 더 좋은 것으로 보답하라"(41:34) 구절과 용서와 화해에 대한 구절(42:40; 45:14; 15:85), 신앙의 자유에 대한 구절(88:22) 그리고 평화의 구절들이라고 소개한 모든 구절은 칼의 구절들에 의해 취소된 구절들이다.

제4장 '나스크 교리에 대해서' 부분에서 언급한 대로 칼의 구절인 꾸란 9:5에 의해 평화의 구절 124개가 취소되었다. 무슬림이 평화의 구절이라고 자랑하는 구절들을 정통 주석들에서 살펴보면, 그 구절들이 칼의 구절에 의해 취소되었다고 기록하고 있다. 따바리 주석, 꼬로트비 주석, 이븐 카티르 주석, 바이다위 주석, 바그위 주석, 잘랄리인 주석 등 정통 순니파 주석들에서 그렇게 밝히고 있다. 이러한 견해는 초기 이슬람의 전통이었고, 그것이 오늘날까지 그대로 전해 내려오고 있다.

꾸란에 아름답고 평화로운 구절들이 존재한다. 특히 메카 계시 가운데 그런 구절들이 많다. 적은 숫자가 아니다. 그러나 그러한 모든 구절이 메디나 계시인 칼의 구절에 의해 원천 무효가 되었다. 그러고는 그 칼의 구

과 제6장의 '꾸란의 지하드 구절' 부분을 보라.

절들이 오늘날까지 유효하게 되었다. 오늘날 극단주의자들은 그런 칼의 구절들에 기록된 대로 지하드를 실행하는 것이다. 이 어찌 위험하다 하지 않을 수 있으랴!

(4) 해악을 주는 가르침의 파급력이 강하고 치명적이기에

이 책에서 우리는 Ex 무슬림이 증언하는 이슬람의 해로운 가르침들에 관해서 공부했다. 이 책을 읽으며 우리는 이슬람에 수많은 문제와 해악이 있음을 살펴보았다. 이슬람의 문제는 그런 악한 가르침이 존재하기 때문만이 아니다. 오히려 이슬람의 결정적인 문제는 그 해악을 주는 가르침들이 메가톤급의 파괴력을 가졌기 때문이다.

예를 들어 지하드 가르침으로 인해 지난 1,400년 동안 2억 7천만 명이 유명을 달리했다. 지하드 전쟁들에서 목숨을 건진 사람이라 하더라도 노예 제도와 밀크야민과 딤미 제도 등으로 수억 명의 인권이 짓밟혔다. 노예 제도와 밀크야민과 딤미 제도는 꾸란과 하디스에 근거를 둔 치명적 해악들이다.

"너희에게 해를 끼치는 것들에 대해서는 질문하지 말라"(5:101)는 가르침과 '의심은 불신'이라는 가르침이 모든 창작과 비평 활동을 부정할 뿐만 아니라 이슬람을 파시즘적 종교로 만들었다. 무함마드를 사랑하고 그의 명령에 절대적으로 복종하라는 가르침과 왈라으 바라으 가르침은 세대를 거듭하며 많은 극단주의자의 손에 칼과 폭탄을 들려주었다. 창시자와 경전을 신성시하는 그들의 가르침은 무함마드와 꾸란을 성역화했고 비판하는 모든 사람을 제거하려 했다.

여성은 굽은 갈비뼈이고 아우라이며, 남자의 피트나(유혹/시험)이고 남자의 경작지라는 가르침으로 인해 셀 수 없이 많은 무슬림 여성들이 오늘도 자유를 억압당한 채 정신적 포로가 되어 있다. 일부다처 결혼과 아동/미성년 결혼, 무트아 결혼, 타흘릴 결혼 등이 가르쳐지고 합법화되므로 이슬람 나라들에서 가정폭력이 많고 결손가정의 비율도 높으며, 이상적인 부부 관계가 어려운 경우가 많다.

　간음한 자를 투석형에 처하라는 하디스의 가르침이 오늘날도 극단주의 단체들에서 그대로 실행되고 있다. 배교자(무르탓드)와 '카피르', 그리고 '무쉬리크'와 지하드를 하고 살해하라는 가르침(꾸란 9:5, 12, 29, 123; 사히흐 부카리 25; 사히흐 무슬림 22 등)이 극단주의를 추종하는 집단에서 그대로 실천되고 있다. 자신들은 인류를 위해 출현한 최상의 민족(꾸란 3:110)이라고 하는 반면, 유대인과 기독교인들은 부정한 사람(꾸란 9:28)이고 원숭이와 돼지(꾸란 5:60; 2:65) 같은 사람이라고 하고 있다. 이 같은 무슬림과 비무슬림의 구분과 인종적·종교적 차별은 지난 1,400년 동안의 뿌리 깊은 해악이다. 자신들의 종교를 믿지 않는 사람을 '카피르' 혹은 '무쉬리크'라는 인종차별적 용어로 조롱할 뿐만 아니라 죽음이 합당하다고 규정하는 종교는 지구상에 이슬람 이외에는 없다.

　이렇듯 이슬람에서 해악을 주는 가르침들은 치명적인 위험을 제공한다. 개인을 망칠 뿐만 아니라 집단과 사회와 국가를 병들게 한다. 오고 오는 전 인류에게 해를 끼친다.

　Ex 무슬림들은 오늘날 중동과 북아프리카의 많은 이슬람 나라가 후진국에 머무르고 있는 이유를 지적한다. 그것의 가장 근본적인 이유는 바로 이슬람의 유해한 가르침들 때문이라고 한다. 그러한 가르침들이 진보와 발전을 가로막고, 개혁을 불가능하게 하며, 미래의 희망을 거두고 있다고 한다.

　이슬람 종교에 선한 가르침과 가치가 있다. 일반적인 도덕과 윤리의 기준에서 배우고 적용할 만한 내용이 있다. 하지만 이슬람에는 해악을 주는 가르침과 가치가 많은 것도 사실이다. 그러한 가르침들의 숫자가 많은 것도 문제지만 결정적인 문제는 그것들의 부정적 파괴력이 상상을 초월한다는 것이다.

　이렇듯 이슬람의 본질에는 위해하고 위험한 요소가 많다. 따라서 우리는 이슬람에 대한 무지와 막연한 망상에서 벗어나야 한다. 이슬람의 위해한 본질을 꿰뚫어 볼 수 있어야 하고, 이데올로기로서 이슬람과 사람으로서 무슬림을 구분할 수 있어야 한다. 또한 이슬람의 해악적 가르침과 선한 가르침도 구분할 수 있어야 한다. 그래서 이슬람의 선한 가르침을 순수하게 따르고 있는 보통의 무슬림을 존중하고 그들과 관계해야 한다. 그렇게 하면서 가능하다면 그들이 이슬람의 나쁜 가르침에 물들지 않도록 우리가 도와주어야 한다. 또한 이슬람의 본질적 해악은 구별하여 근절하고 우리 사회에서 추방해야 한다.

3. '근거 없는 이슬람포비아'인가, 근거 있는 이슬람 공포인가?

지난 2018년 예멘 난민 사태가 터졌다. 하루아침에 무슬림 난민 500여 명이 제주도에 들어온 것이다. 갑작스러운 난민 유입에 국민들은 놀라고 당황했다. 경험도 없었고 준비도 되어 있지 않았다. 연일 언론에 대서특필되고 곧이어 난민 반대 시위가 일어났다. 청와대 국민청원에 청원이 올라갔다.

그 당시 언론 기사의 제목 가운데 주목되는 것들은 다음과 같다.

"한국 덮친 이슬람포비아"
"이슬람포비아, 어떻게 바라볼 것인가?"
"예멘 난민 논란, 내면은 이슬람포비아"
"이슬람포비아 경계해야 …"

예멘 난민에 대한 국민들의 공포와 거부감을 '이슬람포비아'란 단어로 표현한 기사들이었다. 낯선 단어였지만 이해력 좋은 국민들은 어느새 그 의미와 뉘앙스를 파악하고 익숙하게 되었다.

대부분의 논조는 '근거 없는 이슬람포비아'를 멈추란 것이었다. 무슬림 난민에 대한 반대뿐만 아니라 이슬람의 문제점들과 위험성을 제기하는 것에 대해서도 '이슬람포비아 조장'으로 몰아붙였다. 그전에도 이슬람에 대한 비판에 대해 '이슬람포비아 조장'이란 표현을 사용하는 경우가 학계나 언론계 등에서 있었다. 하지만 이번에는 그 용어의 사용이 대중화된 것이었다. 이 장에서는 '이슬람포비아'의 정확한 의미와 그 위험성을 설명하고, 올바른 대처를 위한 제안을 하려고 한다.

'이슬람포비아'(Islamophobia)란 단어는 '이슬람'과 '포비아'의 합성어이다. 포비아는 '공포'라는 의미이다. 즉 비무슬림이 이슬람에 대해 공포감을 가지거나 무슬림에 대한 거부감 혹은 혐오를 가지는 경우를 '이슬람포비아'라 한다.

이 용어를 사용할 때 두 가지 다른 뉘앙스가 있다. 먼저는 무슬림 난민의 유입에 따라 우리 국민들이 느끼는 공포감과 거부의 감정을 '이슬람포비아'란 단어로 표현한 경우이고, 두 번째는 '근거 없고 거짓되며 과장된 공포감과 혐오감 조장'이란 의미로 '이슬람포비아'를 사용한 경우가 그것이다.

전자의 경우는 이슬람의 테러와 극단주의, 분리주의 등에 대해 보통의 사람들이 느끼는 솔직한 감정을 표현한 경우이다. 이슬람에 대한 공포를 실재하는 것으로 보고 일반 시민들이 느끼는 대중적 심리를 이 용어로 표현한 것이다. 이러한 뉘앙스는 '이슬람 공포증', '이슬람 혐오증' 등으로 표현하기도 한다.

후자의 경우는 동일한 용어를 사용하지만, 그 뉘앙스가 이슬람에 대한 공포가 '근거 없는 편견'이란 견해가 포함되어 있다. 즉 이슬람은 평화의 종교이고 테러를 범하는 사람들은 참된 무슬림이 아니기에 그것은 '근거 없는 편견'이라고 생각하는 것이다. 그래서 일반 사람들이 느끼는 '이슬람 공포증', '이슬람 혐오증'의 내용이 거짓되거나 과장되었다고 생각하는 것이다. 그래서 그들은 이러한 보통 사람들의 감정 표출과 의견의 표현에 대해 부담스러워한다. 그것이 틀렸다고 생각한다. 더 나아가 그들은 이슬람 종교의 문제를 지적하거나 반대하는 것을 '이슬람포비아 조장'이라고 표현한다. 또한 그렇게 표현하는 사람을 '이슬람포비아 조장자', '이슬람포비아 주창자'라고 하며 공격한다.

필자는 이 글에서 후자의 경우에 촛점을 맞춘다. 즉, 무슬림이나 무슬림 학자들이 '이슬람포비아'란 용어를 사용할 때 그 의미가 '이슬람에 대한 공포감' 이상의 다른 의도를 포함해서 사용하고 있다는 것을 말하려고 한다. 단순히 이슬람에 대한 일반인들의 느낌과 감정을 표현하는 것이 아니라 '근거 없는 이슬람포비아 조장'이란 뉘앙스의 표현이란 것을 밝히려고 한다. 그것은 건전한 이슬람 비판을 재갈 물리고 이슬람을 확산시키기 위해 사용되는 정치적 프레임이라는 것을 지적한다. 더 나아가 이 용어는 이미 잘못된 프레임에 오염되었기에 사용하면 할수록 이슬람주의자들의 활동을 돕게 되고 그들의 전략 전술에 말려드는 결과를 낳는다는 것을 강조하려고 한다. '근거 없는 이슬람포비아 조장'이란 표현 혹은 뉘앙스가 잘못된 이유를 다음과 같이 정리한다.

1) '근거 없는 이슬람포비아 조장'이 잘못된 이유

(1) 이슬람은 공포를 조성하기에 공포가 느껴지는 것은 자연스럽다

사람들이 느끼는 '이슬람포비아', 즉 이슬람 공포는 오늘날 계속해서 일어나는 이슬람 테러들과 연관이 있다. 그러나 그 공포는 무슬림과 무슬림 학자들이 주장하듯이, "이슬람과 아무 관련 없는 소수 테러분자들의 만행" 때문만은 아니다. 그것의 근원은 지난 이슬람 역사 1,400년을 거슬러 올라가는 것이다. 그것은 이슬람의 근원에 존재하는 본질적 이념이요 강령으로부터 발생한 것이다.

필자는 이미 제6장의 '지하드와 공포감 조성' 부분에서 이슬람이 어떻게 공포(포비아)를 조성했는지를 설명했다. 아래 소개하는 꾸란과 하디스 구절에서처럼, 그들은 지하드 전쟁의 승리를 위해서 포비아(공포)를 조장했다.

◆ 너희는 그들을 대항해 무력과 말(馬)로써 너희가 할 수 있는 모든 것을 준비하라. 그리하여 알라의 적과 너희의 적과 너희는 모르지만 알라께서 아시는 다른 자들을 **공포스럽게 하라**(8:60).
◆ 그분이 성서의 백성 가운데 그들을 도운 사람들을 그들의 요새로부터 쫓아내고, **그들의 마음에 공포를 일으켜서**, 너희가 그들 중 일부는 살해하고 일부는 포로로 잡았다(33:26).
◇ **나는 공포(테러)를 일으킴으로 승리를 얻었다**. 내가 잠을 자고 있을 때 땅의 보물 창고들의 열쇠가 내 손에 주어졌다(사히흐 부카리 2977, 7273).

위의 구절들에 사용된 '공포'란 단어들은 아랍어에서 '테러'란 단어와 같은 단어이다. 위의 구절들은 모두 지하드의 원리를 설명하는 구절들이다. 즉 이슬람은 지하드 전쟁에서 승리하기 위해 알라의 적(카피르)을 공포에 떨게 하라고 명령한다. 적을 공포에 떨게 하기 위해 테러를 가하고 온갖 참혹한 만행을 저지르라고 하고 있다. 그에 따라 이슬람은 지난 1,400년 역사 내내 수없이 많은 지하드 전쟁을 일으킴으로 카피르들에게 공포를 일으켰다.

그러한 공포의 감정들이 이슬람의 침략을 경험했던 사람들의 연대기와 설교와 서신 등에서 그대로 기록되고 있음을 필자의 책을 통해 살펴보았다. 그뿐만 아니라 무슬림들이 기록한 역사책들 가운데서도 잔인한 피의 강을 이룬 역사를 자랑스럽게 기록하고 있었다. 인류 역사에서 가장 많은 사람을 가장 잔인하게 죽인 집단이 이슬람이란 것을 살펴보았다. 오늘날의 IS 등의 극단주의자들의 만행은 어느 날 나타난 외계인의 소행이 아니라 지난 14세기 동안의 지하드의 전통과 가르침에 따른 자연스러운 발로라고 했다. 사람들을 무참하게 살해하고 그 장면을 동영상으로 중계하거나 SNS에 그대로 올리는 것 등은 그것을 통해 사람들에게 공포를 일으키려는 그들의 전략인 것이다.

이처럼 이슬람은 본질적으로 공포를 조장하는 종교이다. 그러한 공포의 좋은 예들을 오늘날 무슬림의 삶을 통해서도 발견할 수 있다. 무슬림의 종교적인 열심은 타의 추종을 불허하는 것이 사실이다. 그들이 그렇게 열심히 종교 생활을 하는 근본적인 동기가 무엇일까? 그것은 두려움이다.

그들은 죽음에 대한 두려움, 죽은 이후에 무덤에서 당하는 고통에 대한 두려움, 지옥의 잔혹한 형벌에 대한 두려움, 진(Jinn)과 같은 영적인 존재에 대한 두려움, 율법을 시행하지 않을 경우 가족과 이웃으로부터 징계받는 두려움, 종교경찰의 감시와 처벌로부터의 두려움 등을 가지고 있다. 두려움과 공포가 종교적 열심의 중요한 동기라는 것이다. 모로코인 Ex 무슬림 라쉬드는 <이슬람포비아 & 자유포비아>라는 짧은 동영상 메시지에서 무슬림이 느끼는 두려움을 다음과 같이 표현한다.

> 만일 포비아가 있다면 이슬람 나라들에 있는 사람들에게 있습니다. 그 국가의 무슬림들은 자유를 두려워하고, 라마단 금식 기간 낮 시간에 사람들이 공개적으로 음식 먹는 것을 두려워하고, 여성들이 머리카락을 드러내는 것을 두려워합니다. 여성들이 운전하는 것을 두려워하고 인터넷 블로거들이 자유에 대해 글을 쓰는 것을 두려워합니다. 따라서 저와 같은 사람에게 '이슬람포비아 조장자'라고 하는 사람들은 그 말을 사우디아라비아에 해야 합니다.[4]

이슬람이란 종교가 본질적으로 공포를 조장하기에 그것을 직간접적으로 경험하는 보통 사람들은 두려움을 가질 수밖에 없다. 라쉬드는 그의 동영상 메시지에서 계속해서 말한다.

> 사람들은 이슬람을 두려워할 권리가 있습니다. 그것은 포비아가 아니고 정당한 두려움입니다. 왜냐하면 이슬람의 잘못된 열매들을 보기 때문입니다. 무슬림 국가들에서, IS에서, 사방에서 오는 테러 소식들에서 그 열매를

봅니다. 보코하람, 소말리아의 알샤바브에서, 사우디에서 그들은 참수하거나 십자가형을 하거나 손을 자르고 돌로 쳐서 죽입니다. 그것은 실제적인 두려움입니다.[5]

이슬람은 본질적으로 공포를 일으키는 종교이다. 따라서 그로 인해 개인이 느끼는 두려움은 감정적 자기방어이며 무조건 반사이다. 그러므로 그러한 감정을 '근거 없는 이슬람포비아'라고 규정하는 것은 잘못된 것이 틀림없다.

(2) 이슬람을 반대하는 목소리에 재갈 물리는 프레임이다

'이슬람포비아'란 용어가 처음 사용된 것은 20세기 초반이었다. 하지만 오늘날과 비슷한 의미로 사용되기 시작한 것은 1970년대이며, 80년대와 90년대를 지나며 사용이 많아지게 된다.[6] 연구가들은 '이슬람포비아' 용어를 학술적으로 가장 먼저 체계화한 것은 러니미드 트러스트(Runnymede Trust)라는 단체에서 1997년 발행한 보고서라고 입을 모은다.[7] 이 단체는 1968년 영국에서 생겨난 인종 평등 싱크 탱크로서 2020년 미국에서 사망한 흑인 조지 플로이드 항의 시위를 주도하는 등 인종주의 반대와 성평등 등의 운동을 활발히 이끄는 단체이다.[8] 이 단체에서 1996년에 한 보고서를 발간하는데, 그 제목은 "이슬람포비아: 우리 모두에 대한 도전"(Islamophobia: A Challenge for Us All)이다.[9]

이 보고서에서 '이슬람포비아'를 "이슬람에 대한 근거 없는 적대감 및 이로 인해 모든 혹은 대부분의 무슬림을 두려워하거나 혐오하는 것"(The term Islamophobia refers to unfounded hostility towards Islam. And therefore fear or dislike of all or most Muslims)[10]이라 적고 있다. 그러면서 이 보고서는, 영국 사회에서 무슬림이 어떤 편견과 사회적 폭력에 노출되어 있는지를 사례와 설문조사 등을 통해 자세히 설명한다.[VI] 이 단체는 2018년에도 "이슬람포비아, 여전히 우리 모두를 향한 도전"(Islmophobia, Still a challenge for us all)이란 보고서를 발간한다. 거기에서는 '이슬람포비아'를 반무슬림 인종주의(Anti-Muslim Racism)로 재정의한다.[11]

러니미드 트러스트의 이러한 활동은 '이슬람포비아'란 용어가 국제화되고 표준화되는 데 큰 역할을 했고, 오늘날도 그들의 활동으로 이 용어의 파급력이 더욱 커지고 있다고 볼 수 있다.

사람들은 영국의 러니미드 트러스트의 활발한 활동과 그들이 주도한 많은 논쟁으로 인해 '이슬람포비아'란 용어가 영국에서 처음 만들어진 것으로 생각하기도 한다. 그러나 그들이 1997년 만든 보고서 서문에서도 '이슬람포비아'란 용어를 자신들이 만들지 않았다고 기록한다. 그렇다면 누가 이 용어를 오늘날과 같은 의미로 처음 만들어 사용했을까?

오늘날 사용되는 '이슬람포비아'의 의미로 이 단어를 처음 만들어 사용한 것은 이슬람 원리주의 나라인 이란이라고 한다. 우리나라 프랑스학회에서 2018년 발표된 "프랑스의 이슬라모포비: 논쟁과 전망"(김태수, 「프랑스학 연구」)이란 논문에 다음 내용이 기록되어 있다.

프랑스에서는 '이슬라모포비'(이슬람포비아의 다른 표현)라는 낱말을 두고 최근 10여 년간 갈등이 이어졌으며, 최근까지도 이 낱말의 사용 여부를 둘러싸고 여전히 찬반양론이 갈리고 있다고 한다.[12] '이슬라모포비'를 둘러싼 프랑스 내부의 논쟁은 9·11테러 이후인 2003년경에 프랑스 국내에서 '이슬라모포비'를 공론화하려는 기획이 시작되면서 일어났다고 한다. 바로 그 시점인 2003년 10월 17일 프랑스 라파랭 총리는 파리 이슬

[VI] 1997년 러니미드 트러스트(Runnymede Trust)가 낸 보고서를 보면 연구원 17명의 이름이 기록되어 있다. 그들의 면면을 살펴보면 성공회 주교와 유대인 위원회 의장도 있다. 그러나 그 가운데 9-10명이 무슬림이며, 그 가운데는 이맘도 포함된 것을 발견한다. 즉, 연구원의 절반 이상이 무슬림 학자인 것이다. 그들은 이 보고서의 서문에서 이 보고서 내용을 "우리 사회에서 무슬림들에 대한 차별과 편견을 제거하기 위한 결단력 있는 행동을 가져올 일련의 제안"이라고 소개하고 있다.

람 사원 연설에서 "우리나라에 점증하는 일부 이슬라모포비에 대해서 우려하고 있다"고 발언하기에 이르렀다. 그러나 '이슬라모포비'를 공론화하려는 여러 기획은 즉각적인 저항과 반대에 부딪혔다. 그런 저항의 결정타는 언론인 푸레스트(Fourest)와 베네르(Venner)의 글에서 나왔다. 다음 글을 보자.

> 이스라모포비(이슬람포비아)는 하나의 역사를 가지고 있다. 이 낱말을 가볍게 사용하기 전에 그 역사를 우선 알아야 할 필요가 있다. 이 말은 1979년 이란에서 이슬람 지도자들이 차도르 착용을 거부하는 여성들을 '나쁜 무슬림'으로 만들기 위해 이 여성들을 '이슬라모포브'(Islamophobes)로 지칭하면서 사용되었다. … 사실, 이 낱말은 어떤 인종주의를 지칭하기는커녕 페미니스트와 자유주의 무슬림을 비롯한 이슬람 원리주의에 저항하는 사람들에 대한 나쁜 인식을 심어주기 위해 의도적으로 고안되었다.[13]

여기에서 이 용어는 원래 이슬람 극단주의자들이 자신들을 향한 비판을 무력화하기 위해 만들어 낸 조어(造語)라는 것을 알 수 있다.[14]

프랑스의 작가이자 사상가인 파스칼 브루크너(Pascal Bruckner, 1948-)는 「해방」(*Libération*)이라는 잡지의 기고문에서 다음과 같이 말한다.

> 1970년대 말, 이란의 근본주의자들은 '제노포비아'(xonophobia, 외국인 혐오)와 유사한 형태의 '이슬람포비아'란 용어를 만들어 냈다. 이 단어의 목적은 이슬람이 신성불가침하다는 것을 드러내는 것이었다. 누구든지 이 경계를 넘는 사람은 인종차별주의자로 간주되었다.[15]

이렇게 '이슬람포비아'란 용어의 '나쁜 태생'이 알려지면서 프랑스의 많은 언론인과 지식인, 그리고 심지어 일부 시민운동 단체와 정치권까지 이 용어의 언급을 자제하게 되었다. 언급하는 것 자체가 이슬람 근본주의

편에 서는 것이라고 생각하게 된 것이다. 프랑스의 대표적인 반인종주의 운동 단체 중 하나인 SOS Racisme의 대표 소포(Sopo)는 "이슬라모포비라는 용어는 이슬람주의자들이 먼저 사용했다. 따라서 적이 쓰는 말을 우리가 사용하는 것은 바람직하지 않다. 특히 반인종주의 운동권에서 말이다. 왜냐하면 이슬람주의자들은 반인종주의 투쟁과 양립될 수 없기 때문"[16]이라고 소리를 높였다.

이와 같이 오늘날 우리가 사용하는 '이슬람포비아'란 용어와 그 뉘앙스는 1970년대 말 이란에서 만들어졌다. 당시 호메이니는 팔레비 왕조를 무너뜨리고 이슬람 원리주의 혁명을 완성했다. 그때 무슬림 극단주의자들이 차도르 착용을 거부하는 자유주의 여성들을 '나쁜 무슬림'으로 만들기 위해서 그리고 이슬람을 비판하고 저항하는 사람들을 제압하기 위해서 이 용어를 만든 것이다.

이렇듯 '이슬람포비아'는 극단주의 무슬림이 자신들의 혁명노선을 정당화하고 반대하는 민중을 탄압하기 위한 프레임으로 탄생했다. 탄생의 동기가 개인의 자유를 억압하고 과격한 이슬람 혁명을 돕는 것이었다. 그렇다면 '이슬람포비아'란 용어를 그들이 원하는 뉘앙스대로 사용하는 것은 어리석은 일이다.

(3) '이슬람포비아'는 표현의 자유를 위축시키는 용어이다

모로코인 Ex 무슬림 라쉬드는 이슬람을 떠나 현재 미국에서 전세계의 아랍인들을 대상으로 활동하고 있다. 앞에서 언급한 <이슬람포비아 & 자유포비아>라는 짧은 동영상 메시지에서 그의 현재의 상황을 이야기한다. 그는 이슬람을 떠나거나 비판하는 것이 허용되지 않아서 자신의 조국을 떠났다고 한다. 지금도 무슬림 국가에 가게 되면 죽임당할 것이라 한다. 그런데 라쉬드가 지금 미국에 와 있으니까 이제는 무슬림들이 자신의 입을 막으려 한다고 한다. 바로 "이슬람포비아란 괴상한 용어를 사용하여 Ex 무슬림의 입을 막고, 그들의 표현의 자유를 위축시키려 한다"는 것이다.[17]

프랑스에서 공화주의 레지스탕스라는 운동 단체를 이끌고 <세속주의 역공>이라는 인터넷 사이트를 운영하는 타생(Tasin)은 "무슨 명분으로 가톨릭, 이슬람 혹은 단순히 종교에 대해서 공포심을 갖는 것을 금지하여야 하는가?"[18]라고 반문한다. 그리고는 '이슬람포비아'라는 용어가 종교에 대한 자유로운 비판을 못하게 검열하는 역할을 할 것이라고 경고하고 있다. 그러면서 세속주의의 깃발 아래 '이슬람포비아'라는 용어의 사용 금지를 공개적으로 요구했다. 프랑스 집권 사회당의 내무부 장관 발스(Valls)도 이 낱말을 이슬람주의자들의 '트로이 목마'에 비유하면서 '이슬람포비아' 사용불가론에 힘을 보탰다.[19] 즉 '이슬람포비아'란 용어가 트로이 목마처럼 현재는 아무 문제가 없는 것처럼 보여도 그것을 용인하게 되면 나중에 그것으로 인해 수많은 다른 위험에 노출될 것이란 의미이다.

브루크너는 「해방」의 기고문에서 다음과 같이 말한다.

> 무엇보다 이 단어는 꾸란에 의문을 제기하는 사람들을 침묵하게 만든다. 남녀평등을 요구하고 종교 포기의 권리를 주장하며 신앙을 자유롭게 실천하고자 하는 모든 무슬림을 침묵하게 한다. … 어린 소녀들이 베일을 쓰지 않는 것을 잘못된 것으로 낙인찍고, 신을 믿지 않을 권리와 라마단 기간에 금식하지 않을 권리를 잘못된 것으로 낙인찍는다. … 모든 반대와 농담은 범죄가 된다.[20]

이집트 출신의 Ex 무슬림 이슬람 비평가 하미드 사마드는 그의 '이슬람포비아'에 대한 동영상 메시지에서 다음과 같이 말한다.

> 이 용어는 이슬람의 폭력에 대해서 비판적인 시각을 가진 언론인들과 학자들과 정치인들을 위협하여 겁을 먹게 만듭니다. 다양성이 있는 사회에서 의견과 여론은 다양해야 합니다. 그러나 불행하게도 우리 사회가 다양해질수록 더욱 우리의 의견이 단정적이고 획일화되고 있습니다. 이것은

민주주의 종말의 시작입니다.[21]

이처럼 '이슬람포비아'란 용어는 이슬람을 비판하는 사람들의 비판 활동을 위축시킬 뿐만 아니라 자유민주주의에서 꽃과 같은 표현의 자유를 위축시킨다. 이슬람에 대한 정당한 문제 제기조차도 '근거 없는 이슬람포비아'로 재갈을 물리려 하는 것이다. 이 용어는 무슬림과 무슬림 학자들에게 자신들에 대한 비판을 막는 좋은 선전 전술(propaganda tactic)인 것이다.[22]

우리나라에서도 언론계와 학계, 종교계 등에서 그런 목적으로 이 용어를 사용하고 있다. 이미 한국의 지식계는 이슬람의 본질과 근원에 대한 진지한 학습이 생략된 채 프레임 걸린 '이슬람포비아'란 용어를 성급하게 받아들여 사용하고 있다. 그래서 이슬람을 비판하거나 위험성을 경고하는 전문가에 대해 '근거 없는 무슬림 비판' 혹은 '무슬림 혐오'라고 비판하고 있다.

한국의 일반 시민들에게 무슬림에 대한 편견과 혐오가 존재할 수 있다. 또한 한국 사회에 이슬람 혹은 무슬림에 대한 잘못되거나 과장된 정보가 확산된 경우도 있다. 그러나 그렇다고 하여 이슬람에 대한 정당하고 합리적인 비판조차 '근거 없는 이슬람포비아'로 치부해 버릴 수 없다. 무슬림에 대한 우리의 자세와 이슬람 종교의 본질에 대한 우리의 자세는 분명히 구분되어야 한다.

(4) '이슬람포비아' 사용은 극단주의자들의 활동을 돕는다

'이슬람포비아' 용어의 사용은 극단주의자들의 활동을 도울 수 있다. 이집트 출신의 이슬람 비평가 하미드 사마드는 "이슬람포비아 용어는 틀렸을 뿐만 아니라 위험한 용어"[23]라고 했다. 그는 이 용어가 잘못된 이유를 그의 '이슬람포비아'에 대한 동영상 메시지에서 다음과 같이 말한다.

이 용어는 정치적 이슬람과 군사적 이슬람을 추종하는 사람들이 아무 책임도 지지 않고 서방에서 그들의 이념을 전파하는 데 도움을 줍니다. 왜냐하면 여러분이 그들을 비판하는 순간, 여러분은 '이슬람포비아'를 조장하는 사람이 되기 때문입니다.

다음으로, 이 용어는 젊은 무슬림이, 이슬람의 여러 본질적 문제들 때문에 과격주의자가 되는 것이 아니라, 단지 서구의 인종차별과 이슬람포비아로 인해 과격주의자가 된다는 인상을 줍니다. 그것은 극단주의자들을 가해자가 아닌 단지 자신을 방어하는 피해자로 만드는 것을 도와줍니다.[24]

위의 메시지에서 '이슬람포비아' 용어는 자유 진영 국가들에서 "정치적 이슬람과 군사적 이슬람을 추종하는 극단주의자들이 그들의 이념을 전파하는 데 도움을 준다"고 하고 있다. 더 나아가 극단주의자들이 가해자로 판명되는 것이 아니라 그들이 서구의 인종차별과 편견의 피해자로 둔갑하는 결과를 낳는다고 한다. 이와 같이 '이슬람포비아' 용어는 극단주의 무슬림의 활동을 돕게 되는 결과가 된다.

이러한 이유들로 인해 브루크너는 '이슬람포비아'란 용어를 "우리가 긴급하게 사전에서 삭제할 필요가 있는 단어"[25]라고 했다.

그렇다. 개인과 공동체에 해가 되는 용어를 고집할 필요가 전혀 없다. 지금까지는 모르고 그냥 사용했을 수 있다. 그러나 지금부터는 사용을 자제하자. 그리고 다른 절제된 용어로서 '근거 있는 이슬람의 공포'를 표현하도록 하자.

마지막으로 이 논쟁과 관련하여서 우리가 무엇을 어떻게 해야 하는지 몇 가지를 제안하려 한다.

2) '근거 없는 이슬람포비아' 문제를 해결하기 위한 제언

(1) '이슬람포비아' 대신 '이슬람에 대한 공포'라고 표현하자

이슬람에 대한 공포감은 인간의 솔직한 감정이자 방어기제이다. 따라서 진솔하고 절제된 표현이 필요하다. 그 느낌을 과장되지 않게 '이슬람에 대해 공포심이 생긴다'로 풀어서 사용하면 어떨까. 사실을 최대한 객관적으로 표현하는 것이다.

우리는 이슬람에 대한 공포로 인해 패닉과 혼란에 빠져서는 안 된다. 이슬람은 공포 조성을 통해 패닉을 노리는 것이 그들의 전략이다. 그 전략에 넘어가지 않기 위해 우리의 감정을 절제할 필요가 있다. 그들의 선전 선동에 동화되지 않아야 한다.

나쁜 의도가 포함된 프레임을 우리가 사용할 필요가 없다. 이슬람에 대한 두려움을 표현해야 할 때 담담하게 '이슬람에 대한 공포'나 '테러 공포증'으로 표현하자. '근거 없는 이슬람포비아 조장' 표현이나 그런 뉘앙스의 표현들은 거부하자. '이슬람포비아 주창자' 혹은 '이슬람포비아 조장자'라는 표현도 거부하자. 그 이유는 이슬람 종교의 본질에 포비아적인 면이 분명히 있기 때문이다. 따라서 그것은 '근거 없는 이슬람포비아'가 아닌 것이다. 오히려 그것은 '근거가 분명한 이슬람 공포'인 것이다.

'이슬람포비아 조장자'란 표현은 우리가 극단주의 테러분자들에게 해야 할 말이다. 빈라덴이나 아부 바크르 바그다디에게 해야 할 말이다. 얼마 전에 프랑스의 역사 교사를 참수한 체첸 출신의 극단주의자에게 해야 할 말이다. 오늘도 테러를 시도하는 사람들에게 해야 할 말이다. 그러나 근거를 가지고 이슬람을 비판하는 선량한 사람에게 해서는 안 될 말이다.

(2) 정확하지 않은 정보와 비판은 근절하자

때때로 이슬람이나 무슬림에 대한 잘못된 정보 혹은 과장된 정보가 SNS나 미디어에 나돌곤 한다. 그럴 때마다 '근거 없는 이슬람포비아 조장'이란 말이 나온다.

　이슬람을 비판하지만, 사실에 근거하지 않은 이슬람 비판까지 용납하자는 것은 아니다. 이슬람에 대한 비판은 객관적인 근거와 사료에 기반한 것이어야 한다. 또한 때와 장소를 가려야 하고 지혜롭게 해야 한다. 감정적인 대응이 아니라 이성적으로 해야 한다. 이슬람이나 무슬림에 대한 과장되거나 왜곡된 정보는 생산하지도 말고 퍼뜨리지도 않아야 한다. 이슬람에 대한 비판이 무슬림에 대한 비판으로 발전하지 않도록 최대한 조심해야 한다. 이슬람주의자들의 기만술에 속지 않기 위해서 더욱 사실(fact)을 잘 확인해야 한다. SNS 등에 글을 올릴 때 사실 여부에 대해 반드시 확인하여야 할 것이다.

(3) 객관적이고 비평적인 이슬람 연구를 장려하자

　지피지기 백전백승이다. 이슬람의 문제를 해결하기 위해서 이슬람에 대한 비평적인 연구와 학술 활동이 장려되어야 한다. 이슬람 경전과 초기 역사에 대한 연구가 이루어져야 한다. 이슬람을 전파하려는 목적의 연구가 아닌 이슬람의 본질적 문제를 파악하기 위한 객관적이고 비평적인 연구가 많이 나와야 한다.

　그동안 한국에서의 이슬람 관련 학문은 아랍어 원전을 근거로 한 것이 아니라 주로 영어나 독일어 혹은 프랑스어로 된 2차 자료들을 근거로 한 연구였다. 그런 2차 자료 가운데서도 객관적으로 이슬람을 비평하는 서방 학자들의 연구 결과가 아닌, 친이슬람 학자들의 연구 결과들이 많이 번역되어 소개되었다. 그 결과 내용이 모호하고, 학문적 객관성이 결여된 연구들이 다수를 이루게 되었다.

　이제 한국 사회는 꾸란과 하디스와 무함마드 전기와 주석 등의 아랍어로 된 1차 자료들에 대한 연구와 그 결과물들을 요구한다. 아랍어로 된 수많은 원전을 한국어로 직접 번역하고 설명한 연구들을 요구한다. 이슈가 있을 때마다 터져 나오는 수많은 진위논란을 잠재우기 위해서라도 이슬람 원전을 한국인이 직접 연구한 성과들이 나와야 한다. 무슬림 학자들의 연구에 의존할 것이 아니라 객관적인 연구라 할 만한 것이 나와야 한다. 대한민국의 국력이 이만큼 성장했고, 이슬람의 성장세와 영향력이 이토록 막강한데도, 이런 부분에 대한 우리의 연구는 걸음마 수준인 것이 안타깝다.

(4) 무슬림에 대한 혐오와 거부는 단호히 거절하자

'이슬람 공포증'이나 '이슬람 혐오' 현상은 극단주의 이슬람 이데올로기에 따른 결과이기에 어느정도 예상되는 귀결이라 할 수 있다. 그러나 그것으로 보편적인 '무슬림 혐오'가 정당화될 수는 없다. 아무리 본질적인 이슬람에 결정적인 문제가 있다 하더라도 우리 주위의 무슬림을 그것과 연관시켜 동일하게 비난할 수는 없다. 왜냐하면 이슬람은 종교이고 이데올로기이지만 무슬림은 사람이고 인격이기 때문이다.

우리 사회에 무슬림에 대한 혐오와 편견이 있다는 것을 인정할 수밖에 없다. 일찍이 단일문화로만 살아오던 우리 민족이기에 외부인에 대해서 사회적 편견과 거부감이 존재한다. 때로는 무슬림이라는 이유로 테러분자로 생각하고 멀리하고 두려워하고 차별하는 부분이 있다. 그러나 그러한 자세는 성숙한 사회의 모습이 아니다. 문제 해결의 방법도 아니다. 그럴수록 문제를 더욱더 어렵게 만든다.

무슬림을 혐오하고 미워할 수는 없다. 왜냐하면 그들도 우리와 같은 사람이기 때문이다. 모든 인간은 태어나면서 보호받을 자유와 권리가 있다. 그들도 사랑받기 위해 태어난 사람이다. 설령 극단주의로부터 영향을 받은 무슬림이라 하더라도 그들 또한 피해자이다. 전통과 이데올로기의 가위눌림에서 벗어나지 못한 연약한 사람이다. 따라서 무슬림을 무조건 차별하거나 거부하거나 혐오해서는 안 된다. 그것을 단호히 거절해야 한다.

(5) 무슬림을 두려워하지 말고 다가가 친구가 되자

우리나라의 무슬림 인구는 약 30만 명이라고 한다. 외국인 무슬림과 한국인 무슬림, 그리고 불법체류자 무슬림을 합친 숫자라고 한다.[26] 우리 사회에 무슬림이 있는 한 우리는 무슬림과 관계해야 한다. 그들을 일반화하여 두려워하는 것은 우리가 취할 자세가 아니다. 우리가 이슬람 종교를 깊이 있게 연구하는 목적도 결국 무슬림을 이해하고 그들과 관계하기 위해서이다. 가능한 대로 그들에게 선한 영향을 미쳐 그들이 이슬람의 위해한 본질에서 멀어지게 하기 위함이다. 또한 이슬람의 극단적 사상이 우리 사회에 침투하지 않게 하기 위해서이다.

사람들의 마음에 공포를 일으키는 것은 감추어진 이슬람의 전략이다. 만일 우리가 무슬림을 두려워하고 멀리한다면 우리가 이슬람의 전략에 말려드는 것이다. 우리가 무슬림을 차별하고 경시하며 그들과 만남을 꺼린다면 그들은 너무나도 쉽게 우리 사회와 분리되게 된다. 분리주의는 그들이 간절히 바라는 것이다. 우리 사회와 분리되어 샤리아법이 지배하는 그들의 사회를 만들고, 국가 안의 국가를 만들고자 한다. 만일 우리가 그러한 분리주의를 허락한다면 얼마 가지 않아 그들이 우리를 지배하고 점령하려 들 것이다. 이러한 예측은 1,400년 이슬람 역사를 통한 교훈이고, 오늘날 유럽 국가들에서 이슬람 확산에 대한 반성이며, 이슬람을 가장 잘 아는 Ex 무슬림들의 공통적인 경고이다.

무슬림은 우리와 같은 인지상정의 사람이다. 특히 우리나라에 들어와 있는 대부분의 무슬림은 온건주의 무슬림이고 세속주의 무슬림이다. 제1장의 '이집트 무슬림 유형 분류'에서 보았듯이 극단주의 무슬림은 10% 정도이고, 70% 이상은 온건주의 무슬림과 세속주의 무슬림, 그리고 Ex 무슬림이다. 그들은 극단주의의 영향을 받기보다 온건주의의 가르침과 그들의 전통과 고유문화에 더 큰 영향을 받는다고 할 수 있다. 그들에게 중요한 것은 가족과 친구와 사랑과 우정이다. 우리와 같은 가치관의 소유자들이다. 어쩌면 우리보다 여유와 인간미와 가족 사랑이 더 많은 사람일 수 있다. 따라서 그들을 두려워하거나 멀리할 필요가 없다.

혹자는 온건주의 무슬림도 극단주의 이슬람에 세뇌될 수 있다고 할 것이다. 맞는 말이다. 극단성은 이슬람의 본질이기에 그럴 가능성이 얼마든지 존재한다. 하지만 우리는 오히려 그렇기 때문에 그들과 가까워져야 한다. 그들과 친구가 되어 영향을 미쳐야 한다. 그래서 그들이 극단주의로부터 영향을 받지 않도록 틈을 주지 않아야 한다. 그들이 이슬람의 위해한 본질을 파악하고 그것과 멀어질 수 있도록 우리가 노력해야 한다.

우리는 이슬람의 위해한 본질과 극단주의로부터 우리 사회를 지켜나가야 한다. 우리 구성원 모두가 불침번이 되어 우리 사회에 침투하려고 하는 이슬람 극단주의를 경계해야 한다. 이민자들과 난민들 가운데 극단주의자는 철저하게 가려내야 한다. 할 수 있다면 무슬림 이민을 막는 것이 좋고, 그렇지 못할 경우 최소화해야 한다. 또한 국내에서 극단주의를 가르치고 선동하는 이맘이나 모스크 혹은 네트워크가 우리 주위에 있는지 두 눈을 크게 뜨고 살펴야 한다.

우리는 주위의 무슬림과 친구가 되어야 한다. 그들이 이미 우리 사회의 일원이 되었기에 다른 방법이 없다. 그들의 친구가 되어 그들이 우리 사회의 도덕과 규율과 가치관을 존중하도록 그들을 가르쳐야 한다. 그들이 이슬람의 해악이 되는 가치관을 포기하고 공동체의 건전한 일원이 될 수 있도록 적극적인 관계 맺음과 사회적 봉사가 필요하다.

서문에서 했던 말을 다시 반복한다. 이슬람과 무슬림을 구분하자. 이슬람은 비평과 경계의 대상이고 무슬림은 이해와 사랑의 대상이다.

미주

1. 필자의 녹취, 2020년 12월 4일.
2. https://www.youtube.com/watch?v=Q8mZ_F8Nq5Q&t=775s, 2020년 12월 4일.
3. https://www.albayan.ae/opinions/articles/2015-05-09-1.2370490, 2021년 1월 20일.
4. al-'Akh Rashid, 이슬람포비아 vs 자유포비아(이슬람포비아에 대한 바른 이해), https://www.youtube.com/watch?v=SjHkfTpklZM, 2020년 11월 13일.
5. al-'Akh Rashid, 이슬람포비아 vs 자유포비아(이슬람포비아에 대한 바른 이해), https://www.youtube.com/watch?v=SjHkfTpklZM, 2020년 11월 13일.
6. https://www.abdulhaqqbaker.com/islamophobia-and-its-origin-secularism-islam, 2020년 11월 13일.
7. 김승민, "프랑스의 이슬람포비아 확산 원인", 「한국세계지역학회」, 2013, p. 197; https://en.wikipedia.org/wiki/Islamophobia#History_of_the_term, 2020년 11월 13일.
8. https://en.wikipedia.org/wiki/Runnymede_Trust, 2020년 11월 13일.
9. Runnymede Trust, Islamophobia, a challenge for us all, 1997, pp. 1-69.
10. Runnymede Trust, Islamophobia, a challenge for us all, 1997, p. 4.
11. https://www.runnymedetrust.org/projects-and-publications/equality-and-integration/islamophobia.html, 2020년 11월 13일.
12. 김태수, "프랑스의 이슬라모포비: 논쟁과 전망", 「프랑스학 연구」 89 (2019. 8. 15), p. 162.
13. Fourest, C. & Venner, F. "Islamophobie?" ProChoix, n26-27, 2003; 김태수, "프랑스의 이슬라모포비: 논쟁과 전망", 「프랑스학 연구」 89 (2019. 8. 15), p. 166.
14. 김태수, "프랑스의 이슬라모포비: 논쟁과 전망", 「프랑스학 연구」 89 (2019. 8. 15), p. 166.
15. http://www.signandsight.com/features/2123.html, 2020년 11월 13일.
16. 김태수, "프랑스의 이슬라모포비: 논쟁과 전망", 「프랑스학 연구」 89 (2019. 8. 15), p. 167.
17. al-'Akh Rashid, 이슬람포비아 vs 자유포비아(이슬람포비아에 대한 바른 이해), https://www.youtube.com/watch?v=SjHkfTpklZM, 2020년 11월 13일.
18. 김태수, "프랑스의 이슬라모포비: 논쟁과 전망", 「프랑스학 연구」 89 (2019. 8. 15), p.167.
19. 김태수, "프랑스의 이슬라모포비: 논쟁과 전망", 「프랑스학 연구」 89 (2019. 8. 15), p.167.
20. http://www.signandsight.com/features/2123.html, 2020년 11월 13일.
21. https://www.youtube.com/watch?v=cvevOQnaQcM&t=143s, 2020년 11월 13일.
22. https://www.youtube.com/watch?v=pNHuB1-pjEY, 2020년 11월 13일.
23. Hamed Abdel Samad Islamophobia, https://www.youtube.com/watch?v=cvevOQnaQcM&t=143s, 2020년 11월 13일.
24. https://www.youtube.com/watch?v=cvevOQnaQcM&t=143s, 2020년 11월 13일.
25. http://www.signandsight.com/features/2123.html, 2020년 11월 13일.
26. https://blog.naver.com/cupnewskr/221547677661, 2020년 12월 18일.

참고 문헌

꾸란

al-Qur'ān al-Karīm bir-Rasm al-'Usmāni bi-Riwāyah Ḥafṣ 'an 'Āṣim

김용선, 『코란』 (서울: 명문당, 2013)

손주영, 『꾸란 선』 (서울: 한국 외국어대학교출판부, 2013)

이슬람 국제 출판국, 『꾸란』 (서울: 이슬람국제출판국, 1988)

최영길, 『꾸란 주해』 (서울: 세창사, 2010)

하디스 컬렉션

Ṣaḥiḥ al-Bukhāri, li-'Abi 'Abd Allah Bni 'Ismā'īi al-Bukhāri

Ṣaḥiḥ Muslim, lil-'Imām 'Abi al-Ḥasan Muslim Bni al-Ḥajjāj bni Muslim

Sunan 'Abi Dāwud, lil-'Imām Sulaymān bni al-'Ashʻath 'Abi Dāwud al-Sijistāni

Sunan Ibn Mājah, lil-Ḥāfiẓ 'Abi 'Abd Allah Muḥammad Bni Yazīd al-Qazwīni

Sunan Nisā'i, lil-'Imām 'Aḥmad Bni 'Ali bni Shuʻayb 'Abi 'Abd al-Raḥmān al-Nisā'i

Sunan al-Tirmidhi, lil-'Imām Muḥammad bni 'Aysa bni Sawrah al-Tirmidhi

Muwaṭṭa' Mālik, lil-'Imām Mālik Bni 'Anas al-'Aṣbaḥi

al-Musnad, lil-'Imām 'Aḥmad Bni Muḥammad Bni Ḥanbal

al-Mustadrik 'Ala aṣ-Ṣaḥiḥīn

al-Muṣannaf li-Ibn Abi Shaybah

al-kitāb al-Muṣannaf al-'Aḥādīth wal-'Āthār

al-Sunan al-Kobra lil-Bayhaqi

꾸란 주석

Tafsīr al-Ṭabari, Jamiʿ al-Bayān ʿan Taʾwīl ʾĀya al-Qurʾān(따바리 주석), Muḥammad Bni Jarīr al-Ṭabari (Cairo: Hagr, 2001)

Tafsīr al-Qurṭubi, Jamiʿ liʾAḥkām al-Qurʾān(꼬르토비 주석), ʾAbi ʿAbd Allah Muḥammad Bni ʾAḥmad Bni ʾAbi Bakr al-Qurṭubi

Tafsīr Ibn Kathīr, Tafsīr al-Qurʾān al-ʿAẓīm(이븐 카티르 주석), ʾAbi al-Fidāʾ ʾIsmāʿīl Bni ʿUmar Bni Kathīr al-Qurashi al-Dimashiqi

al-Tafsīr al-Muyassar(타프씨르 무야싸르), Nukhbah min al-ʿUlamāʾ (Maktabat al-Malik Fahd al-Waṭaniyyah, 2009)

Tafsīr al-Jalalīn al-Muyassar(잘랄린 주석), Jalāl al-Dīn al-Maḥalli & Jalāl al-Dīn al-Suyūṭi (Beirut: Matabat Lubnān Nāshrūn, 2003)

Ṣafwat at-Tafasīr(사프와트 타파씨르), Muhammad ʿAli al-Ṣābūni (Mecca: Dar al-Ṣābūni, 1997)

꾸란 문법 분해서

ʾIʿrāb al-Qurʿān al-Karīm, ʿAbd allah ʿUlwān (Egypt: Dar al-ṣaḥābah lil-Turāth bi-Ṭanṭah, 2004)

ʾIʿrāb al-Qurʿān al-Karīm, Muḥammad Maḥmūd al-Qāḍi (Egypt: ALSAHOH, 2010)

ʾAsbāb -l-Nuzūl lil-Wāḥidi(계시의 이유)

하디스 컬렉션 주석

Muḥammad bni Sāliḥ al-ʿUthīmīn, Sharḥ Ṣaḥīḥ al-Bukhāri (Cairo: al-Nublāʾ lil-Kitāb Markish, 2008)

Nawawi, Ṣaḥīḥ Muslim bi- Sharḥ al-Nawawi (Cairo: al-Maktabah al-Tawfiqiyah, 1995)

선지자의 전기

Ibn Hishām, as-Sīrah an-Nabawiyyah li-Ibn Hishām(이븐 히샴의 무함마드 전기) (Beirut: Dar Ibn Kathīr, 2019)

Ibn Hisham, as-Sīrah an-Nabawiyyah (Beirut: 1955) V2

Ibn Saʿd al-Zahri, aṭ-Ṭabaqātu -l-Kubra (Madinah 6 Aktobor: al-Sharikah al-Dawliyyah lil-Ṭibāʿah, 2001)

Abi Shuhbah, al-Sīrah al-Nabawiyyah fi Ḍawʾ al-Qurān wal-Sunnah(꾸란과 순나의 조명에서 무함마드의 전기), Dar al-Bashīr

사전

Ibn Manẓūr, *Lisān al-'Arab* (Cairo: al-Hay'atu al-Miṣrriyyatu al-'Āmmatu lil-Kitāb, 2013)

'Aḥmad Mukhtār 'Umar, *Mu'jam al-Lughati al-'Arabiyyati al-Mu'āṣirati* (Cairo: 'Alām al-Kutub, 2008)

al-Mu'jam al-Wasīt (Cairo: Maktabit al-Shurūq al-Dawliyyah, 2005)

Rohi Baalbaki, *al-Mawrid Arabic Dictionary* (Beirut: Dar El-ILM LILMALAYIN, 1997)

Deep Al-Khudrawi, *Dictionary of Islamic Terms* (Damascus-Beirut: Al Yamamah, 2012)

Wizārah al-'Awqāf wa-Shu'ūn al-Islāmiyyah-al-Kuwayt, *al-Mawsū'ah al-Fiqhiyya*(이슬람 율법 백과사전)

Maḥmūd Ḥammdi Zaqzūq, *al-Musū'ah al-'Islāmiyyah al-'Āmmah* (Cairo: 이슬람종교부, 2003)

Mūjaz Dā'irtu al-Ma'ārif al-'Islāmiyyah (Cairo: al-Hay'atu al-Miṣrriyyatu al-'Āmmatu lil-Kitāb, 1998)

단행본
한국어

고든 니켈(Gordon D. Nickel), 『무슬림의 성경 변조 비난에 대한 유순한 대답』 (Ellicott City: 에스라/CIB, 2016)

노니 다르위시, 『이슬람의 인권과 여성』 (서울: 4HIM, 2014)

로버트 스펜스, 『정치적으로 왜곡된 이슬람 엿보기』 (고양: 인간사랑, 2009)

버나드 루이스, 『중동의 역사』 (서울: 까치글방, 2001)

법륜 스님, 『붓다』(정토출판, 2010); 과거현재인과경

샘 솔로몬, 『이슬람은 왜 이주하는가』 (대전: 도움북스, 2019)

샘 솔로몬, 『공통의 말씀에 대한 진실』 (대전: 도움, 2008)

손주영, 『이슬람 교리 사상 역사』 (서울: 일조각, 2005)

시오노 나나미, 『로마 멸망 이후의 지중해 세계』 상 (파주: 한길사, 2008)

이나빌, 『니끼우 요한의 연대기와 이슬람의 이집트 침략』 (서울: CLC, 2018)

정수일, 『이슬람 문명』 (파주: 창비, 2002)

최영길, 『꾸란 주해』 (서울: 세창사, 2010) 서문

캐롤 힐렌브렌드, 『이슬람 이야기』 (서울: 시그마북스, 2016)

하메드 압드엘-사마드, 『무함마드 평전』 (서울: 한스미디어, 2016)

영어

A. Guillaume, *The Life of Muhammad* (Oxford University Press, 1982)

Alfred J. Butler, *The Arab Conquest of Egypt and the Last Thirty Years of Roman Dominion* (Oxford At the Clarendon Press, 1902)

Andrew G. Boston, M. D., M. S., *The Legacy of Jihad* (New York: Prometheus Books. 2005)

Asma Hilali, *The Sanaa Palimpsest: The Transmission of the Qur'an in the First Centuries AH* (Oxford University Press, 2017)

Bat Yeor, *Islam and Dhimmitude where Civilizations Collide* (Fairleigh Dickinson University Press, 2002)

Bat Yeor, *The Decline of Eastern Christianity under Islam from Jihad to Dhimmitude* (Fairleigh Dickinson University Press, 2010)

Bat Ye'or, *The Dhimmi Jesw and Christians under Islam* (London and Toronto: Associataed University Presses, 1985)

Bernard Lewis, *The Middle East* (London: Phoenix)

Bernard Lewis, *Race and Slavery in the Middle East: An Historical Enquiry* (Kindle Locations 160-161), Kindle Edition

Dan Gibson, *Qur'anic Geography* (Canada: Independent Scholars Press, 2011)

Daniel Pipes, *Slave Soldiers And Islam* (New Haven and London: Yale University Press, 1981)

David Livingstone, *The Last Journals of David Livingstone in Central Africa, from 1865 to His Death: Continued by a Narrative of His Last Moments and Sufferings, Obtained from His Faithful Servants, Chuma and Susi*, Cambridge University Press, 15 September 2011. Retrieved 25 April 2019

Eliot & Dawson, *History of India* (London: Trubner and Co, 1867)

G. Vantini, *Christianity in the Sudan* (Bologna: EMI, 1981)

Gérard Chaliand, *The Art of War in World History* (University of California Press, 1994)

H. Z. Hirschberg, *A History of the Jews of North Africa* (Leiden: Brill, 1974)

Hamed Abdel Samad, *Islamic Fascism* (New York: Prometheus, 2014)

Henry Miers Elliot, *The History of India, as Told by Its Own Historians: The Muhammadan Period* (London: 1871)

Ibn Qayyim al-Jawziyya, *Provisions for the Hereafter*(Zad al-Ma'ad fi Haydi Khairi-l 'bad), translated by Jalal Abulrub, vol 1. Orlando (Florida: Madinah Publishers and Distributors, 2003)

Ibn Warraq, *Why I am not a Muslim* (New York: Prometheus Books, 1995)

Ivo Andric, *The Development of Spiritual Life in Bosnia under the Influence of Turkish Rule* (1990)

Johann Burckhardt, "Travels in Nubia, by John Lewis Burckhardt", Ebooks.adelaide.edu.au.

John Allembillah Azumah, *The Legacy of Arab-Islam in Africa: A Quest for Inter-religious Dialogue* (Oneworld Publications, Kindle Edition, 2014)

Kiran Nirvan, *21 Kesaris: The Untold Story of the Battle of Saragarhi* (Bloomsbury India, Kindle Edition, 2019)

M. A. Khan, *Islamic Jihad* (iUniverse Book, 2009)

Malek Meselmani, *The Sword Verse: Quranic Weapon Against Peace?* (USA: Water Life Publishing, 2015)

Malek Meselmani, *Women in Islam: Honored or Persecuted?* (USA: Water Life Publishing, 2013)

Mohamed Kasim Ferishta, *History of the Rise of the Mohamedan Power in India* (Calcutta: R. Cambray, 1909)

Murray Gordon, *Slavery in the Arab World* (New York: New Amsterdam Books, 1989), ix

Nonie Darwish, *Cruel and Usual Punishment* (Nashville: Thomas Nelson, 2008)

Nuh-uh Ha Mim Keller, *Reliance of the Traveller* (Maryland USA: Amana Publications Maryland 1991)

Patricia Crone, *Meccan Trade and the rise of Islam* (Gloria Press, 2004)

Robert G. Hoyland, *Seeing Islam as Others Saw It* (New Jersey: The Darwin Press, 1997)

Robert Spencer, *The History of Jihad* (New York: A Bombardier Books)

Ronald Segal, *Islam's Black Slaves* (New York: Farrar, Straus and Giroux, 2002)

S. Runciman, *The Fall of Constantinople, 1453* (Cambridge, 1990),

Tabari, *The History of al-Ṭabari* (Los Angeles: State University of New York Press)

W. Durant, *The Story of Civilization: Our Oriental Heritage* (New York: MJF Books, 1999)

Zakaria Botros, *The Reality of Islam* (Hope of All Nations Association, 2018)

아랍어

'Abbās Mahmūd al-'Aqqād, *Mawsū'at 'Abbās Mahmūd al-'Aqqād al-Islāmiyya* (Beirut: Dar al-kitab al-'Arabi, 1971), Vol 4, *al-Mar'a fi al-Qur'ān*(꾸란에서의 여성)

'Abd al-Raḥman bni Khaldūn, *Tārīkh ibn Khaldūn*(이븐 칼둔의 역사) (Beirut: Dar al-Fikr, 2000)

'Abd al-Raḥman bni Naṣr al-Birāk, *al-'Oddatu fi Fuwād 'Aḥadīth al-'Omdah* (Maktabit al-Malik Fahd)

'Abd Allah 'Abdu al-Fādi, *Hal al-Quran Ma'ṣūm*(꾸란은 무오한가?)

'Abu Bakr al-Suyūṭi, *al-'Itqān fi 'Ulūmi-l-Qur ān* (사우디: 사우디파흐드국왕출판사)

Abu Ḥamed al-Ghazāli, *'Iḥyā' 'Ulūm al-Dīn* (Beirut: Dar Ibn Hazm, 2005)

'Adl Gindi, *Ḥikayāt al-'Iḥtilāl*(지배의 이야기들) (Cairo: 2009)

'Ā'ishah 'Abd Raḥman, *Nisā' al-Nabyy*(선지자의 여성들) (모로코: Dar al-Ma'ārif)

al-'Akh Rashid, *Dā'ish wal-'Islām*(IS와 이슬람) (Water Life Publishing, 2016)

al-'Akh Rashid, *Mustaqbal al-Islām*(이슬람의 미래) (al-'Akh Rashid, 2019)

Badr al-Dīn al-Zarkashi, *Burhān fi 'ulūm al-Qur'ān* (al-Qahira: Maktabit Dar al-Turath, 2008)

Hebah Allah bni Salāmah, *Al-Naskh wal-Mansūkh fi al-Qur'ān al-Karīm*

Ibrahīm al-Ibyāri, *Ta'rīkh al-Qur'ān* (al-Qahira: Dar al-Kitab al-Masri, 1991)

Ibn 'Abdul-Ḥakam, *Futūḥ Miṣr wa-'Akhbārha* (Beirut: 1996)

Ibn Athīr, *al-Kāmil fi al-Tārīkh*(역사에서의 완전함)

Ibn Ḍawyān, *Manār al-Sabīl* (al-Maktab al-Islāmi, 1982)

Ibn Hishām, *as-Sīrah an-Nabawiyyah li-Ibn Hishām*(이븐 히샴의 무함마드 전기) (Beirut: Dar Ibn Kathīr, 2019)

Ibn Kathīr, *al-Bidāya wal-Nihāya* (처음과 끝)

Ibn Qayyim, *'Aḥkām 'Ahli-l-Dhimma*(딤미 백성의 규칙들) (Saudi Arabia: Ramādi lil-Nashr, 1997)

Ibn Qayyim al-Jawziyyah, *Zād al-Mi'ād fi Hady Khayr al-'Abād* (Beirut: Al-Risalah, 2009)

Ibn Taymiyyah, *aṣ-Ṣārim al-Maslūl 'ala Shātim al-Rasūl*(그 메신저를 욕하는 사람에게 빼어진 칼) (Saudi Arabia: al-Ḥars al-Waṭani al-Sa'ūdi, 1983)

Ibn Taymiyyah, *Minhāj al-Sunnah al-Nabawiyyah*(선지자 순나의 방식) (Jāmi'atu al-Imam Muhammad bni Sa'ūd, 1986)

Ibrahim al-Bāgūri, *Ḥāshiyah al-Bāgūri 'ala Ibn Qāsim*

Muḥammad bni Jarīr al-Ṭabari, *Tārīkh aṭ-Ṭabari*(따바리의 역사) (Cairo: Dar al-Ma'ārif, 1967)

Muḥammad bni Sa'd, *Al-Ṭabaqāt al-Kobra* (Beirut)

Maḥmūd Ḥamdi Zaqzūq, *Ḥaqā'q al-Islām fi Muwājahati Shubuhāt al-Mushakkakīn* (al-Qāhirah, 2002)

Muḥammad Ḥusayin Ḥaykal, *al-Fārūq 'Umar* (Egypt, 1964)

Muḥammad Raḥūmah, *'Azminah al-Jahl*(무지의 시기) 훈련 교재

Mulufi bin Ḥasan al-Shahari, *Ḥaqīqtu al-Dārīn Dar al-Islām wa-Dar al-Kufr*(이슬람의 집과 불신의 집의 진실)

Nuha Mahmūd Sālim, *Limādha Khala'tu-n-Niqāb*(왜 나는 니깝을 벗었는가?) 인터넷 출판 자료

Ṣalāḥ al-Dīn Khalīl al-Ṣafadi, al-Wāfi bil-Wafayāt (Lebanon: Dar al-Kotub al-'Elmiyyah)

Shirīf Rāshid aṣ- Ṣadafi, *Mafhūm an-Naṣṣ 'ind 'Umar bni al-Khaṭāb*(Omar Ibn al-Khattab's Concept of the Holy Texts) (e-kutub.com, 2016)

Theodor Nöldeke, *Tārīkh al-Qr'ān*(꾸란의 역사) (*The History of the Qur'an*의 아랍어 번역서)

Wahbaht al-Zaḥīli, *'Athār al-Ḥarb Dirāsah Fiqhiyyah Muqāranah*

Walīd al-Hādi Maḥrūs, *Ha<u>dh</u>a Huwwa al-'Islām ya 'A'dā' al-'Islām*(이것이 바로 이슬람이다. 이 이슬람의 원수여!)(Cairo: Dar al-Maqta', 2016)

Yusuf al-Qaradawi, *Ghayr al-Muslimīn fi-l-Mujtami' al-'Islāmiyyi*(이슬람 공동체의 비무슬림들)

Yūsuf al-Qaraḍāwi, *Fiqh al-Jihād*(지하드의 율법) (Cairo: Maktabit Wahbah, 2009)

학회지

김승민, "프랑스의 이슬람포비아 확산 원인",「한국세계지역학회」, 2013

김태수, "프랑스의 이슬라모포비: 논쟁과 전망",「프랑스학 연구」 89 (2019. 8. 15)

나승필, "유럽과 이슬람 세계에서 자유주의 역사 비판적 신학 연구의 상호작용",「제5차 카이로국제다문화포럼」, 2019

오요셉, "다마스커스의 요한의 기독교 변증과 선교적 함의",「아랍과 이슬람 세계」제6집

황원주, "현대 꾸란학의 서구 학계 동향과 선교학적 시사점",「아랍과 이슬람 세계」제6집

황의갑, "딤미 제도와 이슬람의 관용",「지중해 지역 연구」제13권 제3호

Devin Stewart and Gabriel Said Reynolds, "Afterword: The Academic Study of the Qur'an Achievements, Challenges and Prospects", *Journal of the International Qur'anic Studies Association*, vol. 1 (2016)

Raymond Ibrahim, "The Two Faces of Al Qaeda", *Chronicle Review* (21 September 2007)

Speros Vryonis, Jr., "Isidore Glabas and the Turkish Devshirme", *Speculum* (Jul. 1956)

Jean D. Wilson, Claus Roehrborn, "Long-Term Consequences of Castration in Men:

Lessons from the Skoptzy and the Eunuchs of the Chinese and Ottoman Courts", *The Journal of Clinical Endocrinology & Metabolism* (1999)

유튜브(YouTube) 영상 자료
아랍어 영상

1) Hamed Abd Samad의 "Hamed TV"(이슬람의 상자, Ṣandūq al-'Islām)

　*한글 자막이 있는 것도 다수 있다.
제1편 이슬람과 마피아, https://www.youtube.com/watch?v=GqVx3mZ2jvc&t=20s
제2편 이슬람과 마피아 2, https://www.youtube.com/watch?v=IA7dnfVIY_w
제3편 과연 무함마드란 선지자가 있었는가?(Hal Kāna Hunāk Nabyy Ismuhu Muḥammad), https://www.youtube.com/watch?v=y1UBIGIGbBs, https://www.youtube.com/watch?v=vIB2U33qaWQ&t=1225s
제4편 '무함마드 선지자'란 인물의 가공, https://www.youtube.com/watch?v=CnPZO1cczKA, 2020년 5월 29일; https://www.youtube.com/watch?v=nnIfdSM-x-U&t=123s, 2020년 5월 29일
제9편, https://www.youtube.com/watch?v=gCN6uO5K5M4
제13편 무함마드와 유대인, https://www.youtube.com/watch?v=OIhJ9qC8yg8&t=9s
제14편 무함마드와 여인들, 아미나의 범죄와 카디자의 천재성, https://www.youtube.com/watch?v=I-v3nz8iW8g
제16편 무함마드의 여인들: 무함마드는 왜 아이샤와 결혼했는가?, https://www.youtube.com/watch?v=iwXanH-qvrk
제19편 꾸란의 발전 과정-메카 시대, https://www.youtube.com/watch?v=3K6t-JYXdN6k
제26편 사마르칸드 사본의 거짓말, https://www.youtube.com/watch?v=7c9W0jJy3AQ
제36편 움마 공동체의 병: 이슬람 파시즘, https://www.youtube.com/watch?v=7AiID4gwRmE
제37편 이슬람과 파시즘, 그 조직과 사상의 유사성, https://www.youtube.com/watch?v=V3sli67bP-w, https://www.youtube.com/watch?v=V3sli67bP-w&t=2s
제39편 무슬림 형제단과 나치주의자 아민 호스니와의 관계, https://www.youtube.com/watch?v=-h0AIZjcK5k

제40편 무함마드와 히틀러의 비교, https://www.youtube.com/watch?v=uF48C-CY7aLw

제41편, https://www.youtube.com/watch?v=5a6xgggXXgA

제46편 이슬람과 성, https://www.youtube.com/watch?v=R9opKBsEHFA

제47편 이슬람에서 성과 지하드(al-Jins wal-Jihād fil-Islām), https://www.youtube.com/watch?v=hS7-wA72kSA&t=1s

제66편 꾸란에서의 위협과 협박(Mutanāqiḍāt al-Qur'an: al-Tahdīd wal-Wa'īd fi al-Qur'an), https://www.youtube.com/watch?v=jnfxQoYBtAo&t=600s

제86편 이슬람의 비무슬림에 대한 입장(al-Islām wa-Mawqifuhu min ghayr al-Muslimīn), https://www.youtube.com/watch?v=tYWn_UTZcFc

제89편 이슬람에서 배교죄를 제정한 진정한 이유(al-Asbāb al-Ḥaqīqiyyah li-Ḥad al-Riddah fi al-Islām), https://www.youtube.com/watch?v=ovvEOP6oU-I

제94편 이슬람과 여성의 관계를 어떻게 개혁할 수 있을까?(Kayfa Yumkinu ' Islāḥ 'Alāqah al-Islām bil-Mar'ah), https://www.youtube.com/watch?v=IsFP3L3Y81I

제119편 부카리 하디스에서의 오류, https://www.youtube.com/watch?v=tvm77Ywfpt0

제140편 무함마드에서 IS까지 이슬람 노예 제도의 역사(Tārīkh al-'Ubūdiyyah fi al-Islām Mundhu Muhammad tta D 'ish), https://www.youtube.com/watch?v=Qg-3-QqvE-bc&t=1s

하미드 사마드 독일 DW 방송 토론 "이슬람과 폭력", https://www.youtube.com/watch?v=hWs3lJXCrxo&t=55s

"Islamophobia", https://www.youtube.com/watch?v=cvevOQnaQcM&t=143s

2) al-'Akh Rashid의 "Rashid TV"

(1) 용감한 질문(Su'āl Jarī')

제93편 이슬람에서의 여성(al-Mar'ah fi al-Islām), https://www.youtube.com/watch?v=Lbk1aOHCq8M&t=314s

제100편 이슬람과 기독교에서 노예 제도(ar-Riqq wal-'Ubūdiyyah bayna al-Islām wal-Masīḥyyah), https://www.youtube.com/watch?v=9X6tb4cVHVU&t=392s

제207편 이슬람의 지즈야(al-Jazyah fi al-'Islām), https://www.youtube.com/

watch?v=r3TbHRATDaE&t=528s

제238편 이슬람에서 카피르의 의미는 무엇인가?(Ma Ma'na Kāfir fī al-Islām), https://www.youtube.com/watch?v=OahdmmEhRTg&t=1297s

제301편 바리노, 이슬람을 믿었다가 그리스도에게로 돌아오다, https://www.youtube.com/watch?v=jzFA-ZAxAWA

제322편 이슬람에서 금지된 질문들(al-'Asilah al-Muḥaramah fī al-Islām), https://www.youtube.com/watch?v=O4yqCUK7cNQ&t=58s

제339편 이슬람의 이집트 침입 상, https://www.youtube.com/watch?v=-F17Rfv0tTQk; 이슬람의 이집트 침입 하, https://www.youtube.com/watch?v=3eRkI-cCaOI

제356편 왈라으 바라으: 가장 위험한 이슬람 교리(al-walā' wal-barā': 'Akhṭar al-Aqā'id al-'Islāmiyyah), https://www.youtube.com/watch?v=Hz3mWAm3aQU

제389편 무함마드는 위대한 성품의 소유자인가?(Hal kāna Muhammad 'Ala Khulq 'Aẓīm), https://www.youtube.com/watch?v=3R18siGXTS0&t=3529s

제410편 이슬람 세계에서의 무신론 현상, https://www.youtube.com/watch?v=s8D-QUzT5wUY&t=253s

제411편 무신론자들은 무엇을 원하는가?, https://www.youtube.com/watch?v=yhO-Dei7-aWM

제423편 무슬림이 이슬람을 떠나는 이유, https://www.youtube.com/watch?v=xWXb-b9ygTZE&t=4626s

제549편 이슬람은 여성을 영예롭게 했는가?(Hal Karama al-Islām al-Mar'ah), https://www.youtube.com/watch?v=U9qgawt4OjQ

(2) 명명백백하게(Bi Kull Wudūḥ)

제10편, https://www.youtube.com/watch?v=K1xjHtiv7yw, 2020년 6월 10일

제36편 계시의 시작에 대한 이야기(Qiṣṣah Bad' al-Waḥi), https://www.youtube.com/watch?v=pCBhrE4A8O8

제43편 모로코인 라일라, 공개적으로 이슬람을 떠나다(Layla al-Maghrabiyyah Tatruk al-Islām 'Alāniyyah), https://www.youtube.com/watch?v=88FZB-Y7D-o&t=935s

누가 이슬람을 대표하는가?(Man Yumaththil al-Islām), https://www.youtube.com/watch?v=TGanNpD0_Ow

무함마드는 욕설과 저주의 사람이었는가?(Hal kāna Muḥammad Sabbāban wa-La'ānan), https://www.youtube.com/watch?v=TyEboLnk8_s&t=49s

왜 무슬림 여성은 히잡을 착용하는가?(Limādha Talbas al-Mar'ah al-Muslimah al-Ḥijāb), https://www.youtube.com/watch?v=Ncd4rImqVXc

이슬람포비아 vs 자유포비아(이슬람포비아에 대한 바른 이해), https://www.youtube.com/watch?v=SjHkfTpklZM

'Īya wa-Ta'alīk, https://www.youtube.com/watch?v=Facjpbv6kZw

3) 그 외

Sherif Gaber, IS가 이슬람을 대표하는가?(Hal Dā'ish Tumathil al-Islām), https://www.youtube.com/watch?v=NKYLS6XOxs0&t=215s

Sherif Gaber, 부카리의 거짓말과 하디스들의 진실('Akadhīb al-Bukhārī wa-Ḥaqīqatu al-'Ahadīth), https://www.youtube.com/watch?v=qVCZ4FjYL0g&t=1253s

Muḥammad Mesayaḥ, 이슬람 초기 역사(Tārīkh al-Islām al-Mubakkir), https://www.youtube.com/watch?v=thvQ8uHsc6k

The Masked Arab, Seven main resons why I left Islam-Proof Islam is false, https://www.youtube.com/watch?v=NRqeYCjih_8&t=92s

Zakariyyah Botros, 믿음의 질문들('As'ilah 'an al-Imān) 제38편, https://www.youtube.com/watch?v=Klz17SqpMY8&list=PL2EgxqgF3ymkdd1hdrqnAm5cWWNNXrILc&index=18

Zakariyyah Botros, 진리의 대화(Ḥiwr bil-Ḥaqq)

제5편, https://www.youtube.com/watch?v=L5bGtS56rbY&list=PL47UxI1IKpKdNaArPFXvUbPelocu8foQM&index=5

제40편, https://www.youtube.com/watch?v=Kp7MSr1V5zk&t=5s

제41편, https://www.youtube.com/watch?v=G9BNUNdqvd4&list=PLZpbT3ySkCEglNqdehvJYDTbjqYS_vNf6&index=9

제42편, https://www.youtube.com/watch?v=Y2AiivSXVJ0&list=PLZpbT3ySkCEglNqdehvJYDTbjqYS_vNf6&index=6

제43편, https://www.youtube.com/watch?v=-SRH1jDcGCw&t=1279s

제120편, https://www.youtube.com/watch?v=XvIrckwrq_s&t=2731s

제121편, https://www.youtube.com/watch?v=-npEiiGseok&t=2430s

Ladeeni Masry, 왜 나는 이슬람을 떠났는가?(Limādha Tarkt al-Islām)
 https://www.youtube.com/watch?v=2pF8dolnbQg
 https://www.youtube.com/watch?v=4Q-jAdP91Us

영어 영상

Apostate Prophet, 22 Reasons(Why I left Islam 2), https://www.youtube.com/watch?v=zT-8jv6lZFOg&t=2180s

Mimzy Vidz, 4 Reasons Why You are Muslim, https://www.youtube.com/watch?v=V5fIYGGreX4

Mimzy Vidz, Why I left Islam, https://www.youtube.com/watch?v=69QNJDCGTGE&t=41s

The Masked Arab, Seven main resons why I left Islam-Proof Islam is false, https://www.youtube.com/watch?v=ZZ6c66G99A4&t=142s

Ali Rizvi, Ibn Warraq & Muhammad Syed, Ex-Muslims Rising: From Islam to Enlightenment, https://www.youtube.com/watch?v=618XW4evm_8&t=3004s

Ex Muslim TV, We Exmuslims are the next civil rights movement, https://www.youtube.com/watch?v=QWrhCUjozi8

Why I left Islam-Saudi Ex-Muslim Ghada, https://www.youtube.com/watch?v=-qFscPJ5Amg

Why I Left Islam, https://www.youtube.com/watch?v=DR7_YQ53lfI

Cira International, The Unknown History of Islam 04-Modern Mecca, Ancient Qibla, https://www.youtube.com/watch?v=HBtFrJOJKOo

Cira International, The Unknown History of Islam 05-Modern Mecca, Ancient Qibla, https://www.youtube.com/watch?v=SifWt-COQ0A&t=212s

Cira International, The Unknown History of Islam 06-Modern Mecca, Ancient Qibla, https://www.youtube.com/watch?v=h_FJyButsLQ&t=1132s

Cira International, The Unknown History of Islam 07-Modern Mecca, Ancient Qibla, https://www.youtube.com/watch?v=x-qDH4gcuNg&t=167s

웹사이트

수많은 웹사이트를 참고하고 인용했다. 미주를 참고하기 바람.

필자의 녹음

미주를 참고하기 바람.

부록: 꾸란 색인

다음의 꾸란 구절들은 이 책에서 사용된 것이며(장절순 수록), 필자가 아랍어에서 한글로 직접 번역한 것이다. 번역 시 아랍어 어휘 사전, 꾸란 문법 분해 사전('I'rāb al-Qur'ān'), 여러 권의 꾸란 주석들을 대조하며 심혈을 기울여 번역했다. 또한 기존의 영어 번역들과 한글 번역들을 참고했다.

번역된 구절 가운데 괄호 표기가 자주 나온다. 이는 꾸란 구절에 없는 단어이지만 구절 이해를 위해 꼭 필요한 보충 단어를 표기한 것이다. 꾸란 원전에는 문맥상 이해되는 구절에 대한 단어의 생략이 많다. 또한 꾸란 주석이나 하디스의 설명 없이는 해석이 불가능한 경우도 많다. 그런 경우 꾸란 원전에 기록된 단어만으로는 해석이 불가능하다. 이 경우 필자는 괄호를 사용해 보충 단어를 표기하였다. 독자들이 쉽게 이해하는 데 큰 도움이 될 것이다.

꾸란에 대한 영어 번역은 https://legacy.quran.com/에서 볼 수 있다.

제2장

◆ 그대는 믿는 자들과 선을 행하는 자들에게 기쁜 소식을 전하길, 그들에게 강들이 흐르는 천국이 있다고 하라(2:25).

◆ 그분은 너희들을 위해 땅에 있는 모든 것을 창조하시고 하늘로 향하여 오르시어 그것들을 일곱 하늘로 만드신 분이니 그분은 모든 것을 아시는 분이니라(2:29).

◆ 불신자들(kāfir)과 우리의 증거/예표/계시들을 부인하는 자들은 불지옥의 주인들이니라. 그들은 거기에서 영원히 거할 것이니라(2:39).

◆ 너희는 인내와 기도로 도움을 구하라. 그것은 겸손히 복종하는 자 이외에는 어려운 것이라(2:45).

◆ 믿는 자들이나 유대인이나 기독교인이나 사비안(Sabians)들 즉, 알라와 최후 심판의 날을 믿고 선행을 하는 사람들에게는 주님으로부터 보상이 있을 것이며, 그들에게 두려움이 없고, 그들은 슬퍼하지 않을 것이라(2:62).

◆ 너희는 알라 외에 (다른 신을) 섬기지 말라. 부모와 친척들과 고아들과 불쌍한 자들에게 선을 행하라. 사람들에게 착한 말을 하라. 기도를 행하고 자카를 나누라(2:83).

◆ 알라로부터 그들에게 그들이 가지고 있던 (모세오경)을 확증한 한 책(꾸란)이 내려왔을 때, 그들은 이미 불신자(kāfir)들에 대해 승리하기 위해 간구하곤 했음에도, 그들이 아는 것(꾸란 혹은 무함마드)이 왔을 때 그들은 그것(꾸란 혹은 무함마드)을 불신하였노라. 알라의 저주가 불신자(kāfir)들에게 있을 것이라(2:89).

◆ 누구든지 알라와 그의 천사들과 그의 메신저들과 가브리엘과 미카엘에게 원수가 되는 사람은 (알라께도 원수가 되나니) 알라는 불신자(kāfir)들에게 적이시니라(2:98).

◆ 우리가 어떤 (꾸란) 구절을 취소하거나 그것을 잊게 하더라도 우리는 그보다 나은 구절 혹은 그와 비슷한 구절을 가지고 오나니, 그대는 알라께서 모든 일에 전능하신 것을 알지 못하느뇨?(2:106)

◆ 우리는 그대(무함마드)가 얼굴을 하늘로 향하는 것을 보노라. 그래서 우리는 그대를 그대가 원하는 끼블라로 향하게 하리라. 그대의 얼굴을 하람 사원 방향으로 향하게 하라. 너희가 어디에 있든지 너희의 얼굴을 그 방향으로 향하게 하라(2:144).

◆ 믿는 자들이여! 인내와 기도로 도움을 구하라. 실로 알라는 인내하는 자들과 함께하시느니라(2:153).

◆ 우리가 성서에서 사람들에게 명백하게 설명한 뒤에 우리가 계시한 증거들과 바른길을 숨기는 자들은, 알라께서 그들을 저주하며, 다른 저주하는 자들도 그들을 저주하리라(2:159).

◆ 실로 믿지 않고 불신자(kāfir)로 죽은 사람들은 그들에게 알라와 천사들과 사람들 모두의 저주가 있을 것이라(2:161).

◆ 경건(al-birr)은 알라와 마지막 날과 천사들과 성서와 선지자들을 믿고, 돈을 사랑함에도 불구하고 그것을 친척과 고아와 불쌍한 사람들과 여행자들과 구걸하는 사람들과 노예를 해방하기 위해 사용하며, 기도를 드리며 자카를 지불하고, 그들과 약속했다면 그 약속을 지키며, 가난과 고난과 전쟁 가운데서 인내하는 것이라(2:177).

◆ 믿는 자들이여! 살인자들에 대한 보복이 너희들에게 계시되었나니, 자유인은 자유인으로, 노예는 노예로, 여성은 여성으로 하느니라(2:178).

◆ 금식하는 것이 힘든 사람은 (금식 대신에) 가난한 자를 먹여 대속하라(2:184).

◆ 그러므로 누구든지 이달의 (초승달을) 보는 자는 금식하라(2:185).

◆ 너희가 그들을 발견한 곳 어디서든지 그들을 죽이고(uqtulūhum) 그들이 너희를 쫓아낸 곳 어디서든지 그들을 쫓아내라(2:191).

◆ 불신앙/시험(fitnah)이 사라지고 종교가 알라를 위할 때까지 그들과 전쟁(qātilu)하라. 그들이 (불신앙을) 멈춘다면 사악한 자들을 제외하고는 더 이상 (그들을) 적대시하지 말라(2:193).

◆ 비록 너희가 싫어하는 것이지만 전쟁(qitāl)이 너희에게 부여되었노라(2:216).

◆ 그들이 술과 도박에 관하여 그대에게 물을 것이라. 그대는 말하라. "그것들에는 큰 죄가 있지만, 사람들을 위한 유익도 있느니라. 그러나 그것들의 죄악이 유익보다 더 크니라"(2:219).

◆ 너희의 여자들은 너희를 위한 경작지라. 너희들이 어디서(/언제/어떻게, 'anna) 원하든지 그 경작지로 가라(2:223).

◆ 남편들이 부인들에게 권리가 있는 것처럼 부인들도 남편들에 대해 권리가 있다. 그러나 남자들이 여자들보다 한 등급 더 있느니라(wa-lir-rijāli 'alayhinna darajatun)(2:228).

◆ (재결합이 가능한) 이혼은 두 번이니라. (그녀를) 친절함으로 붙들든지, 아니면 (그녀를) 잘 대우하여 떠나보내라(2:229).

◆ 남편이 그의 아내를 (세 번째로) 이혼시켰다면 그녀가 남편 이외의 다른 남자와 결혼할 때까지 그녀는 남편과 재결합이 불가하니라. 만일 그 다른 남자가 그녀와 이혼하면 그들 둘이 재혼하는 것이 잘못이 없느니라(2:230).

◆ 너희 중에 아내를 남기고 죽을 자들은, 그 아내들이 4개월 10일을 (남편의 집에서) 기다려야 하노라(2:234).

◆ 너희 중에 아내를 남기고 죽을 자들은 아내가 외출 없이 1년 동안 살아갈 생활비에 대해 유언을 (남겨야 하느니라)(2:240).

◆ 알라를 위하여 전쟁하라(qātilu)(2:244).

◆ 종교에는 강요가 없나니 인도는 방황과 구별되느니라(2:256).

◆ 친절한 말 한마디와 관용이 괴로움을 동반한 자선보다 나으니라(2:263).

◆ 알라께서는 고리대금을 제거하시고 자선 행위를 보상하시며, 모든 죄많은 불신자를 사랑하지 않으시니라(2:276).

◆ 너희 남자들 가운데 두 사람의 증인을 세우라. 만일 두 남자 증인이 없으면 너희가 증인으로 원하는 이들 가운데 한 남자와 두 여자를 증인으로 세우라. 그것은 두 여자 증인 가운데 한 사람이 (기억을) 잘못하면 다른 한 사람이 기억나게 하기 때문이라(2:282).

제3장

◆ 믿는 자들은 불신자(kāfir)들을 믿는 자들 대신에 친구(/동지)로 삼지 말라. 그렇게 하는 자는 누구든지 알라와 아무 상관이 없느니라. 그러나 너희가 (그들보다 약해서) 그들(불신자, kāfir)을 조심할 때는 예외니라('illa 'an tattaqu minhum tuqātan, 그들과 친구를 삼아도 되느니라)(3:28).

◆ 그대는 '알라와 메신저(무함마드)에게 복종하라'고 말하라. 만일 그들이 거역한다면 알라께서는 불신자(kāfir)들을 사랑하지 않으시느니라(3:32).

◆ 너희는 인류를 위해 출현한 최고의 백성(/공동체/민족)이니라(kuntum khayra 'ummatin 'ukhrijat linnās, 3:110).

◆ 그들은 알라와 최후의 날을 믿고 올바른 행위를 권하고 금지된 행위를 금하며 서둘러 선행을 실천하느니라(3:114).

◆ 동과 서가 알라께 있으니 너희가 어디로 향하든 거기에 알라의 얼굴이 있느니라(2:115).

◆ 믿는 자들이여! 너희는 너희들(무슬림) 대신에 (불신자[kāfir]들을) 절친한 친구(biṭānah)로 삼지 말라. 그들은 너희 종교를 파괴하려고 노력하며 너희가 어려움을 당하는 것을 좋아하기 때문이라. 그들의 입술에는 분노가 있으며, 그들의 마음에 감춘 (사악함)이 더 크도다(3:118).

◆ 너희에게 행운이 생기면 그것이 그들을 슬프게 하고 너희에게 불행이 생기면 그들은 기뻐하노라(3:120).

◆ 바드르 전투에서 너희가 소수였음에도 알라께서 너희에게 승리를 주셨노라. 그러므로 너희는 알라를 두려워하라. 아마도 너희가 (그분께) 감사하리라(3:123).

◆ 그대(무함마드)가 믿는 자들에게 "너희의 주님이 (하늘에서) 내려보내진 3천 명의 천사로 너희를 지원한 것이 너희들에게 충분하지 않더뇨?"라고 말한 것을 (그대는 생각하라)(3:124).

◆ 우리는 불신자(kāfir)들의 마음에 공포를 불어넣으리니, 그것은 알라께서 어떤 권위도 부여하지 않은 것을 그들이 알라의 자리에 두었기 때문이라. 그들의 거주지는 지옥이니라. 행악자의 거주지는 참으로 비참하니라(3:151).

제4장

◆ 만일 너희가 고아들을 공정하게 대하지 못하는 것에 대한 두려움이 있다면 여자들 가운데 너희에게 좋은 사람―두 사람 혹은 세 사람 혹은 네 사람―

과 결혼하라. 그러나 너희가 (아내들을) 공평하게 대하지 못하는 것에 대한 두려움이 있다면 한 여자와 (결혼하거나) 혹은 너희들의 오른손이 소유한 자(ma malakat 'aymānukum)와 결혼하라. 그것이 너희가 불의를 행하지 않기 위한 최소한의 것이니라(4:3).

◆ 알라께서 너희 자녀들의 (상속)에 관해서 말씀하셨나니, 남자는 여자 둘의 몫과 같으니라(4:11).

◆ 누구든지 알라와 그의 메신저에게 복종하는(yuṭi') 자는 아래에 강들이 흐르는 천국에 들어가게 하실 것이며 그곳에서 영원히 살리라(4:13).

◆ 누구든지 알라와 그의 메신저에게 거역하고 그의 율법을 범하는 자는 영원한 지옥 불에 들어가게 하실 것이요, 그에게 수치스러운 형벌이 있으리라 (4:14).

◆ 여자들 가운데 결혼한 여자들과는 (너희가 결혼하는 것이) 금지되나 너희의 오른손이 소유한 자는 예외라. (이것이) 너희를 향한 알라의 계명이라. 그 이외의 사람들은 너희에게 허락되었으니, 너희가 음행하지 않고 결혼하기 위해 너희의 재물로 (여자들을) 원하는 것이 허락됨이라. 그래서 그녀들 가운데 너희들이 즐긴 사람에게 (알라께서 부여한) 의무로서 삯을 지불할 것이라. 의무를 수행한 이후 너희가 합의한 것 이외의 것에 있어서는 너희에게 죄가 없느니라(4:24).

◆ 너희 가운데 믿는 여자들과 결혼할 능력이 없는 사람은 오른손이 소유한 자(ma malakat 'aymānukum)들 가운데 믿는 여자들과 결혼할(yankiḥ) 것이라 (4:25).

◆ 남자들은 여자들의 책임자(qawwām)라. 알라께서 그들 가운데 어떤 자를 다른 자보다 낫게 여기시기 때문이며, 그들(남자들)이 (여자들을 부양하기 위해) 재정을 쓰기 때문이라. 정결한 부인은 경건하고 알라께서 지키는 것처럼 남편의 부재중에도 순결을 지킬 것이라. 불순종(/거역)이 우려되는 아내들에 대해서는 너희가 그녀들을 충고하고, 잠자리를 같이하지 말며, 때려 줄 것이라(4:34).

◆ 알라께 예배하고 그에게 다른 신을 두지 말라. 부모에게 선을 행하고, 친척들과 고아들과 불쌍한 자들과 이웃 친척들과 친척이 아닌 이웃들과 곁에 있는 동료(/아내)와 여행자와 오른손이 소유한 자들에게도 그리하라(4:36).

◆ 믿는 자들이여! 너희가 술 취한 채로 기도하러 오지 말라(4:43).

◆ 우리의 증표들을 불신하는 자(kafaru)들은 우리가 그들을 불에 던질 것이라. 그들의 피부가 불에 익을 때마다 우리는 그들을 다른 피부로 바꾸리니, 이는 그들이 형벌을 맛보기 위함이니라. 실로 알라는 능력이 많으시고 지혜로운 분이시니라(4:56).

◆ 너희가 사람들 사이를 판단하거든 정의롭게 판단하라고 하셨느니라(4:58).

◆ 내세를 위해 현세의 생명을 바치는 자들이 알라를 위해 전쟁하게 하라. 알라를 위해 전쟁하여 죽임당하거나 승리를 얻는 사람은 누구든지 우리가 그에게 위대한 보상을 주리라(4:74).

◆ 믿는 자들은 알라를 위해 전쟁하고 불신자(kāfir)들은 사탄(al-Ṭāghūt)을 위해 전쟁하나니, 너희는 사탄(al-Shayṭān)의 친구/동지들과 전쟁하라. 실로 사탄의 음모/계략은 약하니라(4:76).

◆ 누구든지 그 메신저에게 복종하는(yuṭiʿ)자는 알라께 복종하는(yuṭiʿ) 것이니라(4:80).

◆ 왜 그들은 꾸란을 숙고하지 않느뇨? 만일 그것이 알라 외의 다른 존재로부터 왔다면 그들은 그것에서 많은 다른 점을 발견하였으리라(4:82).

◆ 너희가 인사를 받는다면 그보다 더 낫게 인사하든지 혹은 (그의 인사와 같이) 대답하라(4:86).

◆ 그들(위선자)은 자신들이 불신자(kāfir)가 되었듯이 너희도 불신자(kāfir)가 되어 그들과 같이 되길 원하느니라. 그래서 너희는 그들이 알라를 위해 이주하기까지 그들을 동지로 삼지 말라. 만일 그들이 배반한다면 어디서든지 그들을 발견하는 대로 그들을 포획하고 죽여라(uqtulu). 그리고 그들을 동지나 후원자로 삼지 말라(4:89).

◆ 만일 그들이 너희로부터 떠나가지 않고 너희에게 항복하지 않고 그들의 손을 거두지 않는다면, 너희가 어디에서 그들을 발견하든지 그들을 포획하고 그들을 살해하라(uqtulūhum)(4:91).
◆ 만일 누구든지 믿는 자를 실수로 살해했다면 믿는 노예 한 명을 해방하고 피해자의 가족에게 보상금을 지불하라(4:92).
◆ 실로 불신자(kāfir)들은 너희에게 분명한 적이니라(4:101).
◆ 믿는 자들이여! 정의를 실행하며 알라를 위한 증언자가 되라(4:135).
◆ 믿는 자들이여! 알라와 그의 메신저와 그의 메신저에게 내려준 그 책(꾸란)과 이전에 내려준 그 책(성서)을 믿으라(4:136).
◆ 실로 믿었다가 불신하고 또 믿었다가 다시 불신이 증가하는 사람은 알라께서 그들을 절대로 용서하지 않고 바른길로 인도하지 않을 것이라(4:137).
◆ 알라께서는 불신자(kāfir)들이 신자들에 대항해 (승리하는) 길을 만들지 않으실 것이다(4:141).
◆ 믿는 자들이여 불신자(kāfir)들을 믿는 자들 대신에 친구/동지로 삼지 말라(4:144).
◆ 불신하는 자(kafaru)들과 악을 행하는 자들은 알라께서 절대 용서하지 않을 것이며 그들의 길을 인도하지 않을 것이니라(4:168).
◆ 그들에게는 지옥의 길 이외에는 없으며, 그곳에서 영원히 거주하리라. 그것은 알라께 쉬운 일이라(4:169).

제5장

◆ 믿는 자들이여! 알라를 위해 굳건히 서서 정의롭게 증언하는 사람이 되라. 사람들에 대한 증오가 너희를 범죄에 빠뜨려 너희가 불의하게 되도록 하지 말라. 정의롭게 행동하라. 그것이 경외와 아주 가까우니라. 알라를 경외하라(5:8).
◆ 알라와 그의 메신저에게 대항하여 전쟁하며 이 땅에서 부패한 행동을 일삼은 대가는 살해당하고 십자가에 못 박히고 그들의 손들과 발들이 반대로

어긋나게 잘리며 혹은 그 땅에서 추방이라. 그것은 현세에서 그들에 대한 치욕이요 내세에서는 그들에게 큰 형벌이 있을 것이라(5:33).
◆ 믿는 자들이여! 유대인들과 기독교인들을 친구/동지로 삼지 말라. 그들은 서로가 친구/동지들이라. 너희 가운데 그들과 친구/동지를 삼는 사람은 누구든지 그들 가운데 한 사람이라(5:51).
◆ 믿는 자들이여! 너희 앞서 성서를 받은 사람들 가운데서 너희의 종교를 조롱과 장난으로 여기는 사람들과 불신자(kāfir)들을 친구/동지로 삼지 말라. 너희가 믿는 자들이라면 알라를 두려워하라(5:57).
◆ '알라는 셋 중의 세 번째이다'라고 말하는 자는 불신자가 되었느니라(kafara). 한 신 이외에 다른 신은 없느니라. 만일 그들이 말하는 것을 멈추지 않는다면 고통스러운 형벌이 그들 가운데 불신자(kafaru)들에게 가해지리라(5:73).
◆ 믿는 자들이여! 술과 도박과 제단을 쌓는 것과 점술은 사탄이 행하는 불결한 것이라. 그러므로 너희는 그것을 피하라(5:90).
◆ 사탄은 오로지 술과 도박을 통해 너희들 사이에 적대감과 증오를 일으키는 것을 원하고, 너희가 알라를 기억하는 것과 기도하는 것을 막느니라.(5:91)
◆ 믿는 자들이여! 너희에게 분명하게 드러나면 너희에게 해를 끼치는 것들에 대해서는 질문하지 말라(la tas'alu 'an 'ashyā'a 'in tubda lakum tasu'kum)(5:101).

제6장

◆ 너희는 정당한 경우 외에는 알라께서 금하신 목숨을 죽이지 말라(wala taqtulu an-nafsa allati ḥarrama 'allahu)(6:151).

제7장

◆ 그대(무함마드)는 "사람들이여! 나는 하늘과 땅의 권세를 가지신 알라께서 너희 모두에게 보내신 메신저이니라. 그분 이외에는 살리시고 죽이시는 신이 없느니라"라고 말하라. 그러므로 너희는 알라를 믿고, 알라와 그의

말씀을 믿는 문맹의 메신저를 믿으라. 또한 너희는 그(무함마드)를 따르라. 그러면 인도함을 받으리라(7:158).

제8장

◆ 전리품에 관해 그들이 그대에게 묻거든, 그대는 "전리품은 알라와 메신저를 위한 것이라. 그러므로 너희는 알라를 두려워하고, 너희 사이의 (분쟁을) 해결하라. 너희가 믿는다면 알라와 그의 메신저에게 복종하라"라고 말하라(8:1).

◆ 신앙인들이란 '알라'가 언급될 때 그들의 마음이 두려워하고 그분의 말씀이 그들에게 낭송될 때 믿음이 증가하며 그들의 주님을 의지하는 자들이라(8:2).

◆ (또한 신앙인들이란) 기도를 실행하고 우리(알라)가 그들에게 공급한 것으로부터 (재정을 우리가 명령한 사람들에게) 지불하는 자이니라(8:3).

◆ 너희가 주님께 도움을 청했을 때 그분께서 너희에게 응답하시길 "내가 천 명의 천사가 계속 줄을 서서 너희를 지원하게 할 것이라" 하신 때를 (기억하라)(8:9).

◆ 그대의 주님이 천사들에게 "내가 너희와 함께하니 너희는 믿는 자들의 마음을 견고하게 하라. 내가 불신자(kāfir)들의 마음에 공포를 주리니 너희는 그들의 목들을 치고 그들의 모든 손가락을 쳐라."고 계시하셨을 때를 (기억하라)(8:12).

◆ 믿는 자들이여! 너희가 불신자(kāfir)들이 대열을 지어 전진해 오는 것을 발견한다면 결코 그들에게 너희의 등을 돌리지 말라(8:15).

◆ 믿는 자들이여 알라와 그의 메신저에게 복종하라(8:20).

◆ 믿는 자들이여! 그(무함마드)가 너희를 살리는 일에 너희를 초대한다면 알라와 그 메신저에게 응답하라(8:24).

◆ 불신앙/시험(fitnah)이 사라지고 모든 종교가 알라를 위할 때까지 그들과 전쟁하라(qātilu)(8:39).

◆ 너희가 (전쟁에서) 획득한 전리품의 1/5은 알라와 그 메신저와 친척들과 고아들과 불쌍한 자들과 여행자를 위한 것인 것을 너희는 알찌니라(8:41).
◆ 알라와 그의 메신저에게 복종하라(8:46).
◆ 알라께 가장 사악한 동물은 불신자(kāfir)들이니라. 그래서 그들은 믿지 않느니라(8:55).
◆ 너희는 그들을 대항해 무력과 말(馬)로써 너희가 할 수 있는 모든 것을 준비하라. 그리하여 알라의 적과 너희의 적과 너희는 모르지만 알라께서 아시는 다른 자들을 공포에 떨게 하라(8:60).
◆ 선지자여! 믿는 사람들이 전쟁하도록 독려하라. 너희들 가운데 20명이 (적을 기다리며) 인내한다면 200명을 이길 것이요 너희들 가운데 100명이 인내한다면 불신자(kāfir)들 가운데 1천 명을 이길 것이라. 왜냐하면 그들은 이해하지 못하는 백성이기 때문이라(8:65).
◆ 그대들은 합법적이고 보람되게 획득한 전리품들로부터 (양식을) 먹어라(8:69).

제9장

◆ 금지된 달들이 지나면 너희가 우상 숭배자(mushrik)들을 어디서든지 발견하는 대로 살해하고(uqtulu) 그들을 포로로 잡거나 그들을 포위하라. 그리고 모든 매복 장소에서 잠복하여 기다리라. 그러나 그들이 회개하고 기도를 드리며 자카(이슬람 세금)를 바칠 때는 그들의 길을 가게하라. 실로 알라께서는 용서하시고 자비로운 분이시라(9:5).
◆ 그들이 회개하고 기도를 하고 자카를 드리면 그들은 곧 너희의 신앙의 형제들이라. 우리는 지식이 있는 백성을 위해 구절들을 설명하노라(9:11).
◆ 그러나 조약 이후에 그들이 맹세를 위반하고 너희의 종교를 공격한다면 그 불신의 우두머리들과 전쟁하라(qātilu). 실로 그들에게는 (조약의) 맹세가 없노라. 그들이 (불신과 적대를) 끝내기를 바라노라(9:12).

◆ 그들(kāfir)과 전쟁하라(qātilūhum). 그러면 알라께서 너희의 손으로 그들을 벌하고 수치스럽게 하며 그들에 대항하여 너희가 승리하게 하시고 믿는 백성의 마음을 치료하시리라(9:14).

◆ 믿는 자들이여! 너희는 너희의 아버지와 형제들이 믿음보다 불신(kofr)을 좋아한다면 그들을 동지로 삼지 말라. 누구든지 그들을 동지로 삼는 사람은 행악자들이니라(9:23).

◆ 그대는 "만일 너희 부모들과 자녀들과 형제들과 아내들과 친족들과 너희가 취하는 재물과 불경기일까 걱정하는 상업과 너희가 만족하는 주거지들이, 알라와 그의 메신저와 알라를 위한 지하드보다 너희가 더 사랑하는 것이라면, 너희는 알라께서 그의 (형벌의) 명령을 가지고 오실 때까지 기다려라"라고 이르라(9:24).

◆ 믿는 자들이여! 우상 숭배자(mushrik)들은 불결하니 올해 이후에는 그들이 하람 사원에 접근하지 못하게 하라(9:28).

◆ 너희는, 알라와 마지막 날을 믿지 않고 알라와 그의 메신저가 금한 것을 금하지 않으며 성서의 백성 가운데서 진리의 종교를 믿지 않는 자들과 전쟁하되(qātilu), 그들이 굴복하여 수모를 느끼며 지즈야를 지불할 때까지 하라(9:29).

◆ 유대인들은 우자이르('Uzayr)를 알라의 아들이라고 말하고 기독교인들은 그리스도를 알라의 아들이라 말하느니라. 그것은 그들의 입으로 하는 말이라. 그들은 그들 이전의 불신자(kafaru)들의 말을 모방하느니라. 알라의 저주가 그들에게 있을지어다! 그들이 얼마나 진리에서 멀리 있는지!(9:30)

◆ 우상 숭배자들(mushrik)이 모두 뭉쳐 너희와 전쟁하는(yuqātilu) 것처럼, 너희도 모두 뭉쳐 그들과 전쟁하라(qātilu)(9:36).

◆ 그들 가운데 "저를 (집에 머물게) 허락하여 주소서. 제가 (여자들로 인해) 시험(fitnah)에 들지 않게 하소서"라고 말하는 사람이 있더라. 실로 그들은 (더 큰) 시험(fitnah)에 빠졌노라(9:49).

◆ 선지자여! 불신자(kāfir)들과 위선자(munāfiq)들에 대항하여 지하드를 하고(jāhid) 그들을 가혹하게 대하라. 그들의 거처지는 지옥이니라. 그 종착지는 참으로 비참하리라(9:73).

◆ 알라께서 믿는 자들 가운데서 영혼들과 재물들을 사셨나니 천국이 그들의 것이라. 그들은 알라를 위해 전쟁하여(qātilu), 죽이고 죽임당하리니, 그것은 모세오경과 복음서와 꾸란에 진실로 약속된 것이라(9:111).

◆ 믿는 자들이여! 불신자(kāfir)들 가운데 너희 가까이 있는 사람들과 전쟁(qātilu)하고 그들이 너희에게서 가혹함을 발견하게 하라(9:123).

제10장

◆ 알라에 대해서 거짓으로 속이고 그의 증표들을 부인하는 자들보다 더 악한 사람이 누구이뇨? 범죄자들은 번성하지 못하리라(10:17).

◆ 만일 그대의 주님이 원하셨다면 지상에 있는 모든 사람이 믿었을 것이라. 그런데도 그대는 사람이 믿도록 그들을 강요하려고 하느뇨?(10:99)

제12장

◆ 남편이 요셉의 옷을 보니 뒷부분이 찢어졌더라. 남편이 말하길 "이것은 당신들(여자들)의 계략/간교함(kayd)이오. 당신들(여자들)의 계략/간교함(kayd)은 실로 위대하니라!"(12:28)

제13장

◆ 그들은 주님을 불신하는(kafaru) 자들이니라. 그들은 목에 족쇄가 채워지고 지옥 불의 주인이 되며 그곳에서 영원히 살 것이라(13:5).

◆ 그들에게 현세에서 형벌이 있을 것이라. 내세에서는 더 고통스러울 것이다. 알라로부터 그들에게 보호자가 없을 것이라(13:34).

◆ 알라는 그가 원하는 것을 지우시고 (그가 원하는 것을) 확증하시느니라(13:39).

제14장

◆ 그의 앞에 지옥이 있으니, 그는 고름과 피가 섞인 물을 마시노라(14:16).

◆ 그가 그것(고름과 피가 썩인 물)을 삼키려 하나 삼키기가 힘드노라. 죽음이 사방에서 다가오나 그는 죽을 수 없노라. 그 앞에는 엄청난 형벌이 있음이라(14:17).

제15장

◆ 우리는 진리 안에서가 아니고는 하늘과 땅과 그 둘 사이에 있는 것을 창조하지 않은 것이 없나니, 실로 그때(심판의 날)가 다가오고 있노라. 그러므로 그대(무함마드)는 아름답게 용서하라(15:85).

제16장

◆ 알라께서 비유로 설명하시길, 소유된 노예로 아무것도 할 수 없는 자와 우리가 가장 좋은 것을 공급하여 그것으로 알게 모르게 돈을 쓰는 사람(자유인)이 같을 수 있느뇨?(16:75)

◆ 알라께서 정의와 선행과 친척들에게 베풀 것을 명령하셨고, 방탕과 악행과 억압을 금하라 하셨느니라(16:90).

◆ 우리가 (꾸란의) 한 구절을 다른 구절로 대체했을 때—알라께서는 자신이 계시하는 것을 잘 알고 계시느니라—그들은 "(무함마드여!) 그대는 진정 거짓말쟁이구려"라고 말하였노라(16:101).

◆ 그대는 지혜와 아름다운 설교로 (사람들을) 그대 주님의 길로 초대하라. 또한 가장 나은 방법으로 그들과 논쟁하라. 실로 그대의 주님은 방황하는 자를 잘 알고 계시며, 또한 바른길로 인도받는 자들도 잘 알고 계시느니라(16:125).

◆ 그대(무함마드)는 인내하라. 그대의 인내는 오직 알라로부터이니라(16:127).

◆ 실로 알라께서는 (그분을) 두려워하는 자들과 선을 행하는 자들과 함께하시느니라(16:128).

제17장

◆ 친척들에게 (그들이 받을) 권리를 베풀고 불쌍한 자와 여행자에게도 그렇게 하되, 헛되게 낭비하지 말라(17:26).

◆ 너희는 정당한 경우 외에는 알라께서 금하신 목숨을 죽이지 말라. 부당하게 살해당한 사람은 누구든지, 우리는 그의 보호자(/후견인)에게 (보복의) 권한을 주었노라. 그러나 그가 (보복) 살해를 함에 한계를 넘지 않게 하라. 실로 그는 (알라의/이슬람 율법의) 도움을 받으리라(17:33).

◆ 그대는 나의 종들에게 그들이 가장 좋은 말을 해야 한다고 이르라. (그렇지 않으면) 사탄이 그들 사이를 이간질하리라. 실로 사탄은 인간에게 명백한 원수이니라(17:53).

◆ 그들의 거처지는 지옥이라. 불길이 약해질 때마다 우리가 그들에게 불길을 증가시키리라(17:97).

제18장

◆ 그대는 "진리는 그대들의 주님에게서 오나니 그러므로 누구든지 (믿음을) 원하는 자는 믿게 하고 (불신을) 원하는 자는 불신하게 하라"라고 말하라. 실로 우리는 행악자들을 위해 불의 담으로 둘러싸인 지옥 불을 준비하였노라. 그들이 (물을 달라고) 도움을 요청하면 끓는 황동 물이 부어져 그들의 얼굴을 태우리라. 그 음료수가 참으로 저주스러우며 그 거주지는 참으로 비참하구나(18:29).

◆ 그들에게는 아래로 강들이 흐르는 에덴동산이 준비되어 있느니라. 그들은 금팔찌로 장식하고 비단과 금양단으로 된 초록 옷을 두르고 침대에 기대어 있느니라. 그 보상은 참으로 훌륭하고 천국은 참으로 좋은 곳이니라(18:31).

◆ 그가 태양이 지는 곳에 이르렀을 때 그는 태양이 검은 진흙의 샘으로 지는 것을 발견하고 또 거기에서 한 백성을 발견했노라(18:86).

제19장

◆ 그리고 그녀가 아들을 안고서 사람들에게 오니 그들이 말하길 "마르얌(Maryam)이여! 그대는 정녕 기이한 것을 가지고 왔구나"(19:27).

◆ 아론의 누이여! 네 아버지는 악한 사람이 아니었고 네 어머니도 부정한 여자가 아니었노라(19:28).

제21장

◆ 하늘과 땅이 하나로 붙어 있었는데 우리(알라)가 그 둘을 분리했음을 불신자들은 알지 못하느뇨?(21:30)

제22장

◆ 이들 둘은 그들의 주님에 대해서 논쟁한 두 반대자라. 그래서 불신하는 자들은 불길 속에서 그들의 옷이 찢기며 그들의 머리 위에는 끓는 물이 부어지리라(22:19).

◆ 그것(끓는 물)으로 인해 그들의 내장과 피부가 녹을 것이라(22:20).

◆ 그들을 위해 철퇴가 준비되어 있노라(22:21).

◆ 그들이 고통으로 인해 지옥으로부터 빠져나가길 원할 때마다 (철퇴에 의해) 다시 끌려들어 올 것이며, "불의 형벌을 맛보라"는 (소리를 듣겠노라)(22:22).

◆ 우리(알라)가 그대(무함마드) 이전에 메신저나 선지자를 보낼 때마다 그들이 소원하면 사탄이 그들의 소원에 (악한 생각을) 집어넣지 않은 적이 없었노라. 그러나 알라께서 사탄이 집어넣고자 한 것을 취소하고 그의 구절들을 확증하시느니라. 알라께서는 가장 잘 아시고 가장 현명하시니라(22:52).

◆ 알라를 위해 모든 노력을 다하여 지하드를 하라(jāhidu fi-llahi ḥaqqa jihādihi) (22:78).

제23장

◆ 믿는 사람들은 번영할 것이다(23:1).

- 그들은 기도할 때 겸손히 복종하며(23:2)
- 헛된 말을 거부하며(23:3)
- 자카(zakāh)를 지불하며(23:4)
- 그들의 은밀한 부분(furūj, 성기)을 지키는 자들이라(23:5).
- 그러나 (은밀한 부분을 지키는 것과 관련하여서) 그들의 부인들과 그들의 오른손이 소유한 자들(ma malakat 'aymānuhum)에게는 예외니라. 그들에 대해서는 (은밀한 부분을 지키지 않아도) 비난을 받지 않느니라(23:6).
- 그다음 우리가 정액을 응혈로 만들고 그 응혈을 배아로 만들며, 그 배아에 뼈를 만들고 그 뼈에 살을 입히며, 그 뒤 그것을 다른 창조물로 만들었노라. 최고의 창조자이신 알라께 축복이 있으소서!(fa-tabārika-llāhu 'aḥsanu-l-khāliqīn)(23:14)

제24장

- 믿는 자들이여! 남의 집에 들어갈 때 허락을 구하고 그 집 가족에게 인사할 때까지는 들어가지 말라. 그것이 너희를 위해 좋은 것이니라(24:27).
- 그대는 믿는 남자들에게 말하길, 그들이 시선을 아래로 하고 그들의 은밀한 부분(furūj, 성기)을 지키라고 하라(24:30).
- 그대는 믿는 여자들에게 말하길, 그들이 시선을 아래로 하고 그들의 은밀한 부분(furūj, 성기)를 지키며 밖으로 드러난 부분 외에는 그들의 장식을 드러내지 말라고 하라. 그들이 가슴 부위까지 내려오는 베일을 쓰도록 하라. 그들이 그들의 남편들 혹은 그들의 아버지들 혹은 남편들의 아버지들 혹은 그들의 자녀들 혹은 남편들의 자녀들 혹은 그들의 형제들 혹은 형제들의 자녀들 혹은 자매들의 자녀들 혹은 그들의 무슬림 여자들 혹은 그들의 오른손이 소유한 자들 혹은 남자들 가운데 성욕이 없는 자들 혹은 여자들의 수치스러운 부분('awrāt an-nisā')을 모르는 아이들을 제외하고는 그들의 장식을 드러내지 않도록 하라(24:31).

◆ 결혼할 사람을 못 찾는 사람들에게는 알라께서 그분의 은혜로 그들을 부하게 하실 때까지 (결혼을) 자제하게 하라. 너희들의 오른손이 소유한 자들 가운데 노예 해방 증서를 원할 경우—너희가 그들에게서 선한 것을 발견한다면—노예 해방 증서를 기록하라. 그리고 알라께서 너희에게 준 재물을 그들에게 주어라. 너희의 여자 노예들이 정결함을 원하거든 이 세상의 이익을 얻으려고 그녀들에게 매춘 행위를 강요하지 말라. 누구든지 그녀들에게 (매춘 행위를) 강요한다면 알라께서는—그녀들이 강요를 받은 이후—(그녀들을) 용서하시고 자비를 베푸시느니라(24:33).

◆ 그러나 믿는 자들이 알라와 그의 메신저로부터 부름을 받아 그(무함마드)가 그들을 판결할 때 믿는 자들은 말하길 "저희는 듣고 복종합니다"라고 하더라(24:51).

◆ 누구든지 알라와 그의 메신저에게 복종하고 알라를 두려워하며 경외하는 자들이 승리자이니라(24:52).

◆ 그대는 이르라. "알라께 복종하고 메신저에게 복종하라. 너희가 거역한다 해도 그(무함마드)에게는 그에게 주어진 의무(메시지 전달의 의무)가 있고 너희에게는 너희에게 주어진 의무(순종의 의무)가 있노라"(24:54).

◆ 신자들은 오직 알라와 그의 메신저를 믿는 자들이니라. 만일 그들이 공통적인 관심사로 그(무함마드)와 함께 있다면 그에게 허락을 받기 전에는 자리를 떠나지 않느니라. 그대(무함마드)에게 허락을 구하는 자들이야말로 알라와 그의 메신저를 믿는 자들이니라. 만일 그들이 그들의 몇몇 문제에 대해 그대에게 허락을 구한다면 그들 가운데 그대가 원하는 자들에게 허락하고 그들을 위해 알라께 용서를 구하라(24:62).

◆ 너희는 그 메신저(무함마드)를 부를 때 너희들이 서로 부르듯이 부르지 말라(24:63).

제25장

◆ 그대는 불신자(kāfrīn)들에게 복종하지 말고 그것(꾸란/설교)으로 그들에게 큰 지하드를 하라(jāhidhum bihi jihādan kabīran)(25:52).

◆ 자비의 신(알라)의 종들은 묵묵하고 겸손하게 땅 위를 걷는 사람들이라. 무지한 자들이 그들에게 (해로운) 말을 하더라도 그들은 평화를 말하느니라 (25:63).

제28장

◆ 파라오가 말하였다. "지도자들이여! 나는 나 이외에 너희를 위한 다른 신을 알지 못하노라. 그러므로 하만이여! 그대는 진흙을 구워서 나를 위해 높은 궁전을 지으라"(28:38).

제29장

◆ 우리(알라)를 위해 지하드(jāhdu)를 하는 사람들과 관련하여, 우리는 그들을 우리의 길로 인도할 것이다(29:69).

제31장

◆ 내 아들아! 기도를 실행하고 선행을 명하며 악행을 금하라. 그대가 당한 어려움을 인내하라. 실로 그것은 지켜야 할 것들이니라(31:17).

◆ 그대는 사람들을 업신여겨 얼굴을 돌리지 말며 거만하게 길을 걷지 말라. 알라께서는 속이는 자와 거만한 자를 사랑하지 않으시느니라(31:18).

◆ 그대의 걸음걸이를 적당히 하고 목소리를 낮추어라(31:19).

제32장

◆ 그분은 하늘에서부터 땅에 이르기까지 만사를 주관하시며 그 후 그 만사가 하루에 그분에게로 올라갈 것인데, 그 하루의 길이는 너희가 헤아리는 천년과 같으니라(32:5).

제33장

◆ 알라신은 너희의 양자들이 너희의 아들들이 되게 하지 아니하셨노라(33:4).
◆ 실로 알라의 메신저에게 너희를 위한 훌륭한 모범('oswah ḥasanah)이 있나니, 그것은 알라와 내세를 바라고 알라를 많이 기억하는 자들을 위한 것이니라(33:21).
◆ 그분이 성서의 백성 가운데 그들(꾸라이쉬 부족)을 도운 사람들을 그들의 요새로부터 쫓아내고, 그들의 마음에 공포를 일으켜서, 너희가 그들 중 일부는 살해하고 일부는 포로로 잡았다(33:26).
◆ 또한 그분이 그들의 땅과 집과 재산과 너희가 아직 밟지 못한 땅을 너희에게 상속하셨노라. 알라께서는 모든 일에 전능하심이라(33:27).
◆ 너희(f.)는 알라와 그의 메신저에게 복종하라(33:33).
◆ 믿는 남자든지 믿는 여자든지, 만일 알라와 그의 메신저가 어떤 것을 결정하였다면, 그것에 대해 다른 선택이나 (다른 의견이) 그들에게 있을 수 없느니라. 누구든지 알라와 그의 선지자에게 거역하는 자는 명백하게 길을 잃은 것이니라(33:36).
◆ 알라께서 은혜를 베푸셨고 그대(무함마드)도 은혜를 베풀었던 그(무함마드의 양자 자이드)에게 "네 아내(자이납)를 네가 간직하고 알라를 경외하라."라고 그대가 말하면서, 알라께서 밝히시는 것을 그대의 마음속에 감추고 사람들을 두려워하고 있었던 때를 그대는 기억하라. 알라께서는 그대가 감추고 있는 것보다 더 옳으시니라. 그래서 자이드(무함마드의 양자)가 그녀(자이드의 아내 자이납)로부터 필요를 끝냈을 때(결혼 생활을 끝냈을 때) 우리는 그녀(자이납)를 그대(무함마드)에게 결혼시켰는데, 이는 믿는 이들이 그들의 양자들의 아내들(과 결혼함)에 대해—그들이 그녀들로부터 필요를 끝냈을 때(결혼 생활을 끝냈을 때)—부끄러움이 없게 하기 위해서였노라(33:37).
◆ 선지자(무함마드)여! 우리(알라)는 그대가 지참금을 지불한 그대의 부인들과, 알라께서 그대에게 전리품으로 주신 자들 가운데 오른손이 소유한 자(ma malakat yamīnuka)들과, 그대와 함께 이주(히즈라)한 그대 삼촌의 딸들과 그대

고모의 딸들과 그대 외삼촌의 딸들과 그대 이모의 딸들과, 선지자(무함마드)에게 자신을 바친다고 하며 선지자도 결혼하기를 원하는 믿는 여자—이것은 다른 믿는 자들에게는 해당되지 않느니라—를 허락하였다. 우리는 그들(믿는 자들)의 부인들과 그들의 오른손이 소유한 자(ma malakat 'aymānuhum)와 관련하여서 우리가 그들에게 부여한 의무를 알고 있노라. 이는 그대에게 당황함이 없게 하려 함이라(33:50).

◆ 그(50절의 여자들) 외에는 그대(무함마드)에게 여자들이 허용되지 아니하나니, 설령 미모가 그대를 매료시킨다 하더라도 그녀들을 (그대의) 아내들과 바꿀 수 없느니라. 그러나 그대의 오른손이 소유한 자(ma malakat yamīnuka)들은 예외이니라. 알라께서는 모든 것을 지켜보시니라(33:52).

◆ 믿는 자들이여! 선지자(무함마드) 집의 식사에 허락받지 않고는 들어가지 말며 식사 준비가 되기를 기다림 없이 들어가지 말라. 그러나 초대받았다면 들어가라. 음식을 다 먹었다면 돌아가고 너희끼리 대화하면서 앉아 있지 마라. 그것은 선지자(무함마드)를 괴롭히는 것이고, 그가 너희를 (돌려보내는 것을) 부끄러워하기 때문이라. 그러나 알라께서는 진실을 부끄러워하지 않으심이라. 너희들이 그녀(무함마드의 부인)들에게 어떤 것(그릇 등)을 요청한다면 가림막(ḥijāb)을 사이에 두고 요청하라. 그렇게 하는 것이 너희들의 마음과 그녀들의 마음을 위해 더 정결한 것이니라. 너희는 알라의 선지자를 괴롭히지 않아야 하며, 선지자가 죽은 이후에 그의 부인들과 결혼해서도 아니 되느니라(33:53).

◆ 실로 알라와 그의 천사들이 선지자(무함마드)를 축복하니, 믿는 자들이여 그를 축복하고 그를 위해 평화를 빌라(33:56).

◆ 알라와 그의 메신저를 괴롭히는 자들은 이 세상과 저 세상에서 알라께서 그들을 저주하시고 그들을 위해 굴욕적인 형벌을 준비하셨노라(33:57).

◆ 선지자여! 그대의 아내들과 딸들과 믿는 이들의 여자들에게 베일로써 그들 신체 전체가 가려지게 하라고 말하라. 그렇게 하는 것이 그들이 구별되고 시달림을 받지 않게 하는 데 더 적절한 것이라(33:59).

◆ 알라께서 불신자들(kāfir)을 저주하셨고 그들을 위해 지옥 불을 준비하셨노라(33:64).

◆ 그들은 그 안에서 영원토록 있노라. 그들은 아무런 보호자나 돕는 자를 찾지 못하리라(33:65).

◆ 그분이 너희의 행위를 바르게 해 주시고, 너희의 죄를 용서하시리라. 누구든지 알라와 그의 메신저에게 복종하는 자는 위대한 승리를 거두리라 (33:71).

제34장

◆ 우리(알라)는 불신자(kafaru)들의 목에 족쇄를 채웠노라(34:33).

제36장

◆ 실로 우리(알라)는 그들의 목에 족쇄를 채웠는데, 그것이 턱에까지 닿으니, 그들은 머리가 위로 치켜지게 되느니라(36:8).

제37장

◆ 우리(알라)는 가장 가까운 하늘을 별들의 아름다움으로 장식하였고(37:6).

◆ 반역하는 모든 사탄으로부터 (하늘을) 보호하였노라(37:7).

◆ 그들(사탄)은 (하늘에 있는) 천사들의 (회의에서 하는) 말을 들을 수 없고 (그들이 천사들의 말을 엿들으려고 하면) 사방에서 (유성의) 돌팔매질을 맞으며(37:8).

◆ 쫓겨나서 그들에게 영원한 벌이 있느니라(37:9).

◆ (그 사탄들 가운데) 재빠르게 (천사의 말을) 엿듣고 오는 자에게는 불타는 유성이 그를 따르느니라(37:10).

제40장

◆ 우리는 우리의 증거들과 분명한 권세와 함께 파라오와 하만과 까룬에게 모세를 보내었다. 그러나 그들은 (모세를 향하여) "마술사요 거짓말쟁이"라

하더라(40:23-24).
- ◆ 파라오가 말하였다. "하만이여! 나를 위해서 높은 궁전을 지으라. 그래서 내가 그(하늘) 길들에 닿을 수 있게 하라"(40:36).
- ◆ 악행의 보상은 범한 악행만큼 처벌을 받느니라. 그러나 용서하고 화해하는 자는 누구든지 그의 보상이 알라로부터 있느니라(42:40).
- ◆ 그들은 족쇄가 목에 채워지고 쇠사슬이 (발에 채워진 채) 끌려가서 (40:71)
- ◆ 끓는 물 속에 들어가 불에 의해 끓여지노라(40:72).
- ◆ 그후 "너희들이 숭배하던 우상이 어디 있느뇨?"라고 심문받노라(40:73).

제41장
- ◆ 선행이 악행과 같을 수 없노라. (악행을) 더 좋은 것으로 보답하라. 그리하면 그대와 원한이 있던 사람도 절친한 동료같이 되리라(41:34).

제42장
- ◆ 악행의 보상은 범한 악행만큼 처벌을 받느니라. 그러나 용서하고 화해하는 자는 누구든지 그의 보상이 알라로부터 있느니라(42:40).

제44장
- ◆ 실로 자꿈 나무(Zaqqum, 불지옥에서 자라는 저주받은 나무)의 열매는 죄인들의 음식이며(44:43-44),
- ◆ 뱃속에서 끓는 쇳물과 같고 끓는 용액과 같더라(44:45-46).
- ◆ 너희는 그를 잡아서 불지옥 한가운데로 끌고 가라(44:47).
- ◆ 그래서 그의 머리에 고통의 (끓는 용액을) 부어라(44:48).
- ◆ (그 뒤) "이것을 맛보아라. 실로 너는 존귀하고 관대한 자이니라"(라는 소리가 들릴 것이다)(44:49).
- ◆ 실로 경건한 자들은 안전한 곳에 있게 되나니(44:51)
- ◆ 그곳은 정원들과 샘물들이 있는 곳이라(44:52).

◆ 그들은 부드럽고 두툼한 비단옷을 입고 서로 마주보고 있느니라(44:53).
◆ 그처럼 우리가 그들을 후르아인(ḥūr 'īn)과 결혼시켜 주리니(44:54)
◆ 그들은 그곳에서 평안하게 거하면서 (먹고 싶은) 모든 종류의 과일을 주문하리라(44:55).

제45장

◆ 그대는 믿는 자들에게 "알라의 날들(심판)을 소망하지 않는 자들을 용서하라"고 말하라. 그것은 그분(알라)이 백성을 그들이 행한 대로 보응하시기 때문이라(45:14).
◆ 불신자(kāfir)들에 관하여 (알라께서 그들에게 이르는 말씀이라) "나의 말씀이 너희에게 낭송되지 않았더뇨? 그러나 너희가 교만하였고 너희가 범죄한 백성이었노라"(45:31).

제46장

◆ 우리는 인간이 그의 부모에게 선을 행할 것을 명령하였노라(46:15).

제47장

◆ 너희가 불신자(kāfir)들을 만났을 때 그들 가운데 많은 사람을 죽일 때까지 그들의 목을 치고 (남은 사람을) 포로로 잡아라. 그 후 (그들에게) 자비를 베풀어 (그들을) 풀어주든지 혹은 보석금을 받고 풀어주든지 전쟁이 끝날 때까지 그렇게 하라(47:4).
◆ 실로 알라께서는 믿고 선을 행하는 자들을 아래에 강들이 흐르는 천국에 들어가게 하시느니라. 그러나 불신자(kāfir)들은 즐거워하고 짐승들이 먹는 것처럼 먹지만 지옥불이 그들을 위한 거처지이니라(47:12).
◆ 믿는 자들이여! 알라께 복종하고 그 메신저에게 복종하라. 그리고 너희가 행한 바가 헛되지 않게 하라(47:33).

◆ 불신하고 알라의 길을 방해하는 자들이 불신자(kāfir)로 죽게 되면 알라께서 그들을 용서하지 않으시리라(47:34).

제48장

◆ 그대에게 충성을 맹세한(yubāyi'un) 자는 알라께 충성을 맹세한 것이니라. 알라의 손이 그들의 손들 위에 있느니라(48:10).
◆ 누구든지 알라와 그의 메신저에게 순종하는 자는 아래에 강들이 흐르는 천국에 들어가게 하시리라. 그러나 누구든지 거역하는 자들은 고통스런 형벌로 징벌하시리라(48:17).
◆ 무함마드는 알라의 메신저이니라. 그와 함께하는 자들(무슬림)은 불신자(kāfir)들에게는 강압적이나 그들 사이(무슬림들 상호 간)에는 서로 자애로우니라(48:29).

제49장

◆ 믿는 자들이여! 알라와 그의 메신저 앞에서 (너희 자신을) 내세우지 말라. 알라를 경외하라. 알라께서는 들으시는 분이고 아시는 분이니라(49:1).
◆ 믿는 자들이여! 너희의 목소리를 선지자의 목소리보다 더 높이지 말고 너희가 서로 큰 소리로 말하듯이 그에게 큰 소리로 말하지 말라. 너희 행위가 너희가 느끼지 못하는 동안 헛되지 않도록 하기 위함이라(49:2).
◆ 믿는 자들 두 파가 서로 싸운다(iqtatalu)면 너희는 그들을 화해시켜라. 만일 그들 중의 한 파가 다른 파를 불의하게 억압하는 경우 너희는 그 억압자들이 알라의 명령으로 돌아올 때까지 그들과 전쟁하라(qātilu)(49:9).
◆ 실로 믿는 자들이란 알라와 그의 메신저를 믿고 의심하지 않으며 알라를 위해 그들의 재물과 생명으로 지하드하는(jāhdu) 사람이니라. 그들이 바로 진실한 자들이니라(49:15).

제52장
◆ 실로 경건한 자들은 천국에서 행복하게 거하나니(52:17)
◆ 그들은 주님께서 그들에게 주신 것으로 인해 즐거워하리라. 주님께서 불지옥의 형벌로부터 그들을 보호하셨느니라(52:18).
◆ 너희는 너희가 행한 것으로 인해 즐거이 먹고 마셔라(52:19).
◆ 줄지어 늘어선 좌석들에 기댄 채로 (먹고 마셔라). 우리가 그들을 후르아인(ḥūr 'īn)과 결혼시키리라(52:20).

제53장
◆ "너희는 라트(al-Lāt)와 웃자(al-'Uzza)를 보았고(53:19)
◆ 다른 세 번째 마나트(Manāt)를 보지 않았느뇨?"(53:20)

제55장
◆ 그 두 곳의 천국에는 과일과 종려나무와 석류가 있느니라(55:68).
◆ 너희 둘(진과 인간)은 주님의 어떤 은혜를 거역하겠느뇨?(55:69)
◆ 그곳에는 정숙하고 아름다운 여인들이 있노라(55:70).
◆ 너희 둘(진과 인간)은 주님의 어떤 은혜를 거역하겠느뇨?(55:71)
◆ 장막들에는 가려지고 접근이 금지된 후르아인(ḥūr 'īn)이 있느니라(55:72).

제56장
◆ 영원히 사는 소년들이 그들 주위를 돌며(56:17)
◆ (흐르는 술의) 샘으로부터 컵들과 도자기 잔들과 유리잔들로 (시중을 드느니라) (56:18)
◆ 그들이 (그 술을 마셔도) 머리가 아프거나 취하지 않느니라(56:19).
◆ 또한 (영원히 사는 소년들은) 그들이 선택한 과일로 (시중을 들며)(56:20)
◆ 그들이 원하는 조류고기로 (시중을 드느니라)(56:21)
◆ 그리고 후르아인(ḥūr'īn)이 있는데(56:22)

◆ 그녀들은 잘 감추어진 진주와 같더라(56:23).
◆ 우리는 그녀들을 (새롭게) 창조하였고(56:35)
◆ 그래서 그녀들을 처녀로 만들었으며(56:36)
◆ 나이가 비슷하고 사랑받는 (처녀로 만들었느니라)(56:37)
◆ 방황하고 거역하는 자들이여!(56:51)
◆ 너희는 자꿈나무(지옥에서 자라는 저주받은 나무) 열매를 먹게 될 것이니 (56:52)
◆ (굶주린) 배들을 그것으로 채우고(56:53)
◆ 그 위에 끓는 물을 마시되(56:54)
◆ 목마른 낙타처럼 (그것을) 마실 것이라(56:55).

제58장
◆ 그대는 알라와 종말의 날을 믿는 백성이 알라와 그의 메신저를 거역하는 사람과 친구가 되는 것을 발견하지 못하리라. 그들(알라와 그의 메신저를 거역하는 사람)이 그들의 아버지들이든지 아들들이든지 형제들이든지 그들의 종족일지라도 그러하니라(58:22).

제59장
◆ 메신저가 너희에게 준 것은 무엇이든지 취하고 그가 너희에게 금한 것은 무엇이든지 금하라(59:7).

제60장
◆ 믿는 자들이여! 너희는 나의 적과 너희의 적을 동지로 삼지 말고 그들에게 사랑을 베풀지도 말라. 그들은 메신저와 너희를 추방하면서 진리로부터 너희에게 온 것(이슬람)을 불신했느니라(60:1).
◆ 아브라함과 그와 함께 한 사람들로부터 너희를 위한 훌륭한 모범('oswah ḥasanah)이 있었으니, 그들이 백성을 향해 말하길 "우리는 너희와

너희가 알라 이외에 숭배한 것(우상)과는 아무 상관이 없노라. 우리는 너희를 거부하며, 너희가 알라 한 분만을 믿을 때까지 우리와 너희 사이에는 영원토록 적대감과 증오심이 생겨날 것이라"(60:4).

제61장

◆ 실로 알라께서는 그를 위해 견고한 성벽처럼 대열을 지어 전쟁하는 (yuqātilūna) 자들을 사랑하시느니라(61:4).

제64장

◆ 그분이 너희를 창조하신 분이니라. 그러나 너희 가운데는 불신자(kāfir)도 있고 믿는 자도 있느니라. 알라께서는 너희가 행하는 것을 보시느니라(64:2).

◆ 너희는 알라께 복종하고 메신저에게 복종하라. 만일 너희가 거역한다 해도 우리의 메신저는 (너희에게) 분명하게 통보해야 할 의무가 있느니라(64:12).

제66장

◆ 선지자여! 알라께서 그대에게 합법적으로 허락한 것을 왜 그대가 금하고 있느뇨? 그대는 그대 아내들의 기쁨을 구하고 있노라. 알라께서는 용서하는 분이고 자비하신 분이니라(66:1).

◆ 알라께서는 이미 너희가 한 맹세를 취소하는 길을 허락하셨노라. 그는 아시는 분이고 지혜로운 분이니라(66:2).

◆ 선지자께서 그의 부인 중의 한 사람(하프사)에게 비밀을 말했을 때를 (기억하라). 그녀가 그것을 (아이샤에게) 말하고 알라께서 그것을 그(무함마드)에게 알게 하셨을 때 그(무함마드)는 일부는 인정하고 일부는 부인하였느니라. 그가 그녀(하프사)에게 그것을 말했을 때 그녀는 "누가 당신에게 이 사실을 알려 주었습니까?"라고 했노라. 그가 말하길 "모든 것을 아시는 알라께서 나에게 알려 주셨소"라고 했노라(66:3).

◆ 너희 둘(하프사와 아이샤)이 알라께 회개한다면 (그것이 최선이라). 왜냐하면 너희 둘의 마음이 (선지자가 싫어하는 것을 하는 쪽으로) 기울었기 때문이라. 만일 너희 둘이 그(무함마드)를 대항하는 일에 협력한다면, 알라께서는 그(무함마드)의 보호자이며, 그다음에 가브리엘 천사와 믿는 자들 가운데 의로운 자와 다른 천사들이 그를 돕는 자들이라(66:4).

◆ 그가 너희와 이혼한다면 그의 주님이 너희보다 더 훌륭한 부인들—무슬림 여자들, 믿는 여자들, 복종하는 여자들, 회개하는 여자들, 예배하는 여자들, 금식하는 여자들, 과부들, 처녀들—을 그에게 줄 수 있노라(66:5).

◆ 선지자여! 불신자(kāfir)들과 위선자(munāfiq)들을 대항하여 지하드(jihād)를 하고 그들을 가혹하게 대하라. 그들의 거처지는 지옥이니라. 그 종착지는 참으로 비참하리라(66:9).

◆ 또한 정절을 지킨 이므란의 딸 마르얌(Maryam)을 (기억하라). 그래서 우리가 그녀의 몸에 우리의 영을 불어넣었노라. 그녀는 자기 주님의 말씀과 주님의 책들을 믿고 복종하는 자 중에 있었노라(66:12).

제68장

◆ 실로 그대는 위대한 성품의 소유자라(wa'innaka 'ala khuluqin 'aẓīmin)(68:4).
◆ 그대는 모든 거짓 맹세를 많이 하는 사람에게 복종하지 말라(68:10).
◆ (그는) 헐뜯고 비방하는 말을 옮기며(68:11)
◆ 선을 방해하고 위반하며 죄가 많고(68:12)
◆ 잔인하고 게다가 사생아(zanīm)니라(68:13).

제70장

◆ 천사들과 그 영(가브리엘 천사)이 하루에 그에게로 올라가니 그 하루의 길이는 5만 년이니라(70:4).

제72장

◆ 누구든지 알라와 그의 메신저에게 거역하는 자는 진실로 지옥불이 그에게 있을 것이며, 그 안에서 영원히 살 것이라(72:23).

제74장

◆ 나(알라)를 내가 홀로 창조한 사람(왈리드 브닐 무기라)과 함께 내버려 두라(74:11).
◆ 나는 그에게 풍부한 재물을 베풀어 주었고(74:12)
◆ 함께하는 자손들이 있게 하였으며(74:13)
◆ 그가 안락한 삶을 살도록 했노라(74:14).
◆ 그런데도 그는 내가 더 주기를 바라고 있노라(74:15).
◆ 결코 그럴 수 없노라. 실로 그는 우리의 예표/증거/말씀들을 거역하였노라(74:16).
◆ 내가 그에게 엄청난 형벌을 짊어지우리라(74:17).
◆ 실로 그는 (꾸란에 대해) 생각하고 음모하였으니(74:18)
◆ 그래서 그는 음모한 것에 대해서 저주를 받으리라(74:19).
◆ 다시 그는 음모한 것에 대해서 저주를 받으리라(74:20).
◆ 그 뒤 그는 (꾸란에 대해) 다시 생각하였고(7:21)
◆ 그리고 얼굴을 찌푸리고 불쾌한 표정을 지었고(7:22)
◆ 등을 돌려 외면하며 교만하여졌더라(7:23).
◆ 그리고 그는 말하길 "이것(꾸란)은 (선조들로부터) 모방한 마술에 불과하니라(7:24).
◆ 이것은 인간의 말에 불과하니라"라고 하였더라(74:25).
◆ 내가 그(왈리드 브닐 무기라)를 불지옥에 집어넣으리라(74:26).
◆ 무엇이 그대에게 불지옥이 어떤 것인지 알게 하여 주리요?(74:27)
◆ 그곳(불지옥)은 (불에 타서) 아무것도 남지 않으며(7:28)
◆ 그곳은 인간을 태워서 피부를 검게 만드는 것이며(7:29)

◆ 그 위에는 (천사들) 열아홉이 (지키고) 있노라(74:30).

제76장
◆ 우리(알라)는 불신자(kāfir)를 위해 쇠사슬과 족쇄와 지옥 불을 준비하였노라(76:4).

제78장
◆ 진실로 경건한 자들에게는 승리가 있나니(78:31)
◆ 정원들과 포도들이 있고(78:32)
◆ 나이가 비슷하고 가슴이 풍만한 처녀들이 있으며(78:33)
◆ 술로 가득 찬 잔도 있노라(78:34).

제85장
◆ 그러나 그것은 잘 보관된 서판에 있는 영광스러운 꾸란이라(85:21-22).

제88장
◆ 그러므로 그대는 상기시켜라. 그대는 오직 상기시키는 자이라(88:21).
◆ 그대는 그들을 강제하는 자가 아니니라(88:22).

제90장
◆ 인간은 어려운 길을 돌파하려고 하지 않느니라. 무엇이 어려운 길인지 그대에게 알려 주리오? (그것은) 노예를 해방하거나 기근이 심한 날에 친척들의 고아들을 먹이거나 혹은 먼지 외에는 아무것도 없는 불쌍한 사람을 먹이는 것이라(90:11-16).

제98장

◆ 책의 백성과 우상 숭배자(mushrik)들 중에서 불신자(kāfir)들은 지옥 불에서 영원토록 있을 것이다. 그들은 가장 사악한 피조물이니라(98:6).

제108장

◆ 우리가 그대(무함마드)에게 풍성함(kawthar)을 베풀었노라(108:1).
◆ 그러므로 그대의 주님께 기도하고 희생제물을 (그분께) 드려라(108:2).
◆ 그대를 화나게 하는 자가 바로 단절된 자이니라('inna shāni'aka huwa -l-'abtar)(108:3).

제109장

◆ 너희에게는 너희의 종교가 있고 나에게는 나의 종교가 있노라(109:6).

제110장

◆ 알라의 (꾸라이쉬에 대한) 승리와 (메카에 대한) 정복이 실행되었을 때(110:1)
◆ 그대(무함마드)는 사람들이 알라의 종교에 무리를 지어 귀의하는 것을 보리라(110:2).

제111장

◆ 아부 라합의 두 손이 멸망하고 그도 멸망할 것이며(tabbat yadan 'abi lahabin watabba)(111:1).
◆ 그의 재물과 그가 얻은 것이 그에게 아무 소용이 없을 것이라(111:2).
◆ 그는 타오르는 맹렬한 불길에 불탈 것이라(111:3).
◆ 그의 부인은 땔감을 운반하면서 (맹렬한 불길에 불탈 것이다)(111:4)
◆ 그녀의 목에는 야자섬유 동아줄이 감겨 있으리라(111:5).